ŒUVRES

DE

JULIEN HAVET

OPUSCULES DIVERS

LE PUY-EN-VELAY. — IMPRIMERIE RÉGIS MARCHESSOU.

ŒUVRES
DE
JULIEN HAVET
(1853-1893)

TOME II

OPUSCULES DIVERS

PARIS
ERNEST LEROUX, ÉDITEUR
28, RUE BONAPARTE, 28

1896

DIE LITEN UND ALDIONEN NACH DEN VOLKSRECHTEN

Von H. Boos, Dr phil. — Gœttingen, Robert Peppmüller, 1874.

Revue critique, 1875, t. II, p. 20-23 : Compte rendu.

On trouve dans plusieurs des anciennes législations germaniques des personnes dont la condition juridique est intermédiaire entre celle des esclaves et celle des hommes libres. Les lois des Francs, des Saxons, des Frisons les nomment lites (*leti, liti, lidi*), celles des Lombards *aldii* ou *aldiones*. La condition de ces personnes a déjà été étudiée par la plupart des auteurs qui ont écrit sur l'ancien droit germanique, et leurs travaux ont élucidé les points les plus essentiels du sujet.

La monographie que M. le Dr Boos consacre aux mêmes questions n'apporte guère de résultats nouveaux. L'auteur s'est borné à donner un résumé clair et méthodique des travaux antérieurs, et surtout de ceux de son maître, **M. Waitz** (auquel il rend hommage dans sa préface). Il a fait, en outre, le relevé de tous les passages des sources législatives qui donnent quelque renseignement sur la matière. Ce relevé, qui paraît complet, forme un répertoire commode : c'est là ce qui donne à la brochure sa principale utilité.

Au lieu de faire de la condition des lites un tableau d'ensemble, en groupant les dispositions éparses dans les diverses législations germaniques, M. B. étudie à part et successivement la condition de ces personnes dans le droit de chaque peuple. Il traite, dans des chapitres distincts, des lites chez les Francs, chez les Frisons, chez les Saxons, chez les Alamans, des classes analogues que mentionnent les textes bavarois, et enfin des aldions lombards. Ce n'est que dans un chapitre de conclusion qu'il en vient à des considérations générales, qui portent principalement sur l'origine des lites et des aldions [1]. Ce système de division par nations, qui dans un sujet moins restreint, et sur lequel les sources fourniraient plus de renseignements, entraînerait trop de redites, est ici sans inconvénient sérieux ; il a l'avantage de laisser strictement à chaque renseignement sa juste valeur et de mettre en garde contre les généralisations hasardées.

Il est regrettable qu'en un point assez important l'auteur lui-même s'en soit écarté. Dans son chapitre sur la condition des lites chez les Francs, M. B. ne distingue pas entre la législation des Francs Saliens et celle des Francs Ripuaires, parce qu'il admet *a priori* que le droit en cette matière devait être le même chez les deux peuples (p. 8). Sous l'influence de cette idée préconçue, il déclare un passage de la loi ripuaire inexplicable (p. 12, n. 2), parce que ce passage ne s'accorde pas avec les dispositions correspondantes de la loi salique : dans la loi salique le wergeld du lite est de 100 sous (26. 1, 42. 3, etc.), dans la loi ripuaire le lite n'a que le wergeld des esclaves, 36 sous (64. 1). Il n'y a pas là de contradiction, cela prouve seulement que sur ce point les Ripuaires n'avaient pas la même législation que les Saliens. Ailleurs (p. 10), il pose en principe que chez les Francs, en général, l'esclave affranchi devenait lite, et il croit donner une preuve suffisante de son assertion en citant un article de la loi ripuaire qui suppose qu'un maître confère à son esclave la qualité de lite (64. 1) ; il ne se demande pas si la législation ripuaire, étant la seule qui prévoie ce cas, n'était pas aussi la seule dans laquelle il pût se présenter. — La loi salique contient de nombreuses dispositions sur les lites ; la loi ripuaire les mentionne à peine [2]. Si la condition des lites était la même chez les Saliens et chez les Ripuaires, comment se fait-il que la loi des Saliens en parle tant et celle des Ripuaires si peu ? M. B., pour répondre à cette objection, suppose que le silence de la loi ripuaire vient de ce que cette loi est d'une date trop récente. A l'époque où elle fut écrite, les lites n'étaient déjà plus assez nombreux pour arrêter l'attention des rédacteurs (p. 8). Cette explication n'est pas satisfaisante. Il n'y a pas là de question de date ; longtemps encore après la rédaction de la loi ripuaire, la classe des lites conserva

---

1. Il aurait fallu donner une table de ces divers chapitres.
2. Deux fois seulement, 38. 5 et 64. 1, et la première fois d'une façon très vague.

son importance. Ce qui le prouve, c'est qu'il fallut après coup réparer le silence de cette loi à leur sujet : un capitulaire de 803, qui sur plusieurs points modifie la loi ripuaire, y introduit une disposition nouvelle sur les lites [1].

Voilà les objections qui s'opposent à l'hypothèse de M. B. Faut-il écarter celle-ci simplement, et laisser sans explication les textes que je viens de citer? Je crois qu'on peut aller un peu plus loin, et qu'à cette théorie on peut en substituer une autre. Ce n'est, à vrai dire, qu'une hypothèse encore; mais, sans prétendre lui donner d'autre valeur, il me semble qu'elle rend compte, d'une manière plus satisfaisante que la théorie de M. B., des diverses données des textes. Elle consiste à admettre que les lites, tels qu'on les trouve dans la loi salique, — jouissant de droits définis et formant dans l'État, entre les hommes libres et les esclaves, une classe nettement distincte, — n'existaient que chez les Saliens, que les Ripuaires n'avaient chez eux rien de pareil. Si la loi ripuaire mentionne, à deux reprises, des « lites », ceux qu'elle nomme ainsi ne sont que des esclaves auxquels leur maître a accordé, sans modifier leur état juridique, une certaine liberté de fait [2]. L'esclave qui reçoit cette faveur ne sort pas de la condition servile; il a toujours le wergeld des simples esclaves : « Si quis seruum suum tributarium *aut litum* fecerit, si quis eum interfecerit, triginta sex solidis culpabilis iudicetur (l. Rip. 64. 1) [3]. » Si la loi ne parle pas davantage de ces lites, c'est que leur condition est réglée par les dispositions relatives aux esclaves. — Mais, plus tard, la société ripuaire subit l'influence salienne. Les lites de condition demi-libre, ceux qu'on ne trouvait autrefois que chez les Saliens, se rencontrent maintenant jusque parmi les Ripuaires. La loi était muette à l'égard de ces nouveaux venus; on ne pouvait sans doute leur appliquer le wergeld servile des lites de la vieille loi. Alors le capitulaire de 803 intervient pour leur donner le wergeld de 100 sous, comme dans

---

1. Quatrième capitulaire de 803, ch. 11; *Mon. Germ. leg.* [sect. *I*], I, p. 117. [*Mon. Germ.* in-4º, *leg. sect. II, Capitularia regum Francorum* (1883), I, p. 117.]
2. C'est l'opinion de M. Gaupp (*Lex Francorum Chamavorum*, Breslau, 1855, p. 61, en note).
3. Le *tributarius* est probablement un esclave que son maître a dispensé de tout service moyennant une redevance fixe, suivant un usage déjà constaté par Tacite (*Germ.* 25). — On peut se demander si *litus* ne serait pas ici un simple synonyme de *tributarius*, et *tributarium aut litum*, une tautologie comme on en trouve souvent dans les lois barbares. La rubrique de ce titre 64 dit seulement : « De homine qui seruum *tributarium* facit. »

la loi salique. On insère le nom des lites dans un passage qui donnait déjà ce wergeld aux *homines regii* et *ecclesiastici* (l. Rip. 9, 10. 1), et l'on écrit : « Homo regius, id est fiscalinus, et aeclesiasticus *uel litus* interfectus centum solidis componatur (cap. 803, ch. II). » — Ainsi disparaissent les difficultés qui ont embarrassé M. B.

En plusieurs endroits de sa brochure, M. B. donne pour un fait certain que l'esclave affranchi prenait, par l'effet de l'affranchissement, la condition de lite (p. 9, 10, 41, 59). C'est l'opinion qui est généralement admise. Il me semble pourtant que ce n'est qu'une hypothèse, et qu'elle s'accorde assez mal avec les données des sources. L'identité des lites et des affranchis n'est établie nulle part [1]. Au contraire, chez les Francs au moins, beaucoup de textes paraissent assimiler l'affranchi à l'homme pleinement libre, *ingenuus* [2]. Il y a d'autres peuples dont les lois n'accordent aux affranchis qu'une condition inférieure à celle des ingénus : mais alors on les appelle des affranchis et non des lites [3].

Quant à l'origine des lites, M. B. voit en eux des peuples vaincus, réduits à cette condition inférieure par les conquérants. C'est une hypothèse qu'il est permis de trouver vraisemblable, mais qu'il ne faudrait pas présenter comme une certitude (p. 5). — Une discussion relativement étendue (p. 66-69) est consacrée à soutenir, d'une manière assez plausible, l'opinion que la plupart des *aldii* devaient être des Romains réduits à cette condition par les envahisseurs lombards.

M. Boos s'est sagement abstenu de mêler les spéculations philologiques aux questions de droit. Il ne discute pas l'étymologie des mots *litus* et *aldius* (ou selon certains auteurs *haldius*), et se borne à renvoyer le lecteur aux travaux spéciaux sur ces questions (p. 46, n. 1 et 63, n. 2).

---

1. Le passage que cite M. Waitz (*Verfassungsgesch.*, I², p, 175), lex Alam. pact. 2, 48, n'est rien moins que clair.

2. L. Sal. 26. 2, Rip. 59.1, 64. 2, Cham. 11, 13, form. de Roz. 55-61 (cf. aussi Roz. 94). Il est bien entendu que les affranchis *secundum legem romanam*, qui sont romains, restent en dehors de la question.

3. Lex Angl. et Werin. 9 (Merkel, IV) : « De liberto occiso. Seruus a domino per manumissionem libertate donatus si occisus fuerit, LXXX sol. componat. » L. Baiuu. text. I, tit. 5 (*Mon. Germ. leg.* 3. p. 295) ; dans Walter tit. IV) : « De liberis qui per manum dimissi sunt liberi, quod frilaz uocant. »

DU SENS DU MOT « ROMAIN » DANS LES LOIS FRANQUES

EXAMEN D'UNE THÉORIE RÉCENTE

Présentée par M. Fustel de Coulanges.

Revue historique, 1876, t. II, p. 120-136.

On sait que les lois barbares, dans la fixation du rachat des crimes pour diverses sommes d'argent, établissaient, pour un même délit, un taux différent, selon que la victime était d'une qualité plus ou moins relevée ; en sorte que les personnes étaient divisées en classes que séparait le degré de protection plus ou moins efficace qui leur était accordé par la loi. A cet égard les deux lois des Francs, la loi salique et la loi ripuaire, s'accordent à distinguer deux catégories de personnes inégalement protégées par elles, qu'elles désignent par les deux noms de « Francs » et de « Romains ». Dans tout procès criminel, ces lois distinguaient si la victime était « romaine » ou « franque », et fixaient une composition plus haute dans le second cas que dans le premier. Pour un meurtre, par exemple, le coupable avait à payer, si l'homme tué était un « Franc », 200 sous ; si c'était un « Romain », 100 sous seulement : le *wergeld* du « Franc » était double de celui du « Romain ». Si, au lieu d'un meurtre, c'était un autre crime, on faisait, selon que la victime était un « Franc » ou un « Romain », une différence semblable ; toutes les compositions variaient comme le wergeld [1].

---

1. Loi salique, titre 41 : « Si quis ingenuum Francum... occiderit,... solidos CC culpabilis iudicetur ;... si uero romanus homo... fuerit,... qui eum occiderit... solidos C culpabilis iudicetur. » Ibid., titre 42 : « De Romanis... haec lex superius comprehensa ex medietate soluatur ». — Comparez les titres 14 et 39 de la même loi, et, dans la loi ripuaire, les titres 38 et 63.

Le sens de cette règle n'avait paru, jusqu'ici, ni obscur, ni douteux. On sait que la population du royaume des Francs comprenait des hommes de deux nationalités différentes. Les indigènes de la Gaule, depuis longtemps incorporés dans l'empire, étaient citoyens romains. Les envahisseurs germains, au contraire, n'avaient point de part à la cité romaine ; pour l'empire, ils étaient des étrangers, des barbares, suivant l'expression romaine ; ils formaient une nation distincte, la nation franque. Il y avait, entre les hommes de nationalité franque et les hommes de nationalité romaine, une différence parfaitement tranchée. Or les noms qui exprimaient ces deux nationalités servaient également à distinguer les hommes, selon qu'ils appartenaient à l'une ou à l'autre nation : les citoyens de l'empire s'appelaient « Romains », et les Barbares, « Francs ». Ce sont là précisément les noms que la loi salique et la loi ripuaire donnent aux classes d'hommes à qui elles attribuent un wergeld différent. On a donc pensé tout naturellement que dans la différence des nationalités était le principe de l'inégalité des wergelds ; que ce « Franc » qui avait 200 sous de wergeld, c'était le barbare germain, l'homme de nation franque, et ce « Romain » dont le meurtre ne se payait que 100 sous, le citoyen romain, membre de la population indigène de l'empire. Par là cette population paraissait moins bien traitée que la nation des Francs. Cela n'était pas difficile à croire ; il semblait bien naturel que les Francs, ayant par conquête enlevé aux Romains la possession de la Gaule, eussent établi dans la terre conquise des lois tout à leur avantage et eussent relégué les vaincus, c'est-à-dire les Romains, dans une condition légale inférieure.

Cette doctrine paraissait donc établie. Elle vient pourtant de rencontrer un adversaire considérable. C'est M. Fustel de Coulanges, qui, dans sa récente *Histoire des institutions politiques de l'ancienne France* [1], s'est occupé des articles des lois franques qui sont relatifs au wergeld des « Romains », et a soutenu que ces articles ont été jusqu'ici mal compris, que le mot « romanus » n'y a pas le sens qu'on a voulu lui donner, qu'il faut abandonner l'explication jusqu'ici admise et en mettre une autre à la place. Voici son raisonnement.

Le demi-wergeld constitue une infériorité juridique ; l'homme

---

1. Première partie (Paris, Hachette, 1875, in-8°), liv. IV, chap. III, § 3, *De ceux qu'on appelait hommes romains* (486-503).

dont le meurtre ne se paie que 100 sous n'est pas (en ce qui dépend de la loi) l'égal de celui dont le meurtre coûte 200 sous. On comprendrait qu'une semblable infériorité fût infligée par un peuple conquérant à un peuple vaincu ; mais, selon M. Fustel de Coulanges, les Germains n'ont jamais conquis la Gaule, ni traité en vaincus les Romains qui l'habitaient. Ils ont toujours vu dans les Romains, sinon des supérieurs, au moins des égaux. Ce n'est pas aux Romains qu'ils ont pu infliger une infériorité juridique telle que celle du demi-wergeld. Lors donc que les lois franques imposent cette infériorité à une personne qu'elles nomment *romanus homo*, il n'est pas possible que ce terme de *romanus* soit pris dans son acception ordinaire. Il faut qu'il ait été employé dans quelque acception spéciale et exceptionnelle. — Cette acception, M. Fustel de Coulanges en trouve l'explication dans ce que nous savons des formes de l'affranchissement chez les Francs. Il y avait, dans le royaume mérovingien, deux manières, deux formes différentes dans lesquelles on pouvait affranchir un esclave : la forme du droit franc et celle du droit romain. Par la première de ces formes l'esclave affranchi devenait un Franc ; par la seconde, il était fait citoyen romain et il en prenait le nom, *ciuis romanus*; fût-il de race germanique, il devenait, par la fiction de la loi, proprement un « Romain ». Partant de ces prémisses incontestables, M. Fustel y ajoute une hypothèse, qui forme le fond de son système. Il suppose que ce Romain issu de l'affranchissement doit être le seul que les lois franques avaient en vue, quand elles disaient que le Romain n'aurait qu'un demi-wergeld. Il pense que le nom de « romanus », qui, dans les autres textes mérovingiens, désigne indifféremment tout membre de la nation romaine, est restreint dans les lois aux seuls affranchis de cette nation ; et ce qui à ses yeux rend cette conjecture vraisemblable, c'est qu'elle lui permet d'expliquer l'infériorité légale de ces « Romains », marquée par l'infériorité de leur wergeld : ce sont des affranchis, d'anciens esclaves ; c'est pour cela qu'ils valent moins que les hommes libres.

Cette thèse, malgré l'air de vérité que M. Fustel de Coulanges a su lui donner, est loin d'être démontrée. Les observations qui suivent ont pour but de montrer d'une part que les objections présentées contre l'ancienne interprétation ne sont pas décisives ; de l'autre que la doctrine nouvelle n'est pas suffisamment établie.

I

Les objections de M. Fustel de Coulanges contre la théorie admise avant lui se résument en ceci : que les lois franques ne peuvent avoir mis la population romaine dans une condition inférieure à celle des Francs, parce que tous les monuments de l'époque mérovingienne établissent au contraire qu'il y avait, entre les Romains et les barbares, égalité complète.

Cette égalité parfaite, M. Fustel de Coulanges la trouve, d'abord, dans les mœurs mêmes de la Gaule mérovingienne. Il renvoie sur ce point le lecteur aux textes historiques et littéraires de l'époque, Grégoire de Tours, Fortunat, les chroniqueurs, etc., etc. « Parmi ces documents si nombreux et si divers, dit-il, nous ne trouvons pas un seul mot qui marque une inégalité entre les Francs et les Gaulois [1];... nous n'y voyons jamais que le Gaulois fût inférieur au Franc... ; » et, parlant des personnages de l'une et de l'autre nation que nous voyons, dans Grégoire de Tours, vivre, agir et parler : « Comment se fait-il que jamais un de ces Francs ne parle à un Gaulois sur le ton du mépris, qu'aucun de ces Gaulois n'ait l'accent de la haine et de la rancune ? »

Il y a à cela deux réponses à faire. En premier lieu, c'est s'avancer beaucoup que d'affirmer la parfaite égalité sociale et morale des deux nations, et d'assurer que les Francs ne tenaient pas les Romains pour une race inférieure et digne de mépris. Il est probable que les Francs sur ce point ne pensaient pas autrement que les autres Germains. Or, le mépris très vif des barbares, en général, pour les Romains, est constaté par des témoignages formels [2]. Il est donc au moins douteux que la population

---

1. Ce terme de *Gaulois* est le nom que M. Fustel de Coulanges donne aux romains de la Gaule. Le terme de *Romains*, qui est celui des textes, exprime plus proprement la nationalité des hommes dont il s'agit.

2. M. G. Paris, dans la *Romania* (I, 1872, p. 5 et 6), a cité plusieurs de ces témoignages, tels que cette phrase du glossaire de Cassel : « Stulti sunt Romani, sapienti Paioari; modica sapientia est in Romanis; plus habent stultitia quam sapientia », et cette tirade indignée de l'évêque Liutprand, aux Byzantins qui tenaient pour un titre d'honneur le nom de Romain : « Quos (Romanos) nos, Langobardi scilicet, Saxones, *Franci*, Lotharingi, Bagoarii, Sueui, Burgundiones, tanto dedignamur, ut inimico nostro commoti nil aliud contumeliarum nisi « Romane »! dicamus, hoc solo nomine quidquid ignobilitatis, quidquid timiditatis, quidquid auaritiae, quidquid luxuriae, quidquid mendacii, immo quidquid uitiorum est comprehendentes. »

romaine fût placée chez les Francs, relativement à la population barbare, dans une condition de parfaite égalité.

En second lieu, la question n'est pas précisément de savoir quels sentiments avaient réciproquement les uns pour les autres les Francs et les Romains; c'est d'un point de pur droit qu'il s'agit. Quand il serait prouvé que les Francs tenaient moralement les Romains pour leurs égaux, il ne s'en suivrait pas que la même égalité dût se trouver dans leurs lois. Il n'est guère de peuple, aujourd'hui encore, chez qui les lois ne favorisent les nationaux du pays plus que les étrangers : c'est ce qui avait lieu chez les Francs. Peu importerait donc que moralement les Francs eussent tenu les Romains pour leurs égaux. L'égalité de considération qu'ils pouvaient leur accorder ne saurait emporter l'égalité juridique.

Les Francs, d'ailleurs, observaient la loi romaine dans les procès où un Romain était défendeur, et respectaient en pareil cas tous les privilèges que cette loi pouvait établir en faveur des citoyens romains; il est naturel qu'ils aient voulu se réserver à leur tour, dans leurs propres lois, certaines prérogatives, sans prétendre d'ailleurs par là traiter les Romains en inférieurs et en vaincus.

La preuve que l'abaissement du wergeld ne marque point le mépris du supérieur pour des inférieurs, c'est qu'on le trouve aussi appliqué à des Germains, à l'égard desquels les Francs n'ont jamais, ce semble, prétendu de supériorité personnelle. La personne d'un Burgonde, d'un Alaman, d'un Frison, d'un Bavarois, d'un Saxon valait bien celle d'un Franc; pourtant leur wergeld, à ce que nous voyons dans la loi ripuaire, n'était pas le même. Le Franc était le seul dont la vie se payait 200 sous; pour un Burgonde, Alaman, Frison, Bavarois ou Saxon, ce n'était que 160 sous [1]. Si des Germains se voient ainsi refuser le plein wergeld, faut-il s'étonner que les Romains n'y puissent atteindre? est-il étrange qu'une loi germanique ne traite pas les Romains mieux que les Germains mêmes?

L'égalité sociale, réelle ou prétendue, des Romains et des Francs ne suppose nullement une semblable égalité dans la condition juridique faite aux hommes des deux nations par la loi

---

1. L. rip. 38 : « Si quis Ripuarius aduenam burgundionem..., aduenam alamannum seu fresionem uel baiuuarium aut saxonem interfecerit, centum sexaginta solidis culpabilis iudicetur. »

franque. Le droit et les mœurs sont deux choses distinctes, qu'il ne faut point mêler et encore moins confondre [1].

C'est d'une considération purement juridique que M. Fustel de Coulanges tire, contre la théorie qu'il attaque, un second argument. Il invoque le principe célèbre de la personnalité des lois, d'après lequel « les Francs étaient jugés d'après la loi franque et les Gaulois d'après la loi romaine ». Il voit là la preuve que les dispositions des lois franques sur le wergeld du *Romanus* ne visaient pas ceux qu'il appelle les Gaulois, car une telle disposition, en vertu du principe de la personnalité, aurait été hors du domaine de la loi franque : « on se demande, dit-il, à quoi il eût servi de décréter l'infériorité de la population indigène dans des codes qui n'étaient pas faits pour elle. »

En y regardant de près, on trouve qu'il n'y a là qu'un malentendu. Telle n'était pas la portée véritable du principe de la personnalité des lois. Cette portée, M. Fustel de Coulanges l'indique exactement ailleurs (p. 411) : « Dans chaque procès, on avait égard à la race de l'accusé ou du défendeur. » Ainsi l'on suivait la loi de l'accusé, mais non pas celle de la victime. Donc le Franc meurtrier d'un Romain était jugé suivant la loi franque. Celle-ci, par conséquent, était bien dans sa compétence en fixant la composition due pour un tel meurtre ; si elle ne l'eût pas fait, elle aurait été incomplète.

Si cette objection contre l'interprétation ordinaire était fondée, elle s'appliquerait avec autant de force à la doctrine qui voit dans le *Romanus* des lois franques l'esclave affranchi suivant la loi romaine. Car l'esclave ainsi affranchi avait, tout aussi bien que les Romains libres de race gauloise, la jouissance du droit romain [2]. Les lois franques, en s'occupant de lui, seraient donc sorties de leur compétence légitime, tout autant qu'en s'occupant des Romains libres.

Enfin, pour établir que les « Romains » de la loi salique et de la loi ripuaire ne peuvent être les hommes de nation romaine, M. Fustel de Coulanges compare ces deux lois avec les autres

---

1. « Les codes salique et ripuaire, dit encore M. Fustel de Coulanges (p. 490), ne contiennent aucun terme de mépris pour la population indigène. » Il n'y a pas à chercher des « termes de mépris » dans un code. Ce n'est pas pour exprimer des sentiments qu'on fait des lois.
2. L. rip. 63 : « De libertis secundum legem romanam. Si quis seruum suum libertum fecerit et ciuem romanum, secundum legem romanam iudicetur. »

textes législatifs germains de l'époque mérovingienne, et déclare ne trouver dans aucun de ces textes, au sujet de la population romaine, rien qui ressemble à ce qu'on veut voir au sujet de cette même population dans les lois salique et ripuaire. Loin de faire une différence entre les Romains et les Barbares, « les codes des Burgondes, des Wisigoths, des Ostrogoths » proclament, « par les expressions les plus nettes et les plus énergiques, que les deux populations étaient sur le pied d'une égalité parfaite »; et, ajoute M. Fustel, il faut en dire autant, chez les Francs mêmes, des ordonnances des rois mérovingiens. Si donc les lois salique et ripuaire mettaient les Romains dans une condition légale inférieure à celle qu'elles font aux Francs, elles seraient en contradiction « avec les autres codes germains et même avec toutes les autres lois franques ».

Le raisonnement est bien déduit; ce sont les prémisses qu'on peut contester. Il s'en faut que la règle de l'égalité de la population romaine et de la population barbare fût aussi générale. De tous les codes germains que M. Fustel invoque, il n'y en a que deux pour lesquels il donne des renvois précis : la *Lex Burgundionum* et la *Lex Wisigothorum*. Il faut donc examiner ces deux textes.

Du code des Wisigoths, un seul passage est cité : c'est la première loi du livre III. Cette loi a pour but de permettre le mariage entre Romains et Goths. Par là elle établit bien, en un sens, l'égalité entre les deux peuples; mais c'était là une innovation. Le roi qui porte cette loi avertit qu'il en abroge une plus ancienne, par laquelle en pareil cas le mariage était interdit : « Meliori proposito salubriter censentes, *priscae legis remota sententia,* hac in perpetuum ualitura lege sancimus ut tam Gothus Romanam quam etiam Gotham Romanus si sibi coniugem habere uoluerit..., facultas eis nubendi subiaceat. » Ainsi le droit primitif, chez les Wisigoths mêmes, refusait aux Romains certains droits qu'il accordait aux barbares, et il fallut, pour changer cet état de choses, une réforme législative, opérée par l'autorité royale.

Reste donc seulement la loi des Burgondes. Ici l'égalité légale des deux populations, burgonde et romaine, n'est pas douteuse; le législateur en répète l'expression presque à chaque article : « tam Burgundio quam Romanus », « tam barbarus quam Romanus »; « Burgundio et Romanus una conditione teneantur » (10); « quod inter Burgundiones et Romanos aequali conditione uolumus custodiri » (15). Mais cela prouve-t-il que cette loi d'égalité fût la règle générale adoptée par tous les barbares, et de tout temps? Une règle universelle et ancienne n'aurait eu besoin, à ce qu'il semble, que d'être rappelée une fois pour toutes, non répétée avec insistance. Si le législateur appuie tant sur la loi qu'il édicte, n'est-ce pas qu'il craint qu'on n'y obéisse pas, qu'elle ne rencontre de la résistance dans l'esprit des populations? et d'où aurait pu venir cette résistance ; sinon de ce que la prescription était anomale et nouvelle, de ce qu'elle était en contradiction avec les idées antérieures, avec les notions admises sur les rapports entre barbares et Romains?

C'est qu'en effet la loi des Burgondes n'est pas, comme la loi salique, un coutumier national rédigé par des commissaires tirés du peuple; c'est une ordonnance royale, *liber constitutionum* [1]. Elle a pour auteur le roi Gondebaud; or ce roi fut un réformateur; « il établit, dit Grégoire de Tours [2], des lois plus douces, pour empêcher les Burgondes d'opprimer les Romains ». Ainsi avant Gondebaud la condition légale faite aux Romains dans le royaume burgonde constituait un régime d'*oppression*. L'égalité juridique entre Germains et Romains n'était donc point une règle si universelle. Partout où on la trouve, elle est le fruit d'une réforme ; le droit primitif des barbares imposait toujours aux Romains une infériorité marquée.

Chez les Francs, ce droit primitif a subsisté plus longtemps qu'ailleurs. M. Fustel de Coulanges dit que « des lois édictées par les rois mérovingiens » ont consacré l'égalité des Francs et des Romains; mais sur ce point il s'abstient de toute citation précise. Il indique seulement en termes généraux les « décrets de Clotaire Ier, de Chilpéric, de Childebert II, de Clotaire II ». J'ai cherché dans ces textes sans y trouver cette égalité. Loin d'être amené à reconnaître que « si le législateur parle des Romains, c'est pour *les mettre au même niveau que les Francs et leur assurer le bénéfice de leurs lois* », je trouve la distinction, au point de vue des peines, entre le Romain et le Franc, répétée par Childebert II, et la règle qui voulait que les Romains fussent jugés suivant la loi romaine consacrée expressément par Clotaire Ier [3].

---

1. Prologue de la loi, *Monumenta Germaniae*, legum t. III, p. 525, l. 11.
2. *Histoire des Francs*, liv. II, ch. 33 : « Burgundionibus leges mitiores instituit, ne Romanos opprimerent. » — Comparez Stobbe, *Geschichte der deutschen Rechtsquellen*, t. I (Braunschweig, 1860), p. 100 et suivantes.
3. Decretio Childeberti regis, 14 : « Si Salicus fuerit, solidos quindecim componat; si Romanus, septem et dimidium. » Chlotharii constitutio, 4 :

Ainsi, la règle de l'inégalité légale entre Francs et Romains n'est nullement incompatible avec le témoignage des monuments historiques et littéraires de l'époque mérovingienne. Les barbares tenaient les Romains pour des inférieurs, et même en dehors de ce genre de considérations la différence de nationalité devait suffire pour entraîner l'inégalité juridique. Cette inégalité, c'était à la loi barbare qu'il appartenait de l'établir. Elle était de droit commun parmi les barbares. Chez les peuples qui ont, avec les Francs, occupé la Gaule, c'est-à-dire chez les Wisigoths et les Burgondes, on la trouve à l'origine de la législation ; il fallut, pour la faire cesser, une réforme opérée par les rois ; et la royauté sentait bien elle-même que cette innovation devait blesser ses sujets et rencontrer de la résistance de leur part, aussi croyait-elle nécessaire d'y appuyer avec la plus grande insistance. Chez les Francs, plus septentrionaux et moins soumis à l'influence romaine, une semblable réforme ne vint pas même à la pensée des rois ; on ne trouve rien de pareil dans les capitulaires mérovingiens.

Si donc on trouve dans les deux grands coutumiers des Francs, la loi salique et la loi ripuaire, une disposition qui fixe le rachat des crimes commis envers les Romains à un prix moins élevé que celui des crimes dont la victime est un Franc, quoi de plus naturel ? Est-il juste de s'en étonner, de prétendre que si la loi salique et la loi ripuaire ont voulu dire pareille chose, elles sont « en contradiction formelle avec tous les monuments de ces trois siècles, avec l'histoire et les faits, avec les actes et les chartes, avec les autres codes germains et même avec toutes les autres lois franques », et peut-on s'appuyer sur cette « contradiction » pour refuser de comprendre les deux lois franques comme tout le monde l'avait fait jusqu'à présent ?

II

Voici maintenant, en abrégé, le système nouveau proposé par M. Fustel de Coulanges. Pour comprendre les articles des lois franques qui fixent le wergeld du *Romanus*, il faut les éclairer par la comparaison des dispositions analogues qui peuvent se

« Inter Romanos negotia causarum romanis legibus praecipimus terminari » (*Monumenta Germaniae*, legum t. I, p. 10 et 2).

trouver dans les autres lois barbares. La plupart des lois barbares distinguent comme les lois franques des catégories de personnes différentes, auxquelles elles n'attribuent pas le même wergeld. La principale distinction qu'elles font à ce point de vue, c'est celle des hommes libres de naissance, *ingenui*, et des affranchis : le wergeld de l'ingénu est généralement la moitié de celui de l'affranchi. Ainsi la condition de l'affranchi dans ces lois est la même que celle du *Romanus* dans les lois franques : il est moitié moins efficacement protégé que l'homme libre. Or nous avons la preuve que souvent les Francs affranchissaient leurs esclaves suivant les formes de la loi romaine, et que les esclaves ainsi affranchis recevaient alors le nom de Romains. Ce sont donc sans doute des affranchis de cette catégorie que ce nom désigne dans les lois franques : de leur qualité d'affranchis venait l'infériorité de leur wergeld.

Il y a dans cette doctrine un point qui ne sera pas contesté : c'est que lorsqu'un esclave, même germain de race, était affranchi suivant les formes de la loi romaine, il était qualifié de « Romain », et que son wergeld alors, en vertu des lois franques, était de 100 sous ; cela est attesté par un passage formel de la loi ripuaire [1]. Mais ce nom de « Romain » et ce wergeld de 100 sous n'étaient pas réservés à ces seuls hommes, en leur qualité d'affranchis. Ils ne les avaient au contraire que parce qu'ils étaient assimilés de tout point aux autres Romains, aux membres des familles libres indigènes, auxquels ce nom et ce wergeld appartenaient proprement. L'affranchissement romain n'avait d'autre effet que de procurer aux affranchis, avec la nationalité romaine, cette assimilation parfaite.

Les arguments produits en sens contraire ne paraissent pas rigoureux. Pour établir que le *Romanus*, dans la loi salique, doit être un affranchi, M. Fustel dit que si l'on ne l'entendait ainsi, la loi salique serait muette sur la condition des affranchis, et il met ce silence en contraste avec les nombreuses dispositions que contiennent, sur la même matière, presque toutes les autres lois barbares, celle des Burgondes, celle des Wisigoths, celles des Alamans, des Bavarois, des Frisons, des Thuringiens. Mais en

---

1. L. Rip. 63 : « De libertis secundum legem romanam. Si quis seruum suum libertum fecerit et ciuem romanum,... secundum legem romanam iudicetur, et qui eum interfecerit centum solidis multetur. » Cf. E. de Rozière, formules LXXXII et suivantes.

même temps, il reconnaît que la loi salique règle la condition du lite, « qui est une sorte d'affranchi »[1], ainsi que celle « des hommes qui ont été affranchis suivant le mode germanique », et que les seuls dont elle ne parle pas sont « ceux qui ont été tirés de la servitude suivant les modes romains et devant l'Église ». Mais rien ne montre que ces derniers fussent mentionnés dans les autres lois; et, en effet, dans la loi des Alamans, dans celle des Bavarois, dans celle des Frisons, dans celle des Thuringiens, il n'est question que d'affranchis germains ou bien de lites. Ces lois ne présentent donc aucun contraste avec la loi salique. Observons en passant que les hommes affranchis *devant l'Église* ne sauraient être mentionnés dans la loi salique, si cette loi a été rédigée, comme on l'admet généralement, au ve siècle, avant la conversion des Francs au christianisme[2]. Quant aux esclaves affranchis suivant les modes de la loi romaine, si la loi ne fixe pas leur wergeld, c'est qu'il ne différait pas de celui des autres Romains. De même, elle ne détermine pas celui de l'esclave affranchi suivant le mode franc (*per denarium*), parce que la condition de cet affranchi ne diffère pas de celle du Franc né libre, *ingenuus*[3].

Si la condition du Romain dans la loi salique est la même que celle des affranchis germains dans d'autres lois, cela ne prouve point qu'il soit aussi un affranchi. Il en résulte simplement que la nationalité romaine était, suivant la loi franque, une cause d'infériorité juridique, comme la qualité d'affranchi en était une suivant les autres lois germaniques. De même dans la loi salique le wergeld du Romain est égal à celui du lite : tous deux sont également inférieurs à l'homme libre franc, l'un parce qu'il est étranger, l'autre parce qu'il n'est pas pleinement libre.

Si dans la loi salique, dit M. Fustel, « le terme de Romain désignait les indigènes, nous trouverions, comme dans tous les autres codes, des Romains nobles, des Romains libres, des Romains

---

1. Cf. *Revue critique d'histoire et de littérature,* 9° année, 1875 (Paris, A. Franck), t. II, p. 22.
2. Stobbe, *Gesch. der deutschen Rechtsquellen,* t. I, p. 32 et suiv. Il est vrai que M. Fustel de Coulanges ne la croit pas antérieure aux premières années du viie siècle (p. 502, n. 1), mais il ne donne pas les raisons qui lui font rejeter l'opinion commune. C'est un fait bien remarquable que la première rédaction de la loi salique, seule entre tous les codes barbares, ne contient aucune mention relative au culte chrétien ou à l'organisation ecclésiastique.
3. L. sal. 26. 2 (INGENVVM *dimiserit*); E. de Rozière, *Recueil général des formules,* n°^{s} LV-LXI; cf. l. rip. 59. 1, 64. 2, l. Cham. 11, 13.

esclaves ». — Si la loi salique n'a pas parlé de « Romains esclaves », c'est que les esclaves étant des choses, et non des personnes, elle ne leur reconnaissait pas de nationalité : ils n'étaient donc ni romains ni germains [1]. Quant aux nobles, les Francs n'en distinguaient point parmi eux; à plus forte raison n'avaient-ils pas à s'embarrasser des classes entre lesquelles se divisait la population romaine. Les distinctions sociales entre Romains ne pouvaient être admises que dans les procès jugés suivant la loi romaine, ceux où un Romain était défendeur. Quand il s'agissait de juger, suivant la loi franque, un Franc meurtrier d'un Romain, qu'importait le rang que celui-ci pouvait avoir parmi ses concitoyens? — Il y avait des nobles chez les Burgondes, les Alamans, les Frisons ; néanmoins, pour tous les hommes de ces diverses nationalités, la loi ripuaire ne fixe qu'un wergeld unique (tit. 38). C'est que la noblesse étrangère ne compte pas. — Les lois franques ne tiennent donc pas compte de la noblesse romaine. Elles ne connaissent qu'une sorte de Romain, le Romain libre [2]. Elles ignorent s'il est noble ou non noble.

Elles ignorent même s'il est ingénu ou affranchi. — Selon M. Fustel de Coulanges, les affranchis *secundum legem romanam* n'étaient pas les égaux des Romains nés libres : ils avaient seuls des droits inférieurs, notamment un wergeld de 100 sous au lieu de 200, et cette infériorité séparait l'affranchi romain du Romain né libre non moins que du libre franc, car parmi les hommes libres le Franc et le Romain étaient égaux. — Au contraire, tout l'indique, l'affranchi romain n'avait un demi-wergeld et une condition subordonnée que par assimilation avec les Romains libres.

En effet, *a priori* d'abord, quelque différence que parmi les Romains on pût faire alors entre les ingénus et les affranchis, il serait peu probable que cette distinction romaine eût été comptée pour quelque chose dans les lois franques. Pour la qualité d'affranchi pas plus que pour celle de noble, les Francs n'avaient à tenir compte des distinctions sociales qui pouvaient exister parmi

---

1. Partout où la loi salique parle des esclaves, leur nom n'est accompagné d'aucune qualification telle que Franc ou Romain, tandis qu'on rencontre *ingenuum francum* (tit. 41), *Romanum ingenuum* (tit. 78 de Merkel, c. 6. 1 dans l'édition Behrend). La loi des Burgondes est la seule qui distingue le *seruum natione barbarum* et le *seruum romanum* (tit. 10).

2. S'il n'était pas libre, il ne serait pas romain.

un peuple étranger. Quand la loi ripuaire fixe le wergeld des Burgondes, des Bavarois, elle ne distingue point si le Burgonde ou le Bavarois est ingénu ou affranchi, quoique selon les lois burgonde et bavaroise il y eût lieu en pareil cas de faire cette distinction. Les Francs avaient d'autant moins à faire une distinction de ce genre à l'égard des étrangers, que parmi eux il n'y avait rien de tel : l'affranchissement franc conférait la pleine liberté (ci-dessus, p. 15, n. 3).

D'autre part, parmi les Romains mêmes, l'affranchi était en droit l'égal de l'ingénu. Dans les lois des empereurs romains, cette complète égalité ne fut atteinte que sous Justinien; mais sur ce point l'usage, au moins dans les royaumes germaniques de la Gaule, avait devancé la législation impériale. La preuve nous en est fournie par les nombreuses formules d'affranchissement *per epistolam* qui nous sont parvenues [1]. Ces formules se rapportent à des affranchissements *secundum legem romanam*, car l'affranchi y est qualifié de *ciuis romanus*. Or tous ces textes expriment, de toutes sortes de façons, que l'affranchi ne doit point différer d'un citoyen romain ingénu. On le qualifie, non seulement de *ciuis romanus*, mais d'*ingenuus*. L'acte d'affranchissement est qualifié d'*ingenuitas*, parce qu'il confère la qualité d'ingénu. Le même nom d'*ingenuitas* désigne la condition nouvelle dans laquelle entre l'affranchi (« ad tua ingenuitate tuenda », « absque ullo praeiuditio ingenuitatis tue », n° LXXXIV, p. 112). On dit à l'affranchi que désormais il doit mener la vie d'un ingénu, « uitam semper bene et integra ducas ingenua » (ibid.), « in integro ingenuitate uiuas » (LXXXVII, p. 116). On précise plus, on ajoute que l'affranchi sera aussi libre que s'il était né de parents ingénus, « tamquam si ab ingenuis parentibus, fuisset procreatus uel natus » (LXXXII, LXXXIII, etc.). Enfin, on stipule qu'il n'aura aucun devoir d'affranchi à remplir (« nulli... reddat libertinitatis obsequium », LXXXII, etc.). Toutes ces formules, par toutes les clauses qu'elles contiennent, par tous les termes qu'elles emploient, expriment toujours une seule et même chose : l'égalité absolue de l'affranchi et de l'ingénu.

Aussi les lois franques ne soumettent-elles l'affranchi romain à aucune autre infériorité juridique que celle qui atteint également tous les hommes libres de sa nation. C'est ainsi, et non autrement,

---

1. E. de Rozière, *Rec. général*, nos LXXXII et suiv. (t. I, p. 110 et suiv.).

que doit certainement s'entendre le titre de la loi ripuaire qui est consacré aux affranchis romains :

(63) DE LIBERTIS SECVNDVM LEGEM ROMANAM. Si quis seruum suum libertum fecerit et ciuem romanum, portasque apertas conscripserit [1], si sine liberis discesserit, non alium nisi fiscum nostrum habeat heredem. Quod si aliquid criminis admiserit, secundum legem romanam iudicetur ; et qui eum interfecerit, centum solidis multetur.

La disposition qui attribue l'héritage de l'affranchi, à défaut de descendants, au fisc, est simplement la conséquence de ce fait qu'un affranchi, en droit, se trouvait nécessairement sans parenté ascendante ou collatérale. La loi ripuaire exclut ici, non des parents qui n'existent pas, mais le patron, qui dans l'ancien droit romain aurait été appelé, en vertu d'un droit spécial, à la succession de son affranchi. En cela donc, loin de constituer à l'affranchi une position à part, la loi franque ne fait que consacrer la disparition d'une des différences qui, dans la législation de l'empire romain, séparaient encore l'affranchi de l'ingénu. — Dans la phrase suivante, l'assimilation de l'affranchi *secundum legem romanam* avec le Romain est nettement exprimée. Enfin vient la fixation du wergeld. Or, par la manière dont cette fixation est présentée, il est bien évident qu'elle ne constitue pas une différence entre l'affranchi et les autres hommes qui sont jugés suivant la loi romaine. Il faudrait, pour qu'on pût l'entendre ainsi, qu'il y eût un *sed* ou un *tamen* entre la phrase qui assimile l'affranchi au Romain libre et la phrase qui restreint son wergeld. Il est clair que pour le rédacteur de la loi ces deux phrases se tiennent, que l'une est la conséquence de l'autre. Si la loi ripuaire fixe à 100 sous le wergeld de l'affranchi, c'est parce qu'elle le range au nombre de ceux *qui secundum legem romanam iudicantur*.

Il est vrai que la même loi contient d'autres passages qui paraissent, à première vue, fournir un argument en faveur du système de M. Fustel de Coulanges. Plusieurs fois dans la loi ripuaire on rencontre le terme de *Romanus* ou *romanus homo* associé au nom de certains affranchis placés sous la dépendance du roi ou des églises, *homo regius, ecclesiasticus ;* à l'*ingenuus*

---

1. Allusion aux mots « portas apertas, » qu'on inscrivait souvent dans les actes d'affranchissement, pour exprimer que le nouvel affranchi était désormais libre d'aller où il voulait.

ripuarius est opposé le *regius, romanus uel ecclesiasticus homo*. De là on a déjà conclu que les Romains dont la loi ripuaire avait à s'occuper étaient principalement des affranchis [1]. Mais c'est là un fait qui s'explique sans qu'on ait besoin de supposer que ces affranchis avaient un autre nom et une autre condition que les citoyens indigènes de l'empire. Il faut plutôt admettre, comme on l'a déjà fait [2], que si la loi ripuaire ne s'occupe guère des Romains libres, c'est qu'il y avait peu d'hommes de cette nation dans la contrée des bords du Rhin pour laquelle cette loi a été rédigée, la plupart des habitants étant de race barbare. En effet, il faut remarquer que dans toute cette contrée la langue allemande a seule été parlée depuis le commencement du moyen âge, ce qui indique que la population en était toute germanique.

Au surplus, à côté des articles en question, où la loi ripuaire semble penser à un affranchi en employant le mot « Romanus », il s'en trouve un autre où le même mot s'applique certainement au citoyen romain libre de naissance, indigène de l'empire. C'est celui où la loi ripuaire règle le wergeld des diverses sortes d'étrangers (*aduenae*). Entre l'étranger, soit franc (d'une nation autre que celle des Ripuaires, salien par exemple), soit burgonde, et l'étranger alaman, frison, bavarois ou saxon, la loi nomme l'étranger romain, *aduenam romanum* : et elle fixe le wergeld de cet étranger, comme celui de l'affranchi romain, à 100 sous (tit. 38). C'est donc bien à la nationalité romaine que le wergeld de 100 sous était attaché ; l'affranchi romain avait ce wergeld comme romain, non comme affranchi [3].

Dans le système nouveau, il fallait encore expliquer deux points : 1° comment il se fait que les lois franques prennent *Romanus* dans un autre sens que ne font les autres lois barbares; 2° comment *Romanus* a pu signifier esclave affranchi. Les réponses que M. Fustel de Coulanges fait à ces deux questions ne sont pas, ce semble, d'accord entre elles. D'une part, il explique que si les lois franques ne parlent pas la même langue que les autres lois, c'est parce qu'elles ont été rédigées plus tard, et que dans

---

1. Waitz, *Deutsche Verfassungsgeschichte*, t. II (2ᵉ édit.), p. 179 n. et 208.
2. Waitz, *ibid.*, p. 208.
3. Peut-être, au reste, l'usage de l'affranchissement romain avait-il précisément pour but de maintenir l'esclave affranchi dans une condition juridique inférieure à celle de son maître. On atteignait ce but en ne lui conférant que la nationalité romaine.

l'intervalle qui sépare les deux groupes de lois, c'est-à-dire pendant le vi⁰ siècle, les mots avaient changé de sens. D'autre part, il affirme que l'emploi de *Romanus* au sens d'affranchi remonte aux « meilleurs temps de l'empire », qu'on le trouve, par exemple, dans Gaius, c'est-à-dire au ii⁰ siècle de notre ère. On ne peut pourtant admettre à la fois que ce soit au vi⁰ siècle que le mot *Romanus* a pris le sens d'affranchi, et que néanmoins il ait déjà eu ce même sens dès le ii⁰ siècle [1].

D'ailleurs, de ces deux propositions contradictoires, ni l'une ni l'autre, prise en elle-même, ne peut être admise. D'une part, on a vu que M. Fustel de Coulanges attribue arbitrairement à la loi salique une date trop récente ; en réalité, elle est antérieure aux autres lois germaniques et non postérieure : elle ne peut parler une langue plus récente que ces autres lois. D'autre part, il n'est pas non plus exact que sous l'empire, dans Gaius par exemple, *Romanus* ait jamais voulu dire esclave affranchi.

M. Fustel de Coulanges cite à la fois Gaius et Ulpien. Ces deux auteurs témoignent que parmi les affranchis, de leur temps, il y en avait qui étaient citoyens romains, d'autres latins, d'autres dans une condition encore différente : « Libertorum genera sunt tria, ciues romani, Latini Iuniani, dediticiorum numero [2]. »

---

[1]. Fustel de Coulanges, p. 500-502 : « On peut lire chez les jurisconsultes Gaius et Ulpien, « qu'en dehors des hommes libres, il y a deux sortes d'af-« franchis, ceux qu'on appelle citoyens romains et ceux qu'on appelle latins »... Entre l'époque de Gaius et celle où la loi des ripuaires fut rédigée, la distinction entre les deux classes d'affranchis ne s'effaça pas ;... le nom de latin seul disparut, et il résulta de là que tous les affranchis s'appelèrent des romains ; ces deux termes devinrent équivalents dans le langage ordinaire... Ainsi le nom de romain, que l'affranchi avait eu sous l'empire, lui demeura attaché. Comme les formes de l'affranchissement se perpétuèrent, les noms aussi restèrent les mêmes » ; et plus bas : « Les termes du langage, et surtout ceux qui désignent les conditions sociales, ont une signification de convention qui change avec le temps... Les lois salique et ripuaire, sous la forme où elles nous sont parvenues, ne sont pas antérieures aux premières années du vii⁰ siècle... La loi des Burgondes, qui donne au terme de *romain* son sens ethnique, a été rédigée entre 471 et 517, c'est-à-dire plus d'un siècle avant la rédaction que nous avons des lois franques. On conçoit que dans cet intervalle le sens d'un mot ait pu se modifier. »

[2]. Ulpien, titre I, § 5. Le passage correspondant de Gaius (I. 12) nous manque, par suite d'un bourdon du manuscrit unique. Le texte cité par M. Fustel de Coulanges (p. 501, n. 1) est un supplément ajouté par les éditeurs modernes. Du reste, la suite de Gaius montre qu'il devait ici s'exprimer à peu près comme Ulpien ; comparez notamment cette phrase (I, 16) : « Si uero in nulla tali turpitudine sit seruus (c'est-à-dire dans un des cas d'infamie qui mettent l'affranchi *dediticiorum numero*), manumissum modo ciuem romanum, modo Latinum fieri dicimus. »

Cela veut dire que parmi les affranchis, au temps de Gaius et d'Ulpien, il y en avait à qui l'affranchissement conférait, avec la liberté, la nationalité romaine, tandis que les autres étaient assimilés à diverses sortes d'étrangers. Les premiers, jouissant comme les hommes libres du droit de cité, portaient, comme eux, le nom qui exprimait ce droit : *ciuis romanus*. Rien n'indique qu'on donnât plus particulièrement ce nom à ceux des citoyens romains qui n'avaient pas été libres et citoyens dès le temps de leur naissance. Dire d'un affranchi qu'il était citoyen romain, c'était exprimer, non ce qui le séparait des hommes libres, mais ce que sa condition avait, avec la leur, de commun. Comment ce nom, destiné, sous les empereurs romains, à rapprocher les affranchis des hommes libres, aurait-il pu devenir, sous les rois mérovingiens, propre à les en distinguer ?

Il n'est pas prouvé non plus que les mots *ciuis romanus* aient été employés au sens d'« affranchi », à l'époque mérovingienne, dans les formules d'affranchissement. Dans ces actes, dit M. Fustel de Coulanges, nous « lisons toujours que le maitre fait de son esclave un citoyen romain; cela signifie seulement qu'il fait de lui un affranchi ». Mais à quoi aurait-il servi d'exprimer un fait aussi évident par lui-même ? personne au monde ne peut faire qu'un homme qui a été esclave ne l'ait pas été, ni, par suite, que l'affranchissement fasse de lui autre chose qu'un affranchi : cela allait de soi. Ce qu'il importait de dire, c'est que l'esclave affranchi recevait avec la liberté la nationalité romaine, qu'il était assimilé aux citoyens romains libres. C'est là ce qu'on entendait exprimer en le qualifiant de *ciuis romanus*.

Conclure, de cet emploi des mots *ciuis romanus*, que ces mots désignent spécialement les affranchis, par opposition aux hommes nés libres, c'est comme si d'une phrase ainsi conçue : « en France l'étranger qui obtient la naturalisation devient Français », on voulait conclure que chez nous le mot *Français* désigne spécialement les étrangers naturalisés, par opposition aux membres des familles indigènes de la France. Les mots *ciuis romanus* ne sont pas employés autrement dans les formules que celui de *Français* dans la phrase que je viens de supposer.

Le système nouveau n'est donc pas plus justifié au point de vue de la langue qu'au point de vue du droit. Le vice de ce système, c'est qu'il est trop restrictif. Il veut n'appliquer qu'aux affranchis d'une nation ce qui est vrai de cette nation tout entière. De ce qu'il y avait des affranchis parmi les hommes qui avaient le wergeld de 100 sous, il conclut que ce wergeld n'appartenait qu'aux affranchis. De ce qu'il y avait des affranchis qu'on appelait Romains, il conclut que le nom de Romain ne pouvait désigner que des affranchis. Les textes ne font pas cette restriction. Il faut s'en tenir à ce qu'ils disent; il faut admettre, comme on l'avait fait jusqu'à présent, que la loi salique et la loi ripuaire donnent le nom de Romain et attribuent le wergeld de 100 sous, non aux affranchis romains seulement, mais à tous les hommes de nationalité romaine.

A Messieurs les directeurs de la REVUE HISTORIQUE.

Revue historique, 1876, II, p. 632-637.

« MESSIEURS,

« Vous voulez bien me communiquer le texte de l'article que vous a adressé M. Fustel de Coulanges, sur la question du wergeld des Romains dans les lois franques, en réponse à mon article du mois de juillet dernier, et me laisser maître de la forme et de l'étendue de ma réplique. Je préfère beaucoup la faire courte mais immédiate, plutôt que lui donner un développement qui vous obligerait à l'ajourner au mois de janvier. J'ai donc l'honneur de vous adresser, pour la livraison d'octobre, quelques notes dans lesquelles je me suis attaché à répondre aux points principaux de l'argumentation de M. Fustel de Coulanges.

« Veuillez agréer, etc.

« J. HAVET. »

1° Sur le fond même du débat, M. Fustel de Coulanges ne paraît pas m'avoir bien compris. Il dit que la question est de « savoir si les lois salique et ripuaire, dans les articles où elles prononcent que les *romani* n'ont qu'un demi-wergeld, entendent parler de cette classe des affranchis (les affranchis *romani*), ou si elles visent les hommes libres de race gallo-romaine » (p. 461); il omet l'opinion tierce, celle que j'ai soutenue, qui est que dans ces articles les lois franques visaient tout à la fois ces deux catégories de personnes, parce que toutes deux ne formaient qu'une même classe, celle des hommes de nationalité romaine. Je n'ai parlé que de nationalité (voy. note 9°), j'ai reconnu qu'il n'y avait pas à considérer la race ; j'ai dit que les affranchis *secundum legem romanam* ne devaient leur nationalité qu'à la forme dans laquelle ils avaient été affranchis, et qu'ils pouvaient être de race franque aussi bien que de race gauloise. Un grand nombre des textes que M. F. de C. cite aujourd'hui dans sa réponse n'établissent que ces points non contestés. Je n'ai pas nié non plus cette proposition à laquelle M. F. de C. tient tant et pour laquelle il accumule tant de témoignages, que chez les Francs le wergeld variait suivant la condition sociale et le degré de liberté des diverses classes de personnes ; il s'agit seulement de savoir s'il ne variait pas aussi suivant les nationalités, et cette seconde question est indépendante de la première. Circonscrivons nettement la question, que ces mots vagues de race ou de classe pourraient obscurcir et embrouiller. Il y avait dans le royaume franc des Francs libres, des lites, des affranchis romains, des Romains nés libres. On est d'accord à reconnaître que le wergeld des Francs libres était de 200 sous, celui des lites et des affranchis romains de 100 sous ; il reste uniquement à savoir quel était celui des Romains nés libres. Était-il égal à celui des Francs libres ou à celui des affranchis romains ? Les textes qui nous donnent là-dessus quelque indice sont en petit nombre, mais ils s'accordent à rendre un même témoignage. Aucun n'indique de parité entre le Romain et le Franc ; tous marquent plus ou moins explicitement la parité entre le Romain né libre et le Romain par affranchissement. Les principaux sont : — les titres 41 et 42 de la loi salique, qui attribuent le demi-wergeld au *Romanus* sans distinguer s'il s'agit d'un Romain né libre ou d'un affranchi ; — le titre LXI-63 de la loi ripuaire (ci-dessus, p. 18) qui, en même temps qu'il fixe à 100 sous le wergeld de l'affranchi romain, prononce d'ailleurs l'assimilation légale de cet affranchi avec les autres hommes de nation romaine ; — les formules d'affranchissement, qui indiquent l'égalité de condition de l'affranchi romain et du Romain né libre (ci-dessous, 5°) ; — le titre XXXVI-38 de la loi ripuaire, qui donne positivement le wergeld de 100 sous à un Romain autre que l'affranchi (ci-dessous, 4°). Voilà les véritables données du problème ; voilà les témoignages sur lesquels j'ai cru que devait se concentrer l'attention. Pour tous les autres textes, tous ceux qui nous apprennent qu'il y avait parmi les Francs des classes différentes et que la loi les distinguait, ceux qui nous donnent des détails sur les lites et les *pueri regis*, sur les *homines ecclesiastici* et les *tabularii*, sur les affranchis romains ou autres, je ne vois pas de quelle utilité ils peuvent être dans le présent débat : ils ne touchent pas à ce qui est en question et ils détournent l'esprit ailleurs. Je ne suivrai donc pas M. F. de C. dans l'analyse de tous ces textes [1], et je ne répondrai plus que sur quelques points de détail.

2° (p. 462 et 463, note 2). Sur la question du mépris des barbares pour les Romains, M. F. de C. récuse l'autorité du texte de Liutprand que j'avais cité et il prend soin de m'avertir qu'« il est toujours prudent de vérifier les textes qu'on rencontre ». Je puis l'assurer que j'avais vérifié ce texte avant de le citer. Je ne l'ai cité, d'ailleurs, qu'à titre d'exemple, et à ce point de vue il garde toute sa valeur ; ce témoignage tardif est notamment précieux en ce qu'il prouve la longue persistance du mépris que les barbares avaient gardé, depuis l'époque de l'invasion, pour toute la nation romaine. Pour l'époque antérieure, il y a d'autres témoignages. Il y a celui du glossaire de Cassel que j'ai cité aussi, et qui subsiste toujours quoi qu'on en dise. Il y a un passage des miracles de saint Goar, que M. F. de C. cite lui-même aujourd'hui (p. 469), où l'on parle d'un Germain qui « détestait les hommes de langue et de race romaine » ; rien n'indique, comme le dit M. Fustel (p. 469, n. 2), que ce fût là « un sentiment tout à fait individuel » ; l'expression du narrateur, *quodam gentilitio odio*, semblerait plutôt marquer le contraire. Il y a enfin le grand prologue de la loi salique, où la haine des Romains éclate : « Gens Francorum... Haec est enim gens quae, fortis dum esset et ualida, Romanorum iugum durissimum de suis ceruicibus excusserunt pugnandum, atque post agnitionem baptismi sanctorum martyrum corpora, quae Romani igne cremauerant uel ferro truncauerant uel bestiis lacerandum proiecerant, Franci super eos aurum et lapides

---

1. Après cette analyse, la conclusion à laquelle M. F. de C. arrive est celle-ci : « De tout cela nous croyons pouvoir conclure : 1° comme chose certaine, que les lois franques, comme toutes les lois barbares, tiennent compte des conditions sociales pour l'évaluation du wergeld ; 2° comme chose probable, qu'elles ne tiennent pas compte des races (p. 487). » Or, ce sont là deux points non contestés, et la question est toujours de savoir si les lois barbares ne tiennent pas plus de compte des nationalités que des races, et si d'ailleurs la condition sociale des affranchis romains était autre que celle des Romains nés libres. La conclusion de M. F. de C., comme son argumentation, est à côté du véritable sujet de la controverse.

praetiosos ornauerunt. » Ce prologue ne reproche pas seulement aux Romains, comme le dit M. F. de C., « d'avoir persécuté les chrétiens », il leur reproche aussi d'avoir tyrannisé les Francs ; et quant aux persécutions contre les chrétiens, elles étaient bien loin alors : qui donc pouvait engager les Francs à rappeler des faits aussi anciens, sinon le désir de dire du mal des Romains ? Ce sentiment hostile à l'égard des Romains n'a peut-être pas été celui de tous les barbares, mais on ne saurait nier qu'il ait existé au moins chez beaucoup d'entre eux.

3° (p. 467, note 1). M. F. de C. avait dit que, dans les ordonnances des rois mérovingiens, « si le législateur parle des Romains, c'est pour les mettre au même niveau que les Francs et leur assurer le bénéfice de leurs lois ». J'ai dit que je n'avais pas trouvé les passages auxquels ces termes font allusion. M. F. de C. ne les indique toujours pas.

4° (p. 474, dernier alinéa et note 2). Les quatre premiers paragraphes du titre XXXVI-38 de la loi ripuaire, que M. F. de C. veut écarter, sont fort importants : « Si quis Ripuarius aduenam Francum interfecerit, ducentis solidis culpabilis iudicetur. Si quis Ripuarius aduenam Burgundionem interfecerit, centum sexaginta solidis culpabilis iudicetur. Si quis Ripuarius aduenam Romanum interfecerit, centum solidis multetur. Si quis Ripuarius aduenam Alamannum seu Fresionem uel Baiuuarium aut Saxonem interfecerit, centum sexaginta solidis culpabilis iudicetur. » M. F. de C. écarte ce texte parce que les hommes dont il s'occupe sont des étrangers. Or, précisément parce que ces hommes sont des étrangers, nous sommes sûrs que les divers noms dont on les désigne marquent autant de nationalités différentes : en donnant 200 sous de wergeld au Franc, 160 sous au Burgonde, à l'Alaman, au Frison, au Bavarois ou au Saxon, 100 sous au Romain, la loi établit donc positivement des différences de wergeld fondées sur les différences de nationalité. De plus, le wergeld que la loi donne ici à l'étranger *romanus* est précisément le même qu'elle donne plus loin à l'affranchi *romanus*; est-il vraisemblable que cette égalité de wergeld, entre deux personnes désignées par le même nom, soit une pure coïncidence ?

5° (p. 485, note 2). Rien n'autorise à prononcer que l'affranchi romain n'était pas l'égal du Romain né libre. Les arguments sur lesquels M. F. de C. appuie la thèse de l'infériorité des affranchis ne sont pas suffisamment probants. Ce qui est dit de l'*ecclesiasticus* ou du *regius* ne prouve rien pour le *Romanus*. La formule 107 n'est pas de celles qui donnent à l'affranchi le nom de *Romanus*, elle est donc hors de la question. Quant à l'obligation d'avoir un patron et de vivre sous le *mundium* de quelqu'un, on ne la trouve dans aucune des formules qui font de l'affranchi un *Romanus*. Ce qu'on trouve dans quelques-unes de ces formules, c'est la *permission* de choisir un patron, permission qui n'emportait aucune obligation et qui rendait la liberté de l'affranchi complète : « mundeburde uel defensionem ubicumque sibi elegere uoluerit licentiam habeat elegendi » (82) ; « defensionem uero tam aecclesia uel ominem deum timentium ubicumque expetire uolueritis libera et firmissima in omnibus habeatis potestatem ad hoc faciendum quicquit uolueritis » (86). Enfin, M. F. de C., qui me reproche d'avoir cité incomplètement une phrase de la formule 82, ne la cite pas complètement lui-même; s'il l'eût fait, on aurait vu que cette formule ne dit nullement que l'affranchi *devra l'obsequium* « cuicumque elegere uoluerit »... Cette idée de devoir l'*obsequium* n'est pas dans le texte à cet endroit. Voici la phrase entière : après ces mots « nulli heredum ac proheredum meorum nullo unquam tempore reddat libertinitatis obsequium », on lit, suivant l'un des deux manuscrits qui nous ont conservé la formule : « sed cuicumque elegere uoluerit ipse et agnitio sua in posterum semper ualeant permanere bene ingenui adque securi » ; et suivant l'autre manuscrit : « sed ubicumque sibi elegere uoluerit ipse et agnatio eius in posterum semper ualeant permanere bene ingenui... » La première leçon ne fait pas de sens, la seconde seule en fait un : on le voit, il ne n'agit plus là d'*obsequium*, il n'est question que du lieu où l'affranchi voudra fixer son séjour, *permanere*, et sur ce point on lui donne, comme sur tous les autres, liberté complète. — Sur l'héritage de l'affranchi romain mort sans enfants, M. F. de C. ne reproduit pas exactement l'opinion que j'ai exprimée (voyez ci-dessus, p. 18).

6° (p. 487, l. 3 et 4 du bas). L'infériorité des Romains à l'égard du wergeld ne paraît pas seulement dans la loi salique. On la trouve nettement indiquée dans la loi ripuaire, au titre XXXVI-38 (ci-dessus, 4°).

7° (p. 488, note 1). « M. Havet », dit M. F. de C., « fait cette hypothèse que, si l'inégalité du wergeld entre les races ne paraît pas dans les lois des Wisigoths et des Burgondes, c'est que les rois qui ont rédigé ces lois l'ont fait disparaître. Alors, pourquoi Clotaire II, Dagobert Ier et surtout Pépin et Charlemagne n'ont-ils pas fait la même réforme? Est-il sérieux de dire que la pensée ne leur en est pas venue? Pourquoi, d'ailleurs, toutes ces hypothèses contradictoires? » — Si les rois burgondes et wisigoths ont jugé utile d'améliorer la condition des Romains, ce n'était pas une raison pour que les rois francs fussent obligés de faire comme eux. Il n'y a d'ailleurs pas là d'hypothèses : que Gondebaud ait réformé la loi des Burgondes en faveur des Romains, c'est un fait qu'atteste Grégoire de Tours (*Burgundionibus leges mitiores instituit, ne Romanos opprimerent*); que les rois francs n'aient pas réformé de la même façon les lois franques, c'est un fait qu'attestent leurs capitulaires.

8° (p. 488-489). « Comment s'y prenait-on pour établir en justice à laquelle des deux races l'homme appartenait? » — M. F. de C. n'était apparemment pas embarrassé de cette difficulté, quand il écrivait dans son *Histoire des institutions*, p. 411 : « Dans chaque procès on avait égard à la race de l'accusé ou du défendeur »; et p. 489, à propos des articles mêmes qui nous occupent : « les Francs étaient jugés par la loi franque et les Gaulois d'après la loi romaine. Jamais les Germains n'ont prétendu imposer aux indigènes l'usage des lois germaniques. » Ces propositions supposent qu'on distinguait le « Gaulois » du Franc, non seulement sous Clovis, mais encore au moins au vii° siècle, où M. Fustel de Coulanges place la rédaction des deux lois franques. La vérité est qu'on les distinguait plus tard encore, et il est aisé de comprendre comment. Dans chaque famille devait se transmettre de père en fils la tradition de la nationalité héréditaire. Chacun avait besoin de connaître sa nationalité, non seulement pour les procès qu'il pouvait avoir à soutenir, mais aussi pour tous les actes juridiques qu'il avait journellement à faire. Il était impossible qu'il l'ignorât.

9° (p. 489, note 1). « M. J. Havet dans son article parle souvent de nationalité romaine... Nous nous sommes même demandé si le fond de sa pensée n'était pas de substituer une distinction de nationalités à l'ancienne distinction de races. » — J'ai en effet admis que la distinction à faire au point de vue du wergeld était celle des nationalités, non celle des races : je regrette de voir que je ne me suis pas expliqué sur ce point, à ce qu'il paraît, assez clairement pour écarter toute équivoque. L'idée de nationalité était familière aux Romains de l'empire; ils l'exprimaient par le terme de *ciuitas*. La nationalité romaine s'appelait *ciuitas romana*. Cette nationalité avait été concédée par Caracalla à tous les habitants des provinces. Lors de l'invasion des Germains, elle appartenait aux Gallo-Romains comme aux autres provinciaux; elle n'appartenait pas aux barbares, qui venaient du dehors, de l'étranger. Il y avait donc dans les provinces envahies, des hommes qui avaient la nationalité romaine et d'autres qui ne l'avaient pas ; rien n'indique que sous les Mérovingiens cette distinction se soit effacée. La conquête franque, M. F. de C. l'a montré dans son livre, n'avait ni détaché la Gaule de l'empire romain ni aboli dans la Gaule les lois romaines et même la souveraineté des empereurs romains : pourquoi y aurait-elle aboli la notion de la *ciuitas romana*, de la nationalité romaine ? Nous avons d'ailleurs la preuve directe que cette notion s'est conservée. C'est à elle que font allusion plusieurs textes cités aujourd'hui par M. F. de C., p. 469. C'est elle aussi que rappellent les formules d'affranchissement et la loi ripuaire (VIIe siècle), quand elles déclarent l'affranchi citoyen romain, *ciuem romanum*. Marculfe parle des hommes de nationalité romaine : « omnes pagenses uestros, tam Francos, Romanos, uel reliqua natione » (I, 40 ; Rozière, n° 1). C'est la nationalité du défendeur qui déterminait, ainsi que le rappelle M. F. de C., suivant quelle loi se jugeait chaque procès [1]. Enfin le plaid de 918, auquel M. F. de C. fait allusion, suffirait à lui seul pour prouver la durée de la distinction des nationalités dans la Gaule. On y lit ces mots : « iudices, scaphinos et regimburgos, tam Gotos quam Romanos seu etiam Salicos » (*Histoire générale du Languedoc*, t. II, preuves, col. 56). On ne peut supposer que ces termes ont une signification géographique et désignent les habitants de différentes provinces : car il s'agit de plusieurs juges d'un même lieu. On ne peut pas non plus supposer que les *Romani* soient ici les hommes de condition intermédiaire entre la liberté et l'esclavage : car ces *Romani* font acte de juges, et l'on n'admettait, sans aucun doute, à prendre part aux jugements, que des hommes libres. Le terme de *Romani* désigne ici, comme celui de *Salici* et celui de *Goti*, qui l'accompagnent, non une région ou une condition sociale, mais une nationalité [2].

1. C'était bien en pareil cas la nationalité, non la race, que l'on considérait. L'affranchi *romanus* pouvait être un homme de race germanique ; pourtant la loi ripuaire (tit. LXI-63) veut que dans tous les cas il soit jugé suivant la loi romaine, parce qu'il est *ciuis romanus*. Pour les hommes nés libres, la nationalité résultait sans doute de la filiation et se confondait avec la race : pour les affranchis, au contraire, elle résultait du mode d'affranchissement.
2. La différence de nationalité n'empêchait pas d'ailleurs que les Romains et les Francs ne fussent également sujets des rois et ne pussent être également appelés à les servir dans les fonctions publiques. Aucune des deux nations n'était étrangère au « pays », elles étaient réciproquement étrangères (en droit) l'une à l'autre, dans le pays qu'elles habitaient en commun.

DIE ENTSTEHUNG DES COLONATS

Von Bernard Heisterbergk, D' phil.

Revue Critique, 1877, t. 1, p. 430-432 : Compte rendu.

M. Heisterbergk part de l'opinion très vraisemblable suivant laquelle le colonat [1] est né d'une loi fiscale du bas-empire, qui aura attaché à leur condition les fermiers libres et défendu de les séparer du sol qu'ils cultivaient, et cela sans autre but que celui d'assurer l'assiette et le recouvrement de l'impôt ; c'est à peu près de la même façon que la législation de la même époque, dans le même but, attachait les curiales aux curies et les ouvriers des villes à leurs industries diverses. Ce qu'il cherche à déterminer dans cette brochure, c'est l'origine, non du colonat lui-même, mais de cette classe de fermiers de condition libre, dont la législation impériale a tiré le colonat [2] ; voici comment il l'explique.

On sait, dit-il, qu'à la fin de la république et au commencement de l'empire, beaucoup de terres furent accaparées par de riches propriétaires, qui cherchèrent à en réunir entre leurs mains la plus grande étendue possible : ainsi se formèrent ces *latifundia* que Pline dit avoir été si funestes : « latifundia perdidere Italiam » (XVIII, 7). Or, si les *latifundia* firent du mal à l'Italie, c'est que ceux qui les possédaient, n'ayant cherché à agrandir leurs terres que par esprit d'orgueil et non pour augmenter leurs revenus, négligeaient de les cultiver. Mais les choses

---

[1]. Rappelons que l'on désigne par le nom de colonat une classe d'hommes du bas empire romain, dont la condition se résume ainsi : le *colon* est fermier d'un sol qui ne lui appartient pas et pour lequel il paie au propriétaire une redevance périodique ; sa ferme est héréditaire et perpétuelle, il ne peut la quitter et le propriétaire ne peut la lui retirer ; d'ailleurs, il est libre.

[2]. L'existence de cette classe est attestée par un chapitre de Columelle (I, 7). On donnait déjà aux hommes qui la composaient le nom de *coloni*, lequel, du reste, ne signifie autre chose que *cultivateurs*.

ne pouvaient se passer ainsi, selon M. H., que sur un territoire exempt d'impôts, comme l'Italie; dans les provinces, où existait l'impôt foncier, il eût été ruineux de posséder des terres sans leur faire rien produire; on eut alors recours à l'expédient de les affermer. Ceux qui formèrent des *latifundia* dans les provinces, au lieu de chasser, à mesure de leurs acquisitions, les anciens propriétaires du sol, comme on avait fait en Italie, préférèrent prendre ces anciens propriétaires à leur service et les établir comme fermiers sur les terres qu'ils avaient autrefois exploitées pour leur compte : ainsi se forma, dans toutes les provinces, une classe nombreuse de fermiers libres. Dans quelques parties de l'empire, telles que l'Égypte, où cette classe paraît avoir existé déjà avant la conquête romaine, les mêmes causes, au lieu de la créer, la conservèrent. De toutes manières, M. H. arrive à cette conclusion, que l'origine première du colonat se trouve dans la situation faite aux provinces par l'impôt foncier auquel Rome les soumettait. Des provinces, pense-t-il, l'institution dut passer, plus tard seulement, à l'Italie.

N'est-ce pas là chercher à un fait bien simple une explication bien compliquée? S'il y avait dans l'empire beaucoup de terres affermées à des cultivateurs libres, cela ne s'explique-t-il pas suffisamment par cette remarque de Columelle, que ce mode d'exploitation était celui qui avait le moins d'inconvénient, et que le propriétaire perdait moins à affermer sa terre qu'à la faire cultiver par des esclaves[1]? Pour que les propriétaires aient cherché à tirer de leurs terres un parti aussi avantageux que possible, il n'est pas nécessaire de les y supposer contraints par l'obligation de payer l'impôt[2] : le désir de gagner n'a pas besoin d'explication. Sans doute, il a pu arriver que des *latifundia* se soient trouvés entre les mains de quelques grands personnages qui dédaignaient d'en tirer de l'argent; mais peut-on admettre que durant trois siècles tous les propriétaires aient été aussi désintéressés, et que jamais les biens de ces riches insouciants n'aient passé à des héritiers plus cupides?

---

1. I, I, 7 : « Cum omne genus agri tolerabilius sit sub liberis colonis quam sub uilicis seruis habere. »

2. Cette supposition emporterait que l'impôt foncier a dû faire le bonheur des provinces qui le payaient, et qui sans cela seraient devenues désertes. M. Heisterbergk ne recule pas devant ce paradoxe; il attribue la richesse et la nombreuse population des provinces d'Égypte et d'Afrique, moins à la fertilité du sol de ces provinces, qu'au tribut de blé qu'elles payaient à Rome et qui dut y entretenir la culture (p. 92-121).

L'hypothèse qui fait le fond de cet opuscule est donc au moins inutile. — Les premiers chapitres contiennent un résumé clair et consciencieux des différentes opinions qui ont été produites jusqu'aujourd'hui pour expliquer la formation du colonat au sein de l'empire romain. Il n'était peut-être pas nécessaire d'examiner aussi longuement que l'a fait M. Heisterbergk le système singulier et peu vraisemblable de M. Rodbertus-Jagetzow (p. 38 à 67).

L'AFFRANCHISSEMENT

PER HANTRADAM

Nouvelle Revue historique de droit français et étranger, I (1877), p. 657-662.

On trouve dans la loi des Francs Chamaves [1] un mode d'affranchissement qui est particulier à cette législation ; on n'en rencontre aucune mention ailleurs. La loi lui donne le nom de *hantrada*. Elle le décrit ainsi :

XI. Qui per hantradam [2] hominem ingenuum dimittere uoluerit, in loco qui dicitur Sanctum sua manu duodecima ipsum ingenuum dimittere faciat.	Art. 11. Celui qui voudra affranchir un esclave, par le mode appelé *hantrada*, le fera mettre en liberté en jurant, lui douzième, dans le lieu appelé le Lieu Saint.

Ainsi, pour affranchir par ce mode, le maître devait prêter un serment solennel, avec onze cojurateurs [3]. Voilà ce que la loi dit expressément.

---

1. « Notitia uel commemoratio de illa euua quae se ad Amorem habet. » On sait que ce texte avait été pris, par Baluze, pour un capitulaire et publié par lui sous le titre de *Capitulare tertium anni DCCCXIII*. On s'accorde aujourd'hui à y voir, avec le dernier éditeur, E.-Th. Gaupp (*Lex Francorum Chamavorum oder das vermeintliche Xantener Gaurecht*, Breslau, J. Max, 1855, in-8°), la loi, « euua », des Francs Chamaves ou habitants du *Hamarland* (« Amorem »), aux bouches du Rhin. Cette loi paraît avoir été écrite dans les premières années du IXe siècle. [Cf. sur ce document : Henri Froidevaux, *Études sur la « Lex dicta Francorum Chamavorum »*. Paris, Hachette, 1891, in-8°.]
2. C'est la leçon du meilleur des deux manuscrits qui contiennent la loi, celui de Metz ; l'autre, le manuscrit de Navarre, porte *handradum*.
3. Gaupp, *Lex Francorum Chamavorum*, p. 65-67 ; Sohm, *Die Fränkische Reichs- und Gerichtsverfassung* (*Die Altdeutsche Reichs- und Gerichtsverfassung*, t. I, Weimar, H. Böhlau, 1871, in-8°), p. 580. Le lieu, « qui dicitur Sanctum », est le sanctuaire d'une église (Sohm, p. 580) ou le lieu où reposent les reliques d'un saint (Gaupp, p. 14).

Elle ne dit pas ce que contenait le serment prêté par le maître. Elle ne dit pas non plus quelles pouvaient être les autres formalités de l'affranchissement *per hantradam* et quel était l'acte qui opérait proprement, en droit, l'affranchissement de l'esclave. Sur ces points, nous en sommes réduits aux conjectures. Il s'agit donc de chercher ce qui peut être conjecturé avec le plus de vraisemblance.

On a supposé que le serment du maître et de ses cojurateurs était la seule formalité exigée et que ce serment opérait par lui-même la libération; on a pensé aussi que ce serment était un serment *promissoire,* par lequel le maître s'engageait à tenir désormais l'esclave pour un homme libre [1]. Ces hypothèses sont difficiles à admettre.

Il est difficile de comprendre comment une promesse du maître, même confirmée par serment, aurait pu par elle seule changer l'état de l'esclave. Une promesse n'a d'effet qu'entre la partie qui la fait et celle qui la reçoit; l'affranchissement est un acte qui intéresse la société entière. L'esclave qui devient libre n'est pas seulement soustrait au pouvoir de son maître, il reçoit un état civil nouveau et devient membre de l'État : il n'appartient donc qu'à l'autorité de l'État de faire d'un esclave un homme libre. C'est ainsi que l'affranchissement ordinaire du droit franc, *per denarium,* exige l'intervention du roi, peut-être aussi à l'origine celle du peuple [2]. L'affranchissement *per hantrádam* devait donc aussi comprendre une action quelconque de l'autorité publique. — Et cette action de l'autorité, le texte même de la loi l'indique. La loi ne dit pas que le maître, par son serment, *affranchit* l'esclave : il y aurait alors : « sua manu duodecima ipsum ingenuum dimittat »; elle dit qu'il le *fait affranchir* : « ipsum ingenuum dimittere faciat. » Le maître, par son serment, n'opère donc pas la libération de l'esclave : il la provoque seulement; d'autres l'opèrent.

Il est probable, en outre, qu'un serment pour lequel on exigeait des cojurateurs n'était pas un serment promissoire. L'emploi des cojurateurs dans le serment promissoire est un fait, sinon sans exemple, du moins très rare [3]. Le plus souvent, l'office des

---

[1]. Gaupp et Sohm, *ibid.*
[2]. Sohm, p. 46-50.
[3]. M. Sohm en a trouvé trois ou quatre cas en cinq siècles (p. 578-579).

cojurateurs est de confirmer le serment judiciaire, celui qu'une partie prête devant un tribunal, et par laquelle elle repousse la demande ou la plainte intentée contre elle.

Ainsi l'affranchissement *per hantradam* a, d'une part, le caractère d'un acte qui ne peut être accompli que par l'autorité publique; d'autre part, il a celui d'un acte judiciaire. Donc, à ce que nous devons supposer, l'autorité qui l'accomplissait, celle qui mettait l'esclave en liberté, c'était l'autorité judiciaire, le tribunal.

Un autre article de la loi des Chamaves confirme pleinement cette supposition. C'est celui qui précède immédiatement l'article relatif à l'affranchissement *per hantradam*. Là aussi on voit un serment, prêté par douze personnes à la fois, amener une sentence judiciaire qui reconnaît à un homme la qualité d'homme libre :

| X. Si quis hominem ingenuum ad seruitium requirit, cum duodecim hominibus de suis proximis parentibus in sanctis juret et se ingenuum esse faciat, aut in seruitium cadat. | Art. 10. Si quelqu'un réclame un homme libre comme son esclave, celui-ci devra jurer sur les saints avec douze hommes de ses proches parents, et ainsi il se fera reconnaître pour libre ; sinon, il tombera en servitude. |

Il y a entre les deux articles une similitude frappante. Les termes même sont identiques; dans l'un et l'autre, le mot *faciat* est employé pour exprimer le fait de provoquer, par une formalité légale, une sentence que l'autorité judiciaire, moyennant cette formalité, ne peut refuser. L'affranchissement *per hantradam* paraît donc avoir été une procédure judiciaire, aboutissant à faire déclarer la liberté de l'affranchi par une sentence du tribunal.

Pour amener une sentence, il faut un procès. Or il n'y a pas, dans un affranchissement, matière à un procès réel. Il y avait donc un procès fictif.

Les Chamaves ne sont pas le premier peuple qui ait donné à l'affranchissement la forme d'un procès fictif. Avant eux, un peuple plus illustre et dont le droit nous est mieux connu, le peuple romain, avait recouru au même artifice. L'affranchissement par la *vindicta*, tel que le décrivent les jurisconsultes, n'est autre chose, dans la forme, qu'un faux procès suivi d'un faux jugement. Le maître romain qui voulait affranchir se faisait actionner en justice par un tiers qui affirmait la liberté de l'esclave : il s'abstenait de répondre à cette affirmation ; il était alors condamné sur son silence, et l'esclave était déclaré libre.

Chez les Chamaves, dans l'affranchissement *per hantradam*, la procédure semble avoir été inverse. C'était l'esclave qui était mis en cause, soit par le maître, soit par un tiers chargé de ce soin, lequel le revendiquait comme sien. D'après la règle de l'article 10 de la loi des Chamaves, il suffisait que l'esclave attaqué se prétendît libre et attestât sa liberté avec douze cojurateurs, pour que sa liberté dût être reconnue par le tribunal. Le maître qui voulait affranchir se servait de cette règle ; loin de défendre ses droits sur l'esclave, il se présentait lui-même pour attester sa liberté et lui fournissait les onze autres cojurateurs. Les formes de la loi étant remplies, le tribunal ne pouvait faire autrement que de déclarer l'esclave libre, et dès lors sa liberté était consacrée par une sentence publique. Telle est, semble-t-il, la procédure décrite par l'article 11 de la loi des Chamaves.

Le serment prescrit par cet article n'était donc pas un serment promissoire. C'était, comme dans l'article 10, une attestation (attestation fausse dans l'espèce) de la liberté de l'homme dont l'état était mis en question.

Ce qui jadis avait amené les Romains à recourir à la voie indirecte des procès fictifs, c'était l'incommodité des autres modes d'affranchissement, le testament et le cens. Une raison semblable peut avoir agi chez les Chamaves. Le mode d'affranchissement ordinaire des Francs, *per denarium*, exigeait la présence du roi. Or les Chamaves habitaient l'ancien pays des Francs, la rive des bouches du Rhin, et dès le ve siècle les rois Francs avaient quitté cette contrée pour fixer leur résidence dans la France actuelle. L'affranchissement *per denarium* était donc en pratique, pour les Chamaves, impossible ou très difficile. C'est ce qui explique qu'on ait jugé nécessaire d'y suppléer par un expédient et qu'on ait inventé la voie indirecte du procès fictif.

On pourrait faire, contre la théorie qui vient d'être exposée, deux objections :

La première, c'est que les articles 10 et 11 ne s'accordent pas aussi bien que le voudrait cette théorie. L'article 10, celui qui prévoit le cas d'un véritable procès, exige que les cojurateurs soient pris parmi les proches parents du défendeur, « de suis proximis parentibus »; l'article 11 demande simplement douze cojurateurs quelconques, « sua manu duodecima ». — On peut répondre que la sanction de l'article 10 devait être, dans le droit de récusation, réservée au demandeur à l'égard des cojurateurs incompétents : cet article devait donc rester lettre morte quand il n'y avait pas de demandeur sérieux, c'est-à-dire dans un procès fictif, comme celui dont semble parler l'article 11.

La seconde objection, c'est que si l'affranchi *per hantradam* eût été un homme déclaré libre par sentence judiciaire, il eût été pleinement libre, ce qui est contraire à l'opinion jusqu'ici reçue. On admet, en effet, que l'affranchissement *per hantradam* ne donnait à l'esclave qui en était l'objet qu'une liberté restreinte [1]. Or comment un homme dont la liberté aurait été attestée et reconnue en justice ne jouirait-il pas de cette liberté sans restriction ? — Il est vrai que la présente théorie de l'affranchissement *per hantradam* implique la pleine liberté de l'affranchi. Mais aussi rien n'empêche de croire à cette pleine liberté. La thèse contraire n'est fondée que sur un argument *a contrario*, tiré d'un article de la loi des Chamaves, qui déclare pleinement libre l'esclave affranchi par un autre mode, *per chartam*, et qui est muet sur l'affranchi *per hantradam* : « XIII. Qui per chartam ingenuus est, sic debet in omnia pertinere sicut alii Franci. » Or cet article ne dit pas que l'affranchi *per hantradam* ne fût pas, lui aussi, pleinement libre : et s'il ne dit pas qu'il le fût, c'est que précisément pour celui-là il était inutile de le dire, parce que cela résultait évidemment du mode d'affranchissement employé.

On a voulu voir encore une restriction à la liberté de l'affranchi *per hantradam* dans cet autre article de la même loi : « XII. Qui per chartam aut per hantradam ingenuus est, et se ille foris de eo miserit (*sic*?), tunc ille leodis in dominicum ueniat et suis peculariis traditum iam dicto domino non fiat (*sic*?). » Cet article, sans doute corrompu, est des plus obscurs. On n'y voit clairement qu'une chose, c'est qu'il met sur le même pied l'affranchi *per chartam* et l'affranchi *per hantradam* [2]. Or on vient de voir que l'affranchi *per chartam* était pleinement libre. L'article 12 ne

---

1. Sohm, p. 574-575.
2. M. Sohm, p. 575, n. 5, prétend séparer les mots « per chartam » et « per hantradam », et rapporter aux derniers seulement l'incise : « et se ille foris de eo miserit ». Une construction aussi forcée est inadmissible.

saurait donc contenir une restriction à la liberté de l'affranchi *per hantradam*.

On peut donc s'en tenir aux conclusions suivantes :

Les articles 10 et 11 de la loi des Chamaves sont en connexion étroite l'un avec l'autre ;

L'article 11 indique un cas particulier d'application de la règle posée dans l'article 10 ;

L'affranchissement chamave par la *hantrada* comme l'affranchissement romain par la *vindicta*, est dans sa forme un procès fictif, par lequel le maître qui veut libérer son esclave obtient une sentence, qui déclare — faussement — que cet esclave est et a toujours été un homme libre.

DU PARTAGE DES TERRES

ENTRE LES ROMAINS ET LES BARBARES

CHEZ LES BURGONDES ET LES VISIGOTHS

Revue historique, 1878, VI, p. 87-99.

Les Burgondes et les Visigoths, à l'époque de leur établissement dans la Gaule romaine, ont-ils dépossédé les indigènes romains d'une portion de leurs terres, par droit de conquête, pour se les approprier? Certains auteurs l'ont affirmé, d'autres l'ont nié. L'objet du présent article est de chercher à déterminer, par l'étude directe des textes et à l'aide de quelques-uns des travaux les plus récents, la solution la plus vraisemblable de cette question controversée [1].

I

La doctrine régnante enseigne que les Burgondes et les Visigoths ont soumis, dans les contrées où ils se sont établis, les

---

[1]. Cet article était sous presse quand j'ai reçu la brochure publiée par M. Caillemer sous ce titre : *L'Établissement des Burgondes dans le Lyonnais au milieu du ve siècle*, Lyon, 1877, gr. in-8°, 21 p. (Extrait des Mémoires de l'Académie de Lyon, classe des lettres, t. XVIII.) J'ai été heureux de voir que je m'étais rencontré avec l'éminent doyen de la Faculté de droit de Lyon sur le point essentiel de la question, à savoir la réalité du partage, non des fruits, mais du sol même. [Cf. aussi le travail de M. Raymond Saleilles : *De l'établissement des Burgondes sur les domaines des Gallo-Romains*, dans la *Revue bourguignonne de l'enseignement supérieur*, tome I (1891), p. 43-103; 345-407. — Les citations données ci-dessous ont été retouchées d'après les éditions récentes.]

terres des Romains à un partage, qu'ils en ont pris les deux tiers pour eux-mêmes, et n'ont laissé aux Romains que le tiers.

Les textes sur lesquels cette doctrine s'appuie sont tirés, les uns des historiens, les autres des lois. Voyons d'abord ceux de ces textes qui sont relatifs au royaume des Burgondes.

Les historiens qui rapportent l'établissement des Burgondes dans la Gaule, indiquent en même temps le fait d'un partage des terres entre ces nouveaux venus et la population indigène. En 443, la chronique dite de Prosper Tiron mentionne en ces termes leur premier établissement : « *Sabaudia Burgundionum reliquiis datur cum indigenis diuidenda* [1]. » En 456, quand ils étendent leur domination dans la Gaule, on lit dans Marius d'Avenche : « *Eo anno Burgundiones partem Galliae occupauerunt et terram cum galli[c]is senatoribus diuiserunt* [2] ». Il y a donc eu, chez les Burgondes, un partage des terres des Romains : voilà qui est certain. Reste à savoir quelle a été la nature de ce partage et comment il s'est opéré.

La loi des Burgondes nous en apprend là-dessus un peu plus. Cette loi contient en effet un certain nombre de dispositions qui paraissent se rapporter aux partages mentionnés par les chroniques.

« Au temps », dit une ordonnance rendue probablement par le roi Gondebaud, et insérée dans cette loi, « au temps où notre peuple a reçu le tiers des esclaves et les deux tiers des terres... » Voilà le fait du partage clairement indiqué ; en même temps, nous apprenons quelle avait été la proportion adoptée : les Burgondes avaient pris les deux tiers du sol et le tiers des esclaves [3].

---

1. *Recueil des historiens des Gaules et de la France*, t. I, p. 639 C. [D'après la nouvelle édition des *Monumenta Germaniae*, ce passage ne fait pas partie de la chronique de Prosper Tiron, mais de la chronique anonyme qui y est désignée sous le nom de *Chronica gallica a. DXI.* (*Monumenta Germaniae, Auctores antiquissimi*, IX, p. 660.)]

2. *Ibid.*, t. II, p. 13 A. [*Monumenta Germaniae, Auctores antiquissimi*, XI, p. 232.]

3. Le passage qui nous donne ces détails est une disposition qui ordonne, en certains cas, de déroger à cette règle : on avait exclu, en effet, du droit de réclamer une part de la terre des Romains, ceux des barbares qui avaient déjà reçu une concession sur les terres publiques. Le texte qui nous est parvenu a pour objet de confirmer cette exception, déjà établie : « Tit. LIIII. De his qui tertiam mancipi[or]um et duas terrarum partes contra interdictum publicum praesumpserint. Licet, eo tempore quo populus noster mancipiorum tertiam et duas terrarum partes accepit, eiusmodi a nobis fuerit emissa praeceptio, ut quicunque agrum cum mancipiis seu parentum nostrorum siue nostra largitate perceperat, nec mancipiorum tertiam nec duas terrarum

Avec qui les Burgondes avaient-ils fait ce partage? Avec leurs « hôtes », nous dit la loi : « *de hospitum suorum terris.* » Par ces « hôtes », un autre passage nous apprend qu'il faut entendre les propriétaires romains. Chaque propriétaire indigène était l'« hôte » d'un ou plusieurs barbares, que l'on appelait à leur tour ses « hôtes » à lui, et qui avaient chacun une portion de sa terre : on disait qu'ils tenaient cette terre « *hospitalitatis iure* [1] ».

Le même texte nous apprend que lorsqu'un Romain, à la suite d'un procès, avait été reconnu propriétaire d'un terrain, son hôte barbare devait « en compter avec lui », « *habeat rationem* »; et celui que j'ai cité précédemment parle de la part que chaque Burgonde avait droit de réclamer sur le sol qui lui avait été assigné pour y exercer les droits d' « hôte » : « *ex eo loco, in quo ei hospitalitas fuerat delegata.* » Ceci achève de faire comprendre comment s'était opéré le partage du sol et des esclaves. On n'avait pas enlevé en bloc à la population romaine les deux tiers de ses terres et le tiers de ses esclaves; mais chaque barbare avait été assigné à un propriétaire romain à titre d' « hôte »; et ensuite chaque hôte barbare avait reçu le droit d'exiger que le propriétaire dont il était hôte lui cédât, « *hospitalitatis iure* », le tiers de ses esclaves et les deux tiers de son bien foncier; si, plus tard, le bien du Romain venait à s'accroître, son hôte barbare avait encore à réclamer sa part sur l'acquisition nouvelle.

Quelques détails de plus se trouvent dans d'autres articles de la loi. Sur les jardins et vergers, le Burgonde avait droit, non aux deux tiers, mais à la moitié seulement. Les bois, quand on les partageait, se divisaient aussi par moitié : mais le plus souvent les terrains boisés étaient restés indivis entre les Romains et leurs hôtes; on ne procédait au partage que quand l'un des deux

---

partes ex eo loco in quo ei hospitalitas fuerat delegata requireret, tamen, quia conplures, ut comperimus, immemores periculi sui, ea quae praecepta fuerant excesserunt, necesse est ut praesens auctoritas ad instar mansurae legis emissa et praesumptores coerceat et huc usque contemptis remedium debitae securitatis adtribuat. Iubemus igitur ut quicquid hii, qui agris et mancipiis nostra munificentia potiuntur, de hospitum suorum terris contra interdictum publicum praesumpsisse docentur, sine dilatione restituant. »

1. LV : « De remouendis barbarorum personis, quotiens inter duos Romanos de agrorum finibus et terminis euulsis fuerit exorta contentio... Quotiens de agrorum finibus qui hospitalitatis iure a barbaris possidentur inter duos Romanos fuerit mota contentio, hospites eorum non socientur litigio, sed Romanos in iudicio contendentes expectent, ut cuius barbari hospes euicerit cum ipso postmodum de re obtenta habeat rationem. » Comparez aussi ci-après p. 41, n. 1.

propriétaires, en défrichant une partie du bois, l'avait faite sienne, ce qui donnait à son co-propriétaire le droit de prendre pour lui une étendue de bois égale [1].

Enfin il paraît que plus tard la prescription qui donnait aux barbares deux tiers des champs et un tiers des esclaves parut excessive : une disposition postérieure réduisit leur part, pour des cas difficiles à déterminer, où le partage n'était pas effectué, à une moitié des terres, sans aucune fraction des esclaves [2].

Pour ce qui concerne le royaume des Visigoths, les textes sont beaucoup moins nombreux; ils se réduisent à quelques passages de la *Lex Visigothorum*. Toutefois ces passages suffisent pour nous faire voir que chez les Visigoths, comme chez les Burgondes, une part avait été faite aux barbares sur les propriétés foncières des Romains; que, là aussi, deux tiers du sol avaient été attribués au barbare et un tiers au Romain, sauf en ce qui concerne les terrains boisés; et l'analogie de ces dispositions avec celles de la loi des Burgondes est assez grande pour faire présumer que les mêmes règles avaient été suivies chez les deux peuples. Ainsi

1. LIIII, §§ 2 et 3 : « De exartis quoque nouam nunc et superfluam faramannorum conpetitionem et calumpniam possessorum grauamine et inquietudine hac lege praecipimus submoueri, ut, sicut de siluis, ita et de exartis siue anteacto siue in praesenti tempore factis habeant cum Burgundionibus rationem, quoniam, sicut iamdudum statutum est, medietatem siluarum ad Romanos generaliter praecipimus pertenere; simili de curte et pomariis circa faramannos condicione seruata, id est ut medietatem Romani estiment praesumendam. » Les *faramanni* sont les Burgondes établis comme hôtes sur les terres des Romains : cela a été démontré par M. C. Binding, dans son livre intitulé *Das burgundisch-romanische Kœnigreich*, tome I (Leipzig, 1868, in-8º), p. 21 à 25. — « Tit. XIII. De exartis. Si quis tam Burgundio quam Romanus in silua communi exartum fecerit, aliud tantum spatii de silua hospiti suo consignet, et exartum quem fecit remota hospitis commotione possideat. » — « Tit. LXVII. De siluis hoc obseruandum est. Quicumque agrum aut colonicas tenent, secundum terrarum modum uel possessionis suae ratam, sic siluam inter se nouerint diuidendam, Romano tamen de siluis medietate ex [ou, in] exartis seruata. » Il ne me paraît pas nécessaire de corriger, comme on l'a fait dans l'édition in-fol. des *Monumenta Germaniae*, « ex [ou, in] exartis » en « et de exartis ». On ne réserve au Romain son droit à la moitié des bois que *sur les essarts*, parce que les bois non défrichés étaient généralement, comme en témoigne le titre XIII, possédés par indivis.

2. CVII, xi [Extravagantes, xxi, 12] : « De Romanis uero hoc ordinauimus ut non amplius a Burgundionibus qui infra uenerunt (?) requiratur quam ad praesens necessitas fuerit medietas terrae, alia uero medietas cum integritate mancipiorum a Romanis teneatur, nec exinde ullam uiolentiam patiantur. » — Indépendamment des partages ordonnés officiellement, il a pu être conclu des contrats privés de fermage ou autres, de diverses sortes, entre des Romains qui avaient des terres à cultiver et des Burgondes disposés à louer leur travail. Il paraît être question d'un contrat de ce genre au titre LXXIX de la loi des Burgondes.

un article de la loi des Visigoths ordonne qu'on respecte « le partage qui aura été fait, au sujet d'une pièce de terre ou de bois, entre un Romain et un Goth », et que le Romain n'empiète pas sur « les deux tiers du Goth », ni le Goth sur « le tiers du Romain » [1]. Un autre article porte sur les bois « qui sont restés indivis entre le Romain et le Goth »; il déclare, comme la loi des Burgondes, que dans ces bois chacun des deux possesseurs peut faire des défrichements et s'approprier les parties défrichées par lui, à condition de laisser à son co-propriétaire une étendue de bois égale [2].

De cet examen des textes il résulte que quand les Burgondes et les Visigoths se sont établis dans la Gaule, les propriétaires romains, ou au moins une partie d'entre eux, ont été contraints de recevoir ces barbares chez eux à titres « d'hôtes » et de leur abandonner une part de leurs propriétés foncières, part qui a été, le plus souvent, des deux tiers, et, dans certains cas seulement, de la moitié.

II

Mais quand on emploie ces termes de « partage » des terres, de « deux tiers » et de « tiers » du sol, comment doit-on les entendre? Faut-il les prendre à la lettre? On l'a nié; on a soutenu que par le « partage » il ne faut pas entendre une division de la superficie des propriétés, ni par « tiers » et « deux tiers » des fractions du sol; que ce qui a été partagé, c'est, non la terre elle-même, mais les fruits; que par « *tertia* » les textes entendent « non le tiers du sol, mais un prix de fermage, qui était apparemment du tiers des fruits »; que les barbares ne firent que prendre à ferme les terres des Romains, et que quand la loi fixe

---

1. L. X, tit. 1, § viij : « De diuisione terrarum facta inter Gothum et Romanum. Diuisio inter Gothum et Romanum facta de portione terrarum siue siluarum nulla ratione turbetur, si tamen probatur celebrata diuisio. Nec de duabus partibus Gothi aliquid sibi Romanus praesumat aut uindicet, aut de tertia Romani Gothus sibi aliquid audeat usurpare aut uindicare... »
2. Ibid., § ix : « De siluis inter Gothum et Romanum indiuisis relictis. De siluis quae indiuisae forsitan resederunt, seu Gothus seu Romanus sibi eas assumpserit, et fortasse fecerit culturas : statuimus ut si adhuc silua superest unde paris meriti terra eius cui debetur portioni debeat compensari, siluam accipere non recuset. Si autem paris meriti quae compensetur silua non fuerit, quod ad culturam scissum est diuidatur. »

la part du Germain aux deux tiers, elle entend que ce Germain « qui est un tenancier, jouira des deux tiers des fruits et qu'il en laissera le tiers au Romain propriétaire [1] ».

Ce système d'interprétation, si l'on pouvait l'admettre, modifierait considérablement le sens et la portée des dispositions qui nous occupent ; mais un examen attentif montrera, je crois, qu'on ne peut s'y arrêter.

Avant tout, le langage même des lois y contredit. Jamais, dans la loi des Visigoths ou dans celle des Burgondes, il n'est question d'un partage des fruits, ou d'une redevance égale au tiers des fruits de la terre. C'est toujours de partage du sol, de tiers du sol, qu'il est question dans tous les cas : « *tempore quo populus noster... duas* TERRARVM *partes accepit* », dit le roi bourguignon Gondebaud (voyez ci-dessus) ; « *diuisio inter Gothum et Romanum facta* DE PORTIONE TERRARVM SIVE SILVARVM », dit la loi des Visigoths (v. ci-dessus). — Un peu plus loin la même loi des Visigoths prévoit une usurpation du Goth sur le « tiers » du Romain : si quelqu'un, dit-elle, « tient occupé » le « tiers » d'un Romain, que le juge le lui « enlève » et le rende sans délai au Romain [2]. Ces termes indiquent un bien réel, un immeuble, corporellement occupé et détenu par un usurpateur, non une simple dette que le débiteur tarde à payer. — Aussitôt après cette disposition, la loi ajoute une exception : c'est le cas où la prescription serait acquise au profit du Goth. Or la prescription qu'elle établit en pareil cas est de *cinquante ans* [3]. C'est là une durée énorme, si l'on songe que la prescription ordinaire de la loi des Visigoths est de trente ans seulement [4]. Une prescription aussi longue n'est concevable qu'en matière immobilière : il est tout à fait incroyable qu'on ait permis de réclamer pendant cinquante ans des fermages arriérés. — Puis, sur cette prescription exceptionnelle de cinquante ans, la loi revient encore dans le titre suivant : ce qu'elle défend de revendiquer après cinquante ans de possession,

---

1. Fustel de Coulanges, *Histoire des institutions politiques de l'ancienne France*, 1ʳᵉ partie (Paris, Hachette, 1875, in-8°), p. 537 ; 2ᵉ éd., 1877, p. 599.
2. Lex Visig. X, I, xvj : « Vt si Gothi de Romanorum tertia quippiam tulerint, iudice insistente Romanis cuncta reformet. Iudices singularum ciuitatum, uilici atque praepositi, tertias Romanorum ab illis qui occupatas tenent auferant, et Romanis sua exactione sine aliqua dilatione restituant. »
3. Ibid. : « Si tamen eos quinquaginta annorum numerus aut tempus non excluserit. »
4. Voy. X, II, iij : « Vt omnes caussae tricennio concludantur », et les paragraphes suivants.

ce ne sont pas des termes de fermage, ce sont les « parts des Goths et des Romains »[1] : donc ce qui avait été distribué entre les Romains et les Goths, c'était des parts de même nature, ce n'était pas des terres aux uns et une créance de fermage aux autres.

Il y a encore dans la même loi certaines dispositions qu'on ne peut comprendre que dans l'hypothèse d'un véritable partage. Par exemple, si, par « *diuisio inter Gothum et Romanum facta de portione terrarum siue siluarum* », il fallait entendre un contrat de bail à ferme consenti par le Romain au Goth, que seraient donc ces bois restés indivis dont parle le paragraphe suivant, « *de siluis inter Gothum et Romanum indiuisis relictis* »? Si ce sont des bois que le Romain n'a pas donnés à ferme, ils sont restés sa pleine propriété, et aucun Goth n'y a de droit : pourtant on reconnaît « au Goth et au Romain », sur ces bois, un droit égal; on permet à chacun des deux d'en défricher jusqu'à la moitié, en laissant à l'autre le reste du bois. C'est donc qu'on suppose le Goth et le Romain tous deux *propriétaires* par indivis du bois; or d'où proviendrait cette copropriété, donnée comme un fait habituel et fréquent, sinon d'un acte d'autorité par lequel la population barbare aurait été associée au droit de propriété des Romains ?

Dans la loi des Burgondes, un mot a pu fournir, à l'opinion qui voit, dans les Burgondes établis sur les terres des propriétaires romains, de simples fermiers de ces propriétaires, un argument spécieux : ce mot, c'est le nom d'*hôtes* appliqué à ces colons barbares. En effet, à d'autres époques du moins, ce nom d'hôtes a servi à désigner des tenanciers cultivant la terre moyennant une redevance : « au XIIe siècle », par exemple, « le propriétaire qui avait beaucoup de terres et peu d'hommes, appelait sur son domaine des *hôtes*, à chacun desquels il donnait un *hospitium* et un champ, non en toute propriété, mais en

---

[1]. Lex Visig. X, II, i : « Ne post quinquaginta annos sortes gothicae uel romanae amplius repetantur. Sortes gothicae et tertie romanorum quae intra quinquaginta annos non fuerint reuocatae, nullo modo repetantur. » M. Fustel de Coulanges (p. 403, n. 1) entend *sortes gothicae et romanae* des propriétés ordinaires, appartenant, soit à des Romains, soit à des Goths : mais outre qu'en ce sens il eût été inutile d'ajouter *gothicae et romanae*, la prescription pour les propriétés ordinaires, même immobilières, était de trente ans : ibid. § V : « Nam quod XXX quisque annis expletis absque temporis interruptione possidet, nequaquam ulterius per repetentis calumniam amittere potest; » et plus loin « *locum* illum, quem ille repetit... »

jouissance perpétuelle moyennant redevance. C'était une façon particulière d'exploitation du sol, et il n'est pas douteux qu'elle ne fût connue au temps de l'empire; les *hospites* sont déjà signalés comme une classe de tenanciers par Ulpien (*Digeste*, XLIII, 19, 1, § 7 et VII, 8, 2 et 4) » [1]. — Il n'y a pas lieu de s'arrêter à ce rapprochement. Il est vrai que le terme d'« hôtes », « *hospites* », pour désigner des tenanciers d'une certaine espèce, était en usage au xiie siècle, et même plus tôt, car on en trouve des exemples dès le temps de Charlemagne, dans le polyptyque d'Irminon (voy. Du Cange, v° HOSPES). Mais rien n'autorise à faire remonter cet usage plus haut encore, aux temps mérovingiens par exemple, encore moins au temps de l'empire romain. Les deux passages d'Ulpien au *Digeste* qu'on a cités pour établir qu'il y avait de son temps des tenanciers appelés « hôtes », ne disent rien de pareil. Le mot « *hospes* » ne paraît y avoir d'autre sens que celui d'homme qui loge chez un autre, qui y reçoit l'hospitalité. Ainsi on dit que la possession d'un droit de passage au profit d'un immeuble peut résulter de l'exercice qui en est fait, non seulement par le propriétaire lui-même, mais aussi par une personne logée chez lui, « *hospes* », ou même par toute personne qui se rend à sa propriété [2]. De même on pose en principe que celui qui a un droit d'habitation dans une maison peut y faire habiter avec lui sa femme, ses esclaves, ses affranchis, ses clients et aussi y recevoir un hôte, « *hospitem recipere* »; ensuite on examine s'il peut également y prendre un locataire, « *inquilinum* », c'est-à-dire un étranger qu'on loge pour de l'argent, et non comme l'hôte un ami reçu dans la famille [3]. Il n'y a rien de commun entre cet hôte et

---

1. Fustel de Coulanges, *ibid.*, p. 538; je n'ai pas retrouvé ce passage dans la 2e édition.
2. *Dig.* 43. 19. 1. 7 : « Is, cuius colonus aut hospes aut quis alius iter ad fundum fecit, usus uidetur itinere uel actu uel uia. »
3. *Dig.* 7. 8. 2 : « Domus usus relictus est... marito... : potest illic habitare non solus, uerum cum familia quoque sua;... et Celsus scripsit, et cum libertis; posse hospitem quoque recipere... Sed an etiam inquilinum recipere possit, apud Labeonem memini tractatum..., et ait Labeo eum, qui ipse habitat, inquilinum posse recipere; idem et hospites et libertos suos et clientes. ceterum sine eo ne hos quidem habitare posse. » Ensuite sont développées les raisons pour lesquelles on doit permettre au titulaire d'un droit d'habitation d'en faire argent en y recevant un *inquilinus*, mais on ne pose même pas cette question pour l'*hospes*. — Au reste l'hôte, selon M. Fustel de Coulanges, serait un tenancier agricole, payant pour loyer une part des fruits du champ qu'il cultive : comment un tel tenancier serait-il établi dans une maison, *domus*, le seul immeuble dont il soit question en ce passage du *Digeste*?

les tenanciers que le moyen âge a appelés du même nom.

Il n'y a donc pas de raison suffisante pour admettre que, dans les articles de loi qui parlent du partage des terres entre les Romains et les barbares, il ne s'agisse que d'un contrat de fermage. Il faut reconnaître que c'est bien la terre elle-même que les Burgondes et les Visigoths ont partagée avec les Romains, dont ils ont pris pour eux les deux tiers, et dont ils n'ont laissé que le tiers aux anciens possesseurs.

III

Le fait du partage une fois établi, et la nature de ce partage éclaircie, une troisième question reste à examiner : par quelle autorité et en vertu de quel droit ce partage a-t-il été imposé ?

Par les barbares eux-mêmes, a-t-on dit, et en vertu du droit de conquête. En effet, le partage était tout à l'avantage des barbares et au détriment des Romains : on ne peut y voir qu'une spoliation violente exercée par des vainqueurs sur des vaincus. — Cette opinion paraît vraisemblable ; elle n'est pourtant pas admissible.

« Le droit de la guerre », dit M. Fustel de Coulanges, « tel qu'il était entendu par les Germains, autorisait le pillage, l'enlèvement de l'or, des objets mobiliers, des esclaves même ; il n'autorisait pas la confiscation du sol. Les guerriers de Thierry lui disent en 532 : « Si tu refuses d'aller avec tes frères contre la Bourgogne, « nous te quitterons et nous irons avec ceux. » Thierry leur répond : « Suivez-moi et je vous conduirai dans un pays où vous recueil- « lerez autant d'or et d'argent que vous voudrez, et où vous pren- « drez des troupeaux, des esclaves, des vêtements en abondance. » Il ne leur promet pas les terres des vaincus. La conquête de l'Auvergne fut ce qu'il y eut de plus cruel dans toute l'histoire des Francs ; mais, même alors, les guerriers ne songèrent pas à prendre possession du sol. Ils tuèrent, ils pillèrent, ils emportèrent tout ce qu'ils purent ; mais ils laissèrent la terre à ses anciens maîtres. » — « Dans les innombrables écrits de ce temps nous ne voyons jamais qu'un homme... possédât une terre en vertu de la conquête ou du droit de l'épée. Ces expressions ni aucune autre qui leur ressemble ne se rencontrent jamais. Plusieurs centaines de diplômes et de chartes disent en termes précis qu'on possédait la terre par héritage, par achat ou par donation ;

aucun d'eux ne laisse supposer qu'on la possédât par suite d'un partage ou à titre de conquérant. » — « Les chroniqueurs et les hagiographes qui écrivaient à cette époque, nous présentent l'histoire intime de beaucoup de familles gauloises ; ils ne montrent pas qu'elles aient été dépossédées violemment par un décret des rois germains... » — « Ces Germains ne firent que ce qu'il était naturel et possible qu'ils fissent. La manière dont ils entraient en Gaule leur ôtait tout prétexte de déposséder la population : l'auraient-ils voulu, ils n'étaient ni assez nombreux ni assez forts pour y réussir [1]. »

D'ailleurs, les Burgondes et les Visigoths qui s'établirent dans la Gaule, n'étaient ni des conquérants ni des vainqueurs, c'étaient des sujets, et ils ne s'établirent en Gaule qu'en exécution des ordres de l'autorité romaine (voyez ci-après). Ils ne pouvaient donc exercer sur le pays où ils s'établissaient aucune sorte de droit de conquête.

En attribuant aux Burgondes et aux Visigoths eux-mêmes l'initiative du partage accompli à leur profit, on faisait une hypothèse dénuée de fondement. A cette question : « qui a édicté le partage ? », la réponse doit être tirée des textes mêmes. Un mot des textes la donne ; ce mot, c'est celui dont il a déjà été question tout à l'heure, ce nom d'« hôtes » que la loi des Burgondes donne aux barbares avec qui les Romains ont dû partager.

Le mot « *hospes* » en latin avait deux sens ; il pouvait signifier, comme chez nous celui d'hôte, tout homme logé chez un autre : ce sens vague et indéterminé était celui du langage ordinaire ; dans la langue officielle de l'administration romaine, il avait une signification précise et technique, qui était plus restreinte : il désignait un « soldat logé chez l'habitant ».

Lorsqu'une troupe romaine devait séjourner dans un lieu où il n'y avait pas de camp, et qu'on ne jugeait pas à propos d'en improviser un, l'autorité militaire romaine recourait, comme aujourd'hui la nôtre, à la voie des billets de logement. A chaque propriétaire elle envoyait un certain nombre de soldats qu'il devait recevoir et loger. Ces soldats étaient appelés les « hôtes » du propriétaire qui les hébergeait ; et ce mode de casernement était désigné par le nom d'*hospitalitas* [2].

---

1. Fustel de Coulanges, *Histoire des institutions*, p. 404-405.
2. Voy. Gaupp, *Die germanischen Ansiedlungen und Landtheilungen* (Breslau, 1844, in-8°), p. 85 à 93. Code Théodosien, livre 7, titre 8. — Réciproquement, le propriétaire était appelé aussi l'« hôte » du soldat qu'il logeait.

Plusieurs des lois qui réglaient la manière dont ces hôtes militaires devaient être reçus par les propriétaires nous sont parvenues. Il y a dans ces lois quelque chose de très remarquable, c'est l'analogie qu'elles présentent avec les dispositions de la *Lex Burgundionum* qui concernent les « hôtes » burgondes. — Le propriétaire, disent dans une de ces lois les empereurs Arcadius et Honorius, gardera pour son usage les deux tiers de sa maison : l'autre tiers sera pour son hôte. A cet effet, la maison sera divisée en trois parties, le propriétaire le premier en choisira une, l'hôte choisira parmi les deux autres, et la troisième sera encore pour le propriétaire. Si l'hôte est un « *illustris uir* », sa part sera d'une moitié et non d'un tiers ; alors l'un des deux, le propriétaire ou son hôte, divisera la maison en deux parties, et l'autre choisira entre ces deux lots [1]. Il est probable que ces règles sont, sinon dans tous leurs détails, au moins dans leur ensemble, celles qui furent suivies lors de l'établissement des Burgondes dans le Sud-Est de la Gaule et des Visigoths dans l'Aquitaine. C'est qu'en effet ces peuples n'entrèrent pas dans la Gaule en ennemis et ne conquirent pas les provinces qu'ils occupèrent : ce fut *l'autorité impériale, l'autorité romaine,* qui les leur donna pour résidence et les y établit ; il est naturel qu'elle se soit préoccupée de leur installation et qu'elle y ait pourvu en les cantonnant chez les particuliers [2].

Toutefois l'établissement de tout un peuple dans une contrée ne put s'opérer aussi simplement que le casernement d'une troupe de passage. Il fallait non seulement loger les nouveaux venus, mais aussi les nourrir ; l'administration pouvait se charger de ce soin pour une armée, mais non pour tout un peuple. D'autre part, on devait songer à occuper les bras de tous ces barbares ;

1. Cod. Theod. 7. 8. 5 : « duas dominus propriae domus, tertia hospiti deputata, ea tenus intrepidus ac securus possideat portiones, ut in tres domo diuisa partes primam eligendi dominus habeat facultatem, secundam hospes quam uoluerit exsequatur, tertia domino relinquenda... Illustribus sane uiris non tertiam partem domus, sed mediam hospitalitatis gratia deputari decernimus ; ea duntaxat condicione seruata, ut alter ex his quilibet, quiue maluerit, diuisionem arbitrii aequitate faciat, alter eligendi habeat optionem. »
2. Sur l'installation des Burgondes et des Visigoths dans la Gaule par le fait de l'autorité romaine et sur les analogies de cette opération avec le casernement des troupes chez les habitants des provinces, voyez Gaupp, *Die germanischen Ansiedlungen und Landtheilungen*, p. 317 à 351 ; C. Binding, *Das burgundisch-romanische Kœnigreich*, t. I, p. 16 et suivantes ; et dans le livre de M. Fustel de Coulanges, *Histoire des institutions politiques de l'ancienne France*, le chapitre vii du liv. III, p. 351-361, 2º édit., p. 395-411 et les premières lignes de la p. 541 (2º éd., p. 599 et suiv.).

or on sait que les habitants des provinces romaines ne suffisaient plus à cultiver leurs terres. On dut donc trouver tout naturel de donner aux barbares de la terre à cultiver pour en tirer leur nourriture. Pour cela il n'y eut qu'une chose à faire, ce fut d'étendre les obligations de l'« *hospitalitas* » et d'obliger les propriétaires à céder à leurs hôtes, non seulement une part de leurs maisons, mais encore une part de leurs champs. C'est là ce qu'on appelait donner aux barbares une province à partager avec les habitants; c'est là le sens des expressions de Prosper Tiron : « *Sabaudia Burgundionum reliquiis datur cum indigenis diuidenda.* »

On donna donc aux barbares la terre « à partager »; on ne la leur partagea pas immédiatement. Une telle opération ne pouvait se faire d'un jour à l'autre et en bloc. Aussi voyons-nous que le partage réel n'a eu lieu que plus tard.

Chez les Visigoths, il semble même que le partage ne fut pas ordonné. On se borna à donner au Goth un droit de copropriété sur la terre du Romain, et on laissa à la volonté des parties de garder ainsi la terre en propriété indivise, ou de la partager quand ils voudraient : on fixa seulement le rapport des parts, qui devait être de deux tiers pour le Goth et d'un tiers pour le Romain. C'est pour cela que la loi des Visigoths ne prévoit que comme une hypothèse possible et non comme une règle générale la « *diuisio inter Gothum et Romanum facta de portione terrarum siue siluarum* »; c'est pourquoi encore la même loi, en ordonnant de respecter cette « *diuisio* », ajoute : « Si toutefois il est prouvé qu'il y a eu partage, *si tamen probatur celebrata diuisio.* » Ensuite elle prévoit un cas inverse, celui où le partage n'a pas été fait : « *de siluis quae indiuisae forsitan resederunt* ».

Chez les Burgondes, il est probable qu'on resta quelque temps aussi dans cet état d'indivision; mais plus tard, sous Gondebaud peut-être, il semble qu'on ait ordonné un partage général. C'est ainsi qu'on peut comprendre le passage cité plus haut (p. 39, n. 3) : « *eo tempore quo populus noster mancipiorum tertiam et duas terrarum partes accepit.* » Toutefois on ne comprit encore dans ce partage que les champs (*terrae* [1]) et les esclaves. Les bois demeurèrent indivis jusqu'à ce qu'un des propriétaires voulût les défricher (p. 41, n. 1). Il était, en effet, peu intéressant de partager des biens d'une aussi faible valeur; les bois ne pouvaient

---

1. Sur le sens de ce mot voy. le livre de M. Binding, p. 25-26.

servir tout au plus qu'à la pâture du bétail; ils ne procuraient pas même à leur maître la propriété du bois qu'ils produisaient; car la loi assurait à toutes personnes le droit de prendre du bois pour son usage dans les bois des particuliers, sans avoir besoin du consentement du propriétaire [1]. En ce qui concerne les champs et les esclaves, l'obligation du partage était peut-être autant à l'avantage des Romains que des barbares, malgré la part double faite à ceux-ci, parce que le partage mettait fin aux conflits que devait souvent entraîner l'indivision, et dans lesquels les barbares, étant les plus forts, devaient avoir toujours le dessus. Il ne serait pas étonnant qu'il fallût voir là encore une de ces lois protectrices de Gondebaud auxquelles pense Grégoire de Tours, quand il dit au sujet de ce roi : « *Burgundionibus leges mitiores instituit, ne Romanos opprimerent* [2]. »

Il ne faut donc pas voir dans le partage des terres un acte de spoliation violente imposé aux Romains vaincus par les barbares vainqueurs des Romains; il n'y eut là qu'une conséquence naturelle, presque forcée, d'un acte de l'autorité romaine. Ce fut l'autorité impériale qui introduisit les Burgondes et les Visigoths dans la Gaule ; ce fut elle qui obligea les indigènes à les recevoir chez eux à titre d'hôtes ; ce fut elle encore qui obligea ces mêmes indigènes à partager avec leurs hôtes la jouissance de leurs terres; peut-être même ce fut elle, au moins dans certains cas, qui les força d'en partager aussi la propriété. Les barbares, eux, étaient entrés, non en ennemis, mais en sujets, sous la protection de l'autorité romaine ; ils n'eurent rien à prendre, rien à imposer. Il leur suffit de recueillir les bienfaits de l'autorité romaine, et, tout au plus, d'achever ce que l'autorité romaine avait commencé.

IV

Mais pour n'avoir pas été imaginé et décrété par les barbares, ce partage n'en fut pas moins tout à l'avantage des barbares. Les Burgondes et les Visigoths n'avaient pas arraché de force aux Romains les deux tiers de leurs terres ; néanmoins les Romains avaient été obligés de leur abandonner ces deux tiers. Ils avaient commencé par recevoir les Germains à titre de garnisaires ;

---

1. *Lex Burgundionum*, tit. 18.
2. *Histoire des Francs*, liv. II, ch. 33.

ensuite ils avaient dû partager avec ces garnisaires la jouissance d'abord, puis la propriété de leurs terres. Les barbares ne prirent rien ; mais ils se firent tout donner. Il n'y eut ni conquête ni spoliation par la violence : il y eut une spoliation au fond toute semblable à celle qu'auraient pu amener la conquête et la violence.

Cette contradiction apparente ne doit pas étonner ; elle caractérise cette époque de notre histoire. Ce fut par cette voie indirecte que la domination barbare se substitua à la domination romaine. On a déjà remarqué que les Germains ne conquirent pas la Gaule, et que pourtant la Gaule souffrit de leur part tout ce que des conquérants peuvent faire souffrir à un pays conquis. Ils vinrent à titre d'alliés ou de sujets de l'empire, et à la faveur de ce titre ils obtinrent de l'empire plus qu'ils n'auraient pu prendre de force ; l'empire lui-même, désorganisé, leur livra ses provinces et ses sujets en proie.

« C'est ainsi, dit M. Fustel de Coulanges, que les Gaulois virent les Germains s'établir au milieu d'eux. Ils n'étaient nullement conquis, puisque ces Germains arrivaient sous le nom de soldats fédérés et par l'ordre du gouvernement impérial ; mais c'était une population militaire qui venait s'installer dans le pays et qui devait y vivre aux frais de la population civile. Il n'y avait là ni invasion ni conquête ; mais il y avait un mal qui ressemblait fort à celui que la conquête et l'invasion produisent ordinairement... »
— « On a d'abord peine à comprendre qu'aucun des écrivains de cette époque ne raconte une conquête et qu'ils soient pourtant tous d'accord pour décrire les douleurs des contemporains. C'est qu'il importait assez peu à la population que ces étrangers entrassent en soldats ennemis ou en soldats de l'empire ; il fallait également satisfaire leur cupidité [1]. »

Ces paroles n'ont pas été écrites à propos de la question du partage des terres. Elles sont d'un auteur qui, sur cette question, a adopté des opinions différentes de celles qui viennent d'être développées. Il serait pourtant difficile d'exprimer, mieux que ces paroles, les conclusions du présent travail. En effet, ces paroles décrivent la physionomie générale d'une révolution, qui a été ici étudiée dans un de ses détails ; et l'étude spéciale d'un point particulier n'a fait que confirmer et préciser ce qu'on savait déjà de l'ensemble de cette époque.

Histoire des institutions, p. 365, 369 ; 2e édition, p. 417, 421.

FRAENKISCHES RECHT UND ROEMISCHES RECHT

Prolegomena zur deutschen Rechtsgeschichte von D. Rudolph Sohm, Professor in Strassburg. Weimar, Hermann Boehlau, 1880. In-8°, 84 p. (Extrait de la *Zeitschrift der Savigny-Stiftung für Rechtsgeschichte*, vol. I.)

Revue historique, 1883, XXI, p. 412-414 : Compte rendu.

Ce très remarquable mémoire est consacré à développer une thèse fort originale, fort neuve surtout sous la plume d'un savant allemand, qui a passé sa vie à étudier l'histoire du droit allemand. Cette thèse peut se réduire à ces simples mots : Il n'y a jamais eu de droit allemand.

Il y a bien eu un droit germanique, ou plutôt il y en a eu plusieurs. Dans les premiers temps qui ont suivi l'invasion des barbares, ces barbares se divisaient en un grand nombre de peuples divers, Francs, Burgondes, Visigoths, Alamans, Bavarois, etc. Chacun de ces peuples avait son droit propre, qu'il consigna dans sa loi nationale. Mais, selon M. Sohm, ces lois et ces droits particuliers à chaque pays n'ont pas subsisté. Un seul d'entre eux s'est substitué à tous les autres.

La législation coutumière qui a ainsi supplanté les autres lois, ses congénères, c'est celle des Francs, et en particulier des Francs Saliens. Les Mérovingiens, puis les maires du palais et les premiers souverains carolingiens avaient soumis les divers peuples germaniques de l'Europe centrale à la domination de la monarchie franque. L'unité de l'empire amena celle du droit. Les souverains francs ne décrétèrent pas l'abrogation des coutumes diverses des nations auxquelles ils commandaient; mais la prépondérance de la monarchie sortie de la nation des Francs Saliens fit que, d'eux-mêmes et sans intervention du pouvoir, les peuples oublièrent leurs lois nationales et adoptèrent le droit des Saliens. Quand l'empire carolingien, se décomposant, donna naissance aux nations nouvelles, France et Allemagne, ces nations, qui représentaient tant d'anciens peuples divers, n'avaient déjà plus qu'un seul droit, le droit salique.

Or, le droit salique, c'est le droit français, car c'est le droit de la monarchie née sur le sol de la France et celui d'où est sorti, au moyen âge, le droit coutumier français. Le droit coutumier qui se développa en Allemagne, pendant la période féodale, avait pour fonds primitif le droit premier de la France. A l'époque des coutumes, les deux pays dont les habitudes juridiques offrent le plus de ressemblance et donnent matière aux plus féconds rapprochements sont la France et l'Allemagne. Le droit coutumier français donne l'explication et révèle l'origine de bien des particularités du droit coutumier allemand. En un mot, le droit de l'Allemagne, à l'époque coutumière, n'était pas du droit allemand, c'était du droit français.

Après la Renaissance est venue l'adoption, la *réception*, comme on dit en Allemagne, du droit romain. Pendant trois siècles, du commencement du XVIe siècle au commencement du XIXe, l'Allemagne a été régie par le droit de l'ancienne Rome.

Enfin, depuis le commencement de ce siècle, les divers États d'Allemagne, puis le nouvel empire allemand, pourvus de constitutions diverses imitées plus ou moins de celles de la France et d'assemblées législatives établies par ces constitutions, se sont attachés à se faire un droit nouveau en édictant des lois nationales pour remplacer la tradition romaine et les restes des vieilles coutumes. Dans ce travail, ils ont dû le plus souvent s'inspirer des lois françaises et surtout de nos codes du consulat et de l'empire. Le code pénal allemand est une édition revue et corrigée du code français de 1810, et le futur code civil de l'empire d'Allemagne sera forcément une édition revue et corrigée du code Napoléon. Au XIXe siècle, c'est de nouveau le droit français qui règne en Allemagne.

Droit français au moyen âge, droit romain depuis la Renaissance, droit français, pour la seconde fois, en notre siècle, voilà ce qu'on trouve en Allemagne. Quant à un droit national, un droit allemand, il n'y en a pas eu [1].

---

1. L'Allemagne n'est pas le seul pays que M. Sohm montre soumis à la domination du droit coutumier originaire de la France. Ce droit fut porté,

Telle est la thèse, aussi curieuse qu'inattendue, que soutient M. Sohm. La démontre-t-il ? C'est une autre question. Il la plaide si brillamment, avec une chaleur si communicative, qu'il est bien difficile, en le lisant, de n'avoir pas grande envie d'être de son avis. La lecture finie, si l'on reprend de sang-froid l'examen des diverses questions touchées, on ne peut s'empêcher de penser qu'il y aurait bien à dire et que les choses ne sont pas aussi claires et aussi simples que l'auteur les fait. Mais il ne s'agit pas d'entamer ici une discussion avec un savant de la notoriété et de la valeur de M. Sohm. Ce qui importait, c'était de signaler cette œuvre, l'une des plus attachantes de l'éminent professeur, et de mettre en relief sa thèse si intéressante pour nous autres Français.

dit-il, en Angleterre par la conquête normande ; il s'y substitua au droit anglo-saxon et forma la base du droit qui a continué à régir l'Angleterre jusqu'à nos jours. De la Grande-Bretagne il a passé, à l'époque moderne, dans toutes les colonies britanniques, y compris celles qui se sont depuis affranchies et qui forment maintenant les Etats-Unis d'Amérique. Le vieux droit français règne ainsi maintenant sur des territoires immenses dans toutes les parties du monde.

GERICHTSURKUNDEN DER FRAENKISCHEN ZEIT VERZEICHNET

Von Rudolf Hübner, Dr. iur. — 1º *Abtheilung. Die Gerichtsurkunden aus Deutschland und Frankreich bis zum Jahre 1000.* Weimar, Hermann Böhlau, 1891, in-8°, VII, 118 p. (Extrait de la *Zeitschrift der Savigny-Stiftung für Rechtsgeschichte*, Band XII, *Germanistische Abtheilung*.)

Bibliothèque de l'École des chartes, LII, 1891, p. 456-459 : Compte rendu.

. . . .
Il y a dix-huit ans aussi qu'a paru, dans la revue dirigée par M. de Sybel, un article qui ne se recommandait pas moins à l'attention des éditeurs des *Monumenta : Ueber die Merovinger-Diplome,* par feu K.-Fr. Stumpf [1]. Ce regretté diplomatiste insistait sur la nécessité de comprendre, dans les recueils de chartes, non seulement les pièces dont le texte nous est parvenu, mais aussi celles dont nous n'avons que des notices analytiques : et il donnait comme spécimen un catalogue provisoire d'*acta deperdita* des princes mérovingiens, où étaient relevés 98 actes des rois et 15 des maires du palais [2]. M. Hübner n'a pas pris sur ce point de parti nettement défini : il a admis (n° 59), probablement d'après les *Regesten* de M. Mühlbacher, un jugement de Charles-Martel pour Saint-Wandrille, mentionné dans les *Gesta abbatum Fontanellensium;* mais il a laissé de côté un jugement de Dagogert III pour Saint-Denis, noté et signalé par Stumpf. Il aurait pu, son cadre étant plus large que celui de Stumpf, aller plus loin et mentionner par exemple les incidents de procédure relatés parfois avec une grande précision dans divers passages de

---

1. *Historische Zeitschrift,* XXIX, 343-407.
2. *Historische Zeitschrift,* XXIX, 393-400.

Grégoire de Tours [1]. Il n'aurait pas dû omettre, tout au moins, dans les dernières pages de son volume, les deux procès politiques intentés en France à l'archevêque Adalbéron de Reims, en 985 et en 987. Sur le premier, nous possédons peu de renseignements, mais nous avons le texte même d'une pièce de la procédure, le mémoire justificatif de l'accusé à la cour du roi [2]. Le second, jugé dans les derniers jours de mai 987, a été raconté avec des détails précis par Richer; il offre cet intérêt particulier de nous montrer la cour royale siégeant, non seulement en l'absence du roi, mais pendant l'interrègne entre la mort d'un roi et l'élection de son successeur.

En 1882, un des meilleurs collaborateurs des *Monumenta*, M. Bruno Krusch, a publié un mémoire sur la chronologie des rois mérovingiens, qui a fait époque et qui renouvelle entièrement le sujet [3]. Ici encore, on peut s'étonner que les rédacteurs du catalogue ne paraissent pas plus au courant des derniers résultats acquis. Voici quelques dates qui, soit d'après le travail de M. Krusch, soit d'après d'autres considérations, doivent être rectifiées comme il suit :

N° 23, au lieu de 648, lisez 642 ou 643 (3 septembre).
— 27 — 658 — 659 (novembre).
— 31 — 663 — 664 (24 octobre).
— 32 — 666 — 667 (18 août).
— 33 — 677-678 — 679 (15 septembre).
— 36 — 679 — 682 (30 juin).
— 59 — 722 — 723 (19 juillet).
— 60 — 726 — 727 (3 mars).

La détermination précise de ces dates n'a pas seulement pour objet de satisfaire un instinct de curiosité un peu méticuleux; elle permet des constatations qui jettent quelque jour sur l'organisation et le fonctionnement de la cour du roi. Si, en effet, on traduit les indications d'ans, de mois et de quantièmes en jours de la semaine, on trouve que, sur onze jugements des rois mérovin-

---

1. Par exemple, *Historia Francorum*, V, 32; VII, 47.
2. Lettres de Gerbert, éditions Masson, Du Chesne et Migne, n°⁸ 57, 58; Olleris, n°⁸ 49, 50; J. Havet, n° 57.
3. *Forschungen zur deutschen Geschichte*, XXII, 451-490 ; cf. *Historische Zeitschrift*, LXIII, 110; *Neues Archiv*, X, 94; *Bibliothèque de l'École des chartes*, XLVI, 430-439 ; XLVIII, 58; LI, 58.

giens dont la date est exactement connue [1], trois ont été expédiés le dimanche (n°s 36, 37, 55), deux le lundi (34, 60), deux le jeudi (31, 39), quatre le samedi (35, 38, 54, 57), aucun le mardi, le mercredi ni le vendredi. D'autre part, quand un jour est assigné aux parties pour produire leurs preuves, c'est ordinairement un mercredi (n°s 35, 36, 38). Certains jours de la semaine étaient donc réservés au prononcé des sentences, d'autres à l'instruction des affaires. Dans les jugements datés du dimanche, la présence du roi à la cour est toujours mentionnée ; c'était apparemment le jour consacré aux audiences les plus solennelles..........

Compte rendu de W. SICKEL, *Geschichte der deutschen Staatsverfassung bis zur Begründung des constitutionellen Staats*, 1879. Bibliothèque de l'École des chartes, XLI (1880), p. 74-79.

Compte rendu de G.-A. PREVOST, *Les invasions barbares en Gaule au Ve siècle et la condition des Gallo-Romains*. Bibliothèque de l'École des chartes, XL (1879), p. 596-597.

Compte rendu de E. LŒNING, *Geschichte des deutschen Kirchenrechts*, 1878. Bibliothèque de l'École des chartes, XLI (1880), p. 79.

Compte rendu de FAVÉ, *L'empire des Francs depuis sa fondation jusqu'à son démembrement ; livre Ier, les Francs avant le règne de Clovis* (1884). Revue critique d'histoire et de littérature, nouvelle série, XIX (1885), p. 289-291.

---

[1]. Je ne compte pas les n°s 32 et 33 de M. Hübner, qui sont des actes de faveur royale et non des sentences judiciaires. — Plusieurs des actes de Childebert III ne peuvent être datés exactement, à cause de l'incertitude qui règne encore sur l'époque précise de l'avènement de ce prince.

Compte rendu de Nissl, *Der Gerichtsstand des Clerus im fränkischen Reich.* Revue historique, XXXV (1887), p. 370-371.

Compte rendu : 1º d'Alfred Holder, *Lex Salica mit der mallobergischen Glosse... herausgegeben* (1879-1880) ; 2º d'Alfred Holder, *Lex Salica Emendata... herausgegeben* (1879-1880) ; 3º de J. H. Hessels, *Lex Salica : the ten texts with the glosses and the Lex Emendata, synoptically edited* (1880). Revue critique d'histoire et de littérature, nouvelle série, IX (1880), p. 249-255 ; X (1880), p. 364-365.

Compte rendu de Rosin, *Commentatio ad titulum legis salicae LIX « de alodis »* (1875). Bibliothèque de l'École des chartes, XXXVIII (1877), p. 160-161.

Compte rendu de R. Sohm, *Lex Ribuaria et Lex Francorum Chamavorum ex Monumentis Germaniae historicis recusae*, 1883. Bibliothèque de l'École des chartes, XLV (1884), p. 202-203.

Compte rendu de Cesare Nani, *Studii di diritto longobardo; studio primo, le fonti del diritto longobardo* (1877) ; *studio secondo, il processo longobardo, parte prima* (1878). Revue critique d'histoire et de littérature, nouvelle série, V (1878), p. 122-123 ; IX (1880), p. 498-499.

Compte rendu de Rinaudo, *Leggi dei Visigoti.* Revue historique, IX (1879), p. 251.

*IGORANDA OU *ICORANDA, « FRONTIÈRE »

NOTE DE TOPONYMIE GAULOISE [1].

Revue archéologique 1892, t. XX, p. 170-175.

Une publication récente de M. A.-F. Lièvre, bibliothécaire de la ville de Poitiers [2], a mis en lumière un fait qui intéresse la géographie historique de notre pays. Il y a en France plusieurs localités du nom d'Ingrande ou Ingrandes : or on peut poser en principe que, lorsqu'un endroit porte ce nom, il se trouve à la limite de deux anciens diocèses, c'est-à-dire à la frontière de deux cités romaines, ou, avant les Romains, de deux nations gauloises [3].

M. Lièvre énumère cinq bourgs ou villages de ce nom :

1° Ingrande (Maine-et-Loire), dernière paroisse de l'ancien diocèse d'Angers, sur la rive droite de la Loire, contiguë à Montrelais (Loire-Inférieure), première paroisse du diocèse de Nantes. On voit encore, paraît-il, dans le bourg, une borne milliaire ancienne, qui sépare les deux communes et les deux départements, comme elle séparait autrefois les deux paroisses, les deux diocèses, les deux provinces de Bretagne et d'Anjou [4].

2° Ingrandes (Indre-et-Loire) est, sur la même rive du fleuve,

---

1. [Voyez sur le même sujet : *Le nom de lieu gaulois Ewiranda*, par M. Auguste Longnon (*Revue archéologique*, 1892, t. XX, p. 281-287); — *Le nom de lieu « Igoranda » ou « Ewiranda »*, par M. A. Thomas (*Annales du Midi*, 1893, p. 232-235.]

2. *Les chemins gaulois et romains entre la Loire et la Gironde, les limites des cités, la lieue gauloise* (Poitiers, 1892, in-8°, extrait des *Mémoires de la Société des antiquaires de l'Ouest*, année 1891).

3. J'ai sans doute à peine besoin de rappeler le principe qui, de l'aveu unanime des érudits, domine la géographie historique de la Gaule, savoir : sauf de rares exceptions, les limites des diocèses épiscopaux de la France au moyen âge sont les mêmes que celles des cités de la Gaule romaine, et celles-ci les mêmes que celles des peuples de la Gaule avant la conquête.

4. C. Port, *Dictionnaire de Maine-et-Loire*.

la dernière paroisse de l'ancien diocèse de Tours; elle est contiguë à Restigné, qui fait aujourd'hui partie du même département, mais qui était autrefois, de ce côté, la première paroisse du diocèse d'Angers.

Ces deux Ingrande marquent les deux extrémités, occidentale et orientale, de l'Anjou, territoire de la nation gauloise des Andes.

3° Ingrande (Vienne), sur la rive droite de la Vienne. D'après les pouillés, cette paroisse, dans les derniers siècles du moyen âge comme à la veille de la Révolution, était englobée dans le diocèse de Poitiers et n'en touchait pas la limite; mais, à l'époque romaine et dans le haut moyen âge, elle marquait la frontière entre le Poitou et la Touraine. MM. Rédet [1], Longnon [2] et Lièvre s'accordent à y reconnaître le lieu appelé *Fines* (c'est-à-dire « frontière »), que mentionnent plusieurs bornes milliaires. Des textes du x° siècle font connaître l'existence d'une viguerie d'Ingrande en Poitou, et, à côté, celle d'une viguerie d'Ingrande en Touraine [3] : le bourg, chef-lieu de l'une et de l'autre, était donc alors partagé entre les deux pays.

4° Ingrandes (Indre), dernière paroisse de l'ancien diocèse de Poitiers à l'est, à côté du Blanc, paroisse de l'ancien diocèse de Bourges.

5° Ingrande (Vendée, commune de la Réorthe). Ce lieu est en plein Poitou; c'est le seul dont M. Lièvre n'ait pu établir la situation à la frontière de deux peuples. Il suppose qu'en ce point a pu être la limite du pays des Ratiates, annexé, dit-il, au Poitou avant la conquête romaine : mais ce n'est qu'une conjecture.

Telle est la liste de M. Lièvre; mais on peut la grossir. Voici quatre autres localités du même nom, ou à peu près, dont la situation frontière est certaine :

6° Ingrande (Mayenne, commune d'Azé). La paroisse d'Azé est, sur la rive gauche de la Mayenne, la première de l'ancien diocèse d'Angers. Son finage est contigu à celui de Fromentières, dernière paroisse, sur la même rive, de l'ancien diocèse du Mans.

7° Ingrandes (Indre-et-Loire, commune de Couziers). Couziers, du département d'Indre-et-Loire et de l'ancien diocèse de Tours, touche à Fontevrault, du département de Maine-et-Loire et de l'ancien diocèse de Poitiers.

---

1. *Dictionnaire topographique du département de la Vienne*, p. 212.
2. *Atlas historique de la France*, carte II ; texte, p. 28 (lire Vienne au lieu d'Indre).
3. Rédet, *ibid.*

8° Ingrandes (Maine-et-Loire), ancien fief et seigneurie, qui s'étendait sur les paroisses de Chazé-sur-Argos, Sainte-Gemmes, Bourg-d'Iré, Loiré, Aviré, etc. [1]. Ces paroisses sont de l'ancien diocèse d'Angers et aujourd'hui du département de Maine-et-Loire : l'une d'elles, Loiré, touche au département de la Loire-Inférieure et à l'ancien diocèse de Nantes.

9° Ingrannes (Loiret). C'est une petite commune située au milieu de la forêt des Loges, sur le parcours de la voie antique d'Orléans à Sens. Il y avait, sur cette voie, une station appelée en latin *Fines,* qui marquait la limite des deux cités : M. Longnon, dans son *Atlas historique,* la place au lieu dit le Bout-d'en-Haut (Loiret, commune de Chambon). Or, les finages de Chambon et d'Ingrannes sont contigus, et le Bout-d'en-Haut est situé près de leur limite commune.

D'où vient ce nom d'Ingrande ou Ingrannes? Quelle en est la forme antique, et à quelle langue appartient-il? Sur ces points, M. Lièvre n'émet pas même une conjecture. Il est possible d'aller un peu plus loin que lui. On a vu qu'il y a un Ingrande dans le département de la Vienne ; or il existe, pour la Vienne, un bon *Dictionnaire topographique,* dû à feu M. Rédet. Il suffit de l'ouvrir à l'article *Ingrande* pour trouver les formes suivantes, empruntées à des textes des temps mérovingiens ou carolingiens : *in quodam viculo Igorande vocabulo; — vicaria Igorandinsis; — vicaria Ygrandinsis; — vicaria Igorandis; — vicaria Ygranda.* Toutes ces variantes se ramènent à une même forme première, *Igoranda,* ou peut-être *Icoranda.*

Ce nom n'est pas latin ; il ne peut donc être que gaulois.

La nasale, dans la première syllabe, s'est introduite après coup, comme dans *Iculisma,* Angoulême. Or, d'une part, cette addition n'a pas dû se produire dans tous les dialectes; d'autre part, l'*o* de la seconde syllabe, comme l'*u* d'*Iculisma,* a pu subsister dans quelques provinces. Cette double observation permet d'étendre encore la liste et d'ajouter aux Ingrande et Ingrannes déjà notés leurs anciens homonymes suivants :

10° Aigurande-sur-Bouzanne (Indre), bourg situé sur la limite des départements de l'Indre et de la Creuse, limite qui coïncide, sur ce point, avec celle des anciens diocèses de Bourges et de Limoges.

11° Eygurande-d'Ussel (Corrèze), à la limite des départements

---

1. C. Port, *Dictionnaire de Maine-et-Loire.*

actuels de la Corrèze et du Puy-de-Dôme, des anciens diocèses de Limoges et de Clermont [1].

12° Eygurande (Dordogne), dernière paroisse du diocèse actuel et ancien de Périgueux sur la rive droite de l'Isle, contiguë au département de la Gironde et au diocèse actuel et ancien de Bordeaux. — Un cours d'eau, qui arrose la commune (officiellement dénommée aujourd'hui Eygurande-et-Gardedeuil), porte le nom de Guérandolle.

13° Aiguerande (Rhône, commune de Belleville-sur-Saône), à quelques kilomètres de la limite séparative des anciens diocèses de Lyon et de Mâcon.

14° Égarande (Loire, commune d'Estivareilles), dans l'ancien diocèse du Puy-en-Velay, à la limite de ceux de Lyon et de Clermont.

15° Iguerande (Saône-et-Loire), paroisse de l'ancien diocèse de Mâcon, touchant à ceux de Lyon et d'Autun.

16° Ygrande (Allier), dans l'ancien diocèse de Bourges. Pour cette localité, comme pour Ingrande (Vendée), il ne semble pas possible d'établir l'existence d'une ancienne frontière. La limite des diocèses de Bourges et de Clermont, telle qu'elle résulte des pouillés, est séparée d'Ygrande par une distance d'environ quinze kilomètres et par plusieurs paroisses intermédiaires.

Enfin, à l'autre bout de la France :

17° Yvrandes (Orne), paroisse de l'ancien diocèse de Bayeux, contiguë au département de la Manche et à l'ancien diocèse d'Avranches. — La limite séparative des deux départements, et, jadis, celle des deux diocèses, est marquée, sur ce point, par un cours d'eau appelé l'Égrenne.

En résumé, sur dix-sept localités de la France, dont le nom actuel représente *Igoranda* ou **Icoranda,* quinze sont situées certainement à la limite commune de deux diocèses de l'ancien régime, de deux cités de la Gaule romaine ou de deux peuples gaulois avant la conquête de César. Pour deux seulement, la présence d'une frontière au point qu'elles occupent n'est pas constatée historiquement [2].

---

1. Le finage d'Eygurande est actuellement séparé de la limite du département et de l'ancien diocèse par celui de la petite commune de Monestier-Merlines ; il est permis de supposer que celle-ci est moins ancienne qu'Eygurande et en aura été démembrée.

2. M. Longnon a énuméré (*Atlas historique,* texte, p. v-viii) plusieurs changements de limites des cités ou des diocèses, dont un heureux hasard nous a

Quinze exemples certains sur dix-sept, n'est-ce pas assez pour établir une loi? Je le crois. Si on me l'accorde, on reconnaîtra l'exactitude du principe posé par M. Lièvre et développé ci-dessus, et on acceptera les deux conclusions suivantes :

1° Il faut ajouter au peu que nous connaissons du vocabulaire gaulois un mot *igoranda ou *icoranda, dont le sens probable est celui de « frontière » ;

2° Les points où ont été signalées des localités dont le nom représente *Igoranda ou *Icoranda, et ceux où il pourra en être signalé d'autres à l'avenir, ont marqué à un moment quelconque, pendant la période gauloise ou pendant la période romaine, la limite entre les territoires de deux nations ou de deux cités.

Post-scriptum. — J'avais terminé la rédaction de cette note, quand j'ai découvert une dix-huitième localité, à rapprocher des dix-sept précédentes. Celle-ci n'est pas à la limite de deux diocèses ; mais, par son emplacement, elle fournit un renseignement sur l'ancienne frontière séparative de deux nations gauloises.

Je veux parler de la Délivrande (Calvados, commune de Douvres). Ce lieu, qui est un but de pèlerinage, n'a pris ce nom qu'à une date assez rapprochée de nous. L'ancien nom, dit-on, était Yvrande : on a dit d'abord Notre-Dame d'Yvrande ou Notre-Dame de l'Yvrande, puis Notre-Dame de Delle-Yvrande (forme usitée au XVII° et au XVIII° siècle), et enfin Notre-Dame de la Délivrande.

La Délivrande est au milieu de l'ancien diocèse de Bayeux. Mais on sait que ce diocèse représente à lui seul deux cités de la Gaule romaine et deux anciens peuples gaulois, les Baiocasses, dont la capitale était à Bayeux, et les Viducasses, dont la capitale était à Vieux. Au III° siècle, à la date du marbre de Thorigny (238), Vieux et son territoire formaient encore une *civitas libera*. Par suite de l'union des deux cités en un diocèse, le tracé de la frontière qui les séparait ne nous a pas été conservé ; M. Longnon, dans la première carte de son *Atlas historique,* n'a pu l'indiquer. On peut maintenant prononcer que la Délivrande était un point de cette frontière. Il est bon de remarquer que ce village se trouve sur le parcours d'une voie ancienne, reconnaissable sur les cartes

seul conservé le souvenir. On ne peut douter qu'il se soit produit, sur quelques autres points, des changements analogues, qui n'auront pas laissé de trace.

de la Guerre et de l'Intérieur et indiquée par M. Longnon dans son *Atlas historique* (carte n° II). Il est à l'intersection de cette voie et d'un cours d'eau, le ruisseau de Luc; c'est sans doute ce ruisseau qui séparait ici les deux cités.

Compte rendu d'Auguste Longnon, *Atlas historique de la France, première livraison* (1885). Revue critique d'histoire et de littérature, nouvelle série, XVIII (1884), p. 514-518.

Compte rendu de H. d'Arbois de Jubainville, *Recherches sur l'origine de la propriété foncière et des noms de lieux habités en France (période celtique et période romaine)*, 1890. Bibliothèque de l'École des chartes, LII (1891), p. 308-310.

Compte rendu de Duchesne, *Mémoire sur l'origine des diocèses épiscopaux dans l'ancienne Gaule*, Bibliothèque de l'École des chartes, LI (1890), p. 675-676.

Compte rendu de d'Estaintot, *Fouilles et Sépultures mérovingiennes de l'église Saint-Ouen de Rouen, décembre 1884-février 1885*. Bibliothèque de l'École des chartes, XLVII (1886), p. 566.

Compte rendu de X. Barbier de Montault, *Le Martyrium de Poitiers. Compte rendu des fouilles et de l'ouvrage du R. P. de la Croix.* — Compte rendu de L. Duchesne, *La Crypte de Mellébaude et les prétendus Martyrs de Poitiers*. Bibliothèque de l'École des chartes, XLVI (1885), p. 685-686.

Compte rendu de Ch. Kohler, *Étude critique sur le texte de la Vie latine de sainte Geneviève de Paris*, 1881. Bibliothèque de l'École des chartes, XLIII (1882), p. 524-526.

Compte rendu de E. Muehlbacher, *Die Urkunden Karls III*, 1879. — Bœhmer (J. F.), *Regesta imperii*. I. *Die regesten des Kaiserreichs unter den Karolingern. 752-918*. Neu bearbeitet von Engelbert Muehlbacher. Bibliothèque de l'École des chartes, XLI (1880), p. 620-623.

Compte rendu de A. Largeault, *Inscriptions métriques, composées par Alcuin, à la fin du VIIIe siècle, pour les monastères de Saint-Hilaire de Poitiers et de Nouaillé*. Bibliothèque de l'École des chartes, XLVI (1885), p. 686.

Compte rendu de Ulysse Robert, *Monographie du prieuré de Vaucluse, ordre de Saint-Benoît* (IXe-XIXe siècles), 1888. Bibliothèque de l'École des chartes, L (1889), p. 120-121.

Compte rendu de A. Molinier, *Étude sur l'administration féodale dans le Languedoc* (900-1250). Bibliothèque de l'École des chartes, XL (1879), p. 88-94.

LES PROVERBES D'ARISTOTE EN HEXAMÈTRES LATINS

Gunzon, de Novare, est l'auteur d'une lettre aux moines de Reichenau, écrite vers les années 954-960, dans laquelle il accable d'invectives un moine de Saint-Gall qui l'avait injurié. Parmi ces invectives, on remarque la suivante : « Sedens in conclaui monasterii cornutum se putat, secundum prouerbium Aristotelis, quo ait :

« Limax in suo conclaui cornupeta sibi uidetur,
Seque putat cursu timidis contendere damis. »

(Martène et Durand, *Amplissima collectio*, I, 306 ; Migne, CXXXVI, 1295.) Gerbert, dans sa lettre n° 32 (Olleris, n° 36), écrite en 984 au nom de Charles de Lorraine à l'évêque Thierry de Metz, dit de même : « Ut limax in suo conclaui cornupeta tibi uideris. » (Bibliothèque de Leyde, ms. Voss. lat. 4° 54, fol. 58 verso.)

Cette traduction latine d'un fragment perdu d'Aristote a été signalée pour la première fois aux éditeurs du philosophe grec par Charles Thurot (*Revue critique*, 1866, II, p. 200) et recueillie par M. Heitz, dans ses *Fragmenta Aristotelis*, qui font partie de la *Bibliotheca scriptorum Graecorum* de Didot (p. 345). Thurot et Heitz n'ont pas voulu reconnaître un vers dans la première des deux lignes de la citation ; ils l'ont imprimée comme de la prose et la seconde ligne seule comme un vers. Contre cette manière de voir, il convient de remarquer : 1° qu'il serait bien étrange que l'auteur de l'arrangement latin de ce court fragment en eût écrit une moitié en prose et l'autre en vers ; 2° que le mot *uidetur* semble avoir été choisi pour faire une fin de vers ; 3° enfin, que le mot rare *cornupeta* serait mieux à sa place en poésie qu'en prose.

Il est vrai qu'on ne voit pas le moyen de remettre le vers sur ses pieds, avec les mots que nous offre, dans son état actuel, le texte de Gunzon. Mais il y a, toute considération métrique à part, une raison de croire que ce texte est altéré. En effet, le mot *conclaue* s'y rencontre à deux reprises, la première fois dans son sens propre, celui de logement fermé, la seconde fois avec une signification qu'il ne paraît avoir jamais eue en latin, celle de coquille de colimaçon. Ne doit-on pas supposer que le copiste, ou Gunzon lui-même, a répété par inadvertance, dans le second membre de phrase, le mot qu'il venait d'écrire dans le premier?

Cela est d'autant plus probable que le mot qui veut dire, en latin, coquille de colimaçon, offre à première vue avec *conclaue* assez de ressemblance pour rendre la confusion facile : c'est *concha* (Columelle, X, 324 : « Implicitus conchae limax »). Si l'on substitue *concha* à *conclaue*, il devient très aisé de rétablir le premier des deux vers, dont le second nous est parvenu intact :

> Limax in concha sibi cornupeta <esse> uidetur,
> Seque putat cursu timidis contendere damis.

On obtient ainsi un distique composé de deux hexamètres, comme ceux de Denis Caton. S'il est vrai qu'il soit imité d'un passage d'Aristote (et pourquoi ne serait-ce pas vrai?), on ne saurait hésiter sur le livre d'Aristote où se trouvait ce passage. L'expression de Gunzon, *prouerbium Aristotelis*, le désigne clairement. Il s'agit de l'ouvrage en un seul livre, aujourd'hui perdu, qui portait pour titre : les Proverbes, Παροιμίαι (Diogène Laerce, V, 1, 12, 26; Chaignet, *Essai sur la psychologie d'Aristote*, p. 73). Il y a donc lieu de croire qu'un auteur inconnu, de basse époque, avait fait une traduction des Proverbes d'Aristote en hexamètres latins (probablement en distiques de deux hexamètres), traduction dont ce spécimen seul nous est parvenu.

Cette traduction existait encore au xe siècle, et Gunzon l'a eue sous les yeux. Mais peut-être est-il le dernier qui l'ait vue. Quant à Gerbert, en effet, puisqu'il a reproduit la leçon *conclaui*, il faut qu'il ait tiré sa citation, non de la source primitive, mais de la lettre de Gunzon, et que cette faute se trouvât déjà dans le manuscrit dont il s'est servi.

LES
COURONNEMENTS DES ROIS HUGUES ET ROBERT

Hugues, élu roi dans les derniers jours de mai 987, fut couronné peu de temps après son élection. Dès l'hiver suivant, son fils Robert fut associé au trône et couronné à son tour. Sur la date de chacune de ces deux cérémonies, peu de documents donnent des indications précises, et ces indications ne s'accordent pas entre elles.

Selon Richer, l'archevêque de Reims, Adalbéron, couronna Hugues à Noyon, le 1ᵉʳ juin 987, et Robert à Orléans, dans la cathédrale de Sainte-Croix, au moment de la fête de Noël :

(Richer, *Hist.*, IV, 12 :) Hac sententia promulgata et ab omnibus laudata, dux omnium consensu in regnum promovetur, et per metropolitanum aliosque episcopos Noviomi coronatus, Gallis, Brittannis, Dahis, Aquitanis, Gothis, Hispanis, Wasconibus rex kal. jun. prerogatur...

(*Ibid.*, 13 :) Metropolitanus... dictis regiis cessit. Et quia tunc in nativitate Domini regnorum principes convenerant ad celebrandum regiae coronationis honorem, in basilica sanctae Crucis ejus filium Rotbertum Francis laudantibus accepta purpura sollempniter coronavit...

Selon les Annales de Saint-Denis, conservées aujourd'hui au Vatican et publiées en dernier lieu par M. Élie Berger et par G. Waitz, l'avènement ou le couronnement de Hugues eut lieu le 3 juillet et celui de Robert le 30 décembre :

Anno DCCCCLXXXVII obiit Ludovicus filius Hlotharii, et ipso anno

V non. jul. Ugo rex factus est, et in supradicto anno III kl. januar. Rodbertus filius Hugonis Deo juvante rex ordinatus est [1].

Le document en apparence le plus précis et le plus explicite est un fragment de chronique anonyme de Saint-Benoît-sur-Loire, publié par Pierre Pithou, réimprimé par André Du Chesne et par les continuateurs de dom Bouquet. On lit, dans ces diverses éditions, un paragraphe ainsi conçu :

Eo enim (Carolo) spreto Francorum primates *communi consensu* Hugonem, qui tunc ducatum Franciae strenue gubernabat, Magni Hugonis filium, cujus jam mentio facta est, Noviomo sublimant regio solio, eodem anno quo Ludovicus adolescens obiit : *et unctus est Hugo Remis V non. jul.* Carolus autem captus positus est in carcere... Is Robertum filium suum consortem legit regni, *et benedici fecit Remis kal. jan.* Ipse vero per decem annos continuos regno potitus est cum eodem filio Roberto, *et defunctus est VIIII kal. novemb. ac sepultus in aede S. Dionysii juxta patrem suum anno DCCCCXCVI.* Hujus temporibus floruerunt Fulbertus Carnotensis et Abbo Floriacensis [2].

Ainsi, Hugues aurait été d'abord élevé au trône, « sublimatus », à Noyon, à une date non indiquée, puis sacré à Reims le 3 juillet; Robert aurait été sacré aussi à Reims, non le jour de Noël, ni le 30 décembre, mais le 1ᵉʳ janvier 988.

Pagi [3] et les Bénédictins [4] ont fixé les dates des deux couronnements en alléguant le fragment de Saint-Benoît-sur-Loire. J'ai cru à mon tour pouvoir m'en servir, en le combinant avec Richer, pour distinguer entre la cérémonie du couronnement des rois et celle de leur sacre [5]; cette distinction semblait, en effet, indiquée par le chroniqueur lui-même : « Noviomo sublimant regio solio... *et unctus est Hugo Remis*... »

Il ne faut en tirer, ni cette conclusion, ni aucune autre : car c'est un texte altéré par des interpolations modernes. Dans le

---

1. *Bibliothèque de l'École des Chartes*, XL (1879), p. 275; *Monumenta Germaniae, Script.*, XIII, p. 720.
2. *Annalium et historiae Francorum... scriptores coaetanei XII... ex bibliotheca P. Pithoei* (1588, in-8°), II, p. 415, 416; Du Chesne, *Historiae Francorum scriptores*, II, p. 632; *Recueil des historiens des Gaules et de la France*, X, p. 210, 211.
3. Notes sur les *Annales* de Baronius, année 987, § II; année 988, § V.
4. *Recueil des historiens*, X, p. 543, 566.
5. *Lettres de Gerbert* (1889), p. 95, note 4, et p. 101, note 6.

passage qu'on vient de lire, les mots imprimés en romain appartiennent seuls au chroniqueur de Saint-Benoît-sur-Loire; ceux que j'ai mis *en italiques* manquent dans le manuscrit de la chronique et ne peuvent être attribués qu'au premier éditeur, Pierre Pithou.

En effet, le manuscrit qui a servi à Pithou existe encore, et il est aisé de le comparer avec son édition. C'est aujourd'hui la dernière partie (fol. 58-66) du manuscrit latin 6190 de la Bibliothèque nationale. Ce manuscrit 6190 (ancien 1400 de Colbert) est un volume composé de plusieurs fragments, dont le principal renferme une copie de l'ouvrage de Raoul Glaber; tous ont appartenu à Pierre Pithou, car tous portent des notes de son écriture, facile à reconnaître; à la fin de celui qui nous occupe (fol. 66), on lit, en outre, sa signature abrégée, en lettres grecques : ΠΙΘ. Ces neuf feuillets de parchemin, malpropres, mal coupés, chargés d'additions d'écritures diverses, forment un ensemble d'aspect assez mesquin, qui justifie le titre un peu dédaigneux mis par Pithou en tête de son édition : « Fragmentum ex antiqua membrana Floriacencis coenobii [1]. » Le début de la chronique manque dans le manuscrit comme dans l'édition; le texte commence au milieu d'un paragraphe : « Hujus Ludovici tempore gens Normannica... » Le manuscrit contient tout ce qui a été imprimé par Pithou, depuis ces mots jusqu'à la mention d'une éclipse de lune, en 1110. Pour lire ce texte au complet, chez Pithou, il faut réunir ce qu'il a donné dans ses *Scriptores coaetanei XII* [2] et dans ses *Scriptores veteres XI* [3]. L'ouvrage a été pareillement morcelé en deux fragments dans l'édition d'André Du Chesne [4], en quatre dans celle du *Recueil des historiens de France* [5]. Une note des bénédictins pourrait faire croire qu'il a existé jusqu'à trois manuscrits de la même chronique, un chez Pithou, un chez J.-A. de Thou, et un à la bibliothèque du roi : « Petri Pithoei editionem contulit Andr. Chesnius cum ms. codice bibliothecae Thuanae : nos autem utramque editionem

---

1. *Scriptores coaetanei XII*, II, p. 407. — Cette *membrana* est devenue chez Pagi une *charta Floriacensis*, dont les Bénédictins (*Recueil*, X, p. 543) et, à leur suite, Giesebrecht et Kalckstein ont fait une charte, *Urkunde* (Boubnov, *Sbornik pisem Gerberta*, II, p. 946).
2. II. p. 407-416.
3. *Historiae Francorum ab anno Christi DCCCC ad ann. MCCLXXXV scriptores veteres XI... ex bibliotheca P. Pithoei* (1596, in-fol.), p. 83-95.
4. II, p. 630-633; IV, p. 85-95.
5. VIII, p. 297-299; X, p. 210-212; XI, p. 160-162; XII, p. 1-8.

contulimus cum codice regio 6190 [1]. » Mais on vient de voir que le manuscrit 6190 est venu de Colbert et qu'auparavant il avait appartenu à Pierre Pithou ; or, la plupart des manuscrits qui de la bibliothèque de Pithou sont arrivés à celle de Colbert ont passé par celle de J.-A. de Thou [2]. C'est donc un seul et même volume qui a appartenu à P. Pithou, à J.-A. de Thou, à Colbert, qui a été consulté par Du Chesne et par les bénédictins, et que nous avons sous les yeux aujourd'hui [3].

L'identité du manuscrit est d'ailleurs assurée par la conformité à peu près complète du texte qu'il présente avec celui des éditions. Plusieurs paragraphes, ajoutés dans les marges par divers scribes, ont été insérés par les éditeurs à leur place dans le corps du texte. Les fautes mêmes de lecture, que ceux-ci ont parfois laissé échapper, témoignent de l'emploi de notre manuscrit : si, par exemple, dans un passage relatif au règne de Raoul, ils ont tous lu : « Danorum compescens incursus perpetuos [4] », au lieu de : « incursus protervos », c'est parce que, dans le manuscrit 6190 (fol. 58 v°), ce dernier mot est écrit ainsi : pt'uos.

Voici, selon ce manuscrit unique, le texte exact du passage cité ci-dessus :

Eo enim spreto Francorum primates Hugonem, qui tunc ducatum Francię, strenue gubernabat, Magni Hugonis filium, cujus jam mentio

---

1. *Recueil des historiens*, X, p. 210.
2. Delisle, *le Cabinet des manuscrits*, I, p. 470, 471.
3. Ce fragment mériterait d'être l'objet d'une étude plus approfondie et peut-être d'une nouvelle édition. On distingue dans le manuscrit plusieurs parties, d'écritures et d'époques différentes. Les bénédictins, faute d'avoir fait cette distinction, ont attribué l'ouvrage entier à un auteur du XIIe siècle, ce qui diminuerait beaucoup la valeur historique des premiers chapitres. Tout ce qui concerne les derniers Carolingiens, ainsi que le règne de Hugues et les premières années de Robert, paraît avoir été écrit à la fin du Xe siècle ou tout au début du XIe. Dans cette première partie même, il faut distinguer le texte primitif et les additions marginales; celles-ci trahissent une origine auvergnate ou tout au moins aquitaine. — Certains passages de la rédaction première se retrouvent à peu près textuellement dans les *Miracles de Saint-Benoît*, d'Adelaire et d'Aimoin. Les bénédictins, qui en ont fait la remarque, ont cru que le chroniqueur anonyme avait copié les *Miracles* : c'est plutôt le contraire, autant qu'on peut en juger. Le style de la chronique est plus simple, celui des *Miracles* plus recherché. D'ailleurs Aimoin a écrit certainement plusieurs années après l'an 1000, c'est-à-dire probablement après la rédaction de la première partie de notre fragment. Quant à Adelaire, c'est sans preuves qu'on a placé sa vie et la rédaction de ses deux chapitres dans les dernières années du IXe siècle : on sait qu'il a écrit avant Aimoin, mais on ne sait rien de plus.
4. *Recueil des historiens*, VIII, p. 298.

facta est, Novihomo sublimant regio solio, eodem anno quo Ludovicus adolescens obiit. (*En marge* : Karolus autem captus positus est in carcere, *etc.*) Is Rotbertum filium suum sibi consortem legit regni. Ipse vero per decem annos continuos regno potitus est cum eodem Rotberto filio. Hujus temporibus floruerunt Fulbertus Carnotensis et Abbo Floriacensis.

Le paragraphe suivant commence par : « Hugo autem anno incarnationis dominicę DCCCCXCVII obiens », et ceci suffit pour qu'on ne puisse attribuer à l'auteur de cette chronique la phrase reproduite plus haut, qui place (avec raison d'ailleurs) la mort de Hugues en 996 [1]. Une autre marque d'interpolation est fournie par les mots : « ac sepultus in aede S. Dionysii. » L'emploi du mot « aedes » au sens d'église est à peu près étranger, si je ne me trompe, à la latinité du moyen âge. On reconnaît ici la plume de Pierre Pithou.

Comment un érudit aussi estimable s'est-il permis, dans un texte ancien, cette série d'interpolations, qu'on pourrait presque appeler des falsifications? Ce n'est probablement qu'un accident involontaire. Pithou aura annoté sa copie, et l'imprimeur aura mal à propos incorporé les notes dans le texte. Un peu plus haut, on trouve une note semblable, distinguée matériellement du texte qu'elle complète [2]. Ici, on a oublié d'employer un artifice typographique analogue, et la faute une fois commise a été reproduite d'édition en édition.

Où Pithou a-t-il pris les éléments de ces notes, ajoutées par lui à la chronique de Saint-Benoît-sur-Loire? — La date du 3 juillet, pour le couronnement de Hugues, doit avoir été empruntée aux Annales de Saint-Denis, le seul texte ancien qui la donne. Ces Annales étaient alors inédites [3], mais Pithou a pu avoir connaissance du manuscrit unique qui les renferme [4]. — La date du

---

1. Si Pithou n'a pas vu lui-même la contradiction, c'est que le morcellement de son édition en deux fragments, imprimés dans deux volumes différents, a séparé l'un de l'autre les deux passages contradictoires.
2. Sur Louis V : « Nonnulli adhuc puerum Blanchiam vel Blandinam accepisse uxorem tradunt. » Ces mots, qui n'appartiennent pas à la chronique, sont imprimés entre parenthèses, avec cet avertissement en marge : « Non est in vest. » (*sic*) : *Scriptores coaetanei XII*, II, p. 415.
3. Elles ont été publiées pour la première fois par d'Achery, au tome II du *Spicilegium*, en 1657 (Élie Berger, dans la *Bibliothèque de l'École des chartes*, XL, p. 261).
4. Ce manuscrit a appartenu successivement à l'abbaye de Saint-Denis, aux Pétau, à la reine de Suède (*Bibliothèque de l'École des chartes*, XL, p. 263). Il

1er janvier, pour le couronnement de Robert, dérive probablement de la même source. Les Annales de Saint-Denis donnent, il est vrai, pour cette seconde cérémonie, « III kl. januar. », mais M. l'abbé Duchesne, qui a bien voulu examiner pour moi le manuscrit de Rome, m'apprend que les chiffres III sont ajoutés en plus petits caractères, au-dessus de la ligne, et tracés de telle façon qu'il est assez facile de les prendre pour les lettres « in » : Pierre Pithou aura commis cette faute et aura lu : « in kalendis januarii ». — Quant à l'indication de Reims, comme lieu des deux cérémonies, ou elle est tirée de Hugues de Fleury (voir ci-après), ou elle n'a d'autre fondement que la notion traditionnelle qui voulait que tous les rois de France fussent couronnés dans cette ville.

Voilà donc une prétendue source à éliminer des données de notre problème. Restent le témoignage de Richer et celui des Annales de Saint-Denis.

En ce qui concerne le lieu des deux couronnements, il n'y a plus d'embarras, car il n'y a plus de contradiction : il faut croire Richer. Moine à Reims, dans la ville même dont l'archevêque avait le privilège de sacrer les rois et a présidé de fait aux couronnements de Hugues et de Robert, il était mieux placé que personne pour être bien informé. S'il eût voulu altérer la vérité, c'eût été, bien plutôt, pour donner un rôle prépondérant à la ville qu'il habitait, que pour transporter à Noyon et à Orléans des cérémonies qui auraient eu lieu à Reims. D'ailleurs son témoignage est confirmé par d'autres documents. Des prétendues indications de la *membrana Floriacensis*, la seule authentique, la seule tirée du manuscrit, est celle qui dit que Hugues fut élevé au trône à Noyon, « Novihomo sublimant regio solio ». Un autre texte de Saint-Benoît-sur-Loire porte également :

Hugo dux rex Francorum est elevatus Noviomi, qui secum Rotbertum filium suum regem Aurelianis elevat [1].

Raoul Glaber dit de Hugues :

Congregatis in Aureliana urbe regia quibusque Francorum ac Burgondionum regni primoribus, eundem Rotbertum filium videlicet suum,

---

paraît difficile de dire où il était en 1588, date de la publication des *Scriptores coaetanei XII;* mais, en quelque bibliothèque qu'il fût, il n'a pas dû échapper à la curiosité étendue de P. Pithou.

1. *Recueil des historiens*, X, p. 177; *Monumenta Germaniae, Script.*, II, p. 254.

anno scilicet tertio decimo ante millesimum incarnati Salvatoris, adhuc se superstite regem constituit [1].

Les mêmes indications ont été recueillies par divers auteurs [2]. Un seul chroniqueur, à ma connaissance, dit que Hugues fut couronné à Reims : c'est Hugues de Fleury, dont le récit, écrit longtemps après les événements et plein de fables, ne peut inspirer aucune confiance [3]. Une bulle de Silvestre II témoigne, il est vrai, que le droit de sacrer les rois de France était un privilège des archevêques de Reims [4] : mais cette bulle ne dit rien du lieu où devait se faire le sacre, et Richer, racontant que les deux rois furent couronnés, l'un à Noyon, l'autre à Orléans, ajoute qu'ils furent couronnés l'un et l'autre par l'archevêque de Reims. Il n'y a donc aucune raison de ne pas le croire.

Quant au jour du couronnement de Robert, Richer nomme la fête de Noël, c'est-à-dire le 25 décembre, les Annales de Saint-Denis le 30 décembre. La divergence n'est qu'apparente : Richer ne dit pas que la cérémonie eut lieu le jour même de Noël, mais qu'on la fit en présence des grands réunis à la cour au moment de cette fête. Leur séjour dura apparemment plus d'un jour, et la plupart pouvaient être encore présents le 30 décembre aussi bien que le 25. Les Annales de Saint-Denis ne font donc ici que compléter et préciser, sans le contredire, le témoignage de Richer.

La seule date qui fasse difficulté est celle du couronnement de Hugues : entre le 1er juin de Richer et le 3 juillet des Annales de Saint-Denis, la conciliation semble impossible. — Un détail de diplomatique, déjà remarqué par les bénédictins [5] (qui pourtant ne connaissaient pas le texte de Richer, découvert en 1833 et publié pour la première fois en 1839), confirme la date du 1er juin. Les actes du concile de Verzy ou de Saint-Basle, rédigés par Gerbert, sont datés du 17 juin, l'an de l'incarnation 991, 4e indiction ; à quoi l'un des deux manuscrits qui nous ont conservé ces actes

---

1. Glaber, II, I, 1 ; *Recueil des historiens*, X, p. 13 ; édit. Prou, p. 26.
2. *Recueil des historiens*, X, p. 736, col. 1, et p. 689, col. 3 ; cf. Boubnov, *Sbornik pisem Gerberta*, II, p. 947.
3. *Recueil des historiens*, X, p. 220 ; *Monumenta Germaniae, Script.*, IX, p. 368.
4. « Silvester... Arnulfo... Benedictionem regum Francorum et tibi subjectorum episcoporum obtineas, et omne magisterium quod tui antecessores habuisse visi sunt, nostra auctoritate apostolica geras. » Jaffé, n° 2993 ; Loewenfeld ; n° 3908 ; *Lettres de Gerbert*, édit. J. Havet, p. 140.
5. *Recueil des historiens*, X, p. 543.

ajoute : « anno regni V domni Hugonis augusti et excellentissimi regis Rotberti, » l'autre : « anno regni domni Hugonis augusti et excellentissimi regis Rotberti IIII. » Si l'une quelconque de ces deux leçons était exacte, la présence de l'autre dans un manuscrit s'expliquerait difficilement; la leçon de l'original ne peut avoir été que celle-ci, déjà admise dans l'édition de Pertz : « anno regni V domni Hugonis augusti, et excellentissimi regis Rotberti IIII[1]. » Or, ces diverses façons d'exprimer la date s'accordent bien entre elles, si l'on fait commencer le règne de Hugues au 1er juin 987; tandis que, si l'on plaçait le début officiel de ce règne au 3 juillet, on serait obligé de reporter le 17 juin de la 5e année de Hugues à l'an 992 de notre ère, indiction 5. — D'autre part, le 3 juillet, en 987, tomba un dimanche, jour fréquemment choisi pour la célébration des solennités ecclésiastiques, ce qui donne à cette seconde date une part de vraisemblance. — M. A. Luchaire a rappelé que plusieurs des Capétiens ont réitéré la cérémonie de leur couronnement[2]; déjà Eudes, un siècle plus tôt, s'était fait couronner deux fois, à Compiègne le 29 février 888[3] et à Reims le 13 novembre suivant[4]. Peut-être Hugues jugea-t-il à propos de se faire donner une seconde fois, dès le dimanche 3 juillet 987, l'investiture ecclésiastique déjà reçue à Noyon le mercredi 1er juin précédent; cette seconde cérémonie aurait probablement eu lieu à Paris ou dans le voisinage de cette ville, ce qui expliquerait qu'elle eût frappé particulièrement l'annaliste de Saint-Denis. Mais le vrai couronnement, celui qui servit de point de départ au calcul des années du règne et qui compta aux yeux de la plupart des contemporains, fut celui qui eut lieu à Noyon, le 1er juin 987[5]. Si l'on songe que la mort de Louis V est du 21 ou du 22 mai 987[6],

---

1. *Monumenta Germaniae, Script.*, III, p. 659. — C'est un principe général de critique, qu'on doit plutôt supposer, de la part des copistes, des omissions que des additions. Il faut donc maintenir à la fois le V au commencement de ce membre de phrase et le IIII à la fin.
2. *Histoire des institutions monarchiques*, I, p. 69.
3. *Monumenta Germaniae, Script.*, IV, p. 3.
4. *Recueil des historiens*, VIII, p. 88.
5. La charte royale de Hugues, du 4 juin de la première année du règne, pour Sainte-Colombe de Sens (original aux archives de l'Yonne, fac-similé héliographique dans le *Musée des archives départementales*), est de 987 et non de 988. En effet, dans la souscription *Signum Rotberti ejus filii et regis*, les mots *et regis* ont été certainement ajoutés après coup, d'une autre main : il suffit, pour s'en convaincre, d'examiner avec soin l'héliogravure du *Musée*. Ainsi, le 4 juin, avant l'avènement de Robert, c'est-à-dire le 4 juin 987, Hugues était déjà roi.
6. *Recueil des historiens*, X, p. 292, note *b*; Richer, IV, 5.

on ne pourra s'empêcher d'admirer la rapidité avec laquelle fut effectué le changement de dynastie [1].

En résumé :

1° Les indications relatives à la date des couronnements de Hugues et de Robert, qu'on lit dans les éditions de la chronique de Saint-Benoît-sur-Loire (*antiqua membrana Floriacensis*), sont des interpolations modernes sans valeur historique.

2° Les renseignements donnés par Richer sur ces mêmes couronnements sont exacts, et le résultat de la discussion est ici favorable à la véracité de cet historien. Ces renseignements doivent être complétés par ceux que fournissent les Annales de Saint-Denis.

3° Ni Hugues, ni Robert, selon toute probabilité, ne furent couronnés à Reims; mais tous deux furent couronnés par l'archevêque de Reims, Adalbéron.

4° Hugues fut couronné à Noyon, le mercredi 1er juin 987, et peut-être une seconde fois, à Paris ou dans le voisinage de cette ville, le dimanche 3 juillet de la même année.

5° Robert fut couronné à Sainte-Croix d'Orléans, le vendredi 30 décembre 987.

---

1. Cet article était livré à la *Revue historique* quand j'ai reçu le dernier volume de l'ouvrage de M. Boubnov (*Sbornik pisem Gerberta*, II, II, 1890), où est discutée la même question (p. 945-953). M. Boubnov, trouvant le délai trop court entre le 22 mai et le 1er juin, se prononce pour la seule date du 3 juillet. Il est donc obligé de tenir pour non avenus : 1° le témoignage de Richer; 2° la leçon de l'un des deux manuscrits du concile de Verzy. Il n'explique pas (si je l'entends bien) comment les leçons qu'il tient pour fautives auront pu s'introduire dans ces deux textes : c'est pourtant ce qui me paraît difficile à comprendre, aussi bien pour Richer que pour le concile.

HISTOIRE
DES INSTITUTIONS MONARCHIQUES DE LA FRANCE
SOUS LES PREMIERS CAPÉTIENS (987-1180).

Par M. Achille Luchaire, 1883.

Bibliothèque de l'École des chartes, XLV (1884), p. 84-86.

. . . .
. . . .
    L'époque des premiers Capétiens est une période de transition ; le caractère distinctif des institutions de ce temps n'est donc pas l'originalité. L'un des mérites de l'ouvrage de M. Luchaire est précisément de montrer, plus clairement qu'on ne l'avait fait encore, que ce qu'on appelle parfois la révolution de 987 a bien peu changé l'ordre des choses en France, et combien la royauté des premiers Capétiens ressemble à celle des derniers Carolingiens. Il n'y a pas eu de révolution, comme on est porté à se l'imaginer, avec nos idées modernes sur la transmission des couronnes, en voyant l'année 987 marquer la fin d'une dynastie et l'avènement d'une autre. Avant Hugues Capet, on avait déjà vu sur le trône trois rois étrangers à la famille de Charlemagne, Eudes, Robert Ier et Raoul ; le fait est qu'au xe siècle, et longtemps encore après, la monarchie était élective et non héréditaire : M. Luchaire le prouve, bien qu'il ne l'articule pas d'une façon catégorique. Hugues est arrivé régulièrement au trône, par la même voie que ses prédécesseurs, et il n'a eu autre chose à cœur que de continuer leur œuvre. Les premiers Capétiens, comme tous les rois de France, ont combattu la féodalité ; jamais ni eux ni leurs sujets n'ont eu l'idée, mise en avant par quelques modernes, que leur

royauté fût une monarchie « féodale » et que le roi de France ne fût que le premier d'entre les barons. L'élection et le sacre donnaient au souverain un titre antérieur et supérieur à ceux de la hiérarchie seigneuriale. L'Église, la première, reconnaissait et proclamait les droits attachés à ce titre sacré; aussi les six premiers Capétiens, et c'est une autre ressemblance entre eux et les Carolingiens, se sont-ils presque toujours appuyés sur l'épiscopat. M. Luchaire montre que, jusqu'au règne de Philippe-Auguste, qui fonda l'administration royale par la création des baillis, les évêques furent les agents et les représentants principaux de la royauté dans les provinces.

On sait que, pour transformer leur pouvoir électif en monarchie héréditaire, les Capétiens eurent recours à l'expédient de faire élire et couronner chaque fois l'héritier du trône du vivant de son père. M. Luchaire insiste avec raison sur cet usage, qui fut suivi par tous les rois, depuis Hugues Capet jusqu'à Louis VII, sauf une exception : Louis VI fut élu du vivant de Philippe Ier, mais couronné seulement après sa mort. Le couronnement du fils du roi le faisait roi lui-même, et il était en titre l'égal de son père; on disait dès lors « les rois », au pluriel. On devrait peut-être s'habituer à adopter cette manière de parler, qui est celle du temps, et aussi à ne plus découper l'histoire de cette époque, comme le fait encore même M. Luchaire, en « règnes » comptés de la mort d'un roi à celle du suivant. C'est faire commencer le règne de chacun assez longtemps après le moment où il a vraiment commencé de régner, non seulement de nom, mais souvent aussi de fait : ne voyons-nous pas Robert contrecarrer la politique de Hugues Capet, Louis VI, simple roi élu, *rex designatus*, gouverner à la place de son père, affaibli par l'âge, et Philippe-Auguste agir de même pendant la dernière année du règne de Louis VII [1]?

Dans le détail, l'exposé de M. Luchaire prête tout au plus à une ou deux observations, T. I, p. 187, l'auteur décrit les formalités de la rédaction et de l'expédition d'un diplôme royal, telles qu'elles sont mentionnées dans les formules des actes : dictée du texte par le chancelier, lecture publique devant la cour assemblée, apposition du sceau et de la signature autographe du roi, etc. Il est permis de croire qu'en fait les choses ne se passaient pas toujours avec cette solennité, et que, le plus souvent, les diplômes

---

1. Luchaire, t. I, p. 131, 137, 139.

étaient copiés sur une minute plutôt que dictés, collationnés et scellés dans un bureau de chancellerie plutôt que devant le roi et sa cour. Dans le chapitre consacré à la justice royale, on est étonné de ne trouver aucune mention de la condamnation des hérétiques d'Orléans par devant le roi Robert, en 1022; c'est un exemple notable de l'exercice de la juridiction criminelle par le roi en personne..
....

NOTE SUR RAOUL GLABER

Revue historique, 1889, XL, p. 41-48.

I

Les Histoires de Raoul Glaber[1], qui contiennent, en cinq livres, le récit des principaux événements accomplis dans le monde latin, de l'an 900 à l'an 1044, ont été récemment l'objet d'une très bonne édition, par laquelle M. Maurice Prou a inauguré la *Collection de textes pour servir à l'étude et à l'enseignement de l'histoire* (Alphonse Picard, 1886). Cette publication a fourni à un jeune savant allemand, M. E. Sackur, l'occasion d'examiner diverses questions relatives à Glaber et à son œuvre. Il vient de publier, dans le *Neues Archiv der Gesellschaft für ältere deutsche Geschichtskunde* (XIV, p. 377-418), le résultat de ses recherches.

Tous ceux qui ont écrit sur Glaber, dit M. Sackur, depuis Pierre Pithou (1596) jusqu'à M. Prou, ont dit à peu près la même chose, et il ajoute que ce qu'ils ont tous dit n'est pas exact. Il se propose donc de réfuter les erreurs courantes et de les remplacer par des vues nouvelles.

Ses vues sont nouvelles, en effet; mais sont-elles plus justes et mieux fondées que celles de ses devanciers? On peut le lui accorder pour quelques-unes d'entre elles, non pour toutes.

Tous les critiques sont convenus jusqu'ici que le récit de Glaber est mal composé et que les faits s'y suivent sans ordre. C'est ce qui frappe tout d'abord à la lecture de l'ouvrage, et un examen approfondi ne fait que confirmer cette impression première. On

---

[1]. Pourquoi appelle-t-on Raoul Glaber, plutôt que Glaber Raoul, un auteur qui déclare lui-même se nommer *Glaber Rodulfus*? Pourquoi traduit-on en français l'un de ses noms et laisse-t-on à l'autre sa forme latine? L'usage le veut ainsi, mais il serait probablement difficile d'en donner un motif rationnel.

ne saurait, au reste, en faire un grand crime au chroniqueur du xi⁰ siècle. Son objet principal a été, dit-il, de donner à ses lecteurs des avis profitables et des leçons de prudence : « Quae si memoriae commendarentur, proficua nimium hominibus forent atque ad commodandum quibusque cautelae studium potissimum juvarent. » Il pouvait poursuivre ce but sans se soucier outre mesure de la chronologie, et il a largement usé de la permission.

Au lieu de plaider en faveur de son héros cette circonstance atténuante, M. Sackur a voulu démontrer que Glaber avait, au contraire, composé un écrit d'une ordonnance parfaite. Si le désordre s'y est introduit, c'est, dit-il, par des additions faites après coup par l'auteur; et il entreprend de séparer ces interpolations du texte primitif.

La méthode suivant laquelle il a conçu ce travail de triage est fort simple. Toutes les fois qu'il rencontre un paragraphe qui lui paraît mal amené, sans lien avec ce qui précède et ce qui suit, il en conclut sans autre preuve qu'il ne faisait pas partie de la rédaction primitive. Il retranche ainsi du livre I⁰ʳ les passages relatifs à la captivité de saint Maïeul chez les Sarrasins, à saint Adalbert de Prague, à Crescentius, au couronnement de Henri II à Rome; du livre II, les plaintes sur la simonie et les détails qui concernent spécialement Auxerre; du livre III, ce qui est dit du comte de Sens Rainard, ami des juifs, et ainsi de suite. Puis, toutes ces suppressions faites, il remarque qu'il n'y a plus de hors-d'œuvre dans l'ouvrage, que rien n'y trouble l'ordre logique.

Ce mode de raisonnement n'est autre chose que le sophisme connu sous le nom de cercle vicieux. Quand on lit Glaber sans parti pris et en cherchant à se pénétrer de l'esprit de l'auteur, les paragraphes suspectés par M. Sackur ne paraissent, — telle est, du moins, mon impression, — pas plus déplacés que les autres. Il est impossible, sans doute, de prouver qu'ils ont été écrits en même temps que le reste de l'ouvrage; mais il n'y a pas de raison sérieuse de supposer le contraire.

Ailleurs, le jeune critique croit pouvoir affirmer que Glaber a interrompu la rédaction de son ouvrage entre le chapitre III et le chapitre IV du livre IV, et qu'il ne l'a reprise qu'après un intervalle de plusieurs années. Voici comment il le prouve. Au livre IV, chapitre IV, § 9 (Prou, p. 99), l'auteur mentionne la mort de Guillaume, abbé de Saint-Bénigne de Dijon, et il dit qu'il a écrit lui-même, il y a longtemps, *dudum*, la Vie de cet abbé : « De quo etiam perplura forent dicenda utilia, nisi quod in libello, quem de vita et virtutibus illius edidimus, prolata dudum fuisse noscuntur. » Or, dans ce qui précède, et en dernier lieu au chapitre III du livre IV, l'auteur avait parlé à plusieurs reprises du même abbé Guillaume, et nulle part il n'avait dit qu'il eût cessé de vivre ni que lui, Glaber, eût écrit sa biographie. Donc, dit M. Sackur, les trois premiers livres et les chapitres I à III du livre IV ont été écrits du vivant de Guillaume, le chapitre IV et les suivants, au contraire, longtemps après sa mort.

Mais un historien ne peut-il nommer un personnage et ne parler ni de sa mort, ni des écrits biographiques qui lui ont été consacrés, sans que cela prouve qu'il écrit de son vivant? Voici, par exemple, le dernier des passages relevés par M. Sackur (IV, III, 7; Prou, p. 97) : « Completo aecclesiae opere, » — il s'agit du monastère de Suse, en Piémont, — « statutoque dedicationis die, acersitis episcopis in gyro degentibus, cum quibus etiam sepe nominatus abba Willelmus, nonnullique abbates adfuerunt... » Il faut beaucoup de bonne volonté pour trouver dans ces mots la preuve qu'ils ont été écrits avant la mort de l'abbé Guillaume.

La vérité est qu'on a la preuve du contraire. Dans un passage qui précède d'assez loin celui-ci (III, v, 16, p. 65, 66), Glaber, traçant un portrait moral de l'abbé de Saint-Bénigne, parle constamment de lui au temps passé ou imparfait, d'une façon qui indique clairement qu'il n'était plus : « Claruit eo in tempore in predicta domorum Dei melioratione venerabilis abba Willelmus... Regulari etiam districtione non minus effloruit atque incomparabilis hujus ordinis suo tempore propagator extitit. Sed quantum pro hac re diligebatur a religiosis et piis, tanto magis detrahebatur insidiabaturque a fraudulentis et impiis... Erat enim predictus Willelmus acer ingenio et insignis prudentia... » Si ces mots avaient été écrits du vivant de Guillaume, ils voudraient dire que cet abbé, en vieillissant, avait cessé d'être « acer ingenio et insignis prudentia », qu'il ne méritait plus l'amour des personnes pieuses, et qu'il n'encourait plus la haine des impies. Telle n'est évidemment pas la pensée de Glaber. Il est clair que ce paragraphe a été écrit après la mort de l'abbé de Saint-Bénigne, et dès lors il n'y a aucun motif de supposer une interruption dans le travail de l'historien.

Voilà donc deux points sur lesquels il paraît difficile de suivre le savant allemand dans ses trop ingénieuses déductions. Sur une troisième question, au contraire, il présente une opinion nouvelle, qui mérite d'être prise en sérieuse considération.

On admet généralement que Glaber, après avoir été moine dans un assez grand nombre de monastères différents, finit ses jours à Cluny et y termina la rédaction de son ouvrage, qu'il dédia à l'abbé Odilon. Selon M. Sackur, au contraire, il ne fit que passer à Cluny, et, au moment où la mort arrêta son travail (car le dernier livre est inachevé), il était moine à Saint-Germain d'Auxerre.

Le problème a un certain intérêt, au point de vue du degré d'autorité qu'on devra attribuer aux récits de Glaber. On ne lui accorde d'ordinaire qu'une confiance médiocre. Pourtant, remarque justement M. Sackur, s'il était vrai qu'il eût écrit sous les yeux d'un personnage aussi influent que le chef de la puissante abbaye de Cluny, on devrait s'étonner qu'il n'eût pas été bien informé des affaires du monde. Dans un couvent d'Auxerre, au contraire, il a pu les connaître assez mal.

Voyons d'abord ce que Glaber dit de lui-même et des différents couvents où il vécut, ensuite les indices que son ouvrage peut fournir sur les temps et les lieux où il a été rédigé.

II

A l'âge de douze ans, Raoul Glaber, par les soins d'un sien oncle, qui était moine, fut placé dans le monastère de Saint-Léger, près Pontailler-sur-Saône (V, I, 2-3, p. 115, 116). M. Sackur conclut de là qu'il naquit au plus tôt en 980, car le monastère de Saint-Léger ne fut réformé et soumis à la règle héréditaire qu'en 992; mais rien ne prouve que Glaber n'y soit pas entré avant cette réforme.

Il fut ensuite moine à Saint-Bénigne de Dijon (V, I, 4, p. 116). On peut fixer approximativement la date de son séjour dans ce monastère. Dans la Vie de l'abbé Guillaume, Glaber nous apprend qu'il fut moine sous les ordres de cet abbé, mais qu'il le quitta avant sa mort (vendredi 1er janvier 1031), pour passer dans une autre maison, non soumise à son autorité (Sackur, p. 382). Ailleurs (IV, IV, 8, p. 98), il dit qu'il assista, avec Guillaume, à la dédicace de l'église du monastère de Suse; cette cérémonie eut lieu le 17 octobre de l'une des années qui précédèrent l'an 1029, très probablement le dimanche 17 octobre 1025, car, le plus souvent, on fixait de préférence au dimanche la célébration des solennités religieuses. Enfin (IV, VI, 19, p. 107), il résida temporairement à

Bèze, au nord-est de Dijon, au temps où l'empereur Constantin VIII (ibid., p. 108) régnait seul à Constantinople, c'est-à-dire entre 1025 et 1028; Guillaume ayant été abbé de Bèze en même temps que de Saint-Bénigne, ce doit être par son ordre que Glaber s'y était rendu (Sackur, p. 399). C'est donc vers les années 1025 à 1030, ou environ, qu'il fut moine de Saint-Bénigne.

De là il passa, directement ou indirectement, à Cluny. Son séjour dans ce monastère, sous le gouvernement de saint Odilon, fit sur son esprit une impression profonde, dont on retrouve la trace dans plusieurs passages de son livre. Il devait habiter Cluny au moment de la grande famine des années 1031-1033; il donne, en témoin oculaire, des détails sur les horreurs qu'on vit alors se produire à Tournus (IV, IV, 10, p. 101) et à Mâcon (IV, IV, 11, p. 101), les deux villes les plus voisines de Cluny. Il s'y trouvait probablement aussi quand Odilon reçut en présent le butin enlevé, à la suite d'une victoire des chrétiens (en quel pays? il ne le dit pas), aux Sarrasins sujets de Mogêhid, seigneur des Baléares (IV, VII, 22, p. 110), c'est-à-dire peut-être vers 1035 environ (Sackur, p. 405, note 2).

Enfin, il devint moine à Saint-Germain d'Auxerre. Il n'appartint à ce monastère qu'après avoir quitté Cluny. M. Sackur le prouve à l'aide d'un passage où Glaber raconte que, se trouvant à Saint-Germain, il fut calomnié auprès de ses frères par un religieux qui arrivait de Cluny (V, I, 8, p. 120). Parlant, à cette occasion, de saint Odilon (qui vécut jusqu'en 1049, cinq ans après les derniers faits rapportés par Glaber, sans doute aussi après la rédaction de ses derniers chapitres et après sa mort), il s'exprime ainsi : « Sed, ut pater Odilo sepius plangere *solitus fuerat*, ita contigit »; c'est donc avant le fait en question qu'il avait été en relations avec Odilon. D'ailleurs, pour que le religieux de Cluny ait pu dire du mal de lui, il fallait qu'il l'eût connu, et par conséquent que Glaber eût déjà demeuré à Cluny. — Il se trouvait à Auxerre dès 1039 ou 1040; en effet, un chapitre des *Gesta pontificum Autissiodorensium*, relatif à l'évêque Hugues et rédigé dans cette ville, très probablement peu après la mort de cet évêque (1039), paraît être extrait du livre II de Glaber et peut-être avoir été écrit par lui (Sackur, p. 407-409). — Il s'y trouvait encore quand il écrivit son cinquième et dernier livre; M. Sackur le conclut avec raison de certaines expressions qu'on y remarque : « Qui protinus (il s'agit d'un moine de Saint-Germain) gravi somno depressus, velut exanimis, delatusque est foras monasterii, sed qualiter aut a quibus *hucusque* nescitur » (I, ɪ, 7, p. 118); « rogatus a conservis et fratribus *nostris* ejusdem loci » (I, ɪ, 8, p. 120; Saint-Germain est le seul monastère à propos duquel il emploie ce mot); et plus loin, en parlant du moine de Cluny qui le calomnia auprès de ceux de Saint-Germain : « Discedens venit ad *nostros* » (I, ɪ, 8, p. 121). Il ne se sert pas, en parlant d'Auxerre, des termes *cum degerem, cum demorarer, tunc positus, locatus*, qui reviennent à tout moment sous sa plume à propos de Dijon, de Cluny, de Bèze, etc. (III, ɪɪɪ, 12, p. 62; IV, vɪ, 18, p. 107; V, ɪ, 2-5, p. 115-117).

Il mentionne encore (V, ɪ, 5, p. 117) un séjour qu'il fit au *coenobium Meleredense*, aujourd'hui Moutiers (Yonne), postérieurement au temps où il habitait Saint-Bénigne. Moutiers dépendait de Saint-Germain d'Auxerre. On peut supposer que Glaber n'y alla que temporairement, quand il était moine de Saint-Germain et par ordre de l'abbé de cette maison.

On peut donc fixer ainsi la série chronologique des monastères auxquels appartint successivement Raoul Glaber :

A partir de l'âge de douze ans, Saint-Léger;

Depuis une époque indéterminée jusque vers les années 1025 à 1030 environ, Saint-Bénigne (et Bèze);

Entre 1030 et 1040 environ, Cluny;

Depuis 1040 environ et probablement jusqu'à sa mort, Saint-Germain d'Auxerre (et Moutiers).

III

Dans la Vie de Guillaume, abbé de Saint-Bénigne de Dijon, Glaber dit qu'un certain temps après avoir quitté cet abbé, il le vit en songe et qu'il l'entendit lui dire, entre autres paroles : « Exercere te cupio quae promiseras. » Et il ajoute : « Ipsius namque imperio maxima jam ex parte eventorum atque prodigiorum, quae circa et infra incarnati Salvatoris annum contigere millesimum, descripseram. » D'après ce témoignage, on serait tout d'abord disposé à admettre, avec M. Sackur, que le commencement de l'ouvrage de Glaber fut écrit à Dijon. Mais il y a à cela quelques difficultés.

Toutes les parties de cet ouvrage, depuis le livre Ier jusqu'au livre V et dernier, renferment des allusions à des traditions qui avaient cours à Cluny, ou à des faits dont l'auteur ne put avoir connaissance que dans ce monastère (I, iv, 9, p. 10; I, iv, 12, p. 13-15; I, iv, 14, p. 16; I, v, 23, p. 21-22; II, viii, 14, p. 41; II, viii, 15, p. 42; III, iii, 12, p. 62; III, v, 18, p. 67; IV, vii, 22, p. 110; V, i, 13, p. 125; Sackur, p. 386 et suivantes). Or, on vient de voir que Glaber ne passa sous l'obédience de l'abbé de Cluny qu'après s'être soustrait à celle de l'abbé de Saint-Bénigne.

Le livre Ier s'ouvre par une dédicace à Odilon, abbé de Cluny; l'auteur lui parle comme un subordonné à son chef. C'est de là qu'on a conclu jadis que tout l'ouvrage avait été écrit à Cluny; on a prêté au chroniqueur du xie siècle les procédés d'un auteur de nos jours, qui ne compose sa préface qu'après avoir achevé son livre. Si Glaber avait suivi ce plan, il n'aurait jamais écrit la dédicace, puisqu'il n'a pas pu finir l'ouvrage même. Il est probable que, sans y mettre tant de raffinement, il a écrit la dédicace d'abord, l'ouvrage ensuite ; et, puisque cette dédicace s'adresse à Odilon, c'est qu'il était placé sous l'autorité d'Odilon quand il a commencé son travail.

Enfin, dans la même dédicace, il déclare expressément qu'il se met à l'œuvre par ordre d'Odilon : « Et idcirco, prout valeo, vestrae preceptioni ac fraternae voluntati obedio. »

Le passage de la Vie de Guillaume ne signifie donc pas que Glaber avait écrit une partie de son ouvrage quand il se trouvait sous les ordres de l'abbé de Saint-Bénigne, mais seulement qu'il lui en devait l'instigation, l'idée première, *ipsius imperio*. Il n'avait sans doute exécuté cette recommandation et déjà rédigé une partie de son travail, *maxima jam ex parte descripseram*, que pendant l'intervalle compris entre son départ de Dijon et l'apparition nocturne de Guillaume, c'est-à-dire pendant son séjour à Cluny. Il avait dû, pour cela, avant de prendre la plume, se faire confirmer, par son nouveau supérieur, l'abbé de Cluny, l'ordre qui lui avait été donné d'abord par celui de Saint-Bénigne. Ainsi se concilient le témoignage de la Vie et celui du début des Histoires [1].

Le livre Ier tout entier peut avoir été écrit à Cluny. C'est celui où les récits recueillis dans ce monastère sont les plus nombreux,

---

1. Selon M. Sackur, Glaber aurait d'abord adressé sa dédicace à l'abbé de Saint-Bénigne ; puis, à Cluny, revisant son travail, il aurait rayé le nom de Guillaume et y aurait substitué celui d'Odilon. Cette hypothèse compliquée est toute gratuite.

et on n'y trouve aucune allusion aux autres couvents par où a passé l'auteur. Le fait le plus récent qui y soit mentionné est l'avènement de Richard III, duc de Normandie, en 1026 ou 1027.

Les trois derniers livres, au contraire, sont postérieurs au temps où l'auteur avait quitté le monastère de Cluny pour celui de Saint-Germain-d'Auxerre. Il y parle de son séjour à Cluny comme d'un fait passé : « Nam cum ego postmodum in monasterio Cluniacense cum fratribus degerem » (III, iv, 12, p. 62). On y trouve des détails relatifs à Auxerre et aux régions voisines de cette ville (IV, ix, 26, p. 113; V, i, 8, p. 120-121; V, i, 18, p. 128). Les derniers événements dont il y est question datent, pour le livre III, de 1037 (bataille de Bar, III, ix, 38, p. 86-87), et, pour les livres IV et V, de 1044 (déposition de Benoît IX, IV, v, 17, p. 106; éclipse, V, i, 18, p. 128).

Quant au livre II, il semble qu'il ait été commencé à Cluny et achevé à Saint-Germain. Vers le commencement (II, ii, 8, p. 27-28), l'auteur donne une analyse de la Vie de l'abbé irlandais saint Brandan, ouvrage peu répandu, mais dont un exemplaire se trouvait dans la bibliothèque de Cluny (Delisle, *le Cabinet des manuscrits*, II, p. 469, n° 299); tandis que les derniers chapitres contiennent des détails relatifs à la région d'Auxerre (II, ix, 19-20, et x, 21, p. 45-48). Il n'est pas possible de marquer exactement la séparation entre les parties écrites à Cluny et à Saint-Germain. Les détails relatifs au siège d'Auxerre, où fut présent Odilon (II, viii, 15-16, p. 41-44), intéressaient également les deux monastères, et Glaber a pu en recueillir le récit dans l'un aussi bien que dans l'autre. Il faut remarquer seulement que ce chapitre a dû être écrit au plus tard avant 1040, car c'est celui qui fut imité, vers cette date, par le rédacteur des *Gesta pontificum Autissiodorensium* (ci-dessus, p. 84).

Ainsi, le livre Ier et le commencement du livre II furent écrits à Cluny, après 1026 et avant 1040. Le reste fut rédigé à Saint-Germain d'Auxerre, savoir : la fin du livre II, avant 1040; le livre III, après 1037; les livres IV et V, après 1044.

Tel est le résultat de cette minutieuse enquête. Il diffère, sur plusieurs points, de celui auquel est arrivé M. E. Sackur; mais, quoi qu'on pense de tel ou tel détail, on doit savoir gré au critique allemand d'avoir soumis pour la première fois ces questions à un examen approfondi. Le premier, il a réfuté le préjugé qui voulait que Glaber eût terminé sa vie et son œuvre à Cluny. On voit une fois de plus, par cet exemple, que les opinions qui semblent les mieux accréditées ne sont pas toujours les plus sûres et que, même sur les sujets en apparence les plus rebattus et les plus stériles, il peut rester quelque chose de nouveau à trouver.

POÈME RYTHMIQUE

D'ADELMAN DE LIÈGE

SUR PLUSIEURS SAVANTS DU XIᵉ SIÈCLE

1028-1033

Notices et documents publiés pour la Société de l'histoire de France (1884), p. 71-92.

Adelman de Liège, élève de Fulbert de Chartres, puis écolâtre de Liège et enfin évêque de Brescia, est l'auteur d'une lettre à son ancien condisciple Bérenger de Tours, le fameux hérésiarque, sur le sacrement de l'eucharistie, et d'un petit poème latin rythmique qui fournit quelques détails biographiques assez précis sur plusieurs lettrés de la première moitié du xıᵉ siècle. Il nous est parvenu deux rédactions de ce poème. L'une, contenue dans un manuscrit de l'ancienne abbaye de Gembloux, est connue depuis deux siècles : elle a été publiée deux fois d'après le manuscrit, en 1675 par Mabillon [1] et en 1717 par Martène et Durand [2], et plusieurs fois réimprimée [3]. L'autre rédaction était restée jusqu'à présent inédite et ignorée ; la découverte en

---

1. *Vetera Analecta*, in-8º, t. I, p. 420.
2. *Thesaurus novus anecdotorum*, in-fol., t. IV, col. 113.
3. Mabillon, *Vetera Analecta*, nova editio, 1723, in-fol., p. 382; Galeardi (jussu Quirini), *Veterum Brixiæ episcoporum S. Philastrii et S. Gaudentii Opera*, etc., 1738, in-fol., p. 425; *Recueil des historiens des Gaules et de la France*, t. XI, p. 438 (six vers omis); Migne, *Patrologiæ Cursus completus*, series II, t. CXLIII, col. 1295, etc.

est due à M. Léopold Delisle, qui l'a remarquée et copiée, en 1880, dans un manuscrit de la Bibliothèque royale de Copenhague. M. Delisle a bien voulu m'abandonner gracieusement sa copie et me laisser le soin de la publier dans ce volume.

Avant de parler du poème, il faut rappeler le peu qu'on sait de l'auteur. Son nom est, en latin, *Adelmannus*: c'est ainsi qu'on le lit dans sa lettre à Bérenger [1] et dans les deux rédactions de son poème [2]. Sigebert de Gembloux l'appelle *Almannus* [3], et Bérenger l'avait surnommé, dit-on, par moquerie, *Aulus Mannus*, plaisanterie dont le sens n'est pas clair [4]. Il appelle Liège sa ville, *urbs nostra*, non seulement dans la première rédaction de ses vers, qui y a été écrite, mais encore dans la seconde, qu'il a datée de Spire [5] ; on peut donc supposer que cette ville était sa patrie. Il naquit probablement dans les dernières années du xe siècle, car il était plus âgé que Bérenger, qu'on croit né aux environs de l'an 1000 [6]. Tous deux furent ensemble élèves de Fulbert, évêque de Chartres : Bérenger était alors un jeune homme, Adelman un homme déjà mûr, *majusculus* [7]. On admet,

---

1. *Veterum Brixiæ episcoporum S. Philastrii*, etc., p. 413; Migne, CXLIII, 1289.
2. Strophe Z, vers 2.
3. *De scriptoribus ecclesiasticis*, 153 : Fabricius, *Bibliotheca ecclesiastica*, 1718, in-fol., feuille Eee, p. 111; Migne, CLX, 582.
4. *Thesaurus novus anecdotorum*, IV, 113, 114; ci-après, à la fin du texte du manuscrit de Gembloux (p. 80).
5. Strophe S, vers 1. Au xviiie siècle, on a allégué des raisons peu sérieuses pour soutenir qu'Adelman était soit un Allemand, soit un Italien. (Gradonicus, *Pontificum Brixianorum Series*, 1755, in-4°, p. 164.) Dans le récit des miracles d'un saint mort en 1035 est mentionné « quidam Adalmannus, presbyter, civis Treverensis ». (*Epistola Everwini abb. de vita S. Symeonis monachi*, 24, dans les *Acta sanctorum ordinis S. Benedicti*, sæc. vi, pars I, p. 280.)
6. Quelques ouvrages modernes fixent la naissance de Bérenger à l'an 998. Cette date ne paraît pas tirée des sources. On lit, il est vrai, dans Baronius, dans Mabillon, etc., que l'hérésiarque de Tours est mort en janvier 1088 et qu'il était alors âgé de près de quatre-vingt-dix ans (Baronius, *Annales eccl.*, 1088, xxx; Franc. de Roye, *Ad can. Ego, etc., ubi Vita, etc., Berengarii*, 1656, in-4°, p. 81; *Acta sanctorum O. S. B.*, sæc. vi, pars II, p. xxxviij) ; mais, si la première de ces données est certaine et repose sur des documents du temps (A. Salmon, *Recueil des chroniques de Touraine*, 1850, in-8°, p. 127, 190), la seconde n'est qu'une évaluation approximative et conjecturale. Mabillon ailleurs a pris soin de marquer en termes assez vagues la date de la naissance de Bérenger : « Turonis ortus sub initia sæculi undecimi » (*Annales ordinis S. Benedicti*, t. IV, p. 486; cf. *Acta sanctorum O. S. B.*, sæc. vi, pars II, p. vij). Tout ce qui est certain, en effet, c'est que Bérenger, élève de Fulbert de Chartres et mort en 1088, ne peut être né beaucoup plus tôt ni beaucoup plus tard que l'an 1000. Voyez plus loin la note sur la date de la mort de Fulbert.
7. *Veterum Brixiæ episc. S. Philastrii*, etc., 413; Migne, CXLIII, 1289.

non sans vraisemblance, que c'est Adelman qui est désigné par l'initiale A dans une lettre de Fulbert à l'évêque de Liège Réginard : Fulbert promet de renvoyer à Réginard un clerc de son diocèse, le sous-diacre A., qui étudiait à Chartres ; mais il espère que l'évêque de Liège, après avoir revu ce clerc, lui permettra de retourner à Chartres continuer ses études [1]. Réginard fut évêque de Liège de 1025 à 1037 [2] ; Fulbert, évêque de Chartres, mourut le 10 avril 1028 [3] ; la lettre de Fulbert à Réginard a donc été écrite dans les années 1025 à 1027, ou au plus tard dans les premiers mois de 1028.

Adelman habita ensuite Liège. Il y composa la première rédaction de son poème [4] ; plus tard, car ce fait n'est mentionné que dans la seconde rédaction [5], il y fut chargé du gouvernement de l'école épiscopale. Il succéda apparemment dans cet emploi à Wazon (évêque de Liège, 1041-1048), qui l'occupait au moins

---

1. Fulbert, lettre LIV : M. C. de Villiers, *D. Fulberti Carnotensis*, etc., *Opera varia*, 1608, in-8°, fol. 59 v°; Migne, CXLI, 225.
2. Pertz, *Monumenta Germaniae*, in-fol., *Script.*, t. VII, p. 209, n. 50, et p. 210, n. 60.
3. Les modernes ne sont pas d'accord sur la date de la mort de Fulbert : Baronius (*Ann. eccl.*, 1028, v) et son annotateur Pagius (1028, vi) la rapportent à l'année 1028, Mabillon (*Annales O. S. B.*, IV, 351), l'*Histoire littéraire de la France* (t. VII, p. 265) et la *Gallia christiana* (t. VIII, col. 1116) la fixent au 10 avril 1029. Le jour du 10 avril, *IIII idus Aprilis*, n'est pas douteux ; il est attesté à la fois par plusieurs chroniques et par le plus ancien obituaire de la cathédrale de Chartres (E. de Lépinois et L. Merlet, *Cartulaire de Notre-Dame de Chartres*, 1862-1865, in-4°, t. III, p. 85). Pour l'année, certaines chroniques indiquent 1027 (*Recueil des historiens de France*, X, 209, 225, 263), d'autres 1028 (*ibid.*, 177, 274), d'autres 1029 (*ibid.*, 272, 274). La question paraît tranchée par un passage du *Chronicon Dolensis cœnobii*, qui, plus explicite que les autres textes, ajoute au millésime de l'année une double indication chronologique très précise : « MXXVIII. Defectum luna passa est nocte, quæ lucescit in Parasceue Paschæ, quod fuit secundo idus Aprilis. Die vero præcedente Cœnæ dominicæ, depositio domini Fulberti Carnotensis episcopi. » (Labbe, *Nova bibliotheca mss. librorum*, t. I, p. 315 ; *Recueil des historiens*, X, 323-324.) C'est bien en 1028 seulement, et non en 1027 ni en 1029, que le jeudi saint tomba le 11 avril et le vendredi saint le 12 ; c'est aussi en 1028 qu'il y eut une éclipse de lune le 12 avril. La précision de ces renseignements et l'indication d'un détail que les autres textes ne mentionnent pas, le jour de l'enterrement de Fulbert, prouvent l'exactitude des informations du chroniqueur. Fulbert mourut donc le 10 avril 1028, mercredi de la semaine sainte, et fut enterré le lendemain 11 avril. Son épitaphe nous apprend qu'il avait gouverné l'église de Chartres pendant vingt et un ans et demi (*Gallia christiana*, VIII, 1117) ; il était donc devenu évêque dans les derniers mois de l'an 1006, et non, comme on l'a cru sans preuve, en 1007.
4. Voyez ci-après (p. 97) le préambule du poème dans le manuscrit de Gembloux.
5. Strophe S, vers 2 et 3.

depuis 1008 et le résigna sans doute en 1031, pour devenir chapelain de l'empereur Conrad II [1].

Puis Adelman quitta Liège à son tour et passa plusieurs années en Allemagne. C'est là qu'il apprit par le bruit public l'hérésie de Bérenger, qui niait la transsubstantiation. Il écrivit alors à un de leurs amis communs, Paul ou Paulin, primicier de Metz, pour le prier de s'informer auprès de Bérenger si réellement il professait pareille opinion. Ayant attendu deux ans sans recevoir aucune réponse, il s'adressa directement à Bérenger pour le détourner de son erreur : sa lettre nous est parvenue [2]. Si l'on pouvait fixer la date de cette lettre, on déterminerait approximativement l'époque du séjour d'Adelman en Allemagne; mais elle fournit peu d'indices du moment où elle a été écrite. En la comparant avec une lettre de Déoduin, évêque de Liège, au roi Henri Ier, qu'on croit écrite en 1050 ou en 1051, on serait tenté de rapporter la lettre d'Adelman à 1052 ou 1053 ; mais ce n'est qu'une conjecture [3]. C'est aussi en Allemagne, à Spire, qu'il retrouva les vers composés à Liège plusieurs années auparavant, les retoucha et les envoya à Bérenger; on ne peut dire si cet envoi accompagnait la lettre que nous connaissons ou quelque autre lettre aujourd'hui perdue. Cette rédaction du poème nous est parvenue, dans le manuscrit de Gembloux, à la suite des fragments d'une réponse de Bérenger à Adelman sur l'eucharistie [4].

---

1. *Anselmi Gesta episc. Leod.*, 40, 43 : *Monumenta Germaniae*, in-fol., Scr., VII, 210, 215.

2. On n'a connu longtemps qu'un texte incomplet de cette lettre; voir la liste des éditions de ce texte dans H. Sudendorf, *Berengarius Turonensis oder eine Sammlung ihn betreffender Briefe*, 1850, in-8º, p. 8 ; il a été réimprimé en dernier lieu par Migne, CXLIII, 1289. Le texte complet a, paraît-il (Sudendorf, *ibid.*), été publié une seule fois, d'après un manuscrit de Wolfenbüttel, par Conrad-Arnold Schmid : *Adelmanni Brixiae episcopi de veritate corporis et sanguinis Domini ad Berengarium Epistola, etc.*, Brunovici, 1770, in-8º. Je n'ai pas vu cette édition.

3. Adelman à Bérenger : « Famam tuam tam fœda labe maculare nituntur, spargentes usquequaque, ut non solum Latinas, verum etiam Teutonicas aures, inter quas diu peregrinor, repleverint, quasi te ab unitate sanctæ matris Ecclesiæ divulseris... Hæc ante hoc biennium cum audissem, etc. » *Veterum Brixiae episcoporum S. Philastrii*, etc. 415 ; Migne, CXLIII, 1290.) Déoduin à Henri Ier : « Fama supremos Galliæ fines prætergressa totam Germaniam pervasit jamque omnium nostrum replevit aures, qualiter... Berengarius Turonensis, antiquas hæreses modernis temporibus introducendo, etc.; (Mabillon, *Vet. Anal.* in-8º, IV, 396 ; *Recueil des historiens*, XI, 497.) Le *Recueil des historiens* rapporte la lettre de Déoduin à 1050, Sudendorf (p. 21) à 1051.

4. *Thesaurus novus anecdotorum*, IV, 109-114.

Dans les dernières années de sa vie, Adelman fut évêque de Brescia [1]. On a hésité sur les dates de son épiscopat; on a cru qu'il était devenu évêque en 1048 et qu'il était mort en 1053 ou 1057 [2]. Des recherches récentes [3], appuyées sur des documents nouveaux, permettent d'affirmer qu'Adelman devint évêque de Brescia en 1055 au plus tôt [4], en 1057 au plus tard [5], et qu'il mourut en 1061 [6].

Le manuscrit de la Bibliothèque royale de Copenhague, où M. Delisle a copié, en 1880, les vers d'Adelman, est coté : *Gl. Kgl. Saml.*, n° 1905, in-4°. C'est un volume haut de 0^{m}198, large de 0^{m}125, composé de trois parties reliées ensemble :

1° Boèce, *de Consolatione*, suivi du poème d'Adelman, l'un et l'autre copiés au XIIe siècle ;

2° Cicéron, *de Officiis*, aussi du XIIe siècle ;

3° Claudien, *de Raptu Proserpine*; gloses sur quelques ouvrages de poésie latine; passion de sainte Agnès, en distiques (environ trois cents vers); passion de sainte Catherine, en hexamètres : le tout de différentes écritures du commencement du XIIIe siècle.

La garde, en tête de la première partie, porte une note du XIVe siècle, qui indique que le livre a appartenu à l'abbaye d'Afflighem ou *Novum Monasterium*, en Brabant [7] : « Liber Sancte Virginis in Novamonasterio [*sic*], qui dicitur Boecius *de Consolacione philosophie*. »

Le manuscrit de Gembloux, consulté autrefois par Mabillon et par Martène et Durand, appartient aujourd'hui à la Bibliothèque royale de Bruxelles. Il est inventorié sous les numéros 5576 à 5604. Les vers d'Adelman se trouvent dans la partie cotée 5595, f° 163 r° et v°. M. Ouverleaux, de la Bibliothèque royale, a bien voulu m'envoyer d'utiles renseignements sur le contenu de ce

---

1. Sigeb. Gembl., *De scriptoribus ecclesiasticis*, 153 : Fabricius, *Bibliotheca ecclesiastica*, Eee, 111; Migne, CLX, 582.

2. Ughelli, *Italia sacra*, t. IV, 1652, in-fol., col. 739; Gradonicus, *Pontificum Brixianorum Series*, 173.

3. E. Steindorff, *Jahrbücher des deutschen Reichs unter Heinrich III*, 1874-1881, in-8°, t. II, p. 299, n. 5.

4. Gradonicus, *Pontificum Brixianorum Series*, 175; Stumpf, *Die Reichskanzler*, 1865-1883, in-8°, t. II, n° 2437; *Annales Allahenses majores*, 1054, 1055, dans les *Monumenta Germaniae*, in-fol., Scr., XX, 807.

5. *Gundechari Liber pontificalis Eichstetensis*, dans les *Monumenta Germaniae*, in-fol., Scr., VII, 249.

6. *Annales Altahenses majores*, 1061, dans les *Monumenta Germaniae*, in-fol., Scr., XX, 811.

7. Arrondissement de Bruxelles, canton d'Assche, commune de Hekelgem. Voyez *Gallia christiana*, V, 36, 37.

manuscrit ; puis, par les soins obligeants de M. Léopold Delisle et de M. Ruelens, conservateur des manuscrits à la même Bibliothèque, j'ai pu avoir sous les yeux une photographie des deux pages qui contiennent le poème. Il y est transcrit immédiatement à la suite des fragments de la réponse de Bérenger à Adelman sur l'eucharistie; de cette circonstance, ainsi que des quelques lignes qui précèdent les vers et de la mention qui les suit, on peut conclure que ceux-ci ont été copiés, directement ou indirectement, d'après l'exemplaire que Bérenger avait reçu d'Adelman. Peut-être est-ce à Bérenger qu'on doit la rédaction première de deux ou trois notes marginales ou interlinéaires, qui accompagnent quelques passages du poème dans ce manuscrit.

Entre les leçons des deux manuscrits, « les différences sont telles qu'on ne peut les mettre au compte d'un copiste. Nous avons là certainement deux textes laissés par l'auteur lui-même. On lit en tête du texte de Gembloux une courte épître d'Adelman à Bérenger, où il lui dit que, venant de retrouver cette complainte rythmique, il la lui envoie. Mais il ne l'a pas envoyée sans modifier en quelques endroits le texte primitif, supprimant, ajoutant des noms propres, donnant un tour plus vif à quelques traits d'esprit [1] ». Le texte de Gembloux contient une trace visible de remaniement : dans le préambule il est dit que les vers ont été faits à Liège, et dans la dernière strophe ils sont datés de Spire. C'est qu'ils ont été composés à Liège et retouchés à Spire. Dans le texte de Copenhague, on remarque un vers où l'auteur dit que tous les personnages nommés dans son poème sont morts dans un même laps de cinq ans [2]. Cette remarque, qui n'est pas dans l'autre rédaction, a dû être écrite quand ce laps de cinq ans était à peine écoulé. Or, au nombre des personnes mortes pendant ces cinq ans, on trouve Fulbert de Chartres, qui mourut en 1028. Le texte de Copenhague doit avoir été écrit, au plus tard, cinq ans après cette date, en 1033. C'est la rédaction primitive, composée à Liège. Il est moins facile de dater la seconde rédaction. Si l'on admet qu'un élève de Fulbert, Sigon, dont ce second texte contient l'éloge funèbre, est le même qu'un document nous

---

1. Hauréau, *Mémoire sur quelques chanceliers de l'église de Chartres,* dans les *Mémoires de l'Institut, Académie des inscriptions,* t. XXXI, 2º partie, p. 65, n. 1. M. Delisle avait communiqué à M. Hauréau le texte copié par lui à Copenhague.
2. Strophe Y, vers 2.

montre vivant en 1040 [1], on en conclura que la revision du poème date au plus tôt de cette année. Elle est sans doute antérieure à l'épiscopat d'Adelman, qui commença au plus tard en 1057.

L'objet du poème est de rendre hommage à la mémoire de plusieurs amis, dont le poète déplore la mort. Ceux auxquels s'adresse cet hommage funèbre sont, dans chaque rédaction, au nombre de douze : en tête vient Fulbert, ensuite sept de ses élèves, enfin quatre habitants ou citoyens de Liège. Neuf noms sont communs aux deux textes ; trois noms de la première rédaction ne se retrouvent pas dans la seconde et y sont remplacés par trois autres ; mais, pour deux de ces noms, la substitution, comme on le verra, n'est peut-être due qu'à une faute de copie.

Toutes les personnes nommées dans le texte de Copenhague étant mortes dans un laps de temps qui n'a pu commencer plus de cinq ans avant, ni finir plus de cinq ans après la mort de Fulbert, 10 avril 1028, on peut affirmer que toutes ces personnes sont mortes du 11 avril 1023 au 10 avril 1033. C'est un premier renseignement positif à tirer du poème d'Adelman ; mais on ne pouvait le deviner tant qu'on ne connaissait que le texte du manuscrit de Gembloux.

La pièce est écrite en vers rythmiques, d'un modèle très commun au moyen âge. Chaque vers a quinze syllabes, distribuées en deux hémistiches, le premier de huit syllabes et le second de sept. La septième et la treizième syllabe du vers, c'est-à-dire la pénultième du premier hémistiche et l'antépénultième du second, doivent toujours être accentuées ; dans le reste du vers, c'est une élégance, mais non une obligation, de faire porter l'accent des mots sur les syllabes impaires plutôt que sur les syllabes paires. L'hiatus est admis et les voyelles ne s'élident pas, à moins que la voyelle qui termine un mot ne soit la même que celle qui commence le mot suivant ; dans ce cas seulement, l'élision a lieu. Le manuscrit de Copenhague offre trois exemples de l'élision d'un *e* devant un autre *e* ou un *æ*, et deux de l'élision d'un *i* devant un *i*. On y remarque aussi un *e* non élidé devant un *e* ; mais le contact de ces deux voyelles a lieu à la césure [2]. Dans le manuscrit de Gembloux, on retrouve trois fois l'*e* élidé ; mais on ne voit plus ni élision de l'*i* ni hiatus de deux voyelles pareilles à la

---

1. Ci-après, éclaircissements, strophe K.
2. Strophe N, vers 2, X, vers 3, et Y, vers 3 ; strophe R, vers 1 et 2 ; strophe K, vers 3.

césure : le versificateur est devenu plus sévère pour lui-même.

Le poème est divisé en strophes de trois vers rimant ensemble [1] ; Adelman appelle chacun de ces tercets un vers, *versus* [2]. Les strophes forment une série alphabétique : la première commence par un A, la seconde par un B, la troisième par un C, et ainsi de suite selon l'ordre de l'alphabet, jusqu'à la vingt-troisième et dernière qui commence par un Z.

Le premier vers indique que le poème était fait pour être chanté. En effet, dans le manuscrit de Copenhague, le texte est accompagné d'une notation musicale en neumes.

Littérairement, la pièce est assez faible. On a loué avec raison chez Adelman le talent de dire beaucoup en peu de mots [3] ; mais il faut avouer qu'il n'a su éviter ni la gaucherie, ni l'affectation, ni même parfois l'obscurité. Quelques strophes, mal venues dans la première rédaction, ont reçu un tour plus heureux dans la seconde [4] ; ailleurs, au contraire, la leçon primitive est la plus élégante et la plus intelligible [5]. D'après une note du manuscrit de Gembloux, Bérenger goûta peu cette production de son ami ; il répondit, après l'avoir lue : « La montagne est accouchée d'une souris. » Il avait le droit d'être sévère, car on a de lui des vers du même rythme, qui valent mieux que ceux de l'écolâtre de Liège [6].

Le texte qui suit, en haut des pages, est celui de la première rédaction (manuscrit de Copenhague) ; la seconde rédaction (manuscrit de Gembloux) est donnée en petit texte au-dessous de la première [7]. A la suite du poème on trouvera quelques éclaircissements sur plusieurs des personnes qui y sont nommées.

---

1. *Pontifex,* strophe C, vers 1, est considéré comme rimant en *e.*
2. Manuscrit de Copenhague, strophe Z, vers 3.
3. *Histoire literaire de la France,* VII, 552.
4. Strophes B, G, L, M, etc.
5. Strophe Z, vers 3.
6. *Thesaurus novus anecdotorum,* IV, 115.
7. Je représente par æ l'*e* cédillé des manuscrits.

MANUSCRIT DE COPENHAGUE

BIBLIOTHÈQUE ROYALE, GL. KGL. SAML., N° 1905, IN-4°.

Texte écrit probablement à Liège entre 1028 et 1033.

Armonicæ facultatis aspirante gratia
Stat referre summos viros, litterarum lumina,
Quos recenti recordatur mens dolore saucia.

Bestiali feritate mors acerba seviens,
In scolares conjurata velut hostis pestilens,
Passim dedit diræ stragi, plus quam modo insolens.

MANUSCRIT DE GEMBLOUX

AUJOURD'HUI A BRUXELLES, BIBLIOTHÈQUE ROYALE, n° 5595, f° 163.

*Texte écrit à Spire, probablement entre 1040 et 1057,
publié par Mabillon, Vetera Analecta, t. I, 1675, in-8°, p. 420,
et par Martène et Durand, Thesaurus novus anecdotorum,
t. IV, 1717, in-fol., col. 113.*

AULUS MANNUS. — Mitto etiam tibi rhitmicos[1] versiculos juxta ordinem alfabeti digestos, quos, ante annos aliquot, cum adhuc Leodii essem, me ad amicos[2] quosdam meos, quorum plures ipse noveras, lamentabiliter recensente, compositos, repperi nuper et edidi.

Armonicæ facultatis aspirante gratia
Refero viros illustres, litterarum lumina,
Quos recenti recordatur mens dolore saucia.

Bestiali feritate mors acerba seviens,
In scolares efferata tanquam leo rugiens,
Passim dedit stragis diræ plus quam aer pestilens.

1. *Ms.* ritmicos.
2. *Le copiste avait écrit d'abord* a me amicos. *Il a gratté* a *et ajouté* ad *dans l'interligne.*

T. II.

Carnotenæ decus urbis,   memorande pontifex,
Te primum, pater Fulberte,   dum te conor dicere,
Sermo fugit, cor liquescit,   recrudescunt lacrimæ.

Deploranda singillatim   multa quidem memini,
Utpote convictor senis,   herens sepe lateri,
Aure bibens oris fontem   aureum melliflui.

Eheu! quanta dignitate   moralis industriæ,
Quanta rerum gravitate,   verborum dulcedine,
Explicabat altioris   archana scientiæ!

Floruere, te fovente,   Galliarum studia;
Tu divina, tu humana   excolebas dogmata;
Nunquam passus es urgeri   virtutem penuria.

Gurges altus ut in amnes   scinditur multifidos,
Ut in plures fundit ignis   se minores [1] radios,
Sic insignes propagasti   per diversa plurimos :

Carnotenæ decus urbis,   memorande pontifex,
Te primum, pater Fulberte,   dum te conor dicere,
Fugit sermo, cor liquescit,   recrudescunt lacrimæ.

Deploranda singillatim   multa quidem memini,
Utpote convictor [2] senis,   herens sepe lateri,
Aure bibens oris fontem   aureum melliflui.

Eheu! quanta dignitate   moralis industriæ,
Quanta rerum gravitate,   verborum dulcedine,
Explicabat altioris   archana scientiæ!

Floruere, te fovente,   Galliarum studia;
Tu divina, tu humana   excolebas dogmata,
Nunquam passus obscurari   virtutem desidia.

Gurges altus ut minores   solvitur in alveos,
Utque magnus ex se multos   fundit ignis radios,
Sic insignes propagasti   per diversa plurimos :

1. *Ms*. minales.
2. *Ms*. conuictor.

Hildigerum, quem Pupillam   nuncupare soliti,
Quod pusillus esset, immo   perspicacis animi;
Cæterorum princeps atque   communiceps presuli.

Is magistrum referebat   vultu, voce, moribus,
Ypocratis artem jungens   Socratis sermonibus,
Nec minus Pytagoreis   indulgebat fidibus.

Karitate litterarum   plus quam ipsis preditum,
Te, Radulfe, nudum texit   hospitale Genabum,
Te virtutes effecere   ex ignoto splendidum.

Libet et vos meminisse,   nodosi lucripetæ,
Engelberte cum Lamberto,   qui de nido paupere
Late caput extulistis   circa ora[s] Sequanæ;

Martini quoque concivem,   Reinbaldum Turonicum,
Quem credebam post illius   syderis occubitum
Inter cellas singularem   regnare philosophum.

Hildierum, quem Pupillam   nuncupare soliti,
Quod pusillus esset, immo   perspicacis animi;
Cæterorum princeps atque   communiceps presuli,

Is magistrum referebat   vultu, voce, moribus,
Ypocratis artem jungens   Socratis sermonibus,
Nec minus Pytagoreis   indulgebat fidibus.

Karitate Sigo noster   plenus atque gratia,
Multa prebens ore, manu,   advenis solatia,
Singularis organali   regnabat in musica.

Lambertus Parisiacum,   Engelbertus Genabum
Occupabant lectionum   otio venalium,
Questum pube de Francorum   captantes non modicum.

Martini quoque concivem,   sed non equæ sobrium,
Dignum duco memoratu   Rainaldum Turonicum,
Promptum lingua, stilo largum,   valentem grammaticum.

Nec tua, gibbe GERARDE, te fraudabo nenia :
Liggerin flavum revisens ab Jordane et Solima,
Occidisti propter Mosam sub Virduni menia.

O! et te discerpsit atrox Remulorum factio :
Postquam mensus es Europam, flagrans acri studio,
Multas artes compilasti, GERBERTE Burgundio ;

Proh! si nunquam revertisses fatale Vesontium,
Quanta nunc auctoritate decorares Latium,
Docens quicquid revexisti ab hortis Hesperidum !

Quis autem te, magne, satis persepe defleverit,
Cujus scola tot tyrones tam spectatos edidit,
Quorum quisque pre se tulit quod usus non habuit [sic]?

REINBALDUS Aggrippinas, vir prestanti ingenio,
Sævam Reni pubem frenans Latiari imperio,
Notus arces ad Romanas ab usque Patavio,

Næc tua, GIRARDE gibbe, te [1] fraudabo nenia :
Ligerim flavum revisens ab Jordane et Solima,
Occidisti propter Mosam sub Virduni menia.

O! et te dira peremit emulorum factio :
Postquam mensus es Europam perflagranti studio,
Scolas multas expilasti, WALTERE [2] Burgundio ;

Proh! si nunquam revertisses ad fines Allobrogum,
Quanta nunc auctoritate decorares Latium,
Docens quidquid revexisti ab ortis Hesperidum !

Quis te tandem, sacer heros [3], satis sepe fleverit,
Cujus [h]os et multos plures officina protulit,
Quorum quisque præ se tulit, quod te usus fuerit?

REGINBALDUS Agripinas, vir potens ingenio,
Barbaras aures Latino temperans eloquio,
Notus arces ad Romanas ab usque Occeano,

---

1. *Ms.* girarde. gilb'te.
2. *Ms.* va'ultere.
3. *Note interlinéaire du ms.* : Fulberte.

Situs est in urbe nostra,   longus hospes, Legia :
Legia, magnarum quondam   artium nutricula,
Non sic, o! nunc, dominante   virtuti pecunia.

Tres michi, Camena dives,   memora de pluribus :
Illum, quem procul extinctum   transalpinis febribus,
Lugent arces, lugent urbes   cum viris illustribus;

Vix amissum quereremus,   ODULFO superstite,
ALESTANUM, quamvis esset   veteris scientiæ,
Sicut hi, quos enutrivit,   satis florent hodie;

Xerampelinos ornatus   cum paucis jugeribus
Presul durus denegarat :   at tu, Mettis profugus,
Multas illic opes nactus,   GERARDE, es et conditus.

Situs est in urbe nostra,   longus hospes, Leggia :
Legia, magnarum quondam   artium nutricula,
Sub WATHONE, subque ipso,   cujus hæc sunt rithmica.

Tres michi, Camena, cives   memora de pluribus :
Illum, procul quem extinctum   transalpinis febribus,
Lugent artes, lugent urbes   cum suis primatibus;

Vix amissum quereremur,   ODULFO superstite,
ALESTANUM, quanvis erat [sic]   veteris scientiæ,
Sicut hi, quos erudivit,   satis pollent hodie;

Xerampelinos [1] ornatus   cum paucis jugeribus
Presul durus [2] denegarat :   at tu, Metti profugus,
Multas illic opes nactus,   WARINE, es et conditus.

---

1. *Note du ms.* : Xerampeline vestes dicuntur veteres et presiccæ, pampineum habentes colorem, et ponuntur hoc loco... *Les mots suivants ont disparu au XVIII° siècle, emportés par le couteau du relieur. Ces mots étaient, selon Mabillon* : pro quibuscumque antiquis vestibus; *selon Marlène et Durand* : pro quibusdam antiquis vestibus.

2. *Note interlinéaire du ms.* : Durandus.

Yppogei[s] sub antique clausi matris gremio
Omnes uno funerati dormiunt quinquennio :
Pace æterna perfruantur, te, Christe, propitio !

Zelo vestri cor accensus, numeris funebribus
ADELMANNUS vos perornat hic exequialibus,
Ter quaternos, quatersenis minus uno versibus.

Ypogeis et antiquæ parentis in gremio
Dormientes, excitandi mane mundi ultimo,
Pace æterna perfruantur, te, Christe, propitio !

Zelo grandi cor accensus pro carorum funere
ADELMANNUS hæc deflebat in Nemeti [1] littore,
Suos ipse idem illic observans cotidie.

Respondit Beringerius : « Nascitur ridiculus mus. »
Finit Beringerius contra Adelmannum, quem yronice vocat
Aulum Mannum.

1. *Note interlinéaire du ms. :* Id est Spiræ.

ÉCLAIRCISSEMENTS

Quelques-uns seulement des savants célébrés par Adelman ont laissé un nom dans l'histoire. Les autres sont des personnages obscurs, dont on ne trouve pas d'autre trace dans les documents du temps.

Strophes C, D, E, F, G, Q. — Le maître d'Adelman, Fulbert, est célèbre. Après avoir dirigé avec éclat, en qualité d'écolâtre ou de chancelier, l'école de Chartres, à la fin du x° siècle et au commencement du xi°, il devint évêque de cette ville et en gouverna l'église pendant plus de vingt et un ans. On a vu plus haut que la date du commencement de son épiscopat doit être fixée aux derniers mois de 1006, et celle de sa mort au 10 avril 1028. Sans insister davantage sur un personnage aussi connu, il suffit de renvoyer à la notice que lui a consacrée l'*Histoire literaire* [1] et au recueil de ses lettres et œuvres diverses, publié en 1608 par Charles de Villiers [2]. — Le dernier vers de la strophe Q, tel que le donne le manuscrit de Copenhague, n'offre pas de sens. La bonne leçon est sans doute celle du manuscrit de Gembloux.

Str. H, I. — Hildegaire ou Hildeger Pupilla fut l'un des disciples préférés de Fulbert. On peut consulter, sur ce clerc lettré, une notice de M. Hauréau, publiée récemment [3]. Selon cette notice, Hildeger, compatriote de Fulbert, *communiceps præsuli* (or on croit, sans en avoir la preuve certaine, que Fulbert était Aquitain [4]), philosophe, médecin et musicien, fut chargé, vers 1019, de suppléer l'évêque de Chartres dans le gouvernement de l'abbaye de Saint-Hilaire-le-Grand de Poitiers, qui venait de lui être confié par l'abbé laïque de cette maison, Guillaume V, comte de Poitiers et duc d'Aquitaine. Après s'être acquitté plusieurs années de ce soin, il revint à Chartres et y occupa la charge de chancelier de la cathédrale, qui comprenait la maîtrise de l'école. M. Hauréau a analysé plusieurs de ses lettres, qui nous sont parvenues avec celles de Fulbert, et a indiqué ce qu'elles nous apprennent sur sa personne et son caractère. Hildeger survécut à Fulbert [5], mais non de plus

---

1. *Histoire literaire de la France*, VII, 261. [Voy. aussi la thèse de M. Pfister : *De Fulberti Carnotensis episcopi vita et operibus*. Nancy, Sordoillet, 1886, in-8.]

2. *D. Fulberti Carnotensis episcopi antiquissimi Opera varia*, cum notis et indice locupletissimo per M. Carolum de Villiers, Parisiis, 1608, in-8° ; Migne, CXLI.

3. *Mémoires de l'Institut, Académie des inscriptions*, t. XXXI, 2° partie, p. 64-77.

4. *Histoire literaire*, VII, 262.

5. Lettres de Fulbert, n° CXXXIV, éd. de Villiers, fol. 127 r° ; Migne, CXLI, 278.

de cinq ans, puisqu'il est nommé dans la première rédaction du poème d'Adelman; il mourut donc après le 10 avril 1028 et avant le 10 avril 1033. Le plus ancien obituaire de Notre-Dame de Chartres, antérieur à 1120, mentionne six clercs du nom de *Hildegarius* ou *Hildegarus*, dont quatre chanoines [1], un sous-doyen, maître de l'école [2], et un archidiacre [3]. Il est impossible de dire laquelle de ces mentions concerne Hildeger Pupilla [4].

Str. K (ms. de Copenhague). — Raoul, plus ami des lettres que lettré (*karitate litterarum plus quam ipsis præditum*), trouva, dit le poète, dans son dénûment, un abri hospitalier à Orléans, et passa, grâce à ses vertus, de l'obscurité à la splendeur : c'est-à-dire, en prose, qu'il obtint dans l'église d'Orléans quelque charge qui lui assura l'aisance et la considération. Ces indications ne suffisent pas à reconnaître avec certitude celui qu'a voulu désigner Adelman. On trouve un Raoul, doyen de la cathédrale d'Orléans, en 1028 [5]; un R., « économe » de l'église d'Orléans, auquel est adressée une lettre de Fulbert [6]; et un Raoul, « fidèle » de l'évêque d'Orléans, nommé dans une autre lettre de Fulbert, qu'on croit écrite vers 1022 [7].

Str. K (ms. de Gembloux). — Sigon, diacre, chantre de la cathédrale de Chartres, fut non seulement le disciple, mais aussi l'ami et le confident de Fulbert; il mourut le 11 juillet, on ne sait de quelle année [8]. Une chronique de Saint-Florent de Saumur indique des chants d'église dont il composa la musique. Cette chronique lui donne la qualité de doyen de la cathédrale; mais ce n'est peut-être qu'une faute de copie, *decanus* pour *diaconus* [9]. On peut croire que ce Sigon est le même qui

---

1. E. de Lépinois et L. Merlet, *Cartulaire de Notre-Dame de Chartres*, t. III, p. 23 (17 janvier), 174 (12 septembre), 175 (14 septembre), 210 (17 novembre).
2. *Ibid.*, p, 194 (11 octobre).
3. *Ibid.*, p. 205 (2 novembre).
4. On serait tenté d'opter, à l'exemple de M. Hauréau, pour *Hildegarus subdecanus et magister scolæ*, mort le 11 octobre (p. 194), si la qualité de sous-doyen n'invitait à identifier celui-ci avec *Hildegarius subdecanus*, clerc chartrain qui assista à la consécration de la Trinité de Vendôme, en 1040, et qui, par conséquent, vécut plus longtemps que l'élève de Fulbert : voyez *Conventus episcoporum ad dedicationem Vindocinensis monasterii S. Trinitatis*, dans les collections des conciles, par exemple dans celle de Mansi, t. XIX, col. 591.
5. *Gallia christiana*, VIII, 1499 et instr. 297.
6. Lettre LXXXIII, éd. de Villiers, fol. 79; Migne, CXLI, 234; *Recueil des historiens de France*, X, 463.
7. Lettre XXX, éd. de Villiers, fol. 40; Migne, CXLI, 237; *Recueil des historiens de France*, X, 471.
8. *Mémoires de l'Institut, Académie des inscriptions*, XXXI, 2º partie, p. 65; *Cartulaire de Notre-Dame de Chartres*, III, 136.
9. *Historia monasterii S. Florentii Salmuriensis*, 48; Martène et Durand, *Veterum scriptorum*, etc., *Amplissima Collectio*, t. V, col. 1121; Marchegay et Mabille, *Chroniques des églises d'Anjou*, 1869, in-8º, p. 287.

est nommé, en 1040, à la consécration de la Trinité de Vendôme, avec la qualification de maître des écoles de Chartres [1].

Str. M. — Rainaud de Tours (*Rainaldus*, ms. de Gembloux, plutôt que *Reinbaldus*, ms. de Copenhague), philosophe, grammairien et écrivain consommé, mais moins sobre que le saint honoré dans sa ville natale (*Martini quoque concivem, sed non æque sobrium*), est mis au nombre des savants illustres dans une chronique tourangelle du monastère de Saint-Julien [2]. Il fut sous-maître de l'école [3] et trésorier [4] de Saint-Martin de Tours, peut-être aussi écolâtre d'Angers [5]. Adelman dit qu'à la mort de Fulbert, il avait espéré en Rainaud seul pour représenter dignement la philosophie dans l'école (ms. de Copenhague) : Rainaud survécut donc à Fulbert, et par conséquent mourut, comme Hildeger, entre le 11 avril 1028 et le 10 avril 1033.

Str. O, P. — Il est ici question d'un Bourguignon, qui, poussé par un ardent amour de l'étude, visita diverses écoles de l'Europe et alla même jusqu'au jardin des Hespérides (en Espagne?); puis, étant revenu en Bourgogne (à Besançon, selon l'un des textes, chez les Allobroges, selon l'autre), il périt, victime de la fureur de ses ennemis. Le manuscrit de Copenhague nomme ce savant *Gerbertus*, celui de Gembloux *Vaulterus* ou *Walterus;* plus loin (str. X), on voit pareillement un même personnage appelé dans le premier manuscrit d'un nom qui commence par un G (*Gerardus*) et dans le second d'un nom qui commence par un W (*Warinus*). Or on sait que les noms qui commencent par W peuvent d'ordinaire s'écrire aussi par G : ainsi *Gualterus, Guarinus*. Il est donc probable que, dans ces deux passages, les vrais noms sont ceux de Gautier (*Walterus* ou *Gualterus*) et de Guérin (*Warinus* ou *Guarinus*), mais que, dans quelque manuscrit d'où dérive celui de Copenhague, ces noms, suivant un usage assez commun, n'étaient représentés que par l'initiale, G : un copiste aura voulu les compléter et aura mis au hasard Gerbert et Gérard. Dans la strophe O, la tentation d'écrire Gerbert pouvait venir assez naturellement, à cause d'une apparente ressemblance entre ce qu'Adelman dit de son héros et ce qu'on sait de Gerbert ou Silvestre II, qui étudia en Espagne; mais Gerbert n'était pas Bourguignon, et il mourut à Rome. Le Gautier dont parle Adelman est inconnu. Il n'y a pas de contradiction entre la leçon qui place sa mort à Besançon et

---

1. Collections des conciles, à l'année 1040, par exemple Mansi, XIX, 591.
2. *Amplissima Collectio*, V, 1078; Salmon, *Recueil des chroniques de Touraine*, 229.
3. « Raginaldus sacerdos submagister scholæ » paraît, dans un acte sans date, avec « Ulgerius decanus » (*Acta sanctorum O. S. B.*, sæc. vi, pars II, p. ix). Ulgerius ou Odolgerius fut, dit-on, doyen de Saint-Martin de 1007 à 1021 (*Gallia christiana*, XIV, 173, 174).
4. *Acta sanctorum O. S. B.. ibid.;* Mabillon, *Vet. Anal.*, in-8º, I, 423.
5. *Historia monasterii S. Florentii*, 48 : *Amplissima Collectio*, V, 1121; *Chroniques des églises d'Anjou*, 287.

celle qui la met chez les Allobroges : par le pays des Allobroges, le poète entend le royaume d'Arles ou de Bourgogne, dont Besançon faisait partie. — *Remulorum*, str. O, vers 1, dans le manuscrit de Copenhague, n'est peut-être qu'une faute de copie pour *æmulorum;* cette faute a pu être amenée par l'idée erronée qu'il était ici question de Gerbert, qui fut archevêque de Reims.

Str. S, vers 2. — L'école de Liège, au xi° siècle, dut sa célébrité principalement au succès avec lequel y fut cultivée la poésie latine. Je dois à M. Delisle l'indication d'une curieuse glose d'un manuscrit de Cologne, sur un passage de Lucain (I, 449) : « Bardi, id est Leodicenses, qui carminibus suis reddunt immortales animas, scribendo gesta regum [1]. » Dans le rouleau mortuaire de Guifred, comte de Cerdagne (1051), on remarque tout particulièrement le nombre et l'étendue des pièces de vers qui furent écrites par les clercs du diocèse de Liège [2]. Toutes ces pièces sont en vers métriques. La versification rythmique, à laquelle appartient le poème d'Adelman, paraît avoir été plus spécialement cultivée dans l'école de Fulbert à Chartres; des strophes rythmiques du même type que celles d'Adelman ont été composées par Fulbert [3] et par Bérenger [4].

Str. S, vers 3 (ms. de Copenhague). — Quand ce vers a été écrit, Réginard (1025-1037) était évêque de Liège. Reiner, moine liégeois du xii° siècle, qui a écrit la vie de ce prélat, l'accuse de simonie : « Reginardus... Leodiensem... cathedram ambivit. Adiit ergo imperatorem Cunradum, obtinuitque ab eo per pecuniam, quod fuisset obtinendum a Deo per gratiam [5]. »

Str. S, vers 3 (ms. de Gembloux). — La vie de Wazon, successivement écolâtre (avant 1008) et doyen (1017) de l'église de Liège, chapelain de l'empereur Conrad II (1031), prévôt (1032) et enfin évêque de Liège (1041-1048), a été écrite par son contemporain Anselme [6]. C'était un prélat pieux et éclairé, dont la mort laissa de vifs regrets aux Liégeois [7]. Il est surtout célèbre par la belle lettre qu'il écrivit à Roger, évêque de Châlons-sur-Marne, pour le dissuader, au nom de l'Évangile, d'exercer des persécutions contre les hérétiques [8]. Il est singulier qu'Adelman ne parle de lui qu'incidemment et ne lui ait pas consacré un article exprès; c'est peut-être une raison de croire que la seconde

---

1. Jaffé et Wattenbach, *Ecclesiae metropolitanae Coloniensis Codices mss.*, 1874, gr. in-8°, p. 140.
2. L. Delisle, *Rouleaux des morts*, 1866, in-8°, p. 95-104, 107-113, 116-121.
3. Migne, CXLI, 339, 342.
4. *Thesaurus novus anecdotorum*, IV, 115.
5. *Monumenta Germaniae*, in-fol., *Scr.*, XX, 572.
6. *Monumenta Germaniae*, in-fol., *Scr.*, VII, 210-234.
7. Delisle, *Rouleaux des morts*, p. 104, 108, 111, 116, 117.
8. *Monumenta Germaniae*, in-fol., *Scr.*, VII, 227.

rédaction de son poème aura été écrite avant la mort de Wazon (8 juillet 1048).

Str. X. — Warin ou Guérin, que le manuscrit de Copenhague appelle Gérard, n'ayant pu obtenir de l'évêque de Liège, Durand (1021-14 janv. 1025), des ornements de couleur feuille-morte (de pourpre?), *xerampelinos ornatus* [1], et quelques arpents, c'est-à-dire sans doute une dignité dans l'Église et une prébende, passa à Metz, y acquit de grandes richesses, y mourut et y fut enterré. Mabillon a supposé [2] qu'il s'agissait, dans ces vers, de Guérin, abbé de Saint-Arnoul de Metz, qui mourut le 20 août 1050 [3]; mais rien n'indique que cet abbé fût Liégeois. Guérin de Liège, s'il est le même que le Gérard du manuscrit de Copenhague, dut mourir, comme tous ceux qui sont nommés dans ce manuscrit, moins de cinq ans avant ou après Fulbert, entre le 11 avril 1023 et le 10 avril 1033. Il faut avouer qu'il nous est inconnu.

Str. K, N, R, S, T, V. — Sont pareillement inconnus, sauf ce que nous apprend sur chacun d'eux Adelman : Lambert et Engelbert, retors et âpres au gain (*nodosi lucripetæ*), qui s'enrichirent en donnant des leçons, pour de l'argent, à Paris et à Orléans (K); Gérard ou Girard, bossu, qui alla à Jérusalem, et, au retour, voulant regagner les bords de la Loire, fut arrêté par la mort près de Verdun-sur-Meuse (N); Raimbaud, de Cologne, qui enseigna le latin (*frenans Latiari imperio, Latino temperans eloquio*) à la jeunesse barbare des bords du Rhin, fut célèbre depuis Padoue ou Passau (*ab usque Patavio*, ms. de Copenhague) où même depuis l'Océan (ms. de Gembloux) jusqu'à Rome, puis se fixa à Liège, y vécut longtemps (*longus hospes*) et y fut enterré (R, S); Odulf, de Liège, qui succomba, loin de sa patrie, aux fièvres d'Italie (T, V); et Alestan, de la même ville, qui était d'une science consommée et forma de brillants élèves (V) ; tous nommés dans le manuscrit de Copenhague et par conséquent morts du 11 avril 1023 au 10 avril 1033. — Str. T, vers 1, et str. V, vers 1, la leçon du ms. de Gembloux est préférable à celle du ms. de Copenhague, soit qu'il y ait une double faute de copie dans celui-ci, soit qu'Adelman lui-même ait perfectionné ses vers en les revisant.

Compte rendu de H. STEIN, *Cartulaire de l'ancienne abbaye de Saint-Nicolas-des-Prés sous Ribemont (diocèse de Laon)*, 1884. Bibliothèque de l'École des chartes, XLVI (1885) p. 686-687.

---

1. Voyez Juvénal, satire VI, vers 519; H. Estienne, *Thesaurus Græcæ linguæ*, édition Hase et Dindorf, ξηραμπέλινος.
2. *Vet. Anal.*, in-8º, I, 424.
3. *Gallia christiana*, XIII, 903.

Compte rendu de René FAGE, *Une ancienne justice, la Cour d'appeaux de Ségur* (1880). Revue critique d'histoire et de littérature, nouvelle série, XIII (1882), p. 108-109.

Compte rendu de Th. LINDNER, *Das Urkundenwesen Karls IV. und seiner Nachfolger (1346-1437)*, 1882. Bibliothèque de l'École des chartes, XLV (1884), p. 211-212.

Compte rendu de U. ROBERT, *Étude historique et archéologique sur la roue des juifs depuis le XIIIe siècle*, 1883. Bibliothèque de l'École des chartes, XLV (1884), p. 212.

Compte rendu de H. Derenbourg, *Ousâma ibn Mounkidh : un émir syrien au Ier siècle des croisades (1095-1188)*. Revue historique, XLIV (1890), p. 164-166.

MIRACLES DE SAINTE GENEVIÈVE

A PARIS

(XIIe-XIVe SIÈCLE)

Rédaction française attribuée à Thomas Benoist [1].

Le texte [suivant] est tiré du manuscrit lat. 5667 de la Bibliothèque nationale. Ce volume était encore à la Bibliothèque quand l'abbé Saintyves recueillit les éléments de sa *Vie de sainte Geneviève*, publiée en 1845. Il fut volé peu de temps après et découpé eu trois morceaux, qui furent vendus à Joseph Barrois et inscrits par cet amateur sous les nos 180, 179 et 253 de sa collection. Achetés à Barrois par le comte d'Ashburnham en 1849 et conservés jusqu'en 1888 à Ashburnham-Place (Sussex), ces fragments ont été recouvrés par M. Delisle et réintégrés à la Bibliothèque nationale, avec tant d'autres manuscrits dérobés à la France, en février 1888. (Voyez L. Delisle, *Catalogue des manuscrits des fonds Libri et Barrois*, p. 207-210.)

La troisième partie de ce manuscrit, n° 253 de Barrois, aujourd'hui lat. 5667, fol. 96-111, renferme une rédaction de la Vie et des Miracles de sainte Geneviève en prose française du XIVe siècle. L'abbé Saintyves attribuait cette rédaction à « Thomas Benoist, chevecier de Sainte-Geneviève et depuis prieur de l'abbaye ». Il avait probablement trouvé cette indication sur un feuillet aujourd'hui perdu.

On a choisi, pour les publier ici, ceux de ces récits qui concernent les miracles accomplis à Paris au XIIe, au XIIIe et au XIVe siècle. Le texte latin des miracles des siècles précédents a été imprimé dans le volume de Saintyves, p. CXII-CXXVII. Ceux qu'on [va] lire sont aussi, pour la plus grande partie, traduits sur des originaux latins, qu'on trouvera, les uns dans Saintyves, les autres dans le *Recueil des historiens de France*, t. XVIII et XXIII.

---

1. [Plaquette publiée à part avec cette mention : « Pour le mariage de Monsieur Henri-Auguste Omont et de Mademoiselle Marie-Fernande de Fresquet, XXIII juillet M DCCC LXXXIX ».]

Le beau miracle dez ardans [1], *qui fut fait l'an mil C X* [2].

Ou temps du roy Loys, fil du roy Phelippe, guerres cesserent en France, et justice se redreca, si fu la terre en repos. Mez les gens du royaume, qui le temps passé deussent avoir reins [3] par euvres de misericorde, se estudierent a faire leur volentés, comme chevaus qui n'ont point d'entendement, et assemblerent pechié suz pechié, et furent pirez que devant. Lors Jhesucrist, qui pour le monde sauver descendi du ciel a terre, les visita et bati comme pere fet ses enfans, car ceuls il chastie qu'il aime, et ne leur donne pas tribulacion double, ce dit l'Escripture, car il ocist le corps pour l'ame vivifier, il tourmente la char pour l'esperit sauver. Si envoia une pestilence en France, et se print une maladie de feu au membres qui avoient servi a pechié, et ardoient horriblement. Les medicins firent leur povoir de estaindre la maladie, mez riens ne valu, car Dieu faisoit ce, et nul conseil ne puet contre Dieu. Li pueples cria a Nostre Segneur, mez il ne les voult oïr, car ils ne estoient pas de sez deciplez, la maladie s'enfforca.

Si apporterent leur malades de prez et de loings a Nostre Dame de Paris. L'eglize en fu si pleine qu'il n'y demoura que une sentele par ou li clers aloient faire le servise et le pueple offrir. Li evesques de Paris, Estienne, religieuse personne, pere au povres, examplaire de tout bien, fu mont troublés. Il, qui mont songneus estoit du salu de son pueple, fist faire processions, et apporter les reliques des corps sains a Nostre Dame, par quoy il peussent empetrer pardon de leur pechiez et remede de cele grieve pestilence. Par pluseurs jours le firent, en pleurs, en jeunes et en oroisons, mez ne furent pas oïs, car le miracle estoit reservé a la sainte virge Genevieve. Toutevoiz el ne le voul pas faire en son propre monstier ne en propre personne, aincoiz

---

1. La maladie désignée par les noms d'*ignis sacer* et de *mal des ardents* fit de fréquents ravages en France à la fin du xie siècle et au commencement du xiie. Sur l'épidémie de 1129, dont il s'agit ici, voir *Recueil des historiens*, XIII, p. 269, etc.

2. Cette date qui ne se trouve pas dans l'original latin (Saintyves, p. cxxviii), est erronée. La mention du voyage du pape Innocent, « l'an ensuiant » (p. 112), donne lieu de croire qu'il faut lire, ici, l'an 1129.

3. « Qui auraient dû racheter le temps passé. »

en gardant fourme de humilité, voult honnorer la glorieuse
Virge Marie, afin, comme raison est, et eust l'autorité de ouvrer
et ceste du supplier.

Tuit furent desconfortez et deffians de salut avoir. Si se recorda
le dit evesques, comme sainte Genevieve avoit pluseurs foiz
gardé Paris et delivré de pluseurs perils. Si print grant esperance en l'aide de la virge. Et s'en vint, li et pluseurs religieuses
personnes, a l'eglize de la sainte, et traita avec les freres en
chapitre[1] du grant peril, et leur exposa mont piteusement comment il avoit prins fiance en la virge. Et pource que commandement ne povoit faire en la dite eglize[2], il requist a grans gemissemens et souspirs, comme celuy qui se douloit dez douleurs de
son pueple, qu'il vousissent que la presence de la virge secourist
a la cité qui perilloit. A sa peticion enclinerent li freres, et
assignerent jour que la virge seroit portee pour prier pour le
pueple. Li evesques le manda par tout son eveschié, et commanda que on jeunast. Le jour attendoient touz comme feste
sollennel, car certaine esperance de salut avoient en la virge qui
tant fet de miracles.

Ainsint com li evesques ordenoit son pueple, li freres eslirent
les plus devoz et les plus anciens pour le saint corps porter.
Saintefiez furent par jeunes et oroisons et vestuz de nectes vesteures, comme il afiert a la purté de la virge. Le jour vint, le
saint corps fu descendu, li freres couchiés a terre en oroison et
en lermes, li bons evesques arriva a sollennele procession. Car de
ancienne coustume est gardé, sanz faillir, que toutes foiz que la
sainte virge ma dame sainte Genevieve est portee, sollennement
doit estre menee, et sollennement ramenee.

La procession se meut selonc l'ordinacion de l'eglize, et li
evesques, qui ferme fiance avoit en la virge, fist aler compter les
malades. Finablement, si tost que le precieus corps de la sainte

1. L'église Sainte-Geneviève appartenait alors à une communauté de chanoines séculiers, présidés par un doyen (bulle de Pascal II, 13 mai 1107 : bibliothèque Sainte-Geneviève, ms. E. l. 25 [356 de l'inventaire de M. Kohler], in-fol., fol. 1 ; Jaffé-Loewenfeld, *Regesta*, n° 6135). Eugène III, en 1148, leur substitua des chanoines réguliers, gouvernés par un abbé (*Recueil des historiens*, XV, p. 451 ; Jaffé, n° 6439 ; Loewenfeld, n° 9272).

2. Le latin porte : « Sed quia votum suum episcopalis dignitas in praefata ecclesia imperare non poterat » (Saintyves, p. cxxx). Il ne semble pourtant pas que l'église de Sainte-Geneviève fût alors exempte de la juridiction épiscopale. Ce privilège fut accordé au premier abbé, Eudes, pour lui et ses successeurs, par le pape Eugène III, le 17 décembre 1150 (bibliothèque Sainte-Geneviève, ibid., fol. 1-2 ; Jaffé-Loewenfeld, n° 9426).

dame entra en l'eglize de la glorieuse Virge Marie, Nostre Segneur se eveilla comme s'il eust dormi, et fist cesser la maladie. Cent et troiz estoient li malades. Li cent atoucherent la fiertre ou li corps saint estoit, qui incontinent furent guariz. Li troiz ne le furent pas. Autre raison n'y savons, fors que touz n'ont pas bonne foy, ce dit l'Escripture, et Nostre Segneur dist a Centurion[1] que fet li seroit selonc sa creance.

Ainsint ovra Dieu et la Virge Marie por l'amour de la virge ma dame sainte Genevieve. Et non pas tant seulement en donnant santé a cent malades, mez a tout le royaume, car touz languissoient, ou de la maladie, ou du peril de la maladie, dont il se doubtoient a toutes heures. Et plus grant chose fu destruire la maladie que guerir. Veu ce beau miracle, li evesques et li clergié se efforcoient de loer Dieu et la virge, mez il ne povoient bonnement pour la noise dez genz qui regracioient Dieu et la virge a haute voiz, et en lermes de devocion. Quant longuement il eurent ce fet, li freres se hasterent de retourner, mez tant de pueple trouverent qu'il fu bas vespre aincoiz qu'il fussent a l'ostel.

L'an ensuiant, vint en France le pape Innocent[2], qui le miracle autoriza a grant joie, et voult que on en fist feste chascun an. La quele feste fu confermee par un espoventable example. Il avint une foiz que Symon, chevecier de l'eglize, qui devoit pourveoir de luminaire et de aournemens au jour de la feste, s'en ala un pou devant pour eschiver les despens, par quoi la feste fu celebree sanz sollennité. Il retourna apres la feste. Si comme il montoit ou saintuaire, la puissance de Dieu le fist reculer. Il s'efforca de remonter. Il fu bouté arriere et chei suz le pavement de mort soubite. De la quele mort vueille garder Nostre Segneur Jhesucrist touz ceuls qui ce beau miracle recorderont devotement Amen.

Comme son corps fu revelé[3] et trouvé tout entier.

L'an mil CLXI fu reporté au roy Loys, fil du roi Loys, que la

---

1. Voyez l'Évangile de saint Matthieu, VIII, 13. Thomas Benoist, peu au fait de l'organisation des armées romaines, a pris le titre de *centurio* pour un nom propre.
2. Innocent II arriva en France en septembre 1130 et retourna en Italie au commencement de l'an 1132.
3. L'original latin de ce morceau (Saintyves, p. CXXXIII) est attribué à saint Guillaume, chanoine de Sainte-Geneviève, puis abbé de Saint-Thomas-du-Paraclet (Danemark), mort en 1202.

teste de la glorieuse virge ma dame sainte Genevieve ne estoit pas en son eglize. Li roys en fu troublés et en parlementa avec le clergié et le pueple, et envoia seeller la chapse ou le saint corps repose, a fin que li freres n'y missent autre teste. L'andemain vindrent de par le roy a la dite eglize honnorables peres l'archevesque de Sens et l'evesque d'Aucuerre. Aprez euls vint l'evesque d'Orliens, Manasses, anemi de verité, persecuteur de religion et de honnesteté, et avec li grant foison de pueple a bastons et a pierres, touz pres de lapider lez freres. La chapse fu descendue et ouverte, le corps saint fu exposé aus yex de touz sus draps purs et nes, et encerchy diligenment. Tout entierement fu trouvé teste et membres ensemble. Lors chanterent li freres a grant leece : *Te Deum laudamus.* Le pueple, qui par devant estoit prest de malfaire, commenca a plorer de pitié et de joie. Li faux Manasses s'en ala touz enflés et confonduz, dont il vint a meschante fin. Li autrez bons prelas sermonnerent au pueple et manderent au roy la verité, qui de ce fu liés et joiens, et ama, garda et defendi la dite eglize plus que devant.

L'an dessus dit, ou Xme jour de jenvier, aus octieves de la sollennité de la virge, fu son saint corps revelé et monstré au pueple, et besié dez freres devotement et doucement, et l'andemain mis de rechief en son lieu, et de ce font memoire li freres chascun an au dit jour, a la gloire de Dieu et a l'onneur de la virge et de l'eglize.

Comment el guarda Paris de yaue [1].

L'an mil CC VI, ou mois de decembre, envoia Nostre Segneur Diex par son juste jugement ou royaume de France si grant abondance de pluies et de yaues que les fluèves et les rivieres desriverent si impetueusement, qu'il esrachoient les arbres, destruizoient les semences, abatoient mesons des villes et des citez. Entre les autres, la cité de Paris fut durement tourmentee de Seine, tant qu'il convenoit aler a navie par mi les rues, et que

---

1. Traduction d'un récit latin, publié par Labbe et réimprimé dans le *Recueil des historiens*, XVIII, p. 797. Sur la crue de la Seine et la chute de trois arches du Petit-Pont, avec les maisons qu'elles portaient, en décembre 1206, voir Rigord et Guillaume le Breton, édition H.-Fr. Delaborde, I, p. 164, 224, etc. Selon Rigord, moine de Saint-Denis, l'inondation s'arrêta à la suite d'une procession solennelle célébrée par les religieux de Saint-Denis.

pluseurs edefices trebucherent, li autres, qui en estant se tenoient, valoient en ruine, tant estoient debatuz dez undes de l'yaue. Petitpont, qui lors estoit de pierre, estoit si quassé, decrevé, desjoint, et ruineus, et si debatuz de la redeur de l'yaue et des undes, qu'il chancelloit et croulloit comme arbre que le vent demeine. La cité estoit desconfortee. Seule esperance avoient, aprez Dieu et la Virge Marie, en ma dame sainte Genevieve, en qui li Parisiens ont especial devocion, pour les benefices qu'el leur a fait. Touz ensemble crierent que on feist tant que la digne virge fust apportee a Paris pour secourir de sa presence a la cité qui perilloit, et pour misericorde et pardon empetrer au pueple par devers Dieu. Li evesques Odon, le clergyé et le pueple en supplierent au freres de l'eglize. La procession fu ordenee et faite sollennement selonc ce qu'il est acoustumé de ancienneté. On vint a Petitpont qui pres estoit de choer, les corps sains passerent, et puis le corps saint de la virge qui plus soustenoit le pont que le pont ne la soustenoit. Apres la virge passa le pueple, seurs de sa protection, comme fist jadiz le pueple de Israel ou flueve Jourdain aprez l'arche du testament. Si tost que la virge entra en l'eglize Nostre Dame de Paris, la cité et les choses meues se affermerent en bonne pes. Seine se retraist en son cours et ne plut de puis cel jour, jusques a tant que la terre fu seche. Le servise fet et esperance de salu prinse en la presence de la virge, la procession retourna par sus Petitpont. Dont grant merveilles avindrent, car bien tost apres ce que la virge fu remise en son lieu et les gens furent retournés a leur ostels, Petitpont chei sans blecier et sanz noier ame nulle. Digne de honneur est ceste virge par cui les pluies cesserent, les yaues se retrairent, beauté de temps fu donnee, le pueple gardé de peril, la cité et le pais delivré. Loé soit Nostre Segneur. Amen.

Autre beau miracle [1].

Le miracle precedent fu confermé par un autre beau miracle qui avint XXVII ans apres, que les pluies et les yaues furent grans outre mesure, en peril de tout le pais, comme dit est. Mez une chose y avint bien notable, car quant la procession fu menee ordeneement et sollennement, si tost que la virge issy de son mons-

---

1. Voir le récit latin, *Recueil des historiens*, XXIII, p. 136.

tier, une coulombe voiant tout le pueple commenca a voler endroit la chapse. Quant el aloit, la coulombe voloit. Quant el se arrestoit, la coulombe se reposoit, comme l'estoile qui les III roys mena en Bethleem. Quant la chapse entra en l'eglize Nostre Dame de Paris, la colombe se assist suz l'ymage saint Michiel dessuz la porte. Le pueple la regardoit en pleurs et en oroisons et en attendant aucun signe de Nostre Segneur. Tant comme la virge fu en l'eglize, la colombe se tint suz le dit ymage. Quant el issy, la colombe la reconvoia jusques a son propre lieu. De puis cel jour, Seine se retraist en son chanel, Dieu donna beau temps, pes et salu au pueple. Merciee en soit la virge, et glorefiee en soit la benoite Trinité, I Dieu, qui vit et regne sanz fin. Amen.

Mont bele vertu fist Nostre Segneur Jhesucrist pour l'amour de la dite virge, l'an mil CCC XIX, du conte de Bouloigne[1], qui gesoit malades dedens les murs de l'abbaye, en tel maniere que les phisiciens du roy et autres de Paris en avoient osté leur main, quant un dez gens au dit conte li ala dire : « Sire, il repose ceens une vierge de grant puissance, requerés son aide, et li promettez a offrir I ymage de vostre pesant de cire, et je croi qu'el vous fera cen que li phisicien ne pourraient faire, et qu'el vous rendra tout sain. » A ces mos, li conte leva les yex au ciel et le cuer, car plus ne povoit, et requist l'aide de la virge. En l'eure il demanda a mengier, et bien tost apres il fu gueriz, et fist faire I ymage de cire, et I de fust qui encor est en l'eglize.

L'an mil CCC LX vint I contret[2] de Brie a Paris requerir la sainte virge. Si tost qu'il vit le clochier de l'eglize, il se mist a oroison. Sa priere finee, il se leva tout sain, et apporta ses potences a la dite eglize en nostre presence.

L'an mil CCC LXV, le samedi de Pasques que on seult faire l'yaue benoite, vint de Engleterre I escuier, qui disoit que par lonc temps il avoit esté durement malades de paralizie et d'autres

---

1. Robert VI, comte de Boulogne, mourut « vers 1317 » et eut pour successeur son fils Robert VII (*Dictionnaire historique, etc., du Pas-de-Calais, arrondissement de Boulogne*, I, p. 174, 175). C'est donc probablement de ce dernier qu'il s'agit ici. — Ce paragraphe et les quatre suivants ont été publiés par Saintyves (p. 309, 310).
2. *I contret* : un homme perclus, *contractus*.

maladies grieves. Comme il estoit en son lit, ses amis li apporterent, pour li deporter, pluseurs vies de sains. Entre les autres on li apporta la vie ma dame sainte Genevieve. Quant il out regardee, « Diex, dist il, que ceste glorieuse dame fu de grant merite! Si li plesoit a moi donner santé, je iroie la ou el repose, se je le povoie savoir. » Tantost il senti que la santé li revint, et fu en bon point. Et par l'enditement dez Francoiz qui estoient en Engleterre, il vint a Paris, en l'eglize de la virge, et fist son offrendre en nostre presence. Puis s'en retourna glorefiant Nostre Segneur.

L'an mil CCC LXVI, ou temps d'aoust, furent les pluies si grans que on ne povoit cuillir les biens dez champs. Du mandement du roy, le corps ma dame sainte Genevieve fu porté a Nostre Dame de Paris, a procession sollennele. Dieu donna beau temps et cler, qui dura jusques a tant que les gens eurent aousté par loisir.

Les miracles que Nostre Segneur a fait et fait continuement pour l'amour de elle, en pluseurs lieus par le monde, ne saroit nuls certes reciter ne escrire. Il soufist de ce pou qu'il ne tourne a ennuy. Glorefié soit le Pere et le Fil et le Saint Esperit, qui par les merites de ma dame sainte Genevieve nous vueille nos pechiez pardonner, et sa grace donner, et a sa benoite vision mener. Amen.

Deo gratias.

L'HÉRÉSIE ET LE BRAS SÉCULIER

AU MOYEN AGE

JUSQU'AU TREIZIÈME SIÈCLE

I

EXPOSÉ DE LA QUESTION.

Tout le monde connaît la législation sévère des derniers siècles du moyen âge sur les hérétiques. Ceux que l'église déclarait coupables d'hérésie n'étaient pas seulement passibles des censures ecclésiastiques ; après leur condamnation par l'église, ils étaient livrés à la puissance civile, au bras séculier, suivant l'expression reçue, pour subir une peine temporelle. Généralement, cette peine était la mort, et le mode d'exécution était le supplice du feu. Les condamnés étaient brûlés vifs.

Cette législation n'a pas toujours été en vigueur. La loi a varié suivant les temps et suivant les lieux. Il y a eu des époques et des pays où le bras séculier n'intervenait pas dans la répression de l'hérésie ; il y en a eu où il infligeait aux hérétiques des peines moins graves que la mort. Mais la législation la plus sévère, celle qui les condamnait au supplice du feu, l'a enfin emporté sur les autres et a prévalu partout jusqu'aux temps modernes.

L'histoire de ces variations de la jurisprudence est mal connue ; elle a été peu étudiée jusqu'ici. Quelles ont été les différentes sortes de peines infligées aux hérétiques, dans les divers pays et dans les divers siècles ? Où et quand celle du feu a-t-elle été d'abord mise en usage ? Comment a-t-elle passé d'une région dans une autre et s'est-elle établie définitivement partout? Ce sont des points sur lesquels il serait intéressant d'être exactement renseigné.

M. le professeur Ficker, dans un travail publié récemment par une revue autrichienne [1], a résolu une partie de ces questions. Il a concentré son attention principalement sur une époque, la première partie du XIIIe siècle, et sur un pays, l'empire (Italie et Allemagne). Dans ce domaine restreint, il a obtenu des résultats intéressants. Pour l'Italie, il a montré que les lois qui régissaient cette contrée au commencement du XIIIe siècle n'édictaient contre les hérétiques que des peines inférieures à la mort, et que la peine du feu pour crime d'hérésie n'y a été introduite que par des constitutions de l'empereur Frédéric II, rendues de 1224 à 1239. En Allemagne, il a fait voir que cette peine était, bien avant Frédéric II, consacrée par l'usage, mais que les constitutions de cet empereur ont les premières, par une disposition formelle, transformé cet usage en loi écrite de l'empire.

Ces deux points acquis font désirer d'en savoir davantage. Puisque, au commencement du XIIIe siècle, l'Italie et l'Allemagne appliquaient au crime d'hérésie deux peines différentes, on voudrait savoir à quand remonte cette différence, et connaître l'origine de la jurisprudence suivie dans chacun des deux pays. On voudrait connaître aussi le droit en vigueur sur ce point, à la même époque, dans les pays autres que l'Italie et l'Allemagne; nous devons désirer surtout, nous autres Français, savoir quel était celui de la France.

Telles sont les questions que j'ai voulu essayer de résoudre. Les recherches que j'ai faites ne m'ont pas donné des résultats aussi nets ni aussi complets que je l'eusse désiré. Je crois pourtant devoir faire connaître ce que j'ai constaté, en exprimant le vœu que d'autres, mieux instruits et plus expérimentés, reprennent ces recherches avec plus de succès et donnent un jour à toutes ces questions des réponses définitives.

J'ai dû à peu près borner mes recherches aux deux grands États que j'ai nommés tout à l'heure, la France et l'empire. Ce n'est qu'incidemment et par exception que j'ai rencontré quelques renseignements relatifs aux autres pays [2].

---

1. *Mittheilungen des Instituts für oesterreichische Geschichtsforschung*, I. B., 1880, p. 177 à 226. Voyez aussi, dans le même volume, p. 430 et 431.

2. Même sous le bénéfice de cette réserve, j'ai pleine conscience des lacunes de mon travail. Je ne doute pas que je n'aie laissé échapper un bon nombre

L'objet du présent mémoire est donc de déterminer quelle fut au moyen âge, dans l'empire et la France principalement, l'origine des mesures de répression adoptées par les puissances temporelles contre les hérétiques, et de suivre les variations de ces mesures jusqu'à l'époque où (comme M. Ficker l'a montré en ce qui concerne l'empire) le supplice du feu prévalut définitivement, c'est-à-dire jusqu'au milieu du XIIIᵉ siècle [1].

II

JUSQU'A LA FIN DU Xᵉ SIÈCLE.

Le haut moyen âge, qui a connu peu d'hérésies, n'a pas eu de législation temporelle contre les hérétiques.

L'empire romain avait fourmillé d'hérésies, et les constitutions des empereurs avaient porté contre les hérétiques des peines sévères [2]. Mais rien de tout cela n'a survécu à la domination des empereurs sur l'Occident.

En Gaule, les successeurs des empereurs ont été les rois ariens des Bourguignons et des Visigoths, puis les rois catholiques des Francs. Un auteur qui a étudié récemment l'organisation ecclésiastique de la Gaule mérovingienne, M. Edgar Loening [3], a montré qu'aucun de ces princes n'a imposé sa foi à ses sujets,

---

de textes qui eussent été utiles à connaître et à citer. Mais pour être sûr de traiter complètement un tel sujet, il aurait fallu lire à peu près toutes les sources historiques de tous les pays dont je m'occupais et de tous les siècles du haut moyen âge. J'ai dû me borner à en consulter un nombre restreint. Il m'a paru que les données imparfaites dont je disposais suffisaient déjà à asseoir un certain nombre de conclusions certaines, et je suis porté à croire que les nouveaux textes qu'on pourra produire ne modifieront que dans le détail, non dans l'ensemble, les résultats auxquels je suis arrivé.

1. J'ai trouvé nombre d'indications utiles dans le savant ouvrage de M. C. Schmidt, de Strasbourg, *Histoire et doctrine de la secte des cathares ou albigeois*, Paris, 1849, 2 vol. in-8º. M. Ficker n'a pas cité ce livre et semble ne l'avoir pas consulté. Il y aurait trouvé, pour le XIᵉ et le XIIᵉ siècle, plusieurs exemples d'exécutions d'hérétiques, bons à ajouter à ceux qu'il rappelle incidemment à deux endroits de son article, p. 180, dernière ligne, et p. 182, l. 29 à 31.

2. Voyez Code Théodosien, livre XVI, titre 5 ; Code Justinien, livre I, titre 5 ; nov. Valent. III, XVII, 1.

3. *Geschichte des deutschen Kirchenrechts*, von Dr. Edgar Loening, Strassburg 1878, 2 volumes : I, *Das Kirchenrecht in Gallien von Constantin bis Chlodovech* ; II, *Das Kirchenrecht im Reiche der Merowinger*.

et que sous aucun d'eux le fait de penser autrement que l'autorité en matière dogmatique n'a été un délit.

Aux yeux des ariens, ce que nous appelons l'hérésie arienne était l'orthodoxie, et la doctrine que nous appelons catholique était une hérésie [1]. Si donc les rois des Bourguignons et des Visigoths avaient entendu proscrire les hérésies, ils eussent proscrit le catholicisme [2]. Mais tout au contraire, les uns et les autres laissèrent leurs sujets professer en paix la foi catholique, les évêques catholiques exercer leurs fonctions, les conciles provinciaux s'assembler comme à l'ordinaire [3].

Sous Sigismond, les Bourguignons eurent un roi catholique. Ce changement dans le gouvernement n'amena aucun changement de la législation en matière de foi. Les ariens jouirent, dans la Bourgogne catholique, de la même tolérance qui avait été accordée aux catholiques dans la Bourgogne arienne [4].

A la différence des Bourguignons et des Visigoths, les Francs furent catholiques dès leur conversion au christianisme, et restèrent tels; on ne vit pas chez eux d'hérétiques [5]. Mais les territoires conquis par eux sur les Visigoths et les Bourguignons contenaient un certain nombre de barbares ariens. Hérétiques et vaincus, c'eût été, à ce qu'on pourrait croire, deux motifs pour un de les maltraiter. On n'en fit rien. Le principe de la tolérance continua de prévaloir, et jamais les rois mérovingiens ne firent de l'hétérodoxie un délit séculier [6]. Au reste, des princes qui

---

1. Salvien, De gubern. Dei, V, 2 : « Denique apud nos sunt haeretici, apud se non sunt; nam in tantum se catholicos esse judicant, ut nos ipsos titulo haereticae appellationis infament. Quod ergo illi nobis sunt, hoc nos illis. » (*Monumenta Germaniae*, Auctorum antiquissimorum tomi I pars prior, p. 57).

2. C'est ce que firent, par exemple, les Vandales ariens d'Afrique ; voyez *Victoris Vitensis historia persecutionis Africanae provinciae sub Geiserico et Hunirico regibus Wandalorum*, dans les *Monumenta Germaniae*, Auctorum antiquiss. tomi III pars prior.

3. Loening, I, p. 510, 516, 548-549; Hauréau, *L'Église et l'État sous les premiers rois de Bourgogne*, dans *Mémoires de l'Institut*, acad. des inscr., t. XXVI, 1867, p. 137 et suivantes. — Le titre du Code Théodosien *De haereticis* (XVI, 5) a été omis entièrement dans la *Lex Romana Visigothorum* (édition de Haenel, p. 248).

4. Loening, I, p. 570-572 ; Hauréau, p. 167.

5. Le grand prologue de la loi salique vante leur orthodoxie : « Gens Francorum inclita, auctore Deo condita, fortis in arma, ... audax, velox et aspera, ad catholica fide conversa et inmunis ab heresc... » (Lex Salica, ed. Hessels, p. 442, col. 1.)

6. Loening, II, p. 41-51. Cet auteur montre qu'on défendit certaines pratiques hérétiques, telles que celle de rebaptiser des catholiques; mais la croyance demeura libre.

comptaient encore parmi leurs sujets un grand nombre de païens et leur accordaient parfois de hauts emplois dans l'État [1] ne pouvaient se montrer bien rigoureux sur la pureté de la foi de leurs sujets chrétiens.

En Italie, les lois romaines contre les hérétiques restèrent en vigueur jusqu'à l'invasion des Lombards. Sous les pontificats de Gélase (492-496), de Symmaque (498-514), d'Hormisdas (514-523), des manichéens ayant été découverts à Rome, les papes les firent punir de l'exil [2] ; les constitutions impériales ne prononçaient pas encore de peine plus forte contre le manichéisme. Vers 556, d'autres hérétiques de la même secte furent trouvés à Ravenne. La législation était alors devenue plus sévère ; des constitutions de Justinien avaient ordonné de mettre à mort tout manichéen qui serait trouvé en quelque lieu que ce fût [3]. Les citoyens de Ravenne, sujets de l'empereur byzantin, appliquèrent ces lois aux manichéens découverts parmi eux ; ils les entraînèrent hors de la ville et les lapidèrent [4].

Mais en Italie, comme en Gaule, la tolérance régna quand le pays fut occupé par des barbares ariens. Dès le VIe siècle, les Lombards furent maîtres d'une partie de l'Italie. Un récit de Grégoire le Grand nous les montre, à Spolète, essayant d'établir leur culte dans la ville, à côté de celui des catholiques ; mais on ne voit pas qu'ils aient songé à empêcher ceux-ci de célébrer le leur en paix. L'évêque arien, envoyé par le roi lombard, se borne à réclamer pour l'arianisme une seule des églises de la ville ; et c'est à l'évêque catholique qu'il la demande, reconnaissant ainsi

---

1. Loening, II, p. 58 et 59.
2. Gesta pontificum romanorum, dans Muratori, *Rerum italicarum scriptores*, t. III, p. 122 col. 1, 123 col. 2, 125 col. 2.
3. Code Justinien, livre I, titre 5, loi 11 (de 487 ou 510) : εἰ δέ ποτε φανεῖεν ἤτοι εὑρεθεῖεν, ὑπάγεσθαι κεφαλικῇ τιμωρίᾳ ; loi 12 (de 527), § 3 : καὶ ταῖς εἰς ἔσχατον τιμωρίαις ὑπάγεσθαι τὸν ὁπουδὴ γῆς φαινόμενον Μανιχαῖον. Comparez au même titre, dans la loi 5, § 1, l'addition faite par Justinien des mots « et ultimo supplicio tradendis », là où le texte authentique de cette loi (de l'an 428), qui nous est connu par le Code Théodosien (livre XVI, titre 5, loi 66), porte simplement « Manichaeis etiam de civitatibus expellendis ».
4. Agnelli liber pontificalis ecclesiae Ravennatis, c. 79 : « Post haec autem Manicheorum hereses (*sic*) exorta est in civitate Ravenna, quam orthodoxi christiani convincientes ejecerunt extra civitatem, in loco qui dicitur Fossa Sconii juxta fluvium lapidibus obruerunt, et mortui sunt in peccatis suis, et ablata sunt mala a Ravenna. » (*Monumenta Germaniae*, Scriptores rerum langobardicarum, p. 331.)

implicitement son caractère et son autorité. Son entreprise d'ailleurs échoua, par suite de circonstances que le récit merveilleux de Grégoire ne fait pas suffisamment comprendre; et après cet événement, les Lombards du pays n'essayèrent même plus de se faire donner des églises catholiques pour y célébrer le culte arien [1].

Pour le siècle suivant, un passage de Paul, l'historien des Lombards, nous montre le régime de la liberté religieuse établi et fonctionnant régulièrement. Le roi Rothari, qui régna de 636 à 652, était, dit Paul, « souillé de la perfidie de l'hérésie arienne ». Sous son règne, « presque toutes les cités de son royaume eurent
« deux évêques, l'un catholique et l'autre arien. A Pavie, on
« montre encore l'endroit où l'évêque arien, établi à la basilique
« de saint Eusèbe, avait son baptistère; tandis que dans la ville
« résidait en même temps un autre évêque, appartenant à l'église
« catholique [2] ».

Si, en Italie et en Gaule, la domination arienne a eu pour résultat l'établissement de la tolérance religieuse, ce n'est pas, sans doute, que les ariens fussent naturellement plus tolérants que les catholiques; ce que nous savons des persécutions exercées par

---

1. Gregorii Magni Dialog., III, c. 29 : « Unum narro quod per Bonefatium monasterii mei monachum, qui usque ante quadriennium cum Langobardis fuit, adhuc ante triduum agnovi. Cum ad Spolitinam urbem Langobardorum episcopus, scilicet Arrianus, venisset et locum illic ubi sollempnia sua ageret non haberet, coepit ab ejus civitatis episcopo ecclesiam petere quam suo errori dedicaret. Quod dum valde episcopus negaret, isdem qui venerat Arrianus beati Pauli apostoli illic ecclesiam cominus sitam se die altero violenter intraturum esse professus est... Collecta multitudine advenit clausas ecclesiae januas effringere paratus. Sed repente cunctae simul regiae divinitus concussae, abjectis longius seris, apertae sunt, atque cum magno sonitu omnia ecclesiae claustra patuerunt; effuso desuper lumine, omnes quae extinctae fuerant lampades accensae sunt. Arrianus vero episcopus, qui vim facturus advenerat, subita caecitate percussus est atque alienis jam manibus ad suum habitaculum reductus. Quod dum Langobardi in eadem regione positi omnes agnoscerent, nequaquam ulterius praesumpserunt catholica loca temerare. » (Monumenta Germaniae, Scriptores rerum langobardicarum, p. 534-535.) — Les Dialogues de Grégoire ayant été écrits en 593 et 594, les événements racontés ici comme survenus *ante quadriennium* ne peuvent être postérieurs à 590. Ils ne peuvent être antérieurs à 568, date de l'entrée des Lombards en Italie.

2. Pauli Hist. Langob., l. IV, c. 42 : » ... Arrianae hereseos perfidia maculatus est... Hujus temporibus pene per omnes civitates regni ejus duo episcopi erant, unus catholicus et alter Arrianus. In civitate Ticinensi usque nunc ostenditur ubi Arrianus episcopus aput basilica Sancti Eusebii residens baptisterium habuit, cum tamen ecclesiae catholicae alius episcopus resideret. » (Monumenta Germaniae, Scriptores rer. langob., p. 134.)

eux ailleurs [1] doit faire écarter cette supposition. C'est seulement qu'en Italie et en Gaule les ariens se savaient en minorité très faible au milieu d'une population toute catholique. Leur petit nombre est attesté par la rapidité avec laquelle ils ont disparu. En Gaule, on entend parler des ariens pour la dernière fois dans la première moitié du viie siècle [2]. En Italie, Paul, écrivant au viiie siècle, ne mentionne les évêques ariens établis à côté des catholiques que comme une curiosité historique, dont il ne reste plus de traces de son temps : « on montre encore à Pavie, dit-il, « le baptistère de l'évêque arien » [3], et il ajoute que cet évêque, Anastase, se convertit ensuite et devint évêque catholique de la ville [4]; c'est en effet maintenant un saint. Si l'arianisme était si chancelant, on conçoit qu'il ne se soit pas cru de force à se faire persécuteur; il ne pouvait songer qu'à tenter de vivre en paix à côté de la foi dominante, et pour cela il devait établir le principe de la liberté et de l'égalité des religions. C'est ce que firent les rois ariens des Lombards, des Visigoths et des Bourguignons. Ce qui est remarquable, c'est que la règle établie par eux leur ait survécu, et que le principe de la tolérance ait été également adopté, comme nous l'avons vu chez les Francs, par le catholicisme victorieux.

Aux Mérovingiens en Gaule, aux Lombards en Italie, succédèrent les Carolingiens, qui, ayant, en outre, achevé la conquête de la Germanie, réunirent à la fois ces trois pays sous leur empire. Ces princes sont connus pour leur attachement à l'église et pour le soin qu'ils prirent de mettre la puissance de l'État au service de la religion. Ils imposèrent le christianisme, sous les dernières peines, aux païens de Saxe [5]. Il n'y aurait donc eu rien d'étrange

1. Voyez ci-dessus, p. 120, note 2.
2. Loening, II, p. 49, note 1.
3. Page 122, note 2.
4. « Qui tamen Arrianus episcopus, qui in eadem civitate fuit, Anastasius nomine, ad fidem catholicam conversus, Christi postea ecclesiam rexit » (*Monumenta Germaniae*, Scriptores rer. lang., p. 134). — Les rois mêmes des Lombards, à partir d'Aribert (653-661), furent catholiques.
5. Voyez surtout la *Capitulatio de partibus Saxoniae*, dans *Lex Saxonum herausgegeben von Johannes Merkel* (Berlin, 1853), p. 16-19, ou dans les *Monumenta Germaniae*, Legum t. I, p. 48-50 [dans la nouvelle édition, in-4. *Capitularia regum francorum*, t. I, p. 68-71]; par exemple c. IIII : « Si quis sanctum quadragensimale jejunium pro dispectu christianitatis contempserit et carnem comederit, morte moriatur »; c. VIII : « Si quis deinceps in gente Saxonorum inter eos latens non baptizatus se abscondere voluerit et ad baptismum venire contempserit paganusque permanere voluerit, morte moriatur »; etc.

à les voir sévir aussi contre les hérétiques, s'ils en avaient eu l'occasion : mais cette occasion ne se présenta pas.

L'arianisme, on l'a vu tout à l'heure, avait disparu avant l'avènement des Carolingiens ; le catharisme ne parut en Occident qu'après leur chute. Pendant toute la durée de leur pouvoir, aucune hérésie importante ne vint diviser les fidèles de leurs États. Les quelques hérétiques qui parurent furent des membres du clergé et ne recrutèrent pas d'adhérents dans le peuple. L'application des règles de la discipline ecclésiastique suffit pour avoir raison de ces dissidences.

Sous Charlemagne même, en 792, deux prélats espagnols, Élipand, de Tolède, et Félix, d'Urgel, enseignèrent que Jésus-Christ, en tant qu'homme, n'était que fils adoptif de Dieu : c'est ce qu'on a appelé l'*adoptionisme*. L'évêché d'Urgel faisait partie de la marche d'Espagne, comprise dans les États du roi des Francs. Charlemagne manda l'évêque Félix devant un concile national assemblé à Ratisbonne. Ce concile entendit Félix, condamna sa doctrine et le renvoya par-devant le pape ; l'évêque condamné alla à Rome, abjura son hérésie en présence d'Adrien Ier, et retourna ensuite prendre paisiblement possession de son diocèse [1]. La procédure suivie dans toute cette affaire avait été purement ecclésiastique, et le bras séculier n'eut pas à intervenir : les juges furent les évêques et le pape ; le condamné, d'ailleurs, s'étant soumis, il n'y avait aucune mesure d'exécution à prendre contre lui.

Un cas plus grave se présenta au milieu du IXe siècle. Gothescalc, religieux bénédictin de l'abbaye d'Orbais, au diocèse de Soissons, soutint le *prédestinatianisme*, et enseigna que Jésus-Christ n'est pas mort pour tous les hommes : ses opinions furent jugées hérétiques par deux conciles, à Mayence en 848 et à Quierzy en 849. Il fut lui-même condamné à des peines corporelles, le fouet et la prison. Mais alors encore on n'eut pas besoin de faire appel au bras séculier ; Gothescalc était clerc et moine :

---

1. Einhardi annales, ann. 792, sur l'adoptionisme de Félix, évêque d'Urgel : « Hujus rei causa ductus ad palatium regis, nam is tunc apud Reginum, Baioariae civitatem, in qua hiemaverat, residebat ; ubi congregato episcoporum concilio auditus est, et, errasse convictus, ad praesentiam Hadriani pontificis Romam missus, ibi etiam coram ipso in basilica beati Petri apostoli haeresem suam damnavit atque abdicavit. Quo facto ad civitatem suam reversus est. » (*Monumenta Germaniae*, Scriptorum t. I, p. 179.) — Mühlbacher, *Die Regesten des Kaiserreichs unter den Karolingern* (J. F. Boehmer, *Regesta imperii*, I, neu bearbeitet, Innsbruck 1880), n° 309 a, p. 120-121.

pour l'atteindre, la juridiction disciplinaire de l'église suffit. Ce furent des conciles qui prononcèrent les peines dont il fut frappé; ce fut le métropolitain du condamné, Hincmar, archevêque de Reims, qui fut chargé de les faire exécuter; ce fut dans un couvent que le moine subit sa prison [1]. La sentence fut fondée, le témoignage d'Hincmar le marque expressément [2], sur les dispositions de la règle de saint Benoît, qui permettait en effet d'appliquer la peine du fouet aux moines récalcitrants [3]. Quant à la détention dans un couvent, pour un moine c'était moins une peine que la stricte exécution de ses vœux : et Hincmar prit là-dessus les ordres du chef de l'Église [4]. Ainsi cette affaire fut et resta jusqu'au bout une affaire purement ecclésiastique; la loi civile, le pouvoir royal, le bras séculier n'eurent rien à y voir.

Ce qui est surtout à remarquer, au sujet de Gothescalc, c'est que, condamné solennellement comme hérétique, il conserva la vie. C'est la preuve à peu près certaine qu'il n'y avait alors encore ni loi ni usage qui ordonnât de mettre à mort les hérétiques. Quand nous rencontrerons cet usage aux siècles suivants, nous serons donc bien en droit de le considérer comme une nouveauté.

En 887, un favori de Charles le Gros, Liutwart, archichapelain

---

1. Hincmar au pape Nicolas Ier : « Postea autem a Belgicae Remorum ac Galliarum provinciarum episcopis auditus et inventus haereticus, quia resipisci a sua pravitate non voluit, ne aliis noceret qui sibi prodesse nolebat, judicio praefatarum provinciarum episcoporum, in nostra parochia... monasteriali custodiae mancipatus est. » (*Hincmari opera*, cura Sirmondi, Lut. Paris. 1645, t. II, p. 262.)

2. Hincmar, *De non trina deitate*, 18 : « Qui talia contra canones sacros praesumit, si gradum ecclesiasticum videtur habere, eo privari vel ab ecclesiastica communione separari est dignus. Secundum regulam autem sancti Benedicti, improbus, durus et superbus vel inobediens verberum vel corporis castigatione... est coercendus. » (*Hincmari opera*, cura Sirmondi, t. I, p. 552.)

3. Regula sancti Benedicti, c. 28 : « Si quis frater frequenter correptus pro qualibet culpa, si etiam excommunicatus non emendaverit, acrior ei accedat correctio, id est ut verberum vindicta in eum procedat. » (*Maxima bibliotheca veterum patrum*, t. IX, Lugduni 1677, p. 647 A.) — Cf. Concilium Agathense, ann. 506, c. 38 : « In monachis quoque per sententiae forma servetur : quos si verborum increpatio non emendaverit, etiam verberibus statuimus coerceri. » (Labbe, *Sacrosancta concilia*, t. IV, Lut. Paris. 1671, col. 1389.)

4. Hincmar au pape : « Praefatum autem Gothescalcum, si vestra auctoritas mihi scripserit ut eum a custodia solvam et aut ut ad vos eundi, ut per vos ejus doctrinam experiamini, aut ad quemcumque ex nomine designatum pergendi licentiam donem, quia (ut melius ipsi scitis), sicut absolute quisque ordinari non valet, ita, nisi ex ipsius consensu cujus esse dignoscitur certae personae commendandus et ad certum locum, monachus vel quisque sub regula constitutus a loco suo absolvi juxta regulas sacras non valet, vestris jussionibus nullo modo resultabo. » (*Hincmari opera*, cura Sirmondi, t. II, p. 264.)

de l'empereur et évêque de Verceil, ayant été subitement frappé de la disgrâce de son souverain, fut cité devant la cour impériale, dépouillé de sa dignité et de ses bénéfices ecclésiastiques, puis chassé de la présence de l'empereur. Suivant une chronique, une des accusations portées contre lui était celle d'hérésie [1]. Eût-il été réellement condamné pour ce fait, il ne faudrait pas voir là une intervention du bras séculier en matière dogmatique, puisque la condamnation prononcée contre Liutwart n'aboutit qu'à le dépouiller de la charge d'archichapelain et de plusieurs bénéfices, toutes dignités ecclésiastiques, dont un orthodoxe seul pouvait être revêtu. Mais ce qui rend précisément fort douteux que Liutwart ait été condamné pour hérésie, c'est qu'il paraît avoir conservé jusqu'à sa mort une charge religieuse importante, l'évêché de Verceil [2].

Ces cas sont d'ailleurs isolés, et rarement on vit moins d'hérésies que sous les Carolingiens et leurs successeurs, dans l'empire d'Occident et en Gaule, jusque vers la fin du xe siècle [3].

Dans les monuments législatifs de cette époque, les capitulaires, on ne trouve aucune disposition édictée par les souverains pour combattre l'hérésie [4].

Tel était l'état des choses à la veille de l'apparition des cathares dans l'Europe occidentale. La législation et les coutumes juridiques, en France comme dans l'empire, n'édictaient contre l'hérésie aucune peine temporelle, et étaient muettes sur la manière dont le pouvoir séculier devait se comporter à l'égard des hérétiques.

---

1. Annales Fuldenses, pars IV, ann. 887 : « Sed idem rex regum hoc anno concitavit animos imperatoris in blasphemum, qui habita cum suis conlocutione in loco qui vocatur Kirihheim eum deposuit, ne esset archicappellanus, multisque beneficiis ab eo sublatis, ut haereticum et omnibus odiosum cum dedecore de palatio expulit. » (*Monumenta Germaniae*, Scriptorum t. I, p. 405, col. 1.)
2. Ughelli, *Italia sacra*, t. IV, Romae 1652, in-fol., col. 1060.
3. Voir les *Annales* de Baronius, au viiie, ixe et xe siècle, et notamment les *index* des volumes relatifs à cette période ; on n'y trouve mentionnées presque que des hérésies orientales.
4. Le c. 45 du capitulaire du 23 mars 789 (Mühlbacher, *Die regesten*, n° 292); *Monum. Germ.*, Leg. I, p. 61, et le c. 90 de l'*Additio tertia*, dans les Capitulaires de Baluze, édition de Chiniac, t. I, col. 1173, ne nomment les hérétiques en passant que parce qu'ils copient d'anciens conciles, et ne sont évidemment pas dirigés contre les hérétiques en particulier.

III

DU XI° AU XIII° SIÈCLE : RÉGION DU NORD.

Aux environs de l'an 1000 se produisit un fait de la plus grande importance ; le catharisme fit son apparition dans l'occident, et aussitôt il se répandit partout, en Italie, en Espagne, en France, en Allemagne, avec une rapidité surprenante [1]. Ce fait émut vivement les fidèles, et mit fin à l'indifférence qui avait jusqu'alors prévalu parmi les puissances temporelles sur les questions d'orthodoxie. Avec le XI° siècle commence une série de mesures par lesquelles l'autorité séculière s'efforce de restreindre le développement de l'hérésie.

Ces mesures n'ont pas été partout les mêmes. Il faut distinguer, dans l'occident chrétien, aux XI° et XII° siècles, deux grandes régions, assez mal définies d'ailleurs et indépendantes des divisions de la géographie politique, qui ont eu chacune un système de répression différent [2]. On peut les désigner sous les noms de *région du nord* et *région du midi*. Dans la région du nord, l'usage de mettre les hérétiques à mort, principalement par le feu, s'est établi de bonne heure et a persisté. Dans celle du midi, jusqu'au XIII° siècle, les hérétiques ont été très rarement mis à mort ; le plus souvent, ils ont été, ou tolérés, ou punis de peines moindres que la mort, principalement du bannissement et de la confiscation des biens. Dans l'une comme dans l'autre de ces deux régions, le crime d'hérésie demeura longtemps inconnu à la jurisprudence, et lorsqu'on sévit contre les hérétiques, ce fut souvent par mesure politique et non par application du droit criminel. Au cours du XIII° siècle, les efforts de l'église réussirent à opérer un double changement : d'une part, on vit passer dans le midi les usages du nord ; de l'autre, ces usages, dans le nord

---

1. C. Schmidt, *Histoire et doctrine de la secte des cathares*, t. I, p. 16 à 54.
2. Cette distinction est due à M. Ficker. Il l'a mise en pleine lumière, pour l'Italie et l'Allemagne, dans son article des *Mittheilungen*, mentionné ci-dessus, et il l'a aussi soupçonnée et indiquée sommairement en ce qui concerne la France (p. 184-185). Il a par là singulièrement éclairci ce difficile sujet et rendu les recherches plus aisées.

même, se transformèrent en coutume régulière ou en loi : ainsi la coutume de brûler les hérétiques devint loi universelle. Le moment où s'accomplit cette unification et cette régularisation du droit dans le monde latin marquera le terme du présent travail.

La région que j'appelle région du nord comprend : en France, les pays de langue d'oïl et la Flandre ; dans l'empire, l'Allemagne, la haute et basse Lorraine, le comté de Bourgogne. La région du midi comprend : en France, les pays de langue d'oc et la Catalogne ; dans l'empire, l'Italie et la Provence [1]. Quant aux territoires étrangers à l'empire et à la France, je n'aurai qu'incidemment quelques mots à en dire.

Commençons par la région du nord.

Cette région présente, au point de vue particulier qui nous occupe, pendant toute la durée du xie et du xiie siècle et une partie du xiiie, une singulière opposition entre le fait et le droit. Aucune coutume n'y punit le fait d'hérésie, aucune loi n'est rendue pour ériger ce fait en délit. Mais, en fait, les hérétiques y sont constamment poursuivis, arrêtés et mis à mort. Ils sont frappés, non par sentence judiciaire proprement dite, comme criminels, mais par mesure politique, comme dangereux. Telle est du moins, je le crois, la conclusion que le lecteur tirera de l'exposé des faits.

C'est en 1022 que le bras séculier sévit pour la première fois en France contre l'hérésie. Le roi Robert prit l'initiative de cette rigueur. L'exécution de treize hérétiques, qui eut lieu par son ordre et en sa présence, à Orléans, est un fait célèbre, que tous les historiens contemporains ont rapporté [2].

Or, il est certain qu'en ordonnant de brûler ces hérétiques, le roi de France n'appliquait aucune loi alors existante. On a vu dans ce qui précède que les siècles antérieurs au xie n'avaient connu aucun châtiment temporel contre l'hérésie ; Gothescalc, condamné comme hérétique, au ixe siècle, n'avait subi qu'une peine disciplinaire ecclésiastique, en sa qualité de prêtre et de moine, et avait conservé la vie. Robert eut donc à inventer le

---

1. En d'autres termes, la région du nord comprend les pays de langue française, allemande et néerlandaise, et la région du midi les pays de langue italienne, provençale et catalane.

2. Voy. le t. X du *Recueil des historiens des Gaules et de la France*, qui renferme tous les témoignages contemporains sur cet événement.

supplice en même temps qu'il l'édicta. Il trouva, du premier coup, celui que les siècles suivants devaient adopter, et qui allait finir par s'établir dans tous les pays, pour y subsister pendant tout le moyen âge et une partie de la période moderne. Il ordonna que les hérétiques d'Orléans fussent brûlés vifs [1].

On peut s'étonner qu'une telle sentence ait été ainsi improvisée, et que le roi de France ait prononcé une peine qu'aucune loi, aucun usage juridique n'édictait ; on pourrait demander s'il est bien certain qu'aucune coutume en vigueur n'avait encore établi cette peine. Mais un témoignage contemporain montre que la décision de Robert fut bien une nouveauté, et une nouveauté hardie, qui causa alors un vif étonnement.

Au lendemain de l'exécution, Jean, moine de Fleury-sur-Loire, non loin d'Orléans, écrit à l'abbé d'un monastère éloigné : « Je « veux vous apprendre ce qui concerne l'hérésie qui a paru à « Orléans. Si vous en avez déjà entendu quelque chose, sachez « que c'est vrai : le roi Robert a fait brûler vives près de qua- « torze personnes, d'entre les meilleurs clercs et les premiers « laïques de la ville [2]. » *Sachez que c'est vrai* : la chose est donc si étrange, qu'on ne la croirait pas, si on ne la tenait de source sûre ? Le roi aussi eut conscience d'avoir fait quelque chose d'extraordinaire, et sans doute il en fut fier ; aussi dans un de ses diplômes, rendu à cette époque, il fit marquer à la date que cet acte avait été donné « quand l'hérésiarque Étienne et ses « complices furent condamnés et brûlés à Orléans » [3].

Une autre preuve de la nouveauté de cette sentence, c'est le soin que prennent un ou deux auteurs de marquer qu'elle fut rendue du consentement de tous les assistants. En effet, sans avoir une idée très nette de ce que nous appelons aujourd'hui la

---

1. Ademarus Cabannensis, l. III, c. 59 : « Eo tempore decem ex canonicis Sanctae Crucis Aurelianis, qui videbantur esse religiosiores aliis, probati sunt esse Manichaei. Quos rex Robertus, cum nollent ad fidem reverti, primo a gradu sacerdotii deponi, deinde ab aecclesia eliminari, et demum igne cremari jussit. » (*Monumenta Germaniae*, Scriptorum t. IV, p. 143.(Comparez les notes suivantes.

2. Johannis monachi Floriacensis epist. ad Olibam abbatem : « Volo vos interea scire de haeresi quae die SS. Innocentium fuit in Aurelianensi civitate. Nam verum fuit, si aliquid audistis : fecit rex Robertus vivos ardere de melioribus clericis sive de nobilioribus laicis prope quatuordecim ejusdem civitatis. » (*Recueil des hist. de Fr.*, t. X, p. 498.)

3. « Actum Aurelianis publice anno incarnationis Domini millesimo vigesimo secundo, regni Rotberti regis XXVII, et indictione V ; quando Stephanus haeresiarches et complices ejus damnati sunt et arsi sunt Aurelianis. » (Mabillon, *Annales ordinis S. Benedicti*, t. IV, p. 708.)

T. II.

séparation des pouvoirs, le moyen âge concevait des limites à l'autorité royale, et n'admettait pas généralement qu'un roi fût un despote maître de faire et de changer les lois à sa guise. Les hérétiques d'Orléans ne subirent leur supplice que parce que le peuple présent fut d'accord avec le roi pour le leur infliger [1] : c'est qu'ordonner ce supplice, c'était faire pour l'occasion une loi exprès, une loi de circonstance. Nous retrouverons tout à l'heure cette même mention du consentement de l'assistance pour plusieurs exécutions d'hérétiques qui eurent lieu en divers endroits au XIe et au XIIe siècle.

Le supplice des hérétiques d'Orléans fut donc véritablement une innovation ; Robert est le premier en France qui ait établi l'usage de faire périr par le feu les hérétiques condamnés par l'église.

Pourquoi par le supplice du feu, plutôt que par tout autre? Je ne sais pas à cette question de réponse pleinement satisfaisante. Il faut remarquer seulement que le supplice du feu était dans le haut moyen âge un mode normal d'exécution de la peine de mort, peut-être le mode le plus fréquent avec la pendaison [2]. Il est arrivé parfois, on le verra bientôt, qu'on a pendu des hérétiques [3]. Mais plusieurs raisons pouvaient faire préférer l'emploi du feu. On ne pendait pas les femmes [4] ; or, parmi les hérétiques d'Orléans se trouvait une femme, qui se convertit, il est vrai, et échappa ainsi à la mort, mais qui avait été menacée du supplice comme les autres. Le feu, en outre, M. Ficker l'a fait justement observer, était la peine ordinaire des empoisonneurs,

---

1. Rod. Glaber, l. III, c. 8 : « Dictum est eis quoniam, nisi celerius ad sanam fidei mentem redeant, regis jussu *et universae plebis consensu* igne essent protinus crematuri » (*Rec. des hist.*, t. X, p. 38). — Vita S. Theodorici : « *Communi vero consensu, in voluntate omnium*, convicti ab haeresi omnes perpessi sunt ignis incendium » (*ibid.*, p. 398).
2. Wilda, *Das Strafrecht der Germanen*, Halle 1842, in-8°, p. 498-507. Cf. Lex Wisig., III, 2, 2, et III, 4, 14, ainsi que la note 4 [ci-dessous].
3. Ci-après, p. 133.
4. Wilda, *ibid.* Certaines coutumes donnent la peine du feu comme celle qui remplace le gibet pour les femmes : voy. *Usatici Barchinon.*, 94-95, dans Giraud, *Essai sur l'hist. du droit fr.*, t. II, p. 485 : « Quia justiciam facere de malefactoribus datum est solummodo potestatibus, videlicet de homicidiis, de adulteriis, de veneficis, de latronibus, de raptoribus, de bauzatoribus et de aliis, sicut eis visum fuerit, truncare pedes et manus, trahere oculos, tenere captos in carcere longo tempore, ad ultimum vero, si opus fuerit, eorum corpora pendere ; mulieribus autem truncare nares et labra et aures et mamillas et si necesse fuerit in ignem cremare ; et quia terra sine justicia non potest vivere, idcirco datur potestatibus justiciam facere... »

des sorciers, des auteurs de maléfices [1], et l'on pouvait être tenté d'assimiler l'hérésie à un maléfice ou à un empoisonnement. Enfin, le bûcher, plus destructeur que le gibet, plus cruel, plus théâtral, pouvait paraître plus propre à frapper d'une terreur salutaire les condamnés auxquels on offrait le choix entre l'abjuration et le supplice. On le préféra donc alors et dans la suite.

Deux autres points encore, qui devinrent également de règle plus tard, furent observés à cette exécution. Deux condamnés ayant déclaré, au dernier moment, se convertir à la foi de l'église, eurent grâce de la vie [2] ; et un homme dont l'hérésie ne fut découverte qu'après sa mort fut exhumé du cimetière où il avait été enterré, et ses restes profanés [3].

Enfin, un chroniqueur ajoute que cette exécution ne fut pas isolée, et que d'autres hérétiques, découverts dans la suite, périrent de la même façon que ceux d'Orléans [4]. On rencontre en effet, pour les années suivantes, de nombreuses mentions de faits analogues.

Dès 1025, nous voyons Gérard, évêque d'Arras et Cambrai, poursuivre les hérétiques de son diocèse et employer contre eux les supplices, c'est-à-dire, à ce qu'il semble, la torture, pour leur arracher l'aveu de leurs croyances [5]. Il obtint, par ce procédé, un certain nombre de conversions [6].

Le même évêque reproche à un prélat voisin, Renaud, évêque de Liège, sa mollesse à l'égard des hérétiques [7]. Celui qui fait ce

---

1. Wilda, *ibid.*; Lex Sal., ms. de Wolfenbüttel, XVIII, 1 (éd. Holder, p. 10); Capitul. de partib. Saxon., 6, dans Merkel, *Lex Saxonum*, p. 17.

2. Récit inséré au cartulaire de Saint-Père de Chartres : « Deinde extra civitatis educti muros in quodam tuguriolo copioso igne accenso, praeter unum clericum atque unam monacham, ... cremati sunt. Clericus enim et monacha divino nutu resipuerunt. » (*Rec. des hist.*, t. X, p. 539; *Cartulaire de l'abbaye de Saint-Père de Chartres*, publié par Guérard, dans la *Collection de documents inédits sur l'hist. de France*, t. I, p. 108 et suivantes.) Cf. R. Glaber, page précédente, note 1.

3. Adem. Cab., III, 59 : « Quidam etiam Aurelianis canonicus cantor nomine Theodatus, qui mortuus erat ante triennium in illa haeresi... : cujus corpus, postquam probatum est, ejectum est de cimiterio, jubente episcopo Odolrico, et projectum invium. » (*Monumenta Germaniae*, Script. t. IV, p. 143.)

4. Rod. Glaber, III, 8 : « Si qui vero postmodum hujus perversitatis sectatores fuerunt reperti, simili ultionis vindicta ubique fuerunt perditi. » (*Rec. des hist. de Fr.*, t. X, p. 38.)

5. Lettre à Renaud, évêque de Liège : « Comprehensi multa dissimulatione renitebant, adeo ut nullis suppliciis possent cogi ad confessionem. » (D'Achery, *Spicilegium*, 1723, in-fol., t. I, p. 607.)

6. D'Achery, *Spicil.*, 1723, t. I, p. 624.

7. Lettre de Gérard à Renaud : « ... Hujusmodi homines in finibus vestris

reproche est un évêque français [1]; celui auquel il est adressé, l'évêque de Liège, est un prélat de l'empire. On comprend qu'une procédure inaugurée par le roi de France Robert se soit répandue tout de suite dans les terres françaises et ait eu un peu plus de peine à s'implanter en pays impérial. Quelques années plus tard, on voit encore l'église de Liège se distinguer par sa résistance à la pratique rigoureuse des Français envers les hérétiques. Wazon, évêque de Liège (1042-1048), fut consulté par l'évêque de Châlons, Roger, qui lui demanda s'il devait livrer au bras séculier les hérétiques de son diocèse [2] : Wazon répondit que ce serait agir contre l'esprit de l'église et contre les paroles mêmes de son fondateur, qui a ordonné de ne pas séparer l'ivraie du bon grain, de peur qu'en arrachant l'ivraie on n'arrache aussi le froment [3]; et d'ailleurs, ajoute Wazon, ceux qui sont ivraie aujourd'hui peuvent demain se convertir et devenir froment [4]. Il conclut qu'on ne doit prononcer contre les hérétiques d'autre sentence que l'excommunication, et qu'il faut les laisser vivre.

Le récit qui nous rapporte cette consultation et cette réponse nous apprend qu'à ce moment la persécution sévissait avec rigueur en France. « Wazon, dit son biographe Anselme, s'ef-
« forçait par ces paroles d'arrêter la rage aveugle des Français
« avides de meurtre. Car il avait appris que les Français con-
« damnaient les hérétiques sur la seule pâleur de leur teint,
« comme s'il eût été certain que quiconque avait le teint pâle fût
« un hérétique : aussi, par leur erreur et par leur fureur, beau-

---

cohabitasse, sicut veris indiciis comprobavimus, retulimus charitati vestrae. Quos, quia terrore supplicii speciem religionis mentiebantur, indemnatos velut innoxios abire permisistis. » (D'Achery, *Spicil.*, 1723, t. I, p. 607.)

1. Son diocèse, comprenant Cambrai, s'étendait sur les terres de l'empire; mais Arras, où se passaient les faits précédemment rapportés, était en France.

2. Anselmi Gesta episcoporum Leodiensium, c. 62 : « Cathalaunensium episcopus pro periculo animarum sibi creditarum sanctitatem ejus consulere aliquando necessarium habuit, quod hujusmodi esse per litteras fatebatur. Aiebat enim in quadam parte diocesis suae quosdam rusticos esse qui perversum Manichaeorum dochma sectantes furtiva sibi frequentarent conventicula... Quid de talibus praestet agendum anxius praesul certum sapientiae consuluit secretarium an terrenae potestatis gladio in eos sit animadvertendum necne... » (*Monumenta Germaniae*, Script. t. VII, p. 226-227.)

3. Euang. Matth., XIII, 29-30, selon la Vulgate : « Non, ne forte colligentes zizania, eradicetis simul cum eis et triticum. Sinite utraque crescere usque ad messem... »

4. Anselmi Gesta episc. Leod., c. 63 : « Maxime cum hi qui hodie zizania sunt possibile sit cras converti et fieri triticum... » (*Monumenta Germaniae*, Script. t. VII, p. 227.)

« coup de vrais catholiques furent mis à mort [1]. » On comprend
que cette justice sommaire ait inspiré des scrupules à l'évêque de
Châlons ; mais d'autre part ces scrupules montrent, cette fois
encore, que les rigueurs exercées contre les hérétiques étaient
des actes arbitraires et non des exécutions juridiques et légales.
Si, en effet, une loi ou une coutume régulière avait ordonné ces
exécutions, l'évêque de Châlons n'eût sans doute pas songé à
entraver l'action de la loi, et Wazon même se serait senti quelque
peu embarrassé pour prêcher une tolérance contraire au droit.
Il ne dit pas un mot de la question légale, parce que cette question, apparemment, n'existait pas. Un an après la mort de
Wazon, en 1049, un concile s'occupe d'arrêter le développement
de l'hérésie en France : il prononce contre les hérétiques la peine
de l'excommunication, mais il ne fait allusion à aucun châtiment
temporel, et il n'invite même pas les princes séculiers à sévir
contre l'hérésie [2].

Quant à la résistance opposée par l'église de Liège et par l'empire aux rigueurs françaises contre les hétérodoxes, elle ne fut
pas de longue durée. Le successeur même de Wazon, Théoduin,
se montra partisan déterminé du supplice des hérétiques ; en
1050, deux ans après la mort de Wazon, il écrit au roi de France
de ne pas s'attarder à réunir un concile pour juger des hérétiques
avérés : « pour de tels hommes, dit-il, il ne faut pas assembler
« des conciles, il faut s'occuper de préparer leur supplice [3]. » De
Liège cette doctrine passa bientôt à la cour même de l'Empereur. Ce fut à Goslar [4], en Saxe, qu'eurent lieu les premières
exécutions, aux fêtes de Noël des années 1051 et 1052, en présence de l'empereur Henri III. Le mode de supplice différa de
celui qu'on suivait en France : les hérétiques furent pendus.

---

1. Anselmi Gesta episcoporum Leodiensium, c. 63 : « Haec... studebat inculcare, ut praecipitem Francigenarum rabiem cedes anhelare solitam a crudelitate quodammodo refrenaret. Audierat enim eos solo pallore notare hereticos, quasi quos pallere constaret, hereticos esse certum esset ; sicque per errorem simulque furorem eorum plerosque vere catholicorum fuisse aliquando interemptos. » (*Monumenta Germaniae*, Script., t. VII, p. 228.) Les cathares ne mangeaient pas de chair : de là la pâleur habituelle de leur teint, et par suite la supposition que ceux qui avaient le teint pâle étaient cathares.

2. Concilium Remense celebratum a B. Leone IX summo pontifice, Labbe, *Sacrosancta consilia*, t. IX, col. 1042.

3. « Quamquam hujusmodi homines nequaquam oporteat audiri : neque tam est pro illis concilium advocandum, quam de illorum supplicio exquirendum. » (*Rec. des Hist. de Fr.*, t. XI, p. 498.)

4. Aujourd'hui ville de Prusse, Hanovre, ressort du drossart de Hildesheim; cercle de Liebenburg.

C'étaient, comme presque toujours à cette époque, des cathares :
ils furent convaincus d'appartenir à cette secte par leur refus de
tuer des poulets qu'on leur présenta [1]; la doctrine cathare défendait en effet de mettre à mort les animaux [2]. Il est marqué que
la première de ces exécutions fut ordonnée par l'Empereur, « du
« consentement de tous, pour empêcher la lèpre hérétique de se
« répandre davantage et de souiller un plus grand nombre de
« personnes [3] ». Ces expressions caractérisent au point de vue
juridique ce qui fut fait alors; on n'appliqua pas à des coupables
convaincus d'un crime la peine portée contre eux par la loi ; il
n'y avait ni crime ni peine. Mais on prit une mesure politique de
sûreté, pour couper court à ce que l'on considérait comme un
danger public; et pour prendre cette mesure qui constituait une
innovation sur les lois de l'empire, l'empereur dut se faire autoriser par le consentement du peuple et des grands présents
auprès de lui. La seconde exécution, en 1052, fut ordonnée,
au nom de l'empereur apparemment, par le duc Godefroi de
Lorraine [4].

Voilà donc l'usage de mettre à mort les hérétiques établi également en France et en Allemagne. Il reste à passer en revue les
témoignages relatifs aux différentes occasions où l'histoire rapporte que cet usage fut appliqué, dans l'un ou l'autre pays, jusqu'au XIIIe siècle. Le lecteur aura plusieurs fois encore occasion
de remarquer, dans cette revue rapide, combien ces exécutions
eurent peu le caractère d'une justice régulière et légale.

1. Le biographe de Wazon de Liége, Anselme, après avoir rapporté la doctrine de Wazon sur la tolérance qu'on doit avoir à l'égard des hérétiques, ajoute (*Gesta episc. Leodiensium*, c. 64) : « Cum haec ita se habeant..., videant quibus vacat quomodo inreprehensibiliter actum sit, quod cum Goslarii quidam hujusmodi erroris sectatores essent deprehensi, post multam superstitionis suae discussionem justamque pro pertinatia erroris excommunicationem, suspendio insuper sint addicti. Cujus discussionis ordinem cum diligenter sciscitaremur, non aliam condempnationis eorum causam cognoscere potuimus quam quia cuilibet episcoporum jubenti ut pullum occiderent inoboedientes extiterant. » (*Monumenta Germaniae*, Scr. t. VII, p. 228.)

2. Schmidt, t. II, p. 84.

3. Herimanni Aug. chronicon : « 1052. Imperator natalem Domini Goslare egit ibique quosdam hereticos, inter alia pravi errroris dogmata Manichea secta omnis esum animalis execrantes, consensu cunctorum, ne heretica scabies latius serpens plures inficeret, in patibulo suspendi jussit. » (*Monumenta Germaniae*, Scr. t. V, p. 130, l. 30.) Le chroniqueur, commençant l'année à Noël, attribue à l'an 1052 ce qui est pour nous le 25 décembre 1051.

4. Lamberti annales, 1053 : « Imperator nativitatem Domini Goslariae celebravit... Ibi quoque per Gotefridum ducem heretici deprehensi sunt et suspensi. » (*Monumenta Germaniae*, Scr. t. V, p. 155.)

En 1076 ou 1077, un cathare de Cambrésis (pays d'empire) fut traduit devant une assemblée composée de l'évêque de Cambrai et des principaux clercs du diocèse, qui le jugea hérétique. Cette assemblée ne prononça rien de plus; mais dès qu'elle fut séparée « plusieurs des officiers de l'évêque et d'autres en grand « nombre se saisirent de lui, le menèrent dans une cabane, et, « sans qu'il fît aucune résistance..., mirent le feu à la cabane et « le brûlèrent [1] ». Cette exécution irrégulière irrita le pape Grégoire VII, qui comprit que la colère du clergé de Cambrai venait surtout de ce que le cathare en question avait attaqué les prêtres simoniaques. Il nous est parvenu une lettre de ce pape, dans laquelle il ordonne de faire une enquête sur cette affaire [2]; mais on ne voit pas ce qu'il en advint définitivement.

Dans les premières années du XII° siècle, un autre hérésiarque, probablement cathare aussi, Tanquelin, gagna de nombreux adhérents et fit beaucoup parler de lui dans les Pays-Bas. Nous avons, de l'année 1112, une lettre adressée par l'église de Liège à celle de Cologne, pour inviter celle-ci à sévir contre les hérétiques qui s'étaient réfugiés sur son territoire [3].

En 1114, divers hérétiques furent condamnés par l'évêque de Soissons, et mis en prison : l'évêque, ne sachant quel parti prendre à leur égard, se disposait à consulter ses confrères assemblés en concile à Beauvais. Mais le peuple, « craignant la « mollesse sacerdotale », les arracha par force de la prison et les brûla dans la campagne. Guibert de Nogent, qui rapporte le fait, loue le « juste zèle » que les fidèles montrèrent en cette occasion pour arrêter la propagation du « chancre ». Mais il est clair que cette sorte d'exécution n'eut rien de juridique [4].

En 1144, on vit un évêque de Liège, Albéron II, reprendre la

1. Chronicon S. Andreae Camerac., III, 3 : « Quidam vero de ministris episcopi et alii multi deducentes eum in quoddam tugurium inducunt et non reluctantem sed intrepidum et ut aiunt in oratione prostratum admoto igne cum tugurio combusserunt. » (Monumenta Germaniae, Scr. t. VII, p. 540.)
2. Monumenta Germaniae, Scr. t. VII, p. 540, note 31.
3. Acta sanctorum, juin, t. I, p. 845.
4. Guibert de Nogent, I, 15 : on soumit les deux premiers hérétiques accusés à l'épreuve de l'eau : « Clementius in dolium missus acsi virga supernatat... Alter confessus errorem sed impenitens cum fratre convicto in vincula conjicitur. Duo alii e Durmantiis villa probatissimi haeretici ad spectaculum venerant pariterque tenti sunt. Interea perreximus ad Belvacense concilium consulturi episcopos quid facto opus esset. Sed fidelis interim populus clericalem verens mollitiem concurrit ad ergastulum, rapit, et subjecto eis extra urbem igne pariter concremavit. Quorum ne propagaretur carcinus, justum erga eos zelum habuit Dei populus. » (Rec. des hist. de Fr., t. XII, p. 366.)

tradition de Wazon et s'opposer au meurtre des hérétiques dans son diocèse. Il y eut quelque peine, car là, comme à Soissons, comme à Cambrai, la foule avait enlevé de force les hérétiques et s'apprêtait à les brûler sans forme de procès. Il réussit pourtant à les sauver [1].

Ces luttes entre un peuple trop zélé et un clergé plus tolérant sont assez fréquentes à cette époque. Vers le même temps, la ville de Cologne en offre un nouvel exemple. Là aussi, des hérétiques furent arrachés par la foule aux prisons archiépiscopales et brûlés, malgré le clergé, qui n'avait pas même fini d'instruire leur procès ecclésiastique [2].

Les exécutions ne s'en poursuivaient pas moins ailleurs avec le concours même des princes et des prélats. En 1145 parut en Bretagne l'hérésiarque Éon, originaire du pays de Loudéac. Plusieurs de ses disciples, en différents endroits et principalement dans le diocèse de Saint-Malo, furent arrêtés et périrent de divers genres de mort [3]. En 1148, il fut traduit devant le concile qui s'assembla à Reims sous la présidence du pape Eugène III : le concile condamna son hérésie et le fit provisoirement mettre en prison. Il y mourut promptement, et peut-être n'échappa-t-il que

---

1. Lettre de l'église de Liège au pape Lucius II, 1144 : « A Monte Guimari, quo nomine quidam vicus in Francia dicitur, quaedam haeresis per diversas terrarum partes defluxisse cognoscitur... Cujus apud nos sectatores quidam detecti, convicti et confessi sunt ; hos turba turbulenta raptos incendio tradere deputavit ; sed nos, Dei favente misericordia, pene omnes ab instanti supplicio, de ipsis meliora spectantes, vix tamen eripuimus... Alios vero hujus erroris participes per religiosa loca divisimus, quid super eis ad correctionem agendum sit a vobis exspectantes ». (Martène, *Amplissima collectio*, t, I, col. 776 et 777.)

2. Evervini praepositi Steinfeldensis epistola ad S. Bernardum : « Nuper apud nos juxta Coloniam quidam haeretici detecti sunt... Duo ex eis... nobis restiterunt in conventu clericorum et laicorum, praesente ipso domino archiepiscopo cum magnis viris nobilibus, haeresim suam defendentes. Sed cum vidissent se non posse procedere, petierunt ut eis statueretur dies, in quo adducerent de suis viros fidei suae peritos : promittentes se velle ecclesiae sociari, si magistros suos viderent in responsione deficere, alioquin se velle potius mori quam ab hac sententia deflecti. Quo audito cum per triduum essent admoniti et respicere [resipiscere?] noluissent, rapti sunt a populis nimio zelo permotis, nobis tamen invitis, et in ignem positi atque cremati, et, quod magis mirabile est, ipsi tormentum ignis non solum cum patientia, sed et cum laetitia introierunt et sustinuerunt. » (Mabillon, *Vetera analecta*, in-fol., p. 473.)

3. Chron. Britannicum : (Quidam haereticus) « qui inter caeteras haereses Deum se faciebat : in cujus etiam fidei immo haeresis perseverantia multi per diversas provincias praesertim in Aletensi episcopatu diversa usque ad mortem pertulere supplicia. Eudo erat nomine de pago Lodiacense ortus. (*Rec. des hist. de Fr.* t. XII, p. 558.)

par là au bûcher, car plusieurs de ses disciples furent brûlés peu de temps après sa mort [1].

Mais c'était toujours le hasard ou l'inspiration du moment qui décidait, chaque fois, du traitement à infliger aux hérétiques, et le droit sur cette question n'était pas fixé. Un autre concile, tenu à Reims en 1157, tenta de mettre fin à cette incertitude, en édictant des peines précises contre les hérétiques ; c'est peut-être la première loi qui ait été portée sur cette matière depuis les constitutions des empereurs romains. Les peines qu'il établit sont variables. La peine de mort n'est pas exclue, mais elle est indiquée en termes voilés, et il faut la deviner pour l'y voir ; elle n'a d'ailleurs qu'un caractère exceptionnel. Les coupables sont divisés en deux classes, d'une part les apôtres de l'hérésie cathare (car c'est toujours de celle-là qu'il s'agit), qui, non contents de professer cette hérésie, lui ont gagné des prosélytes, de l'autre les simples prosélytes séduits par ces apôtres. Les premiers sont condamnés à la prison perpétuelle, « à moins qu'il ne paraisse y « avoir lieu de leur infliger un châtiment plus grave », les autres à la marque et au bannissement [2]. Ce « châtiment plus grave », indiqué en passant, est probablement le bûcher ; mais on voit que le concile de Reims n'en fait pas la peine normale de l'hérésie, puisqu'il juge à propos d'en édicter d'autres en même temps. La pratique allait plus loin ; elle condamnait presque toujours les hérétiques au feu, et ne distinguait pas entre les apôtres et les prosélytes. Quant aux peines de la marque et du bannissement, elles ne paraissent guère avoir été appliquées, du moins dans le pays où elles avaient été promulguées.

---

1. Guillelmus Neubrigensis, I, 19 : « Jussus autem ex decreto concilii, ne pestis iterum serperet, diligenter custodiri, tempore modo supervixit. Discipuli vero ejus..., cum sanam doctrinam nulla ratione reciperent..., curiae prius et postea ignibus traditi ardere potius quam ad vitam corrigi maluerunt. » — Cf. Ott. Frising. Gesta Frid. I, c. 55 (*Mon. Germ.*, Scr. XX, p. 381), Robert de Torigni, éd. L. Delisle, t. I, p. 248, Sigeb. contin. Praemonstr., 1148 (*Mon. Germ.*, Scr. VI, p. 452-454), Aubri de Trois-Fontaines, 1148 (*Mon. Germ.*, Scr. XXIII, p. 839-840).

2. « Majores vero quibus alii seducuntur, si confessi fuerint vel convicti, carcere perpetuo, *nisi gravius aliquid mihi* [?] *eis fieri debere visum fuerit*, recludentur. Sequaces vero itidem confessi vel convicti, his exceptis qui ab eis seducti correptique facile resipiscant, ferro calido frontem et facies signati pellantur. » Texte publié d'abord par Martène, *Ampliss. coll.*, t. VII, col. 74, souvent reproduit, et notamment en partie dans les additions des Bénédictins à Du Cange, s. v. PIFLI. — Le mot *mihi* étonne ; est-ce bien réellement un canon de concile que ce texte, donné pour tel par Martène?

Dans un pays voisin, en Angleterre, elles furent, une fois du moins, mises en pratique. Les canons du concile de 1157 étaient-ils obligatoires hors de France, ou la ressemblance entre les décisions prises en Angleterre et celles qui avaient été arrêtées à Reims ne fut-elle due qu'à une simple coïncidence? C'est ce qu'on ne peut dire. Le fait eut lieu en 1166, sous le règne de Henri II.

En Angleterre alors, pas plus qu'en France ou dans l'empire, la coutume ne connaissait le délit d'hérésie. Le célèbre jurisconsulte anglais du temps de Henri II, Glanville, donne une énumération des crimes : il nomme le crime de lèse-majesté, la dissimulation d'un trésor trouvé, l'infraction à la paix royale, l'homicide, l'incendie, le vol, le rapt, le faux, tous crimes punis de mort ou de mutilation, et les délits moindres, les rixes, les coups et blessures. Il ne dit pas un mot des crimes contre la foi chrétienne [1]. — L'hérésie était demeurée du reste à peu près inconnue en Angleterre. Le catharisme se montra en ce pays, pour la première et probablement la dernière fois, dans l'occasion dont il s'agit, en 1166. Une trentaine de sectaires, hommes et femmes, venant d'Allemagne et ne parlant guère que l'allemand, se répandirent en Angleterre et cherchèrent à faire des prosélytes; ils ne convertirent à leur croyance qu'une femme. Mais c'en fut assez pour alarmer l'autorité; le roi Henri II s'empressa d'assembler les évêques de son royaume en concile à Oxford et de faire comparaître devant eux les apôtres du nouveau dogme. Leur doctrine, qu'ils défendirent avec chaleur, fut jugée hérétique. Le roi alors ordonna, s'ils ne se convertissaient, de les marquer au front d'un fer rouge, de les fouetter publiquement et de les chasser de la ville, avec défense à toute personne de les héberger ou de les secourir. Leur prosélyte anglaise fut seule effrayée de cette menace et abjura l'hérésie. Les autres acceptèrent avec joie le martyre et subirent leur sentence dans toute sa rigueur. Après les supplices de la marque et du fouet, ils furent chassés à demi nus dans la campagne; c'était en hiver : tous moururent de froid. Mais « nul n'eut d'eux la moindre « pitié », et « la pieuse rigueur de cette sévérité, non seulement « purgea le royaume d'Angleterre de la peste qui y avait pénétré,

---

1. Glanville, I, II, dans Houard, *Traité sur les coutumes anglo-normandes*, in-4°, t. I, p. 386.

« mais encore l'empêcha d'y rentrer jamais, par la terreur
« qu'elle inspira aux hérétiques [1] ».

Ce fait est isolé, et c'est peut-être le seul exemple de l'application de cette peine. Elle ne se maintint pas en Angleterre même, ainsi qu'on le verra plus loin.

Revenons au continent. Les exécutions y continuent, avec la même sévérité, et aussi avec le même caractère d'arbitraire et d'irrégularité.

En 1160, des hérétiques furent tués en Allemagne, par ordre d'un prince; mais ni le lieu exact ni le mode du supplice ne nous sont connus [2]. En 1163, on brûla à Cologne des cathares venus de la Flandre [3].

En 1167, à Vézelay, dans la Bourgogne française, des cathares furent jugés et convaincus par-devant l'abbé de Vézelay et plusieurs évêques. Ils furent brûlés : mais cela n'alla pas de soi, comme une peine régulière venant à la suite du crime pour lequel elle est établie. L'abbé fit appel à la foule qui assistait à la condamnation, et l'invita à prononcer elle-même sur le sort des

---

1. Guillelmus Neubrigensis, l. II. c. 13 : « Tunc episcopi, ne virus haereticum latius serperet praecaventes, eosdem publice pronuntiatos haereticos corporali disciplinae subdendos catholico principi tradiderunt : qui praecepit haereticae infamiae characterem frontibus eorum inuri et spectante populo virgis coercitos urbe expelli, districte prohibens ne quis eos vel hospitio recipere vel aliquo solatio confovere praesumeret. Dicta sententia ad poenam justissimam ducebantur gaudentes ... Illa quidem muliercula quam in Anglia seduxerant metu supplicii discedens ab eis errorem confessa reconciliationem meruit. Porro detestandum illud collegium cauteriatis frontibus justae severitati subjacuit, eo qui primatum gerebat in eis, ob insigne magisterii, inustionis geminae hoc est in fronte et circa mentum dedecus sustinente ; scissisque cingulo tenus vestibus publice caesi et flagris resonantibus urbe ejecti, algoris intemperantia (hyems quippe erat) nemine vel exiguum misericordiae impendente misere interierunt. Hujus severitatis pius rigor non solum peste illa quae jam irrepserat Angliae regnum purgavit, verum etiam ne ulterius irreperet incusso haereticis terrore praecavit. » (Guill. Neubrig., *Rerum anglicarum libri V*, studio Th. Hearnii, Oxonii 1719, in-8º.) — La date de 1166 est donnée par Raoul de Diceto, *Ymagines historiarum*, éd. Stubbs, t. I, p. 318; par les annales de Tewkesbury et de Worcester, Luard, *Annales monastici*, t. I, p. 49, et t. IV, p. 381; par Raoul de Coggeshall, p. 122 *(Rerum britannicarum medii ævi scriptores)*.
2. Albr. Tr. Fontium, 1160 : « Prodiit in Alamannia... quedam heresis... Princeps in cujus terra resederant consilium ab episcopo loci requisivit... Cum ergo princeps ille catholicus cum suis fere omnes detruncasset, ita adnichilati sunt quod ex tunc latuerunt » (*Monumenta Germaniae*, Scr. t. XXIII, p. 845.)
3. Ann. Colon. maximi, 1163, *Mon. Germ.*, Scr. t. VII, p. 778; Caesarius Heisterbacensis, dist. V, c. 19.

hérétiques. Tous répondirent d'une voix : *Qu'on les brûle!* et alors leur supplice fut résolu. Encore ne le subirent-ils pas tous : un d'entre eux, dont la culpabilité avait paru douteuse, fut, par ordre de l'abbé, seulement fouetté et banni [1]. Peut-être cette dernière décision fut-elle une application du décret du concile de 1157; toutefois ce concile prononçait, outre le bannissement, la marque et non le fouet.

Vers les années 1176 à 1180, deux femmes furent reconnues coupables de l'hérésie cathare, à Reims, devant l'archevêque et son clergé, en présence de plusieurs « nobles hommes » ; on délibéra sur ce qu'il y avait à faire, et d'un commun conseil, il fut « décidé » qu'elles seraient brûlées. L'une d'elles fut exécutée, l'autre, s'il fallait en croire l'auteur qui rapporte ce fait, se serait échappée par miracle [2].

En 1183, le même archevêque de Reims, Guillaume, se rendit en Flandre comme légat du saint-siège, et y condamna un grand nombre de cathares. Le comte de Flandre, Philippe, se fit remarquer par la sévérité qu'il déploya contre ces hérétiques [3].

---

1. Historia Vizeliacensis monasterii, auctore Hugone Pictavino, l. IV, à la fin : « Et cum instaret Paschalis solemnitas, duo ex illis, audito quod proxime ignis exterminandi essent judicio, finxerunt se credere quod catholica credit ecclesia, et pro pace ecclesiae aquae examine satisfacturos. In ipsa igitur processione Paschalis solemnitatis adducti sunt in medium maximae multitudinis quae totum claustrum occupabat, stante Guichardo Lugdunensi archiepiscopo et Bernardo Nivernensium episcopo, magistro quoque Galterio Laudunensi episcopo, cum Guillelmo Vizeliacensi abbate... Abbas dixit omnibus qui aderant : Quid ergo, fratres, vobis videtur faciendum de his qui adhuc in sua perseverant obstinatione? Responderunt omnes : Comburantur, comburantur. Sequenti die adducti sunt illi duo qui videbantur revocati, ad judicium examinis aquae ; quorum unus omnium judicio salvus per aquam factus est (fuerunt tamen nonnulli qui exinde dubiam tulere sententiam), alter... bis denique damnatus igni ab omnibus adjudicatus est; sed deferens abbas praesentiae suae publice caesum eliminari praecepit. Caeteri autem numero septem igni traditi exusti sunt in valle Esconii. » (D'Achery, *Spicilegium*, in-fol., t. II, p. 560; *Rec. des hist. de Fr.*, t. XII, p. 343-344.)

2. Raoul de Coggeshall, éd. Stevenson (*Rerum britann. med. ævi scriptores*), p. 121-125 : «... Quae coram archiepiscopo et omni clero ac in praesentia nobilium virorum in aula archiepiscopali revocatae pluribus iterum allegationibus de abrenunciando errore publice conveniuntur. Quae cum salutaribus monitis nulla ratione acquievissent, sed in errore jam semel concepto immobiliter perstitissent, communi consilio decretum est ut flammis concremarentur... » D'après le concile de Reims de 1157, la plus jeune de ces deux femmes, qui n'était que disciple de l'autre, n'aurait dû subir que la peine de la marque et du bannissement.

3. R. de Coggeshall, p. 122 : « Illo in tempore ubique exquirebantur et perimebantur, sed maxime a Philippo comite Flandrensium, qui justa crudelitate eos immisericorditer puniebat. »

D'accord avec le légat, il les fit tous brûler et confisqua leurs biens, qu'il partagea entre lui et l'archevêque [1].

Hugues, évêque d'Auxerre, de 1183 à 1206, s'attacha avec ardeur à poursuivre les cathares de son diocèse. Il provoqua contre eux l'action du bras séculier. Or, quoiqu'il y eût alors déjà deux siècles que l'usage de brûler les hérétiques s'était établi, cet usage ne fut pas encore considéré comme coutume obligatoire. On infligea arbitrairement aux cathares d'Auxerre diverses sortes de peine; quelques-uns furent brûlés, d'autres exilés, d'autres eurent leurs biens confisqués [2].

Durant tout le règne de Philippe-Auguste, d'ailleurs, les exécutions furent nombreuses [3]. Huit cathares furent brûlés à Troyes en 1200 [4], un à Nevers en 1201 [5], plusieurs à Braisne-sur-Vesle [6] en 1204 [7]. En 1209 furent brûlés à Paris les disciples de l'hérésiarque Amauri de Beynes. Cette dernière hérésie avait longtemps échappé à l'attention des autorités ecclésiastiques; mais en 1209, un des ministres du roi, frère Guérin, et l'évêque de Paris, ayant entendu parler de la secte nouvelle, chargèrent un prêtre, nommé Raoul, de rechercher ce qui en était. « Ce

---

1. Guillaume de Nangis, 1183 : « Eodem tempore multi haeretici combusti sunt in Flandria a Guillermo Remensium archiepiscopo apostolicae sedis legato et a Philippo Flandrensium comite. » (Rec. des hist. de Fr., t. XX, p. 741 AB.) — Sigeberti continuatio Aquicinctina, 1183 : « Multi sunt in presentia archiepiscopi et comitis accusati, nobiles, ignobiles, clerici, milites, rustici, virgines, viduae et uxoratae. Tunc decretalis sententia ab archiepiscopo et comiti prefixa est ut deprehensi incendio traderentur, sustantie vero eorum sacerdoti et principi resignarentur. » (Monum. Germ., Scr. t. VI, p. 421.)

2. Robertus Altisiod., 1205 : « Haereticos quos Bulgaros vocant vehementer studuit insectari, ejusque instantia actum est ut plerique rebus suis exinanirentur, exterminarentur alii, alii cremarentur. » (Rec. des hist. de Fr., t. XVIII, p. 273 CD.) Le même auteur mentionne expressément une exécution par le feu, en 1198 (ibid., p. 262 DE).

3. Guillaume le Breton, Phillippeis, l. I, v. 407-410 :

Quos Popelicanos vulgari nomine dicunt
De tenebris latebrisque suis prodire coacti
Producebantur servatoque ordine juris
Convincebantur et mittebantur in ignem.

4. Aubri de Trois-Fontaines, 1200 : « Apud civitatem Trecas Popelicani hoc anno inventi traditi sunt igni et concremati usque ad 8, videlicet 5 viri et 3 femine... » (Monum. Germ., Scr. t. XXIII, p. 878.)

5. Rec. des hist. de Fr., t. XVIII, p. 264 AB et 729 C.

6. Aisne, arrond. de Soissons.

7. Chron. anon. Laudun. canonici : «... Quidam... infideles reperti sunt in praesentia comitis loci, Roberti scilicet patruelis Philippi regis Francorum, et Yolent comitissae et multorum aliorum, quorum judicio post paucos dies extra castrum flammis sunt exusti. » (Rec. des hist. de Fr., t. XVIII, p. 713 A.)

Raoul », dit l'historiographe de Philippe-Auguste, Guillaume le Breton, « homme subtil, rusé et vrai catholique, chargé de « cette mission, feignait avec un art merveilleux, lorsqu'il ren- « contrait des hérétiques, d'être de leur secte, et eux, alors, « lui révélaient leurs secrets, croyant parler à un des leurs. Ainsi « beaucoup d'adeptes de cette secte, prêtres, clercs, laïques, « femmes, qui étaient longtemps restés cachés, furent enfin « découverts, grâce à Dieu, arrêtés, menés à Paris et présentés « au concile assemblé en cette ville, qui les convainquit, les « condamna, dégrada ceux qui avaient les ordres, et les livra à « la cour du roi Philippe... » Le roi n'était pas alors à Paris. Son absence n'avait pas empêché la justice ecclésiastique de suivre son cours régulier. Mais, la condamnation prononcée, il fallut attendre son retour pour décider du châtiment temporel des condamnés ; car ce châtiment n'étant pas déterminé par la loi, le roi seul pouvait, dans son domaine, prendre l'initiative et la responsabilité d'en édicter un par résolution arbitraire. Il les fit brûler vifs, et son historien officiel le loue de s'être ainsi montré « roi très chrétien et catholique » : s'il le loue de cette décision, c'est donc qu'elle n'allait pas de soi. Au reste il n'infligea pas ce supplice à tous : quelques-uns de ceux qu'on jugea les moins coupables ne furent condamnés qu'à un emprisonnement perpétuel. L'hérésiarque Amauri, qui était mort, fut exhumé et ses restes dispersés [1]. — Enfin, vers 1220, à Troyes (?), un hérétique

---

1. Guillaume le Breton, 1209 : « Fama hujusmodi pervenit occulte ad viros venerabiles Petrum Parisiensem episcopum et fratrem Garinum regis Philippi consiliarium, qui, misso clam magistro Radulfo de Nemurtio clerico, diligenter inquiri fecerunt hujus sectae viros. Idem Radulfus articulosus et astutus et vere catholicus, sic missus, mirabili modo fingebat se esse de secta eorum, cum ad singulos veniebat, et illi revelabant ei secreta tamquam suae sectae participi, ut putabant. Et ita hujus sectae plures, sacerdotes, clerici et laici ac mulieres, diutius latentes. prout Domino placuit, tandem detecti et capti et Parisius adducti et in concilio ibidem congregato convicti et condempnati et ab ordinibus in quibus erant degradati, traditi fuerunt curiae Philippi regis ; qui, tamquam rex christianissimus et catholicus, vocatis apparitoribus, fecit omnes cremari, et cremati sunt Parisius extra portam, in loco qui nuncupatur Campellus ; mulieribus autem et aliis simplicibus qui per majores corrupti fuerant et decepti pepercerunt. Praedictus autem haeresiarcha Amalricus, quia plane constitit sectam illam ab eo originem habuisse, licet in pace ecclesiae, ut putabatur, sepultus fuisset, ab universo concilio etiam post mortem excommunicatus fuit et condempnatus et a cimiterio sacro ejectus et ossa ac cinis ejus per sterquilinia sunt dispersa. Benedictus Deus per omnia. » (*Rec. des hist. de Fr.*, t. XVII, p. 83-84.) — Cf. Caes. Heisterb., dist. V, c. 22, qui mentionne le fait de l'absence du roi au moment de la condamnation ecclésiastique ; Guillaume de Nangis, d'Achery,

fut encore brûlé, non par l'autorité, mais par la foule, irritée de ses blasphèmes [1].

Dans l'empire, des faits analogues se produisaient. A Metz, il est vrai, si l'on en juge par deux témoignages malheureusement trop peu précis, l'autorité municipale paraît s'être opposée à l'emploi de la violence contre des hérétiques vaudois, envers lesquels l'évêque voulait user de rigueur, et l'Église en fut réduite à lutter par la seule prédication [2]. Mais ailleurs on ne voit pas la même tolérance. A Besançon, à une époque qui n'est pas connue précisément (avant 1222), le peuple commença encore par protéger les hérétiques contre le clergé [3] ; mais bientôt, converti par les prédications de l'évêque, il se tourna contre ses protégés et les brûla, toujours sans forme de procès [4]. Vers 1212, à Strasbourg, près de quatre-vingts hérétiques, une autre fois, dix seulement, furent brûlés, après avoir été convaincus, « devant « l'église », par l'épreuve du fer ardent [5] ; vainement, semble-t-il,

---

Spicil., in-fol., t. III, p. 24 A; Chron. de Mailros, dans *Rec. des hist. de Fr.*, t. XIX, p. 250 BC.

1. Caes. Heisterb., dist. V, c. 23 : « Vix sunt duo anni elapsi quod quidam diabolo plenus apud Precas (corr. Trecas?) se esse Spiritum Sanctum praedicabat, cujus insaniam populi non sufferentes in crate posuerunt et copioso igne circumposito in carbonem redegerunt. »

2. Aubri de Trois-Fontaines, 1200 : « Item in urbe Metensi pullulante secta qui dicitur Valdensium, directi sunt *ad predicandum* quidam abbates, qui quosdam libros de latino in romanum versos combusserunt et predictam sectam extirpaverunt. » (*Monum. Germ.*, Scr. t. XXIII, p. 878.) — Caes. Heisterb., dist. V, c. 20 : «... Sub episcopo Bertramo... orta est haeresis Waldosiana in civitate Metensi... — Non enim poterat illis episcopus vim inferre propter quosdam potentes civitatis qui eos in odium episcopi fovebant, eo quod quendam usurarium defunctum ipsorum cognatum de atrio ecclesiae ejecisset. — Haereses Waldosianae... in eadem civitate sunt seminatae, et necdum prorsus extinctae. » Sur ces Vaudois de Metz et les abbés envoyés pour les convertir, voyez Innoc. III epist. II, 235 (9 déc. 1199). Peut-être le témoignage de Césaire de Heisterbach ne se rapporte-t-il pas à la même époque que celui d'Aubri et la lettre d'Innocent III : voyez ci-après chap. IV.

3. Caes. Heisterb., dist. V, c. 18 : « Cum eis resistere vellent (l'évêque et son clergé), haereticos et deceptores Diaboliqne ministros illos affirmantes, vix evaserunt ut non a populo lapidarentur. »

4. Ibid. : « Tunc universi furentes Diaboli ministros cum Diabolo in ignibus aeternis cruciandos in ignem praeparatum projecerunt. »

5. Annales Marbacenses, ad ann. 1215 : « Ante tempora hujus concilii [Latran] fere triennio... heretici qui perverso dogmate latenter seducunt fideles aecclesiae comprehensi sunt in civitate Argentina. Producti vero cum negarent heresim, judicio ferri candentis ad legittimum terminum reservantur, quorum numerus fuit octoginta vel amplius de utroque sexu. Et pauci quidem ex eis innocentes apparuerunt, reliqui omnes coram aecclesia convicti per adustionem manuum dampnati sunt et incendio perierunt. »

le pape écrivit à l'évêque de Strasbourg pour lui interdire l'emploi des épreuves dans ces sortes de procès [1]. A Cambrai, vers 1217, la même procédure fut mise en usage et aboutit à de semblables exécutions : dans le récit qui nous est parvenu de ce fait, on voit un clerc chargé de procéder à l'épreuve pour juger l'hérésie, et un juge laïque présidant au supplice du feu [2]. A l'autre bout de l'Allemagne, le duc Léopold d'Autriche, en 1215, est loué par un poète du zèle qu'il a mis à brûler les hérétiques de ses états [3]. Enfin, en 1231, commença en Allemagne une longue et sanglante persécution, où se signala le zèle de l'inquisiteur Conrad de Marbourg [4]; et en cette même année 1231 une loi fut rendue pour régler ce qui devrait être fait des biens des hérétiques condamnés à mort [5].

Néanmoins, en Allemagne pas plus qu'en France, le droit, en ce qui concerne les châtiments à infliger aux hérétiques, n'était fixé. C'est ainsi qu'à côté des exécutions sanglantes on voit parfois des sentences plus douces. En 1222, à Goslar, un ecclésiastique, Henri Minnekke, prévôt du monastère de Neuwerk, jugé hérétique par son diocésain, l'évêque de Hildesheim, ne fut d'abord que privé de sa charge et emprisonné [6]; au bout de plusieurs années seulement, l'inquisiteur Conrad de Marbourg le tira de la prison épiscopale et le fit brûler [7]. Un monument législatif que l'auteur d'un travail récent croit avoir été rédigé

(*Monum. Germ.*, Scr. t. XVII, p. 174.) Cf. Caes. Heisterb., dist. III, c. 17 : « Decem haeretici in eadem civitate, scilicet Argentina, quae et Straessburg, comprehensi sunt ; qui cum negarent, per judicium candentis ferri convicti sententia incendii sunt damnati. »

1. Lettre d'Innocent III, l. XIV, ep. 138, dans l'édition de Baluze, t. II, p. 576.

2. Caes. Heisterb., dist. III, c. 16 : « Missus est ab episcopo clericus qui negantes per candens ferrum examinaret, adustos haereticos esse sententiaret. Examinati sunt omnes et combusti sunt omnes... Vocatus est vir a judice ad ignem, ad quem clericus : Quare eum vocatis? Ut ardeat, inquit, eo quod in examinatione combustus sit... »

3. *Waelscher Gast*, vers 12683, cité par M. Frensdorff, dans *Hansische Geschichtsblaetter*, t. VI, p. 107.

4. Ficker, p. 181, 219.

5. *Monum. Germ.*, Legum t. II, p. 284.

6. Chronicon Montis Sereni, 1222 : « Heinricus prepositus de Goslaria, cognomine Minnekke, a Conrado Hildenesheimensi episcopo de heresi Manicheorum convictus, depositus et in custodia diutina detentus est. » (*Monum. Germ.*, Scr., t. XXIII, p. 199.)

7. Ficker. p. 212 ; Chron. S. Petri Erfurtense, 1222, dans Menckenius, *Scriptores rerum germanicarum*, t. III, col. 250 ; Sudendorf, *Registrum oder merkwürdige Urkunden f. d. deutsche Gesch.*, II (Berl. 1851), p. 260 et suivantes.

en 1224 [1], la *treuga Henrici*, édictant des peines contre divers crimes, prévoit entre autres le cas d'hérésie : or, pour ce cas, le texte ne sait encore quelle peine fixer et s'en rapporte à la discrétion des juges : « Les hérétiques, dit ce texte, les enchanteurs, « les auteurs de maléfices de toute espèce, atteints et convaincus, « seront punis du châtiment qui leur est dû, selon l'appréciation « du juge [2]. »

Nous voilà arrivés à l'époque où, la peine du feu passant de la région du nord dans celle du midi, la législation sur les hérétiques va partout s'unifier et se régulariser. De l'exposé qui précède, retenons deux faits : de l'an 1000 au premier tiers du XIIIᵉ siècle, dans la région du nord, aucune législation temporelle ne vise le crime d'hérésie et ne le frappe d'une peine ; mais, en fait, l'usage de mettre à mort les hérétiques (le plus souvent par le feu) s'est établi graduellement et est presque passé en coutume.

IV.

DU XIᵉ AU XIIIᵉ SIÈCLE : RÉGION DU MIDI.

Si la région du midi se distingua de bonne heure de celle du nord par la douceur plus grande avec laquelle y furent traités les hérétiques, cette différence ne se manifesta pourtant qu'après quelques années. Au début du XIᵉ siècle, au moment de l'apparition des cathares, des exécutions violentes eurent lieu dans le midi comme dans le nord. Ce fut même le midi qui donna le premier l'exemple de ces rigueurs; mais elles n'y eurent qu'une courte durée.

Le premier hérétique dont l'histoire rapporte la condamnation fut un certain Vilgard, de Ravenne ; Pierre, archevêque de cette ville, ayant examiné sa doctrine, prononça qu'il errait en la foi. Le chroniqueur qui rapporte le fait n'indique pas explicitement

---

1. Eggert, *Studien zur Geschichte der Landfrieden*, Goettingen 1875, in-8º, p. 63.
2. Treuga Henrici, 21 : « Heretici, incantatores, malefici quilibet, de veritate convicti et deprehensi, ad arbitrium judicis poena debita punientur. (*Mon. Germ. Legum* t. II, p. 268.) Le fait même que l'hérésie soit mentionnée est un motif pour attribuer à ce document, comme l'ont fait Pertz et M. Eggert, une date assez tardive.

quelles furent pour lui les suites de cette sentence ecclésiastique ; mais ce qu'il ajoute aussitôt après donne à croire qu'on le fit périr, et nous révèle en même temps d'autres exécutions : « On trouva encore, dit-il, dans toute l'Italie plusieurs autres « sectateurs de cette croyance pernicieuse, qui périrent, *eux* « *aussi*, ou par le fer ou par le feu [1]. »

La croyance cathare se répandait alors à la fois en Italie et dans les pays voisins. En Sardaigne, elle fit de nombreux prosélytes, et de là elle fut portée en Espagne, où elle ne fut pas non plus tolérée d'abord ; il semble même que ceux qui venaient la prêcher en ce pays aient été mis à mort par les habitants, mais cela n'est pas certain [2].

A Toulouse, des cathares furent tués, probablement à la suite de l'exemple donné à Orléans par le roi Robert en 1022 [3].

Enfin vers l'année 1034, en Italie, des cathares furent pris à Monforte, bourg fortifié du diocèse d'Asti [4], où ils avaient un établissement important, et furent encore condamnés à périr. Les uns furent pris et exécutés sur place par Alric ou Alderic, évêque d'Asti, le marquis Mainfroi, son frère, et divers seigneurs des environs, « qui, ne pouvant les faire revenir de leur folie, les « brûlèrent dans le feu [5] » ; les autres furent emmenés à Milan

---

1. Rodulf. Glaber, l. II, c. 12 : « Ipso quoque tempore non impar apud Ravennam exortum est malum. Quidam igitur Vilgardus dictus... Ad ultimum vero haereticus est repertus atque a pontifice ipsius urbis Petro damnatus. Plures etiam per Italiam tunc hujus pestiferi dogmatis sunt reperti, qui et ipsi aut gladiis aut incendiis perierunt. » (*Recueil des historiens des Gaules et de la France*, t. X, p. 23.)
2. Rod. Glab., ibid. : « Ex Sardinia quoque insula, quae his plurimum abundare solet, ipso tempore aliqui egressi, partem populi in Hispania corrumpentes, et ipsi a viris catholicis exterminati sunt. » Le mot *exterminati* peut signifier simplement *bannis, chassés* ; mais il peut signifier aussi *tués* (cf. *Hist. Vizeliacencis*, ci-dessus, p. 140, note 1, « audito quod proxime ignis exterminandi essent judicio »). Ici, comme cette phrase vient immédiatement après celle qui est reproduite dans la note précédente et où il est question d'hérétiques mis à mort, l'interprétation la plus vraisemblable est que les hérétiques sardes pris en Espagne furent tués aussi.
3. Adem. Cab., III, 59 : « Nihilominus apud Tolosam inventi sunt Manichei, et ipsi destructi. » (*Monumenta Germaniae*, Scr. t. IV, p. 143, l. 31-33.)
4. Aujourd'hui commune de la province de Cuneo, arrondissement d'Alba.
5. R. Glaber, IV, 2 : « Sepissime denique tam Mainfredus marchionum prudentissimus quam frater ejus Alricus Astensis urbis praesul, in cujus scilicet diocesi locatum habebatur predictum castrum, ceterique marchiones ac praesules circumcirca creberrimos illis assultus intulerunt, capientes ex eis nonnullos ; quos dum non quivissent revocare ab insania, igne cremavere. » (*Mon. Germ.*, Scr. t. VII, p. 67, ou *Rec. des hist. de Fr.*, t. X, p. 45.)

par Héribert, archevêque de cette ville, qui s'efforça de les convertir. Comme il n'y réussissait pas, et qu'eux, au contraire, commençaient à répandre leur doctrine dans la ville, les magistrats civils résolurent de les faire périr. L'archevêque s'y opposa en vain : un bûcher et une croix furent dressés en face l'un de l'autre, les prisonniers furent amenés et reçurent l'ordre, ou d' « abjurer leur perfidie » et d'embrasser la croix en témoignage de leur conversion, ou de se jeter eux-mêmes dans les flammes « pour y brûler tout vifs ». Quelques-uns seulement prirent le premier parti et conservèrent la vie au prix d'une abjuration ; les plus nombreux, « couvrant leur visage de leurs mains, se préci-
« pitèrent au milieu des flammes, et périssant misérablement
« furent réduits en misérables cendres[1] ».

Mais ce zèle s'arrêta vite, et aux rigueurs succéda la tolérance. Après l'exécution des cathares de Monforte et jusqu'à la fin du xiie siècle, il n'y a plus à signaler, pour toute la région du midi, qu'un seul hérétique qui ait péri de mort violente. Encore le fait est-il mal connu et paraît-il s'être produit dans des circonstances exceptionnelles. L'hérésiarque Pierre de Bruys, au xiie siècle, prêchant sa doctrine dans le midi de la France, parla contre l'adoration de la croix et, joignant le fait à la parole, brûla solennellement une croix en public. La foule indignée de cet attentat le précipita lui-même dans les flammes, où il périt[2]. Cette vengeance fut sans doute provoquée moins par l'hétérodoxie même de Pierre de Bruys que par la violence sacrilège qu'il s'était permise à l'égard d'un objet saint aux yeux des catholiques. En tout

---

1. Landulfi Hist. Mediolanensis, II, 27 : « Et mittens Heribertus quamplurimos milites ad illum Montemfortem, omnes quos invenire potuit, cepit; inter quos comitissam castri illius... Quos cum Mediolanum duxisset et per multos dies et per suos sacerdotes in fide catholica eos reintegrari desiderans laborasset... At ipsi... falsa rudimenta a scripturis divinis detorta seminabant. Quod cum civitatis hujus majores laici comperissent, rogo mirabili accenso, cruce Domini ab altera parte erecta, Heriberto nolente illis omnibus eductis lex talis est data ut, si vellent, omni perfidia abjecta crucem adorarent, et fidem quam universus orbis tenet confiterentur, salvi essent; sin autem, vivi flammarum globos arsuri intrarent. Et factum est ut aliqui ad crucem Domini venientes et ipsam confitentes fidem catholicam salvi facti sunt, et multi, manibus ante vultus missis, inter flammas exilierunt et misere morientes in miseros cineres redacti sunt. » (Monum. Germ., Scr. t. VIII, p. 65-66.)

2. C'est du moins ce que paraît indiquer ce passage de Pierre le Vénérable, ép. 17 : « Sed post rogum Petri de Bruys, quo apud S. Aegidium zelus fidelium flammas dominicae crucis ab eo succensas eum cremando ultus est; postquam plane impius ille de igne in ignem, de transeunte ad aeternum transitum fecit... » (Rec. des hist. de Fr., t. XV, p. 640 A.)

cas, c'est là un fait complètement isolé pour cette époque et dans cette région.

En Italie, aucune exécution n'eut plus lieu après celle des cathares de Monforte. « Depuis cet événement..., dit M. Schmidt [1], « on ne trouve plus de traces de cathares en Italie ; aucune « chronique n'en parle... Si l'Église les laissa passer inaperçus, « c'est que les regards de ses chefs étaient portés sur des objets « qui leur paraissaient plus graves ; la grande dispute théolo-« gique avec Bérenger, les querelles bien autrement vives avec les « empereurs, les luttes des papes, surtout de Grégoire VII, contre « la simonie et la corruption de la plupart des prélats de l'Italie, « les tumultes soulevés par le fanatique Ariald contre les prêtres « mariés de la Lombardie, toutes ces affaires d'une importance « si haute absorbèrent toute l'attention des souverains pontifes « et la détournèrent d'une petite secte que l'on croyait étouffée « dans les flammes du bûcher de Monteforte. Mais loin de périr, « celle-ci profita des circonstances politiques et ecclésiastiques si « favorables à ses progrès, pour se consolider et se répandre « dans les villes de la Lombardie, où dès le milieu du XIIe siècle « elle apparaîtra fortement organisée ; cette organisation et ce « développement seraient inexplicables, si on n'admettait pas « que longtemps avant qu'elle fût de nouveau découverte par « l'Église, la secte avait jeté des racines profondes dans l'esprit « du peuple. » En effet, au XIIe siècle, on trouve les cathares établis dans toutes les villes d'Italie [2] et y vivant en paix : les autorités ecclésiastiques et laïques ne prirent aucune mesure contre eux avant les dernières années de ce siècle [3]. En 1176, saint Galdin, archevêque de Milan, trouva l'hérésie fortement établie dans cette ville ; les hérétiques prêchaient sans obstacle leurs dogmes en public, et l'archevêque ne put qu'opposer ses prédications aux leurs [4]. A Modène, en 1192, on les voit possédant en commun

---

1. T. I, p. 23.
2. Schmidt, t. I, p. 59-66.
3. M. Schmidt, t. I, p. 63, paraît placer trop tôt des persécutions exercées contre eux à Orvieto : elles semblent n'avoir eu lieu que vers le temps de l'avènement d'Innocent III ; voy. *Acta sanctorum*, mai, t. V, p. 86 et suiv.
4. Vie de saint Galdin, archevêque de Milan : « Coepit haeresis Catharorum in civitate pullulare, distractionis et schismatis praecedentis causa ; quae usque adeo peccatis exigentibus creverat, ut multi ipsam haeresim aliosque errores ausu temerario publice praedicarent, et multae simplicium animae laqueis diabolicae fraudis caperentur. Huic igitur saevissimae pesti vir sanctus se oppo-

des moulins, au su de toute la ville, et la municipalité, se trouvant obligée d'exproprier ces moulins pour cause d'utilité publique, règle l'indemnité qui doit leur être donnée : ils vivent donc en paix et en bonne intelligence avec la population catholique, et on leur reconnaît les mêmes droits qu'aux autres citoyens [1]. Enfin, aucun statut municipal italien, antérieur au XIIIe siècle, ne contient de dispositions contre les hérétiques [2].

Dans le midi de la France, le catharisme se développe également et se répand partout sans être inquiété. Un concile assemblé à Toulouse en 1056 ne prononce contre les hérétiques et leurs fauteurs que la peine ecclésiastique de l'excommunication [3]. Des coutumes du comté de Barcelone, rédigées vers 1068, les déclarent, ainsi que tous les excommuniés, incapables de témoigner en justice contre les orthodoxes : mais en même temps elles les séparent nettement des criminels ; elles semblent les considérer comme une classe de la société dont l'existence est reconnue et tolérée par la loi, de la même façon que celle des Juifs ou des Sarrasins, auxquels on les associe [4]. L'excommunication n'avait pas de sanction temporelle : vers 1110-1115, les magistrats civils de Castres refusèrent d'emprisonner des excommuniés poursuivis par l'abbé [5]. Les cathares eurent donc toute facilité

---

nens, multis sermonibus praedicationibusque populum suum ab illo stulto errore et vesania retrahebat, atque eum rudimentis catholicae fidei, quantum poterat, instruens verbo proficiebat et exemplo. » (*Acta sanctorum*, avril, t. II, p. 505.)

1. Règlement arrêté à Modène en 1192 pour la réforme du régime des eaux de la ville : « ... Et molendinum Petri de Cugnente et molendina patarinorum penitus destruantur, et a molendino Dragi usque ad angulum clausure Mazucheli molendina neque molendinum ibi nullo modo fiat... Et pro molendinis patarinorum et Petri de Cugnente dentur eis pro cambio molendina que fuerunt Buchedeferro ad congruens et conveniens fictum. » (Muratori, *Antiquitates Italicae*, t. V, p. 87.)

2. Ficker, p. 184.

3. « Concilium Tolosanum XVIII episcoporum... Haec in provinciis Galliae atque Hispaniae perpetim observanda aestimaverunt :... XIII. Cum haereticis et cum excommunicatis ullam participationem vel societatem habentem praecipue excommunicamus : nisi correctionis vel admonitionis causa, ut ad fidem redeant catholicam. Si qui autem adjuvantes eos defendere conati fuerint : vinculo simul excommunicationis cum eis subditi permaneant. » (Labbe, t. IX, col. 1086.)

4. Usatici Barchin., 164 : « Homicidi, malefici, fures, venefici, sacrilegi, adulteri, incesti et omnes criminosi [n]ullo modo in testimonium recipiantur. Anathematizati vero, excommunicati, heretici, Sarraceni, Judei, a testimonio contra christianos sint alieni. » (Giraud, *Essai sur l'hist. du droit français*, t. II, p. 500.)

5. D'Achery, *Spicil.*, in-fol, t. III, p. 572 : Adstricti Satanae, etc.

pour professer et pour propager leur foi. Saint Bernard, visitant en 1147 les villes du midi de la France, les trouva pleines d'hérétiques [1]. En 1165, un colloque eut lieu à Lombers entre des évêques catholiques et des docteurs cathares [2]. Il se termina par la condamnation ecclésiastique de ces derniers, mais cette condamnation ne paraît pas avoir eu d'autres suites. En 1167, les cathares de toutes les parties de la France méridionale purent en paix s'assembler et tenir un concile, où plusieurs évêques cathares furent consacrés et installés dans leurs sièges, en même temps qu'on fixa pour l'avenir les limites de leurs diocèses [3]. En 1179, le troisième concile de Latran se plaignait que les hérétiques de la Gascogne, de l'Albigeois et du Toulousain eussent toute liberté de pratiquer leur culte et de professer publiquement leur doctrine [4]. De nombreux témoignages attestent également la liberté dont jouissaient aux environs de l'an 1200 les cathares, ou, comme on peut les appeler alors, les Albigeois, dans les domaines des comtes de Toulouse et de Foix. Raymond VI professait le principe même de la tolérance et déclarait qu'il ne punirait jamais ses sujets pour fait d'hérésie [5]. Le comte de Foix fut dénoncé au quatrième concile de Latran, en 1215, pour la faveur qu'il avait accordée aux hérétiques de ses terres [6]; en répondant à cette accusation, il se défendit d'avoir aimé et favorisé les hérétiques, non de les avoir tolérés [7]. S'il fallait en croire un auteur qui, il est vrai, n'est pas de la contrée et parle par ouï-dire, les prêtres catholiques et les chefs cathares de la France méridionale luttaient publiquement de miracles pour accréditer aux yeux du peuple leurs doctrines respectives [8]. Jusqu'aux premières années du XIII° siècle, les statuts municipaux des villes du midi de la France, dont le texte nous est parvenu, ne parlent pas des hérétiques et paraissent ignorer leur existence. Ainsi nous possédons des coutumes de Montpellier, rédigées en 1204, et des coutumes de Carcassonne, postérieures de quelques années, dont le texte a été calqué sur celui des coutumes de

---

1. *S. Bernardi opera*, éd. Mabillon, 1690, t. II, col. 1192 et suiv.
2. *Rec. des hist. de Fr.*, t. XIV, p. 431.
3. *Rec. des hist. de Fr.*, t. XIV, p. 448 et suiv.
4. Concile de Latran, 1179, c. 27, dans Labbe, *Sacrosancta concilia*, t. X, col. 1152.
5. Pierre des Vaux-de-Cernay, c. 4, *Rec. des hist. de Fr.*, t. XIX, p. 9 DE.
6. *Chanson de la croisade contre les Albigeois*, vers 3255 à 3264.
7. *Ibid.*, vers 3214-3215.
8. Caesarius Heisterbacensis, dist. IX, c. 12.

Montpellier : on a dû ajouter dans la rédaction carcassonnaise des dispositions nouvelles contre les hérétiques, dont le texte de Montpellier n'avait fait nulle mention [1].

Ce système de tolérance, qui prévalait dans la pratique, n'était pas admis par l'Église. Si en Italie, par des motifs exposés plus haut, l'Église ne put accorder à l'hérésie qu'une attention distraite, dans nos provinces méridionales elle en prit plus de souci. Durant le XIIe siècle, elle fit des efforts répétés pour obtenir une action du pouvoir séculier contre les hérétiques, et obtint, grâce à ces efforts, quelques résultats ; elle fit de même en Italie, dans les dernières années de ce siècle seulement. Enfin, à partir du pontificat d'Innocent III, elle obtint des résultats positifs et durables et établit définitivement le principe que les hérétiques ne devaient pas être tolérés.

En 1119, un concile assemblé à Toulouse, sous la présidence du pape Calixte II, et composé de prélats de la Provence, du Languedoc, de la Gascogne, de l'Espagne et de l'Armorique, renouvela les condamnations ecclésiastiques déjà prononcées contre les hérétiques du midi ; en outre, il enjoignit aux « puis-« sances extérieures », c'est-à-dire aux princes et aux magistrats temporels, de forcer ces hérétiques à la soumission [2]. La disposition était vague et peu susceptible, en ces termes, de recevoir une exécution ; mais elle marque une tendance dont il faut tenir compte. Vingt ans après, en 1139, elle fut renouvelée, presque dans les mêmes termes, par le deuxième concile de Latran [3]. En 1148, le concile tenu à Reims par le pape Eugène III excommunia les hérétiques de Gascogne et de Provence, leurs fauteurs et défenseurs, et ceux qui leur donneraient asile dans leurs terres : et il ordonna de prononcer l'interdit dans les domaines des princes qui enfreindraient ce canon [4]. En 1162, un concile de Montpellier

---

1. Les deux coutumes ont été imprimées en regard par M. Giraud, dans les preuves du t. I de son *Essai sur l'histoire du droit français*. Les différences signalées se remarquent aux articles 22, 31 et 120.
2. Concilium Tolosanum, c. 3 : « ... tanquam haereticos ab ecclesia Dei pellimus et damnamus : et per potestates exteras coerceri praecipimus. » (Labbe, *Sacrosancta concilia*, t. X, col. 857.)
3. Labbe, t. X, col. 1008.
4. Concilium Remense, 22 mars 1148, c. 18 : « Ut nullus omnino hominum haeresiarchas et eorum sequaces qui in partibus Guasconiae aut Provinciae vel alibi commorantur manuteneat vel defendat, nec aliquis eis in terra sua receptaculum praebeat. Si quis autem vel eos de caetero retinere vel ad alias partes proficiscentes eorum errori consentiens recipere forte praesumpserit,

invita également les princes à exercer contre les hérétiques leur
« juridiction séculière », *jurisdictionem saecularem* [1]. Enfin,
l'année suivante, à Tours, un nouveau concile ajouta à toutes ces
prescriptions vagues une clause plus précise; il fixa les peines
dont il voulait que les princes du Toulousain et de la Gascogne
frappassent les hérétiques de leurs états; c'étaient la prison et la
confiscation : « Si ces hérétiques viennent à être pris, dit un
« canon, que les princes catholiques les mettent en prison et les
« punissent par la perte de tous leurs biens [2]. »

Ces conciles furent assez peu obéis. En 1147, saint Bernard,
visitant Périgueux, réussit à faire édicter une sorte de statut
municipal qui privait les hérétiques et leurs fauteurs de certains
droits, notamment de ceux de témoigner et d'ester en justice;
quelques seigneurs du pays s'engagèrent à chasser les hérétiques
de leurs terres [3]. A Lombers, en 1165, quand eut lieu le colloque
de religion dont j'ai parlé un peu plus haut, les petits seigneurs
de l'endroit s'engagèrent également à ne plus « maintenir » les
hérétiques, s'ils étaient condamnés par l'Église : et l'évêque qui
prononça la sentence de condamnation à la fin de l'assemblée ne
manqua pas de rappeler cet engagement [4]. Ce fut tout ce que
l'Église obtint au commencement.

Un pas plus décisif fut fait en 1178. Une mission ecclésiastique,
composée de plusieurs évêques et de l'abbé de Clairvaux, vint à
Toulouse. Ces ecclésiastiques, ayant fait comparaître par devant
eux plusieurs habitants et les ayant trouvés hérétiques, réussirent
à les faire mettre en prison et à faire confisquer leurs biens [5].

quo iratus Deus animas percutit anathemate feriatur, et in terris eorum,
donec condigne satisfaciant, divina celebrari officia interdicimus. » (Labbe,
t. X, col. 1114.)

1. Labbe, t. X, col. 1410.
2. Concile de Tours, 1163, c. 4 : « Illi vero si deprehensi fuerint, per catholicos principes custodiae mancipati omnium bonorum amissione mulctentur. » (Labbe, t. X, col. 1419; reproduit dans *Rec. des hist. de Fr.*, t. XIV, p. 431.)
3. Vitae S. Bernardi, l. VI, epist. Gaufridi, 4 : « De militibus promisere nonnulli quod deinceps expellerent et non manutenerent eos. Si qui vero cupidi fuerint et aliter voluerint agere, haereticorum munera diligentes, data est sententia in haereticos et in fautores eorum atque in omnes qui manutenuerunt eos, ut neque in testimonio neque in judicio suscipiantur, nemo communicet in convivio neque in commercio. » (*S. Bernardi... opera* sec. curis D. J. Mabillon, 1690, in-fol., t. II, col. 1193.)
4. « Et commoneo milites de Lumbers quatenus non manutencant eos, per finitionem (*variante :* plivitionem) quam fecerunt in manu mea. » (*Rec. des hist. de Fr.*, t. XIV, p. 434.)
5. Benoît de Peterborough (édition des *Rerum Britannicarum medii aevi scriptores*, t. I, p. 200, 218 et suiv.).

Ces rigueurs furent probablement fondées sur les prescriptions du concile de Tours de 1163. Les canons de ce concile sont sans doute la première loi qui ait édicté des peines contre l'hérésie dans la France méridionale, et les condamnations de 1178 à Toulouse paraissent être la première application qui en fut faite. Au reste, cette application ne fut que passagère. Les condamnés eux-mêmes obtinrent la remise de leur peine en se soumettant à certaines pénitences humiliantes, et bientôt les prélats repartirent, ne laissant à Toulouse que le souvenir irritant de leurs rigueurs. Après leur départ, les hérétiques de la ville retrouvèrent la liberté et la tranquillité dont ils avaient toujours joui [1].

L'église ne se bornait pas, d'ailleurs, aux mesures générales; elle saisissait avec empressement les mesures particulières qui pouvaient se présenter pour agir en tel ou tel endroit. Ainsi en 1194, la vicomté de Béziers étant échue à un héritier mineur, et le contrôle de l'administration du tuteur du jeune vicomte, Bertrand de Saissac, ayant été confié, par une clause testamentaire, à l'évêque de Béziers, celui-ci s'empressa de faire souscrire à Bertrand un engagement de chasser les hérétiques de la vicomté : « Je n'amènerai pas, » dit le tuteur dans un acte passé entre lui et l'évêque, « ni moi-même ni personne par mon conseil, d'héré- « tiques ou de vaudois dans ladite ville ni dans tout le diocèse;

---

[1]. Il me paraît impossible d'accepter une assertion contenue dans une lettre écrite en 1211 par la municipalité de Toulouse au roi Pierre d'Aragon. Suivant cette lettre, le comte Raymond V (1148-1194) aurait édicté, d'accord avec le peuple de Toulouse, une loi qui établissait la peine du feu contre les hérétiques, et cette loi aurait été constamment appliquée depuis le temps de Raymond V jusqu'à la date de la lettre : « scientes preterito processu longi temporis dominum comitem patrem moderni comitis ab universo Tolose populo accepisse in mandatis, instrumento inde composito, quod si quis hereticus inventus esset in Tolosana urbe vel suburbio, cum receptatore suo pariter ad supplicium traderetur, publicatis possessionibus utriusque ; unde multos combussimus, et adhuc cum invenimus idem facere non cessamus. » (Archives nationales, J. 428. 12; *Hist. génér. de Languedoc*, 1re éd., t. III, preuves, col. 232 ; Teulet, *Layettes*, t. I, p. 368.) Cela contredit tout ce qu'on sait de la tolérance accordée en général aux hérétiques du comté de Toulouse, et s'accorde mal avec les récits relatifs à la mission de 1178, où les peines prononcées furent la confiscation et la prison, non la mort. Cette lettre est écrite pendant la guerre des Albigeois, quand les vainqueurs avaient allumé partout des bûchers ; elle est adressée par une ville qui tient à n'être pas suspecte d'hérésie, à un roi qui avait lui-même établi contre les hérétiques la peine du feu dans ses états, comme on le verra ci-après; il ne serait donc pas étonnant que ceux qui l'ont écrite y eussent altéré, sciemment ou non, la vérité. Raymond V a pu, au moment du passage des prélats en 1178, rendre une ordonnance contre l'hérésie et y inscrire la peine de la confiscation, mais il faudrait un témoignage plus certain pour lui attribuer une loi plus sévère.

« et s'il s'y en trouve, je les en chasserai de tout mon pouvoir,
« et je te confère, à toi, évêque, en mon nom et au nom du
« vicomte, droit et plein pouvoir de les en chasser [1]. »

Mais ces sortes de mesures ne produisaient que peu de résultats, et en 1195, un concile de la province de Narbonne, assemblé à Montpellier sous la présidence d'un légat, jugea utile de décréter encore une fois l'expulsion des hérétiques. Les décisions de cette assemblée portent que les biens des hétérodoxes devront être confisqués, et les condamnés eux-mêmes réduits en servitude, c'est-à-dire, apparemment, mis en prison [2].

En Italie, des mesures analogues furent prises pour la première fois [3] en 1184. Cette année, l'empereur Frédéric Barberousse et le pape Lucius III se rencontrèrent à Vérone et s'y concertèrent sur les moyens de combattre les progrès de l'hérésie. Le pape et les évêques, assemblés en concile, publièrent un canon qui ordonnait à la puissance séculière de punir les hérétiques sans fixer le châtiment [4]; mais l'empereur, de son côté, édicta contre eux la peine du ban impérial [5]. M. Ficker a défini ce qu'il fallait entendre par la mise au ban, en Italie, à cette époque : cette peine très grave comprenait l'exil, la confiscation des biens, la démolition des maisons des condamnés, l'infamie, l'incapacité d'exercer des fonctions publiques, etc. [6].

C'est sans doute en vertu de cette ordonnance que furent prononcées et exécutées les condamnations civiles contre les

---

1. « Nec haereticos vel Valdenses in praedicta villa vel episcopatu vel aliquis nostro consilio inducemus, et, si forte ibi fuerint, pro posse nostro illos inde ejiciemus, et tibi episcopo jus et liberam potestatem per me et vicecomitem eos expellandi concedo. » (*Histoire générale de Languedoc*, 1re éd. t. III, preuves, col. 177.)

2. Concile de Montpellier, décembre 1195 : « Rursus omnes haereticos... sub anathemate posuit... Constituit ut bona hujusmodi pestilentium hominum publicentur et ipsi nihilominus servituti subdantur. » (Labbe, t. X, col. 1796.)

3. L'emprisonnement de l'hérétique Henri, à la suite de sa condamnation par le concile de Pise, en 1134, eut lieu sans doute en vertu de la juridiction disciplinaire de l'Église sur ses membres (Henri était diacre) et n'implique pas l'action du bras séculier : *Gesta pontificum Cenom.*, dans *Rec. des hist. de Fr.*, t. XII, p. 554 c.

4. « Secularis relinquatur arbitrio potestatis puniendus. » — Sur ce concile, voy. Ficker, p. 187-188.

5. Continuatio Zwetlensis altera, 1184 : « Imperator invitatus in Italiam a Lucio Romano pontifice et Lombardis honeste suscipitur...; ubi etiam ipse et pontifex Romanus hereticos diversarum sectarum... persecuntur; et papa eos excommunicavit, imperator vero tam res quam personas ipsorum imperiali banno subjecit. » (*Monumenta Germaniae*, Scr. t. IX. p. 542.)

6. Ficker, p. 184, 188.

hérétiques à Prato en 1194. Ces rigueurs nous sont connues par le rapport d'un prélat allemand, Henri, évêque de Worms, que l'empereur avait chargé d'une mission spéciale en qualité de légat impérial. S'étant rendu en personne à Prato, aux termes du rapport qu'il fit lui-même de sa mission, il fit confisquer les biens des cathares des deux sexes qui habitaient cette ville, et démolir leurs maisons [1].

Ainsi, au moment où se terminait le XIIe siècle, la période de tolérance légale avait cessé dans la région du midi, et la France méridionale comme l'Italie étaient pourvues de lois contre les hérétiques. Seulement ces lois étaient mal exécutées. Dans nos provinces méridionales, comme on l'a vu plus haut, les hérétiques vivaient en toute liberté. En Italie, les municipalités, entre les mains desquelles était presque tout le pouvoir effectif, se souciaient peu aussi de sévir contre les « patarins »; pour appliquer dans une ville la loi qui les proscrivait, il fallait envoyer tout exprès dans cette ville un légat de l'empereur.

Le pontificat d'Innocent III, qui commença en 1198, marque une phase nouvelle dans l'histoire des mesures prises contre l'hérésie. Sans édicter des pénalités nouvelles, ce pape s'attacha surtout à faire exécuter les lois déjà portées, à stimuler le zèle des princes et des magistrats et à s'assurer leur concours pour la poursuite des hérétiques. Il réussit aussi à faire passer dans les statuts municipaux d'un grand nombre de villes les lois qui punissaient l'hérésie du bannissement, de la confiscation, de l'exclusion des fonctions publiques, etc. [2].

Les hérétiques de la France méridionale et de la Provence paraissent avoir les premiers attiré l'attention du nouveau pontife. Élu pape en janvier 1198 et consacré en février, dès le 1er avril de la même année il écrit à l'archevêque d'Auch pour l'inciter à poursuivre les hérétiques de sa province; il lui mande que si les procédures ecclésiastiques ne suffisent pas à avoir raison des dissidents, il doit sans hésiter appeler à son aide le bras

---

1. « Venientes Pratum pro facto domini imperatoris, bona paterinorum et paterinarum ibi morantium fecimus publicare et domos eorum subverti et destrui. » (Lami, *Lezioni di antichità toscane*, 1766, in-4°, t. II, p. 523.)
2. L'un des moyens les plus efficaces par lesquels Innocent III combattit l'hérésie fut la croisade qu'il provoqua contre les Albigeois; mais, comme cette croisade est un fait de l'histoire politique, et que je traite ici un point d'histoire du droit, je n'aurai à en parler qu'incidemment, à propos de quelques-unes de ses conséquences.

séeulier [1]. Le 18 avril, il envoie un légat en Provence et adresse des instructions à l'archevêque d'Aix : « Nous ordonnons, dit-il, « aux princes, comtes, barons et seigneurs de votre province de « faire confisquer les biens des hérétiques que le légat aura « excommuniés, et de les chasser de leurs terres : et si les bannis « s'obstinent à y demeurer, que les seigneurs les punissent de « quelque châtiment plus grave [2]. » Même disposition dans les lettres données, le mois suivant, à un autre légat : que les évêques excommunient les hérétiques, et que les autorités laïques les bannissent et confisquent leurs biens [3]. En 1204, le pape reproche à l'évêque de Narbonne de n'avoir pas voulu insister auprès du comte de Toulouse pour le décider à sévir contre les hérétiques [4]; il mande à ses légats de faire tous leurs efforts pour que les seigneurs de tout ordre prononcent la confiscation des biens des hérétiques et leur interdisent à tout jamais le séjour de leur territoire [5]; il adresse à plusieurs reprises la même demande au roi de France [6]. Ces efforts restèrent d'abord à peu près sans succès. A Toulouse, en 1205, quelques rigueurs paraissent avoir

---

1. Inn. III epp., I, 81, à l'archevêque d'Auch, 1er avril 1198 : « Ideoque fraternitati tuae praesenti pagina indulgemus, per apostolica scripta firmiter injungentes, quatenus ad extirpandas haereses universas et eos qui sunt hac faece polluti de provinciae tuae finibus excludendos modis quibus poteris operam tribuas efficacem, in ipsos et omnes illos qui cum eis aliquando commercium aut manifestae suspicionis familiaritatem contraxerint sublato appellationis obstaculo ecclesiastica[e] districtionis exercendo rigorem, *et etiam si necesse fuerit per principes et populum eosdem facias virtute materialis gladii coerceri.* »

2. Inn. III epp., I, 94, à l'archevêque d'Aix, 21 avril 1198 : « Nobilibus viris principibus, comitibus et universis baronibus et magnatibus in vestra provincia constitutis praecipiendo mandamus et in remissionem injungimus peccatorum ut... postquam per dictum fratrem Rainerium fuerint excommunicationis sententia innodati, eorum bona confiscent et de terra sua proscribant; et, si post interdictum ejus in terra ipsorum praesumpserint commorari, gravius animadvertant in eos, sicut decet principes christianos. »

3. Inn. III epp., I, 165, pour le légat Gui, 13 mai 1198 : « Mandamus ut vos fratres archiepiscopi et episcopi, cum a dicto fratre Guidone fueritis requisiti, in haereticos quos ipse vobis nominaverit spiritualem gladium exeratis : laici vero bona eorum confiscent et eos ejiciant de terra sua et eorum paleas separent a frumento. »

4. Epp., VI, 243, 29 janvier 1204.

5. Inn. III epp., VII, 76, 31 mai 1204 : « Satanae in interitum carnis traditas nuncietis et expositas personas eorum exilio et judicio seculari, et bona confiscationi subjecta; ad confiscationem bonorum ipsorum et proscriptionem perpetuam personarum tam... Ph. regem Francorum et L. natum ipsius quam comites, vicecomites et barones in ipsis partibus constitutos ad id ex parte nostra propensius commonentes, et injungentes eis in remissionem omnium peccatorum. »

6. Epp., VII, 212, etc.

été exercées contre les hérétiques ; on fit le procès à des morts et on exhuma leurs cadavres ; la municipalité prit aussitôt des mesures pour mettre des bornes à cette persécution [1]. Ce n'est guère que quand la grande croisade contre les Albigeois fut commencée, et surtout quand le Languedoc fut en partie occupé par l'armée des croisés, que les légats du pape obtinrent de plusieurs municipalités du Midi des actes de soumission véritable aux ordres venus de Rome. Le 1er août 1209, les consuls de Montpellier jurèrent au légat Milon de poursuivre « selon les lois » tous les hérétiques qui leur seraient dénoncés par les autorités ecclésiastiques ou qu'ils découvriraient eux-mêmes ; ils ajoutèrent que ce serment devrait être renouvelé chaque année à l'avenir par les nouveaux consuls à leur entrée en charge, et que si jamais quelque consul refusait de le prêter, son autorité ne serait pas reconnue [2]. En effet, nous savons par un autre témoignage que des hérétiques vaudois furent bannis de Montpellier dans les premières années du XIIIe siècle [3]. Dans la même année 1209, à Narbonne, l'archevêque Bérenger et le vicomte Aimeri firent ensemble une ordonnance qui établissait diverses peines contre les hérétiques : ils étaient privés du droit d'ester en justice, mis au

---

1. Statut inédit de Toulouse, 10 mars 1205 : « Item consules Tholose urbis et suburbii, cum communi consilio ejusdem urbis et suburbii, fecerunt stabilimentum tale, quod aliquis vel aliqua non possit accusari post mortem de heresi, nisi in vita accusatus esset, aut [in] infirmitate positus dedisset seipsum vel seipsam hereticis, aut nisi moreretur in manibus ereticorum. » Je dois la connaissance de ce texte à M. Auguste Molinier, qui m'apprend qu'il va paraître dans le tome VIII de la nouvelle édition de l'*Histoire générale de Languedoc*, colonnes 514 et 515.

2. « Haec est forma juramenti consulum Montispessulani... Item, si episcopus vel capitulum Magalonense vel alia persona ecclesiastica nobis aliquos haereticos nominaverit in episcopatu nostro vel credentes, vel per nos ipsos potuerimus haeresim praedicare cognoscere vel facere conventicula, ipsos persequemur secundum legitimas sanctiones et eorum bona omnia pro posse nostro infiscabimus... — Haec autem singulis annis successores nostros faciemus jurare. Si quis autem jurare noluerit, ipsum tamquam haereticum habebimus manifestum, nec ejus judicium seu auctoritas vigorem in aliquo sortietur. » (D'Achery, *Spicilegium*, 1723, in-fol., t. I, p. 706-707.)

3. Caes. Heisterb., dist. V, c. 20 : « Video inter vos », dit l'évêque de Metz Bertrand, « duos ministros Diaboli ; ecce illi sunt, digito eos ostendens, qui me praesente in Monte Pessulano propter haereses damnati sunt et ejecti. » D'après deux autres témoignages (ci-dessus, p. 143, note 2) on pourrait être tenté de placer ce fait à l'an 1200 ; mais cela n'est pas nécessaire, car Césaire de Heisterbach ajoute (ci-dessus, ibid.) que l'hérésie vaudoise se maintint à Metz jusqu'au temps où il écrivait lui-même (1220-1222). Or, la ville de Montpellier ne paraît pas avoir adopté de mesures de rigueur avant 1209 (ci-dessus, p. 150). Comme d'autre part l'épiscopat de Bertrand à Metz prit fin en 1212, il semble donc que tout ce récit doit être placé entre 1209 et 1212.

ban de la société et comme hors la loi ; toute personne pouvait impunément leur prendre tout ce qu'ils portaient sur eux [1]. A Carcassonne, vers cette époque aussi sans doute, on rédigea des coutumes municipales, que l'on copia sur le texte des coutumes de Montpellier de 1204 (ci-dessus, p. 150-151), en ajoutant à plusieurs articles des dispositions contre les hérétiques. Ainsi, là où le texte de Montpellier disait : « Toute personne, quelle « qu'elle soit et d'où qu'elle vienne, peut s'établir à Montpel- « lier... », celui de Carcassonne porte : « Tout catholique, d'où « qu'il vienne, peut s'établir à Carcassonne [2]... » Un article ajouté à la coutume porte expressément : « Nul hérétique ne peut « demeurer ni être reçu sur le territoire et dans la juridiction du « seigneur de Carcassonne [3] » ; la sanction de cette disposition n'est pas indiquée. La peine des hérétiques ne semble pas avoir été bien fixée dans l'esprit même des rédacteurs de la coutume ; il paraît seulement que ce n'était pas la mort, ni même, probablement, une peine bien grave, à en juger par cette autre disposition : « Celui qui appellera un autre *hérétique* et qui ne pourra « prouver son dire sera puni de la peine dont l'autre aurait été « frappé si l'accusation avait été prouvée [4]. » — Mais cette législation n'eut pas le temps de se développer davantage dans le midi français. La même année, 1209, les croisés du nord, envahissant ces provinces, commencèrent à y introduire l'usage du nord et à brûler tous les hérétiques qu'ils trouvèrent. Leur victoire établit définitivement la peine du feu dans ces contrées (ci-après, chap. V). Les autres peines réclamées par Innocent III et adoptées par quelques villes durent donc tomber vite en oubli.

Mais, en même temps, l'Église s'occupait de faire adopter les mêmes lois hors des limites de la France, dans le royaume d'Arles. En 1209, après la soumission de Montpellier et le serment prêté par ses consuls au légat Milon, un concile assemblé à Avignon, sous la présidence de deux légats, s'occupa d'obtenir

---

1. Catel, *Mémoires de l'histoire du Languedoc*, 1633, in-fol., p. 791.
2. Art. 31, texte de Montpellier : « Omnes et singuli quicunque, undecumque sint et fuerint, per pacem et per guerram, salvi et securi cum rebus suis possunt ad villam Montispessulani accedere et ibi morari. » Texte de Carcassonne : « Si quis catholicus undecumque fuerit... voluerit venire in Carcassonam..., salvus et securus sit... » (Giraud, *Essai sur l'hist. du droit français*, t. I, preuves, p. 56.)
3. Art. 120 : « Nullus hereticus in omni terra et posse domini Carcassone moretur nec consocietur. » (Giraud, *Essai*, I, pr., p. 71.)
4. Art. 22 : « Tamen qui vocaverit aliquem hereticum, si probare non potuerit, sit in pena quod ille fuerat, si probaret. » (Giraud, *Essai*, I, pr. p. 53.)

une adhésion semblable des autorités civiles de la Provence. On arrêta que chaque évêque serait tenu de faire ses efforts auprès de tous ses diocésains pour les amener à prêter le serment de Montpellier, et que les récalcitrants devraient être contraints par la voie des censures ecclésiastiques; on invita aussi les évêques à organiser des commissions d'enquête chargées de rechercher les hérétiques et de les dénoncer aux autorités, qui devraient les punir « selon les lois et les canons », et notamment confisquer leurs biens [1]. Ces injonctions ne furent obéies que peu à peu et graduellement insérées dans les statuts des différentes villes. Dans des statuts d'Arles, rédigés en partie au moins dans les premières années du XIII° siècle, on trouve prononcée contre les hérétiques, non ces peines rigoureuses, mais seulement l'exclusion des fonctions publiques [2]. Plus tard, en 1236, les consuls d'Arles promettent à l'archevêque, en termes encore vagues, leur appui pour la poursuite des hérétiques [3]. Enfin, en 1243 seulement, le podestat s'engage expressément à bannir les hérétiques, et ratifie des ventes de biens confisqués sur eux [4]. Pour Marseille, nous avons des statuts dont la date première ne nous est pas connue; ils nous sont parvenus dans une récension du XIV° ou du XV° siècle, mais ils remontent certainement plus haut : on y voit marquée pour les magistrats municipaux l'obligation de poursuivre les hérétiques dans leurs personnes et dans leurs biens [5].

1. « Decernimus quod quilibet episcopus cives suos, comites, castellanos, milites et alios parrochianos suos de quibus viderit expedire, per censuram ecclesiasticam, si opus fuerit, jurare compellat sicut illi de Montepessulano juraverunt, praecipue circa exterminandos haereticos... » Les inquisiteurs dénonceront les hérétiques « ipsi episcopo et consulibus civitatum et dominis locorum seu bajulis eorumdem... ut eos puniant secundum canonicas et legitimas sanctiones, nihilominus bona ipsorum omnia confiscantes. » (D'Achery, *Spicilegium*, in-fol., p. 704, col. 1.)
2. Art. 126. « De heretico vel infamata persona. Item statuimus quod nullus suspectus vel infamatus de heresi possit esse in concilio vel in aliquo publico officio. » (Giraud, *Essai sur l'hist. du dr. fr.*, t. II, p. 229.)
3. Les consuls promettent « exterminare et punire ad mandatum vestrum et ecclesiae Waldenses, henricos (*corr.* hereticos), credentes eorumdem et fautores, receptatores, defensores, quibuscumque nominibus censeantur. » (Papon, *Histoire générale de Provence*, t. II, preuves, p. lxxviij.)
4. Le podestat promet à l'archevêque : « Hereticos, Valdenses, et alios contra fidem catholicam et apostolicam insultantes, quocumque nomine censeantur, et eorum credentes, receptatores, benefactores, consiliarios, defensores, ad mandatum vestrum et ecclesie Arelatensis fideliter exterminabo. Venditiones factas de bonis hereticorum a vobis et communi Arelatensi ratas atque firmas habebo. » (Papon, t. III, preuves, p. xij.)
5. Serment du viguier : « Item quod hereticos et Valdenses et omnes qui male secte fuerint persecutores fidei pro posse suo firmiter prosequetur infra

Avignon résista longtemps à l'adoption de ces dispositions. Mais, après la prise de la ville par Louis VIII (1226), une sentence d'un cardinal légat, en 1227, enjoignit expressément aux Avignonnais de ne plus prêter aide et faveur aux hérétiques, de bannir les fauteurs de l'hérésie, de confisquer leurs biens et de démolir leurs maisons, enfin de faire jurer l'observation de ces règles à tous les magistrats municipaux à leur entrée en charge et avant tout exercice de leurs fonctions [1]. On trouve ce serment inséré dans les statuts municipaux d'Avignon, tels qu'ils nous sont connus par des récensions postérieures [2].

En Italie, le pape ne montra pas moins d'activité pour faire triompher le principe de la proscription des hérétiques. Le 15 juin 1198, dès la première année de son pontificat, Innocent III mande à l'archidiacre de Milan de faire jurer aux magistrats de toutes les villes de Lombardie qu'ils n'admettront plus les hérétiques à aucune charge municipale [3]. Le 5 janvier 1199, il invite

---

terminos suc jurisdictionis modis omnibus quibus poterit ipse vel per alios bona fide »; serment du « rector », à peu près dans les mêmes termes; serment des juges : « Item quod hereticos, Valdenses et omnes alios persecutores fidei, quocumque nomine nuncupentur, persequantur prout melius poterunt bona fide, dando consilium et auxilium dicto vicario persequendi eos in personis et rebus viriliter et potenter. » (Méry et Guindon, *Hist. analyt. et chronol. des actes et des délib. du corps et du conseil de la municipalité de Marseille*, 1841-1848, in-8°, t. II, p. 113, 133, 123 et 162.) — On lit aussi ailleurs dans les statuts : « Constituimus ut nullus hereticus manifestus contra fidelem volentem vel invitum, aut Sarracenus vel Judeus contra christianum invito eo, scilicet fideli vel christiano, in testimonium admittantur. » (Méry et Guindon, t. III, p. LIII.)

1. « Item praecipimus quod non receptent haereticos et Valdenses sub quocumque nomine censeantur nec eis praestabunt de caetero consilium, auxilium aut favorem; et, si quis contra fecerit, domus ejus diruatur et confiscentur bona ipsius et banniatur de civitate, nec ulterius revertatur ad eandem sine Romanae ecclesiae licentia speciali; et rectores sive consules vel alii qui praerunt civitati, quocumque nomine censeantur, teneantur haec facere et servare, in ingressu suae potestatis et rectoriae sive consulatus praestito in publicum juramento, nec ante obediatur eis nisi primitus dictum praestiterint juramentum » (Nouguier, *Histoire des évêques d'Avignon*, p. 76.)

2. Statuts de 1243, serment des consuls ou du podestat : « Item jurabunt quod non recipient in civitate ista vel districtu, vel recipi ab aliquo pacientur, hereticos vel Valdenses, quocunque nomine censeantur, nec eis prestabunt consilium, auxilium vel favorem, et, si quis contra fecerit, videlicet scienter recipiendo hereticum vel Valdensem postquam fuerit convictus et legitime condempnatus hereticus vel Valdensis, domum ejus, videlicet receptatoris vel fautoris, facient dirui et bona ejus facient publicari, ymo ipsum receptatorem vel fautorem exterminabunt et exterminare curabunt et ipsum banniri de civitate. » (R. de Maulde, dans la *Nouvelle Revue historique de droit*, t. I, 1877, p. 333.)

3. Inn. III epp., II, 298.

l'évêque de Syracuse à poursuivre les hérétiques de son diocèse, à les excommunier et à faire confisquer leurs biens par « les princes »[1]. Le 25 mars 1199, il édicte une constitution générale, dans laquelle il résume et rappelle les pénalités qu'il veut voir infliger aux hérétiques et à leurs fauteurs : ils seront frappés d'infamie, ils ne seront ni électeurs ni éligibles aux charges publiques et aux conseils des cités, ils ne pourront ni témoigner devant les tribunaux, ni faire un testament, ni recueillir les successions qui leur seraient échues, ni ester en justice; s'ils réussissent à se faire mettre en possession de quelque charge, tous les actes de leurs fonctions seront nuls. Enfin, tous leurs biens seront confisqués : dans les territoires soumis à notre pouvoir temporel, dit le pape, nous prononçons la confiscation de leurs biens; dans les autres, nous enjoignons aux pouvoirs et aux princes séculiers d'en faire autant, et nous voulons que, s'ils négligent ce devoir, ils y soient forcés par la voie des censures ecclésiastiques[2]. Innocent III attacha sans doute une grande importance à cette constitution et dut la faire publier dans divers pays. Il nous en est parvenu deux textes, l'un adressé aux magistrats et au peuple de Viterbe[3], l'autre au roi de

---

1. Inn. III epp., I, 509, à l'évêque de Syracuse, 5 janvier 1199 : « Mandamus atque praecipimus quatenus ob timorem Domini et reverentiam apostolicae sedis contra haereticos tanquam fidei christianae zelator assurgas..., ipsos, fautores, defensores et receptatores eorum... excommunicatos publice nuntiari facias, et bona eorum a principibus publicari. »

2. Inn. III epp., II, 1 : « De communi ergo fratrum nostrorum consilio, assensu quoque archiepiscoporum et episcoporum apud sedem apostolicam existentium, districtius inhibemus ne quis haereticos receptare quomodolibet vel defendere aut ipsis favere vel credere quoquomodo praesumat; praesenti decreto firmiter statuentes ut si quis aliquid horum facere forte praesumpserit, nisi primo secundove commonitus a sua super hoc curaverit praesumptione cessare, ipso jure sit factus infamis, nec ad publica officia vel consilia civitatum nec ad eligendos aliquos ad hujusmodi nec ad testimonium admittatur. Sit etiam intestabilis nec ad hereditatis successionem accedat. Nullus praeterea ipsi cogatur super quocunque negotio respondere. Quod si forsan judex extiterit, ejus sententia nullam obtineat firmitatem, nec causae aliquae ad ejus audientiam perferantur. Si fuerit advocatus, ejus patrocinium nullatenus admittatur. Si tabellio, instrumenta confecta per ipsum nullius penitus sint momenti, sed cum auctore damnato damnentur. In similibus etiam idem praecipimus observari... In terris vero temporali nostrae jurisdictioni subjectis, bona eorum statuimus publicari; et in aliis idem fieri praecipimus per potestates et principes seculares, quos ad id exequendum, si forte negligentes extiterint, per censuram ecclesiasticam appellatione postposita compelli volumus et mandamus... »

3. Inn. III epp., II, 1, 25 mars 1199.

Hongrie [1]. D'autre part, le pape écrit lettres sur lettres aux villes italiennes pour les sommer d'observer ces prescriptions [2] ; parfois il se rend lui-même sur les lieux pour agir personnellement [3]. Certaines villes lui opposèrent une vive résistance, même dans ses propres États. A Orvieto, les hérétiques et les catholiques formaient deux factions si animées l'une contre l'autre que, dans un moment d'anarchie, on vit dans cette ville d'Italie des rigueurs dont les régions du nord avaient encore alors habituellement le privilège : l'évêque y fit pendre, décapiter et brûler des hérétiques [4]. Ce ne fut qu'un moment de désordre ; quelques mois après, un podestat nommé tout exprès par le pape arrivait à Orvieto et reprenait plus régulièrement les poursuites contre les hérétiques ; les peines qu'il édicta furent la prison, le fouet, l'exil, les amendes, la confiscation et la démolition des maisons [5]. A Viterbe, en 1205, des sectateurs des hérétiques furent élus, malgré les injonctions pontificales, à des charges municipales ; plusieurs sommations adressées aux magistrats et au peuple de la ville étant restées sans effet, Innocent III se rendit lui-même à Viterbe (1207) et eut raison des résistances : les maisons des hérétiques furent démolies, les consuls et le podestat jurèrent

---

1. Inn. III epp., III, 3, 11 octobre 1200 ; Fejér, *Codex dipl. Hungariae*, t. II, p. 378. Les ordres du pape furent obéis en Hongrie : voy. Inn. III epp., V, 110, et *Thomae archidiaconi Hist. Salonitana*, dans Schwandtner, *Scriptores rerum Hungaricarum*, 1746, in-fol., t. III, p. 568.
2. A Viterbe, epp., VIII, 85, et VIII, 105 ; à Faenza, epp., IX, 18, et IX, 204, etc.
3. Ainsi à Viterbe en 1207 : *Gesta Innocentii pp. III*, c. 123.
4. Vita S. Petri Parentii, 2 : « Videns autem episcopus [Ricardus Urbevetanus] se per illorum simulatam religionem esse delusum, canonicorum suorum, judicum et aliorum prudentum consilio habito, ex adverso ascendens et se murum opponens pro Christi ecclesia defendenda, in tantum est haereticos persecutus ut alii poenam suspendii sustinerent, alii capite punirentur, alii traderentur flammis ultricibus comburendi, alii majorem capitis diminutionem perpessi extra civitatem poenam perpetui exilii deplorarent, alii, vitam suam male in suo finientes errore, foetidam extra ecclesiae coemiterium acciperent sepulturam. » (*Acta sanctorum*, mai, t. V, p. 86.)
5. Vita S. Petri Parentii, 6 : « Plurimorum habito consilio sapientum in publica statuit concione ut si quis infra diem statutum ad Ecclesiam... remearet..., veniam et gratiam mereretur ; qui autem redire ante praefixum diem contemneret, poenam exciperet legibus et canonibus constitutam... Alios alligavit ferreis nexibus compeditos, alios censuit publicis verberibus flagellandos, alios extra civitatem coegit miserabiliter exulare, alios poena mulctavit pecuniae..., ab aliis accepit pignora copiose, domus etiam fecit dirui plurimorum. » (*Acta sanctorum*, mai, t. V, p. 87.) Ces faits se passent entre les mois de février et de mai 1199.

d'obéir aux ordres du pape [1]. Une nouvelle constitution, du 23 septembre 1207, régla définitivement, pour le patrimoine de saint Pierre, le détail des peines à infliger aux hérétiques, prescrivit la démolition des maisons et fixa l'emploi des biens confisqués [2]. Hors du patrimoine aussi, les cités se soumirent les unes après les autres. Dès 1206, Prato et Florence avaient banni les hérétiques de leur territoire et exclu des fonctions publiques les citoyens suspects d'hérésie [3]; le pape invitait les habitants de Faenza à imiter l'exemple donné par les Florentins et à adopter à leur tour le même statut [4]. En mars 1209, Innocent III s'assurait pour son œuvre le concours du roi des Romains Otton IV (qui fut couronné empereur le 4 octobre de la même année) : il se fit promettre par Otton « aide et secours efficace pour l'extir« pation de l'erreur hérétique [5] ». Dès l'année suivante, en effet, l'empereur, se trouvant à Ferrare, y proscrivit tous les hérétiques, fit confisquer leurs biens et démolir leurs maisons [6]. Il

1. Epp., VIII, 85 et 105; *Gesta Inn.*, 123.
2. Inn. III epp., X, 130 : « Ad eliminandam omnino de patrimonio beati Petri haereticorum spurcitiam, servanda in perpetuum lege sancimus ut quicunque haereticus, et maxime patarenus, in eo fuerit inventus, protinus capiatur et tradatur seculari curiae puniendus secundum legitimas sanctiones. Bona vero ipsius omnia publicentur; ita ut de ipsis unam partem percipiat qui ceperit illum, alteram curia quae ipsum punierit, tertia vero deputetur ad constructionem murorum illius terrae ubi fuerit interceptus. Domus autem in qua haereticus fuerit receptatus funditus destruatur nec quisquam eam reaedificare praesumat, sed fiat sordium receptaculum, quae fuit latibulum perfidorum. »
3. Pour Prato, voy. Ficker, p. 184, qui n'indique pas sa source ; pour Florence, voy. la note suivante.
4. Inn. III epp., IX, 204, aux podestat, consuls et conseil de Faenza, 12 décembre 1206 : « Cum igitur a dilectis filiis civibus Florentinis in exterminium hujusmodi perfidorum, sicut accepimus, quoddam sit editum provida pietate statutum, per quod intendunt a civitate sua haereticae pravitatis eliminare spurcitiam... Eapropter universitatem vestram monemus attentius et hortamur... mandantes quatenus, statutum ipsum... unanimiter assumentes..., quoslibet pravitatis haereticae sectatores... satagatis a civitate vestra depellere... » Comparez Epp., IX, 18, 10 mars 1206.
5. Promesse d'Otton IV au pape, 22 mars 1209 : « Super eradicando autem haereticae pravitatis errore auxilium dabimus et operam efficacem. » (*Mon. Germ.*, L. t. II, p. 217, l. 8.) Cette promesse fut renouvelée dans les mêmes termes par Frédéric II le 12 juillet 1213 (*ibid.*, p. 224, l. 31) et en septembre 1219 (*ibid.*, p. 231, l. 41).
6. Muratori, *Antiquit. Ital.*, t. V, p. 89; Ficker, p. 183. Suivant une chronique de Klosterneuburg en Autriche, Otton aurait fait mettre à mort des hérétiques en Italie ; mais il est probable que le chroniqueur étranger aura été mal informé sur ce point ; il aura attribué témérairement aux Italiens une pratique qu'il avait vue en usage dans son pays. Voici le passage en question : « Otto de Prunswich, Heinrici ducis Bawarie quondam expulsi

prit également des mesures pour faire chasser ceux qui se trouvaient dans le diocèse de Turin [1]. Ailleurs, ce fut l'influence du clergé local qui réussit à amener des changements dans la législation municipale. Ainsi un archevêque de Milan, Henri (1213-1230), fit insérer dans les statuts de Milan une clause pour la proscription des hérétiques, et mettre dans le serment du podestat une promesse de les chasser de la ville et de les dépouiller de leurs biens [2]. Enfin, pour beaucoup d'autres villes, la date précise où elles inscrivirent dans leurs statuts des clauses contre les hérétiques ne peut être déterminée. Vérone le fit avant 1218 [3] ; dans d'autres villes on trouve plus tard ces clauses insérées aux statuts, sans savoir à quelle époque elles remontent.

Avant la fin de son pontificat, Innocent III provoqua encore une décision importante. Le quatrième concile de Latran, assemblé par son ordre, en 1215, transforma en canons de l'Église universelle les règles établies par les conciles français et par le pontife romain [4] : il décréta, à son tour, la confiscation des biens des hérétiques et de leurs fauteurs, et les déclara infâmes, incapables de témoigner, d'ester en justice, d'exercer des fonctions publiques, etc., etc. Il ordonna aussi de dépouiller de leurs États les princes qui négligeraient d'en chasser les hérétiques. On sait l'application mémorable qui fut faite de ce dernier principe au comte de Toulouse. C'est aussi pour obéir au concile de Latran qu'on inséra dans le formulaire du couronnement des rois de France, à partir de Louis IX, un serment par lequel le roi jurait d'exterminer — c'est-à-dire d'expulser — les hérétiques de son royaume [5].

---

filius, in regem eligitur et ipse per Italiam cum expeditione, pacifica securitate, Romam usque profectus, ab Innocentio papa promotus, imperator efficitur. Otto prosperis successibus mirabiliter elatus adversus Fridericum regem Sicilie Apuliam ingreditur. Pestilens heresis paterinorum cum plurimos christiani nominis serpendo corrumperet auctore Deo prodita est et variis tormentis multi eorum necati sunt. » (*Monumenta Germaniae*, Scr. t. IX, p. 621.)

1. Ficker, p. 183.
2. Aubri de Trois-Fontaines, 1231 : « Occasione archiepiscopi Mediolanensis Henrici... hoc anno mortui... dicimus hic et tangimus que tangenda sunt. Primo quod instituit de hereticis, ut addantur singulis annis institutiones de dampnatione hereticorum, et ut nullus instituatur potestas civitatis nisi primo juret repulsionem et devastationem hereticorum tam in ipsis quam in eorum fautoribus. » (*Monumenta Germaniae*, Scr. t. XXIII, p. 928.)
3. Ficker, p. 185.
4. Labbe, *Sacrosancta concilia*, t. XI, col. 148-150.
5. Godefroy, *le Ceremonial françois*, t. I, p. 27.

Les mêmes peines furent édictées, pour tout l'empire, par une constitution de Frédéric II, le 22 novembre 1220; elle condamne les hérétiques de toute espèce au ban, à l'infamie et à la confiscation des biens; elle veut que les magistrats municipaux de toutes les villes jurent, à leur entrée en charge, de s'employer à proscrire les hérétiques, et elle déclare nuls les pouvoirs de tout fonctionnaire entaché d'hérésie, selon les termes de la constitution pontificale du 25 mars 1199 [1].

Le concile de 1215 et la constitution de 1220 déterminèrent la soumission des villes d'Italie qui n'avaient encore voulu adopter aucune disposition contre les hérétiques. Ainsi Bergame, en 1221, inséra dans ses statuts les canons du concile et le texte de la constitution impériale; Mantoue, la même année, adopta des dispositions visiblement calquées sur celles de la constitution de 1220. A Brescia, en 1225, un commissaire du pape fit démolir les maisons de plusieurs sectateurs de l'hérésie, et en 1230 on inscrivit dans les statuts de cette ville un article qui prononçait le bannissement des hérétiques. En 1226, l'empereur mandait au podestat de Pavie de chasser les hérétiques de cette ville et de son territoire [2].

Vers le premier tiers du XIIIe siècle, c'était donc un principe de droit admis à peu près dans toute l'Italie que les hérétiques devaient être bannis, privés de tous droits civils et politiques, leurs maisons démolies et leurs biens confisqués [3].

---

1. Constitution de Frédéric II, 22 nov. 1220, c. 5 : « Chataros, paterenos, Leonistas, Speronistas, Arnaldistas, circumcisos et omnes hereticos utriusque sexus quocumque nomine censeantur perpetua dampnamus infamia, diffidamus atque bannimus, censentes ut bona talium confiscentur nec ad eos ulterius revertantur, ita quod filii ad successionem eorum pervenire non possint, cum longe sit gravius eternam quam temporalem offendere majestatem. » Voir aussi les articles suivants. (*Monumenta Germaniae*, Leg. t. II, p. 244.)

2. Ficker, p. 196, 199, 200, 430.

3. C'est une justice à rendre à Innocent III que, s'il a mis une grande opiniâtreté à poursuivre les hérétiques et à les faire proscrire partout, il n'a jamais réclamé contre eux l'application de la peine de mort. M. Ficker a bien mis ce point en lumière. Non seulement dans l'Italie, où résidait Innocent, cette peine n'était pas en usage et il ne songea pas à l'établir, mais même dans les pays du nord, où elle était habituellement appliquée, le pape semble n'en avoir pas voulu. C'est ainsi que dans une lettre adressée le 19 juin 1199 à un cardinal et à l'archevêque de Paris, pour leur donner commission d'enquérir sur un abbé de Nevers accusé d'hérésie, il leur ordonne, s'ils trouvent l'accusé coupable, de le mettre en prison : ignorant ou voulant ignorer qu'il n'y aurait eu qu'un mot à dire pour le faire brûler. Epp., II, 99 : « et quoniam metuendum est ne in laqueum desperationis incidens et ad

En résumé : dans la région du midi, on cessa de sévir contre les hérétiques dès avant le milieu du XI° siècle ; on les toléra à peu près complètement pendant environ cent cinquante ans ; dans la seconde moité du XII° siècle, l'Église posa en principe que l'hérésie était un crime passible de l'exil, de la confiscation des biens, etc. ; elle réussit graduellement à faire accepter ce principe, tant dans la France méridionale que dans le royaume d'Arles et en Italie, durant les premières années du XIII° siècle.

V

ÉTABLISSEMENT DÉFINITIF DE LA PEINE DU FEU (XIII° SIÈCLE).

Il résulte de ce qu'on vient de voir que, dans la première partie du XIII° siècle, la manière de traiter les hérétiques était différente dans la région du nord et dans celle du midi. Au nord, il n'y avait pas de législation formelle contre eux, mais une pratique presque constante les condamnait au supplice du feu ; au midi, des lois positives, mais imparfaitement exécutées, prononçaient contre eux diverses peines inférieures à la mort, dont les principales étaient l'exil et la confiscation.

Nous allons voir, du commencement au milieu du XIII° siècle, ces différences cesser. La peine la plus rigoureuse, celle de la mort par les flammes, passe dans la pratique du midi aussi bien que dans celle du nord ; et dans le nord comme dans le midi le fait d'hérésie devient un délit proprement dit, explicitement prévu et puni par les lois ou les coutumes.

1° *Catalogne et Aragon.* — Avant de parler de la France propre, il faut mettre à part une province qui appartenait, à la rigueur, au royaume de France, mais qui, soumise féodalement à un souverain du dehors, était presque un pays étranger, et qui même, sous le règne de Louis IX, cessa tout à fait de dépendre de notre pays. Il s'agit de la Catalogne, ou, comme on l'appelait officiellement, du comté de Barcelone, qui avait pour comte le roi

perfidorum haereticorum ex toto conversus eorum praevaricationibus contaminet gregem intactum, retrudi cum in districto monasterio faciatis et ibi ad agendam poenitentiam sub arcta custodia detineri. »

d'Aragon. En cette contrée, ainsi que dans le royaume d'Aragon, la peine du feu contre les hérétiques fut mise en usage et inscrite dans la législation plus tôt qu'en aucun autre pays méridional. Pierre II, roi d'Aragon et comte de Barcelone, rendit en 1197 une ordonnance qui bannissait les hérétiques de tous ses États; il leur était enjoint de quitter le territoire avant le dimanche de la Passion de l'année suivante (23 mars 1198). Passé ce délai, à la peine du bannissement succédait celle de la mort : tout hérétique trouvé dans le royaume ou dans le comté serait brûlé et ses biens confisqués, deux tiers pour le roi et un tiers pour le dénonciateur [1]. Ainsi l'Aragon et le comté de Barcelone ne connurent pas la période intermédiaire par laquelle passèrent les autres pays du midi à la fin du XII° siècle et au commencement du XIII°, celle pendant laquelle l'hérésie, cessant d'être tolérée, n'était encore punie que de peines inférieures à la mort. La période des exécutions par le feu y succéda immédiatement, autant qu'on peut en juger, à celle de la pleine tolérance [2]; ou, si l'on veut parler tout à fait à la rigueur, la période intermédiaire, du bannissement, n'y dura qu'un temps très court, peut-être un an, du jour de la promulgation de l'ordonnance de Pierre II, qui est d'une époque indéterminée de l'année 1197, au 23 mars 1198. Depuis ce dernier terme, la peine du feu régna sans partage; et nous avons, en effet, des témoignages qui attestent qu'elle fut appliquée [3].

1. «...Sacrosanctae Romanae ecclesiae canonibus obtemperantes, qui haereticos a consortio Dei et sanctae ecclesiae et catholicorum omnium exclusos ubique damnandos ac persequendos censuerunt, Valdenses ... et omnes alios haereticos... ab omni regno et potestativo nostro tanquam inimicos crucis Christi christianaeque fidei violatores et nostros etiam regnique nostri publicos hostes exire ac fugere districte et irremeabiliter praecipimus. Et sub eadem districtione vicariis, bajulis et merinis totius nostrae terrae ut ad exeundum eos compellant usque ad dominicam Passionis Domini mandamus. Et si post tempus praefixum aliqui in tota terra nostra eos invenerint, duabus partibus rerum suarum confiscatis, tertia sit inventoris ; corpora eorum ignibus crementur. » (Marca, *Marca Hispanica*, col. 1384.) — Outre cette clause principale il y a une clause accessoire qui vaut aussi d'être citée : « Sciendum etiam quod si qua persona nobilis aut ignobilis aliquem vel aliquos praedictorum nefandorum in aliqua parte regionum nostrarum invenerit, quodcumque malum, dedecus et gravamen, praeter mortem et membrorum detruncationem, intulerit, gratum et acceptum habebimus, et nullam inde poenam pertimescat quoquo modo incurrere, sed magis ac magis gratiam nostram se noverit promereri ; et post bonorum spoliationem, dedecus et gravamen quod eis irrogaverint, teneantur tradere corpora vicariis aut bajulis nostris ad justitiam quam inde fieri mandavimus exequendam. » (*Ibid.*)
2. Voyez ci-dessus, p. 149, et la note 4 de cette page.
3. Caes. Heisterb., dans sa distinction V, écrite entre 1220 et 1222 (cf. dist. II, c. 11, et dist. X, c. 48), c. 19 : « Sicut conjicio ex verbis cujusdam haeretici,

2° *France, Jérusalem et Angleterre*. — Dans les provinces du midi de la France, ce furent les combattants de la croisade contre les Albigeois qui apportèrent du nord l'usage de brûler les hérétiques. La première exécution relatée par les chroniqueurs eut lieu en 1209, à Castres : Simon de Montfort ordonna de brûler deux hérétiques qu'on lui présenta[1]. En 1210, plus de cent quarante Albigeois furent aussi brûlés à Minerve [2]; des centaines d'autres subirent le même sort, en 1211, à Lavaur [3] et aux Cassés (Aude) [4], ailleurs encore en 1214 [5]. Le moine Pierre des Vaux-de-Cernay, en rapportant ces exécutions, ne manque pas de dire, presque à chaque fois, que les croisés brûlèrent les hérétiques « avec grande joie », *cum ingenti gaudio combusserunt*.

Ces exécutions faites par les hommes du nord se faisaient à la manière du nord, sans loi et sans règle. En 1209, l'un des deux hérétiques amenés devant le comte de Montfort à Castres déclara se convertir et demanda à être épargné : il y eut une contestation entre les croisés, qui ne savaient s'ils devaient faire droit à cette requête; on finit par se décider à le brûler, mais il échappa [6]. Le mode d'exécution n'était pas fixé; certains hérétiques subirent des supplices autres que celui du feu. Ainsi après la prise de Lavaur, en 1211, on ne brûla que les roturiers, au nombre de plus de quatre cents. Le chef de la place, Aimerigat, seigneur de Montréal et de Laurac, et les chevaliers, au nombre de quatre-vingts, furent condamnés à être pendus; mais, comme on reconnut que les gibets avaient été mal construits et qu'on craignait de perdre du temps, on en égorgea le plus grand nombre. La dame de Lavaur, Giraude, fut jetée dans un puits et enfouie vivante sous un monceau de pierres [7]. En 1219, l'auteur de la *Chanson de*

---

qui ante hoc triennium a rege Hispaniae comprehensus est et combustus. »

1. Pierre des Vaux-de-Cernay, 22 : « Praesentati fuerunt duo haeretici ipso comiti : alter autem eorum perfectus erat in secta haerescos, alter vero illorum erat quasi novitius et discipulus alterius. Habito comes consilio, voluit ut ambo incenderentur. » (*Rec. des hist. de Fr.*, t. XIX, p. 24 E.)
2. Pierre des Vaux-de-Cernay, 37. *Rec. des hist.*, t. XIX, p. 32 D ; Guill. de Nangis (qui dit 180 hérétiques brûlés), D'Achery. *Spicil.*, in-fol., t. III, p. 24, col. 1 ; *Chanson de la croisade*, vers 1081-1087.
3. P. des V.-de-C., 52. *Rec.*, XIX, p. 46 E ; *Chanson*, v. 1551-1558, 1620-1627.
4. P. des V.-de-C., 53. *Rec.*, XIX, p. 47 DE; *Chanson*, éd. Paul Meyer, t. I, p. 87-88 (note).
5. P. des V.-de-C., *Rec.*, XIX, p. 95 C.
6. P. des V.-de-C., 22, *Rec. des hist.*, t. XIX, p. 24-25.
7. Pierre des Vaux-de-Cernay, 52 : « In festo Inventionis sanctae Crucis [3 mai] captum est castrum Vauri. Mox eductus est de castro Aimericus, de

la croisade représente l'évêque de Saintes sommant le fils du roi de livrer à Amaury de Montfort le comte Centule d'Astarac, défenseur de Marmande, « pour qu'il le brûle *ou le pende* », et de lui livrer les habitants de la ville, « comme hérétiques mani-« festes qui ont mérité la mort *et le glaive* »[1].

Cependant la victoire des croisés était devenue définitive ; la persécution contre les hérétiques fut bientôt organisée et fonctionna régulièrement. La jurisprudence se fixa. Il devint de règle de brûler les hérétiques opiniâtres et d'emprisonner à perpétuité, d'« emmurer », ceux qui se convertissaient au dernier moment par crainte de la mort[2]. L'Église et l'État confirmèrent bientôt cette jurisprudence.

Une ordonnance de Louis VIII, pour le midi du royaume, du mois d'avril 1226, peut être considérée comme la première loi française qui sanctionne la punition de l'hérésie par le supplice du feu. Ce supplice n'est pourtant pas nommé ; mais il est désigné implicitement par une phrase vague en apparence : « Les héré-« tiques », dit le roi, « seront punis du châtiment qui leur est « dû. » Il est impossible de ne pas être convaincu que ces termes discrets désignent le bûcher. D'une part, en effet, l'usage alors dans toute la France était de brûler les hérétiques, et si le roi avait voulu rompre avec cet usage il l'aurait certainement dit en

---

quo supra tetigimus, qui fuerat dominus Montis Regalis, et alii milites usque ad octoginta. Nobilis autem comes proposuit quod omnes patibulo suspenderentur : sed, cum Aimericus, qui erat major inter illos, suspensus fuisset, cadentibus furcis quae prae nimia festinatione bene non fuerant terrae affixae, videns comes quod mora magna fieret, alios occidi praecipit : quos peregrini avidissime suscipientes occiderunt citius in eodem loco. Dominam etiam castri, quae erat soror Aimerici et haeretica pessima, in puteum projectam comes lapidibus obrui fecit. Innumerabiles etiam haereticos peregrini nostri cum ingenti gaudio combusserunt. » (*Rec. des hist. de Fr.*, t. XIX, p. 46 E. Cf. *Chanson de la croisade*, v. 1551-1558 et 1620-1627.)

1. Vers 9273-9277 :

> Que tu redas lo comte quez a tu s'es rendutz
> Al comte nAmaldric, car li es covengutz,
> Que l'arga o quel penda, e tu que l'en ajutz
> E lhivra li la vila per eretges saubutz
> Que la mortz e lo glazis lor es sobrevengutz.

2. G. Molinier, *De fratre Guilelmo Pelisso*, 1880, p. L et suiv., etc. ; du même auteur, *l'Inquisition dans le Midi de la France*, 1880, p. 427 et suivantes. A ces peines s'ajoutaient d'ailleurs habituellement la confiscation, la démolition des maisons, et, pour les morts, l'exhumation. Quant aux autres peines moins graves, croix, pèlerinages, etc., infligées aux hérétiques volontairement convertis, c'étaient plutôt des pénitences ecclésiastiques que des peines temporelles.

termes plus clairs. D'autre part, le roi, dans le même acte, fixe d'autres peines pour les simples fauteurs des hérétiques, non coupables d'hérésie eux-mêmes ; contre ceux-ci il prononce la confiscation des biens, l'interdiction des emplois, la privation de tous les droits civils. Ce sont les peines qui frappaient les hérétiques même dans le midi avant la croisade ; si maintenant elles sont réservées aux fauteurs, n'est-ce pas que pour les hérétiques le roi admet l'autre peine, plus terrible, que les derniers événements ont mise en usage? — Louis IX, en avril 1228, renouvela l'ordonnance de son prédécesseur en y ajoutant quelques dispositions nouvelles ; dans une de ces additions, il mande à ses barons et à ses officiers d'être attentifs à se saisir de tous les hérétiques condamnés par l'Église, et, sans s'arrêter à quelque considération que ce soit, *d'en faire, sans délai, ce qu'ils en doivent faire*. C'est encore, ce semble, un euphémisme pour dire de les brûler [1].

Cette interprétation se confirme, quand on lit les décisions du concile de Toulouse de 1229, qui établit l'inquisition et qui régla dans toute la province de Narbonne la procédure à suivre à l'égard des hérétiques. Là non plus le supplice n'est pas indiqué, car il ne convenait pas à une assemblée ecclésiastique de prononcer la peine de mort. C'est toujours la même formule, punir les hérétiques du châtiment qui leur est dû, *animadversione debita puniantur;* mais, pour ne laisser aucun doute sur le châtiment qui est dû, un des articles suivants prévoit le cas où un condamné

---

[1]. Lettres patentes de Louis VIII, avril 1226 : « Ludovicus Francorum rex universis baronibus, fidelibus suis, baillivis et bonis villis in Arelatensi et Narbonensi provinciis et Ruthenensi, Caturcensi, Agennensi, Albiensi diocesibus constitutis salutem. De magnorum et prudentum virorum consilio statuimus quod haeretici qui a catholica fide deviant, quocumque nomine censeantur, postquam fuerint de haeresi per episcopum loci vel per aliam personam ecclesiasticam quae potestatem habeat condemnati, indilate *animadversione debita* puniantur; ordinantes et firmiter decernentes ne quis haereticos receptare vel defensare quomodolibet aut ipsos fovere praesumat, et, si quis contra praedicta praesumpserit facere, nec ad testimonium nec ad honorem aliquem de caetero admittatur, nec possit facere testamentum, nec successionem alicujus haereditatis habere; bona ipsius mobilia et immobilia ipso facto [suppl. sint confiscata?], ad ipsum vel ad ipsius posteritatem nullatenus reversura. » (*Ordonn. des roys de France*, t. XII, p. 319-320.) — Dispositions renouvelées par Louis IX, avril 1228, avec diverses additions, et notamment : « Statuimus et mandamus ut barones terre et bajuli nostri et subditi nostri presentes et futuri solliciti sint et intenti terram purgare hereticis et heretica feditate, et precipientes quod predictos diligenter investigare studeant et fideliter invenire, et, cum eos invenerint, presentent sine more dispendio personis ecclesiasticis superius memoratis, ut eis presentibus de errore heresis condempnatis, omni odio, prece et pretio, honore, gratia et honore (sic?) postpositis, *de ipsis festinanter faciant quod debebunt.* » (*Ordonnances des roys de France*, t. I, p. 51.)

se convertirait au dernier moment « par crainte de la mort ». Dans ce dernier cas seulement, les hérétiques repentis doivent être « enfermés dans un mur, pour y faire pénitence, de manière « qu'ils ne puissent plus corrompre personne ; et l'évêque pour- « voira à leurs besoins aux frais de ceux* à qui seront échus leurs « biens confisqués ». Les principales décisions de ce concile furent renouvelées par un autre concile en 1254, et étendues alors à toute la circonscription des provinces ecclésiastiques de Narbonne, de Bourges et de Bordeaux [1].

Ces deux conciles, comme les ordonnances de Louis VIII et de Louis IX, ne s'appliquaient qu'aux provinces méridionales du royaume. Dans le nord, d'où était venue la jurisprudence introduite dans le midi, cette jurisprudence ne put que se fixer, s'affermir davantage, et finit par passer en coutume. Dans les commencements du règne de Louis IX, les chroniques rapportent encore un grand nombre d'exécutions d'hérétiques, brûlés vifs, par ordre du roi ou des grands feudataires, dans les diverses parties de la France [2]. Il paraît aussi que l'usage de retenir en prison les hérétiques convertis par la seule crainte de la mort s'était établi également dans la France du nord. On trouve dans les comptes du gouvernement, sous le règne de Louis IX, diverses

---

1. Concile de Toulouse, « super pace conservanda in Tolosana dioecesi et provincia Narbonensi et earum adjacentibus dioecesibus et terris vicinis », en 1229 : « Haereticos, credentes, fautores et receptatores seu defensores eorum, adhibita cautela ne fugere possint, archiepiscopo vel episcopo, dominis locorum seu bajulis eorumdem cum omni festinantia studeant intimare, *ut animadversione debita puniantur*... Haeretici autem qui *timore mortis* vel aliqua quacumque causa, dummodo non sponte, redierint ad catholicam unitatem, ad agendam poenitentiam per episcopum loci in muro tali includantur cautela quod facultatem non habeant alios corrumpendi : quibus ab illis qui bona eorum tenuerint provideatur in necessariis secundum dispositionem praelati. » (D'Achery, *Spicilegium*, in-fol., t. I, p. 711. — Concile de 1254, pour les provinces de Narbonne, de Bourges et de Bordeaux, *ibid.*, p. 719 et suivantes.)

2. Philippe Mousket, vers 28877-28882, sur l'inquisiteur Robert : « Ardoir en fist assés en oire Droit a la Carité sor Loire, por le comant de l'apostole, Qui li et enjoint par estole, Et par la volenté dou roi De France, qui l'en fist otroi. » (*Rec. des hist. de Fr.*, t. XXII, p. 55 : cf. ibid., v. 28896-28900.) — *Chron. S. Medardi Suess.*, 1236, dans d'Achery, *Spicil.*, in-folio, t. II, p. 491, col. 1; chroniques anonymes, *Rec. des hist.*, t. XXI, p. 166 H et note 8; Albr. Tr. Font., 1235, *Mon. Germ.*, Scr. XXIII, p. 937; ibid., p. 944-945 : « In anno isto [1239] ebdomada ante Pentecosten sexta feria [13 mai] factum est maximum holocaustum... in combustione Bulgrorum, siquidem 183 Bulgri combusti sunt in presentia regis Navarre et baronum Campanie apud Mont Wimer [le Mont-Aimé, Marne, commune de Bergères-lès-Vertus] » : Matth. Paris., *Hist. major*, 1238, éd. Luard. t. III, p. 520; *Ann. Erphord.*, 1239, *Mon. Germ.*, Scr. XVI, p. 33, etc.

mentions relatives à ces hérétiques emprisonnés et aux dépenses de leur entretien [1].

Enfin, dans la seconde moitié du siècle, paraissent divers livres où est exposé doctrinalement le droit coutumier de la France. Les auteurs de ces livres s'accordent à considérer l'usage maintenant si bien établi comme une coutume ayant force de loi. Ils déclarent tous que les hérétiques condamnés par l'Église doivent être, par les soins de l'autorité temporelle, livrés au supplice, et leurs biens, ou tout au moins les meubles, confisqués. [ ]

Mais le coutumier [ ] auquel on a donné le nom d'*Établissements de saint Louis* indique expressément la peine du feu :

LXXXV. — *De pugnir mescreant et herite.* Se aucuns est souspeçonneux de bouguerie, la justice laie le doit prendre et envoyer a l'evesque, et se il en estoit prouvés l'en le doit ardoir et tuit li mueble sont au baron. En autele maniere doit on ouvrer d'ome herite...

CXXIII. — Et se il estoit souspeçonneus de la foy, la justice laie le devroit prendre adonques et envoier au juge ordinaire; car quand sainte Eglise ne puet plus fere elle doit appeler l'aide des chevaliers et la force... Et quand li juges l'auroit examiné, se il trouvoit que il feust bougres, si le devroit fere envoyer à la justice laie, et la justice laie le doit faire ardoir [2].

Et de même Beaumanoir, dans ses *Coutumes de Beauvoisis* :

XI, 2. — Verités est que toutes accusations de foy, a savoir mon qui croit bien en le foy et qui non, la connissance en appartient a sainte Eglise; car, porce que sainte Eglise est fontaine de foi et de creance, cil qui proprement sont estavli a garder le droit de sainte Eglise doivent avoir la connissance et savoir le foi de çascun; si que, s'il a aucun lai qui mescroie en le foy, il soit radreciés a le vraie foi par l'ensegnement; et s'il ne les veut croire, ançois se veut tenir en se malvese erreur, il soit justiciés comme bougres et ars. Mais en tel cas doit aidier le laie justice a sainte Eglise, car quant aucuns est condampnés comme bougres par l'examination de sainte Eglise, sainte Eglise le doit abandoner a le laie justice, et le justice laie le doit ardoir, porce que le justice espirituel ne doit nului metre a mort.

---

1. A Saint-Pierre-le-Moutier (Nièvre) en 1234, *Rec. des hist. de Fr.*, t. XXII, p. 570 J ; au Petit-Pont, à Paris, en 1248, *ibid.*, XXI, p. 262 E ; à Sens et à Corbeil, la même année, *ibid.*, p. 274 D.
2. *Ordonnances des roys de France*, t. I, p. 175, 211.

XXX, 11. — Qui erre contre le foi, comme en mescreance de le quele il ne veut venir a voie de verité..., il doit estre ars, et forfet tout le sien en le maniere dessus [1].

Ainsi, avant la fin du xiiie siècle, l'hérésie est décidément devenue, dans la France du nord aussi bien que dans celle du midi, un crime légalement défini et prévu, puni de la mort par le feu et de la confiscation totale ou partielle des biens.

C'est probablement de France que cette législation a passé dans deux autres pays, où on la trouve inscrite dans les livres de droit vers la même époque : dans le royaume de Jérusalem et en Angleterre.

On lit dans les *Assises de Jérusalem*, livre des assises de la cour des bourgeois, chapitre CCLXXVIII :

Sachés que la lei et la raison commande que tous les mauvais homes si deivent morir de laide mort, si come sont ciaus qui sont acoustumés de maufaire et de concentir les maus, si come sont les sodomites et les larrons *et les patalins* [2] et les traitors et tous les mauvais houmes et les mauvaises femes : tous ces deivent morir, et ne les deit laisser vivre en la seignorie par dreit despuis qu'il les counut... Mais nul home par sa auctorité ne deit ocire l'omecide ni le traitour *ni l'ereye* ni le larron, mais le det presenter a la justise; et la justise est puis tenue de celuy juger et deffaire... Les jurés ne les doivent laisser vivre, ains tantost devent estre jugés à morir [3]...

Et en Angleterre le jurisconsulte Britton, vers 1291 ou 1292, écrit :

I, x. — Ausi soit enquis de ceux que felounousement en tens de pes eynt autri blez ou autri mesouns arses; et ceux qi de ceo serount atteyntz soint ars, issint qe eux soint puniz par meymes tele chose dunt il peccherent. Et meymes tiel jugement eynt sorciers et sorceresces et renyez et somodites *et mescreauntz apertement atteyntz* [4].

---

1. Beaumanoir, édition Beugnot, t. I, p. 157, 413.
2. C'est-à-dire les hérétiques *patarins* ou cathares.
3. *Assises de Jérusalem*, éd. Beugnot (*Recueil des historiens des croisades, Lois*), t. II. p. 210.
4. Britton, éd. Nichols, Oxford 1865, vol. I, p. 41-42; cf. ibid., p. 42, note z ; Bracton, f. 124, t. II, p. 300, de la dernière édition (dans les *Rerum Britannicarum medii ævi scriptores*); *Myrror of justice*, I, iv, dans Houard, *Traité sur les coutumes anglo-normandes*, t. IV (1776), p. 493-494. — On a vu plus haut

3° *Empire (haute Italie, Allemagne, royaume d'Arles), Rome et Sicile.* — L'introduction de fait et l'établissement légal de la peine du feu, pour le fait d'hérésie, en Italie et en Allemagne, font le sujet propre du mémoire de M. Ficker (ci-dessus, p. 118, note 1). Je me bornerai ici à exposer les faits qui résultent des recherches de ce savant. Les lecteurs qui désireraient plus de détails ou qui voudraient avoir la preuve des faits avancés et tous les renvois aux sources voudront bien se reporter au travail même de M. Ficker, publié dans les *Mittheilungen des Instituts für oesterreichische Geschichtsforschung* [1].

Si l'on fait abstraction des troubles suivis de rigueurs sanglantes qui eurent lieu à Orvieto dans les dernières années du XII° siècle (ci-dessus, p. 162 et note 4), la première tentative faite en Italie pour infliger aux hérétiques la peine du feu date de l'année 1224. Un prélat allemand, Albert, archevêque de Magdebourg, était alors légat impérial en Italie et investi personnellement du comté de Romagne. Il voulut, dans son comté, traiter les hérétiques comme on les traitait dans son pays. Il demanda pour cela l'autorisation de l'empereur, et il l'obtint : Frédéric II lui adressa une lettre qui portait que les hérétiques devraient à l'avenir être brûlés, ou, quand on jugerait par exception devoir leur montrer de l'indulgence, avoir la langue coupée [2]. L'empereur n'ajoutait pas qu'il n'établissait cette loi que pour le comté de Romagne, mais cela s'entendait ; c'est au comte de Romagne qu'elle était adressée et il était chargé de l'exécution [3] ; mais on verra tout à l'heure comment plus tard on s'empara de cette loi locale pour s'en prévaloir comme d'une loi de l'empire [4]. Quoi qu'il en soit, en Romagne même il ne fut pas aisé de l'appliquer. En mars 1226, l'archevêque Albert profita du séjour de l'empereur dans une ville de son comté, à Rimini, pour tenter de mettre dans cette

---

(p. 138) qu'au XII° siècle les lois anglaises ne punissaient pas encore l'hérésie, et qu'en 1166, des hérétiques ayant paru en Angleterre, Henri II édicta contre eux seulement les peines de la marque, du fouet et du bannissement.

1. Le mémoire principal, publié dans le fascicule 2 des *Mittheilungen* (année 1880), p. 177 à 226, doit être complété par une note additionnelle que M. Ficker a fait paraître dans le fascicule suivant, p. 430-431.

2. Lettres de mars 1224, publiées par Raynald, *Annales ecclesiastici*, 1231, § 18 ; par Pertz, *Monumenta Germaniae*, Leg. t. II, p. 252 ; par Huillard-Bréholles, *Historia diplomatica Friderici II*, p. 421.

3. Ficker, p. 431.

4. [Au crayon, en marge de cette phrase : *faux*. Dans les deux alinéas suivants, les mentions de la Romagne sont barrées au crayon.]

ville la nouvelle loi à exécution. Il chargea de ce soin le podestat de Rimini, qui était alors un Modénois, Inghiramo da Macreta. Celui-ci arrêta un certain nombre de femmes hérétiques et les livra à l'empereur « pour être brûlées » ; il prétendit, en outre, faire inscrire dans les statuts de la ville la lettre de l'empereur au comte de Romagne. Ces deux tentatives, à ce qu'il semble, échouèrent ; et, peu de temps après, sans doute quand l'empereur fut parti, le podestat échappa avec peine à une tentative d'assassinat que firent contre lui les parents des hérétiques arrêtées. Le pape intervint, en février 1227, pour faire obtenir à Inghiramo une réparation de l'affront qu'il avait subi ; mais il semble qu'on ne songea plus à poursuivre l'exécution de la loi donnée par Frédéric II en 1224 [1]. En fait, cette loi resta alors sans effet [2] et aurait été oubliée, si des circonstances nouvelles n'étaient venues un peu plus tard la revivifier et lui donner une portée qu'elle n'avait pas eue à l'origine.

En 1230 fut élu évêque de Brescia le frère Guala, prieur des Dominicains de la ville. C'était un homme actif et entreprenant ; on le trouve mêlé à tous les faits de l'histoire politique de cette époque [3]. L'ordre auquel il appartenait avait été créé pour combattre l'hérésie, et tous ses membres montraient une grande ardeur à la poursuivre. Un Dominicain devenu évêque devait combattre les hérétiques de son diocèse de toutes les armes qui seraient à sa disposition. Or Guala avait eu occasion de découvrir contre l'hérésie une arme qu'on ne soupçonnait pas. Envoyé à plusieurs reprises auprès de l'empereur, notamment en 1226 [4], il avait apparemment entendu parler de la loi donnée par ce prince à la Romagne ; peut-être même aura-t-il assisté à la tentative d'exécution essayée à Rimini en mars 1226. Il put remarquer la rédaction ambiguë de cette loi, qui, donnée seulement pour la Romagne, pouvait néanmoins avoir l'air d'être faite pour tout l'empire, au moins pour toute l'Italie impériale. Élu évêque de Brescia, il s'en procura une copie, la produisit et obtint qu'elle fût inscrite dans le livre des statuts de la ville ; on inséra en même temps dans le serment du podestat une clause qui en

---

1. Ficker, p. 430-431.
2. Ficker, p. 198.
3. Ficker, p. 200.
4. Ficker, p. 200 ; Huillard-Bréholles, *Hist. dipl. Frid. II*, t. II, p. 644.

176   OPUSCULES DIVERS.

garantissait l'exécution [1]. Ceci se passait en 1230 ou tout au moins au commencement de l'année 1231. Brescia est ainsi la première ville italienne qui ait mis dans ses lois que les hérétiques devraient être brûlés.

Rome suivit aussitôt cet exemple. Le pape, Grégoire IX, était en relations fréquentes avec l'évêque Guala [2] ; il lui dut sans doute la connaissance de la constitution romagnole de 1224 et des nouveaux statuts de Brescia. La constitution fut inscrite, à la fin de l'année 1230 ou au commencement de 1231, sur le registre des lettres pontificales, où elle figure sous le n° 103 de la quatrième année du pontificat de Grégoire IX [3] ; puis le pape s'occupa de la faire mettre à exécution dans la ville de Rome. Il rendit une constitution, en février 1231 probablement, dans laquelle, en termes analogues à ceux du concile de Toulouse de 1229, il ordonnait que les hérétiques condamnés par l'église fussent livrés à la puissance séculière, pour être « punis du châtiment qui leur est dû » ; quant à ceux qui se convertiraient après leur condamnation, ils seraient enfermés dans une prison pour y faire pénitence et y demeureraient toute leur vie ; le tout sans préjudice des autres peines habituelles de l'hérésie, telles que la confiscation et la perte des droits [4]. Un règlement municipal, promulgué en même temps par le sénateur de Rome, et que devaient jurer tous les sénateurs à l'avenir, prescrivit et fixa pour la ville l'application de ces dispositions ; il déclare que l'exécution devra avoir lieu dans les huit jours de la condamnation, et il s'abstient également de spécifier la peine à appliquer, comme si cela s'entendait de soi [5]. Il est clair en effet que si la peine des condamnés repentants était la détention perpétuelle avec la privation de tous biens et de tous droits, la peine plus forte réservée aux condamnés opiniâtres, celle qu'on exécutait dans les huit jours, ne pouvait être que la

---

1. Ficker, p. 199 ; *Historiae patriae monumenta*, t. XVI, col. 1584¹²⁵. C'est par conjecture que M. Ficker attribue à Guala le rôle principal en cette affaire ; mais il rend cette conjecture très vraisemblable.

2. Ficker, p. 200.

3. Ficker, p. 207-208.

4. Ficker, p. 203 ; Boehmer, *Acta imperii*, p. 665. La disposition principale est ainsi conçue : « Dampnati vero per ecclesiam seculari judicio relinquantur animadversione debita puniendi, clericis prius a suis ordinibus degradatis. Si qui autem de predictis, postquam fuerant deprehensi, redire voluerint ad agendam condignam penitentiam, in perpetuo carcere detrudantur. »

5. Ficker, p. 205 ; Boehmer, *ibid.* « Item hereticos... senator capere teneatur et captos etiam detinere, postquam fuerint per ecclesiam condempnati infra octo dies animadversione debita puniendos. »

mort; et le genre de mort à infliger était désigné par la constitution de l'empereur, qu'on venait tout exprès de transcrire sur les registres de la chancellerie du pape et que sans doute on publia en même temps dans la ville. En effet, aussitôt après la promulgation des deux ordonnances du pape et du sénateur, dans le même mois de février 1231, on arrêta et on exécuta des hérétiques dans Rome. Quelques-uns abjurèrent l'hérésie et furent envoyés en prison dans des monastères; les autres furent brûlés [1].

Ensuite, le pape voulut que la loi qu'il venait d'introduire à Rome fût établie également dans tous les pays. Il adressa à tous les archevêques de la chrétienté une copie de sa constitution et de l'ordonnance du sénateur de Rome, en leur mandant d'aviser à les faire adopter dans tous les pays de leurs provinces [2]; il y joignit, à ce qu'il semble, le texte de la constitution impériale de 1224, afin de faire bien comprendre à tous ce qu'il fallait entendre par le « châtiment mérité », *animadversio debita*, qu'il ordonnait d'infliger aux hérétiques [3].

Cependant l'empereur, dont une constitution détournée de sa portée véritable servait de prétexte à ces rigueurs, ne se prêta pas complètement d'abord à l'innovation qu'on tentait en son nom. Il n'avait pas d'objection de principe contre le supplice des hérétiques. Il l'avait lui-même autorisé en 1224 pour la Romagne. Il consentit à l'établir, en 1231 même, dans le royaume de Sicile [4]. En mars 1232, il accorda aux inquisiteurs d'Allemagne, pour leur faciliter l'exécution de leur mission, une constitution qui sanctionnait légalement, pour la première fois dans ce pays, l'usage de faire périr les hérétiques [5]. Mais, dans la partie de

---

1. Ryccardus de S. Germano, 1231 : « Eodem mense [février], nonnulli patarenorum in Urbe inventi sunt, quorum alii sunt igne cremati, cum inconvertibiles essent; alii donec peniteant sunt ad Casinensem ecclesiam et apud Cavas directi. » (*Monumenta Germaniae*, Scr. t. XIX, p. 363.)
2. Ficker, p. 204.
3. Ficker, p. 209.
4. Ficker, p. 202. La constitution sicilienne de Frédéric II est d'une date indéterminée de l'année 1231; elle ordonne que les hérétiques « vivi in conspectu populi comburantur flammarum commissi judicio ». On attribue au roi Roger, 1130-1154, une loi qui punissait les apostats de la confiscation et de la perte des droits : mais par apostats faut-il entendre les hérétiques (Ficker, p. 202)? — Il ne faut pas oublier que par le nom de royaume de Sicile, à cette époque, on entend tout ce qui s'est appelé plus tard le royaume des Deux-Siciles.
5. Ficker, p. 201, 204, 209; *Mon. Germ.*, Leg. t. II, p. 288. Cette constitution ne spécifie pas le supplice du feu, mais elle indique positivement la peine de

178 OPUSCULES DIVERS.

l'Italie qui dépendait de l'empire, il paraît avoir craint, en sanctionnant de pareilles rigueurs, de mettre aux mains du clergé une arme trop puissante, qui pourrait devenir dangereuse quand les dissensions entre la papauté et l'empire viendraient à se rallumer [1]. Aussi, à peu près en même temps qu'il rendait, pour l'Allemagne seulement [2], la constitution qui y sanctionnait le supplice des hérétiques, il publiait de nouveau, pour l'Italie, sa constitution de 1220, qui ne punissait les hérétiques que du bannissement, de la confiscation et de la privation des droits, conformément à la législation d'Innocent III [3].

Le résultat de cette résistance de l'empereur à la volonté du pape fut que les villes guelfes seules obéirent alors à la constitution de Grégoire IX. En 1233, un grand nombre de Dominicains et de frères mineurs se répandirent dans ces villes et y excitèrent la population contre les hérétiques [4]. A la suite de leurs prédications, les villes adoptèrent à l'envi des mesures de persécution. Verceil, sous l'influence du frère mineur Henri de Milan, inscrivit dans ses statuts l'ordonnance du sénateur de Rome et la constitution impériale de 1224, en supprimant dans celle-ci la clause qui permettait de substituer au supplice du feu l'amputation de la langue [5]. A Milan, on inséra également dans les statuts municipaux l'ordonnance du sénateur et la constitution de Grégoire IX [6]. En même temps les supplices commencèrent. A Vérone, un seul inquisiteur, en juillet 1233, condamna et fit brûler soixante personnes, hommes et femmes [7]. A Milan, les premières exécutions par le feu eurent lieu aussi cette année. Cette nouveauté fut très remarquée ; un chroniqueur de Milan la mentionne en ajoutant que c'est la première fois que les Milanais firent pareille chose [8]. Le podestat Oldrado di Tresseno, de Lodi, qui gouvernait alors Milan et qui présida aux exécutions, fit consigner le fait dans une inscription gravée au-dessous de sa

mort pour les hérétiques opiniâtres et la prison perpétuelle pour les condamnés repentants.
1. Ficker, p. 221-222.
2. Ficker, p. 221.
3. Ficker, p. 220-221.
4. Ficker, p. 210.
5. Ficker, p. 208.
6. Ficker, p. 211.
7. Ficker, p. 210.
8. *Memoriae Mediolanenses*, 1233 : « Mediolanenses incipierunt comburere hereticos. » (*Monum. Germ.*, Scr. t. XVIII, p. 402.) L'exécution des hérétiques de Monforte, brûlés à Milan en 1034, était donc complètement oubliée.

statue et que tout le monde peut encore lire sur la façade du *palazzo della Ragione* à Milan :

> Atria qui grandis solii regalia scandis,
> Presidis hic memores Oldradi semper honores,
> Civis Laudensis, fidei tutoris et ensis,
> Qui solium struxit, catharos, ut debuit, uxit.

Quelques années plus tard, la politique de Frédéric II changea. Il crut que pour se soutenir dans sa lutte, tantôt ouverte, tantôt cachée, avec le saint siège, il lui importait de se montrer chrétien orthodoxe et catholique fervent. D'ailleurs c'était en vain qu'il avait essayé de résister au courant d'idées qui entraînait les villes d'Italie à sévir contre les hérétiques. Il jugea donc à propos de se laisser entraîner, lui aussi, par ce courant, et d'édicter définitivement pour tout l'empire la législation nouvelle. C'est ce qu'il fit par trois constitutions, du 14 mai 1238, du 26 juin 1238 et du 22 février 1239. Par la première et la dernière, il publia et promulgua à nouveau ses constitutions antérieures contre l'hérésie, celle de 1220 qui ne prononçait pas encore la peine de mort, celle de 1232, pour l'Allemagne, qui prononçait la mort sans spécifier le supplice, celle de 1231, pour le royaume de Sicile, qui prescrivait en termes formels de brûler les hérétiques; toutes ces lois furent déclarées applicables à l'empire entier. La constitution du 26 juin 1238 fut une promulgation spéciale de ces mêmes textes pour le royaume d'Arles et de Vienne [1].

Ainsi, dans tout l'empire, Allemagne, haute Italie, Provence, aussi bien qu'à Rome et dans le royaume de Sicile, des lois positives condamnaient désormais au feu les hérétiques obstinés et à la prison perpétuelle ceux qui se décideraient à une conversion tardive au moment de l'exécution [2].

---

1. Ficker, p. 223.
2. Sur les difficultés que l'application de ces lois a pu parfois rencontrer en Italie, voy. Ficker, p. 224-225. — Notons en terminant, que le plus ancien livre de droit coutumier allemand, le *Sachsenspiegel*, écrit probablement peu d'années avant 1235 (*Hansische Geschichtsblaetter*, 1876, p. 102-103), condamne également les hérétiques au feu : II, 13, § 7 : « Swilch cristen man ungeloubic ist oder mit zcoubere umme gêt oder mit vergifnisse, unde des verwunden wirt, den sal man ûf der hurt burnen. » (*Sachsenspiegel*, éd. de Weiske et Hildebrand, 1877, p. 47.)

VI

CONCLUSIONS.

I. — *Depuis la chute de l'Empire romain jusqu'à la fin du* X^e *siècle,* les hérétiques n'ont été justiciables que de la juridiction ecclésiastique et passibles que des peines ecclésiastiques.

II. — *Au* XIe, *au* XIIe *et au commencement du* XIIIe *siècle,* il faut distinguer deux groupes géographiques :
1° Dans les pays de langue germanique et de langue d'oïl, les hérétiques, durant toute cette période, ont été généralement poursuivis et brûlés vifs, sans pourtant que ce supplice leur fût infligé en vertu d'une loi ou d'une coutume positive ;
2° Dans les pays de langue italienne et de langue d'oc : — (*a*) pendant le premier tiers du XIe siècle, les hérétiques ont été quelquefois persécutés et mis à mort ; — (*b*) ensuite et jusqu'aux dernières années du XIIe siècle, ils ont été habituellement tolérés ; — (*c*) à la fin du XIIe siècle et au commencement du XIIIe siècle, ils ont été punis du bannissement, de la confiscation des biens, etc.

III. — *Pendant le* XIIIe *siècle* se sont établies dans tous les pays des lois ou des coutumes qui condamnaient les hérétiques au feu, et ce supplice est ainsi devenu universellement la peine légale de l'hérésie.

Compte rendu de Ch. MOLINIER, *Études sur quelques manuscrits des bibliothèques d'Italie concernant l'inquisition et les croyances hérétiques du* XIIe *au* XVIIe *siècle*, 1888. Bibliothèque de l'École des chartes, L (1889), p. 101-104.

Compte rendu de A. LASCOMBE, *Répertoire général des hommages de l'évêché du Puy*, 1154-1741. Bibliothèque de l'École des chartes, XLIII (1882), p. 531-532.

Compte rendu de J. Flammermont, *Histoire des institutions municipales de Senlis*. Bibliothèque de l'École des chartes, XLII (1881), p. 579-580.

Compte rendu de A. Giry, *Documents sur les relations de la royauté avec les villes en France, de 1180 à 1314*. Bibliothèque de l'École des chartes, XLVI (1885), p. 531-533.

Compte rendu de A. Giry, *Les Établissements de Rouen, étude sur l'histoire des institutions municipales de Rouen, Falaise, Pont-Audemer, Verneuil, La Rochelle, Saintes, Oleron, Bayonne, Tours, Niort, Cognac, Saint-Jean-d'Angély, Angoulême, Poitiers*, etc. (1883-1885). Revue critique d'histoire et de littérature, nouvelle série, XX (1885), p. 137-140.

Compte rendu de A. Giry, *Histoire de la ville de Saint-Omer et de ses institutions jusqu'au XIVe siècle* (1877). Bibliothèque de l'École des chartes, XL (1879), p. 230-235.

CONSTRUCTION D'ÉGLISE DANS UNE VILLE NEUVE

(1230)

Bibliothèque de l'École des chartes, XLI (1880), p. 453-454.

Du Cange, à l'article *Cancellus,* indique deux acceptions de ce mot en architecture religieuse : tantôt il sert à désigner la barrière qui, dans une église, sépare le chœur du reste de l'édifice, tantôt il s'applique au chœur lui-même.

Dans la pièce suivante, le mot *cancellus* paraît bien avoir une signification plus étendue et désigner l'église tout entière. Ce serait donc une troisième acception à ajouter aux deux qu'indique Du Cange.

Cette pièce concerne le village de Besmont (Aisne, arrondissement de Vervins, canton d'Aubenton). Elle montre que cette localité fut une des villes neuves, créées en grand nombre, dans cette région boisée et encore inculte, aux XIIe et XIIIe siècles. On y voit aussi que, selon la coutume reçue alors dans ces villes neuves, les dépenses d'entretien des bâtiments d'église étaient à la charge de ceux qui avaient le droit de patronage sur chaque paroisse, mais que les frais de premier établissement devaient être supportés par la communauté des habitants.

Dans l'espèce, il y avait une contestation venant de ce que, lors de la fondation de la ville neuve (*in novitate ville*) on avait construit à la hâte une église provisoire, qui se trouva insuffisante ; le curé du lieu demanda qu'on en construisît une nouvelle, plus convenable et définitive. Suivant les habitants, les frais de la nouvelle construction devaient être considérés comme dépense d'entretien et payés par le monastère de Bucilly (Aisne, arrondissement de Vervins, canton d'Hirson), qui avait le droit de patronage sur la paroisse de Besmont. L'abbé et les moines de Bucilly soutenaient au contraire que c'était là une dépense de premier établissement, qui devait être payée par les habitants de la localité. Le jugement du différend fut remis à des arbitres, qui donnèrent gain de cause aux religieux.

L'un de ces arbitres est « A. », abbé de Bonnefontaine (Ardennes, arrondissement de Rocroi, canton de Rumigny, commune de Bonnefosse). La *Gallia christiana*, t. IX, col. 315, donne une liste des abbés de Bonnefontaine où ne figure, pour le xiii° siècle, aucun nom commençant par A. On n'y trouve pour l'époque de notre pièce qu'un certain Jean, ainsi mentionné : « Johannes I occurrit annis 1229 et 1248. » Ce Jean devra désormais être dédoublé en deux abbés distincts, entre lesquels se placera l'A. de notre texte.

Cette pièce nous a été conservée par le cartulaire de l'abbaye de Bucilly, qui se trouve aujourd'hui à Paris, à la Bibliothèque nationale.

« De cancello et communione ville de Buemont.

« A., divina permissione, abbas Bonifontis, et D. presbyter de Bancignis [1], universis Christi fidelibus presens scriptum visuris, salutem in Domino. Noverint universi quod, cum apud Buemont edificium esset insufficiens ad celebranda divina in novitate ville ad succurrendum constructum, et ad instanciam fratris Richeri, presbiteri ejusdem ville, petentis ibidem edificari cancellum in quo ad honorem Dei devotius et decentius solito possent divina celebrari, contentio verteretur inter abbatem et conventum de Bucill., loci illius patronos, ex una parte, et communionem ville predicte, ex altera, proponentem se non teneri ad edificandum cancellum, set potius dictos abbatem et conventum, cum patroni essent, et hiidem opponerent se non teneri, cum esset locus appenditius et in eo oporteret quasi ab initio edificari cancellum et non reedificari, cum nunquam sufficienter esset factus : tandem, diutina inter ipsos altercacione habita, in nos compromiserunt, promittentes sub pena decem libr. par. se nostro arbitrio concordare, ita quod pars resiliens ab arbitrio parti observanti dictas decem lib. reddere teneretur. Nos vero, ad instanciam partium arbitrio recepto, predictis et aliis quam pluribus hincinde propositis, auditis oppositionibus, rei veritate diligenter a nobis inquisita, bonorum virorum et legisperitorum usi consilio, arbitrati sumus dicte ville communionem teneri ad edificandum

---

1. Bancigny (Aisne, arrondissement et canton de Vervins).

cancellum : ita siquidem quod cum ipse cancellus sufficienter, ut decet, fuerit edificatus, et in ipso deinceps vetustatis debilitate quicquam defuerit, sepedicti abbas et conventus reparare tenebuntur in parietibus et tectura. Ut autem hoc arbitrium nostrum majus robur obtineat, et lis, si super talibus inter predictas partes orta fuerit, citius sopiatur, presens scriptum fecimus fieri sigillorum nostrorum impressione munitum. Datum anno Domini M°CC°XXX°. »

(Bibliothèque nationale, manuscrit latin 10121, folio 81 verso.)

Compte rendu de Léopold DELISLE, *Le premier registre de Philippe-Auguste, reproduction héliotypique...* (1883). Revue critique d'histoire et de littérature, nouvelle série, XVII (1884), p. 102-105.

RAPPORT

ADRESSÉ A L'ABBÉ ET AU COUVENT DE CLUNY

PAR JIMENO

EX-PRIEUR DE NOTRE-DAME DE NAJERA (ESPAGNE)

SUR SA GESTION

(PREMIÈRES ANNÉES DU XIIIᵉ SIÈCLE).

Bibliothèque de l'École des chartes, XLIV (1883), p. 169-178.

L'original de la pièce suivante est conservé à Londres, au département des manuscrits du Musée britannique (*Additional Charters*, n° 25,814).

La pièce n'est pas datée ; mais on y trouve cité un acte de l'an 1239 de l'ère d'Espagne, qui correspond à l'an 1201 de notre ère, et on y voit figurer, comme vivant encore, un personnage qui mourut en 1215 [1]. Elle a donc été écrite entre 1201 et 1215.

Cette pièce est un rapport adressé à l'abbé et aux moines de Cluny par un religieux qui avait été plusieurs années prieur d'une maison de l'ordre en Espagne, le couvent de Notre-Dame de Nájera [2]. Ce religieux rend compte de sa gestion et s'attache à établir qu'elle a été très avantageuse au prieuré.

---

1. Diego Lopez de Haro : voy. *Diccionario geográfico-histórico de España, por la Real Academia de la historia*, seccion II, Madrid, 1846, in-4°, p. 300.
2. Province de Logroño, chef-lieu de *partido judicial*. Monastère fondé par Garcia VI de Pampelune, en 1052, donné par Alphonse VI de Castille à Cluny, en 1079 (*Diccionario geográfico-histórico*, secc. II, p. 127, 128).

Cet ex-prieur est un Espagnol, comme l'indique son nom, *Semeno*, dans la langue d'aujourd'hui Jimeno ; le féminin du même nom, Jimena, est bien connu chez nous, depuis Corneille, sous la forme francisée Chimène. Rien n'indique au juste à quelle époque le frère Jimeno était entré en possession du prieuré de Nájera ; ce devait être postérieurement au 13 octobre 1179, date à laquelle une charte du roi Alphonse VIII de Castille mentionne le prieur Haimo [1], et au plus tard en 1201, date d'une pièce rapportée par Jimeno, où il est nommé avec le titre de prieur. Il avait cessé ses fonctions entre la date de cette pièce et le moment où il écrivait son rapport. Vers la fin de ce rapport, en effet, il mentionne son successeur, le prieur Alain.

L'exposé de Jimeno fournit des détails circonstanciés sur les possessions du prieuré de Nájera situées principalement dans la région connue sous le nom de Rioja (provinces de Logroño et de Búrgos) et les provinces basques. Il complète à ce sujet les renseignements que donnent plusieurs pièces publiées dans le dictionnaire de l'Académie royale de l'histoire [2]. Mais il offre aussi un intérêt plus général. C'est, en effet, un spécimen des comptes que l'ordre de Cluny exigeait des religieux auxquels il confiait le gouvernement de ses prieurés. Le soin avec lequel le frère Jimeno s'attache à justifier sa gestion prouve la sévérité du contrôle auquel il était soumis. Ce contrôle est attesté, au surplus, par deux notes marginales, qui ont été ajoutées à l'acte peu de temps après qu'il avait été reçu, et qui constatent que l'exactitude des assertions de l'ex-prieur avait été vérifiée, sur place, par des commissaires spéciaux.

D'un bout à l'autre de la pièce, on rencontre le nom d'un personnage qui y tient presque autant de place que le prieur Jimeno lui-même. C'est un noble espagnol, don Diego Lopez, de la maison des Lopez de Haro, seigneurs de Biscaïe. Jimeno se vante d'avoir obtenu pour le prieuré de Nájera la protection et les bienfaits de ce puissant seigneur. Après avoir mentionné plusieurs acquisitions qu'il a pu faire « avec le conseil de don Diego López », il donne le texte d'une charte de donation du même Diego au prieuré, qui comprend un grand nombre de biens et de privilèges en divers lieux ; c'est cet acte qui est daté de l'an 1201 et qui fournit ainsi une donnée pour fixer approximativement

---

1. *Diccionario geográfico-histórico*, secc. II, p. 277.
2. *Diccionario geográfico-histórico*, secc. II, p. 267 et suivantes.

la date du rapport lui-même. Enfin, à la fin de la pièce, don Diego, dont le nom n'avait paru jusque-là qu'à la troisième personne, prend tout à coup la parole lui-même pour appuyer les assertions de l'ex-prieur : « Et moi, don Diego Lopez de Haro, j'accorde, concède et confirme de mon sceau tout ce qui est écrit ci-dessus. Et si quelque personne mal intentionnée veut y contredire, qu'on ne la croie pas aisément, car moi, don Diego Lopez, je dis en vérité à mon père et seigneur l'abbé de Cluny et au saint couvent de l'ordre que, grâce à don Jimeno, la valeur du prieuré de Nájera s'est accrue de dix mille maravédis d'or. » Il est à remarquer que, malgré l'assertion formelle de la première phrase, *et etiam proprio sigillo roboro*, la pièce ne porte ni sceau ni trace de sceau ou d'attaches et ne paraît avoir jamais été scellée.

Le latin de ce document est moins correct que ne serait celui d'une pièce écrite en France à la même époque. Le rédacteur se trompe facilement sur l'emploi des cas; il écrit, par exemple, *a domno Aldefonso regis, ex quemdam burgensem*, etc.

In Dei nomine, ego frater Semeno, cum consilio dopmni Didaci Lupi, adquisivi domum et villam de Torreçella [1] a domno [2] Aldefonso regis (sic) Castelle et dedi pro illa et pro domibus et vineis et pro omnibus suis pertinentiis cum carta et bulla confirmacionis ejusdem ville duo milia et vix c^{tos} aureos [3] domne Guiomar et filiis ejus. Super omnia hec expendi cccc^{tos} auareos (sic) cum bulla et carta confirmacionis, et fiunt III^a m^a. Preterea domnus Aldefonsus Castelle dederat jamdudum memoratam villam de Torreçella dopmno Didaco Semenec et uxori ejus dopmne Guiomar et omni generacioni eorum per cuncta secula. Nos itaque, gratia Dei preveniente et adjuvante, per longa tempora multos labores sustinentes, adquisivimus ita domum et villam de Torreçella [4]. Valet siquidem prefata villa de Torreçella eccle-

---

1. Torrecilla de Caméros ou Torrecilla en Caméros, province de Logroño, chef-lieu de *partido judicial*, au sud-est de Nájera.
2. Les lettres italiques représentent les parties de mot exprimées dans l'original par une abréviation dont la lecture n'est pas certaine.
3. Ce nom d'*aurei* et celui de *marabotini*, qui est employé plus loin, désignent sans doute la même espèce de monnaie, les maravédis, seules pièces d'or frappées en Castille par le roi Alphonse VIII (A. Heiss, *Descripcion general de las monedas hispano-cristianas*, t. I, Madrid, 1865, in-4º, p. 28).
4. La ville de Torrecilla de Caméros avait été donnée au couvent de Nájera en 1081 (*Diccionario geográfico-histórico*, secc. II, p. 193). Le 19 avril 1179, le roi Alphonse VIII la reprit au couvent, par voie d'échange (*ibid.*, p. 276); le 13 octobre 1179, le même roi la rendit aux religieux et annula la cession qu'il en avait faite dans l'intervalle à son vassal Diego Jimenez (*ibid.*, p. 277).

sie de Najera per singulos annos cc^{tos} marabotinos et amplius sine dubio. ¶ Ego frater Semeno cum consilio dopmni Didaci Lupi adquisivi a domno Aldefonso regis (sic) Castelle ecclesiam et villam de Fagegiis [1] et dedi in servicio regi Castelle cc^{tos} marabotinos. Ipse enim rex dederat jam dictam villam de Fagegiis cuidam burgensi de Lucronio [2] et omni generacioni illius per tempora cuncta. Valet supra dicta villa de Fagegiis ecclesie de Najera annuatim LXX^{ta} marabotinos censuales. ¶ Ego frater Semeno cum consilio dopmni Didaci Lupi adquisivi a domno Aldefonso regis (sic) Castelle de sua propria hereditate unam hereditatem que est in Cova Cardelli [3], quando rex subjugavit sibi villam de Bitoria [4], et dedi pro illa hereditate in servicio regi Castelle duas mulas obtimas cum aliis serviciis multis, et continet illa hereditas quantum possunt laborare per annum duo juga bovum.

Ego frater Semeno cum consilio dopmni Didaci Lupi transacto anno adquisivi quandam hereditatem que est apud Granonem [5] cum ecclesia et domibus suis et dedi pro illa hereditate cuidam burgensi de Bello Foramine [6], qui habebat illam in diebus suis et in diebus filiorum suorum, c^{tum} marabotinos. Dedi etiam ego frater Semeno alios c^{tum} marabotinos in bovibus quos emi et in stipendiis mancipiorum et in cibariis hominum et jumentorum et in aliis supellectiliis que in supra dicta domo necesse erant. ¶ Ego frater Semeno cum consilio dopmni Didaci Lupi emi tres solares [7] ante portam Beate Marie et unam hereditatem que est justa domum Sancti Laçari et dedi propter solares et hereditatem ccccc^{tos} marabotinos. Edificavi etiam in illos solares tres domos obtimas

---

Ce Diego Jimenez, seigneur des Caméros, etc., mourut le 29 octobre 1187; il avait eu, de sa femme Guiomar, deux fils, Rodrigue et Alvar Diaz de los Caméros (ibid., p. 283). C'est sans doute après la mort de Diego Jimenez que le prieur Jimeno racheta de doña Guiomar et de ses fils la ville de Torrecilla de Caméros; l'ordre de restitution contenu dans la charte royale du 13 octobre 1179 n'avait donc pas été exécuté.

1. Ce lieu, dont je n'ai pas su retrouver le nom moderne, est compté au nombre des dépendances du prieuré de Nájera dans deux chartes d'Alphonse VIII, de 1175 et de 1177 (Diccionario geográfico-histórico, secc. II, p. 272.)

2. Logroño, capitale de province.

3. Cueva-Cardiel, province de Búrgos, partido judicial de Belorado, au sud de Bribiesca.

4. Vitória, capitale de la province d'Alava. Alphonse VIII de Castille prit Vitória et enleva tout le pays d'Alava à Sanche, roi de Navarre, en 1200 (Diccionario geográfico-histórico de España, por la Real Academia de la historia, secc. I, 1802, t. I, p. 35).

5. Grañon, province de Logroño, partido judicial et à l'ouest de Santo Domingo de la Calzada.

6. Belorado, province de Búrgos, chef-lieu de partido judicial.

7. « Solar... El suelo donde se edifica la casa ó habitacion, ó donde ha estado edificada. » Diccionario de la lengua castellana, por la Academia española.

quales non habentur a Bur*gis* usque in Panpilona [1], set non consumavi illas, sed preparaveram omnia necessaria ad perficiendum. Supra dictam vero hereditatem plantavi vineam et posui cementum in ciruitu (*sic*) vinee. Hec omnia constiterunt quingentos *marabotinos*, sine impensas panis et vini. ¶ In teporibus (*sic*) siquidem nostris evenit quod fere omnis villa de Najera a facie ignis consumta est et maxima pars domorum nostrarum igne cremata fuit, scilicet dormitorium, infirmaria et major pars apotece. Et ego frater S. cum propriis expensis feci dormitorium et infirmariam et claustrum infirmarie et capellam Sancti Benedicti et apotecam et pistrinum totum a fundamento et expendi in laboribus istis quingetos (*sic*) aureos, sine pane et vino.

Ego frater S., desiderans senper servire et placere senioribus et sociis meis de Najera, cum consilio et adjutorio domni Didaci Lupi, abstuli venerabili capellano de Najera ecclesiam Sancti Vincencii et dedi illam sociis meis de Najera. Habet predicta ecclesia omnem decimam panis et vini de omnibus terris et vineis que sub jure regali continentur a Granone usque ad Navarret et Antelena [2]. Valet reditus jam dicte ecclesie c aureos omni anno convetui (*sic*) de Najera. Dedi etiam venerabili conventui de Najera unam hereditatem obtimam que est in villa de Rogo [3], que jure debebat esse domus Sancte Columbe [4], et est illa hereditas quantum possunt laborare tria juga bovum per annum. ¶ Ego frater S. adquisivi a domno Didaco Lupi unam vineam que vocatur vinea de la Torreçiella, quam domnus Aldefonsus rex Caste (*sic*) dedit domno D. Lupi cum carta et bulla et cum testibus honestis, sicut ipsi testes continentur in carta que est in tesauro Beate Marie de Najera. Verumtamen domnus Didacus, qui senper acquievit consiliis meis, rogatu meo dedit et obtulit cartam cum bulla et vineam Deo et Beate Marie de Najera et conventui ejusdem loci. Valet siquidem predicta vinea omni anno ecclesie de

---

1. Búrgos, capitale de la province de ce nom; Pampelune, capitale de la province de Navarre. Nájera est située sur le chemin de Pampelune à Búrgos, à peu près à égale distance de ces deux villes.

2. Navarrete, province, *partido judicial* et à l'ouest de Logroño; Entrena, même province et *partido*, au sud-est de Navarrete. Parmi les biens donnés ou confirmés en 1177 par Alphonse VIII à l'abbaye de Cluny, comme dépendant du prieuré de Nájera, on remarque : « Item, in eodem castello Nazarensi, ecclesiam Sancti Vincentii cum omnibus decimis totius laboris nostri, necnon et pecorum, et omnium hereditatum quæ ad jus regium pertinent, vel inde fuerunt a Grannone usque in Antilenam. » (*Diccionario geográfico-histórico*, secc. II, p. 273.)

3. Je ne sais quelle est cette ville.

4. Santa Coloma, province de Logroño, *partido* et au sud-est de Nájera. Monastère dédié à sainte Colombe de Sens, dont il possédait les reliques, donné à Notre-Dame de Nájera en 1054 (*Diccionario geográfico histórico*, secc. II, p. 174).

Najera c aureos. Adquisivi etiam quamplures heredi ates et collacios [1] a domno Didaco Lupi, sicut in consequenti scripto continetur :

« In nomine sancte et individue Trinitatis, Patris et Filii et Spiritus sancti, amen. Notum sit omnibus tam presentibus quam futuris quod ego domnus Didacus Lupi de Faro [2] et uxor mea domna Toda [3], una cum filiis et filiabus nostris, pro nostrarum et parentum nostrorum animarum rememedio (sic), damus et cocedimus (sic) Deo et Beate Marie et ecclesie Cluniacensi et vobis domno Semeno priori Sancte Marie de Najera et conventui ibidem Deo et beate Marie servienti, de nostra propria hereditate, unum collacium in Torreçella, scilicet Blasco Sancheç, cum solare suo et cum tota hereditate et pertinentia sua. Et damus in illa villa totam decimam omnium reddituum nostrorum, scilicet de fossaderiis [4], de homicidiis et de omnibus calumniis, ita quod ille collacius quem in ipsa villa vobis damus, vel quicumque hereditatem ipsius collacii tenuerit, habeat potestatem recipiendi ea que prediximus ad opus ecclesie Najarensi (sic). Idem damus vobis in Sancto Georgio Majori [5], ut supra, et cetera. Idem damus vobis in Ogia Castro [6], ut supra, et cetera. Idem damus vobis in Yçcaray [7], ut supra, et cetera. Idem damus vobis in Çorraquin [8], ut supra, et cetera. Idem damus vobis in Valle Gannon [9], ut supra, et cetera. Idem damus vobis in Pradella [10], ut supra, et cetera. Idem damus vobis in Berbesca [11], ut supra, et cetera. Idem damus vobis in Vallorchanos [12], ut supra, et cetera. Idem damus vobis in Amijugo [13], ut supra, et cetera. Idem damus vobis in Sancta Agatea [14], ut supra. Idem damus vobis in Valle Eregio [15]. Idem damus vobis in

---

1. « COLLAZO... La persona dada en señorio juntamente con la tierra, en cuya virtud pagaba al señor ciertos tributos. » *Diccionario de la lengua castellana, por la Academia española.*

2. Haro, province de Logroño, chef-lieu de *partido judicial.*

3. En août 1215, Toda Perez, veuve de Diego Lopez de Haro, donna au couvent de Notre-Dame de Nájera le village de Torrecilla sobre Alesanco (province de Logroño, *partido* et au sud-ouest de Nájera) et divers autres biens (*Diccionario geográfico-histórico*, secc. II, p. 299).

4. « FOSSADERA, præstatio in belli sumtus, quæ ab iis exsolvebatur qui in exercitum, quem *Fossadum* vocabant, non pergebant. » (Du Cange, *Glossarium*, addition des bénédictins.)

5, 6, 7, 8. Santurde, Ojacastro, Ezcaray et Zorraquin, province de Logroño, *partido* et au sud de Santo Domingo de la Calzada.

9. Valgañon, province de Logroño, *partido* de Santo Domingo de la Calzada, à l'ouest d'Ezcaray et de Zorraquin.

10. Pradilla de Belorado, province de Búrgos, *partido* de Belorado, *ayuntamiento* de Fresneda de la Sierra, à l'ouest de Valgañon.

11. Bribiesca, province de Búrgos, chef-lieu de *partido judicial.*

12, 13, 14. Valluércanes, Ameyugo et Santa Gadéa del Cid, province de Búrgos, *partido judicial* de Miranda de Ebro.

15. Valderejo, *ayuntamiento* qui a pour chef-lieu Lalastra, Alava, *partido judicial* d'Amúrrio, à l'extrémité occidentale de la province.

villa Bordon [1], ut supra, et cetera. Idem damus vobis in Carrança [2], ut supra, et cetera. Idem damus vobis in Romania [3], ut supra. Idem vobis (sic) in Argentales [4], ut supra. Idem damus vobis in Salçedo [5], ut supra, et cetera. Idem damus vobis in Galdameç [6], ut supra, et cetera. Idem damus vobis in Subporta [7], ut supra, et cetera. Idem damus vobis in Summo Rostro [8], ut supra, et cetera. Si quis autem de genere nostro vel quilibet alius in hac donatione nostra injuriam vel tortum inferre voluerit aliquando priori vel conventui Najar*ensi*, quod absit, majores nostri generis habeant potestatem cum priore vel convetu (sic) Najar*ensi* pignorare et compellere factores hujus damni ad emendandum et restituendum totum damnum illius anni in quo prior vel conventus querelam fecerit haut rancuram. Quod si majores nostri generis noluerint juvare do*m*num priorem vel seniores sicut supra dictum est, habeat do*mnus* rex potestatem ut ipse faciat emendare totum dampnum illius anni in quo prior vel conventus ei fuerint conquesti.

« Facta carta sub era Mª CCª xxxª ixª, regnante rege Aldefonso cum uxore sua domna Alienor regina et infante domno Ferrando eorum filio in Toleto, in Concha, in tota Extremadura, in tota Castella et in tota Alava [9]. »

Ego frater S. emi domum et vineas et ortum et medium molendinum ex quemdam burgensem de Najara et vendidi domum cum hereditatibus et retinui molendinum et dedi illut conventui de Najara. Comitissa mater domni Didaci dabat pro supra dicto medio molendino trecentos aureos. ¶ Huc usque scripsimus de hadquisicionibus quas ego frater S. adquisivi cum consilio et adjutorio domni Didaci Lupi. Modo dicimus de statu domorum que sub potestate nostra erant,

---

1. Peut-être Buradon, localité détruite, près de la ville actuelle de Salinillas de Buradon, Alava, *partido judicial* de Laguardia (*Diccionario geográfico-histórico*, secc. I, t. II, p. 287).
2. Carranza, *ayuntamiento* qui a pour chef-lieu la Concha, province de Biscaïe (*Vizcaya*), *partido judicial* et à l'ouest de Valmaseda, à l'extrémité occidentale de la province.
3. Romaña, Biscaïe, *partido* de Valmaseda, *ayuntamiento* de Trucios, au nord de Carranza.
4. Arcentales, Biscaïe, *partido* et au nord-ouest de Valmaseda.
5. La carte de Biscaïe du lieutenant-colonel F. Coello (*Vizcaya*, Madrid, 1857) indique une localité du nom de Salcedor, au sud du chef-lieu de l'*ayuntamiento* de Zalla, Biscaïe, *partido* et au nord-est de Valmaseda. Il y a un Salcedillo dans l'*ayuntamiento* de San Salvador del Valle, même *partido*, au sud-ouest de Portugalete.
6. Galdámes, Biscaïe, *partido* et au nord-est de Valmaseda.
7. Sopuerta, *ayuntamiento* qui a pour chef-lieu Mercadillo, Biscaïe, *partido* et au nord de Valmaseda.
8. Sommorostro, vallée et port, Biscaïe, *partido* de Valmaseda.
9. Tolède et Cuenca (Nouvelle-Castille), l'Estramadure, la Vieille-Castille, l'Alava.

quomodo dismisi illas. Ego frater Semeno dimisi in Burovia [1] tria juga bovum et unum de mulis et unum lectum bonum. In presenti anno seminavi ibi cc[tas] et ix[m] tabladas tritici et xx[m] tabladas ordei et ix[m] tabladas avene et dimisi cc et lx[a] tabladas tritici [2]. [Est sine debito [3].] Ego frater S., quando recepi domum Sancti Andree de Cyronia [4], inveni in illam lxxx oves unam minus et xii capras et v juga bovum et x vacas et vi porcos inter masculos et feminas [porcos et porcas]. Dimisi modo in supra dicta Cironia cc et xv inter oves et capras et xx et vii vacas et xx et viii porcos inter porcos et porcas et ix juga bovum cum tribus indomitis et duo plaustra nova et unam caldariam novam et duas campanas novas et seminavi in hoc anno xx et v azudezes [5] et quatuor almudes [6]. [Et est domus Sancti Andree sine debito.] Inveni in domum Sancte Cholumbe xx et unam ovem inter oves et capras et quatuor juga bovum et vi porcos et viii vacas. Modo dimisi in domum Sancte Columbe c et xx inter oves et capras et vi juga bovum et xx porcos inter porcos et porcas et xxx vacas et unam. Seminavi in hoc anno x et xvii açudeçes. [Est domus Sancte Columbe sine debito.] Ego frater Semeno tenens domum de Lucrónio feci domum unam cum suo furno et unam cameram que cotidie minabatur ruinam et expendi in laboribus istis c aureos. [Est domus de Lucronio sine debito.] Ego frater S. tenui domum de Villa Aurea [7] duos annos et inveni illam desertam et depopulatam. In primo anno adduxi omne semen quod seminavi in illo de Lucronio et emi ibi v juga bovum, et postea tradidi illam cuidam monacho socio nostro de Najara sine debito [8].

1. La Bureba, région de la province de Búrgos, qui comprend principalement un certain nombre de localités du *partido judicial* de Bribiesca; ou Boróbia, province de Sória, *partido judicial* et au sud d'Agreda?
2. Le mot *tabula* a servi quelquefois à désigner une mesure agraire (Du Cange, Tabula, 8). La *tablada* est sans doute la quantité de grain nécessaire pour ensemencer une *tabula*. Ce mot manque dans le glossaire de Du Cange.
3. Cette phrase et celles qu'on trouvera ci-après entre crochets sont écrites dans l'interligne, de la même main que le texte.
4. Cirueña, province de Logroño, *partido* et au sud-est de Santo Domingo de la Calzada. Monastère dédié à saint André, fondé en 972, donné à Notre-Dame de Nájera en 1052 (*Diccionario geográfico-histórico*, secc. II, p. 59).
5. Ce terme, qui désigne évidemment une mesure de capacité, ne se trouve ni dans le glossaire de Du Cange ni dans le dictionnaire de l'Académie espagnole.
6. « Almude, modius, medimnum. » Du Cange. — Almud ... medida de granos ... que en unas partes corresponde á un celemin, y en otras á media fanega. » *Diccionario de la lengua castellana, por la Academia española*.
7. Vilória de Rioja, province de Búrgos, *partido* et à l'est de Belorado; lieu donné au prieuré de Nájera en 1081 (*Diccionario geográfico-histórico*, secc. II, p. 217).
8. (Addition marginale, d'une autre main :) Hec omnia probata fuerunt sicut suprascripta sunt coram priore Sancti Flori, camerario in Hispania, domino Eustorgio et fratre Aymerico, priore Sancti Germani, et magistro Alano et omni conventu Najarensi.

Ego frater S. dedi domum Sancti Georgii ⁱ cuidam monaco de Najara in die Omnium Sanctorum et recepit LXXX et XII cafizes ² tritici et XXX cafizes de comina ³ et XX cafizes de avena et VI cubas plenas vini, in Aras ⁴ duas cubas plenas vini et in Longar ⁵ unam, in Torraviento ⁶ X et IX cafizes tritici, de ordio XL cafizes, de avena XIII cafizes et duas cubas plenas vini et VI juga bovum et XI vacas et XXX equas et CCCCXVII oves et duos asinos et XX et II porcos. Ego frater S. dimisi in domum de Najara, quando domnus Alanus recepit prioratum de Najara, IIII cubas plenos boni vini et LX bacones et unum et XX et duas uncturas et feci ibi X cubas obtimas et dmisi (sic) III⁵⁵ mulas in domo supra dicta ⁷.

Et ego domnus Didacus Lupi de Faro hec omnia supra scripta concedo et confirmo et etiam proprio sigillo roboro.

Si quis vero adversarius hec contradicere voluerit, non ex facili credatur, quia ego scilicet domnus D. Lupi dico veritatem patri et domno meo abbati Cluniacensi et sacro convetui (sic) ejusdem ecclesie quod magis valet ecclesia de Najara propter domnum Semenum decem milia aureorum ⁸.

Compte rendu de Ch. Bémont, *Simon de Montfort, comte de Leiceister, sa vie (120?-1265), son rôle politique en France et en Angleterre*, 1884. Bibliothèque de l'École des chartes, XLVII (1886), p. 427-429.

1. A Logroño (voyez la note de la page suivante).
2. « Caniz... medida imaginaria, que en unas provincias es de doce fanegas, y en otras de ménos. » *Diccionario de la lengua castellana por la Academia española.* Cf. Du Cange, Caficium et *Caphitius.
3. Du cumin (en espagnol *comino*)?
4. Aras, Navarre, *partido judicial* d'Estella, au nord-est de Logroño.
5, 6. Je n'ai pu identifier ces localités.
7. (Addition marginale, de la même main que la précédente : Status domus Sancti Georgii apud Lucronium probatus fuit coram domino E., priore Sancti Flori et camerario in Hispania, et fratre Americo, priore Sancti Germani, per juramentum prepositi Stephani de Sancto Georgio et Lupi Navarri de Torravento, clavigeri, qui dixerunt ita esse et si aliter inveniretur se emendaturos.
8. (Au dos :) Hee sunt adquisitiones et status domorum bone memorie domini Semenonis prioris Sancte Marie de Najera.

L'OBITUAIRE DE SAINT-JEAN-AUX-BOIS

Bulletin de la Société de l'histoire de Paris et de l'Ile-de-France,
X (1883), p. 153.

Le manuscrit *Additional* 11534, au Musée britannique, est un obituaire de l'abbaye de femmes de Saint-Jean-aux-Bois, dans la forêt de Cuise (Oise, arrondissement et canton de Compiègne). C'est un volume de 27 feuillets de parchemin, hauts de 0ᵐ26 et larges de 0ᵐ18. Il paraît avoir été commencé au xiiᵉ siècle et on y a fait des additions jusqu'à la fin du xviᵉ siècle. Malheureusement les noms qui s'y trouvent sont en petit nombre et pour la plupart obscurs; autant que j'ai pu en juger par un examen rapide, cet obituaire n'est pas de ceux dont les historiens pourront tirer beaucoup de parti. J'ai relevé seulement les deux notes suivantes, qui ont peut-être quelque intérêt au point de vue archéologique. La première donne la date exacte de la construction d'une partie de l'église abbatiale, aujourd'hui paroissiale, de Saint-Jean-aux-Bois. La seconde contient la mention d'un objet d'art du moyen âge, une statuette d'ivoire, représentant la sainte Vierge, qui avait été donnée au trésor de l'église, au xiiiᵉ siècle, au nom de Marie, fille d'Archambaud IX, sire de Bourbon, et épouse de Jean Iᵉʳ, comte de Dreux et de Braine.

F° 17 v° (premiers jours d'août), dans la marge du bas : « En l'an de l'incarnacion Notre Seigneur mil et ii cenz et soissante treze fu fez li berfrois dou clochier, que l'abbesse Oudete d'Offemunt fist feire. Priés por l'emme de li que Diex li face pardon. »

A la date du 25 août : « Obiit Maria de Borboneyo, comitissa Drocarum et domina Brane, pro cujus remedio anime data fuit ecclesie nostre pulchra ymago eburnea beate Marie, quam habemus, anno Domini millesimo cc°lxxᵐ° quarto, pro qua eciam debet fieri anniversarium magistri Guidonis de Thorota post decessum ipsius. »

LA FRONTIÈRE D'EMPIRE
DANS L'ARGONNE

ENQUÊTE
FAITE PAR ORDRE DE RODOLPHE DE HABSBOURG

A VERDUN, EN MAI 1288

Bibliothèque de l'École des chartes, XLII (1881), p. 383-428.

Le document qu'on trouvera plus loin a été signalé et brièvement analysé par dom Calmet [1], mais il ne semble pas que personne en ait encore publié le texte. Il paraît assez intéressant pour mériter d'être imprimé tout entier. Il touche à une grave et difficile question de géographie historique, la détermination exacte des limites du royaume de France et de l'Empire au moyen âge. Il ne faut pas dédaigner les trop rares documents qui peuvent nous éclairer sur cette matière.

I

OCCASION ET OBJET DE L'ENQUÊTE.

Cette pièce se rattache à la querelle qui divisa Thibaud II, comte de Bar-le-Duc, et Philippe le Bel, roi de France, et qui

---

1. *Histoire ecclésiastique et civile de Lorraine*, t. II, col. 330-331.

aboutit, après la mort de Thibaud, à la soumission de son successeur Henri III et à la création du « Barrois mouvant ». Il n'est pas nécessaire de refaire ici en détail l'histoire de cette querelle [1]. Il suffit de rappeler quelques faits. L'abbaye de Beaulieu-en-Argonne [2], au diocèse de Verdun, était sous la garde des comtes de Bar. En 1286, « on ne sçait pas distinctement à propos de quoy », selon les termes de Calmet, « l'Abbé se brouilla avec Thiébaut II, qui luy fit ressentir les effets de son indignation. » Le comte fit occuper par ses gens les villages et les possessions de l'abbaye, saisir ou dévaster ses biens. « L'Abbé eut recours au Roy Philippe le Bel, et le pria de le protéger. Le Roy envoya des troupes dans l'Abbaye, et dans les terres de sa dépendance », et commença contre le comte de Bar une poursuite judiciaire. Thibaud allégua l'incompétence de la justice royale, car, disait-il, Beaulieu était situé hors du royaume de France, en terre d'Empire. La cour de parlement ordonna une enquête; des commissaires royaux se rendirent à Sainte-Menehould pour s'informer auprès des habitants [3]. Les dépositions des témoins, interrogés en territoire français et par des commissaires français, furent naturellement favorables aux prétentions du roi de France, et, au parlement de la Toussaint de l'an 1287, la cour, sur le vu de l'information, prononça par arrêt que Beaulieu était du royaume :

Cum dubitaretur de garda seu custodia ecclesie Belli Loci in Argonna, et utrum dicta ecclesia esset sita infra punctos comitatus Campanie et utrum etiam esset sita in regno Francie et de regno : visa informatione facta super hoc, visum est consilio quod sit de garda speciali comitis Campanie et de garda seu custodia generali domini regis, et quod sit infra punctos seu terminos comitatus Campanie et infra terminos regni Francie et de regno [3].

Le comte de Bar, n'acceptant pas cette décision, et voulant,

---

1. Voir sur ce sujet Calmet, *Hist. eccl. et civ. de Lorraine*, II, 328 et suiv.; L. Delisle, *Essai de restitution d'un volume des Olim* (dans Boutaric, *Actes du parlement de Paris*, t. I), nos 642 (p. 406), 744 (p. 430), 788 (p. 439 et note), 847 (p. 448); P.-A. Lemaire, *Recherches historiques sur l'abbaye et le comté de Beaulieu-en-Argonne* (Bar-le-Duc, 1873, in-8º), p. 39 et suiv., 207 et suiv.; *Histoire de Verdun et du pays verdunois*, par feu l'abbé Clouët (Verdun, 1867-1870, 3 vol. in-8º). Je dois à M. Paul Meyer la connaissance de ce livre, que j'avais eu le tort de négliger d'abord, et où j'ai trouvé, sur son indication, plusieurs renseignements utiles.
2. Meuse, arrondissement de Bar-le-Duc, canton de Triaucourt.
3. Delisle, nº 744, p. 430, col. 1.
4. Delisle, nº 642, p. 406.

pour lutter contre le roi de France, s'assurer l'appui au moins moral des autorités de l'Empire, fit savoir directement ou indirectement au roi des Romains, Rodolphe de Habsbourg [1], l'entreprise du roi de France; Rodolphe invita le comte à l'informer exactement du détail des faits [2]. Thibaud assembla à Saint-Mihiel, le 19 février 1288, les principaux seigneurs et chevaliers du Barrois, pour le conseiller, suivant leur devoir féodal; ils lui donnèrent des lettres, sous leurs sceaux, par lesquelles ils déclaraient que Beaulieu-en-Argonne était du comté de Bar et du « royaume d'Allemaigne [3] », que Philippe le Bel usurpait sur les droits de l'Empire en y envoyant « ses commandemens et ses sergens pour justicier et pour sergenter », et que le comte ferait bien de rapporter le tout « audit roy d'Allemangne, parce que li diz roy d'Allemangne ou autres roys ou Empereurs qui après luy pourront venir n'en puissent repenre le dit comte ny ses hoirs [4] ». D'autre part, le 3 mars 1288, Thibaud dénonça au chapitre de Verdun (le siège épiscopal vacant) l'occupation de Beaulieu, en ajoutant qu'il tenait tous ses droits sur cette abbaye en fief de l'évêque et de l'Église de Verdun, et requit le chapitre, comme son seigneur, de l'aider à en recouvrer la paisible jouissance [5]; ce qui engagea le primicier de Verdun, garde des biens de l'évêché pendant la vacance, à appeler à son tour l'attention du roi des Romains sur les usurpations commises au préjudice de l'Empire [6]. C'est à la suite de toutes ces protestations que Rodolphe se décida à ordonner l'enquête qui fait l'objet de la présente publication.

Trois commissaires furent chargés de cette enquête; l'un fut un clerc de pays wallon, Anselme de Porroie, chanoine de Liège, les autres deux chevaliers allemands, Hartmann de Ratzenhausen et Eberhard de Landsberg. Ils furent nommés par des lettres

---

1. On sait que Rodolphe de Habsbourg, n'ayant pas été couronné par le pape, n'a jamais porté que le titre de roi des Romains, quelquefois remplacé dans l'usage vulgaire par celui de roi d'Allemagne. Beaucoup d'écrivains modernes lui donnent à tort, ainsi qu'aux autres rois des Romains, le titre d'Empereur.
2. Calmet, II, DXXV-DXXVI.
3. L'un des trois royaumes qui composaient le saint-empire romain; les deux autres étaient le royaume d'Arles et de Vienne (ancien royaume de Bourgogne), et le royaume d'Italie ou de Lombardie : Freeman, *Historical Geography of Europe* (London, 1881), p. 148.
4. Calmet, II, DXXV-DXXVII.
5. Calmet, II, DXXV.
6. Lettres de Rodolphe du 29 avril 1288, ci-dessous.

royales, datées de Kyburg [1], le 29 avril 1288, et ainsi conçues :

> Rudolfus, Dei gracia Romanorum rex semper augustus, universis sacri imperii Romani et precipue dyocesis Virdunensis fidelibus, gratiam suam et omne bonum. Honorabilis vir.. primicerius Ecclesie Virdunensis, qui, sede vacante Virdunensi, custos et gardiator castrorum existit et episcopatus Virdunensis, per nobilem virum.. de Albo Monte [2] Nostre Serenitati cum affectu commendabili demonstravit, videlicet, quod.. rex Francie, regni sui metis et terminis non contentus, civitatem Virdunensem et dyocesim, cum quibusdam locis aliis convicinis, suis finibus et jurisdictioni nititur applicare, gracia cujus devotionis et fidei plenitudinem discreti viri supradicti.. primicerii sinceriter commendamus. Et quia Deus super excelsa sublimior nos ad imperiale solium sublimavit, ut menbra Romani imperii suo corpori firmiter adhereant indecisa, supradictum negotium, ad instantiam predicti primicerii, honorabili viro Anselmo de Porrogia, canonico Leodiensi, et strennuis viris Hatmanno de Razenhusen et Eberhardo de Landisperg, militibus, fidelibus nostris, commisimus efficaciter inquirendum. Qui, diligenti et studioso indagine hujus rei edocta veritate, Nostram Serenitatem luculentius informabunt. Dat. Kibûrg, iij° kalendas maii, regni nostri anno quintodecimo [3].

Les trois commissaires arrivèrent à Verdun le vendredi 14 mai 1288, avant-veille de la Pentecôte, et y séjournèrent jusqu'au mardi 25 du même mois, surlendemain de la Trinité. Durant ces douze jours, ils entendirent quatre-vingt-quatre témoins. Rien ne fait connaître directement comment et par qui ceux-ci furent choisis ; mais c'étaient tous des hommes du comte de Bar ou de l'Église de Verdun, et l'unanimité avec laquelle ils déposèrent en faveur des prétentions du comte laisse à penser qu'ils ne parlèrent que par son ordre ou sur son invitation. Le résultat de l'enquête de Verdun fut naturellement contraire de tout point à celui de l'enquête de Sainte-Menehould, et les commissaires, en retournant auprès du roi leur maître, purent lui présenter un rapport qui affirmait, sur toutes les questions débattues, le bon droit de l'Empire et du comte de Bar, le mauvais droit du roi de France. Rodolphe sanctionna les conclusions

---

1. Suisse, canton de Zurich, district de Pfäffikon.
2. Henri de Blamont, frère du primicier ou princier de Verdun, Thomas de Blamont (Clouët, t. III, p. 9). — Blamont, Meurthe-et-Moselle, arrondissement de Lunéville, chef-lieu de canton.
3. Vidimus du 21 mars 1295, reproduit dans un vidimus du 6 décembre 1299, Bibliothèque nationale, manuscrits, collection de Lorraine, vol. 199, pièce 19 ; imprimé, Calmet, II, DXXVIII.

de ce rapport par des lettres royales, données à Strasbourg, le 12 octobre 1289, en ces termes :

> Rudolfus, Dei gracia, Romanorum rex semper augustus, universis sacri Romani imperii fidelibus presentes litteras inspecturis, gratiam suam et omne bonum. Relatibus multorum, crebra fama et multorum querimonia ad Serenitatis Nostre certitudinaliter pervenit auditum quod illustris.. rex Francie terram et partes nostras et sacri Romani imperii subintravit, usurpando diversimode sibi bona, jura, obventiones et possessiones in eisdem. Nos autem hujusmodi relatuum, fame et querimonie, ne quicquam minus provide facere videremur, certitudinem omnimodam habere volentes, ad episcopatum Virdunensem viros providos et discretos, clericos et laicos, de quorum industria, constancia et puritate fidei obtinuimus confidentiam plenissimam, misimus, qui facti hujusmodi inquirerent veritatem. Qui cum, inquisitione clare et mature completa et in publica instrumenta redacta, se nostris conspectibus obtulissent, relatibus, fame et querimonie supradictis veritatem omnimodam invenimus suffragari. Unde, nolentes ut dicta inquisitio facta oblivioni daretur, sed perpetuo in memoria haberetur, ipsam inquisitionem huic littere annexam, approbamus, ratificamus et testimonio presencium confirmamus. Dat. Argentine, iiij°. idus octobris, indictione .iija., anno Domini .M°.CC°. octogesimo nono, regni vero nostri anno septimo decimo [1].

Cette approbation officielle fut à peu près tout ce que le comte de Bar obtint de Rodolphe ; mais lui et son successeur, Henri III, paraissent y avoir attaché une assez grande importance, car durant le cours de leur lutte contre Philippe le Bel, qui se prolongea pendant douze ans, ils demandèrent deux fois la confirmation des lettres de Rodolphe aux rois élus après lui, Adolphe de Nassau et Albert de Habsbourg. On a les lettres confirmatives de ces deux princes ; celles d'Adolphe sont en date du 21 mars 1295 et celles d'Albert du 6 décembre 1299. C'est par ces *vidimus* que le texte des lettres de Rodolphe, de 1288 et 1289, nous est parvenu [2]. En 1301, le comte Henri III, vaincu, dut traiter avec le roi de France aux conditions imposées par celui-ci. Il céda à la France la mouvance de tout ce qu'il avait à l'ouest de la Meuse ; c'est ce qu'on a appelé le *Barrois mouvant*, pays qui depuis lors a toujours été sous la souveraineté de la France, bien que les princes qui régnaient sur l'Empire n'en eussent point

---

1. Vidimus du 6 décembre 1299, Bibl. nat. et Calmet, ibid.
2. Bibl. nat. et Calmet, ibid.

ratifié la cession. Il abandonna en même temps le droit de garde sur l'abbaye de Beaulieu et reconnut ce droit au roi.

L'original du rapport des trois commissaires demeura entre les mains du comte de Bar. Il passa régulièrement à ses successeurs, et c'est ainsi qu'il est arrivé, avec les autres titres du trésor des chartes de Lorraine et de Bar, aux archives du département de Meurthe-et-Moselle, à Nancy, où il est conservé aujourd'hui.

II

MONTFAUCON-D'ARGONNE.

Le mandat des commissaires était de s'informer s'il était vrai que le roi de France entreprit sur les droits de l'Empire, en essayant de s'attribuer l'autorité sur des parties du territoire impérial. Ce fut la question qu'ils posèrent aux témoins appelés à l'enquête. La réponse fut affirmative, et les témoins désignèrent nommément deux points de l'Empire où le roi de France exerçait, selon eux, un pouvoir usurpé : Montfaucon-d'Argonne et Beaulieu-en-Argonne.

Montfaucon-d'Argonne [1], bourg sur une hauteur, au nord-ouest de Verdun, était de l'ancien *pagus Dulcomensis* ou Dormois [2], du diocèse de Reims et du doyenné de Dun. La seigneurie et la justice du lieu appartenaient à une collégiale qui y était établie sous l'invocation de saint Germain, et qui avait remplacé une ancienne abbaye ; les chanoines et leur prévôt tenaient cette seigneurie en fief de l'évêque et de l'Église de Verdun [3], auxquels l'abbaye qu'ils remplaçaient avait été donnée, entre les années 888 et 893, par Arnoul, roi de Germanie [4]. En outre, le comte de Grand-Pré [5] y eut longtemps des droits de chasse, de gîte, de charroi, d'ost, de chevauchée et même de justice, qu'il tint d'abord du

---

1. Meuse, arrondissement de Montmédy, chef-lieu de canton.
2. Longnon, *Études sur les pagi de la Gaule*, 2º partie (*Bibliothèque de l'école des hautes études*, 11º fascicule), p. 50 et 53.
3. Ci-dessous, §§ 21, 62, 63, 66 ; archives de Meurthe-et-Moselle, trésor des chartes, layette Bar fiefs I, nº 15.
4. Wassebourg, *Antiquités de la Gaule belgique*, t, I, fº 174 rº.
5. Ardennes, arrondissement de Vouziers, chef-lieu de canton.

comte de Bar [1] et qu'il lui vendit en 1267 [2]. Ces droits amenèrent des discussions entre le comte de Bar et le chapitre des chanoines ; un long rôle de dépositions de témoins, conservé aux archives de Meurthe-et-Moselle, est consacré à la discussion de l'étendue des droits que le comte de Grand-Pré exerçait à Montfaucon avant la vente consentie par lui au comte de Bar [3]. Peut-être ces difficultés furent-elles la cause qui décida le chapitre à chercher une protection au dehors. Le roi de France devait être tout disposé à saisir l'occasion de mettre sous sa main le bourg de Montfaucon, position stratégique avancée, qui dominait la vallée de la Meuse et le territoire de l'Empire, à quelques lieues seulement de la cité épiscopale de Verdun. Philippe le Hardi conclut avec les chanoines un acte de « compaingnie », comme l'appelle notre texte, c'est-à-dire une association de seigneurie et de justice. J'aurais voulu retrouver cet acte, auquel il est fait plusieurs fois allusion dans l'enquête de 1288 [4] ; je l'ai demandé en vain aux archives nationales, à Paris, et aux archives de la Meuse, à Bar-le-Duc. Ces établissements possèdent l'un et l'autre des titres qui proviennent de Montfaucon-d'Argonne, mais l'acte de la *compagnie* avec Philippe le Hardi n'y a pu être trouvé, ni en original ni en copie. Il semble pourtant que le texte de cet acte se

---

1. Aveu de novembre 1260, cartulaire de Bar, Bibliothèque nationale, ms. lat. 11853, f° 34 v°.

2. Acte du 27 octobre 1267, ibid., f° 35 r° et v°.

3. Trésor des chartes de Lorraine, Bar fiefs I, n° 15. Ce rôle ne parle jamais des droits du comte de Grand-Pré qu'à l'imparfait : « li cuens de Grant-Prey i *avoit* sa justice sus ses homes et... *estoient* sui home justisable... » Il est donc postérieur à la vente de 1267, mais de peu d'années apparemment, car il n'y est jamais question de droits exercés par le comte de Bar lui-même. Les difficultés auxquelles il a trait se seront sans doute produites au moment où le comte de Bar aura voulu entrer en possession des droits que lui avait cédés le comte de Grand-Pré. — Le rôle contient les dépositions de huit habitants de Nantillois (Meuse, arrondissement de Montmédy, canton de Montfaucon-d'Argonne); ces témoins contredisent, en termes fort vifs, les dépositions données par d'autres témoins, qui prétendaient restreindre les droits du comte au profit du chapitre. La pièce n'est qu'une suite de démentis : « De ce que Andreus dit que l'esglize de Montfaucon at toute justice... il ne dit pas voir... Qu'il vit bannir a la justice de Montfalcon Heibert Tournemine, c'est fauz... Qu'il le vit bannir depuis x ans ensa, il ce ment... Contre Coulon d'Aspremont, de ce qu'il dit qu'il at veu veeir la chevalchie au conte et l'ost, il ce ment, ausi com Andreus ment de ceste choze... » Ces formules reviennent presque à toutes les lignes de la pièce, qui remplit quatre grandes feuilles de parchemin. Il serait intéressant de connaître un peu mieux l'occasion qui a fait rédiger ce curieux document et la procédure antérieure à laquelle il se réfère.

4. Ci-dessous, §§ 3, 10, 21, 44, 58, 61.

soit conservé jusqu'à nos jours, car il est cité à plusieurs reprises dans le *Dictionnaire topographique du département de la Meuse*, sous le nom de « Cession à Philippe le Hardi » et avec la date de 1272 [1]. Cet accord permit au roi d'envoyer à Montfaucon un prévôt pour y rendre la justice en son nom [2]. La nouvelle prévôté royale fut placée dans le ressort du bailliage de Vermandois ; elle est mentionnée dans deux arrêts insérés aux *Olim* et rendus, l'un au parlement de la Chandeleur en 1274, l'autre à celui de la Pentecôte en 1281, qui ont pour objet des plaintes du comte de Bar ou de ses gens contre deux prévôts de Montfaucon [3]. Le comte n'avait donc pas cessé d'être en différend avec les habitants et les autorités de Montfaucon [4], sans doute toujours à propos des droits partiels de seigneurie qu'il avait acquis sur ce

---

1. Félix Liénard, *Dictionnaire topographique du département de la Meuse*, articles *Cuisy, Montfaucon, Septsarges*. — L'abbé Clouët, t. II, p. 487, mentionne et reproduit en partie l'acte de *compagnie* des chanoines de Montfaucon-d'Argonne avec Philippe le Hardi, pour le partage de la seigneurie et de la justice de ce lieu et des environs. Il ne dit pas où il avait vu cette pièce, qui ne se retrouve aujourd'hui ni aux archives nationales, ni aux archives de la Meuse. La date exacte de cet accord est le mardi après la Circoncision, l'an 1272, c'est-à-dire le 5 janvier 1273, nouveau style. Voici l'extrait donné par Clouët : « Omnibus, etc., Fulco et Acelinus canonici et procuratores Johannis prepositi, Nicolai decani totiusque capituli ecclesie Montisfalconis, Remensis diocesis... Excellentissimum dominum nostrum Ph. Dei gratia Francorum regem associamus medietati omnium possessionum, jurium, justitiarum nostrarum, videlicet in villis de Montefalconis, de Chesserges, de Cuisiaco, de Gericort, de Duyllancort, de Ceri, de Espenonville, de Gennes, [*Montfaucon-d'Argonne, Meuse, arr. de Montmédy, chef-lieu de canton; Septsarges, Cuisy, Gercourt-et-Drillancourt, Cierges, Épinonville et Gesnes, communes du canton de Montfaucon-d'Argonne*], in hominibus, terragiis, pratis, aquis, furnis, molendinis factis et faciendis, in villis edificandis et in omnibus accrescentiis que fient de cetero in terra nostra... Actum Parisiis, die Martis post Circumcisionem Domini, anno ejusdem millesimo ducentesimo septuagesimo secundo. » On trouvera également dans Clouët, t. III, p. 221, l'acte de renouvellement de la compagnie entre le roi et Montfaucon, en novembre 1319 (ci-dessous, p. 205).
2. Enquête, § 1.
3. *Les Olim*, publiés par Beugnot, t. II, p. 57 et 176. Dans le second de ces arrêts, il s'agit d'un ancien prévôt, qui avait cessé ses fonctions depuis huit ans.
4. C'est ce qui résulte aussi d'une lettre du 24 octobre 1278, par laquelle le comte de Nevers prie le roi de lui renvoyer, comme au juge du domicile du défendeur, une action mobilière portée en parlement contre le comte de Bar par le chapitre de Montfaucon : « Cum... Thob., comes Barren., super mobilibus et capitalibus a preposito et capitulo ecclesie Montis Falconis coram vobis conveniatur vel conveniri speretur et dictus comes sit cubans et levans seu et domicilium habeat in feodo nostro et territorio, propter quod nostre juridicionis est quantum ad predicta... » (Archives de Meurthe-et-Moselle, trésor des chartes de Lorraine et de Bar, layette Bar mouvant, n° 14.)

lieu ; mais il ne songeait pas alors à contester la légitimité du pouvoir qu'y exerçait le roi de France, puisqu'il portait à la cour même du roi les plaintes qu'il avait à faire contre son prévôt. Au reste, à une époque qui n'est pas exactement déterminée, probablement quelques années avant 1288, la *compagnie* entre le roi de France et le chapitre de Montfaucon fut annulée par arrêt du parlement ; ce sont deux des témoins de l'enquête qui nous l'apprennent, sans dire comment, à quel propos ni sur la demande de qui cette annulation fut prononcée : « Mes sires Eudes... dit qu'il vit que li roy de France... ne justisoiet au dit leu de Montfalcon ne as parties par desai entre Montfalcon et Verdun, ne riens n'i avoient qu'il eust oï dire ne veu, ains vit que Monffalcons estoit justicie par celz de l'Empire, fors puis la compaingnie que li rois de France et li chenoinne de Montfalcon firent ensemble, *la queilz compaingnie par droit en debatant est alee a niant en la court le roy de France.* » (§ 3, cf. § 61.) Cet arrêt d'annulation, dont il ne nous est parvenu aucune autre trace, était sans doute enregistré dans ce volume perdu des *Olim*, dont M. Delisle a en grande partie restitué le texte [1].

Telle était la situation au moment de l'enquête de Verdun, et l'on ne voit pas bien à quel propos on fit intervenir le nom de Montfaucon dans l'affaire qui avait motivé cette enquête. L'annulation de l'acte d'association de 1272 avait sans doute mis fin à l'exercice de l'autorité du roi de France à Montfaucon ; en effet, quand un témoin de l'enquête, signalant l'intervention française en ce lieu, mentionne notamment l'envoi d'un prévôt royal, il parle au passé : « il dit qu'il ait veu que li roi de France n'avoient ne signorie ne justice à Montfalcon, et puis at-il veu que li rois i *emvoieait* un suen prevost por lai jostitier, li queilz prevos *avoit* a nom Martin. » (§ 1). Aucun des témoins ne dit positivement qu'au moment même où il parle, le roi de France occupe Montfaucon et y usurpe le pouvoir.

Était-il vrai, comme le prétend l'enquête, que Montfaucon fût de l'Empire et que Philippe le Hardi eût commis une usurpation en y envoyant son prévôt ? Il faut distinguer. Montfaucon était de

---

1. Dans Boutaric, *Actes du parlement de Paris*, t. I. — On trouve dans le ms. nº 718 de la collection de Lorraine, à la Bibliothèque nationale, fºˢ 93, 97 et 104 rˢ, des actes de la cour du prévôt ecclésiastique de Montfaucon, en date d'avril 1281 et 1282, sans qu'il soit fait aucune mention d'un prévôt du roi de France. Ceci peut donner lieu de croire l'annulation de l'accord de 1272 antérieure à 1281.

l'Empire, cela paraît certain. On ne comprendrait pas, autrement, comment le roi de Germanie Arnoul aurait pu donner ce lieu à l'Église de Verdun, ainsi qu'on l'a vu plus haut. Un document ancien, qui décrit les limites du comté épiscopal de Verdun, fait passer ces limites par Montfaucon, ce qui semble englober ce lieu, au moins en partie, dans le comté [1]; or il n'est pas douteux que le comté de Verdun ne fût fief d'Empire [2]. Enfin, Montfaucon est situé plus à l'est que les lieux de Cierges et Romagnes, au nord, de Cheppy et Varennes, au sud, que des textes français du xiv° siècle disent expressément *in Imperio* [3]. Il y a donc tout lieu d'admettre les affirmations des témoins de 1288, quand ils déclarent qu'aucun roi de France, avant Philippe le Hardi, n'avait exercé d'autorité sur Montfaucon (§§ 1, 3, 10, 21, 44, 58, 61), que ce lieu n'avait pas contribué aux décimes levés exclusivement en territoire français (§§ 1, 2, 10, 47, 48), qu'on n'y avait pas tenu compte des sentences d'interdit prononcées sur la France (§ 1). Ce qui n'est pas si clair, c'est que l'association du roi de France avec les chanoines et l'envoi d'un prévôt royal constituassent, ainsi qu'on le prétend, une entreprise illicite et un abus d'autorité. La qualité de roi d'un pays n'excluait pas, dans le régime féodal, le droit de tenir une seigneurie en un autre royaume; c'est ainsi que les rois d'Angleterre tinrent longtemps en France le duché de Normandie et d'autres fiefs, les rois d'Aragon

---

1. Ce document, dont la date est incertaine, a été publié par Mabillon, *Librorum de re diplomatica Supplementum*, p. 101, et réimprimé, entre autres, dans le *Dictionnaire topographique du dép. de la Meuse*, de M. F. Liénard, p. xii. Il commence par ces mots : « Virdunensis comitatus ita in circuitu habetur. Incipit enim a Leone Montefalconis... » et finit par ceux-ci : « et inde recta via *usque ad Montemfalconis* et usque ad Leonem a quo prius incepimus. » Il suffit des mots *usque ad Montemfalconis* pour faire voir que la limite passait par Montfaucon. Quant aux mots *Leo Montefalconis*, on les a traduits par Lion-devant-Dun, lieu autrefois dépendant de la collégiale de Montfaucon; c'est faire remonter la ligne de frontière bien loin au nord, et l'on ne voit guères comment elle pourrait revenir de là à Soutry (commune de Sivry-sur-Meuse), dont il paraît être question ensuite. Le *leo Montefalconis* n'était-il pas plutôt un lion de pierre établi à Montfaucon même pour marquer la limite? Il y avait de même à Verdun, selon M. Liénard (*Dictionnaire*, p. 130), un lion de pierre, au bas d'une des tours de la cathédrale, qui marquait la limite de la juridiction du chapitre; on montre aujourd'hui ce lion au musée de Verdun.

2. Montfaucon est mentionné dans le partage du royaume de Lothaire entre Charles le Chauve et Louis le Germanique, en 870 (*Monumenta Germaniae, legum* t. I, p. 517). Il appartenait donc alors à ce royaume et non à celui de France. C'est un motif de plus d'attribuer ce lieu, pour les siècles suivants, à l'Empire.

3. Varin, *Archives administratives de Reims*, t. II, p. 1091, 1092, 1097.

le comté de Barcelone, que Philippe le Bel et ses fils tinrent en l'Empire le comté de Bourgogne. Rien n'empêchait, ce semble, Philippe le Hardi d'acquérir de même des chanoines de Montfaucon, seigneurs de ce lieu, une part de leur seigneurie, qu'elle fût de France ou d'Empire. Du moment qu'il n'y exerçait le pouvoir qu'en vertu d'une association avec les seigneurs, c'était comme co-seigneur et non comme roi qu'il l'exerçait, et il n'y avait là, au point de vue du droit strict, aucune intrusion de la souveraineté française en Allemagne.

Trente ans après l'époque qui nous occupe, en novembre 1319, une nouvelle association de seigneurie et de justice fut conclue entre le roi de France et le chapitre de Montfaucon [1]. Il fut convenu que le chapitre et le roi auraient chacun leur prévôt, que les deux prévôts rendraient concurremment la justice, que les émoluments et profits de la seigneurie seraient partagés, etc. Ce second partage fut plus durable que le premier; l'état de choses qu'il établit a duré jusqu'à la révolution [2]; la suzeraineté de l'Église de Verdun sur Montfaucon tomba, à ce qu'il semble, en oubli. La prévôté royale de Montfaucon-d'Argonne dépendait encore au XVIIIe siècle, comme sous Philippe le Hardi, du bailliage de Vermandois [3].

Relevons encore, avant d'en finir avec Montfaucon, quelques détails nouveaux qu'apporte, pour l'histoire de cette localité, l'enquête de 1288. Nous y apprenons qu'au XIIIe siècle, non seulement le prévôt du chapitre tenait sa prévôté en fief de l'évêque de Verdun, mais encore que l'évêque avait, en vertu de cette tenure, la jouissance et l'administration de la prévôté lorsque celle-ci était vacante (§§ 62, 63); qu'il y avait à Montfaucon une tour forte, qui constituait le corps du fief tenu de l'évêque par le prévôt (§ 21) et dont le prévôt devait en certains cas délivrer les clefs

---

1. Copie de 1547, sur papier, aux archives nationales, J 760, n° 41.
2. Les comtes de Bar avaient dû l'accepter; voir des lettres de la comtesse de Bar régente (1344-1352), demandant au roi de France des faveurs pour ses sujets habitant Montfaucon : archives de Meurthe-et-Moselle, trésor des chartes de Lorraine et de Bar, layette Bar ville et bailliage I, n° 20. En 1346, dans l'un des textes publiés par Varin et déjà mentionnés (*Arch. admin. de Reims*, II, 1093), Montfaucon est nommé sans la qualification *in Imperio*, peut-être parce que le roi y était de fait aussi maître que dans son royaume. Du reste, les rédacteurs de ces textes ne paraissent pas s'être astreints à donner régulièrement cette qualification à tous les lieux auxquels elle pouvait s'appliquer.
3. Titres modernes de la collégiale de Saint-Germain de Montfaucon, aux archives de la Meuse.

à l'évêque (§ 56); que, sous l'épiscopat de Robert de Milan (1255-1271), cette tour fut attaquée et détruite par le comte de Grand-Pré [1] (§§ 62, 66), que l'évêque la fit refaire (§§ 59, 62, 66) et dépensa pour cela une somme de trente à quarante livres (§ 65); enfin, suivant un des témoins, « cil de Montfalcon doient chascun an a la citei de Verdun une certainne soume d'argent por paier les waites dou chasteil de Verdun et refaire une partie des murs dou chasteil de Verdun, et parmi ce il pueent devenir borgois de Verdun quant il lor plait » (§ 44).

III

BEAULIEU-EN-ARGONNE.

Le second lieu d'Empire où le roi de France, selon les témoins de l'enquête, entrait sans droit et « de novel », c'est celui qui avait fait l'objet premier du débat, Beaulieu-en-Argonne. On a vu que, l'année précédente, en 1287, une enquête faite à Sainte-Menehould et un arrêt rendu en parlement à Paris avaient déclaré que Beaulieu était du comté de Champagne et du royaume de France; l'enquête faite à Verdun en 1288 le déclare au contraire du royaume d'Allemagne et de l'Empire. Pour juger qui avait raison, il faudrait pouvoir lire également les assertions des deux parties et comparer au texte de l'enquête de Verdun celui de l'enquête de Sainte-Menehould. Peut-être ne doit-on pas renoncer à tout espoir de retrouver cette dernière. En attendant ce hasard heureux, on en est réduit, pour juger la question, à de bien faibles indices.

La première raison alléguée pour prouver que Beaulieu est de l'Empire, c'est qu'il « siet desai le rui de Byenme devers Verdun, li queilz rus de Byenme depart le royalme de l'Empire. » (§ 1.)

1. Comparez le passage suivant du rôle des dépositions des habitants de Nantillois sur les droits du comte de Grand-Pré à Montfaucon, cité plus haut; je restitue par conjecture, entre crochets, les mots effacés dans l'original : « Item, de ce qu'il dit qu'onques l'esvesques de Verdun n'anvoiat gens pour [aus deffendre, il ce ment], car en icelui tains que li esvesques [de Verdun] envo[iat gens] a Montfalcon por deffendre la tour, [li cuens de] Grant-Prey avoit batant a la ville de Mont[falcon, et] prist [dous ho]mes en la tour, la envoiiez de par l'es[vesque de] Verdun, [c'est] a savoir mon signor Jehan Rober et mon s[ignor...] Thouain de Verdun, et les [menat ou chastel de Gr]ant-Prey mes sires Jehans de Cannon. »

L'argument pêche par la base : la Biesme, affluent de droite de l'Aisne, coule du sud-est au nord-ouest, et Beaulieu est situé au sud-est de la source de ce cours d'eau : il n'est donc ni en deçà ni au-delà de la rivière. Un autre argument, qui n'est qu'une présomption et non une certitude, c'est que Beaulieu était du diocèse de Verdun, de l'ancien *pagus Virdunensis :* or, s'il y a eu parfois des diocèses et des *pagi* partagés entre la France et l'Allemagne (on peut citer pour exemple le diocèse de Reims et, à ce qu'il semble, le *pagus Dulcomensis* ou Dormois), d'autres fois, plus souvent même sans doute, ce sont les limites des *pagi* et des diocèses qui ont servi à former celles des États [1], et le Verdunois était certainement compris, au moins en majeure partie, dans l'Empire. Une autre présomption peut être tirée d'un arrêt du parlement de France, rendu trente ans après, en 1318, qui contredit celui de 1287. En 1287, la cour avait décidé à la fois que Beaulieu était de Champagne et qu'il était de France. En 1318, le comte de Champagne ayant réclamé la garde de Beaulieu, comme d'une abbaye sise en son comté, les religieux soutinrent au contraire que leur couvent n'était pas situé en Champagne, mais « ultra terminos comitatus Campanie versus Verdunum », et la cour, leur donnant raison, adjugea la garde au roi [2]. Comme, en 1287, le roi de France était en même temps comte de Champagne, tandis qu'en 1318 le roi et le comte étaient deux personnages distincts, les deux décisions se trouvent chacune avoir été rendue au mieux des intérêts de la couronne ; mais c'est la seule ressemblance qu'on puisse trouver entre elles. Sur le point de savoir si Beaulieu était ou non du comté de Champagne, la seconde détruit la première ; et celle-ci n'avait déclaré que Beaulieu était du royaume qu'en déclarant qu'il était aussi du comté. Si les juges ont été mal informés sur un point, il est à craindre qu'ils n'aient pas été mieux informés sur l'autre, et l'on est tenté de penser qu'en réalité, en 1287, Beaulieu n'était ni du comté ni du royaume. Mais tout cela reste au fond fort incertain.

---

1. Ainsi, en 1290, dans la Thiérache, le « rieu que on appelle le Robissuel », c'est-à-dire le haut cours de la Sambre, séparait à la fois « le royaume de France et l'Empire et l'evesquiet de Loon et de Cambray. » (Cartulaire de Guise, à la Bibl. nat., ms. lat. 17777, f° 235 v°; Matton, *Dictionnaire topographique du département de l'Aisne*, p. 254.)

2. Arrêt du 9 août 1318, après enquête : *les Olim*, publ. par Beugnot, t. III, p. 1304-1305.

Les autres arguments mis en avant pour attribuer Beaulieu à l'Empire sont des affirmations intéressantes à recueillir, mais que nous ne pouvons contrôler. Les témoins assurent qu'aucun roi de France, avant Philippe le Bel, n'avait exercé une autorité quelconque dans l'abbaye ni sur son territoire (§§ 3, 15, 21, 40, 44, 47, 58); que le comte de Bar, auquel appartenait jusque-là (ceci n'est pas douteux) la garde de Beaulieu, tirait du droit de garde celui de fortifier l'abbaye [1] et de s'en servir comme d'une défense pour repousser les attaques du côté de la Champagne (§§ 1, 3, 10, 15, 58, 61, 63); qu'il tenait cette garde et ces droits en fief de l'évêque de Verdun, qui lui-même en tenait la mouvance du roi des Romains (§§ 3, 61); que l'abbaye avait dû reconnaître la juridiction du comte de Bar et avait souvent plaidé devant sa cour à Saint-Mihiel, « qui est bien avant en l'Empire oltre la Mueze par devers Alemengne » (§§ 18, 22, 37, 42, 47, 58, 61); que Beaulieu, comme Montfaucon, n'avait jamais contribué aux décimes perçus sur le clergé de France, mais bien aux subsides levés sur le clergé de l'Empire [2] (§§ 1, 2, 10, 47, 48, 58); que les habitants de Beaulieu, comme ceux de Montfaucon, étaient tenus de contribuer aux dépenses des fortifications et de la garde de Verdun, et avaient le droit de se faire recevoir citoyens de cette

---

1. Il ne l'avait fortifiée que de palis; le roi de France, aussitôt qu'il l'eut entre ses mains, s'empressa de substituer aux remparts de bois des remparts et des tours de pierre : « Et dit que celle eeglise de Biaulleu, qui fuit fermee de pelis par les gens de l'Empire contre ces de Chempengne, li rois de France, sires de Champengne, fait orendroit fermer de pierre contre ces de l'Empire et fait ovrer et faire aparel por faire iiij tours. » (§ 15.)

2. Ces subsides sont désignés sous le nom de *vingtième*, qui ferait croire à une contribution régulière levée par les Empereurs et rois des Romains sur les églises de leurs États, à l'exemple des décimes français, et fixée à un vingtième du revenu. Pourtant, grâce à une obligeante communication de M. le professeur J. Ficker, d'Innsbruck, transmise par M. le Dr Mühlbacher, je suis informé qu'on ne connaît aucune contribution semblable en Allemagne au XIIIe siècle. Est-ce une erreur de notre texte? Ou faut-il y voir la révélation, unique jusqu'à ce jour, d'une institution qui n'aurait laissé aucune autre trace? — Qu'est-ce aussi que cette concession de décime et de vingtième qui fut faite à Cambrai, selon le § 2 de l'enquête? M. Gerbaux, qui a fait des décimes levés en France au XIIIe siècle l'objet de sa thèse de sortie de l'école des Chartes (encore inédite), n'a connaissance d'aucune concession de décime prononcée à Cambrai. — Enfin, les témoins de l'enquête admettent, comme un fait certain, que les décimes perçus par les rois de France n'étaient levés qu'en territoire français. M. Gerbaux a bien voulu me fournir la preuve qu'au contraire des décimes ont été plusieurs fois levés par les rois de France, au XIIIe siècle, sur des Églises étrangères au royaume, et en particulier sur celle de Verdun. — Je dois me borner ici à signaler ces diverses difficultés, en laissant à de plus compétents le soin de les résoudre.

ville quand ils le voulaient (§ 44); enfin, que l'abbé de Beaulieu avait envoyé un clerc pour le représenter au concile national d'Allemagne assemblé à Wurtzbourg en 1287 [1] (§ 56).

Par le traité de 1301, le comte Henri III reconnut au roi le droit de garde sur l'abbaye de Beaulieu. Mais les controverses sur la situation de cette abbaye ne furent pas éteintes. Elles ont duré jusqu'aux temps modernes. En 1565, la question de savoir si Beaulieu appartenait au roi de France ou au duc de Lorraine fut encore l'objet d'une enquête, dont le procès-verbal se trouve à Paris aux Archives nationales (J 760, n° 11).

IV

LA BIESME

La preuve, selon plusieurs des témoins, que Beaulieu est de l'Empire, c'est qu'il « siet par desai le ru de Byenme devers Verdun » et que la Biesme « depart le royalme de l'Empire, et est li royalmes de France par delai le dit ru de Bienme et li Empires par desai le dit ru devers Verdun » (§§ 1, 3, 30, 40). La première proposition est erronée, on l'a déjà remarqué : Beaulieu est au-dessus de la source de Biesme et n'est ni en deçà ni au delà de ce cours d'eau. La seconde paraît exacte. Il y a tout lieu de croire qu'en effet la Biesme, ou du moins une partie du cours de cette rivière, formait au XIII° siècle la limite entre la France, qui en occupait la rive gauche, et l'Empire, qui en occupait la rive droite, comme elle a depuis formé la limite entre la Champagne et le Clermontois, comme elle la forme aujourd'hui entre le département de la Marne et celui de la Meuse. En tout cas, il ne faut pas nous plaindre que l'on ait insisté longuement, dans l'enquête de 1288, sur ce point au fond étranger au débat. Il y a plusieurs renseignements historiques curieux à tirer des arguments apportés par les témoins à l'appui de leurs assertions.

M. Longnon, dans ses éclaircissements sur la carte de la France en 1259 qu'il a faite pour le *Joinville* de M. de Wailly [2], a indiqué la difficulté qu'on éprouve à marquer, pour le milieu du XIII° siècle,

---

1. Labbe, *Sacrosancta Concilia*, XI, 1318.
2. *Jean, sire de Joinville, Histoire de saint Louis*, etc., par M. Natalis de Wailly, 2° édition (1874), p. 562.

la frontière exacte du royaume du côté de la Champagne ; il s'est décidé, non sans hésitation, à admettre que l'ancien comté d'Astenois (*pagus Stadunensis*), au diocèse de Châlons, faisait tout entier partie de l'Empire. Cette opinion ne peut plus être admise. Le pays d'Astenois, dont M. Longnon a si bien établi la véritable situation, l'étendue et les limites [1], comprenait le territoire des doyennés ecclésiastiques de Sainte-Menehould et de Possesse, sur la rive gauche de la Biesme, qui lui servait de limite au nord-est. Il était donc au-delà de cette rivière par rapport à Verdun, par conséquent en territoire français, selon le témoignage de l'enquête de 1288, si favorable pourtant à l'Empire. Parmi les témoins qui furent entendus dans cette enquête, et qui tous déposèrent contre la France et en faveur de l'Empire, beaucoup étaient des vieillards en 1288, c'est-à-dire déjà des hommes faits en 1259, date à laquelle se place M. Longnon ; si, dans leur jeunesse, la rive gauche de la Biesme avait appartenu à l'Empire, ils auraient eu soin de le dire. Ils l'attribuent sans hésitation à la France ; c'est une preuve suffisante que ce territoire était compris dans les limites traditionnelles du royaume [2].

La rive droite, d'autre part, était certainement territoire d'Empire. C'est le pays connu sous le nom de Clermontois, qui appartenait encore à l'Empire au xviie siècle et ne fut cédé à la France que sous Louis XIII [3]. Les témoins qui déposèrent à Verdun

---

1. Longnon, *Études sur les pagi de la Gaule*, 1re partie, *l'Astenois*, dans la *Bibliothèque de l'école des hautes études*, 2e fascicule. M. Longnon a définitivement réfuté l'ancienne opinion, fondée sur une fausse étymologie, qui mettait Stenay dans l'Astenois.
2. Pour attribuer l'Astenois à l'Empire, M. Longnon s'appuyait sur un document du commencement du xiiie siècle, qui dit que le comte de Champagne tenait de l'Empereur deux des principaux châteaux de ce pays, Dampierre et Possesse. Mais ces deux châteaux sont dans la partie méridionale de l'Astenois, et c'est la partie septentrionale de ce pays qui était limitée à l'est par la Biesme. On pourrait donc concilier les deux documents en supposant que l'Astenois, comme le Dormois, était partagé entre le royaume de France et l'Empire, que la partie nord (Sainte-Menehould) était du royaume, et la partie sud (Dampierre et Possesse) de l'Empire. Triaucourt, que M. Longnon (*Ét. sur les pagi*, p. 16) compte au nombre des localités de l'Astenois méridional (doyenné de Possesse), devait être de l'Empire, à en juger par un passage de la charte donnée à ce lieu en 1255 : « Si aliquis burgensis de Truaucourt a dicta villa recesserit et in regno Francie... morari voluerit... » (Lemaire, *Rech. hist. sur l'abb. et le comté de Beaulieu-en-Arg.*, p. 188.)
3. Liénard, *Dict. top. du dép. de la Meuse*; Bruzen de la Martinière, *Grand Dictionnaire géographique*, t. II, p. 419-420. Une des principales villes du Clermontois et des premières qu'on rencontre sur la rive droite de la Biesme, Varennes-en-Argonne, est expressément marquée *in Imperio* dans un texte

en 1288 eurent donc raison de dire que la Biesme marquait la limite entre le royaume de France, d'une part, et le royaume d'Allemagne et le saint-empire romain, de l'autre.

On ne pouvait traverser la rivière sans passer d'un État dans l'autre. De là plusieurs conséquences, que les témoins indiquent, comme autant d'arguments à l'appui de leurs dires.

Par exemple, tout habitant de l'une ou l'autre des deux rives de la Biesme qui passait la rivière pour aller s'établir de l'autre côté, dans le pays voisin, était par là même délié de la sujétion à son ancien seigneur et pouvait se choisir un seigneur nouveau, à son gré; mais, par là même aussi, il perdait ses *remenances*, c'est-à-dire tous les biens, meubles ou immeubles, qu'il laissait au lieu d'où il partait : « Se aucuns homs ou borgois qui estoit demorans desai le ru de Byeme devers Verdun alat demorer oultre le dit ru en Champengne ou roialme de France, il faisoit signor de cui qu'il voloit, mais cil qui ensi s'en aloit perdoit moble et heritage qu'il avoit au leu dont il estoit partis, et en teil maniere at-on usei de ces qui venoient de par delai le dit ru de Byeme demorer par desai le dit ru de Byeme devers Verdun, et est por la raison de ce qu'il aloient dou roialme d'Alemengne et de l'Empire ou roialme de France et en Champengne et dou roialme de France et de Champengne ou roialme d'Alemengne et en l'Empire, en passant le dit ru » (§ 3, cf. §§ 22, 30, 50, 60, 61). L'existence de cette coutume est confirmée par d'autres textes du XIIIe siècle; elle s'appliquait, du reste, non seulement aux hommes qui passaient de l'Empire en France, mais aussi à ceux qui, sans sortir de l'Empire, quittaient le domaine de leur seigneur pour s'établir dans une cité privilégiée, comme Metz ou Verdun. Ainsi une charte d'affranchissement donnée aux habitants de Triaucourt [1] par l'abbé de Beaulieu-en-Argonne, en 1255, porte : « quod, si aliquis burgensis de Truaucourt a dicta villa recesserit et in regno Francie vel in partibus Campanie vel in Metensi sive Virdunensi civitatibus morari voluerit, tota remanentia sua nostra erit, et quicumque fuerit abbas Belli Loci de dicta remanentia suam faciet voluntatem [2]. » La même clause se retrouve, mais avec une modification qui en atténue notablement la rigueur, dans la charte de franchise de Varennes-en-Argonne, donnée par le comte

---

rédigé en France en 1346 (Varin, *Arch. adm. de Reims*, II, 1097). Sur Clermont, cf. ci-dessous, § 21.

1. Meuse, arrondissement de Bar-le-Duc, chef-lieu de canton.
2. Lemaire, *Rech. hist. sur l'abb. et le comté de Beaulieu-en-Arg.*, p. 188.

de Bar en 1243 : « ... Se aulcun bourgeois de Varennes s'en alloit on royaume ou que s'en fust allé a Metz ou·a Verdun, il y convenroit que, dedans l'an et ung jour qu'il en seroit allé, ait vendu ou donné a bourgeois ou bourgeoise de la ville sa remenance... et se il ne l'avoit fait dedans le termine devant dit elle sera en ma main [1]. »

De même, une exécution légale commencée d'un côté de la Biesme ne pouvait se continuer de l'autre. Les seigneurs de la rive droite qui possédaient des bois ou des terres sur la rive gauche ne pouvaient faire amener chez eux les bêtes ou autres gages que leurs agents au-delà de la frontière saisissaient en punition de quelque délit forestier : « Et dit que li abbaie de la Challaide [2] si at bois et altres terre par delai celui ru de Byeme en parties de Champengne et i ont pris sovent li moinne de la Challaide pennies, por meffais que on lor avoit fait, et amennoient celle pennie aucune fois à la Challaide, qui est par desai le dit ru de Byeme devers Verdun en parties de l'Empire : li sergent de Champengne lor ont tousjours deffendu et deffendent que il teilz pennies, prises oultre le dit ru de Byeme en Champengne, ne menessent a la Challaide ne en altres parties par desai le dit ru de Bieme devers Verdun, por ce que les parties par desai le dit ru de Byeme devers Verdun sont de l'Empire » (§ 10).

Toutefois, les deux rives de la Biesme n'étaient pas sans relations judiciaires l'une avec l'autre. Il y avait des plaids où ceux du côté de France et ceux du côté d'Empire pouvaient vider leurs différends par-devant la justice. L'enquête de 1288 nous révèle l'existence de ces plaids qu'on pourrait appeler internationaux. Ils ne se tenaient ni en France ni dans l'Empire, car les habitants de chacun des deux États auraient pu refuser d'aller plaider dans l'autre ; la justice siégeait entre les deux rives de la Biesme, sur un pont. « Et at-on tousjours tenu les plais et les estaus sus le dit ru, au pont c'on dit Verdenois, des entreprises qui ont estei faites de ces qui sont par desai le dit ru, qui sont de l'Empire, et de ces qui sont par delai le dit ru, qui sont dou roialme de France, si com en leu qu'il at tous jours oï dire qui depart le royalme de France et l'Empire... » (§ 1, cf. §§ 10, 21, 30, 44, 47.) Le pont où se tenait ces plaids était appelé le *pont Verdunois*,

---

[1]. Calmet, *Hist.*, II, CDLVIII.
[2]. Lachalade, Meuse, arrondissement de Verdun, canton de Varennes-en-Argonne.

sans doute parce qu'il donnait entrée de l'Astenois dans le comté de Verdun ou l'ancien *pagus Virdunensis*. Il était situé, dit un témoin, non loin de Lachalade (« au pont Verdenois deleis la Challaide », § 21). L'ancienne voie romaine de Reims à Verdun passait la Biesme à un kilomètre environ au sud de Lachalade [1] ; elle est encore visible sur les deux rives, mais elle est maintenant interrompue par le cours de l'eau ; on peut supposer que le *pont Verdunois* lui servait autrefois de passage et se trouvait à l'intersection de cette voie et de la Biesme [2]. Cette justice mitoyenne entre deux souverainetés indépendantes est un fait curieux à noter pour l'histoire des institutions. Il est à regretter qu'aucun des témoins entendus dans l'enquête n'ait jugé à propos de dire au nom de quel seigneur ou de quelle autorité siégeait la cour du pont Verdunois. C'est un point qu'il est difficile de suppléer par conjecture ; il serait encore plus difficile de comprendre comment les plaids auraient pu être tenus sans que ce fût au nom d'un seigneur quelconque. Peut-être y avait-il à ces plaids à la fois des représentants du comte de Champagne et du comte de Bar, seigneurs immédiats des deux territoires riverains (§ 10).

La rive droite de la Biesme dépendant de l'Empire, les ordonnances législatives des rois de France n'y étaient pas applicables : les témoins de l'enquête ne manquent pas de marquer expressément ce point (§§ 3, 15, 22, 44, 50). L'un d'eux donne pour exemple les prohibitions de tournois édictées par divers rois de France : « De tous coumandemens qui sont fait et qu'il at veu faire ou roialme de France et oï dire que on at fait, il ne furent onques tenu par desai le dit ru de Byeme devers Verdun ne n'i obeïst-on onques, por ce qu'il sont et estoient de l'Empire, si comme des deffenses qui ont estei faites en France des chevaliers qui n'alassent mie as tornois et d'altres deffenses asseis » (§ 15). Des interdictions de ce genre avaient été prononcées, en effet, en 1260 et en 1280, comme l'a constaté Du Cange [3]. Un autre témoin reproche à Philippe le Bel d'avoir, sur ce point comme sur d'autres, excédé les limites de son autorité. Une

---

1. Voy. la carte de France du dépôt de la guerre, au 80000ᵉ, feuille 35.
2. Comparer Clouët, t. II, p. 241 : « On remarquait encore, comme singularité topographique de cet endroit (Lachalade), que les diocèses de Verdun, de Reims et de Châlons confinaient, à dix pas de l'abbaye, à l'un de ces petits ponts que l'on appelait autrefois Planchettes. »
3. *Glossarium med. et inf. latin.*, éd. Henschel, t. VII, *Dissertations*, p. 27, col. 2.

ordonnance de Philippe III, du 31 mars 1277, qui nous est parvenue, avait prohibé l'exportation de diverses marchandises, notamment des laines, hors du royaume de France [1]. Philippe IV, pour mieux assurer l'exécution de cet ordre, envoya ses sergents y tenir la main jusqu'au-delà de la frontière française, et fit saisir en territoire d'Empire les laines exportées en contrebande : « Et dit que li rois de France puis dous ans en ensai at envoiei ses gens par desai le dit ru devers Verdun por sergenter et por faire coumandemens, especialment sergens qu'il at envoiei por deffendre que on ne mengne lainnes dou roialme en l'Empire, et sont venu icil sergent jusques a Verdun a trois lewes [2], a dous, a demi lewe, et pris lainnes et arestees » (§ 44). Il avait même tenté, dit-on, de se faire livrer par les Verdunois un habitant de leur ville, dont il voulait faire justice, comme d'un de ses sujets : « Et dit que li baillis de Chaumont, sergens le roy de France, at estei a Verdun dous fois por faire ses enquestes, et at mandei li rois de France as citains de Verdun que il delivrassent j lor citain au bailli de Chaumont por justicier et por pugnir » (Ibid.) [3].

1. *Ordonnances des rois de France*, t. XI, p. 353 : « Il a esté ordené et commandé pour le commun proufit du royaume de France que l'en ne traie nulles laines hors d'icelluy royaume, ne blé ne nulle autre maniere de grain, ne vin autresit. »
2. C'est-à-dire jusqu'à 3 lieues de Verdun. Ce sens paraît préférable à celui qu'on obtiendrait en mettant une virgule après Verdun.
3. [Addition :] L'assertion du témoin Richard le Grenetier, doyen de Verdun, au sujet des sergents français envoyés « pour défendre qu'on ne mène laines du royaume en l'Empire », des enquêtes faites à Verdun par un bailli français et de l'ordre du roi de France, enjoignant aux Verdunois de livrer à ses agents « un de leurs citoyens, pour justicier et pour punir », est confirmée de tout point par deux arrêts du parlement, retrouvés par M. Delisle et insérés dans son *Essai de restitution d'un volume des Olim*. Le premier de ces arrêts, rendu au parlement de l'Épiphanie en 1278 (nouveau style), ne nous est connu que par une analyse du xvie siècle : « Les bourgeoys de Verdun en Lorraine respondent en parlement a la vefve feu Philippes le Clox, bourgeoise du roy à Sens, et sont condamnés pour prise et arrest de laines faictz audict Verdun, qui est estrange. » (Boutaric, *Actes du parlement de Paris*, t. I, p. 348, n° 310.) Le second, du terme de la Toussaint de l'an 1287, nous est parvenu intégralement : « Per inquestam super hoc factam probata est injuria illata servientibus lanarum ab aliquibus de Verduno, propter quod mandatum est rectoribus Verduni ut tradant Parium Celium (variante : Colcum) civem suum curie nostre seu gentibus domini regis puniendum, et primicerio Verduni, tenenti locum episcopi sede vacante, ut faciat emendari prisiam dictorum servientium per gentes suas et detencionem eorum in castro de Thom in carcere, quod castrum est episcopale. » (*Ibid.*, p. 409, n° 662.) — [En note :] Il s'agit probablement d'Hattonchâtel (Meuse, arrondissement de Commercy, canton de Vigneulles), où les évêques de Verdun avaient une forteresse importante et le siège principal de leur justice (Liénard, *Dictionnaire topographique du département de la Meuse*, p. 104).

Ces affirmations n'ont rien que de conforme à la réputation de Philippe le Bel, qui a toujours passé pour avoir été un souverain plus entreprenant que scrupuleux. On reconnaît, au contraire, l'esprit de modération et de stricte équité de Louis IX dans un trait rapporté tout au début de l'enquête par le premier témoin entendu : « Et dit encor que por j fait qui fuit fais saenarrier de son temps, de l'avesque Guillaume de Mes, li enqueror le roÿ de France, qui trovarent que li fais avoit estei fais par desai le dit ru de Byeme devers Verdun, le reportarent au roy de France, por la queil chose li dis rois de France ne se mellat puis dou fait, por ce que on avoit trovei qu'il avoit estei fais en l'Empire... » (§ 1). Le prélat dont il s'agit ici, Guillaume de Trainel, fut évêque de Metz depuis le commencement de l'an 1264 jusqu'en 1269. Le « fait » en question est sans doute quelque épisode de ses démêlés et de ses guerres avec le comte de Bar et le duc de Lorraine, qui remplirent la plus grande partie de son épiscopat [1].

La Biesme séparant à la fois deux souverainetés, la France et l'Empire, et deux grandes seigneuries, le comté de Champagne et celui de Bar-le-Duc, il n'est pas étonnant que deux coutumes différentes fussent en vigueur sur les deux rives. Un témoin signale cette diversité de coutumes et en donne un exemple frappant tiré du droit criminel. Du côté allemand, sur la rive droite de la Biesme, l'ancien usage germanique de la vengeance privée s'était conservé : si un meurtre était commis, c'était aux parents et amis de la victime d'en poursuivre eux-mêmes la vengeance en faisant la guerre au meurtrier, à leurs risques et périls ; le seigneur justicier laissait faire sans intervenir, se bornant à imposer au coupable une amende en argent. Du côté de France au contraire, en Champagne, la coutume avait fait des progrès et n'en était plus à cette barbarie primitive ; le seigneur justicier devait châtier le coupable, dont les biens et la vie étaient à sa discrétion, et les particuliers n'avaient à se mêler de rien : « Et dit encor que par delai le dit ru de Byeme ou roialme de France la coustume est teile, que cil qui occist home est en la main le signor, cors et avoirs, et n'en demande-on riens les amis, et par desai le dit ru de Byeme devers Verdun en l'Empire qui occist home il est quites au signor parmi certainne soume d'argent et at la werre as amis » (§ 15). Ce double renseignement est à noter pour l'histoire du droit coutumier [2].

---

1. *Gallia christiana*, t. XIII, col. 763.
2. Sur l'usage de la guerre privée en Verdunois, comparez des lettres du

La propriété du lit et des eaux de la Biesme était sans doute partagée par moitié entre les deux souverainetés riveraines. Ce partage entraînait celui du droit de pêche : « Cil de desai le dit ru de Byeme par devers Verdun peichent ou dit ru de Byeme en la moitiei par devers aus, por ce qu'il sont de l'Empire, et cil de par delai le dit ru peichent en l'autre moitiei par devers aus, por ce qu'il sont dou royalme de France » (§ 40). Les ponts aussi appartenaient pour moitié à la France et pour moitié à l'Empire, et chaque rive respectait les droits de l'autre, assure-t-on, même en temps de guerre : « Quant werre at estei entre ces de Champengne et le conte de Bar, cil de Champengne les pons fais sor le dit ru de Bienme deffirent plusors fois la moitiei par devers aus, et l'autre moitiei par desai devers Verdun lassoient entiere, por ce que elle estoit de l'Empire » (§ 1).

V

LE TEXTE DE L'ENQUÊTE.

Le texte de l'enquête de 1288 nous a été conservé de deux façons, par le document original et par une copie du xv° siècle. Celle-ci est utile pour combler quelques lacunes que l'original présente aujourd'hui.

La copie, que j'ai seule connue d'abord et d'après laquelle j'avais songé à publier le document à défaut de l'original, se trouve au tome II du grand cartulaire de Bar sur papier conservé aujourd'hui à la Bibliothèque nationale (collection de Lorraine, vol. 719, f°s 22 à 27). Elle a été faite avec peu de soin et n'aurait fourni à elle seule qu'un assez mauvais texte. J'ai dû la connaissance de l'original à M. H. Lepage, archiviste du département de Meurthe-et-Moselle, qui a mis la plus grande obligeance à le rechercher pour moi, à m'en faire connaître la découverte et

---

15 juillet 1269 (cartulaire de Bar, Bibl. nat., ms. lat. 11853, f° 74 v°) : « Nos Robers... evesques de Verdun... recognissons que de la mort Jaquemet de Vignuelles... nos devons faire pais tenir de nos et de nos houmes et des amins le mort envers mon signor Renaut de Bar et ces homes... » — Il n'était pas nécessaire d'ailleurs de sortir de France pour trouver des pays où cet usage existât et fût autorisé par le droit; nous voyons dans Beaumanoir, par exemple, que « coustume suefre les guerres en Biavoisis entre les gentix homes » (éd. Beugnot. t. II, p. 354). La coutume de Champagne, qui interdit les guerres privées, marque donc un progrès exceptionnel sur les mœurs de l'époque.

ensuite à me le communiquer pendant un court séjour à Nancy.

Le document est coté : « Layette Bar mouvant, n° 15. » Il se compose de neuf feuilles de parchemin. Les six premières sont de grande dimension et toutes d'une main ; les trois dernières sont beaucoup plus petites et d'une main différente. Celui qui a écrit les six premières feuilles a mis en tête de chacune, en guise de pagination, une des lettres majuscules A, B, C, D, E, F, et en tête de la première des petites feuilles la lettre minuscule *a*. Au milieu de la feuille F, on remarque un blanc dans lequel ont été écrits les mots : *Usque huc;* le point où le texte reprend, après ce blanc, est marqué d'un petit *b*. Cela paraît signifier que le texte des trois petites feuilles *a* doit s'intercaler au point où s'interrompt celui de la feuille F, aux mots *Usque huc*, et avant la partie marquée *b*, qui forme la fin de la pièce ; en effet, la formule finale et la date se trouvent à la fin de cette dernière partie, au bas de F. C'est l'ordre qui a été suivi ci-dessous dans l'impression du document [1].

Les neuf feuilles sont liées ensemble au bas par trois doubles queues de parchemin qui portent les sceaux, assez mal conservés, des trois commissaires royaux. Le premier de ces sceaux est de cire verte, de forme ovale ; on voit dans le champ deux oiseaux et une fleur, et autour du champ la légende : S. ANSELMIDEP... GIACANLEODIEN.. (*Sigillum Anselmi de P[orro]gia, canonici Leodiensis*). Le second sceau, triangulaire, de cire brune, porte un écu coupé, dans lequel on distingue (au 1) un mont, en allemand *Berg*, armes parlantes d'Eberhard de Landsberg ; il ne reste de la légende que les lettres ...HARDI... LADBERC... ([*Sigillum Eber*]*hardi* [*de*] *Landberc,* [*militis?*]). Enfin le troisième sceau est rond, de cire brune ; on y voit un écu couché, à une fasce, surmonté d'un cimier indistinct et de deux coquilles, et on lit autour du sceau : ... HAR.....DE..ACENHVS... ([*Sigillum*] *Har-*[*tmanni*] *de* [*R*]*acenhus*[*en*]).

Il y a, d'un bout à l'autre de la pièce, d'assez nombreuses corrections, surtout des additions entre les lignes, parfois des ratures.

Quelques passages, altérés par l'humidité, sont devenus illisibles. C'est pour combler ces lacunes, d'ailleurs peu nombreuses

---

1. Le texte des trois petites feuilles *a* forme ci-après les §§ 62 à 66, et celui de la partie *b* de la feuille F le § 67. Le copiste du cartulaire de Bar a copié les feuilles dans l'ordre où elles se présentent, sans tenir compte des lettres de renvoi ; il en résulte que dans sa copie la date se trouve au milieu du texte.

et toujours très courtes, qu'il a fallu recourir à la copie du cartulaire de Bar. Les passages publiés d'après cette copie sont imprimés entre crochets.

L'enquête est divisée en paragraphes dans l'original même. Cette division a été conservée; un numéro d'ordre a été ajouté, entre crochets, en tête de chaque paragraphe.

Pour conserver au document sa valeur comme texte de langue, il a paru nécessaire de distinguer par un signe matériel ce qui, dans l'original, se trouvait écrit en toutes lettres, et ce qui n'y était représenté qu'implicitement, à l'aide des signes d'abréviation usités au moyen âge. L'exemple de cette précaution indispensable a été donné par M. N. de Wailly dans sa *Notice sur les actes en langue vulgaire du* XIIIe *siècle contenus dans la collection de Lorraine* [1]; il a été imité peu après par le ministère de l'intérieur, dans la publication du *Musée des Archives départementales*. Le texte suivant est établi selon le même procédé que ceux qui ont été donnés dans ces deux recueils : toutes les lettres, syllabes ou parties de mots qui ne sont indiqués dans le manuscrit que par une abréviation ont été imprimées *en italiques*. Il n'a été fait exception à cette règle que pour les passages tirés de la copie du cartulaire de Bar, où l'orthographe a toujours été altérée par le copiste, et pour le texte latin inséré au § 67.

A tres noble prince no*s*tre tres chier signor R., p*ar* la grace de Deu, roy des Romains, Ancelz de Po*r*roie, chen*oinn*es [de l'Eccleise de Liege], Evrars de Landisperc *et* Hertemans de Lantecenchoze, chev*a*li*er*, ses clers et sui feable, reve*r*ence et honor. [Sire, comme nous eussien]s [de] v*os* co*m*mandement *et* receues sor ce vos lettres, des queilz li tenors si est teile : « Rudolphus, *etc.* »; item « Rudolphu[s, etc. [2] »; savoir faiso]ns a V[ostre] Hautesse que nos, en l'an de grace mil ij[c] iiij[xx] et oyt, le venredi devant Penthecoste [3], en proppre pe*r*sone veinimes a la citei de Verdun, qui est de v[ostre] reaulme, por fai]re *et* [por acomplir] ce dont chergiei nos aviez selonc la fourme *et* la tenour des lettres desor dite[s, et oïmes lai dilige]m*ent* les [tesmoingnaiges] dont li nom

1. *Notices et Extraits des manuscrits*, t. XXVIII, 2e partie, 1878.
2. L'une des deux lettres ici indiquées est sans doute la commission en date du 29 avril 1288, rapportée ci-dessus, § I. Je ne sais ce que pouvait être l'autre.
3. Le 14 mai 1288.

et les depositions sont ci desoz *contenues*, li queil, jurei *et* diligem[ent examinei, destrent par] lor [sairement] en la maniere ci-après dite.

[1] P*remiers, f*reres Jehans de Deu-en-Savengne [1], pr[estes de l'ordre dou Vaul]-des-[E]sco[liers, anciens] prodom de l'eage de lx ans, qui at demorei ou pais xl ans ou plus, ens]i comme il le dit, dit] p*ar* son sarement, sor ce requis, que li roys de France p*ar* ses sergens entre *et* at entr[ei de novel en l'empir]e d'Alemengne en plusors leus, ensi com il l'at veu *et* oï dire. Requis ou sont li leu ou [il ait entrei et entre e]nsi com il at desu dit, il dit : A Montfalcon. Requis co*ument* il le savoit, il dit qu'il [ait veu que li roi d]e France n'avoie*nt* ne signorie ne jostice a Montfalcon, et puis at-il veu que [li rois i emvoieait un suen prevo]st por lai jostitier, li queilz p*revos* avoit a nom Martin. *Et* dit encor que bi[en appert que li dicte] ville de Montfalcon soit de l'Empire, quar, toutes les fois que on at donnei disime ou [reaulme de] France, cil de Montfalcon n'en ont point paiei, por ce que il n'estoient mie ne sont dou dit royal[me de France]; *et*, quant on at donnei vintimie en l'Empire, cil de Montfalcon l'ont paiei, por la raison de ce qu'il estoient *et* sont de l'Empire; *et* si at oï dire plusors fois que, quant on at cessei de faire le devin ofice ou roialme de France por aucuns meffais, q*ue* on ne cessoit mie en l'ecglise de Montfalcon, por ce qu'il estoient et sont de l'Empire. *Et* dit encor p*ar* son sarement q*ue* li dis rois de France at entrei *et* entre de noveil a Biaulleu, qui est de l'aveschiei de Verdun, *et* en la terre de Biaulleu, qui sont de l'Empire, *et* dit qu'il le seit p*ar* les raisons desor dites. *Et* dit encor que bien apert que Beilleus est de l'Empire, quar elle siet p*ar* desai le rui de Bienme devers Verdun, li queilz rus de Byenme dep*art* le royalme de l'Empire, *et* est li royalmes de France p*ar* delai le dit ru de Bienme *et* li Empires p*ar* desai le dit ru devers Verdun, *et* ensi l'at-il tous jours oï dire; et at-on tous jours tenu les plais *et* les estaus sus le dit ru, au pont c'o*n* dit V*er*denois, des entrep*r*ises qui ont estei faites de ces qui sont p*ar* desai le dit ru, qui sont d[e] l'Empire, *et* de ces qui sont p*ar* delai le dit ru, qui sont dou roialme de France, si com en leu qu'il at tous jours oï dire qui dep*art* le royalme de France *et* l'Empire, en la maniere desor dite. *Et* dit encor que Beilleus est de l'aveschiei de Verdun, *et*

---

1. Prieuré de l'ordre du Val-des-Écoliers, aujourd'hui Dieu-s'en-Souvienne, ferme, Meuse, arr. Bar-le-Duc, cant. Vaubecourt, comm. Louppy-le-Château.

suelt-on dire coumunement que ce est la chambre l'avesque de Verdun, et li evesque de Verdun ont tous jours repris et doient repenre toute lor temporalitei dou roy d'Alemengne ou de l'Emperour, li queilz temporaliteis de l'esveschiei de Verdun dure jusques a celui ru que on apelle Bienme, ensi com il l'at tous jours oï dire. Et dit encor que li cuens de Bar, en wardant et en deffendant l'aveschiei de Verdun et la temporalitei de l'aveschiei, at de son temps fermeie l'ecglise de Beilleu contre ces de Champengne, et deffermei quant il li plout, et pluso[rs (*suppléer* fois) tenu] leans ses warnisons contre ces de Champengne. Et dit que plusors fois les at-il deffendu en marche contre ces [de Champegne], ensi com il l'at oï dire. *Et* dit encor que por j fait qui fuit fais saenarrier de son temps, de l'a[vesque] Guillaume de Mes, li enqueror le roy de France, qui trovarent que li fais avoit estei fais par desai le dit ru de Byeme devers Verdun, le reportarent au roy de France, por la queil chose li dis rois de France ne se mellat puis dou fait, por ce que on avoit trovei qu'il avoit estei fais en l'Empire, ensi com il l'at oï dire. Et dit encor que, quant werre at estei entre ces de Champengne et le conte de Bar, cil de Champengne les pons fais sor le dit ru de Bienme deffirent plusors fois la moitiei par devers aus, et l'autre moitiei par desai devers Verdun lassoient entiere, por ce que elle estoit de l'Empire. Et dit encor que, jai soit ce que la dite ecglise de Beilleu et la terre de Beilleu qui est desai le dit ru de Bienme devers Verdun soient de l'Empire, li rois de France de novel at mis son sergent en l'ecglise de Beilleu, qui justice et fait coumandemens en la dite ecglise de Beilleu et en la terre par desai le dit ru de Bienme, qui est de l'Empire. Et dit par son sarement que de toutes les choses desor dites est-il coumune renoumee et coumune voix en celles parties et en leus prochiens, et que ce qu'il en at dit se n'est ne por amor ne por hayne ne por proffit qu'il ne altres en atende, mais que por loialtei et veritei.

[2] Mes sires Wautiers de Fou [1], prestez, de l'eage de lviij ans, si com il dit, chapellains l'avesque de Toul et chapellains de Hams [2], dit par son sarement ce que freres Jehans, tesmognaiges desor noumeis, dit. Et dit encor qu'il fuit a Kambrai, ou li disimes fuit mis en tout le royalme de France et li vintimes en l'Empire :

---

1. Foug, Meurthe-et-Moselle, arr. Toul, cant. Toul-Nord.
2. Hans, Marne, arr. et cant. Sainte-Menehould?

cil de Beilleu *et* cil de Montfalcon ne paarent que le vintime, por ce qu'il estoient *et* sont de l'Empire.

[3] Mes sires Eudes, che*v*aliers, de l'eage de lxx ans, sires de Sorcey [1] en partie, tesmog*n*aiges jureis *et* requis se li rois de France *et* ses gens entrent *et* sont entrei en pa*r*ties dou roialme d'Alemengne *et* en l'Empire, dit par son sairement : Oïl; requis en queilz parties, dit : A Montfalcon *et* en parties de Montfalcon ; *et* dit qu'il vit que li roy de France, par eulz ne par altres en lor nom, ne justisoiet au dit leu de Montfalcon ne as parties par desai entre Montfalcon *et* Verdun, ne riens n'i avoient qu'il eust oï dire ne veu, ains vit que Monffalcons estoit justicie par celz de l'Empire, fors puis la compaingnie que li rois de France *et* li chenoi*n*ne de Monfalcon firent ensemble, la queilz compaingnie pa*r* droit en debatant est alee a niant en la court le roy de France. Requis se en altres parties il est entreis ne entre, dit que oïl. Requis en queilz parties, dit que en l'abbaie de Beilleu, en la *t*erre *et* ens appendises par desai le ru de Byeme deve*r*s Verdun. Requis coume*n*t il le seit q*u*e la dite abbaie de Beilleu, li terre *et* les appendises desor dites soient dou roialme d'Alemengne *et* de l'Empire, dit, parce que li dis rus de Bieme depart le royalme de France *et* le roialme d'Alemengne *et* l'Empire, ensi com li dis rus se porte, *et* est li roialmes d'Alemengne et l'Empires pa*r* desai le dit ru de Byeme deve*r*s Verdun, *et* li roialmes de France pa*r* delai le dit ru ; ensi l'at-il tous jours oï dire *et* apris de ses devantriens. Et dit encor qu'il at veu user de son temps *et* at oï dire de ses devantriens que, se aucuns homs ou borgois qui estoit demorans desai le ru de Byeme devers Verdun alat demorer oultre le dit ru en Champe*n*gne ou roialme de France, il faisoit signor de cui qu'il voloit, mais cil qui ensi s'en aloit perdoit moble *et* heritaige qu'il avoit au leu dont il estoit partis; *et* en teil maniere at-on usei de ces qui venoient de par delai le dit ru de Byeme demorer par desai le dit ru de Byeme devers Verdun ; *et* est por la raison de ce qu'il aloient dou roialme d'Alemengne *et* de l'Empire ou roialme de France *et* en Champe*n*gne *et* dou roialme de France *et* de Champe*n*gne ou roialme d'Alemengne *et* en l'Empire, en passant le dit ru. *Et* dit *q*ue ces choses sont notoires en parties desor dites, *et* coumune renoumee en est. *Et* dit encor par son sarement que l[i] d[ict]e abbaie de Beilleu siet par desai le dit ru de Byeime deve*r*s Verdun, et qu'il

---

1. Sorcy, Meuse, arr. Commercy, cant. Void.

l'at veu, de tant de temps com sovenir li puet, le conte de Bar deffendre contre ces de Champengne et fermer contre ces de Champengne et deffendre coume wardains, et ce tient-il de l'avesque de Verdun, et l'avesque de Verdun dou roy d'Alemengne. Requis coument il le seit, dit, par ce que li evesque de Verdun prennent lor regale dou roy d'Alemengne, et ensi l'at-il tous jours oï dire, et coumune renoumee en est en parties desor dites. Et dit encor par son sarement que il ne vit ne oït dire de tout son temps que cil de Champengne ne li rois de France justissassent ne feissent sergenteir a Biaulleu ne as villes ne as appendises de la dite abbaie qui sont desai le dit ru de Byeme devers Verdun, fors que puis trois ans en ensai, que li rois de France at mis sa main et ses wardes a ladite abbaie de Beilleu par sa volentei et encor les i tient. Et dit encor par son sarement que se li rois de France faisoit aucun coumandement en roialme de France, cil qui demoroient par desai le dit ru de Byeme devers Verdun n'obeïrent onques as dis coumandemens, ne requis ne contraint n'en furent ne mis a raison, ains ont fait le contraire, sens debat, et fait contre les dis coumandemens, por raison de ce qu'il se tenoient et tiennent dou roialme et de l'empire d'Alemengne et tous jours s'en sont tenu. Et dit par son sare[ment que] de toutes les choses desor dites est-il coumune renoumee et coumune voix en celles parties et en leus proch[iens, et que ce qu'il en ait] dit se n'est ne por amor ne por hayne ne por profist qu'il ne altres en attende, mais que por loialtei et veritei.

[4] Mes sires Phelippes, chevaliers, de l'eage de l ans, sires de Sorcei en partie, tesmognaiges jureiz et requis sor les choses desor [dictes, dit par] son sarement ce meeme que mes sires Eudes desor dis at dit, et concordat a lui dou tout.

[5] Mes sires Giles de Lomchamp [1], chevaliers, de l'eage de lv ans, tesmognaiges jureiz et requis sor les choses desor dites, dit par son sarement ce meeme que mes sires Eudes de Sorcei desor dis at dit, et concordat a lui dou tout.

[6] Mes sires Hues Boudes, chevaliers, de l'eaige de I ans, tesmognaiges jurez et requis sor les choses desor dites, dit par son sarement ce meime que mes sires Eudes de Sorcei desor dis at dit, et concordat a lui dou tout.

[7] Mes sires Jehans de Mereival [2], chevaliers, de l'eage de

1. Longchamps, arr. Commercy, cant. Pierrefitte.
2. Meravaux, arr. Verdun, cant. Fresnes-en-Woëvre, comm. Villers-sous-Bonchamp?

lx ans, tesmog*naiges* jureis *et* re[quis sur les] choses desor dites, dit *par* son sarement ce meimes *que* mes sires Eudes de Sorcei desor dis at dit, *et* concordat dou tout a l[ui].

[8] Mes sires Jaiques, sir*es* de Rampont [1], ch*e*valiers, de l'eage de lx ans, tesmog*naiges* jureis *et* [requis so]r les choses desor dites, dit *par* son sarement ce meimes *que* mes sires Eudes de Sorcei desor dis at dit, *et* concordat dou tout a lui.

[9] Mes sires Thierris, ch*e*valiers, sires de Nueville [2], tesmog*naiges* jureis *et* requis sor les choses desor dites, dit par son sarem*ent* ce meimes *que* mes sires Eudes de Sorcei desor dis at dit, *et* concordat dou tout a lui.

[10] Freres Rogiers, abbes de la Chaillaide [3], de l'ordre de Citialz, prestes, de l'eage de lxv ans, tesmog*naiges* jureis, requis *par* son sarem*ent* se li rois de France *et* sui sergent entrent ne sont entrei de noveil en l'empire d'Alemengne, dit *par* son sarement : Oïl. Requis en queilz pa*r*ties de l'Empire, il dit : A Montfalcon. Requis coum*ent* il seit que Montfalcons soit de l'Empire, il dit q*ue*, ansois q*ue* li chapistres de Montfalcon feist compaingnie au roy de France, li rois de France n'avoit riens a Montfalcon, ne n'i avoit sergentei ne justiciei *par* lui ne *par* aultrui. Et dit *par* son sarement, dou disime qui at estei paiés ou roialme de France *et* dou vintinme qui at estei paiés en l'Empire, c'est asavoir a Beilleu *et* a Montfalcon, qui ont paiei le vint*in*me, por la raison de ce qu'il estoient *et* sont de l'Empire, ce q*ue* freres Jehans de Deu-en-Sovengne, pr*e*miers tesmog*naiges*, en at dit ; *et* dit que ensi l'at-il oï dire. Requis se li rois de France entre en l'Empire en altres pa*r*ties q*ue* a Montfalcon, il dit : Oïl, a Biaulleu-en-Argonne. Requis coum*ent* il seit q*ue* Biaulleus soit de l'Empire, il dit, par ce q*ue* Biaulleus siet *par* desai le ru de Byeme deve*rs* Verdun, li queilz rus depart le roialme de l'Empire ; *et* en dit ce q*ue* fr*e*res Jehans, pr*e*miers tesmog*naiges*, en at dit, fors que tant que li estaul qui ont estei tenu sor celui ru ont estei tenu entre ces de la contei de Bar *et* ces de la contei de Champ*engne*, la queilz conteis de Bar, en tant com elle est *par* desai le dit ru de Bieme, est de l'Empire : *et* ensi l'at-il tous jours oï dire. De toutes altres choses s'acorde-il a frere Jehan, pr*e*mier tes[moingnaige

---

1. Rampont, arr. Verdun, cant. Souilly.
2. Neuville-en-Verdunois, arr. Commercy, cant. Pierrefitte ; Neuville-sur-Ornain, arr. Bar-le-Duc, cant. Revigny ; ou Neuville, arr. Verdun, cant. Charny, comm. Champneuville?
3. Lachalade, arr. Verdun, cant. Varennes-en-Argonne.

dessus dit]. *Et* dit que quant li cuens de Bar fermat la dite ecglise de Beilleu contre ces de Champe*n*gne, e*n*si comme il l'at oï [dire, ce fut por] deffendre sa terre, qu'il tient de l'avesque de Verdun, qui siet p*ar* desai le dit ru deve*r*s Verdun. Dou [fait de l'evesque] Guillaume de Mes ne seit-il riens. *Et* dit que li abbaie de la Challaide si at bois *et* altres terre p*ar* delai celui ru de Byeme en p*ar*ties de Champe*n*gne *et* i ont pris sovent li moi*n*ne de la Challaide pen*n*ies, por meffais q*ue* on lor avoit fait, *et* amennoient celle pennie aucune fois a la Challaide, qui est p*ar* desai le dit ru de Byeme deve*r*s Verdun en p*ar*ties de l'Empire : li sergent de Champe*n*gne lor ont tous jours deffendu *et* deffendent que il teilz pen*n*ies, prises oultre le dit ru de Byeme en Champe*n*gne, ne menessent a la Challaide ne en altres parties p*ar* desai le dit ru de Bieme deve*r*s Verdun, por ce q*ue* les p*ar*ties p*ar* desai le dit ru de Byeme deve*r*s Verdun sont de l'Empire. Et dit p*ar* son sarem*en*t q*ue* de toutes les choses desor dites est-il coumune renoumee *et* coumune voix en celles p*ar*ties *et* en leus prochiens, *et* q*ue* ce qu'il en at dit se n'est ne por amor ne por hayne ne por profist qu'il ne altres en attende, mais q*ue* por loialtei *et* veritei.

[11] Dans Jaiques, p*r*estes, de l'eage de l ans, de celle meime abbaie, tesmog*n*aiges jureis, requis p*ar* son sarem*en*t, s'acorde en toutes choses a frere Rogier, son abbei, desor dit.

[12] Dans Martins, p*r*estez, de l'eage de xlv ans, de celle meime abbaie, tesmog*n*aiges jureis, requis p*ar* son sarem*en*t, s'acorde en totes choses a frere Rogier, son abbei, desor dit.

[13] Dans Jehans de Roie, p*r*estez, de l'eage de lv ans, de celle meimes abbaie, tesmog*n*aiges jureiz, requis p*ar* son sarem*en*t, s'acorde en toutes choses a frere Rogier, son abbei, deso*r* dit.

[14] Dans Esteves de Bar, p*r*estes, de l'eage de lx ans, de celle meimes abbaie, tesmog*n*aiges jureis, requis p*ar* son sarem*en*t, s'acorde en toutes choses a frere Rogier, son abbei, desor dit.

[15] Miles, escuiers, voez de Menoncort [1] en la terre de Biaulleu *et* homs l'abbei de Beilleu, tesmog*n*aiges jurez, requis p*ar* son sarem*en*t se li rois de France p*ar* lui ne par ses gens entre ne at entrei en l'Empire, dit : Oïl. Requis coument il le seit, il dit qu'il ne vit onques ne oït dire que rois de France entrast ne envoiat por sergenter p*ar* desai le ru de Byeime deve*r*s Verdun, fors puis dous ans en ensai, que li rois de France at envoiei ses gens en l'abbaie de Biaulleu *et* en la terre de Biaulleu qui est

---

1. Menoncourt, arr. Bar-le-Duc, cant. et comm. Triaucourt.

desai le dit ru de Bieme devers Verdun, qui justicent en la dite abbaie *et* en la dite terre *et* font coumandeme*n*s. *Et* dit qu'il at veu sovent deffendre de *par* le conte de Bar la dite abbaie de Biaulleu *et* la terre qui est *par* desai le dit ru devers Verdun encontre ces de Champe*ng*ne, *et* dit qu'il vit le dit conte de Bar fermer Biaulleu contre ces de Champe*ng*ne *et* tenir ses gens leans en deffendant la dite abbaie de Biaulleu contre ces de Champe*ng*ne. *Et* dit qu*e* celle ecglise de Biaulleu, qui fuit fermee de pelis *par* les gens de l'Empire contre ces de Champe*ng*ne, li rois de France, sire*s* de Champe*ng*ne, fait orendroit fermer de pierre contre ces de l'Empire *et* fait ovrer *et* faire aparel por faire iiij tours. *Et* dit encor que *par* delai le dit ru de Byeme ou roialme de France la coustume est teile, que cil qui occist home est en la main le signor, cors *et* avoirs, *et* n'en demande-on riens les amis, *et* par desai le dit ru de Byeme devers Verdun en l'Empire qui occist home il est quites au signor *par*mi certainne soume d'argent *et* at la werre as amis. *Et* dit que, de tous coumandeme*n*s qui sont fait *et* qu'il at veu faire ou roialme de France *et* oï dire qu*e* on at fait, il ne furent onques tenu *par* desai le dit ru de Byeme devers Verdun ne n'y obeïst-on onques, por ce qu'il sont *et* estoient de l'Empire, si co*mm*e des deffenses qui ont estei faites en France des che*v*alie*r*s qui n'alassent mie as tornois *et* d'altres deffenses asseis. *Et* dit encor qu*e* cil dou roialme par delai Bieme ne soffrirent onques ne volrent soffrir que gaige qui fuissent pris ou roialme de France *par* delai le dit ru de Byeme fuissent aportei *par* desai le dit ru devers Verdun en l'Empire ; *et* autreteil, des waiges qui ont estei pris *par* desai le dit ru devers Verdun, on n'at mie soffert qu'il aient estei portei *par* delai le dit ru ou roialme de France. De ces qui *p*erdent lor remenances en passant le dit ru por ce qu'il vont de l'Empire ou roialme de France *et* dou roialme de France en l'Empire, dit-il ce que mes sire*s* Eudes de Sorcei, che*v*aliers, tesmog*n*aiges desor dis, en at dit. *Et* dit *par* son sareme*n*t que de toutes les choses desor dites est-il coumune renoumee en icelles parties, *et* ce qu'il en at dit il at dit il l'at dit (*sic*) por pure veritei tant solement.

[16] Estevenins, sire*s* de Coumenieres [1], escuiers, tesmog*n*aiges jure*is*, requis par son sareme*n*t, s'acorde en toutes choses a Milet, voey de Meno*n*cort, tesmog*n*aige desor dit.

---

1. Cumières, arr. Verdun, cant. Charny.

T. II.

[17] Hussons, sires de Marre ¹, escuiers, tesmognaiges jureis, requis par son sarement, s'acorde en toutes choses a Milet, voey de Menoncort, tesmognaige desor dit.

[18] Symonnins de Mogneiville ², escuiers, tesmognaiges jureis, requis par son sarement, s'acorde en toutes choses a [Milet, voey de Menoncourt], tesmognaige desor dit; et dit, plus, que il at plusors fois veu l'abbei de Biaulleu ajorner a l'instances de diverses gen[s ad essises a] Saint-Mihiel ³, qui est molt avant en l'Empire, de par le conte de Bar, et pladoier devant le dit conte.

[19] Jacoumins d'Avoucourt ⁴, escuiers, tesmognaiges jureis, requis par son sarement, s'acorde en toutes choses a Milet, voe[y de Menoncourt], et a Symonnin de Mogneiville, tesmognaiges desor dis.

[20] Jacoumès, filz l'Ermite, de Sathenay ⁵, escuiers, tesmognaiges, requis par son sarement, s'acorde en toutes choses a Milet, voei de Menoncort, et a Symonnin de Mogneiville, tesmognaiges desor dis.

[21] Freres Herbers, abbes de Saint-Poul de Verdun, prestes, de l'ordre de Preimoust[re]i, de l'eage de l ans, tesmognaiges jureis, requis par son sarement, dit qu'il croit que li roys Phelipes, peires a cestu roy de France, fuit li premiers rois de France qui se entremit de garder generalment et especialment la terre de l'abbaie d[e Montfaulcon ⁶], se il ne fuit Impereires et roys de France. Item, que ce que li cuens de Bar tient a la dite abbaie de Montfalcon, [il le d]oit [t]enir en fiez et en homaige de l'avesque de Verdun, et Clermont ⁷ et la chastellerie ausi, et li evesques de Verdun les [d]oi[t] tenir en fiei et en homaige dou roy d'Alemengne et de l'Emperour. Item dit que li prevos de Monfalcon doit tenir ses temporaliteis de l'aveschiei de Verdun et li at veu faire homaige a l'evesque ou au chapistre de Verdun, et l'avesque requerre a lui que il denoumast son fiei, et il dit qu'il en tenoit la tour de Montfalcon; requis se il en tenoit plus, il dit qu'il s'en aviserat. Item dit que li droit estaul entre l'avesque de Verdun et le conte de Champengne, entre la citei de Verdun et le dit conte

---

1. Marre, arr. Verdun, cant. Charny.
2. Mognéville, arr. Bar-le-Duc, cant. Revigny.
3. Saint-Mihiel, arr. Commercy, chef-lieu de canton.
4. Avocourt, arr. Verdun, cant. Varennes-en-Argonne.
5. Stenay, arr. Montmédy, chef-lieu de canton.
6. Le cartulaire de Bar porte : *la terre de Belleu de Montfaulcon*.
7. Clermont-en-Argonne, arr. Verdun, ch.-l. de canton.

de Champengne, entre la chastellerie de Clermont *et* le dit conte de Champengne, sont au pont Verdenois deleis la Challaide. Item dit que li roys de France qui maintenant est est li premiers roys de France qui se soit entremis de garder generalment ne especialment l'abbaie de Biaulleu-en-Argonne. Item dit que li peires cestui roy *et* cist roys de France sont li premier roy de France qui se sont entremis de faire sergenter en la terre de l'abbaie de Montfalcon ne en la terre de l'abbaie de Biaulleu ne en la terre de l'aveschiei de Verdun, se il ne furent roy de France et Imperor. Item dit que li evesques de Verdun doit tenir en fiei *et* en homaige dou roy d'Alemengne *et* de l'Emperor la citei de Verdun *et* la terre de l'aveschiei de Verdun, *et* at veu que la justice temporelz ne li fiei de l'aveschiei de Verdun ne les clers [1] de la dite citey ne ont estei delivrei as evesques qui ont estei de son temps, c'est-a-dire a trois evesques trespasseis [2], tant qu'il horent moustrei au chapistre de Verdun *et* a la citei les lettres dou roy d'Alemengne de lor regales. Et ces choses desor dites ne dit-il que por loialtei *et* veritei.

[22] Mes sires Jehans de Ronne [3], chevaliers, tesmognaiges jureis, requis par son sarement, dit ce que mes sires Eudes de Sorcei, chevaliers, tesmognaiges devant noumeis, at dit, *et* s'acorde dou tout a lui. Et dit encor qu'il at veu plusors fois l'abbei de Biaulleu ajor[ner de par le] conte de Bar a Saint-Mihiel as assises a requeste de partie, li queilz ville de Saint-Mihiel est molt avant en l'Empire, *et* [les ait veu] *et* oï pladoier devant le dit conte *et* en sa cort *et* oï jugement por lui *et* contre lui. Dou r[u de Bienme qui] depart le roialme de France de l'Empire, des remenances que cil qui ont passei le dit ru on per[dues p]or ce qu'il aloient dou roialme de France en l'Empire *et* de l'Empire ou roialme de France, des coumandemens qui ont estei fait ou roialme de France qui ne furent onques tenu par desai le dit ru de Byeme devers Verdun por ce qu'il sont de l'Empire, *et* des sergens le roy de France qui de novel sont venu par desai le dit ru de Byeme devers Verdun por jostitier *et* por faire coumandemens, dit-il tout ce que mes sires Eudes de Sorcei, chevaliers, desor dis, ait dit. Et dit par son sarement que tout ce at-il veu *et* que de tout ce est-il coumune renoumee, *et* que les choses desor dites il ne

---

1. Les clefs.
2. Ulric de Sarnay, 1271-1273; Gérard de Grandson, 1275-1278; Henri III de Grandson, 1278-1286.
3. Rosnes, arr. Bar-le-Duc, cant. Vavincourt.

dit ne por amor ne por hayne ne por profist qu'il ne altres en atende, mais que por loialtei et veritei.

[23] Baldoins de Noiers [1], escuiers, tesmognaiges jureis, requis par son sarement, s'acorde en toutes choses a mon signor Jehan de Ronne, chevalier, tesmognaige desor dit.

[24] Hues de Noiers, escuiers, tesmognaiges jureis, requis par son sarement, s'acorde en toutes choses a mon signor Jehan de Ronne, chevalier, tesmognaige desor dit.

[25] Willaumes de Beilrain [2], escuiers, tesmognaiges jureis, requis par son sarement, s'acorde en toutes choses a mon signor Jehan de Ronne, chevalier, tesmognaige desor dit.

[26] Savaris de Beilrain, escuiers, tesmognaiges jureis, requis par son sarement, s'acorde en toutes choses a mon signor Jehan de Ronne, chevalier, tesmognaige desor dit.

[27] Mes sires Gerars, chevaliers, sires de Louppei [3], tesmognaiges jureis, requis par son sarement, s'acorde en toutes choses a mon signor Jehan de Ronne, chevalier, tesmognaige desor dit.

[28] Mes sires Reniers, chevaliers, sires de Crewe [4], tesmognaiges jureis, requis par son sarement, s'acorde en toutes choses a mon signor Jehan de Ronne, chevalier, tesmognaige desor dit.

[29] Mes sires Phelippes, chastellains de Bar, chevalier, tesmognaiges jureis, requis par son sarement, s'acorde en toutes choses a ce que mes sires Eudes de Sorcei, chevaliers, tesmognaiges desor dit, a dit.

[30] Mes sires Orris de Champlon [5], chevaliers, tesmognaiges jureis, requis par son sarement, s'acorde en toutes choses a mon signor Jehan de Ronne, chevalier, tesmognaige desor dit. Et dit encor qu'il at estei presens plusors fois sus le ru de Byeme as estaus ou par jugement cil qui avoient passei le dit ru de Bieme ont perdu lor remenances, por ce que li dis rus depart le royalme de France de l'Empire, et en passant celui ru il aloient dou roialme de France en l'Empire et de l'Empire ou roialme de France.

[31] Mes sires Ralz de Hannonville [6], chevaliers, de l'eage de lxx ans, tesmognaiges jureis, requis par son sarement, s'acorde

---

1. Noyers, arr. Bar-le-Duc, canton Vaubecourt.
2. Belrain, arr. Commercy, cant. Pierrefitte.
3. Louppy-le-Château, arr. Bar-le-Duc, cant. Vaubecourt.
4. Creue, arr. Commercy, cant. Vigneulles-lez-Hattonchâtel.
5. Champlon, arr. Verdun, cant. Fresnes-en-Woëvre.
6. Hannonville, arr. Verdun, cant. Fresnes-en-Woëvre.

en toutes choses à mon signor Orri de Champlon, chevalier, tesmog*naige* desor dit. *Et* dit encor *par* son sarem*ent* que onques ce ne fuit fait, que il sache ne il l'oïst dire, que li rois de France passassent le dit ru de Byeme en justisant n*c* q*ue* il feissent sergenter ne justicier, fors q*ue* de novel : *et* ce q*ue* li dis rois de France en fait *et* fait faire, il le fait par sa volentei *et* par sa force.

[32] Dagars de Danlouf [1], escuiers, tesmog*naiges* jureis, requis p*ar* son sarem*ent*, s'acorde en toutes choses a mon signor Orri de Champlon *et* a mon signor Raul de Hannonville, chevaliers, tesmog*naiges* desor dis.

[33] Hussons de Saint-Andreu [2], escuiers, tesmog*naiges* jureis, requis p*ar* son sarem*ent*, s'acorde en toutes choses a mon signor Orri de Champlon *et* a mon signor Raul de Hannonville, chevaliers, tesmog*naiges* desor dis.

[34] Mes sires Joffrois de Nueville [3], chevaliers tesmog*naiges* jureis, requis p*ar* son sarem*ent*, s'acorde en toutes choses a mon signor Jehan de Ronne, chevalier, tesmog*naige* desor dit.

[35] Hazars de Sathenay [4], escuiers, tesmog*naiges* jureis, requis p*ar* son sarem*ent*, s'acorde en toutes choses a mon signor Jehan de Ronne, chevalier, tesmog*naige* desor dit.

[36] Ogiers de Donnevou [5], escuiers, tesmog*naiges* jureis, requis p*ar* son sarem*ent*, s'acorde en toutes choses a mon signor Jehan de Ronne, chevalier, tesmog*naige* desor dit.

[37] Mes sire*s* Robers, chevaliers, sires de Watronville [6], tesmog*naiges* jureis, requis par son sarem*ent*, s'acorde a mon signor

---

1. Damloup, arr. Verdun, cant. Étain.
2. Saint-André, arr. Verdun, cant. Souilly.
3. Voy. ci-dessus, § 9, note 2.
4. Stenay, arr. Montmédy, ch.-lieu de canton. Le 1er septembre 1280, une sentence arbitrale fut rendue entre l'abbé du monastère bénédictin de Bucilly (Aisne, arr. Vervins, cant. Hirson) et « Jehan dit Hasart de Sethenay, escuier », avoué du même monastère, au sujet de leurs droits respectifs sur la ville et le territoire de Bucilly. Dans deux autres actes relatifs à cette affaire, du 25 novembre 1278 et du 1er septembre 1280, le même personnage est appelé simplement « Hasars de Sethenay » ou « de Setenay », sans indication du nom de Jean. Cartulaire de Bucilly. (Bibl. nat., ms. lat. 10121, f°s 45 v°, 87 r° et v°.)
5. Dannevoux, arr. Montmédy, canton Montfaucon-d'Argonne. Une belle pierre tombale, du xiiie siècle, à ce qu'il semble, conservée aujourd'hui dans l'église de Lachalade, porte gravée en creux la figure d'un chevalier, en haubert, avec cette inscription : CIGIST · MESIRE · OGIERS : CHL'RS : SIRES · DE DONEUOU · PROIEZ · POR LUI.
6. Watronville, arr. Verdun, cant. Fresnes-en-Woëvre.

Jehan de Ronne, chevalier, tesmognaige desor dit. *Et* dit encor qu'il at estei plusors fois a Saint-Mihiel, qui est bien avant en l'Empire oltre la Mueze *par* devers Alemengne, ou cil de Biaulleu, ajornei *par* devant le conte de Bar as assises, pladioent *par* devant le dit conte en demandant a altrui *et* en aus deffendent.

[38] Erars de Betoncort [1], escuiers, tesmognaiges jureis, requis *par* son sare*ment*, s'acorde en toutes choses a mon signor Robert de Wantronville, chevalier, tesmognaige desor dit.

[39] Willaumes, dis li Moinnes, de Villers [2], escuiers, tesmognaiges jureis, requis *par* son sare*ment*, s'acorde en toutes choses a mon sign*or* Robert de Wantronville, chevalier, tesmognaige desor dit.

[40] Freres Pierres, priours de Beilchamp [3], prestes, de l'ordre dou Vaul-des-Escoliers, tesmognaiges jureis, requis *par* son sare*ment*, dit que Biaulleus est de l'Empire, *et* i at veu de noveil les sergens le roy de France justicier *et* faire coumande*mens*. *Et* dit que li rus de Byeme depart le roialme de France de l'Empire, si com il at tous jours oï dire *et* tous jours at estei li comune renoumee dou pais. *Et* dit encor que cil de desai le dit ru de Byeme *par* devers Verdun peichent ou dit ru de Byeme en la moitiei *par* devers aus, por ce qu'il sont de l'Empire, *et* cil de *par* delai le dit ru peichent en l'autre moitiei *par* devers aus, por co qu'il sont dou royalme de France. *Et* dit de Montfalcon par son sare*ment* ce que freres Jehans de Deu-en-Souvengne, premiers tesmognaiges, en at dit, ensi com il l'at oï dire.

[41] Freres Richars, prestes, moines de celui meimes leu *et* de celui ordre, tesmognaiges jureis, requis *par* son sare*ment*, s'acorde dou tout en toutes choses a frere Pierre, priour de Beilchamp, tesmognaige dessus dit. *Et* dit qu'il at veu les sergens le roy de France de noveil sergenter *par* desai Beilleu devers Verdun *et* faire coumande*mens*.

[42] Freres Jehans, prestes, moinnes de celui meimes leu *et* de celui ordre, tesmognaiges jureis, requis *par* son sare*ment*, s'acorde en toutes choses a frere Pierre, priour de Beilchamp, tesmognaige desor dit. *Et* dit qu'il at veu l'abbei de Biaulleu, as assises a Saint-Mihiel ajornei *par* devant le conte de Bar *et* pladoier *par* devant lui.

1. Béthincourt, arr. Verdun, cant. Charny.
2. Villers-les-Moines, arr. Verdun, cant. et comm. Charny?
3. Prieuré de l'ordre du Val-des-Écoliers, aujourd'hui Beauchamp, arr. Verdun, cant. et comm. Clermont-en-Argonne.

[43] *Freres* Ogiers, prestes, moinnes de celui meimes leu *et* de celui ordre, tesmo*gnaiges* jureis, requis p*ar* son s*arement*, s'acorde en toutes choses a frere Pierre, p*r*iour de Beilchamp, tesmo*gnaige* desor dit.

[44] Richars li Greneliers, citains de Verdun *et* doiens de Verdun, tesmo*gnaiges* jureis, requis p*ar* son s*arement*, dit que li citeis de Verdun ne li citain de Verdun ne sont de riens sougist au roy de France, ne onques ne furent, ne onques ne obeïrent a lui ne a ses devantriens, ains ont tous jours obeï *et* doient obeïr a l'avesque de Verdun *et* a l'Emperor ou au roy d'Alemengne, des queilz li evesque de Verdun ont tous jours repris *et* doient repenre lor temporalitei toute. Et bien li souvient que, por aucuns bestens qu'il ont eu aucune fois, il ont envoiei a secours a l'Empereror (sic) *et* au roi d'Alemengne, *et* envoiat li rois d'Alemengne ses lettres au duc de Lor*raine* por aus deffendre. Et dit qu'il ont tous jors eu estalz a ces de Champe*ngne* sor le ru de Byeme, qui depart le roialme de France de l'Empire, ensi com il tous jours ont usei *et* oï dire. Et dit que li rois de France puis dous ans en ensai at envoiei ses gens p*ar* desai le dit ru devers Verdun por sergenter *et* por faire coumandeme*n*s, especialme*n*t sergens qu'il at envoiei por deffendre q*ue* on ne mengue lainnes dou roialme en l'Empire, *et* sont venu icil sergent jusques a Verdun a trois lewes, a dous, a demi lewe, *et* pris lainnes *et* arestees. Et dit que li baillis de Chaumont, sergens le roy de France, at estei a Verdun dous fois por faire ses enquestes, *et* at mandei li rois de France as citains de Verdun que il delivrassent j lor citain au bailli de Chaumont por justicier *et* por pugnir [1]. Et dit p*ar* son sareme*n*t que li rois de France les grieve en faisant les choses desor dites *et* qu'il ne puet ne ne doit faire les choses desor dites, si com il croit. Et dit encor que cil de Biaulleu *et* cil de Montfalcon doient chascun an a la citei de Verdun une ce*r*tainne soume d'argent por paier les waites dou chasteil de Verdun *et* refaire une p*ar*tie des murs dou chasteil de Verdun, *et* p*ar*mi ce il pueent devenir borgois de Verdun quant il lor plait. Et dit encor qu'il ne vit onques ne oït dire que li rois de France envoiassent sergenter ne justissassent a Montfalcon, fors q*ue* puis la compaingnie q*ue* il firent au roy de France, ne a Biaulleu, ausi fors q*ue* puis dous

---

1. [Sur les gens envoyés à Verdun par le roi de France, voir l'*Addition*, ci-dessus, p. 214, note 3.]

ans en ensaï. *Et* dit *par* son sarem*en*t qu*e* ce qu'il dit il le dit p*or* v*e*ritei tant solem*en*t.

[45] Pierre Benite, citains de Verdun, *et* tuit li altre citain de Verdun ci-*après* dit, tesmog*n*aige jurei *et* requis *par* lor sarem*en*t chascuns *par* lui, s'acordent dou tout en tout a Rechart Grenetier, tesmog*n*aige desor dit; c'est asavoir : Gosses de Saus, Goilars d'Estain, Jaques li Bues, Richiers de Mes, Joffrois Heiceles, Wauteres Pogues, Perrignons Arnolz, Jaques li Hungreis, Jaco*u*mins Chines, Guios de Neuillei, Jehans Chapons, Jenessons Migaus, Jaiques li Bergiers, Nicoles Baudesons, Henriès d'Arnaiville, Nicoles Galians, Jacoumès Aubrions, Erars dou Mont-Saint-Venne.

[46] Mes sires Witiers de Vignueles [1], ch*e*valiers, en l'eaige de lx ans, tesmog*n*aig*es* jur*ei*s, requis par son sarem*en*t, s'acorde en toutes choses a mon signor Eudon de Sorcei, ch*e*valier, tesmog*n*aige desor dit.

[47] Freres Dominikes, priours des freres p*r*echeors de Verdun, de l'eage de l ans, tesmog*n*aiges jureis, requis *par* son sarem*en*t, dit que il ne vit onques ne oït dire que li roy de Fra*n*ce, *par* aus ne par les lor, entrassent onques en l'abbaie de Biaulleu ne en la terre de la dite abbaie qui est *par* desai le ru de Byeme dev*ers* Verdun, fors que de nov*ei*l t*em*ps. Et dit que la dite abbaie *et* la terre qui est *par* desai le dit ru de Bieme dev*ers* Verdun sont de l'Empire, si com il le croit fermem*en*t *et* l'at tous jours oï dire, *et* dit que de ce est-il co*m*une renoumee. Et dit encor que [quant on ait mis] le disime ou roialme de France *et* le vintinme en l'Empire, li abbaie de Biaulleu *et* li ecglise de Montfalcon ont [paié le vinteinme] *et* n'ont mie paiei le disime, por ce qu'il estoient *et* sont de l'Empire, ensi com il l'at tous jours oï dire, *et* de ce est-[il commune renommee]. *Et* dit encor qu'il at estei aucune fois p*r*esens avec le conte de Bar sus le ru de Byeime au pont c'om dit [Verdenois, li quels] rus de Byeme, ensi com on dit de tous jours *et* ensi com il l'at oï dire, est boune a la queile cil qui sont dou roialme de France *et* cil qui sont de l'Empire suelent venir pladoier, au queil pont sor le dit ru il at veu les gens le dit conte de Bar *et* les gens de la contei de Champ*en*gne qui pladooient entre aus des entrep*r*ises qui avoient èstei faites d'une part *et* d'altre. Et dit encor qu'il at estei presens ou l'abbes de Biaulleu *et* aucun moinne de la dite abbaie avec lui firent amende au conte

---

1. Vigneulles-lez-Hattonchâtel, arr. Commercy, ch.-l. de canton.

de Bar sor ce que, a une journee a la queile il furent devant le dit conte a Saint-Mihiel, il refusarent à penre droit en la court le dit conte *et* devant lui. Et dit encor qu'il n'oïst onques dire ne ne vit ne ne croit que li sergent le roy de France venissent *par* desai le dit ru de Byeme vers Verdun sergenter ne justicier, fors q*ue* de novel. *Et* dit par son sarem*ent* que de ce est-il *coumune renou*mee *et* que ce qu'il en dit il dist por loialtei *et* por veritei.

[48] Mes sir*es* Nicoles Verdeneis, prestes, seellerres de la court le prevost de la Magd*eleine* de Verdun, tesmog*naiges* jureis, requis par son sarem*ent*, dit que, toutes les fois que on at paiei deisime ou altre soume d'argent, cil de Biaulleu, li cors de l'abbaie *et* li te*rre* qui sont de l'aveschiei de Verdun ont tous jours paiei a Verdun *et* por la raison de l'Empire, *et* dit que il meeimes en at estei plusors fois receve*rres*. *Et* dit encor q*ue* en celle maniere at paiei a Verdun por raison de l'Empire li terre de Montfalcon qui est en l'eveschiei de Verdun. *Et* ce dit-il por loialtei *et* por veritei.

[49] Mes sires Nicoles de Clostre, prestes, de l'eaige de lx ans, tesmog*naiges* jureis, requis par son sarem*ent*, s'acorde en toutes choses a mon signor Nicole Verdeneil, tesmog*naige* desor dit.

[50] Mes sir*es* Hues Bekars de Marzei [1], chevaliers, tesmog*naiges* jureis, requis p*ar* son sarem*ent*, dit que cil qui ont passei le ru de Byeme ont perdu lor remenances, por ce q*ue* on disoit coumunement que il aloient dou roialme de France en l'Empire *et* de l'Empire ou roialme de France en passant le dit ru. *Et* dit que cil qui sont par desai ledit ru devers Verdun n'obeïrent onques a coumand*ement* que on feist ou roialme de France, ains ont tous jours usei *et* fait le contraire pasiblement. *Et* dit que onques il ne vit ne oït dire q*ue* sergent le roy de France venissent sergenter ne faire coumand*ement* par desai le dit ru de Byeme devers Verdun, fors que novellement. *Et* dit que de ce est-il *c*oumune renoumee, *et* que [ce] qu'il en dit il dit por loialtei *et* por veritei.

[51] Mes sir*es* Jaiques li Periers, ch*e*valiers, tesmog*naiges* jureis, requis par son sarem*ent*, s'acorde en toutes choses a mon signor Hue Bekart de Marzei, che*v*alier, tesmog*naige* desor dit.

[52] Mes sires Nicoles de Comenieres [2], chevaliers, tesmog*naiges* jureis, requis par son sarem*ent*, s'acorde en toutes chose (*sic*) a

---

1. Maizey, arr. Commercy, cant. Saint-Mihiel.
2. Cumières, arr. Verdun, cant. Charny.

mon signor Hue Bekart de Marzei, chevalier, tesmognaige desor dit.

[53] Mes sires Albers d'Orne [1], chevaliers, tesmognaiges jureis, requis par son sarement, s'acorde en toutes choses a mon signor Hue Bekart de Marzei, chevalier, tesmognaige desor dit.

[54] Mes sires Richiers, prevos de la Magdeleine de Verdun, prestes, tesmognaiges jureis, requis par son sarement, s'acorde en toutes choses a mon signor Nicole Verdeneil, tesmognaige desor dit. Et dit encor qu'il at estei a Biaulleu et veu que li moinne de Biaulleu rendirent les cleirs [2] de l'abbaie de Biaulleu a l'avesque de Verdun. Et dit par son sarement que il ne vit onques ne oït dire que li rois de France envoiat justicier ne sergenter en ces parties si près de Verdun com il fait hores. Et dit par son sarement que de ce est-il coumune renoumee.

[55] Li archediacres Renars, archediacres en l'Ecglise de Verdun, tesmognaiges jureis, requis par son sarement, s'acorde en toutes choses au prevost de la Magdeleine, tesmognaige desor dit.

[56] Mes sires Jaiques de Bormont, chenoinnes de Verdun, prestes, tesmognaiges jureis, requis par son sarement, s'acorde en toutes choses au prevost de la Magdeleine, tesmognaige desor dit. Et dit encor que il vit que cil de Montfalcon delivrarent les clers [3] de la tour de Montfalcon a l'avesque de Verdun. Et at veu que au concile qui fuit assembleis a Wirceborc de par le legat d'Alemengne, ou tuit li prelat de l'Empire furent mandei, li abbes de Belleu i envoiat por lui, por ce qu'il estoit et est de l'Empire. Et dit par son sarement que de ce est-il coumune renoumee, et que ce dist-il por veritei tansoloment.

[57] Mes sires Thomas de Saint-Mihiel, prestes, chenoinnes de Verdun, tesmognaiges jureis, requis par son sarement, s'acorde en totes choses a mon signor Jaique de Bormont, chenoinne de Verdun, tesmognaige desor dit.

[58] Mes sires Hues, prestez, de l'eaige de xl ans, cureis d'Arembeicort [4], tesmognaiges jureis, requis par son sarement se onques il oït dire ne vit que rois de France eust ses wardes en l'abbaie de Beilleu ne feist warder ne sergenter en la terre de Beilleu, dit que onques mais ne l'oïst dire ne vit, mais at souvent oï dire que que li abbaie estoit en la warde le conte de Bar, et at veu que

---

1. Ornes, arr. Verdun, cant. Charny.
2 et 3. Les clefs.
4. Rembercourt-aux-Pots, arr. Bar-le-Duc, cant. Vaubecourt.

li dis cuens de Bar deffendoit la dite abbaie et la terre de l'abbaie contre ces de Champe*ngne*, *et* at veu l'abbei ajourner a instance d'altrui en l'osteil le dit conte de Bar a Saint-Mihi*el et* respo*n*dre *et* deffendre contre altrui as assises le dit conte de Bar a Saint-Mih*iel* ; *et* at oï dire, pa*r* ces qui paiei l'ont, q*ue*, quant on at mis disime ou vinti*n*me en l'aveschiei de Verdun, cil de Biaulleu l'ont paiei *et* paient, *et* procurations quant legalz at estei envoiés en l'Empire. Des estalz *et* des remenances dit-il ce que mes sir*es* Eudes de Sorcei, cheva*l*iers, tesmog*n*a*iges* desor dis, at dit. Requis se il seit que li rois de France ait nulles segnories a Montfalcon ne en la terre de Montfalcon, dit qu'il at oï dire que onques nul roy de France, devant la compaingnie que li cheno*inne* de Montfalcon firent au roy de France, le peire cestui roy qui hore est, n'avoient eu segnorie ne coumandem*ent* a la dite Montfalcon ne en la terre de la dite Montfalcon, *et* at veu qu'il n'i co*u*mandoient ne sergentoient. *Et* dit que onques mais il ne vit ne oït dire que rois de France envoiast en l'aveschiei de Verdun por faire enqueste ne por sergenter ne por faire coumandem*ent*. *Et* de ce est-li co*u*mune renou*m*ee, *et* ce qu'il en dit il le dit por loialtei *et* por ve*r*itei.

[59] Mes sires Nicoles, pr*es*tes d'Auzeiville [1], de l'eaige de lxiij ans, tesmog*n*a*iges* jureis, requis p*ar* son sareme*nt*, s'acorde en toutes choses a mon signor Huon, curei d'Are*m*beicort, preste, tesmog*n*a*ige* dessus dit. *Et* dit encor qu'il at veu le pr*e*vost de Montfalcon repenre de trois evesques de Verdun la tour de Montfalcon, *et* at veu que li evesques de V*er*dun fist refaire l[a tour], *et* l'argent en puait *et* fist paier li dis evesques ; *et* de tout ce est-il co*u*mune renou*m*ee, *etc.*

[60] Mes sir*es* Jehans de Bauzeis [2], cheva*l*iers, de l'eaige de lv ans, tesmog*n*aiges jureis, requis p*ar* son sareme*nt*, s'acorde en toutes choses a mon signor Eudon de Sorcei, cheva*l*ier, tesmog*n*aiges dessus dit. Et dit encor que ses peires *et* il ont joï des remenances de lor homes demorans desai le ru de Bieme deve*r*s Verdun, quant il aloient demorer oultre le ru de Byeme en Champengne.

[61] Mes sires Thiebaus, doiens de Bar, pr*e*stes, de l'eaige de xlvj ans, tesmog*n*a*iges* jureis, requis par son sareme*nt* se li rois de France entre ne est entreis en parties de l'Empire, dit que

---

1. Auzéville, arr. Verdun, cant. Clermont-en-Argonne.
2. Beauzée, arr. Bar-le-Duc, cant. Triancourt.

oïl, si com il croit. Requis en queil leu, dit : A Montfalcon et en partie de la terre de Montfalcon. Et dit que il ne vit onques que roy de France, par aus ne par autrui en lor nom, entrassent ne eussent segnorie a Montfalcon ne en partie de la terre de Montfalcon, fors puis la compaingnie que li chenoinne de Montfalcon firent au peire cestui roy de France qui hores est, la queilz compaingnie par droit en debatant est alee a niant en l'osteil le roy de France. Requis se en altres parties il est entreis ne entre, dit que oïl. Requis en queilz parties, dit que en l'abbaie de Biaulleu, en la terre et ens appendises par desai le ru de Byeme devers Verdun. Requit coument il le seit, dit, a ce que il ne vit onques ne oït dire que rois de France ne altre de par lui justissassent rien desai le ru de Byeme devers Verdun, fors que de trois ans en ensai, que li roys de France at envoiei a Beilleu ses sergens por sergenter, et at oï dire coumunement que li dis rus de Byeme depart le royalme de France de l'Empire. Et dit encor par son sarement que l'abbaie de Beilleu siet par desai le ru de Byeme devers Verdun et qu'il l'at veu, de tant de temps com sovenir li puet, le conte de Bar deffendre contre ces de Champengne, comme wardain de la dite abbaie de Byaulleu et de la terre de Biaulleu desai le dit ru de Byeme devers Verdun : et ce tient li cuens de Bar de l'avesque de Verdun, si com il l'at oï recognoistre le dit conte, et l'avesques de Verdun le tient dou roy d'Alemengne, si com il l'at oï dire et ensi com il le croit. Et dit encor qu'il at seu et entendu que li abbes et li covens de Byaulleu ensemble et li abbei par aus ont estei ajornei as assises a Saint-Mihiel, qui est uns chasteilz molt avant en l'Empire, et pladoier en l'osteil le conte de Bar a la dite Saint-Mihiel, et ont pris droit d'autrui et fait droit a aultrui par devant le dit conte et par devant ses gens ou par devant son leu-tenant. Requis coument il le seit, il dit qu'il i at estei presens et fait les aires[1] dou pladoier et des jugemens por aus et contre aus et escripst de sa proppre main, et en garde encor plusors procurations que li dit abbei et couvens ont envoiei por aus en la court le conte. Et dit encors qu'il at veu que l'abbes de Biaulleu por lui et por son couvent emendat au conte et donnat seurtei de l'amende au conte,

---

[1]. Ce sont les pièces écrites de la procédure, appelées aussi en vieux français *erremens*; voy. Du Cange, éd. Henschel, ERRAMENTA*, et Beaumanoir, éd. Beugnot, t. I, p. 30. Le copiste du cartulaire de Bar a écrit *arreis* (arrêts), qui fausse le sens.

de ce qu'il *et* li procuror de son couvent en avoient portei le droit de l'osteil le dit conte en pladoiant a la dite Saint-Mih*iel*. Et at encor entendu que, se aucuns demorans desai le dit ru de Byeme de*ve*rs Verdun passoit le dit ru de Bieme por demorer delai le dit ru en Champ*engne*, il p*e*rdoit moble *et* heritaige qu'il avoit au leu dont il se p*a*rtoit, *et* en semblant maniere cil qui se p*a*rtoit de delai le dit ru qui venoit demoreir desai le dit ru de*ve*rs Verdun, perdoit moble *et* heritaige qu'il avoit par dela au leu dont il se p*a*rtoit, por ce qu'il aloient dou roialme de France *et* de Cham*=* p*e*ng*ne* en l'Empire *et* de l'Empire ou roialme de France *et* de (*sic, lisez* en) Champ*engne*, en passant le dit ru. *Et* des choses dessus dites est-il coumune renoumee en celles p*ar*ties, *et* ce qu'il en dit dit-il por loialtei *et* por veritei.

[62] Heibers [1] dis Journeie, bourjois de Verdun, temog*nages* jur*eis* et requis sor toutes ces chouses devant dite, a lui luies et diligent*ment* expouseies, se concorde en toutes chouses et p*ar* toutes chouses a Richart lou Grenetier, bourjois de Verdun, temounage desour dit ; ce ajoustei que il dit lui avoir veu q*ue* quant li p*re*vos deffaloit a Mo*n*tfaucon et li p*re*voteis de Montfaucon vagueive, li eveques de Ve*r*dun, tant com sires souverains ains temporeis chouses, envoat ses s*er*gens a Montfaucon, et demoroient en la mason le prevot de Montfaucon, et wardoient et deffendoient la ville et la p*re*votei de Montfaucon toute, en non dou dit eveque de V*er*dun et pour lui, tant com pour signour souverain eins temporeis chouses dou queil eveque tuit li p*re*vot Mo*n*tfaucon et toute la p*re*votei tienent en fief et en homage. Et c'est veu que li coins de Grant-Prei [2] une faee vint devant la ville de Mo*n*tfaucon aveuc grant gent et asit la dite ville et destruit la tour de la dite ville, la queile li eveques de Ve*r*dun, tant com sires souverains, fist refaire et edifieier de son argent. Requis, li dis temounages qui parolle, de queil aage qu'il soit, il dit qu'il est de l'age de lxx ans. Requis ce p*ar* grace, p*ar* haine ou p*ar* pour, p*ar* proiere ou p*ar* louier il d'epouse ce, il dit que non, mais soulement pour la veritei dire et pour wardeir son sarment.

[63] Rouxès de Chatencourt, de l'aage de lx ans, temounages jur*eis* et requis sor toutes ces chouse devant dites, a lui lues et diligent*ment* expouseies, qu'il en sache, dit ce meimes que

---

1. Les cinq paragraphes suivants sont écrits à part et d'une autre main (*voy.* ci-dessus, § V).
2. Grand-Pré, Ardennes, arr. Vouziers, chef-lieu de canton.

Heibers Journeie, ces contemounages devant dis, et cece (*sic*) concorde a lui en toutes chouses et par toutes chouses ; ce ajoustei qu'il meimes temounages, qui parolle fut envoiés aveuc autres sergens, de par l'eveque de Verdun, tant *com* signour souverain, la prevotei de Montfaucon vagant, a wardeir, deffendre et gouverneir les dites ville et prevotei de Montfaucon, et fut en la dite waurde aveuc les autres sergens en la mazon lou prevost de Montfaucon par seix semaines. Et dit aincor qu'il ait adès veu lou conte de Bar wardeir et deffendre la beie de Bel-Leu aveuc les terres de la dite ebbaie qui sunt de desé lou ruxel de Bieme devers Verdun. Et dit que ne par grace ne par haine ne par pour, par priere, par loier ou par amours il ne depouse ce, mais pour la pure veritei a dire.

[64] Bertinnas de Betincourt, de l'eage de lx ans, tesmoignages jureis *et* requis sor toutes les chouses desordites, a lui lu lues (*sic*) *et* diligenment exposeies, il s'acorde en toutes chouses a Roxal de Chatencort, son *con*tesmoignage desor dit. *Et* dit que ce qu'il ait deposei il l'a depousei soulement pour veritei dire.

[65] Colins de Betincourt, freires le dit Beirtinat, de l'eage de l ans, tesmoignages jureis *et* requis sor toutes les chouses desor dites, il se concorde a Heibert dit Journeie. *Et* dit encor qu'il ait veut paier l'argent de par mon signor Robert, qui fut esveques de Verdun [1], pour reedeficier la tour de Montfalcon, trente ou quarante livres.

[66] Mes sires Nicoles de Belrain, chancelliers de Verdun, de l'aige de sexante ans, temoignages jurés *et* requis sor toutes les chouzes desour dites, il s'acorde de tout en tout a mon signour Oude de Sorcey, chevalier, son temoignage desor dit. Et dit aincor que il at veu que li evesques de Verdun, qui avoit a nom Raulz de Torote [2], deffendit la ville de Montfaucon, si com sires sevriens en temporeis chouzes, a contre le conte de Grant-Prei. Et se veist aincor que Jehans, prevost de Montfaucon, reprist la tour de Montfacon en homage de cinc evesques de Verdun, et que li dis evesques Raulz la dite tour feist refaire de ces propres deniers quant elle fut destrute de par le dit conte de Grant-Prei. Et de toutes ces chozes est coumune renoumeie, et dit que ces chouzes ai-il deposei pour leautei et pour veritei.

1. Robert de Milan, évêque de Verdun de 1255 à 1271.
2. Raoul de Torote, évêque de Verdun de la fin de l'année 1224 au 21 avril 1245. A sa mort, messire Nicolas de Belrain était âgé de dix-sept ans au plus.

[67] Encor nos, Ancelz, Evrars *et* Hertemans desor dit, avons veu lettres dont la tenors est teile [1] :

In nomine sancte et individue Trinitatis, Fredericus, divina favente clementia, Romanorum imperator augustus, Alberto, dilecto et fideli suo, Virdunensi episcopo, suisque successoribus imperpetuum. Antecessores nostri reges et imperatores Ecclesiarum rectoribus, archiepiscopis, episcopis, abbatibus et ceteris prelatis ob eorum devotionis et fidelitatis insigne meritum bona data dare consuerunt et ab omni pravorum hominum incursione non tantum eos, sed et eorum possessiones imperiali protectione deffensare. Recolentes igitur ex anteactis episcoporum Virdunensium [2] ad antecessores nostros in diversis rerum et temporum varietatibus memoranda obsequia, tuam quoque personam constanter in nostra fidelitate perseverare cognoscentes, precibus tuis justis permoti, ad impetranda que volueris inclinamur. Beneficium itaque comittatus et marchie, quod recolende memorie Otto, Romanorum imperator augustus, Hemmony, Virdunensi episcopo, et successoribus ejus et per eum Virdunensi Ecclesie quondam donavit, nos, eodem spiritu et eadem firmitate constante, tibi Ecclesieque Virdunensi ac tuis posteris confirmamus, eodem etiam jure et forma donationis valiturum, prout a prefato imperatore Ottone jam dicto antecessori tuo Heimmoni et ceteris episcopis in processu temporis nomen et dignitatem episcopalem subituris dignoscitur esse prestitutum, videlicet ut tu et tui successores liberam in perpetuum habeatis potestatem eumdem comittatum in usus Ecclesie tenendi, comitem eligendi, absque ullo hereditario jure ponendi, habendi, seu quicquid libuerit faciendi, atque modis omnibus disponendi. Bannum, teloneum, monetam et districtum civitatis in omnibus causis criminalibus et civilibus pleno jure tibi et successoribus tuis habenda concedimus, Valdentiam quoque castrum [3] cum advocatia et banno, et curiam que Molendinum dicitur [4] cum suis pertinentiis, Wolferi Villare cum [5] advocatia et banno et ceteris pertinentiis, Bemondulam [6] cum

1. Le diplôme suivant a été publié d'après l'original par Mabillon, *Librorum de re diplomatica Supplementum* (1704, in-fol.), p. 100. Le texte de Mabillon ne présente avec celui-ci que des différences d'orthographe.
2. *Mabillon :* Virdunensium episcoporum.
3. Veldenz, siège d'un ancien comté, aujourd'hui Prusse rhénane, régence de Trèves, cercle de Bernkastel. La chronologie historique des comtes de Veldenz a été donnée dans le supplément de l'*Art de vérifier les dates*. Ce lieu et les quatre suivants étaient encore tenus en fief de l'évêque de Verdun en 1509 (Roussel, *Hist. eccl. et civ. de Verdun*, nouvelle édition, preuves p. xcv).
4. Mühlheim, près Veldenz, mêmes régence et cercle.
5. Wolfersweiler, Oldenbourg, principauté de Birkenfeld, office de Nohfelden.
6. *Bemueld* en 1509 (Roussel, *l. c.*) ; Baumholder, Prusse, régence de Trèves, cercle de Sanct Wendel ?

banno et advocatia et suis pertinentiis, curiam Sancti Medardi [1] cum banno et advocatia et suis pertinentiis, curiam Juppilie [2] cum banno et advocatia et suis pertinentiis, fundum Juveniacensis abbatie [3] cum banno et advocatia et suis pertinentiis, castrum Deus-le-Wart [4] cum banno et advocatia, bannum et advocatiam de Monte Sancti Vitoni [5], fundum ecclesie Sancti Germani Montiffalconis [6] cum banno et advocatia et suis pertinentiis, castrum Wantronnisville [7], Viennam castrum [8], Claromontem castrum [9], Dunum castrum [10] cum foresto, Mirualt castrum [11], Septiniacum [12], Hatonis Castrum [13] cum foresto, Sampigniacum castrum [14] : et, si quando tibi et terre tue necessarium fore perspexeris aliud presidium, auctoritatis nostre concessione construere liceat infra terminos tuos. Ut autem hujus nostre confirmationis statutum omni evo inviolabile permaneat, hanc inde cartam conscribi et nostra aurea bulla insigniri jussimus, manuque propria corroborantes ydoneos testes qui presentes aderant subnotari fecimus, quorum nomina hec sunt : Burchardus Argentinensis episcopus, Orclebus Basiliensis episcopus, Stephanus Metensis episcopus, Henricus Tullensis episcopus, Helolphus Marbaccensis abbas, Bartholphus dux, Matheus dux Lothoringie, Otto Palatinus comes, comes Rodulphus, comes Ulricus, marchio Hermannus, comes Warnerus, comes Theodericus, Symon comes, Conrardus comes, et multi nobiles. Signum domni Frederici, Romanorum imperatoris augusti.

Ego cancellarius Reinaldus, vice Arnaldi Maguntini archiepiscopi et archicancellarii, recognovi.

Datum Columbarie, sexto decimo kal. septembris, anno dominice incarnationis Mill° C° L° vj°, indictione quarta, regnante domino Frederico, Romanorum imperatore gloriosissimo augusto, anno regni ejus quarto, imperii vero secundo [15].

---

1. Medard, Prusse, régence de Coblenz, cercle de Meisenheim?
2. Jupille, Belgique, prov., arr. et cant. Liége.
3. Juvigny-sur-Loison, Meuse, arr. et cant. Montmédy.
4. Dieulouard, Meurthe-et-Moselle, arr. Nancy, cant. Pont-à-Mousson.
5. Le Mont-Saint-Vanne, arr., cant. et comm. Verdun.
6. Montfaucon-d'Argonne, arr. Montmédy, chef-lieu de canton.
7. Watronville, arr. Verdun, cant. Fresnes-en-Woëvre.
8. Vienne-le-Château, Marne, arr. Sainte-Menehould, cant. Ville-sur-Tourbe.
9. Clermont-en-Argonne, arr. Verdun, chef-lieu de canton.
10. Dun-sur-Meuse, arr. Montmédy, chef-lieu de canton.
11. Mureau ou Muraut, arr. Montmédy, cant. et comm. Damvillers, ou Murvaux, arr. Montmédy, cant. Dun-sur-Meuse? (Liénard, *Dict. top. du dép. de la Meuse*, p. 163, col. 1.)
12. Stenay, arr. Montmédy, chef-lieu de canton? (*Ibid.*, p. 230, col. 1.)
13. Hattonchâtel, arr. Commercy, cant. Vigneulles-lez-Hattonchâtel.
14. Sampigny, arr. Commercy, cant. Pierrefite.
15. Colmar (Haute-Alsace), 17 août 1156. — Le monogramme de l'empereur Frédéric Ier est figuré en marge des souscriptions.

En tesmognaige de la queil chose, nos, Ancelz, Hartemans *et* Evrars desour dit, avons mis nos saels en tesmognage de veritei en cest present escrit, l'an de grace M. CC. quatre vins *et* eut, le mardi après la Trinitei [1].

1. Le 25 mai 1288. Voir ci-dessus, § V, la description des trois sceaux.

ANNEXE

[Il a paru utile d'imprimer ici, à titre d'annexe, un document un peu postérieur à l'enquête de 1288, trouvé dans les papiers de M. Julien Havet. Le texte en a déjà été publié par M. Delisle, *Essai de restitution d'un volume des Olim*, dans Boutaric, *Actes du Parlement de Paris*, t. I, p. 448 ; voir ci-dessus p. 196, n. 1) ; mais d'après une assez médiocre copie, dérivée du Registre de Nicolas de Chartres ; M. Julien Havet l'a copié directement d'après l'original.]

[*Arrêt du parlement de Paris en faveur de l'abbaye de Beaulieu en Argonne contre le comte de Bar*, 1290.]

PH., Dei gratia, Francorum rex, universis presentes litteras inspecturis, salutem. Notum facimus quod cum religiosi viri.. abbas et conventus monasterii Belli Loci in Argonia proponerent, pro se et hominibus ac gentibus suis dampna passis, contra dilectum et fidelem nostrum.. comitem Barri quod in festo sancti Michaelis anno millesimo ducentesimo octogesimo sexto gentes dicti comitis de mandato suo vel ipsius comitis comitis nomine, ipso ratum habente, videlicet prepositi et justiciarii sui per violenciam cum quadrigentis armatis plures villas ac granchias dicti monasterii per violenciam intraverunt, procuratore dictorum abbatis et conventus coram nobis jus suum contra predictum comitem prosequente, et illa vice predicte gentes per mensem in dictis locis existentes ceperunt de bonis dictorum religiosorum, contra prohibitionem Johannis de Passavant, servientis nostri, traditi ad custodiendum dictos abbatem et conventum et eorum bona usque ad estimationem duorum milium librarum turonensium in bladis, vinis, piscibus, animalibus et aliis ; item cum proponerent dicti abbas et conventus quod ipsi et prredictus comes essent adjornati apud Sanctam Manehu*ldem*, processuri in inquesta super garda dicte abbatie coram auditoribus a nobis missis, dictus comes fecit obsideri abbatiam predictam, predictis abbate et conventu ibidem existentibus, die Mercurii post Brandones anno predicto, et cum eam per novem dies gentes dicti comitis tenuissent obsessam dictam abbatiam per violenciam intraverunt et ibidem steterunt usque ad festum Assumptionis beate Marie, facientes fortaliciam contra gentes nostras, et in dicta abbatia, tam in vastatione rerum quam in deterioratione edificiorum, fecerunt dampna predictis abbati et conventui usque ad estimationem mille et ducentarum librarum turonensium, et quod, postquam nos scripseramus dicto comiti quod abstineret ab hujusmodi violenciis, ipse fecit piscari viginti stangna dictorum abbatis et conventus et calceias rumpi, propter quas piscationes et rupturas dicti abbas et conventus fuerunt dampnificati in duobus milibus libris turonensium et amplius; item cum proponerent dicti abbas et conventus quod predicto tempore predicte gentes per violenciam intraverunt in decem et octo villas et quatuordecim grangias pertinentes ad dictam abbatiam, in quibus grangiis consueverunt reponi fructus et proventus viginti quatuor quarrugatarum terre, et decime et terragia predictarum villarum, que omnia erant reposita in grangiis predictis et que dicte gentes dicti comitis vastaverunt et asportarunt, ita quod nichil in eisdem remansit, propter quas vastationes et deteriorationes edificiorum necnon et cessationes ab agricultura (quas cessationes compulsi fuerunt facere dicti abbas et conventus, tum quia eorum gentes et familie non audebant exire in campos vel in eis stare ob timorem gentium predictarum, tum etiam quia eorum animalia ad hec neccessaria capta erant per gentes predictas) et receptiones quas gentes dicti comitis fecerunt de redditibus predictarum villarum pertinentibus ad dictos abbatem et conventum, ipsi religiosi sustinuerunt dampna usque ad estimationem quatuor milium et trecentarum librarum turonensium; item cum proponerent abbas et conventus predicti quod predicto tempore, mense Pasche, gentes dicti comites, existentes in dicta abbatia, fregerunt monasterium abbatie et in ipsum monasterium violenter ingressi fregerunt scrinia dicti monasterii et plures cartas, libros, calices, pannos aureos et sericos, ornamenta altarium, casulas, lapides preciosos asportaverunt usque ad estimationem sex milium librarum Turonensium, et quadraginta quinque libras Turonensium, cuidam converso dicte abbatie, quem verberaverunt, per violenciam abstulerunt; item cum proponerent dicti abbas et conventus quod in vindemiis sequentibus predicte gentes de manu Renaudi Goussart, custodientis predictam abbatiam et bona ipsius ex parte nostra, amoverunt vina que dicti abbas et conventus habebant in villa de Acervile ad estimationem sexcies viginti librarum Turonensium; item cum proponerent abbas et conventus predicti quod anno Domini millesimo CC° octogesimo octavo, tempore quo Ph. de Antolio, serviens noster, custodiebat abbatiam predictam, gentes dicti comitis dampnificaverunt ipsos, tam in captione bonorum in grangia de Bello Fonte quam in captione equorum et aliorum bonorum hominum dictorum abbatis et conventus in centum septuaginta unam libram Turonensium et predicta in terram ipsius comitis duxerunt et asportaverunt; item cum proponerent dicti abbas et conventus quod gentes prefati comitis fecerunt eisdem dampna in grangiis de Lauois et de Sqmmainnes et de Avrencourt, tam in captione animalium quam equorum et aliorum que duxerunt apud Sanctum Miher, castrum comitis supradicti easdem gentes sustinentis in predictis, usque ad estimationem sexcies viginti librarum Turonensium : que omnia dicebant dicti religiosi esse facta in ipsorum injuriam, dampnum suum non modicum et gravamen, et nostrum prejudicium et contemptum, quare petebant dicti abbas et conventus pro se et hominibus dampna predicta sibi restitui ac etiam ressarciri ac dicta gravamina acque injurias emendari; tandem, de mandato nostro facta super predictis inquesta, vocato ad hoc dicto comite, non tamen comparente nec sufficienter mittente, inventum sit dictos abbatem et conventum sufficienter probasse violencias supradictas, nichilominus ex superhabundanti dampna tam sibi quam hominibus suis predictis per gentes predictas comitis antedicti fuisse illata in violenciis eisdem usque ad summam decem et septem milium librarum Turonensium et amplius, facta nichilominus per curiam nostram super estimatione dictorum dampnorum dampnorum indagine pleniori, et super recuperatione, si quam dicti abbas et conventus fecerant super predictis dampnis vel asportatis de eorum monasterio seu grangiis supradictis, per juramenta fidedignorum plene informata curia nostra per premissa de dampnis dictorum religiosorum, dampna ipsorum ac gentium et hominum suorum dictorum, deliberatione prehabita diligenti, per ipsam curiam nostram taxari fecimus ad summam duodecim milium nogentarum et viginti librarum Turonensium, hujusmodique taxatione curie nostre legittima precedente, juramentoque abbatis et conventus dicti monasterii per fratrem Theob. Cotele de Cathalanis, monachum dicti monasterii, et magistrum Gaufridum de Courtenayo, procuratores eorum, habentes ad hoc sufficiens mandatum, in animas ipsorum super estimatione predictorum dampnorum usque ad summam dictorum duodecim milium nogentarum et viginti librarum legitime prestito et etiam subsequto, deductisque tribus milibus librarum de dicta summa duodecim milium nogentarum et viginti librarum Turonensium, que tria milia dicti procuratores confessi fuerunt dictos abbatem et conventum recuperasse tam de dampnis quam asportatis predictis, solutis etiam sibi trecentis libris Turonensium, quas expenderant in recuperatione dictarum trium milium librarum Turonensium, predictum comitem pro dictis dampnis in novem milibus nogentis et viginti libris Turonensium dictis abbati et conventui, tam pro se quam pro gentibus ac hominibus suis predictis, per judicium curie nostre condempnamus, eundem nichilominus per idem curie nostre judicium condempnantes ad emendandum dictis abbati et conventui injurias supradictas et nobis contemptus et inobediencias in predictis commissis, taxationem nobis super hujusmodi injurias contemptibus et inobedienciis reservantes. In cujus rei testimonium presentibus litteris nostrum fecimus apponi sigillum. Actum Parisius anno Domini millesimo ducentesimo nonagesimo mense septembris.

Arch. de M.-et-M., tr. des ch. de L., Bar mouv^t, n° 13. Fragment de sceau en cire blanche sur double queue de parchemin.

Compte rendu de Cl. BONNABELLE, *Courte étude sur Montfaucon-en-Argonne*, 1888. Bibliothèque de l'École des chartes, LI (1890), p. 152-153.

Compte rendu de l'abbé J. GREMAUD, *Documents relatifs à l'histoire du Valais, t. I-V. 300-1375* (1875-1884). Bibliothèque de l'École des chartes, XLV (1884), p. 668-669.

Compte rendu de Alf. LEROUX, *Recherches critiques sur les relations politiques de la France avec l'Allemagne de 1292 à 1378* (1882). Bibliothèque de l'École des chartes, XLIV (1883), p. 363-364.

COMPTE DU TRÉSOR DU LOUVRE

SOUS PHILIPPE LE BEL

(TOUSSAINT 1296)

PUBLIÉ D'APRÈS LE RÔLE CONSERVÉ AU MUSÉE BRITANNIQUE ADDITIONNAL CHARTERS, N° 13,941

Bibliothèque de l'École des chartes, XLV (1884), p. 237-299.

Philippe-Auguste, Louis VIII, Louis IX, Philippe le Hardi avaient, ce semble, à Paris un seul trésor, déposé au Temple. Philippe le Bel, le premier, en eut deux, l'un au Temple, l'autre au Louvre. Edgard Boutaric, qui a établi ce fait, n'a pu fixer avec certitude la date de la création du trésor du Louvre; il dit seulement que la plus ancienne mention qu'il en ait rencontrée est de l'an 1297 [1]. Depuis la publication du tome XXIII du *Recueil des historiens,* on sait qu'il faut au moins reculer cette date d'un an, car les éditeurs de ce volume ont retrouvé et réimprimé un court fragment du compte des trésoriers du Louvre pour le terme de la Saint-Jean de l'an 1296 [2]. Voici un fragment plus étendu d'un compte semblable, pour un autre terme de la même année, celui de la Toussaint.

Le rôle, probablement original, de ce compte, est conservé à Londres, au Musée britannique, dans la série dite *Additional Charters,* n° 13,941. Il a été donné au Musée par M. S.-Leigh Sotherby, le 6 avril 1858. Il se compose actuellement de deux

---

[1]. Edgard Boutaric, *La France sous Philippe le Bel* (Paris, 1861, in-8°), p. 229.
[2]. De la Roque, *Traité du ban et de l'arriereban* (Paris, 1676, in-8°), preuves, p. 134; *Recueil des historiens des Gaules et de la France,* t. XXIII, p. 786.

feuilles de parchemin, cousues bout à bout, larges l'une et l'autre de 0ᵐ335, longues, la première de 0ᵐ50, la seconde de 0ᵐ38. Les comptes sont écrits au recto du rôle, celui de la recette sur la première feuille, celui de la dépense sur la seconde ; mais celui-ci est manifestement incomplet, car il donne pour la dépense un total fort inférieur à celui de la recette, ce qui n'est pas croyable. Il y a eu sans doute une troisième feuille cousue à la suite de la seconde et aujourd'hui perdue. Au verso des deux feuilles est donné le détail de quelques articles des comptes inscrits au recto (art. 9, 67, 68, 69, 137).

Ce texte vient s'ajouter aux nombreux documents financiers que nous possédons sur le règne de Philippe le Bel, et dont les uns sont déjà imprimés [1] et les autres attendent encore la publication [2]. Aucun de ces documents ne nous offre un tableau complet des dépenses et recettes du royaume. En effet, le roi, outre ses deux trésors de Paris, avait une caisse dans chaque bailliage ou sénéchaussée. L'agent financier de chacune de ces circonscriptions, bailli, sénéchal ou receveur, était chargé à la fois d'encaisser les recettes échues au roi dans son ressort et d'acquitter les dépenses que le roi assignait sur sa caisse ; il ne versait aux trésors royaux que l'excédent de sa recette sur sa dépense, s'il y en avait. Pour avoir le mouvement complet des finances royales en un an, il faudrait donc pouvoir réunir et combiner, pour une même année, les comptes des deux trésors du roi à Paris et ceux de chaque bailliage et de chaque sénéchaussée. Il est à craindre que les documents qui nous ont été conservés ne fournissent pas les éléments nécessaires pour ce travail.

Mais indépendamment de cette question, les comptes présentent un intérêt de plus d'un genre. Ils sont notamment utiles à cause des détails précis qu'ils fournissent en grand nombre sur les choses et les hommes du temps où ils ont été écrits. Celui que je publie aujourd'hui contient beaucoup de mentions relatives à des personnes dont le nom est connu dans l'histoire

---

1. Compte des trésoriers du Louvre, Saint-Jean 1296, *Recueil des historiens*, XXIII, 786. — Comptes de l'hôtel du roi, 1282-1286, *ibid.*, XXII, 430, 469; 1301-1302, XXII, 502; 1303-1304, XXII, 535; 1307-1308, XXII, 545, 555. — Compte des baillis, Toussaint 1285, XXII, 623. — Comptes de décimes, 1289, XXI, 546; 1313, XXI, 550. — Subsides pour l'ost de Flandre, 1304, XXI, 564; 1314, XXI, 567, etc.

2. Journal du trésor, du 17 mars 1298 au 16 mars 1300 et du 15 avril au 31 décembre 1301, Bibl. nat., ms. lat. 9783. — Comptes des baillis, 1299, etc., ms. fr. 10365. — Table des comptes de Robert Mignon, ms. lat. 9069, etc.

ou figure dans les textes déjà imprimés. Le moment n'est pas venu d'essayer de réunir et de coordonner les renseignements positifs qui nous ont été conservés sur chacun de ces personnages, célèbres ou obscurs, du règne de Philippe le Bel; ce travail ne pourra être fait utilement qu'après la publication de plusieurs documents qui sont encore inédits, notamment du journal du trésor, des années 1298 à 1301, conservé à la Bibliothèque nationale (ms. lat. 9783). On ne trouvera donc ici que le texte du compte du trésor du Louvre, pour le terme de la Toussaint de l'an 1296, publié sans commentaire et suivi seulement d'un index détaillé des matières et des noms propres.

Trois articles du compte se rapportent à la dépense de l'hôtel du roi et à celle de la reine et de ses enfants (133-135). Il n'est donc pas rigoureusement exact, comme l'avait cru Boutaric, que le trésor du Louvre fût destiné uniquement à subvenir aux dépenses de la maison du roi [1].

On remarquera, dans les détails de la recette, la série des articles consacrés aux prêts faits au roi (316-341), notamment par des banquiers italiens, et à la levée des impôts du centième et du cinquantième [2] (342-349 et 350-456). En ce qui concerne le cinquantième, il résulte de ce compte que dans les bailliages autres que celui de Paris on payait cette taxe entre les mains du bailli ou receveur, tandis que dans le bailliage de Paris chaque localité versait directement sa contribution au trésor du Louvre.

D'après le fragment de compte de 1296, réimprimé dans le dernier volume du *Recueil des historiens*, l'un des termes auxquels les trésoriers du Louvre rendaient leurs comptes était la Saint-Jean (24 juin). Ici nous avons le compte du terme de la Toussaint (1er novembre). Ce compte devrait donc s'appliquer, semble-t-il, à la période de 130 jours comprise du 24 juin au 1er novembre. Cependant, les gages payés aux officiers du roi y sont calculés pour 137 jours (art. 167 et suivants). Peut-être le terme dit de la Toussaint répondait-il à l'octave de cette fête (8 novembre).

J'ai fait des divers articles du compte autant d'alinéas séparés, auxquels j'ai donné des numéros d'ordre. J'ai substitué (sauf dans les dates) des chiffres arabes aux chiffres romains; j'ai

---

1. *La France sous Philippe le Bel*, p. 230.
2. Voir sur ces impôts Boutaric, *la France sous Philippe le Bel*, p. 258 et suiv.

disposé les chiffres des sommes d'argent en trois colonnes, pour les livres, sous et deniers, et ainsi je n'ai pas eu à reproduire, après ces chiffres, les abréviations *l.*, *s.*, *d.*, qui les suivent chaque fois dans le rôle manuscrit.

O. S. XCVI°

	l.	s.	d.
RECEPTA PARISIENSIUM.			
De balliviis :			
1. Parisiensi	43	7	5
2. Silvanectensi	4,479	5	3
3. Viromandensi	1,627	»	6
4. Ambianensi cum terra Guisnensi	4,298	18	10
5. Senonensi	1,569	17	10
6. Aurelianensi	408	18	9
7. Bituricensi	2,160	39	2
8. Turonensi	5,538	2	9
Summa	20,127	10	6
9. De preposituris	8,018	7	11
Partes a tergo.			
Summa	28,145	18	5P.

10. De debito magistri Rogeri de Medunta, deffuncti, per Johannem de Villeta, militem 100 » »

11. De domino Radulpho de Brulhi, pro residuo compoti sui de scacario Pasche XCVI° » 117 1

12. De debito magistri Petri de Cirilli 150 » »

13. De piscibus stagni Moreti captis a Furseo piscatore pro domino Ludovico primogenito regis, apud Fontembliaudi, per predictum Petrum. 12 13 »

14. De garnisione vini capta, per eundem P. 35 » »

15. De episcopo Agatensi, pro recognitione fidelitatis in creatione sua, pro una marcha argenti vel austure » 40 »

16. De abbate Sancti Germani de Pratis, pro finatione decime et mutui 100 » »

17. De debito magistri Guillelmi aurifabri 50 » »
et de veteri argento sibi tradito 37 13 »

18. De magistro Johanne de Chevri, pro residuo expense sue de via Rome 62 8 10

19. De abbatia Clare Vallis, pro quibusdam amortisationibus 297 12 »

20. De financia acquisitorum per ecclesias ballivie Senonensis, per Theobaldum Armigeri 240 » »

21. De denario libre apud Latiniacum super Maternam
80 » »
et apud Montevrayn, Checiacum, Cantum Lupi, Conchas et Cavernas versus Latiniacum 27 4 »
et Remis, per Renaudum du Cavech 666 11 »

22. De Johanne de Mornayo armigero, pro rechato terre Ville Nove que fuit Johannis de Aquis 160 » »

23. De emenda Ade Wagnon de Lauduno 288 » »

24. De decima personarum ecclesie ballivie Bituricensis, per Petrum Lombardum receptorem ibidem 697 7 2

25. De financia seu amortisatione abbatis et conventus Sancti Medardi Suessionensis, pro terra quam emerant a Symone de Vento 400 » »

26. De abbate et conventu Sancti Johannis in Vineis Suessionensis, pro financia acquisitorum suorum 48 » »

27. De hernesiis veteribus venditis, per Thomassinum de Nealpha » 40 »

28. De financia acquisitorum in ballivia Viromandensi, per dominum Evrardum Porion et Lisiardum le Jaune
330 » »

29. De financia acquisitorum abbatis et conventus de Britholio 100 » »

30. De Henrrico de Nans, pro amortisatione cujusdam feodi quod vendidit abbati Sancti Fusciani in Bosco et capellanis Beate Marie Ambianensis, per Leonardum le Sec 160 » »

31. De debito quod Haquinus de Manlia Judeus petebat in judicio a Guiardo de Herbovilla armigero 30 » »

32. De episcopo Claromontensi et abbate et conventu Sancti Yllidii Claromontensis pro confirmatione cujusdam composicionis inter ipsos 100 » »

33. De Leonardo le Sec de Ambianis, per Petrum de Coquerel, pro bonis captis in quinque navibus Anglicorum 245 15 »

34. De sigillo regis, per episcopum Dolensem 710 » »

35. De bonis episcopi Vincestrie que erant apud Templum Parisius, per Guillelmum de Hangest seniorem 440 » »

36. De domino Adam de Cardineto, pro denariis sibi traditis per Guillelmum Flammingi et socios suos   200   »   »

37. De domino Johanne de Helly, pro denariis sibi traditis per Luparam   32   »   »

et per cameram denariorum   32   »   »

et per Guillelmum Flammingi et socios suos   160   »   »

38. De domino Galtero de Capella, pro denariis sibi traditis per diversas partes   60   »   »

39. De villa Lauduni, per Renerum de la Bele custodem ibidem   3,697   8   3

40. De emenda Aelidis dicte Facete de Lauduno et Alberici et Johannis filiorum ejus, pro suspitione violationis ecclesie Laudunensis   800   »   »

41. De lanis et coriis captis in pluribus navibus, per Michaelem de Navarra   700   »   »

42. De monetis forefactis in ballivia Viromandensi, per Renaudum du Cavech   9   12   »

43. De decima ejusdem ballivie in diocesi Noviomensi, pro primo anno, per magistrum Henrr. de Gauchi   120   12   9

44. De debito Radulphi de Medonta clerici, per magistrum Johannem de Sancto Justo   25   »   »

45. De debito domini Petri de Chambli patris, per eundem Johannem   206   11   8

46. De deffectu equorum ballistariorum, per eundem Johannem   18   4   »

47. De vadiis Johannis de Hyenvilla plus computatis, per eundem Johannem   21   3   9

48. De vadiis Johannis Accurrii retentis pro debito patris sui, per eundem Johannem   12   5   6

49. De magistro Stephano de Lemovicis, per eundem Johannem   48   10   »

50. De Petro Rollandi, Thoma Godin et aliis mercatoribus Lemovicensibus   341   9   5.
per eundem Johannem.

51. De magistro Guillelmo de Erqueto, pro residuo cujusdam financie   34   »   »
per eundem Johannem.

52. De majore Rothomagi, pro Guarino de Carreriis   80   »   »
per eundem Johannem.

53. De abbate Sancti Crispini majoris Suessionensis pro sententia, per eundem Johannem   10   »   »

54. De abbatissa Beate Marie Suessionensis, pro eodem, per eundem Johannem   10 » »

55. De 20 modiis avene granarii Meleduni, per compotum Petri Genciani, per eundem Johannem   86 9 »

56. De avena granarii Aurel., per eundem J.   41 12 »

57. De avena granarii de Dordano, pro 15 modiis 2 sextariis   80 38 »
per eundem Johannem.

58. De avena granarii de Stampis, pro 22 modiis 77 » »
per eundem Johannem.

59. De avena granarii Pissiaci, pro 7 modiis 11 sextariis 1 mina   31 16 8
per eundem Johannem.

60. De piscibus stagni Petre Fontis, per eundem Johannem   23 12 »

61. De vinis garnisionis Gaufridi Cocatriz, pro 759 modiis 8 sextariis, 40 s. pro modio   1,519 » »
per eundem Johannem.

62. De eadem garnisione, pro 82 modiis 2 sextariis, 48 s. pro modio   196 2 »
per eundem Johannem.

63. De eadem garnisione, pro 23 modiis 2 sextariis, 60 s. pro modio   69 7 6
per eundem Johannem.

64. De 10 doliis vini ejusdem garnisionis computatis ad hernesia Omnium Sanctorum erogatis in elemosina   80 » »
per eundem Johannem.

65. De denariis executionis Jacobi Louchart de Atrebato levatis per magistrum Johannem Clersens   64,400 116 »

66. De redditibus senescalcie Pontivi, per Jacobum Mayngot receptorem ibidem   968 17 9

67. De mutuis quorum partes sunt a tergo   41,329 4 4

68. De centesima   15,708 2 4
Partes a tergo.

69. De quinquagesima   116,810 8 4
Partes a tergo.

70. De debito defuncti Johannis de Aquis, per ejus executores   649 14 11

          Summa   254,275 19 3P.

Recepta Turonensium.

71. De comite Drocensi, pro excambio facto cum domino Chambleii Petro milite, pro tercio 166 13 4

72. De monetagio monete facte Parisius, per Betinum Caucinel 2,057 4 4
et per Renerum Flammingi 17,836 15 »
et per Guillelmum Flammingi 2,500 » »
et per Petrum de Medunta et Faschium Lombardum, de monetagio auri 22,066 5 »

73. De bustis monete auri, per magistrum Petrum la Reue 416 5 »

74. De monetagio monete facte apud Tornacum, per Henrricum et Jeronimum de Lacu fratres 7,558 8 9
et per Guillelmum Flammingi et socios suos 20,384 7 7

75. De monetagio monete facte apud Montem Ferrandi, per Martinum Marci 148 » »
et apud Monsterolium Bonin, per Bernardum Remundi 6,900 » »
et apud Summidrium, per Sornatum Caucinel 2,568 12 6
et apud Matis[c]onum, per Guidonem de Torne Mare 4,000 » »
et apud Tholosam, per Bernardum Rascassol et Bernardum Carbonel 15,000 » »

76. De abbate Sancte Genovefe Parisiensis, pro decima triennii pro Aragonia 30 » »

77. De eodem abbate, pro decima quadriennii pro Aragonia, quam receperat ab abbate de Ferreriis 200 » »

78. De decima triennii pro Aragonia senescalcie Bellicadri, per receptores ibidem 329 » »

79. De legatis indistinctis ibidem, per eosdem 180 30 7

80. De decima concessa pro subsidio regni Francie a personis ecclesiasticis ibidem, per eosdem 3,397 » 6

81. De decima ordinis Cluniacensis pro subsidio ejusdem regni, in ballivia Arvernie. per Girardum Chauchat 1,208 18 »

82. De decima non exemptorum in diocesi Claromontensi, pro eodem, per eundem Girardum 664 12 »

83. De tallia Judeorum, pro Vivando et Donnardo de Royon Judeis, per eundem Girardum 100 » »

84. De subventione personarum ecclesie pro regno Francie in diocesi Rothomagensi, per Baldoinum Poutrel, pro magistro Guillelmo Vassal collectore 1,400 » »

85. De eadem subventione sub (*sic*), per ballivum Rothomagensem 1,115 » »
et in diocesi Lexoviensi, per eundem ballivum 1,360 13 6

86. De deffectibus servientum castelli Bone Ville, per eundem ballivum Rothomagensem 39 13 9

87. De denariis recuperatis a marinariis qui iverunt a Leura Parisius pro vadiis suis petendis, pro expensis eorum solutis quibusdam creditoribus suis, per eundem ballivum 1,223 19 5

88. De cambio monete argenti apud Harefleu, per eundem ballivum 100 » »

89. De denariis captis a Bichio et Mouscheto, per eundem ballivum, ad opus navigii 2,750 » »

90. De denariis captis a ballivo Caleti Adam Halot, per eundem ballivum Rothomagensem, pro eodem 2,722 10 »

91. De garnisionibus regis que erant apud Harefleu et Honnefleu et Toucam, de quibus Johannes de Hospitali clericus habet computare, traditis quibusdam marinariis in solutionem vadiorum, per eundem ballivum 2,110 10 »

92. De residuo vadiorum debitorum quibusdam marinariis quorum nomina ballivus tradidit in scriptis magistris curie
6,724 3 1
per eundem ballivum.

93. De finatione Judeorum in ballivia Rothomagensi, per Baldoinum Poutrel 2,000 » »

94. In vicecomitatu Vernolii, per Guillelmum d'Espovilla
129 » »
et per Johannem de Furno ibidem 20 » »

95. In balliviis Cadomensi et Constanciensi, per Johannem le Hanapier 2,307 3 1

96. In ballivia Bituricensi, per Petrum Lombardum receptorem ibidem 1,691 10 »

97. In ballivia Viromandensi, per Vietum d'Aupegart Judeum 200 » »
et per Renaudum du Cavech 195 » »

98. In ballivia Ambianensi, per Jocetum de Pontisera Judeum 43 » »

99. In ballivia Caleti, per predictum Jocetum, pro Salomone de Blangi 125 » » et per Bartholomeum Blanc Baston 1,311 » 10

100. In prepositura Parisiensi, per Danielem Clericum
140 15 »

101. In ballivia Senonensi, per Theobaldum Armigeri
628 6 6

102. In balliviis Campanie, per Jocetum de Pruvino
805 » »
et per Vivandum de Trecis 260 » »

103. In ballivia Aurelianensi, per Egidium Cassine
2,200 » »

104. In ballivia Turonensi, per Johannem Gandehart
463 » »

105. De predicta finatione Judeorum, per Julianam dictam Ami Diu, pro Kaloto Judeo 150 » »
et per Guill. Perrerium, pro eodem Kaloto 1,562 10 »
et per Vietum d'Aupegart Judeum, pro eodem Kaloto
97 10 »

106. De Judeis dotalicii defuncte regine Margarite, per Johannem le Paylle de Corbolio 267 » »
et per Danielem Clericum 130 » »

107. De Gabriele Judeo de Carnoto, per Renaudum Barbou juniorem, ballivum Rothomagensem, pro veteri, diu est
150 » »

108. De Peregrino de Sancto Paulo in Caturcino, pro compositione facta super bassa justicia Campi Arnaldi et de Ancinade 100 » »

109. De nundinis Campanie, per Florencium de Roya magistrum earum 800 » »

110. De passagio lanarum apud Andelot, per P. Folet
437 10 »

111. De emenda seu finatione Donati de Vellut de Florencia
600 » »

112. De forefactura Oliveri de Vintemille, per Guillelmum Petri Becucii 20 » »

113. De Amelio de Villari milite, domino de Salis, pro confirmatione alte justicie de Salis 100 » »

114. De decano et capitulo Suessionensibus, pro emptione terre de Ambliniaco et de Kala cum appendiciis 4,250 » »

115. De villa Cathalani, pro relaxatione denarii de libra, per magistrum Philippum Conversum, Petrum Viarium de Silvarecto et Guillelmum Thiboudi 9,900 » »

116. De regalibus Cenomanie, per Richardum Bouroudi et Symonem Medicum 200 » »

117. De episcopo Ebroicensi, domino Nicholao, pro quibusdam convencionibus 4,000 » »

118. De Petro de Melet receptore Pictavensi, pro denariis quos receperat a Petro Lombardo receptore Bituricensi

10,000 » »
et a Girardo Chauchat receptore Arvernie 7,300 » »
et a senescallo Pictavensi 8,646 14 2

119. De redditu comitis Guellensis capto super regem et non soluto eidem comiti, de terminis Ascensionis, Omnium Sanctorum et Candelose XCV° et Ascensionis XCVI° 1,733 6 8

120. De senescallo Pictavensi, domino Johanne de Sancto Dionisio, pro denariis sibi traditis per comitem Attrebatensem

500 » »
et per Symonem Arcuarium 900 » »
et per magistrum Johannem de Domno Martino 1,700 » »
et per Johannem de Hospitali clericum 1,900 » »
et per Petrum de Melet receptorem Pictavensem 700 » »
et per Egidium capellanum Ruphi de Sulhi 63 15 »
et per majorem et communiam Pictavenses, pro finatione sua ne irent hac vice in exercitum 500 » »
et per receptorem focagii pro expulsione Judeorum de Pict[avia]
3,300 » »

121. De ballivia Trecensi, per receptores Campanie, pro fine compoti sui Omnium Sanctorum XCV° 10,016 6 10
et de ballivia Vitriaci 580 119 3
et de ballivia Calvi Montis 2,793 15 »

122. Item de ballivia Trecensi, per eosdem receptores, de termino Omnium Sanctorum XCVI° 11,261 » 22
et de ballivia Vitriaci 12,495 14 6

123. De redditu Anselli de Castaneto, de terminis Omnium Sanctorum XCV° et Ascensionis XCVI°, capto super regem et non soluto, quia capit in ballivia Aurelianensi, ut dicit, equaliter
30 » »

124. De magistro Petro la Reue, pro nimis soluto quibusdam stipendiariis galearum 99 11 6

125. De senescalcia Pictavensi, de termino Ascensionis XCVI°
11,815 6 9

126. De ballivia Arvernie, de eodem termino, de tempore Johannis de Tria 8,400 78 4

et de termino Omnium Sanctorum post 5,090 5 2
127. De senescalcia Carcassonensi, de termino Ascensionis XCVI° 2,835 11 8

    Summa 264,214 14 5 T.
    Valent 211,371 15 6 ob. P.

128. De ballivo Rothomagensi, pro fine compoti sui de scacario Sancti Michaelis XCVI° 20,334 12 6
129. De ballivo Caleti 13,680 108 11
130. De ballivo Cadomensi 13,791 2 10
131. De ballivo Constanciensi 18,199 » 21
132. De ballivo Vernolii 5,465 10 »

videlicet per Vernolium 1,615 l. 3 s. et per Vernonem 1,112 l. 5 s. 1 d. et per Gisorcium 2,738 l. 23 d.

    Summa tocius scacarii 71,475 16 » T.
    Valent 57,180 12 9 ob. P.
    Summa totalis recepte ad Parisienses 550,974 6 » P.

133. Expensa hospicii regis 72,020 9 1
134. Expensa regine 4,830 10 1
135. Expensa liberorum 4,366 12 11
    Summa 81,217 12 1 P.

EXPENSA PARISIENSIUM.

Ad hereditatem.

136. Abbatissa Gerciaci, pro tercio 129 14 10
137. Heredes Rooniaci (partes a tergo), pro feodo Locharum, pro toto 600 » »
et pro feodo Alenconis, pro toto 100 » »
138. Canonici capelle regis Parisius, pro medietate 350 » »
et pro missa de defunctis, pro medietate 4 » »

139. Capellanus Sancti Clementis in capella regis inferiori, pro medietate   6 » »
et pro capellania domini Odonis quondam capellani Vicennarum, pro medietate   » 100 »
140. Capellanus S. Blasii ibid., pro medietate   10 » »
141. Domus Dei Parisiensis, pro medietate   180 » »
142. Monachi Regalis Montis, pro tercio   120 » »
143. Dominus Stephanus de Monte Sancti Johannis pro feodo Feritatis Alesie, pro toto   100 » »
144. Johannes de Chambleio miles, pro toto   40 » »
145. Stephanus de Bien Fayte miles, pro feodo Virzonis, pro toto   40 » »
146. Guillelmus de Haricuria miles, pro tercio   66 13 4
147. Tres capellanie fundate in ecclesia Sancti Dionisii, pro medietate   30 » »
148. Templum, pro redditu empto a Petro de Chambleio milite, domino de Viermes, pro medietate   38 13 6
149. Capellanus Sancti Germani in Laya, pro tercio   10 » »
et pro roba, pro toto   » 60 »
150. Congregatio cecorum Paris., pro tercio   10 » »
151. Capitulum V[er]nonense, pro (*sic*)
152. Capellanus altaris Sancti Michaelis in ecclesia Beate Marie de Chambleio, pro medietate   10 » »
153. Gauffridus de Perona, pro toto   30 » »
154. Furseus ejus filius, pro toto   10 » »
155. Dionisius de Valenc., pro tercio feodi Montis Fontis, pro toto   20 » »
156. Lanfrancus Tartarus de Janua, pro toto   100 » »
157. Symon de Roseyo, pro medietate   10 » »

    Summa   2,023 » 20 P.

Ad vitam.

158. Dominus Johannes de Falvi, pro tercio   333 6 8
159. Episcopus de Bethleem, dominus Hugo, pro medietate   100 » »
160. Nicholaus de Peracio miles, pro toto   100 » »
161. Magister Stephanus li Aasiez, pro medietate   91 12 »

162. Theobaldus de Corbolio, pro medietate   20   »   »
163. Beatrix soror quondam thesaurarii Huberti, pro tercio
       4   »   »
164. Johannes de Caprosia, 5 s. per diem, usque ad XIII^a diem Julii inclusive, qua obiit   »   100   »

       Summa   653   18   8 P.

Alia expensa.

165. Renaudus Barbou senior, pro vadiis, pro tercio
       221   6   8
166. Magistri monetarum duo, Betinus Caucinelli et Johannes Decimarii, pro tercio   133   6   8
167. Renaudus de Aula clericus monetarum, 3 s. per diem
       20   11   »
168. Venditores boscorum tres, videlicet Johannes Venatoris, Stephanus de Bien Fayte miles, quilibet 10 s. per diem, et Johannes de Bovilla miles, 6 s. per diem   178   2   »
169. Mensuratores boscorum duo, Adam Bouchart et Johannes Britonis, quilibet 4 s. 6 d. per diem   61   13   »
170. Piscatores tres, videlicet Furseus de Perona, 3 s. per diem   20   11   »
Judocus Roart, 2 s. per diem   13   14   »
et Johannes de Calceya, 12 d. per diem   6   17   »
et pro cremento de 6 d. per diem per 99 dies   »   49   6
171. Giletus Rougel luparius, pro se, familia, equis et canibus, 8 s. 10 d. per diem   60   10   2
et pro rauba sua, pro medietate   »   50   »
et pro roba trium servientum, pro toto, equaliter   7   10   »
172. Johannes Butin luparius, 2 s. per diem   13   14   »
et pro roba, pro medietate   »   50   »
173. Colinus lotrarius, 18 d. per diem   10   5   6
et pro roba, pro toto   »   40   »
174. Magister Petrus de Condeto, pro vadiis   109   12   »
175. Magister Gauffridus de Templo, pro vadiis   109   12   »
176. Magister Johannes Clersens, pro vadiis   91   4   »
177. Dominus Symon de Baillolio, pro vadiis   41   2   »
178. Jacobus de Luceto clericus, pro vadiis   41   2   »
179. Johannes de Lillariis, pro vadiis   41   2   »

180. Magister Sancius, pro vadiis 28 16 »
181. Operatorium Lupare, per Gilibertum 37 14 8
et per Johannem Galteri ibidem 50 15 »
182. Stephanus faber ibidem, pro misiis 34 8 »
183. Stephanus de Camera, pro eodem 25 » 10
184. Operatorium Montis Argi, per Guillelmum attiliatorem ibidem 29 2 »
185. Clerici compotorum 26 » »
186. Domina Lucia de Gibelet, pro medietate 50 » »
ad voluntatem.
187. Lupelli 10 et aquila una » 55 »
188. Magister Johannes Clersens, pro nunc mittendo
 140 » » ·
et pro denariis sibi traditis apud Rothomagum pro eundo ad regem 16 » »
189. Johannes de Lillariis clericus, pro residuo compoti sui
 10 8 5
190. Dominus Radulphus de Brulheyo, pro expensis per 45 dies Parisius usque ad diem Mercurii post Nativitatem beati Johannis 40 » ».
et pro expensis faciendo inquestas super prepositum Parisiensem et servientes cum magistro Johanne Ducis per 30 dies usque ad Assumptionem beate Marie 27 » »
191. Magister Guillelmus aurifaber, pro misiis suis, de termino Ascensionis XCVI° et duobus terminis precedentibus
 178 5 3
et pro platellis ad fructum faciendis 80 » »
et pro duobus ciphis, altero auri et altero argenti, quos rex emit ab ipso 240 11 »
192. Jehenotus de Vallibus filius quondam Odardi Rebracye de Ponte Sancte Maxencie, pro boscis suis per gentes regis venditis per errorem et sibi restitutis 20 » » ·
193. Magister Guido de Nogento in Bassigneyo, pro via Britannie pro quinquagesima 20 » »
194. Item 24 » »
195. Girardus de Marla, pro eodem ibidem 8 » »
196. Petrus Chevalier, pro eodem ibidem 16 » »
197. Magister Guillelmus cantor Milliaci et Renaudus de Giresmo, pro denariis sibi traditis per receptorem Bituricensem pro negocio quinquagesime 94 » »
198. Magister Michael de Codreyo et Nicholaus Caillet, pro fine

compoti sui de expensis faciendo colligi quinquagesimam in ballivia Viromandensi 28 8 2

199. Dominus Robertus de Freauvilla presbiter et magister Philippus le Mastin, pro fine compoti sui de expensis faciendo colligi quinquagesimam in senescalcia Bellicadri 28 16 11

200. Magister Baldoinus Alani, pro eodem in ballivia Turonensi cum Guillelmo Otran 31 » 19

201. Guillelmus Otran, pro eodem ibidem 9 5 7
et pro negocio centesime ibidem 8 6 6

202. Dominus Galterus canonicus capelle regis Parisius, pro operibus capelle Vicennarum 100 » »
nona die Julii.

203. Idem, pro expensis puerorum capelle, usque ad dominicam post Sanctum Albinum, et pro roba eorum Omnium Sanctorum XCV° 99 18 »
et pro uno breviario facto pro rege 107 10 »
XXV^a die Augusti.

204. Idem, pro expensis scolarium, beguinarum et conversorum, per 60 septimanas, usque ad dominicam ante Magdalenam XCVI° 397 11 9

205. Idem, pro operibus Lupare 50 » »
XIX^a die Octobris, et pro operibus et conversis 100 » »
ultima die Octobris.

206. Egidius de Lauduno, quondam prepositus Montis Desiderii, pro denariis sibi redditis, quos habebat in deposito in abbacia Sancti Eligii Noviomensis, captis et redditis regi in compotis Omnium Sanctorum XCV° 77 16 »

207. Magister capelle regis Parisius, pro neccessariis ejusdem capelle et percameno 180 100 »

208. Dominus Philippus capellanus episcopi Dolensis, pro litteris boscorum, usque ad Pascham XCVI° 16 7 »

209. Stephanus et Egidius Apelot fratres de Giemo, pro denariis quos solverunt de mandato regis Stephano de Messilles
27 5 »

210. Magister Guillelmus de Lavercines, pro uno equo mortuo et alio reddito curie, de via ad computandum de decima pro subsidio regni in provincia Senonensi 20 » »

211. Magister Johannes Ducis, pro expensis factis faciendo inquestas super servientes regis 40 » »

212. Idem et Johannes de Sancto Leonardo prepositus Parisiensis, pro expensis factis pro negocio regis 40 » »

213. Dominus Johannes de Atrebato, pro centesima terre sue in ballivia Bituricensi levata et sibi restituta, per Petrum Lombardum receptorem Bituricensem, in diversis partibus 252 19 3

214. Et pro mutuis hominum suorum de Maceyo in eadem ballivia, sibi restitutis, per eundem Petrum, videlicet pro Guillelmo le Cousturier et Johanne filio suo equaliter 48 » »

215. Honoratus illuminator, pro libris regis illuminatis 20 » »

216. Dominus Johannes de Chintrellis ballivus Masticonensis, pro denariis redditis regi pro rotellis Judeorum per tres annos et alias redditis regi per compotum Bichii 44 5 6

217. Prepositus Parisiensis, pro solvendo domum Egidii de Aureliano captam pro coquina regis Parisius 72 » »

218. Petrus de Remis valletus regis, pro via Burgundie 10 » »

219. Symon Picardi, missus apud Bellicadrum 10 » »

220. Guillelmus de Hangesto junior, ballivus Cadomensis, pro negocio regis 100 » »

221. Episcopus Dolensis, pro toto residuo mutui quod fecerat regi, sibi reddito 660 » »

222. Filie Dei Parisienses, super pensione sua, ex mutuo 80 » »

IIII^a die Septembris, et XXV^a die Septembris 80 » »

223. Magister pueororum (*sic*) capelle regis Parisius, pro eorum neccessariis, in duabus partibus 90 » »

224. Johannes de Malla, pro vadiis suis, de tempore preterito 100 » »

225. Antelinus de Varignies et Johannes castellanus Nigelle, milites, pro expensis factis in assisia terre domini Ludovici fratris regis 300 » »

226. Magister Guillelmus de Gisorcio, missus ad partes Aurelianenses pro centesima 20 » »

227. Frater Petrus de Paredo, prior de Chesa, missus pro negocio regis 100 » »

228. Magister Robertus Foyson et Symon de Marchesiis miles, inquisitores in ballivia Silvanectensi, pro denariis sibi traditis, per Guillelmum de Sancto Vincencio 100 » »

229. Magister Symon Boel, missus in predictam balliviam Silvanectensem pro negocio quinquagesime, per eundem Guillelmum 60 » »
in tribus partibus.

230. Johannes Majoris de Argentolio, pro eodem ibidem, per eundem Guillelmum 60 » »

231. Symon et Johannes predicti, pro eodem ibidem, per eundem Guillelmum 60 » »

232. Abbas Joyaci, thesaurarius, pro expensis factis in via apud Magdunum super Ligerim pro negocio regis 9 » »
et apud Pruvinum pro mutuis procurandis 14 » »
et apud Trecas pro eodem 25 » »

233. Stephanus Haudri, pro burello ad computandum in camera denariorum, per Thomassinum 4 16 »

234. Magister Laurencius de Monte Forti et Arnulphus Merlini, pro residuo expense sue de via Viromandie et Flandrie pro quinquagesima 92 13 »

235. Girardus barillarius, pro vinis emendis 500 » »

236. Magister Stephanus de Susi archidiaconus Brugensis, missus ad electionem Cameracensem 30 » »

237. Guillelmus de Ripperia miles, pro palliis Nativitatis XCV° et Penthecostes XCVI° 10 » »

238. Idem, inquisitor in ballivia Senonensi, pro denariis sibi traditis, per Theobaldum Armigeri receptorem ibidem, in tribus partibus 200 » »

239. Idem Guillelmus et magister Radulphus de Mellento, pro eodem ibidem, per eundem Theobaldum 80 » »

240. Archidiaconus Aurelianensis, magister Johannes, pro eodem ibidem, per eundem Theobaldum, in quatuor partibus
200 » »

241. Dominus Robertus Regis canonicus Sancti Quintini, missus in predictam balliviam Senonensem pro negocio quinquagesime 62 10 »

242. Idem Robertus et Symon Payen, pro eodem ibidem
32 » »

243. Magister Petrus de Bello Monte, pro eodem
12 » »

per predictum Theobaldum.

244. Item cantor Milliaci Guillelmus, pro eodem in ballivia Bituricensi, per Petrum Lombardum receptorem ibidem
88 » »

245. Magister Renaudus de Giresmo, per eundem Petrum, pro eodem ibidem 184 » »

246. Predicti cantor et Renaudus, pro eodem ibidem, per eundem Petrum 40 » »

247. Comes Sancti Pauli, dominus Guido, pro vadiis suis, antequam esset buticularius Francie, per 65 dies, 4 s. per diem

               13 » »

et postquam fuit buticularius, cum rege, per 93 dies, 25 s. per diem   116 5 »

et sine rege, apud Sanctum Quintinum, per 87 dies, usque ad diem Lune in crastino Sancti Martini hyemalis, 60 s. per diem

               261 » »

248. Magister Johannes de Forest, pro expensis suis in scacario Sancti Michaelis per 24 dies, 4 s. per diem 26 4 »

249. Jacobus Louchart de Attrebato, pro mutuo sibi reddito, per magistrum Johannem Clersens   3,200 » »

250. Gauffridus Cocatriz, pro garnisionibus faciendis, per eundem Johannem   2,000 » »

251. Item dominus Galterus de Capella, pro operibus, per eundem Johannem   500 » »

252. Johannes Arrode, pro denariis sibi traditis, per eundem Johannem   2,600 » »

253. Executores Jacobi Louchart predicti, pro quibusdam litteris domini P. Grignart redditis eisdem executoribus, per eundem Johannem Clersens   300 » »

recuperandas super executores predictos.

254. Magister Robertus de Pontisera, pro denariis sibi traditis, per eundem Johannem pro negocio regis   80 » »

255. Monachi de Frigido Monte, pro garnisionibus captis ab ipsis, per eundem Johannem   68 » »

256. Idem Johannes Clersens, pro expensis suis per 166 dies procurando peccuniam de testamento Jacobi Louchart predicti

              167 2 »

et pro hernesiis, nunciis missis et aliis neccessariis 46 11 8

et pro vectura denariorum de dicto testamento 80 74 10

et pro uno palafredo et uno summario mortuis in prosecutione dicti testamenti   40 » »

et pro salario cujusdam tabellionis, cujusdam clerici, quatuor servientum, et pro scriptura   104 » »

257. Operatorium Meleduni, per Petrum le Vache

               60 10 »

258. Thesaurarii, pro litteris et nunciis missis pro negocio regis pluries per diversa loca a tempore quo inceperunt officium thesaurarie usque ad istos compotos Omnium Sanctorum XCVI°

               87 » 6

et pro pargameno et incausto » 68 10
et pro operibus armariolorum apud Luparam, seris, clavibus et aliis minutis 20 16 »

259. Johannes Wuyde Rue de Compendio, pro denariis traditis Martino Pethiot pro garnisionibus faciendis Rothomagi, de quibus idem Martinus conputavit 17 4 »

260. Abbas Joyaci, frater Henrricus, thesaurarius, super expensas suas a tempore quo incepit officium 500 » »

Summa 17,400 67 9 P.[1]

1. Ce total est erroné : il faudrait 17,903 l. 7 s. 9 d. C'est la seule faute d'addition qui soit dans tout ce compte.

(Verso.)

COMPOTUS THESAURARIORUM LUPARE

DE TERMINO O. S. XCVI°. — III^us.

Prepositure	8,018	7	11 P.
videlicet :			
261. Parisius	6	7	11
262. Mons Letherici	196	12	2
263. Gonessa	92	9	2
264. Castrum Forte	70	»	7
265. Corbolium	239	3	2
266. Pissiacum	60	13	9
Summa	665	6	9
267. Silvanectum	211	7	4
268. Calvus Mons	32	6	8
269. Pontisera	210	19	9
270. Bellus Mons et Asnerie	107	7	3
271. Pons Sancte Maxencie	129	5	1
272. Compendium	171	10	6
273. Bestisiacum et Verbria	316	12	7
274. Petra Fons	327	17	11
275. Chosiacum et Thorota	146	2	8
Summa	1,653	9	9
276. Viromandia : Laudunum	499	13	3
277. Villa Nova Regis in Belvacinio	100	»	»
278. Mons Desiderii	72	10	8
279. Roya	449	15	»
280. Sanctus Quintinus et Ribemons	236	9	2
281. Calniacum	89	6	8
282. Perona	496	13	10
Summa	1,944	8	7
283. Ambiani	327	17	2
284. Bella Quercus	300	25	4

COMPTE DU TRÉSOR DU LOUVRE SOUS PHILIPPE LE BEL. 267

285. Dullendium	69	18	8
286. Monsterolium et Sanctus Richarius	351	2	8
Summa	1,050	3	10
287. Senonis	519	2	3
288. Pontes super Yonam	32	»	»
289. Granchie	6	13	4
290. Villa Nova juxta Senonis	225	7	8
291. Vallis Maura, Fossa Maura, R[i]v[e]ria et Maaleyum	40	»	»
292. Chesayum, Lissiacum et Voos	78	9	2
293. Dooletum	7	10	»
294. Flagiacum	30	»	»
295. Loretum in Boscagio	25	»	»
296. Dymons	30	»	»
297. Nemosium	38	10	8
298. Moretum	160	61	»
299. Samesium	20	»	»
300. Gressium et Capella	69	5	»
301. Meledunum	25	7	11
302. Castellatum	46	13	4
303. Castrum Nantonis	170	14	6
Summa	1,527	14	10
304. Aurelianum	792	4	10
305. Castrum Novum	12	14	4
306. Novilla	31	13	4
307. Curciacum	13	6	8
308. Vitriacum	10	»	»
309. Burgus Novus	4	13	4
310. Boscus Communis	30	2	4
311. Evra	4	»	12
312. Hyenvilla	152	»	»
313. Mons Argi	58	15	8
314. Cepeyum	20	»	»
315. Lorriacum	47	12	8
Summa	1,177	4	2
Summa totalis, ut prius	8,018	7	11
De mutuis	41,329	4	4 P

videlicet

316. De Aelide de Baayllon, per Renaudum du Cavech 62 » »
XXVa die Junii, in crastino Nativitatis beati Johannis.

317. De Johanne de Sancto Verano 200 » »
XXVIa die Junii.

318. De Corbolio et castellania ibidem, pro prima medietate, 600 l. Va die Julii, et XIIIIa die Augusti 412 l., et XXVa die Septembris 100 l., et IIIa die Octobris 88 l. Summa 1,200 » »

319. De residuo mutuorum factorum a burgensibus Rothomagi nominatis a tergo compoti ballivi Rothomagensis Pasche XCVIo, 820 l. Tur. XVIa die Julii et alias 656 » »
per ballivum

320. De villa Parisius, per Nivardum 72 » »
XVIa die Augusti.

321. De Goberto Sarraceni de Lauduno 300 » »
XVIIa die Augusti.

322. De Johanne Richomme de Cathalano 1,000 l. Tur. Valent
Par. XIXa die Augusti 800 » »

323. De Dulchio Manier, de societate Bardorum de Florencia, 500 l. Tur. Valent 400 » »
Par. XXVa die Augusti.

324. De Bindo Escarche, de societate Cerdorum Alborum de Florencia, 500 l. Tur. 400 » »
tunc.

325. De Ouberto Jonte, de societate Cerdorum Nigrorum de Florencia, 500 l. Tur. 400 » »
tunc.

326. De Lappo Piti, de societate Mozorum de Florencia, 500 l. Tur. 400 » »
XXVIa die Augusti.

327. De ballivia Silvanectensi, per Guillelmum de Sancto Vincencio, 556 l. XXVIa die Augusti, et XXVIIIa die Octobris 150 l. 3 s. Summa 706 3 »

328. De Alpicio Dyan, de societate Scotorum de Placencia, per dictum Vidaume, 2,000 l. Tur. 1,600 » »
XXVIIa die Augusti.

329. De Renero de Passu de Florencia, per dictum Vidaume, 600 l. Tur. 480 » »
tunc.

330. De Girardo Capon., Guidone Cavassole, Lanceloto d'An-

goyssole et Johanne de Vantiduno, pro se et aliis campsoribus de Placencia, 3,500 l. Tur. 2,800 » »
XXXª die Augusti

331. De dicto Bone Gayne Lombardo 500 l. Tur. 400 » »
Par. tunc.

332. De societate Petrucie 1,000 l. Tur. 800 » »
tunc.

333. De societate Clarencium de Pistorio 2,000 l. Tur.
1,600 » »
tunc.

334. De Lappo Piti, de societate Scale, 800 l. Tur.
640 » »
ultima die Augusti.

335. De societate Spine de Florencia, per Renuchium Hugonem, 2,000 l. Tur. 1,600 » »
IIIIª die Septembris.

336. De Adam Halot, per Bartholomeum Blanc Baston, 1,017 l. 8 s. 6 d. Tur. tunc et alias   813 18 10

337. De villis Attrebati et Corbeye, per Galterum Loth et Thomam Rustici procuratores Bichii et Mouscheti, 9,547 l. 10 s. Tur. (partes apud magistros per cedulam); valent   7,638 » . »
XXVª die Septembris.

338. De villa et castellania Pissiaci, per Hugonem de Passu, 1,060 l. prima die Octobris, et XXª die Octobris 405 l., et ultima die Novembris 99 l. Summa   1,564 » »

339. De Roberto et Baldo Crispini fratribus de Atrebato 7,300 l. VIª die Octobris, et XVIª die Octobris 863 l., et XXIª die Octobris, 1,830 l. Summa   9,993 » »

340. De villa et castellania Pontisare, per Guillelmum de Ruella, 1,800 l. XVIIIª die Octobris, et XVIIª die Novembris 700 l., et ultima die Novembris 135 l. 2 s. 6 d., et per Johannem Minerii, XXIIIª die Octobris, 2,600 l., et XVIIª die Novembris 450 l., et ultima die Novembris 39 l. Summa   5,724 2 6

341. De Vernone et castellania ibidem, per Guillelmum d'Espovilla, 100 l. Tur.   80 » »
VIIª die Novembris.

   Summa totalis, ut prius   41,329 4 4 P.

 De centesima   15,708 2 4 P.
videlicet :

342. De prepositura Sancti Quintini, per Renaudum du Cavech, pro magistro Henrrico de Gauchi, 106 s. XXVᵃ die Junii, et XXIᵃ die Octobris 60 l. Summa   65   6   »

343. De prepositura Montis Desiderii, per Egidium de Lauduno quondam prepositum ibidem, 120 l. 13 s. XIᵃ die Julii, et Xᵃ die Octobris 38 l. 15 s. Summa   159   8   »

344. De ballivia Rothomagensi, per ballivum, 592 l. 11 s. 4 d. Tur.   474   »   13
XVIᵃ die Julii.

345. De ballivia Bituricensi, per Petrum Lombardum receptorem ibidem   248   8   10
IIIᵃ die Augusti

346. De Balneolis Sancti Eblandi   7   10   »
XVIIᵃ die Septembris.

347. De vicecomitatu Cadomensi, per Johannem le Hanapier 200 l. Tur.   160   »   »
XVIIIᵃ die Julii.

348. De ballivia Gisorcii, per Guillelmum d'Espovilla, 740 l. Tur.   592   »   »
XXVIIᵃ die Septembris.

349. De ballivia Ambianensi, per Galtherum Loth et Thomam Rustici procuratores Bichii et Mouscheti, 17,315 l. 10 s. 6 d. Tur. (partes apud magistros per cedulam) XXVᵃ die Septembris; valent 13,852 l. 8 s. 5 d.; et XXVIᵃ die Octobris, per magistrum Herricum de Gauchi, 149 l. Summa   14,000 28   5

Summa totalis, ut prius   15,708   2   4

De quinquagesima   116,810   8   4P.

videlicet :

350. De parrochia de Meudon, de Sevre et de Villa d'Avray
                42   »   »
XXVᵃ die Junii in crastino Nativitatis beati Johannis.

351. De Arcolio   12 16   »
tunc.

352. De Lupicenis   17   »   »
tunc.

353. De Sancto Clodoaldo 18 l. tunc, et XIXᵃ die Septembris 4 l. Summa   22   »   »

354. De Fossis et de Bello Fonte | 37 | » | »
tunc.
355. De Calvimontello | 7 | » | »
tunc.
356. De Darenciaco | » | 75 | »
XXVIᵃ die Junii.
357. De Burgello | 7 | » | »
tunc.
358. De Croissiaco | » | 40 | »
tunc.
359. De S. Marcello, Laorcenis et Murellis | 14 | » | »
tunc.
360. De Haubervillari et Capella | 50 | 10 | »
tunc.
361. De Crepicordio et Curia Nova | 12 | » | »
tunc.
362. De villa Sancti Dionisii, per Johannem de Marolio et Stephanum de Solario 160 l., et per Egidium Rigot et Nicholaum de Medunta 100 l., et per Johannem Patart et Henrricum de Vaudernant 36 l., tunc totum. Summa | 296 | » | »
363. De Espiers | 20 | » | »
XXVIIᵃ die Junii.
364. De Corbolio | 48 | » | »
tunc.
365. De Royssiaco 16 l. tunc, et XIXᵃ die Septembris 8 l. Summa | 24 | » | »
366. De Fraxinis juxta Burgum Regine et Villa Millan | » | 60 | »
tunc.
367. De Gonessa, Tilleyo et Vaudernant | 23 | » | »
tunc.
368. De Cormeliis, Feritate, Montiniaco et Francovilla in dominio abbatis Sancti Dionisii | 80 | » | »
XXVIIIᵃ die Junii.
369. De Balneolis Sancti Erblandi 36 l. tunc, et XVIIᵃ die Septembris 100 s. Summa | 41 | » | »
370. De Allodiis Regis versus Pissiacum | 17 | » | »
tunc.
371. De Orliaco 67 l. 10 s. XXIXᵃ die Junii, et XXIᵃ die Septembris 80 l. Summa | 147 | 10 | »
372. De Sorenis et de Puteaus cum pertinenciis 16 | » | »
ultima die Junii.

373. De Antoniaco et prepositura ibidem 52 l. 11 s. tunc, et XVIII³ die Septembris 28 l. 10 s. Summa 80 21 »
374. De Villa Picta 8 » »
tunc.
375. De Laiaco et Civilliaco 19 12 »
tunc.
376. De Puteolis, Castaneto et Jaygniaco 7 » »
tunc.
377. De Bouconval » 45 »
tunc.
378. De Jassignioc 8 8 »
tunc.
379. De Maciaco 32 » »
prima die Julii.
380. De Argentolio. 110 » »
II³ die Julii.
381. De Gargiis, Ermonovilla, Bonolio, Setayns et Dugniaco
tunc. 6 » »
382. De Monciaco Novo 6 » »
tunc.
383. De Petra Ficta et Sancto Leodegario 24 » »
tunc.
384. De Longo Piro et Monciaco Veteri 6 » »
tunc.
385. De Vemarç 10 » »
tunc.
386. De Malliaco la Vile 16 » »
tunc.
387. De Parisius in parrochia Sanctorum Lupi et Egidii
II³ die Julii. 60 » »
388. De Rungiaco 8 4 »
III³ die Julii
389. De Villa Nova Regis 18 » »
IIII³ die Julii.
390. De Villaribus super Briacum 11 14 »
tunc.
391. De Villari le Bel 30 » »
tunc.
392. De Chavenolio versus Pissiacum 11 5 »
tunc.

393. De Sancto Leodegario in Laya et de Hanemont
                  13 » »

tunc.

394. De Pentino et parrochia ibidem   19   4   »

tunc.

395. De Vitriaco, Yvriaco, Thioys, Grignon et Choysi
                  116 » »

tunc.

396. De Sercellis   60 » »

VII^a die Julii.

397. De Lusarchiis   40 » »

tunc.

398. De Sancto Germano in Laya   40 » »

tunc.

399. De Cauda, Pontaz et Amboysa   20 » »

tunc.

400. De Jablines   9   12 »

XII^a die Julii.

401. De Marolio et Stagno subtus Marliacum Castrum et de Fourqueus   49   2 »

tunc.

402. De Monte Martirum, Clignencourt et quadam parte Villete Sancti Lazari   23 » »

XVII^a die Julii.

403. De Pissiaco et parrochia ibidem, Mesnilio, Quarreriis et quadam parte Archeriarum   50 » »

XIX^a die Julii.

404. De Mesnilio Alberici   22 » »

XX^a die Julii

405. De Mesnilio Domine Rancie   16 » »

tunc.

406. De Ferreriis juxta Latiniacum super Maternam
                 » 100 »

XXI^a die Julii.

407. De Capella versus Sanctum Dionisium 23 l. XXVI^a die Julii, et XXIIII^a die Septembris 13 l., et ultima die Octobris 7 l. Summa   43 » »

408. De villa Sancti Germani de Pratis, Vanvis et Yssiaco
                 40 » »

ultima die Julii.

409. De Yverniaco   » 115 2

T. II.   18

prima die Septembris.
410. De Ruolio juxta Feritatem Ancoul 4 16 »

tunc.
411. De Feritate Ancoul 48 l. tunc, et XXV{a} die Septembris 80 l. Summa 128 » »
412. De Vinantes » 60 »

II{a} die Septembris.
413. De Juliaco 8 » »

tunc.
414. De Sancto Maximo et Vinolio 40 l. tunc, et XIX{a} die Septembris 14 l. 8 s. Summa 54 8 »
415. De Montigyer et parrochia ibidem » 64 1

tunc.
416. De Nantolheto » 68 »

tunc.
417. De parrochia Ayssone et villa Corbolii in eadem parrochia 52 » »

IIII{a} die Septembris.
418. De Palaciolo et Champlant 11 2 »

XIII{a} die Septembris.
419. De Charrona » 107 3

XIIII{a} die Septembris.
420. De Marliaco Castro 40 10 »

XV{a} die Septembris.
421. De Castaneto et Alneto versus Burgum Regine 32 » »

XVII{a} die Septembris.
422. De Ceaus le Grant et Ceaus le Petit et Plesseyo » 60 »

XVIII{a} die Septembris.
423. De Fossatis et Varenna 22 » »

tunc.
424. De Villa Nova subtus Domnum Martinum 12 » »

XIX{a} die Septembris.
425. De Campiniaco versus Fossata 13 » »

tunc.
426. De Fontaneto versus Vicennas 8 » »

XX{a} die Septembris.
427. De Germiniaco 9 12 »

XXII{a} die Septembris.
428. De Triaco le Port et Danciaco 7 l. 5 s. 4 d., et de quodam

vico de Triaco qui est ad usus Campanie 104 s. 9 d. tunc.
Summa 12 10 1
 429. De Iciaco et Changiaco 28 16 »
tunc.
 430. De Limolio et parrochia ibidem » 50 »
tunc.
 431. De Compenso et Condeto 6 » »
XXIII^a die Septembris.
 432. De Varetes 20 16 »
XXVII^a die Septembris.
 433. De Thius subtus Domnum Martinum 14 10 »
ultima die Septembris.
 434. De Christolio 30 » »
XVIII^a die Octobris.
 435. De Kala 23 » »
XXII^a die Octobris.
 436. De Armenteriis prope Meldis 15 4 »
XXVI^a die Octobris.
 437. De Malo Regardo 14 » »
tunc.
 438. De Domunculis 44 8 »
XXVIII^a die Octobris.
 439. De Mitriaco, Moyriaco et Villa ad Asinos 40 » »
tunc.
 440. De Joyaco super Morayn 16 » »
tunc.
 441. De Phauresmouster in Bria cum pertinenciis 34 » »
tunc.
 442. De Cella in Bria, Villari Templi et Ramato Villari
19 4 »
tunc.
 443. De Villari super Morayn 10 » »
III^a die Novembris.
 444. De Villa Nova Sancti Georgii 6 10 »
tunc.
 445. De ballivia Silvanectensi, per Guillelmum de Sancto Vincencio, 2,357 l. VI^a die Julii, et XXVI^a die Augusti 152 l. 7 s. 1 d., et XXVIII^a die Octobris in duabus partibus 1,573 l. 4 s. 11 d.
Summa 4,080 52 »
 446. De ballivia Viromandensi, per Renaudum du Cavech, 2,138 l. XXV^a die Junii, et XXX^a die Julii, per eundem Renaudum,

1,900 l. 78 s., et IX^a die Augusti per eundem Renaudum, 300 l., et XXI^a die Octobris, per eundem Renaudum, 1,144 l. 12 d. — In prepositura Montis Desiderii, per Gilibertum Boyvin, 102 l. XXIX^a die Julii, et X^a die Octobris, per eundem Gilibertum 78 l. 5 s. — In prepositura Lauduni, per Herricum Liziardi, 480 l. XXVI^a die Julii, pro Goberto Sarraceni, et VI^a die Augusti 798 l., per Odardum Sarraceni, et XVII^a die Augusti, per eundem Odardum, 420 l., et III^a die Novembris, per eundem Odardum, 942 l. Summa   8,326   4   »

447. De ballivia Ambianensi, per Arnulphum de Cambio, pro Symone de Croyaco, 635 l. XXIX^a die Julii, et II^a die Septembris 1,108 l. Summa   1,743   »   »

448. De senescallia Pontivi, per Jacobum Mayngot
                                       140   »   »

II^a die Augusti.

449. De ballivia Senonensi, per Theobaldum Armigeri, 2,260 l. X^a die Julii, et XIX^a die Septembris 1,742 l. 2 s., et XXII^a die Novembris 1,626 l. 10 s. 10 d., XXIII^a die Novembris 4,440 l. 4 s. 9 d. Summa   10,068   17   7

450. De ballivia Aurelianensi, per Egidium Cassine, 15,758 l. 15 s. 5 d. XXV^a die Septembris, et XVII^a die Octobris 845 l. 4 d. Summa   16,600   75   9

451. De ballivia Bituricensi, per Petrum Lombardum receptorem ibidem, 5,068 l. XV^a die Julii, et XXVIII^a die Julii 825 l. 15 s., et III^a die Augusti 9,348 l. 16 s. 2 d. Summa
                                       15,242   11   2

452. De ballivia Rothomagensi, per ballivum Renaudum Barbou juniorem, 21,677 l. 13 s. 9 d. Tur. XVI^a die Julii. Valent   17,342   3   »

453. De ballivia Cadomensi, per Johannem le Hanapier, 5,000 l. Tur. XI^a die Julii, et XVIII^a die Julii 10,406 l. 8 s. 1 d. Tur., et prima die Septembris 140 l. Tur. et VII^a die Novembris 180 l. 29 s. 2 d. Tur. Summa 15,727 l. 17 s. 3 d. Tur. Valent   12,580   45   10

454. De ballivia Gisorcii, per Guillelmum d'Espovilla receptorem, 2,020 l. XVIII^a die Julii, et II^a die Augusti 2,000 l., et X^a die Septembris 62 l., et VI^a die Octobris 3,200 l. Summa
                                       7,280   40   »

455. De ballivia Arvernie, per Girardum Chauchat receptorem ibidem, 20,512 l. 17 s. 2 d. Tur. XIII^a die Novembris. Valent   16,410   5   9

456. De senescallia Pictavensi, per Petrum de Melet receptorem ibidem, 5,307 l. 15 s. 10 d. Tur. XXVI^a die Novembris. Valent 4,246 4 8

Summa quinquagesime, ut prius 116,810 8 4P.

457. Heredes Rooniaci, pro feodo Locharum, pro toto, 600 l., et pro feodo Alenconis, pro toto, 100 l. Summa 700 » »P.

videlicet :

458. Cambellanus de Tanquarvilla, dominus Robertus, ratione uxoris sue 540 » »

459. Guillelmus d'Erneval, similiter ratione uxoris sue Ydonie 80 » »

460. Dominus Chambleii Petrus miles, similiter ratione uxoris sue domine Ysabelle 80 » »

Summa ut prius.

INDEX

Abréviations : B., Beatus, Beata. — Cf., confer. — Comm., commune. — S., Saint, Sanctus, Sancta, etc. — S.-et-M., Seine-et-Marne. — S.-et-O., Seine-et-Oise. — V., voyez.

Chaque localité fait en général l'objet de deux articles, l'un au nom employé dans le texte, l'autre (ordinairement plus détaillé) au nom usité aujourd'hui ; quand ces deux articles devraient se suivre immédiatement, le premier est omis. Les noms de lieux qui sont précédés en français de l'article *le, la, les,* sont classés alphabétiquement au mot suivant.

Pour le groupement géographique des noms de lieux qui figurent à cet index, v. les mots Belgique, Espagne, France, Grande-Bretagne, Italie, Pays-Bas.

Les noms d'hommes et de choses n'ont été portés dans l'index, en général, que sous la forme latine employée dans le texte du compte.

Pour le groupement chronologique des dates exprimées dans le compte, v. les mots Februarius, Martius, Maius, Junius, Julius, Augustus, September, October, November, December.

Aasiez (Stephanus li), 161.
Abbas S. Crispini Majoris Suessionensis, 53 ; S. Dionisii, 368 ; de Ferreriis, 77 ; S. Fusciani in Bosco, 30 ; S. Genovefe Parisiensis, 76, 77 ; S. Germani de Pratis, 16 ; Joyaci, Henrricus, thesaurarius, 232, 260. — Abbas et conventus de Britholio, 29 ; S. Johannis in Vineis Suessionensis, 26 ; S. Medardi Suessionensis, 25 ; S. Yllidii Claromontensis, 32.

Abbatia Clare Vallis, 19 ; S. Eligii Noviomensis, 206.
Abbatissa B. Marie Suessionensis, 54 ; Gerciaci, 136.
Accurrii (Johannes) et pater, 48.
Achères (S.-et-O.), Archerie, 403.
Acquisita, 20, 26, 28, 29.
Ada Wagnon de Lauduno, 23.
Adam Bouchart, 169 ; de Cardineto, 36 ; Halot, 90, 129, 336.
Adamville ou la Varenne (Seine, comm. de S.-Maur-les-Fossés), Varenna, 423.

[Ademarus de Cros] episcopus Claromontensis, 32.

Ægidius, v. Egidius, Giletus.

Aelis de Baayllon, 316; dicta Faceta de Lauduno, 40.

Agde (Hérault) : Agatensis episcopus [Raimundus], 15.

Aisne, v. Ambleny, Chauny, Laon, Laversine, Marle, Ribemont, S.-Quentin, Soissons, Suzy.

Alani (Baldoinus), 200.

Alberici (Mesnilium), le Mesnil-Aubry, 404.

Albericus filius Aelidis dicte Facete de Lauduno, 40.

Albi (Cerdi) de Florencia, 324.

Albinus (S.) [1er mars], 203.

Alençon (Orne) : feodum Alenconis, 137, 457-460.

Alesie (Feritas), la Ferté-Alais, 143.

Alluets-le-Roi [les] (S.-et-O.), Allodia Regis versus Pissiacum, 370.

Alnetum versus Burgum Regine, Aulnay, 421.

Alpicius Dyan, 328.

Alta justicia de Salis, 113.

Altare S. Michaelis in ecclesia de Chambleio, 152.

Ambianensis, d'Amiens, 4, 30, 98, 349, 447.

Ambiani, Amiens, 283. — De Ambianis (Leonardus le Sec), 30, 33.

Ambleny [1] (Aisne), Ambliniacum, 114.

Amboysa, Ormesson, 399.

Amelius de Villari, dominus de Salis, 113.

Ami Diu (Juliana), 105.

Amiens (Somme), Ambiani, 283.

— Ambianensis ballivia, 4, 98, 349, 447, cf. 283-286; capellani B. Marie, 30. — De Ambianis (Leonardus le Sec), 30, 33.

Amortisationes, 19, 25, 30.

Ancinade, Saint-Amans-de-Lursinade (?), 108.

Ancoul (Feritas), la Ferté-sous-Jouarre, 410, 411.

Andelot (Haute-Marne), 110.

Anglais (les), Anglici, 33. — Cf. Winchester, 35.

Angoyssole (Lancelotus d'), 330.

Ansellus de Castaneto, 123.

Antelinus de Varignies, 225.

Antony (Seine), Antoniacum, 373.

Apelot (Egidius, Stephanus) de Giemo, 209.

Aquila, 187.

Aquis (Johannes de), 22, 70.

Aragon (l'), Aragonia, 76-78.

Archerie, Achères, 403.

Archidiaconus Aurelianensis, Johannes, 240; Brugensis, Stephanus de Susi, 236.

Arcolium, Arcueil, 351.

Arcuarius (Symon), 120.

Arcueil (Seine), Arcolium, 351.

Argenteuil (S.-et-O.), Argentolium, 380. — De Argentolio (Johannes Majoris), 230, 231.

Argentum, 15, 17, 88, 191.

Argi (Mons), Montargis, 184, 313.

Armariolorum opera, 258.

Armentières (S.-et-M.), Armenterie prope Meldis, 436.

Armigeri : Guiardus de Herbovilla, 31; Johannes de Mornayo, 22.

— Armigeri (Theobaldus), 20, 101, 238-240, 243, 449.

---

1. En juillet 1296, le roi vendit au chapitre de Soissons ses domaines d'Ambleny et de Chelles, pour 4,250 livres de petits tournois. (Cartulaire du chapitre, aux archives de l'Aisne, fol. 7. — Communication de M. Matton, archiviste de l'Aisne.)

Arnaldi (Campus), Camparnaud, 108.

Arnouville-lez-Gonesse (S.-et-O.), Ermonovilla, 381.

Arnulphus de Cambio, 447; Merlini, 234.

Arras (Pas-de-Calais), villa Attrebati, 337. — De Atrebato, Attrebato (Jacobus Louchart), 65, 249, 253, 256; (Johannes), 213, 214; (Robertus et Baldus Crispini), 339.

Arrode (Johannes), 252.

Artois : Attrebatensis comes [Robertus], 120.

Arvernia, Auvergne, 81-83, 118, 126, 455.

Ascensio [MCC]XCV° [12 mai], 119; [MCC]XCVI° [3 mai], 119, 123, 125-127, 191.

Asinos (Villa ad), la Villette-aux-Aulnes, 439.

Asnières-sur-Oise (S.-et-O.), Asnerie, 270. — V. Royaumont.

Assisia terre Ludovici fratris regis, 225.

Assumptio B. Marie [15 août], 190.

Atrebato (de), v. Arras.

Attiliator : Guillelmus, 184.

Attrebatensis, d'Artois : comes, 120.

Attrebatum, de Attrebato, v. Arras.

Aube, v. Clairvaux, Troyes.

Aubervilliers ou les Vertus (Seine), Haubervillare, 360.

Aude, v. Carcassonne.

Augustus, 203, 318, 320-334, 345, 445, 446, 451; v. Assumptio.

Aula (Renaudus de), 167.

Aulnay (Seine, comm. de Chatenay), Alnetum versus Burgum Regine, 421.

Auppegard (Seine-Inférieure). — D'Aupegart (Vietus), Judeus, 97, 105.

Aurelianensis, d'Orléans : archidiaconus, Johannes, 240; ballivia, 6, 103, 123, 450, cf. 304-315; partes Aurelianenses, 226.

Aurelianum, Orléans, 56, 304. — De Aureliano (Egidius), 217.

Aurifaber : Guillelmus, 17, 191.

Aurum, 72, 73, 191.

Austur, 15.

Auvergne : Arvernie ballivia, 81, 126, 455; ballivus, Johannes de Tria, 126; receptor, Girardus Chauchat, 81-83, 118, 455.

Avena, 55-59.

Avray (Villa d'), Ville-d'Avray, 350.

Ayssona, Essonnes, 417.

Baayllon (Aelis de), 316.

Bagneux (Seine), Balneoli S. Eblandi, S. Erblandi, 346, 369.

Bailleul-sur-Thérain (Oise), v. Froidmont.

Baillolio (Symon de), 177.

Bailly-Romainvilliers (S.-et-M.), v. Romainvilliers.

Baldoinus Alani, 200; Poutrel, 84, 93.

Baldus Crispini de Atrebato, 339.

Ballistarii equi, 46.

Ballivie, 1-8 : Ambianensis, 4, 98, 349, 447, cf. 283-286; Arvernie, 81, 126, 455; Aurelianensis, 6, 103, 123, 450, cf. 304-315; Bituricensis, 7, 24, 96, 213, 214, 244-246, 345, 451; Cadomensis, 95, 453; Caleti, 99; Calvi Montis, 121; Campanie, 102; Constanciensis, 95; Gisorcii, 348, 454; Parisiensis, 1, cf. 264-266; Rothomagensis, 93, 344, 452; Senonensis, 5, 20, 101, 238-243, 449, cf. 287-303; Silvanectensis, 2, 228-231, 327, 445, cf. 267-275; Trecensis, 121, 122; Turonensis, 8, 104, 200, 201; Viromandensis, 3, 28, 42, 43, 97, 198, 446, cf. 234, 276-282; Vitriaci, 121, 122.

Ballivus Arvernie, Johannes de Tria, 126; Cadomensis, Guillelmus de Hangesto junior, 130, 220 ; Caleti, Adam Halot, 90, 129, 336; Constanciensis, 131; Masticonensis, Johannes de Chintrellis, 216; Rothomagensis, Renaudus Barbou junior, 85-92, 107, 128, 319, 344, 452; Vernolii, 132.

Balneoli S. Eblandi, S. Erblandi, Bagneux, 346, 369.

Barbou (Renaudus) junior, ballivus Rothomagensis, 107, 452, cf. 85-92, 128, 319, 344; vetus, senior, 107, 165.

Bardi de Florencia, 323.

Barillarius : Girardus, 235.

Bartholomeus Blanc Baston, 99, 336.

Bassa justicia, 108.

Bassigny (le). — Nogentum in Bassigneyo, Nogent-Haute-Marne, 193, 194.

Baston (Barth. Blanc), 99, 336.

Beatrix soror thesaurarii Huberti, 163.

Beatus Johannes, B. Maria, v. Johannes, Maria.

Beaucaire (Gard), Bellicadrum, 219 : Bellicadri senescalcia, 78-80, 199.

Beaumont-sur-Oise (S.-et-O.), Bellus Mons, 270. — Cf. 243.

Beauquesne (Somme), Bella Quercus, 284.

Beauvoisis (le). — Villa Nova Regis in Belvacinio, la Villeneuve-le-Roi, 277.

Becucii (Guillelmus Petri), 112.

Beguine, 204.

Bel (Villare le), Villiers-le-Bel, 391.

Bele (Renerus de la), 39.

Belgique, v. Bruges, Flandre, Tournai.

Bella Quercus, Beauquesne, 284.

Bellefontaine (S.-et-O.), Bellus Fons, 354.

Bellicadrum, Beaucaire, 78-80, 199, 219.

Bellus Fons, Bellefontaine, 354 ; Mons, Beaumont-sur-Oise, 270. — De Bello Monte (Petrus), 243.

Belvacinium, le Beauvoisis, 277.

Bernardus Carbonel, 75; Rascassol, 75; Remundi, 75.

Béthisy-S.-Pierre (Oise), Bestisiacum, 273.

Bethléem (Nièvre, comm. de Clamecy) : episcopus de Bethleem, dominus Hugo, 159.

Betinus Caucinel, Caucinelli, 72, 166.

Bichius, 89, 216, 337, 349.

Bien Fayte (Stephanus de), 145, 168.

Bindus Escarche, 324.

Bituricensis, de Bourges, 7, 24, 96, 118, 197, 213, 214, 244-246, 345, 451.

Blanc Baston (Barth.), 99, 336.

Blangi (Salomo de), 99.

Blasius (S.) in capella regis Parisius, 140.

Boel (Symon), 229, 231.

Boiscommun (Loiret), Boscus Communis, 310.

Bona capta in navibus Anglicorum, 33; episcopi Vincestrie, 35.

Bona Villa, Bonneville-sur-Touques, 86.

Bone Gayne, Lombardus, 331.

Bonin (Monsterolium), Montreuil-Bonnin, 75.

Bonneuil (S.-et-O.), Bonolium, 381.

Bonneville-sur-Touques (Calvados), Bona Villa, 86.

Bonolium, Bonneuil, 381.
Boscagio (Loretum in), Lorrez-le-Bocage, 295.
Bosci, 168, 169, 192, 208.
Bosco (S. Fuscianus in), S.-Fuscien, 30.
Boscus Communis, Boiscommun, 310.
Bouchart (Adam), 169.
Bouqueval (S.-et-O.) Bouconval, 377.
Bourges (Cher) : Bituricensis ballivia, 7, 24, 96, 213, 214, 244-246, 345, 451 ; receptor, Petrus Lombardus, 24, 96, 118, 197, 213, 214, 244-246, 345, 451.
Bourget [le] (Seine), Burgellum, 357.
Bourg-la-Reine (Seine), Burgus Regine, 366, 421.
Bourgneuf (Loiret, comm. de Loury ? cf. *Rec. des hist. de Fr.*, XXII, 572, n. 1), Burgus Novus, 309.
Bourgogne (la), Burgundia, 218.
Bouroudi (Richardus), 116.
Bovilla (Johannes de), 168.
Boyvin (Gilibertus), 446.
Bretagne : via Britannie, 193-196.
Breteuil-sur-Noye (Oise) : abbas et conventus de Britholio, 29.
Breviarium, 203.
Bria, la Brie, 441, 442.
Briacum, Bry-sur-Marne, 390.
Brie (la), Bria, 441, 442.
Britannia, la Bretagne, 193-196.
Britholium, Breteuil-sur-Noye, 29.
Britonis (Johannes), 169.
Bruges (Belgique) : Brugensis archidiaconus, Stephanus de Susi, 236.
Brulhi, Brulheyo (Radulphus de), 11, 190.
Bry-sur-Marne (Seine). — Villaria super Briacum, Villiers-sur-Marne, 390.
Burellum, 233.
Burgellum, le Bourget, 357.
Burgenses Rothomagi, 319.
Burgundia, la Bourgogne, 218.
Burgus Novus, Bourgneuf, 309 ; Regine, Bourg-la-Reine, 366, 421.
Busta monete, 73.
Buticularius : Guido, comes S. Pauli, 247.
Butin (Johannes), 172.
Caen (Calvados) : Cadomensis ballivia, 95, 453 ; ballivus, Guillelmus de Hangesto junior, 130, 220 ; vicecomitatus, 347.
Caillet (Nicolaus), 198.
Calceya (Johannes de), 170.
Caletum, v. Caux.
Calniacum, Chauny, 281.
Calvados, v. Bonneville-sur-Touques, Caen, Honfleur, Lisieux, Touques.
Calvimontellum, Chaumontel, 355.
Calvus Mons, Chaumont-en-Bassigny, 121 ; Chaumont-en-Vexin, 268.
Cambellanus de Tanquarvilla, Robertus, 458.
Cambio (Arnulphus de), 447.
Cambium monete, 88.
Cambrai (Nord) : Cameracensis electio, 236.
Camera denariorum, 37, 233.
Camera (Stephanus de), 183.
Cameracensis, de Cambrai, 236.
Campania, la Champagne, 102, 109, 121, 122, 428.
Camparnaud (Tarn-et-Garonne, comm. de la Française), Campus Arnaldi, 108.
Campiniacum versus Fossata, Champigny-sur-Marne, 425.
Campsores de Placencia, 330.

Campus Arnaldi, Camparnaud, 108.
Candelosa [MCC]XCV° [2 févr.], 119.
Canes, 171.
Canonici, 138 : Galterus, 202-205 ; Robertus Regis, 241, 242.
Cantor Milliaci : Guillelmus, 197, 244,246.
Cantus Lupi, Chanteloup, 21.
Capella regis Parisius, la Sainte-Chapelle, 138-140, 202-205, 207, 223 ; Vicennarum, 202. — Capella : la Chapelle-la-Reine, 300 ; la Chapelle-Saint-Denis, 360, 407. — De Capella (Galterus), 38, 251.
Capellania Odonis capellani Vicennarum, 139; capellanie in ecclesia S. Dionisii, 147.
Capellanus altaris S. Michaelis in ecclesia de Chambleio, 152; S. Blasii, 140; S. Clementis in capella regis inferiori, 139 ; episcopi Dolensis, Philippus, 208 ; S. Germani in Laya, 149 ; Ruphi de Sulhi, Egidius, 120; Vicennarum, Odo, 139. — Capellani B. Marie Ambianensis, 30.
Capitulum V[er]nonense, 151 ; et decanus Suessionenses, 114.
Capon. (Girardus), 330.
Caprosia, Chevreuse. — De Caprosia (Johannes), 164.
Carbonel (Bernardus), 75.
Carcassonne (Aude) : senescalcia Carcassonensis, 127.
Cardonnois [le] (Somme). — De Cardineto (Adam), 36.
Carnoto, Chartres (Gabriel de),107.
Carreriis (Guarinus de), 52.
Carrières-sous-Bois (S.-et-O., comm. du Mesnil-le-Roi), Quarrerie, 403.

Cassine (Egidius), 103, 450.
Castanetum : Châtenay (Seine), 421 ; (S.-et-O.), 376. — De Castaneto (Ansellus), 123.
Castellania Corbolii, 318; Pissiaci, 338; Pontisare, 340; Vernonis, 341.
Castellanus Nigelle : Johannes, 225.
Castellatum, le Châtelet-en-Brie, 302.
Castellum Bone Ville, 86.
Castrum Forte, Châteaufort, 264 ; (Marliacum), Marly-le-Roi, 401, 420 ; Nantonis, Château-Landon, 303 ; Novum, Châteauneuf-sur-Loire, 305.
Cathalanum, Châlons-sur-Marne, 115. — De Cathalano (Johannes Richomme), 322.
Caturcinum, le Quercy, 108.
Caucinel, Caucinelli (Betinus), 72, 166 ; (Sornatus), 75.
Cauda, la Queue-en-Brie, 399.
Caux [le pays de] (Seine-Inférieure) : Caleti ballivia, 99; ballivus, Adam Halot, 98, 129, 336.
Cavassole (Guido), 330.
Cavech (Renaudus du), 21, 42, 97, 316, 342, 446.
Caverne versus Latiniacum, Gouvernes, 21.
Ceaus le Grant et Ceaus le Petit, Sceaux, 422.
Ceci Parisienses, 150.
Cedula, 337, 349.
Celle-sur-Morin [la] (S.-et-M.), Cella in Bria, 442.
Cenomania, le Maine, 116.
Centesima, 68, 201, 213, 226, 342-349.
Cepoy (Loiret); Cepeyum, 314.
Cerdi Albi de Florencia, 324; Nigri, 325.
Chaintreaux (S.-et-M.). — De

Chintrellis (Johannes), ballivus Masticonensis, 216.

Châlons-sur-Marne (Marne), Cathalanum, 115. — De Cathalano (Johannes Richomme), 322.

Chambly (Oise) : dominus Chambleii, Petrus, miles, 71, 460; ecclesia B. Marie de Chambleio, 152. — De Chambli, de Chambleio (Johannes), 144; (Petrus), pater, 45; (Petrus), miles, dominus de Viermes, 148.

Champagne (la), Campania, 102, 109, 121, 122, 428.

Champigny-sur-Marne (Seine), Campiniacum versus Fossata, 425.

Champlan (S.-et-O.), Champlant, 418.

Changis (S.-et-M.), Changiacum 429.

Chanteloup (S.-et-M.), Cantus Lupi, 21.

Chapelle-la-Reine [la] (S.-et-M.), Capella, 300.

Chapelle-S.-Denis [la] (Paris), Capella, 360, 407.

Charonne (Paris), Charrona, 419.

Chartres (Eure-et-Loir). — De Carnoto (Gabriel Judeus), 107.

Châteaufort (S.-et-O.), Castrum Forte, 264.

Château-Landon (S.-et-M.), Castrum Nantonis, 303.

Châteauneuf-sur-Loire (Loiret), Castrum Novum, 305.

Châtelet-en-Brie [le] (S.-et-M.), Castellatum, 302.

Châtenay (Seine), Castanetum, 421; (S.-et-O.), 376. — De Castaneto (Ansellus), 123.

Chauchat (Girardus), 81-83, 118, 455.

Chaumont-en-Bassigny (Haute-Marne) : ballivia Calvi Montis, 121.

Chaumont-en-Vexin (Oise), Calvus Mons, 268.

Chaumontel (S.-et-O.), Calvimontellum, 355.

Chauny (Aisne), Calniacum, 281.

Chavenay (S.-et-O.), Chavenolium versus Pissiacum, 392.

Checiacum, Chessy, 21.

Chelles (Oise [1]), Kala, 114; (S.-et-M.), 435.

Chenoise (S.-et-M.), v. Jouy-l'Abbaye.

Cher, v. Bourges, Massay, Vierzon.

Chéroy (Yonne), Chesayum, 292.

Chesa (prior de) : Petrus de Paredo, 227.

Chesayum, Chéroy, 292.

Chessy (S.-et-M.), Checiacum, 21.

Chevalier (Petrus), 196.

Chevilly (Seine), Civilliacum, 375.

Chevreuse (S.-et-O). — De Caprosia (Johannes), 164.

Chevri (Johannes de), 18.

Chintrelli, Chaintreaux. — De Chintrellis (Johannes), 216.

Choisy-au-Bac (Oise), Chosiacum, 275.

Choisy-le-Roi (Seine), Choysi, 395.

Christolium, Créteil, 434.

Ciphi, 191.

Cirilli (Petrus de), 12-14.

Civilliacum, Chevilly, 375.

Clairvaux-sur-Aube (Aube), Clara Vallis, 19.

Clamecy (Nièvre), v. Bethléem.

ClaraVallis, Clairvaux-sur-Aube, 19.

Clarencium (societas) de Pistorio, 333.

Claromontensis, de Clermont-Ferrand, 32, 82.

---

1. V. ci-dessus, Ambleny.

Claves, 258.
Clemens (S.) in capella regis inferiori, 139.
Clericus (Daniel), 100, 106.
Clericus, 256; monetarum, Renaudus de Aula, 167. — Clerici compotorum, 185. — Jacobus de Luceto, 178; Johannes de Hospitali, 91, 120; Johannes de Lillariis, 179, 189; Radulphus de Medonta, 44.
Clermont-Ferrand (Puy-de-Dôme): Claromontensis diocesis, 82; episcopus, 32; S. Yllidius, 32. — Cf. Montferrand, 75.
Clersens (Johannes), 65, 176, 188, 249-256.
Clignancourt (Paris), Clignencourt, 402.
Clodoaldus (S.), S.-Cloud, 353.
Cluny (Saône-et-Loire) : Cluniacensis ordo, 81.
Cocatriz (Gauffridus, Gaufridus), 61-64, 250.
Codreyo (Michael de), 198.
Colinus lotrarius, 173.
Collector subventionis personarum ecclesie : Guillelmus Vassal, 84.
Comes Attrebatensis [Robertus], 120; Drocensis [Johannes], 71; Guellensis [Renaudus], 119; S. Pauli, dominus Guido, 247.
Communia Pictavensis, 120.
Communis (Boscus), Boiscommun, 310.
Compans (S.-et-M.), Compensum, 431.
Compiègne (Oise), Compendium, 272. — De Compendio (Johannes Wuyde Rue), 259.
Compositio, 32, 108.
Compotus ballivi, Rothomagensis, 128, 319; Bichii, 246; Johannis de Lillariis, 189; Michaelis de Codreyo et Nicholai Caillet, 198; Petri Genciani, 55; Radulphi de Brulhi, 11; receptorum Campanie, 121; Roberti de Freauvilla et Philippi le Mastin, 199. — Compotorum clerici, 185. — Compoti Omnium Sanctorum, 206, 258, p. 266.
Computandum (burellum ad), 233; (via ad) de decima, 210; de garnisionibus, 91.
Conches (S.-et-M.), Conche, 21.
Condeto (Petrus de), 174.
Condetum, près Compans (S.-et-M.) ? 431.
Confirmatio, 32, 113.
Congregatio cecorum Parisiensis, 150.
Constanciensis, de Coutances : ballivia, 95; ballivus, 131.
Conventiones, 117.
Conventus, v. Abbas.
Conversi, 204, 205.
Conversus (Philippus), 115.
Coquerel (Petrus de), 33.
Coquina regis, 217.
Corbeil (S.-et-O.), Corbolium, 265, 318, 364, 417. — De Corbolio (Johannes le Paylle), 106; (Theobaldus), 162.
Corbie (Somme), villa Corbeye, 337.
Corbolium, de Corbolio, v. Corbeil.
Coria capta, 41.
Cormeilles-en-Parisis (S.-et-O.), Cormelie, 368.
Courcy-aux-Loges (Loiret), Curciacum, 307.
Courneuve [la] (Seine), Curia Nova, 361.
Cousturier (Guillelmus, Johannes le), 214.
Coutances (Manche) : Constanciensis ballivia, 95; ballivus, 131.
Creatio episcopi Agatensis, 15.
Creditores marinariorum, 87.

Crementum vadiorum, 170,
Crepicordium, Crèvecœur, 361.
Créteil (Seine), Christolium, 434.
Crèvecœur (Seine, comm. de la Courneuve), Crepicordium, 361.
Crispini (Baldus, Robertus) de Atrebato, 339.
Crispinus (S.) Major Suessionensis, S.-Crépin-le-Grand, à Soissons, 53.
Croissy (S.-et-O.), Croissiacum, 358.
[Cros (Ademarus de)] episcopus Claromontensis, 32.
Croyaco (Symon de), 447.
Curciacum, Courcy-aux-Loges, 307.
Curia Nova, la Courneuve, 361. — Curie Magistri, 92; curie redditus equus, 210.
Custos Lauduni : Renerus de la Bele, 39.
Dammartin-en-Goële (S.-et-M.), Domnus Martinus, 424, 433. — De Domno Martino (Johannes), 120.
Dancy (S.-et-M., comm. de Trilport), Danciacum, 428.
Daniel Clericus, 100, 106.
Darenciacum, Drancy, 356.
Debita, 10, 12, 17, 31, 44, 45, 48, 70.
Decanus et capitulum Suessionenses, 114.
December, voy. Nativitas.
Decima, 16, 24, 43, 76-78, 80-82, 210.
Decimarii (Johannes), 166.
Deffectus, 46, 86.
Defuncti : Johannes de Aquis, 22, 70; Johannes de Caprosia, 164; Margarita regina, 106; Rogerus de Medunta, 10. — Missa de defunctis, 138. — Cf. Mortui.
Dei domus, 141; filie, 222. — Ami Diu (Juliana), 105.

Denarii capti, 89, 90, 206; levati, 65; recepti, 118; recuperati 87; redditi, 206, 216; soluti, 209; traditi, 36-38, 120, 188, 197, 228, 238-240, 252, 254, 259. — Denariorum camera, 37, 233; vectura, 256. — Denarius libre, de libra, 21, 115.
Deposito (denarii in), 206.
Desiderii (Mons), Mondidier, 206, 278, 343, 446.
Dicta Ami Diu (Juliana), 105; Faceta (Aelis), de Lauduno, 40.
Dictus Bone Gayne, Lombardus, 331; Vidaume, 328, 329.
Diem (per) : 6 d., 170; 1 s., 170; 1. s. 6 d., 170, 173; 2 s., 170, 172; 3 s., 167, 170; 4 s., 247, 248; 4 s. 6 d., 169; 5 s., 164; 6 s., 168, 177-179; 8 s. 10 d., 171; 10 s., 168; 16 s., 174, 175; 1 l. 5 s., 247; 3 l., 247.
Diocesis Claromontensis, 82; Lexoviensis, 85; Noviomensis, 43; Rothomagensis, 84.
Dionisius (S.), S.-Denis-sur-Seine, 362 : dominium abbatis S. Dionisii, 368; ecclesia S. Dionisii, 147. — Capella versus S. Dionisium, la Chapelle-Saint-Denis, 407, cf. 360. — De S. Dionisio (Johannes), senescallus Pictavensis, 118, 120.
Dionisius de Valenc., 155.
Diu (Juliana Ami), 105.
Dixmont (Yonne), Dymons, 296.
Dol-de-Bretagne, (Ille-et-Vilaine) : Dolensis episcopus (Theobaldus de Pouancé], 34, 208, 221.
Dolia vini, 64.
Dollot (Yonne), Dooletum, 293.
Domina Lucia de Gibelet, 186; Ysabella uxor Petri domini Chambleii, 460.

Domine Rancie (Mesnilium), le Ménil-Amelot, 405.
Dominica post S. Albinum [4 mars 1296], 203 ; ante Magdalenam [15 juillet 1296], 204.
Dominium abbatis S. Dionisii, 368.
Dominus Adam de Cardineto, 36 ; Cambleii, Petrus, 71, 460; Evrardus Porion, 28 ; Galterus canonicus capelle regis, 202-205; Galterus de Capella, 38, 254 ; Guido, comes S. Pauli, buticularius Francie, 247 ; Hugo episcopus de Bethleem, 159; Johannes de Atrebato, 213, 214 ; Johannes de Chintrellis, 216 ; Johannes de S. Dionisio, senescallus Pictavensis, 118, 120 ; Johannes de Falvi, 158 ; Johannes de Helly, 37 ; Ludovicus frater regis, 225; Ludovicus primogenitus regis, 13 ; Nicholaus, episcopus Ebroicensis, 117; Odo capellanus Vicennarum, 139; P. Grignart, 253; Petrus de Chambli, 45 ; Philippus capellanus episcopi Dolensis, 208; Radulphus de Brulhi, de Brulheyo, 11, 190; Robertus de Freauvilla, 199 ; Robertus Regis, 241, 242; Robertus cambellanus de Tanquarvilla, 458 ; de Salis, Amelius de Villari, 113; Stephanus de Monte S. Johannis, 143 ; Symon de Baillolio, 177; de Viermes, Petrus de Chambleio, 148.
Domnus Martinus, Dammartin-en-Goële, 424, 433. — De Domno Martino (Johannes), 120.
Domuncul., Maisoncelles (?), 438.
Domus Dei Parisiensis, 141 ; Egidii de Aureliano, 217.
Donatus de Vellut. de Florencia, 111.
Donnardus de Royon, 83.
Dooletum, Dollot, 293.
Dordanum, Dourdan, 57.
Dotalicium regine Margarite, 106.
Doullens (Somme), Dullendium, 285.
Dourdan (S.-et-O.), Dordanum, 57.
Drancy (Seine), Darenciacum, 356.
Dreux (Eure-et-Loir) : Drocensis comes [Johannes], 71.
Du. v. Le.
Ducis (Johannes), 190, 211, 212.
Dugny (Seine), Dugniacum, 381.
Dulchius Manier, 323.
Dullendium, Doullens, 285.
Durfort (Tarn-et-Garonne); v. S.-Paul-de-Brugues.
Dyan (Alpicius), 328.
Dymons, Dixmont, 296.
Eblandi, Erblandi (Balneoli S.), Bagneux, 346, 369.
Ebroicensis, d'Évreux, 117.
Ecclesia S. Dionisii, 147; Laudunensis, 40; B. Marie de Chambleio, 152. — Persone ecclesie, 24, 84, 85. — Acquisita per ecclesias, 20.
Ecclesiastice persone, 80.
Egidius Apelot de Giemo, 209 ; de Aureliano, 217; Cassine, 103, 450; de Lauduno, 206, 343; Rigot, 362; Ruphi de Sulhi capellanus, 120. — SS. Lupus et Egidius, S.-Leu-et-S.-Gilles (Paris), 387. — Cf. Giletus.
Electio Cameracensis, 236.
Elemosina, 64.
Eligius (S.) Noviomensis, S.-Éloi, à Noyon, 206.
Emenda, 23, 40, 111.
Emptio terre, 25, 114.
Épiais-lez-Louvres (S.-et-O.), Espiers, 363.

Episcopus Agatensis [Raimundus], 15; de Bethleem, dominus Hugo, 159; Claromontensis [Ademarus de Cros], 32; Dolensis [Theobaldus de Pouancé], 34, 208, 221; Ebroicensis, dominus Nicholaus, 117; Vincestrie [Johannes de Pontisera], 35.

Épouville (Seine Inférieure). — D'Espovilla (Guillelmus), 94, 341, 348, 454.

Equi, 46, 171, 210, 256.

Erblandi, Eblandi (Balneoli S.), Bagneux, 346, 369.

Ermonovilla, Arnouville-les-Gonesse, 381.

Erneval (Guillelmus d') 459.

Erqueto (Guillelmus de), 51.

Errorem (per) venditi bosci, 192.

Escarche (Bindus). 324.

Espagne, v. Aragon, Navarre.

Espiers, Épiais-lez-Louvres, 363.

Espovilla, Épouville (Guillelmus d'), 94, 341, 348, 454.

Essonnes (S.-et-O.), Ayssona, 417.

Étampes (S.-et-O.) : granarium de Stampis, 58.

Étang-la-Ville [l'] (S.-et-O.), Stagnum subtus Marliacum Castrum, 401.

Eure, v. Évreux, Gisors, Harcourt, Verneuil-sur-Avre, Vernon.

Eure [l'] (Seine-Inf.), v. Leure.

Eure-et-Loir, v. Chartres, Dreux, Janville.

Evra, Yèvre-le-Châtel, 311.

Evrardus Porion, 28.

Évreux (Eure) : episcopus Ebroicensis, dominus Nicholaus, 117.

Excambium, 71.

Executores, 65, 70, 253.

Exempti (non), 82.

Exercitus, 120.

Expense, 18, 87, 133-260, 457-460.

Expulsio Judeorum, 120.

Faber : Stephanus, 182.

Faceta (Aelis) de Lauduno, 40.

Falvi (Johannes de), 158.

Familia Gileti Rougel, 171.

Faremoutiers (S.-et-M.), Phauresmouster in Bria, 441.

Faschius Lombardus, 72.

Faubourg-S.-Germain [le] (Paris), villa S. Germani de Pratis, 408.

Fayte (Stephanus de Bien), 145, 168.

Februarius, v. Candelosa.

Feoda, 30, 137, 143, 145, 155, 457.

Feritas, la Frette, 368; ; Alesie, la Ferté-Alais, 143; Ancoul, la Ferté-sous-Jouarre, 410, 411.

Ferrandi (Mons), Montferrand, 75.

Ferrières-en-Brie (S.-et-M.), Ferrerie juxta Latiniacum super Maternam, 406.

Ferrières-Gâtinais (Loiret), Ferrerie, 77.

Ferté-Alais [la] (S.-et-O.), Feritas Alesie, 143.

Ferté-sous-Jouarre [la] (S.-et-M.), Feritas Ancoul, 410, 411.

Ficta (Petra), Pierrefitte-sur-Seine, 383.

Fidelitatis recognitio, 15.

Filie Dei Parisienses, 222.

Filii Aelidis Facete de Lauduno, Albericus, Johannes, 40; Gauffridi de Perona, Furseus, 13, 154, 170; Guillelmi le Cousturier, Johannes, 214; Odardi Rebracye, Jehenotus de Vallibus, 192; regis, Ludovicus, 13.

Financia, 20, 25, 26, 28, 29, 51.

Finatio, 16, 93-105, 111, 120.

Flagy (S.-et-M.), Flagiacum, 294.

Flammingi (Guillelmus), 36, 37, 72, 74, ; (Renerus), 72.

Flandre (la), Flandria, 234.

Florence (Italie). — De Florencia

(Donatus de Vellut), 111 ; (Renerus de Passu), 329. — Societas Bardorum, 323; Cerdorum Alborum, 324; Cerdorum Nigrorum, 325; Mozorum, 326 ; Spine, 335.

Florencius de Roya, 109.

Focagium, 120.

Folet (P.), 110.

Fonds-de-S.-Léger [les] (S.-et-O., comm. de S.-Germain-en-Laye), S. Leodegarius in Laya, 393.

Fons (Bellus), Bellefontaine, 354; (Petra), Pierrefonds, 60, 274.

Fontainebleau (S.-et-M.), Fons. bliaudi, 13.

Fontenay-sous-Bois (Seine), Fontanetum versus Vicennas, 426.

Forefacte monete, 42.

Forefactura, 112.

Forest (Johannes de), 248.

Forte (Castrum), Châteaufort, 264.

Fortis (Mons), 155. — De Monte Forti (Laurencius), 234.

Fossa Maura, Fosse-More, 291.

Fossata, S.-Maur-les-Fossés, 423, 425.

Fosse-More (Yonne, comm. de Theil-sur-Vannes; cf. Quantin, *Dict. top. du dép. de l'Yonne*, 55), Fossa Maura, 291.

Fosses (S.-et-O.), Fosse, 354.

Fourqueux (S.-et-O.), Fourqueus, 401.

Foyson (Robertus), 228.

Française [la] (Tarn-et-Garonne), v. Camparnaud.

France (la) : Francie regnum, 80-82, 84, 85 ; buticularius, Guido, comes S. Pauli, 247. — V. Rex, Regina ; — Auvergne, Bourgogne, Bretagne, Champagne, Flandre, Maine, Orléanais, Poitou, Quercy, Vermandois ; — Aisne, Aube, Aude, Calvados, Cher, Eure, Eure-et-Loir, Gard, Garonne (Haute-), Hérault, Ille-et-Vilaine, Indre-et-Loire, Loiret, Manche, Marne, Marne (Haute-), Nièvre, Oise, Orne, Pas-de-Calais, Puy-de-Dôme, Saône-et-Loire, Seine, Seine-et-Marne, Seine-et-Oise, Seine-Inférieure, Somme, Tarn-et-Garonne, Vienne, Vienne (Haute-), Yonne.

Franconville-la-Garenne (S.-et-O.), Francovilla, 368.

Frater Henrricus, abbas Joyaci, thesaurarius, 232, 260 ; Petrus de Paredo, prior de Chesa, 227 ; regis, Ludovicus, 225. — Fratres : Henrricus et Jeronimus de Lacu, 74; Robertus et Baldus Crispini de Atrebato, 339 ; Stephanus et Egidius Apelot de Giemo, 209.

Fraxini juxta Burgum Regine, Fresnes-lez-Rungis, 366.

Fréauville (Seine-Inférieure). — De Freauvilla (Robertus), 199.

Fresnes-lez-Rungis (Seine), Fraxini juxta Burgum Regine, 366.

Frette [la] (S.-et-O.), Feritas, 368.

Froidmont (Oise, comm. de Bailleul-sur-Thérain) : monachi de Frigido Monte, 255.

Fructum (platelli ad), 191.

Furno (Johannes de), 94.

Furseus de Perona, filius Gauffridi, piscator, 13, 154, 170.

Fuscianus (S.) in Bosco, S.-Fuscien, 30.

Gabriel Judeus de Carnoto, 107.

Galearum stipendiarii, 124.

Galteri (Johannes), 181.

Galterus canonicus capelle regis, 202-205; de Capella, 38, 251; Loth, 337, cf. 349.

Galtherus Loth, 349, cf. Galterus.

Gandehart (Johannes), 104.
Gard, v. Beaucaire, Sommières.
Garges (S.-et-O.), Gargie, 381.
Garnisiones, 14, 61-64, 91, 250, 255, 259.
Garonne (Haute-), v. Toulouse.
Gauchi (Henrricus, Herricus de), 43, 342, 349.
Gauffridus, Gaufridus Cocatriz, 61-64, 250; de Perona, 153, 154, de Templo, 175.
Gayne (Bone), 331.
Genciani (Petrus), 55.
Gênes (Italie). — De Janua (Lanfrancus Tartarus), 156.
Genovefa (S.) Parisiensis, Sainte-Geneviève, à Paris, 76, 77.
Gentes regis, 192.
Georgii (Villa Nova S.), Villeneuve-S.-Georges, 444.
Gerciacum, Jarcy, 136.
Germanus (S.) de Pratis, S.-Germain des Prés, 16; villa S. Germani de Pratis, le Faubourg-S.-Germain, 408. — S. Germanus in Laya, Saint-Germain-en-Laye, 149, 398.
Germigny-l'Évêque (S.-et-M.), Germiniacum, 427.
Gibelet (Lucia de), 186.
Gien (Loiret). — De Giemo (Stephanus et Egidius Apelot), 209.
Giletus Rougel, 171. — Cf. Egidius.
Gilibertus, 181 ; Boyvin, 446.
Girardus barillarius, 235; Capon., 330; Chauchat, 81-83, 118, 455; de Marla, 195.
Giresmo (Renaudus de), 197, 245, 246.
Gisors (Eure), Gisorcium, 132 : ballivia, 348, 454; receptor, Guillelmus d'Espovilla, 94, 341, 348, 454. — De Gisorcio (Guillelmus), 226.

Gobertus Sarraceni de Lauduno, 321, 446.
Godin (Thomas), 50.
Gonesse (S.-et-O.), Gonessa, 263, 367.
Gouvernes (S.-et-M.), Caverne versus Latiniacum, 21.
Granaria, 55-59.
Granchie, Grange-le-Bocage, 289.
Grande-Bretagne, v. les Anglais, Winchester.
Grange-le-Bocage (Yonne), Granchie, 289.
Grant (Ceaus le), Sceaux, 422.
Grasville-Sainte-Honorine (Seine-Inférieure), v. Leure.
Grès (S.-et-M.), Gressium, 300.
Grignart (P.), 253.
Grignon (Seine, communes de Thiais et Orly), 395.
Guarinus de Carreriis, 52.
Gueldre (Pays-Bas) : Guellensis comes (Renaudus), 119.
Guiardus de Herbovilla, 31.
Guido Cavassole, 330; de Nogento in Bassigneyo, 193, 194 ; comes S. Pauli, buticularius Francie, 247; de Torne Mare, 75.
Guillelmus attiliator, 184; aurifaber, 17, 191; le Cousturier, 214; d'Erneval, 459; de Erqueto, 51; d'Espovilla, 94, 341, 348, 454; Flammingi, 36, 37, 72, 74; de Gisorcio, 226; de Hangest senior, 35; de Hangesto junior, 130, 220; de Haricuria, 146; de Lavercines, 210; Milliaci cantor, 197, 244, 246; Otran, 200, 201; Perrerius, 105; Petri Becucii, 112; de Ripperia, 237-239; de Ruella, 340; Thiboudi, 115; Vassal, 84; de S. Vincencio, 228-231, 327, 445.
Guisnes-en-Calaisis (Pas-de-Calais) : terra Guisnensis, 4.

Halot (Adam), 90, 129, 336.
Hanapier (Johannes le), 95, 347, 453.
Hanemont, Hennemont, 393.
Hangest, Hangesto (Guillelmus de), senior, 35; junior, 130, 220.
Haquinus de Manlia, 31.
Harcourt (Eure). — De Haricuria (Guillelmus), 146.
Harfleur (Seine-Inférieure), Harefleu, 88, 91.
Haricuria, Harcourt (Guillelmus de), 146.
Haubervillare, Aubervilliers, 360.
Haudri (Stephanus), 233.
Havre [le] (Seine-Inf.), v. Leure.
Hay [l'] (Seine), Laiacum, 375.
Helly (Johannes de), 37.
Hennemont (S.-et-O., comm. de S.-Germain-en-Laye), Hanemont, 393.
Henrricus, Herricus de Gauchi, 43, 342, 349; abbas Joyaci, thesaurarius, 232, 260; de Lacu, 74; Liziardi, 446; de Nans, 30; de Vaudernant, 362.
Hérault, v. Agde.
Herbeville (S.-et-O.). — De Herbovilla (Guiardus), 31.
Heredes Rooniaci, 137, 457-460.
Hereditatem (expensa ad), 136-157.
Hernesia, 27, 64, 256.
Herricus, v. Henrricus.
Heure [l'] (Seine-inf.), v. Leure.
Hieronymus, v. Jeronimus.
Homines Johannis de Atrebato, 214.
Honfleur (Calvados), Honnefleu, 91.
Honoratus illuminator, 215.
Hospitali (Johannes de), 91, 120.
Hospitium regis, 133.
Hubertus thesaurarius, 163.
Hugo episcopus de Bethleem, 159; de Passu, 338; (Renuchius), 335.

Hyenvilla, Janville, 312. — De Hyenvilla (Johannes), 47.
Iciacum, Ussy, 429.
Ille-et-Vilaine, v. Dol.
Illuminator : Honoratus, 215.
Incaustum, 258.
Indre-et-Loire, v. Loches, Tours.
Inferior (capella regis), 139.
Inqueste, 190, 211.
Inquisitores, 228, 238.
Issy-sur-Seine (Seine), Yssiacum, 408.
Italie, v. Lombardus, Florence, Gênes, Pistoia, Plaisance, Rome, Vintimille.
Iverny (S.-et-M.), Yverniacum, 409.
Ivry-sur-Seine (Seine), Yvriacum, 395.
Jablines (S.-et-M.), 400.
Jacobus Louchart de Atrebato, Attrebato, 65, 249, 253, 256; de Luceto, 178; Mayngot, 66, 448.
Jagny (S.-et-O.), Jaygniacum, 376.
Janua, Gênes, (Lantrancus Tartarus de), 156.
Janville (Eure-et-Loir), Hyenvilla, 312. — De Hyenvilla (Johannes), 47.
Jarcy (S.-et-O., comm. de Varennes) : abbatissa Gerciaci, 136.
Jassignioc, Jossigny, 378.
Jaune (Lisiardus le), 28.
Jaygniacum, Jagny, 376.
Jehenotus de Vallibus filius Odardi Rebracye de Ponte S. Maxencie, 192.
Jeronimus de Lacu, 74.
Jocetus de Pontisera, 98, 99; de Pruvino, 102.
[Johanna] regina, 134.
Johannes Accurrii, 48; Aelidis Facete de Laduno filius, 40; de Aquis, 22, 70; Arrode, 252; de Atrebato, 213, 214; Aurelianensis archidiaconus, 240; de Bo-

villa, 168 ; Britonis, 169; Butin, 172 ; de Calceya, 170; de Caprosia, 164; de Chambleio, 144 ; de Chevri, 18; de Chintrellis, 216 ; Clersens, 65, 176, 188, 249-256 ; G. le Cousturier filius, 214; Decimarii, 166; de S. Dionisio, senescallus Pictavensis, 118, 120; de Domno Martino, 120; Drocensis comes, 71 ; Ducis 190, 211, 212; de Falvi, 158 ; de Forest, 248; de Furno, 94 ; Galteri, 181; Gandehart, 104; le Hanapier, 95, 347, 453; de Helly, 37 ; de Hospitali, 91, 120; de Hyenvilla, 47; de S. Justo, 44-64; de S. Leonardo, prepositus Parisiensis, 190, 212, 217; de Lillariis, 179, 189 ; Majoris de Argentolio, 230, 231 ; de Malla, 224; de Marolio, 362; Minerii, 340; de Mornayo, 22; Nigelle castellanus, 225; Patart, 362; le Paylle de Corbolio, 106; [de Pontisera] episcopus Vincestrie, 35 ; Richomme de Cathalano, 322 ; de Tria, 126 ; de Vantiduno, 330; Venatoris, 168; de S. Verano, 317; de Villeta, 10; Wuyde Rue de Compendio, 259. — S. Johannes in Vineis Suessionensis, S.-Jean-des-Vignes, à Soissons, 26. — Stephanus de Monte S. Johannis, 143. — Nativitas B. Johannis, 190, 316, 350.

Jonte (Oubertus), 325.

Jossigny (S.-et-M.), Jassignioc, 378.

Jouy-l'Abbaye (S.-et-M., comm. de Chenoise) : abbas Joyaci, Henrricus, thesaurarius, 232, 260.

Jouy-sur-Morin (S.-et-M.), Joyacum super Morayn, 440.

Judei : Donnardus de Royon, 83 ; Gabriel de Carnoto, 107; Haquinus de Manlia, 31; Jocetus de Pontisera, 98, 99;? Jocetus de Pruvino, 102;? Juliana Ami Diu, 105 ; Kalotus, 105 ;? Salomo de Blangi, 99; Vietus d'Aupegart, 97, 105; Vivandus de Royon, 83; ? Vivandus de Trecis, 102. — Judei dotalicii regine Margarite, 106. — Judeorum expulsio, 120; finatio, 93-105; rotelle, 216 ; tallia, 83.

Judicium, 31.

Judocus Roart, 170.

Juilly (S.-et-M.), Juliacum, 413.

Juliana Ami Diu, 105.

Julius, 164, 202, 318, 319, 343, 344, 347, 379-408, 445-447, 449, 451-454; v. Dominica.

Junior (Guillelmus de Hangesto), ballivus Cadomensis, 130, 220; (Renaudus Barbou), 107, 452, cf. Ballivus Rothomagensis.

Junius, 316, 317, 342, 350-378, 446; v. Mercurii, Nativitas.

Justicia alta, 113 ; bassa, 108.

Justo (Johannes de S.), 44-64.

Kala, Chelles (Oise), 114 ; (S.-et-M.), 435.

Kalotus Judeus, 105.

La, v. Le.

Lacu (Henrr. et Jeron. de), 74.

Lagny (S.-et-M.), Latiniacum super Maternam, 21, 406.

Laiacum, l'Hay, 375.

Lancelotus d'Angoyssole, 330.

Lane, 41, 110.

Lanfrancus Tartarus de Janua, 156.

Laon (Aisne), Laudunum, 39, 276, 446 : Laudunensis ecclesia, 40; custos, Renerus de la Bele, 39. — De Lauduno (Ada Wagnon), 23; (Aelis dicta Faceta) et Albericus et Johannes filii ejus, 40;

(Egidius), 206, 343; (Gobertus Sarraceni), 321, 446.

Laorcene, Lourcine, 359.

Lappus Piti, de societate Mozorum de Florencia, 326; de societate Scale, 334.

Latiniacum super Maternam, Lagny, 21, 406.

Laudunensis, Laudunum, v. Laon.

Laurencius de Monte Forti, 234.

Laversine (Aisne ou Oise?). — De Lavercines (Guillelmus), 210.

Laye [la forêt de] (S.-et-O.). — In Laya : S. Germanus, S.-Germain-en-Laye, 149, 398 ; S. Leodegarius, les Fonds-de-S.-Léger, 393.

Lazari (Villeta S.), la Villette (Paris), 402.

Le Cousturier (Guillelmus, Johannes), 214 ; le Hanapier (Johannes), 95, 347, 453 ; le Jaune (Lisiardus), 28 ; le Mastin (Philippus), 199 ; le Paylle de Corbolio (Johannes), 106 ; le Sec (Leonardus), 30, 33 ; le Vache (Petrus), 257. — Li Aasiez (Stephanus), 161. — Du Cavech (Renaudus), 21, 42, 97, 316, 342, 446. — La Bele (Renerus de), 39 ; la Reue (Petrus), 73, 124.

Legata, 79.

Lemovicenses, de Limoges : mercatores, 50.

Lemovicis, Limoges (Stephanus de), 49.

Leodegarius (S.), S.-Léger-de-Gassenville, 383 ; in Laya, les Fonds-de-S.-Léger, 393.

Leonardo (Johannes de S.), prepositus Parisiensis, 190, 212, 217.

Leonardus le Sec, 30, 33.

Letherici (Mons), Montlhéry, 262.

Leure, l'Eure ou l'Heure (Seine-Inférieure, communes de Grasville-Sainte-Honorine et du Havre), Leura, 87.

Lexoviensis, de Lisieux, 85.

L'Hay (Seine), v. Hay.

Li, v. Le.

Liberi regis, 135.

Libre, de libra (denarius), 21, 115.

Libri illuminati, 215. — Breviarium, 203.

Ligerim (Magdunum super), Meung-sur-Loire, 232.

Lillers (Pas-de-Calais). — De Lillariis (Johannes), 179, 189.

Limeil-Brévannes (S.-et-O.), Limolium, 430.

Limoges (Haute-Vienne) : Lemovicenses mercatores, 50. — De Lemovicis (Stephanus), 49.

Limolium, Limeil-Brévannes, 430.

Lisiardus le Jaune, 28.

Lisieux (Calvados) : Lexoviensis diocesis, 85.

Lissiacum, Lixy, 292.

Littere, 208, 253, 258.

Lixy (Yonne), Lissiacum, 292.

Liziardi (Herricus), 446.

Loches (Indre-et-Loire) : feodum Locharum, 137, 457-460.

Loire (la). — Magdunum super Ligerim, Meung-sur-Loire, 232.

Loiret, v. Boiscommun, Bourgneuf, Cepoy, Châteauneuf-sur-Loire, Courcy-aux-Loges, Ferrières-Gâtinais, Gien, Lorris, Meung-sur-Loire, Montargis, Neuville-aux-Bois, Orléans, Vitry-aux-Loges, Yèvre-le-Châtel.

Lombardus (Bone Gayne), 331 ; (Faschius), 72 ; (Petrus), receptor Bituricensis, 24, 96, 118, 197, 213, 214, 244-246, 345, 451. — V. Italie.

Longperrier (S.-et-M.), Longus Pirus, 384.

Lorrez-le-Bocage (S.-et-M.), Loretum in Boscagio, 295.
Lorris (Loiret), Lorriacum, 315.
Loth (Galterus, Galtherus), 337, 349,
Lotrarius : Colinus, 173.
Louchart (Jacobus) de Atrebato, Attrebato, 65, 249, 253, 256.
Lourcine (Paris), Laorcene, 359.
Loury (Loiret), v. Bourgneuf.
Louveciennes (S.-et-O.), Lupicene, 352.
Louvre [le] (Paris), Lupara, 37, 181, 182, 205, 258, p. 266.
Luceto (Jacobus de), 178.
Lucia de Gibelet, 186.
Ludovicus frater regis, 225; primogenitus regis, 13.
Lune dies in crastino S. Martini hyemalis [12 nov. 1296], 247.
Lupara, le Louvre, 37, 181-183, 205, 258, p. 21.
Luparii : Giletus Rougel, 171; Johannes Butin, 172.
Lupelli, 187.
Lupi (Cantus), Chanteloup, 21.
Lupicene, Louveciennes, 352.
Lupus et Egidius (SS.), S.-Leu-et-S.-Gilles (Paris), 387.
Lursinade [S.-Amans-de-] (Tarn-et-Garonne, comm. de Moissac)? Ancinade, 108.
Luzarches (S.-et-O.), Lusarchie, 397.
Maaleyum, Malay-le-Roi, 291.
Maceyum in ballivia Bituricensi, Massay, 214.
Maciacum, Massy, 379.
Mâcon (Saône-et-Loire), Matis[c]onum, 75 : Ballivus Masticonensis, Johannes de Chintrellis, 216.
Magdalena [22 juillet], 204.
Magdunum super Ligerim, Meung-sur-Loire, 232.
Magister Baldoinus Alani 200;
Gauffridus de Templo, 175; Guido de Nogento in Bassigneyo, 193, 194; Guillelmus aurifaber, 17, 191 ; Guillelmus de Erqueto, 51 ; Guillelmus de Gisorcio, 226 ; Guillelmus de Lavercines, 210 ; Guillelmus Milliaci cantor, 197, 244, 246 ; Guillelmus Vassal, 84 ; Henrricus, Herricus de Gauchi, 43, 342, 349; Johannes Aurelianensis archidiaconus, 240; Johannes de Chevri, 18; Johannes Clersens, 65, 176, 188, 249-256; Johannes de Domno Martino, 120 ; Johannes Ducis, 190, 211, 212; Johannes de Forest, 248; Johannes de S. Justo, 44-64; Laurencius de Monte Forti, 234; Michael de Codreyo, 198; Petrus de Bello Monte, 243; Petrus de Cirilli, 12-14; Petrus de Condeto, 174; Petrus la Reue, 73, 124 ; Philippus Conversus, 115; Philippus le Mastin, 199; Radulphus de Mellento, 239; Renaudus de Giresmo, 197, 245, 246 ; Robertus Foyson, 228; Robertus de Pontisera, 254; Rogerus de Medunta, 10; Sancius, 180; Stephanus li Aasiez, 161; Stephanus de Lemovicis, 49; Stephanus de Susi archidiaconus Brugensis, 236; Symon Boel, 229, 231.
— Magister capelle regis Parisius, 207; nundinarum Campanie, Florencius de Roya, 109; puerorum capelle regis, 223. — Magistri curie, 92; monetarum, Betinus Caucinelli, Johannes Decimarii, 166, cf. 72; partes apud magistros, 337, 349.
Maine (le), Cenomania, 116.
Maisoncelles (S.-et-M., canton de Coulommiers)? Domuncul., 438.
Maius, v. Ascensio, Penthecoste.

Major Pictavensis, 120; Rothomagi, 52. — Major (S. Crispinus) Suessionensis, S. Crépin-le-Grand, à Soissons, 53.
Majoris (Johannes) de Argentolio, 230, 231.
Malay-le-Roi ou le-Petit (Yonne), Maaleyum, 291.
Malla, Marle? (Johannes de), 224.
Malliacum la Vile, Marly-la-Ville, 386.
Malum Regardum, Mauregard, 437.
Manche, v. Coutances.
Mandatum regis, 209.
Manier (Dulchius), 323.
Manlia, Maule-sur-Maudre (Haquinus de), 31.
Mantes-sur-Seine (S.-et-O.). — De Medonta, Medunta (Nicholaus), 362; (Petrus), 72; (Radulphus), 44; (Rogerus), 10.
Marcellus (S.), Saint-Marcel (Paris), 359.
Marcha argenti, 15.
Marchesiis (Symon de), 228.
Marci (Martinus), 75.
Mare (Guido de Torne), 75.
Mareil-Marly (S.-et-O.), Marolium, 401. — ? De Marolio (Johannes), 362.
Margarita, defuncta regina, 106.
Maria (B.), Notre-Dame : Ambianensis, 30; de Chambleio, 132; Suessionensis, 54. — B. Marie Assumptio [15 août], 190.
Marinarii, 87, 91, 92; cf. 124.
Marle (Aisne). — De Marla (Girardus), 195. — Cf. Malla.
Marly-la-Ville (S.-et-O.), Malliacum la Vile, 386.
Marly-le-Roi (S.-et-O.), Marliacum Castrum, 420. — Stagnum subtus Marliacum Castrum, l'Étang-la-Ville, 401.
Marne, v. Châlons-sur-Marne, Reims, Vitry-en-Perthois.
Marne (la). — Latiniacum super Maternam, Lagny, 21, 406.
Marne (Haute-), v. Andelot, Chaumont-en-Bassigny, Nogent-Haute-Marne.
Marolio (Johannes de), 362.
Marolium, Mareil-Marly, 401.
Martinus Marci, 75; Pethiot, 259.
— Domnus Martinus, Dammartin-en-Goële, 120, 424, 433. — S. Martinus hyemalis [11 nov.], 247.
Martirum (Mons), Montmartre, 402.
Martius, v. Dominica, Pascha.
Massay (Cher), Maceyum in ballivia Bituricensi, 214.
Massy (S.-et-O.), Maciacum, 379.
Masticonensis, de Mâcon, 216.
Mastin (Philippus le), 199.
Maternam (Latiniacum super), Lagny, 21, 406.
Matis[c]onum, Mâcon, 75.
Maule-sur-Maudre (S.-et-O.). — De Manlia (Haquinus), 31.
Maura (Fossa), Fosse-More, 294; (Vallis), Vaumort, 291.
Mauregard (S.-et-M.), Malum Regardum, 437.
Maxencie (Pons S.), Pont-Sainte-Maxence, 192, 271.
Maximus (S.), S.-Mesmes, 414.
Mayngot (Jacobus), 66, 448.
Meaux (S.-et-M.), Meldis, 436.
Medardus (S.) Suessionensis, S.-Médard, à Soissons, 25.
Medicus (Symon), 116.
Medietate (pro), 138-141, 147, 148, 152, 157, 159, 161, 162, 171, 172, 186, 318.
Medonta, Medunta (de), Mantes-sur-Seine : Nicholaus, 362; Petrus, 72; Radulphus, 44; Rogerus, 10.
Meldis, Meaux, 436.

Meledunum, Melun, 55, 257, 301.
Melet (Petrus de), 118, 120, 456.
Mellentum, Meulan. — De Mellento (Radulphus), 239.
Melun (S.-et-M.), Meledunum, 55, 257, 301.
Ménil-Amelot [le] (S.-et-M.), Mesnilium Domine Rancie, 405.
Mensuratores boscorum, 169.
Mercatores Lemovicenses, 50.
Mercurii dies post Nativitatem B. Johannis [27 juin 1296], 190.
Merlini (Arnulphus), 234.
Mesnil-Aubry [le] (S.-et-O.), Mesnilium Alberici, 404.
Mesnil-le-Roi [le] (S.-et-O.), Mesnilium, 403.
Mesnilium Domine Rancie, le Ménil-Amelot, 405.
Messilles (Stephanus de), 209.
Meudon (S.-et-O.), 350.
Meulan (S.-et-O.). — De Mellento (Radulphus), 239.
Meung-sur-Loire (Loiret), Magdunum super Ligerim, 232.
Michael de Codreyo, 198; de Navarra, 41. — S. Michael [MCC]XCVI° [29 sept.], 128-132, 248. — Altare S. Michaelis in ecclesia de Chambleio, 152.
Milites : Amelius de Villari, 113; Antelinus de Varignies, 225; Guillelmus de Haricuria, 146; Guillelmus de Ripperia, 237-239; Johannes de Bovilla, 168; Johannes de Chambleio, 144; Johannes Nigelle castellanus, 225; Johannes de Villeta, 10; Nicholaus de Peracio, 160; Petrus de Chambleio, dominus de Viermes, 148; Petrus dominus Chambleii, 71, 460; Stephanus de Bien Fayte, 145, 168; Symon de Marchesiis, 228.
Millan (Villa), Villemilan, 366.

Milly (S.-et-O.) : Milliaci cantor, Guillelmus, 197, 244, 246.
Mina avene, 59.
Minerii (Johannes), 340.
Minuta, 258.
Misie, 182, 183, 191.
Missa de defunctis, 138.
Mitry (S.-et-M., comm. de Mitry-Mory), Mitriacum, 439.
Modii, 55, 57-59, 61-63.
Moissac (Tarn-et-Garonne), v. S.-Amans-de-Lursinade.
Monachi, 142, 255.
Monciacum Novum, Moussy-le-Neuf, 382; Vetus, Moussy-le-Vieux, 384.
Moneta, monete, monetagium, 42, 72-75, 88, 166, 167.
Mons Argi, Montargis, 184, 313; (Bellus), Beaumont-sur-Oise, 243, 270; (Calvus), Chaumont-en-Bassigny, 121; (Calvus), Chaumont-en-Vexin, 268; Desiderii, Montdidier, 206, 278, 343, 446; Ferrandi, Montferrand, 75; Fortis, 155, 234; (Frigidus), Froidmont, 255; S. Johannis, 143; Letherici, Montlhéry, 262; Martirum, Montmartre, 402; (Regalis), Royaumont, 142.
Monsterolium, Montreuil-sur-Mer, 286; Bonin, Montreuil-Bonnin, 75.
Montargis (Loiret), Mons Argi, 184, 313.
Montdidier (Somme), Mons Desiderii, 278, 343, 446 : prepositus, Egidius de Lauduno, 206, 343.
Monte Forti (Laurencius de), 234.
Monte S. Johannis (Stephanus de), 143.
Montevrain (S.-et-M.), Montevrayn, 21.
Montferrand (Puy-de-Dôme, comm. de Clermont-Ferrand), Mons Ferrandi, 75.

Montgé (S.-et-M.), Montigyer, 415.
Montigny-lez-Cormeilles (S.-et-O.), Montiniacum, 368.
Montigyer, Montgé, 415.
Montiniacum, Montigny-lez-Cormeilles, 368.
Montlhéry (S.-et-O.), Mons Letherici, 262.
Montmartre (Paris), Mons Martirum, 402.
Montreuil-Bonnin (Vienne), Monsterolium-Bonin, 75.
Montreuil-sur-Mer (Pas-de-Calais), Monsterolium, 286.
Morayn (Joyacum super), Jouy-sur-Morin, 440; (Villare super), Villiers-sur-Morin, 443.
Moret-sur-Loing (S.-et-M)., Moretum, 13, 298.
Morin (le), v. Morayn.
Mornayo (Johannes de), 22.
Mortui equi, 210, 256. — Cf. Defuncti.
Mory (S.-et-M., comm. de Mitry-Mory), Moyriacum, 439.
Mouschetus, 89, 337, 349. — Cf. Bichius.
Moussy-le-Neuf (S-et-M.), Monciacum Novum, 382.
Moussy-le-Vieux (S.-et-M.), Monciacum Vetus, 384.
Moyriacum, Mory, 439.
Mozi de Florencia, 326.
Mureaux [les] (Paris, près N.-D.-des-Champs; cf. Guérard, *Cartulaire de l'église N.-D. de Paris*, IV, 402), Murelli, 359.
Mutua, 16, 67, 214, 221, 222, 232, 249, 316-341.
Nans (Henrricus de), 30.
Nantolhetum, Nantouillet, 416.
Nantonis (Castrum), Château-Landon, 303.
Nantouillet (S.et-M.), Nantolhetum, 416.

Nativitas [MCC]XCV°[25 déc.], 237; B. Johannis [24 juin], 190, 316, 350.
Navarre. — De Navarra (Michael), 41.
Naves, navigium, 33, 41, 89, 90, 124.
Nealpha (Thomassinus de), 27.
Neccessaria, 207, 223, 256.
Negocium centesime, 201; quinquagesime, 197, 229-231, 241-246; regis, 212, 220, 227, 232, 254, 258.
Nemours (S.-et-M.), Nemosium, 297.
Nesle (Somme) : Nigelle castellanus, Johannes, 225.
Neuville-aux-Bois (Loiret), Novilla, 306.
Nicholaus Caillet, 198; episcopus Ebroicensis, 117; de Medunta, 362; de Peracio, 160.
Nièvre, v. Bethléem.
Nigella, Nesle, 225.
Nigri (Cerdi) de Florencia, 323.
Nivardus, 320.
Nogent-Haute-Marne ou Nogent-le-Roi (Haute-Marne). — De Nogento in Bassigneyo (Guido), 193, 194.
Nomina, 92.
Notre-Dame, B. Maria : Ambianensis, 30; de Chambleio, 152; Suessionensis, 54.
Nova (Curia), la Courneuve, 361; (Villa), v. Villa Nova.
November, 338, 340, 341, 443, 444, 446, 449, 453, 455, 456; v. Lune dies, Omnes Sancti.
Novilla, Neuville-aux-Bois, 306.
Noviomensis, de Noyon, 43, 206.
Novum (Castrum), Châteauneuf-sur-Loire, 305; (Monciacum), Moussy-le-Neuf, 382. — Novus (Burgus), Bourgneuf, 309.

Noyon (Oise) : Noviomensis diocesis, 43; abbacia S. Eligii, 206.
Nuncii missi, 256, 258.
Nundine Campanie, 109.
October, 205, 318, 327, 338-340, 342, 343, 349, 407, 434-442, 445, 446, 450, 454.
Odardus Rebracye de Ponte S. Maxencie, 192; Sarraceni, 446.
Odo capellanus Vicennarum, 139.
Officium thesaurarie, 258, 260.
Oise, v. Béthisy-S.-Pierre, Breteuil-sur-Noye, Chambly, Chaumont-en-Vexin, Chelles, Choisy-au-Bac, Compiègne, Froidmont, Laversine, Noyon, Pierrefonds, Pont-Sainte-Maxence, Senlis, Thourotte, Verberie, la Villeneuve-le-Roi.
Oliverus de Vintemille, 112.
Omnes Sancti [1er nov.], 64 : [MCC]XCV°, 119, 121, 123, 203, 206; [MCC]XCVI°, 122, 126, 258, p. 249, 266.
Opera, 202, 205, 251, 258.
Operatorium Lupare, 181-183; Meleduni, 257; Montis Argi, 184.
Ordo Cluniacensis, 81.
Orléanais (l'), partes Aurelianenses, 226.
Orléans (Loiret), Aurelianum, 56, 304 : Aurelianensis archidiaconus, Johannes, 240; ballivia, 6, 103, 123, 450, cf. 304-315. — De Aureliano (Egidius), 217.
Orly (Seine), Orliacum, 371. — V. Grignon.
Ormesson (S.-et-O.), Amboysa, 399.
Orne, v. Alençon.
Otran (Guillelmus), 200, 201.
Oubertus Jonte, 325.
P. Folet, 110; Grignart, 253.
Palaciolum, Palaiseau, 418.
Palafredus, 256. — Cf. Equi.

Palaiseau (S.-et-O.), Palaciolum 418.
Pallia, 237.
Pantin (Seine), Pentinum, 394.
Paredo (Petrus de), prior de Chesa, 227.
Pargamenum, 258, cf. 207.
Paris (Seine), Parisius, 35, 72, 87, 138, 190, 202, 207, 217, 223, 261, 320, 387 : Parisiensis ballivia, 1, cf. 261-266; congregatio cecorum, 150; domus Dei, 141; filie Dei, 222; prepositura, 100, 261; prepositus, Johannes de S. Leonardo, 190, 212, 217. — Parisienses, 1-70, 127, 132-460. — V. la Chapelle-S.-Denis, Charonne, Clignancourt, le Faubourg-S.-Germain, Lourcine, le Louvre, Montmartre, les Mureaux, S.-Germain-des-Prés, S.-Leu-et-S.-Gilles, S-Marcel, la Sainte-Chapelle, Sainte-Geneviève, le Temple, la Villette.
Parrochia Ayssone, 417; Limolii, 430; SS. Lupi et Egidii Parisius, 387; de Meudon, 350; de Montigyer, 415; Pentini, 394; Pissiaci, 403.
Partes, 9, 38, 67-69, 137, 213, 223, 229, 238, 240, 337, 349, 445. — Partes Aurelianenses, 226.
Pascha [MCC]XCVI° [25 mars], 11, 208, 319.
Pas-de-Calais, v. Arras, Artois, Guisnes-en-Calaisis, Lillers, Montreuil-sur-Mer, Royon, S.-Pol.-sur-Ternoise.
Passagium lanarum, 110.
Passu (Hugo de), 338; (Renerus de), de Florencia, 329.
Patart (Johannes), 362.
Pater Johannis Accurrii, 48; Petrus de Chambli), 45.
Paulus (S.), S.-Pol-sur-Ternoise,

247. — De S. Paulo in Caturcino, S.-Paul-de-Brugues? (Peregrinus), 108.
Payen (Symon), 242.
Paylle (Johannes le) de Corbolio, 106.
Pays-Bas, v. Gueldre.
Peccunia, 256.
Pensio filiarum Dei, 222.
Penthecoste [MCC]XCVI°]13 mai], 237.
Pentinum, Pantin, 394.
Peracio (Nicholaus de), 160.
Percamenum, 207, cf. 258.
Peregrinus de S. Paulo in Caturcino, 108.
Péronne (Somme), Perona, 282. — De Perona (Furseus), filius Gauffridi, 13, 154, 170; (Gauffridus), 153, 154.
Perrerius (Guillelmus), 105.
Persone ecclesie, 24, 84, 85; ecclesiastice, 80.
Pethiot (Martinus), 259.
Petit (Ceaus le), Sceaux, 422.
Petra Ficta, Pierrefitte-sur-Seine, 383; Fons, Pierrefonds, 60, 274.
Petrucie (societas), 332.
Petrus de Bello Monte, 243; de Chambli pater, 45; de Chambleio miles, dominus de Viermes, 148; dominus Chambleii, 71, 460; Chevalier, 196; de Cirilli, 12-14; de Condeto, 174; de Coquerel, 33; Genciani, 55; Lombardus, 24, 96, 118, 197, 213, 214, 244-246, 345, 451; de Medunta, 72; de Melet, 118, 120, 456; de Paredo, prior de Chesa, 227; la Reue, 73, 124; de Remis, 218; Rollandi, 50; le Vache, 257; Viarius de Silvanecto, 115. — Guillelmus Petri Becucii, 112.

Phauresmouster in Bria, Faremoutiers, 441.
Philippus capellanus episcopi Dolensis, 208; Conversus, 115; le Mastin, 199. — V. Rex.
Picardi (Symon), 219.
Picta (Villa), Villepinte, 374.
Pictavensis, de Poitiers, 118, 120, 125, 456.
Pict[avia] le Poitou (?), 120.
Pierrefitte-sur-Seine (Seine), Petra Ficta, 383.
Pierrefonds (Oise), Petra Fons, 60, 274.
Pirus (Longus), Longperrier, 384.
Piscatores : Furseus de Perona, filius Gauffridi, 13, 154, 170; Johannes de Calceya, Judocus Roart, 170.
Pisces, 13, 60.
Pissiacum, Poissy, 59, 266, 338, 370, 392, 403.
Pistoia (Italie) : societas Clarencium de Pistorio, 333.
Piti (Lappus), de societate Mozorum de Florencia, 326; de societate Scale, 334.
Plaisance (Italie), Placencia, 328, 330.
Platelli ad fructum, 191.
Plessis-Piquet [le] (Seine), Plesseyum, 422.
Poissy (S.-et-O.), Pissiacum, 59, 266, 338, 403. — Versus Pissiacum : Allodia Regis, les Alluets-le-Roi, 370; Chavenolium, Chavenay, 392.
Poitiers (Vienne) : Pictavensis receptor, Petrus de Melet, 118, 120, 456; senescalcia, senescallia, 125, 456; senescallus, Johannes de S. Dionisio, 118, 120; major et communia, 120.
Poitou [le] (?), Pict[avia], 120.

Pons S. Maxencie, Pont-Sainte-Maxence, 271. — De Ponte S. Maxencie (Odoardus Rebracye), 192.
Pontault (S.-et-O.), Pontaz, 399.
Pontes super Yonam, Pont-sur-Yonne, 288.
Ponthieu (le), Pontivum, 66, 448.
Pontoise (S.-et-O.), Pontisara, Pontisera, 269, 340. — De Pontisera (Jocetus), 98, 99; [Johannes] episcopus Vincestrie, 35 ; (Robertus), 254.
Pont-Sainte-Maxence (Oise), Pons S. Maxencie, 271. — De Ponte S. Maxencie (Odardus Rebracye), 192.
Pont-sur-Yonne (Yonne), Pontes super Yonam, 288.
Porion (Evrardus), 28.
Port (Triacum le), Trilport, 428.
[Pouancé (Theobaldus de] episcopus Dolensis, 34, 208, 221.
Poutrel (Baldoinus), 84, 93.
Pratis (S. Germanus de), S.-Germain-des-Prés, 16; (villa S. Germani de), le Faubourg-S.-Germain, 408.
Prepositure, 9, 100, 261-315, 342, 343, 373, 446.
Prepositus Montis Desiderii, Egidius de Lauduno, 206, 343; Parisiensis, Johannes de S. Leonardo, 190, 212, 217.
Presbiter : Robertus de Freauvilla, 199.
Primogenitus regis : Ludovicus, 13.
Prior de Chesa : Petrus de Paredo, 227.
Procuratores Bichii et Mouscheti, 337, 349.
Prosecutio testamenti, 256.
Provincia Senonensis, 210.
Provins (S.-et-M.), Pruvinum, 232. — De Pruvino (Jocetus), 102.

Pueri capelle regis, 203, 223.
Puiseux-lez-Louvres (S.-et-O.), Puteoli, 376.
Puteaux (Seine), Puteaus, 372.
Puteoli, Puiseux-les-Louvres, 376.
Puy-de-Dôme, v. Clermont-Ferrand, Montferrand, Saint-Alyre.
Quadriennii decima, 77.
Quarrerie, Carrières-sous-Bois, 403.
Quercus (Bella), Beauquesne, 284.
Quercy (le), Caturcinum, 108.
Queue-en-Brie [la] (S.-et-O.), Cauda, 399.
Quinquagesima, 69, 193-201, 229-231, 234, 241-246, 350-456.
Quintinus (S.), S.-Quentin, 241, 242, 247, 280, 342.
Radulphus de Brulhi, de Brulheyo, 11, 190; de Medonta, 44; de Mellento, 239.
[Raimundus] episcopus Agatensis, 15.
Ramatum Villare, Romainvilliers, 442.
Rancie (Mesnilium Domine), le Ménil-Amelot, 405.
Rascassol (Bernardus), 75.
Rauba, roba, 149, 171-173, 203.
Rebracye (Odardus) de Ponte S. Maxencie, 192.
Recepta, 1-132, 261-456.
Receptor Arvernie, Girardus Chauchat, 81-83, 118, 455 : Bituricensis, Petrus Lombardus, 24, 96, 118, 197, 213, 214, 244-246, 345, 451 ; focagii, 120; Gisorcii, Guillelmus d'Espovilla, 94, 341, 348, 454; Pictavensis, Petrus de Melet, 118, 120, 456; Pontivi, Jacobus Mayngot, 66, 448; Senonensis, Theobaldus Armigeri, 20, 101, 238-240, 243, 449.
— Receptores Campanie, 121, 122; senescalcie Bellicadri, 78-80.

Rechatum terre, 22.
Recognitio fidelitatis, 15.
Redditus, 66, 119, 123, 148.
Regalia Cenomanie, 116.
Regalis Mons, Royaumont, 142.
Regardum (Malum), Mauregard, 437.
Regina [Johanna], 134; Margarita, 106. — Burgus Regine, Bourg-la-Reine, 366, 421.
Reginaldus, v. Renaudus.
Regis (Robertus), 241, 242. — V. Rex.
Regnum Francie, 80-82, 84, 85, 210.
Reims (Marne), Remis, 21. — De Remis (Petrus), 218.
Relaxatio denarii de libra, 115.
Remis, Reims, 21, 218.
Remundi (Bernardus), 75.
Renaudus de Aula, 167; Barbou junior, ballivus Rothomagensis, 107, 452, cf. 85-92, 128, 319, 344; vetus, senior, 107, 165; du Cavech, 21, 42, 97, 316, 342, 446; de Giresmo, 197, 245, 246; Guellensis comes, 119.
Renerus de la Bele, 39; Flammingi, 72; de Passu de Florencia, 329.
Renuchius Hugo, 335.
Residuum compoti, 11, 189; expense, 18, 334; financie, 51; mutuorum, 221, 319; vadiorum, 92.
Reue (Petrus la), 73, 124.
Reuil (S.-et-M.), Ruolium juxta Feritatem Ancoul, 410.
Rex [Philippus] : ciphos emit, 191. — Regis Allodia versus Pissiacum, les Alluets-le-Roi, 370; capella, 138-140, 202-205, 207, 223; coquina, 217; frater, Ludovicus, 225; garnisiones, 91; gentes, 192; hospicium, 133; liberi, 135; libri, 215, cf. 203; mandatum, 209; negocium, 212, 220, 227, 232, 254, 258; primogenitus, Ludovicus, 13; servientes, 211; sigillum, 34; valletus, Petrus de Remis, 218; Villa Nova in Belvacinio, la Villeneuve-le-Roi, 277. — Regi redditi denarii, 206, 216; facta mutua, 16, 67, 214, 221, 222, 232, 249, 316-341. — Ad regem (denarii pro eundo), 188; super regem captus redditus, 119, 123. — Cum et sine rege (vadia buticularii), 247; pro rege factum breviarum, 203.
Ribemont (Aisne), Ribemons, 280.
Richardus Bouroudi, 116.
Richarius (S.), S.-Riquier, 286.
Richomme (Johannes) de Cathalano, 322.
Rigot (Egidius), 362.
Ripperia (Guillelmus de), 237-239.
Rivière (la), prévôté à ou près Pont-sur-Vannes (Yonne; cf. *Rec. des hist. de Fr.*, XXIII, 812), R[i]v[e]ria, 291.
Roart (Judocus), 170.
Roba, rauba, 149, 171-173, 203.
[Robertus] Attrebatensis comes, 120; Crispini de Atrebato, 339; Foyson, 228; de Freauvilla, 199; de Pontisera, 254; Regis, 241, 242; cambellanus de Tanquarvilla, 458.
Rogerus de Medunta, 10.
Roissy (S.-et-O.) Royssiacum, 365.
Rollandi (Petrus), 50.
Roma, Rome, 18.
Romainvilliers (S.-et-M., comm. de Bailly-Romainvilliers), Ramatum Villare, 442.
Rome (Italie), Roma, 18.
Rooniacum, Rosny-sur-Seine, 137, 457-460.
Roseyo (Symon de), 157.

Rosny-sur-Seine (S.-et-O.) : heredes Rooniaci, 137, 457-460.

Rotelle Judeorum, 216.

Rouen (Seine-Inférieure), Rothomagum, 188, 259 : Rothomagensis ballivia, 93, 344, 452; ballivus, 85-92, 107, 128, 319, 344, 452; burgenses, 319; diocesis, 84, 85 ; major, 52.

Rougel (Giletus), 171.

Roya, Roye, 109, 279.

Royaumont (S.-et-O., commune d'Asnières-sur-Oise) : monachi Regalis Montis, 142.

Roye (Somme), Roya, 279. — De Roya (Florencius), 109.

Royon (Pas-de-Calais). — De Royon (Donnardus, Vivandus), 83.

Royssiacum, Roissy, 365.

Rue (Johannes Wuyde) de Compendio, 259.

Ruella (Guillelmus de), 340.

Rungis (Seine), Rungiacum, 388.

Ruolium juxta Feritatem Ancoul, Reuil, 410.

Ruphus de Sulhi, 120.

Ruria, 291, v. la Rivière.

Rustici (Thomas), 337, 349.

Saint-Alyre (Puy-de-Dôme, comm. de Clermont-Ferrand) : abbas et conventus S. Yllidii Claromontensis, 32.

S.-Amans-de-Lursinade (Tarn-et-Garonne, comm. de Moissac)? Ancinade, 108.

S.-Clément (Paris), v. Sainte-Chapelle.

S.-Cloud (S.-et-O.), S. Clodoaldus, 353.

S.-Crépin-le-Grand, à Soissons (Aisne), S. Crispinus major Suessionensis, 53.

S.-Denis-sur-Seine (Seine), villa S. Dionisii, 362 : S. Dionisii ecclesia, 147. dominium abbatis, 368. — Capella versus S. Dionisium, la Chapelle-S.-Denis, 407, cf. 360. — De S. Dionisio (Johannes), senescallus Pictavensis, 118, 120.

S.-Éloi, à Noyon (Oise), abbacia S. Eligii Noviomensis, 206.

S.-Fuscien (Somme), S. Fuscianus in Bosco, 30.

S.-Germain-des-Prés (Paris), S. Germanus de Pratis, 16.

S.-Germain-en-Laye (S.-et-O.), S. Germanus in Laya, 149, 398. — V. les Fonds-de-S.-Léger, Hennemont.

S.-Germain [le Faubourg-] (Paris), villa S. Germani de Pratis, 408.

S.-Jean-des-Vignes, à Soissons (Aisne), S. Johannes in Vineis Suessionensis, 26.

S.-Just (?). — De S.-Justo (Johannes), 44-64.

S.-Léger [les Fonds de] (S.-et-O., comm. de S.-Germain-en-Laye), S. Leodegarius in-Laya, 393.

S.-Léger-de-Gassenville (Seine, entre S.-Denis-sur-Seine et Stains; cf. Lebeuf, *Hist. de la ville et de tout le dioc. de Paris*, Stains), S. Leodegarius, 383.

S. Leu-et-S.Gilles (Paris), parrochia SS. Lupi et Egidii, 387.

S.-Marcel (Paris), S. Marcellus, 359.

S.-Mars (S.-et-M.), v. Villiers-Templeux.

S.-Maur-les-Fossés (Seine), Fossata, 423, 425.

S.-Médard, à Soissons (Aisne), S. Medardus Suessionensis, 25.

S.-Mesmes (S.-et-M.), S. Maximus, 414.

S.-Paul-de-Brugues (Tarn-et-Garonne, comm. de Durfort)? —

De S. Paulo in Caturcino (Peregrinus), 108.
S.-Pol-sur-Ternoise (Pas-de-Calais) : S. Pauli comes, Guido, buticularius Francie, 247.
S.-Quentin (Aisne), S. Quintinus, 247, 280, 342 : S. Quintini canonicus, Robertus Regis, 241, 242.
S.-Riquier (Somme), S. Richarius, 286.
Sainte-Chapelle [la] (Paris), capella regis Parisius, 138, 207; capella inferior, 139; S. Blasius, 140. — Capelle regis canonicus, Galterus, 202-205; magister, 207; pueri, 203, 223.
Ste-Geneviève (Paris), S. Genovefa Parisiensis, 76, 77.
Salarium, 256.
Salis (dominus, alta justicia de), 113.
Salomo de Blangi, 99.
Samois (S.-et-M.), Samesium, 299.
Sancius, 180.
Sancta, Sancti, Sancto, Sanctus, v. le mot suivant.
Saône-et-Loire, v. Cluny, Mâcon.
Sarcelles (S.-et-O.), Sercelle, 396.
Sarraceni (Gobertus) de Lauduno, 321, 446; (Odardus), 446.
Scacarius, 11, 128-132, 248.
Scale (Societas), 334.
Sceaux (Seine), Ceaus le Grant et Ceaus le Petit, 422.
Scolares, 204.
Scoti de Placencia, 328.
Scripta, scriptura, 92, 256.
Sec (Leonardus le), 30, 33.
Seine, v. Adamville, Antony, Arcueil, Aubervilliers, Aulnay, Bagneux, le Bourget, Bourg-la-Reine, Bry-sur-Marne, Champigny-sur-Marne, Châtenay, Chevilly, Choisy-le-Roi, la Courneuve, Créteil, Crèvecœur, Drancy, Dugny, Fontenay-sous-Bois, Fresnes-lez-Rungis, Grignon, l'Hay, Issy-sur-Seine, Ivry-sur-Seine, Orly, Pantin, Paris (et les renvois sous ce mot), Pierrefitte-sur-Seine, le Plessis-Piquet, Puteaux, Rungis, S.-Denis-sur-Seine, S.-Léger-de-Gassenville, S.-Maur-les-Fossés, Sceaux, Stains, Suresnes, Thiais, Vanves, Vincennes, Vitry-sur-Seine.
Seine-et-Marne, v. Armentières, la Celle-sur-Morin, Chaintreaux, Changis, Chanteloup, la Chapelle-la-Reine, Château-Landon, le Châtelet-en-Brie, Chelles, Chessy, Compans, Conches, Condetum, Dammartin-en-Goële, Dancy, Faremoutiers, Ferrières-en-Brie, la Ferté-sous-Jouarre, Flagy, Fontainebleau, Germigny-l'Évêque, Gouvernes, Grés, Iverny, Jablines, Jossigny, Jouy-l'Abbaye, Jouy-sur-Morin, Juilly, Lagny, Longperrier, Lorrez-le-Bocage, Maisoncelles, Mauregard, Meaux, Melun, le Ménil-Amelot, Mitry, Montevrain, Montgé, Moret-sur-Loing, Mory, Moussy-le-Neuf, Moussy-le-Vieux, Nantouillet, Nemours, Pontault, Provins, Reuil, Romainvilliers, S.-Mesmes, Samois, Thieux, Trilport, Ussy, Vareddes, Villeneuve-sous-Dammartin, la Villette-aux-Aulnes, Villiers-sur-Morin, Villiers-Templeux, Vinantes, Vineuil, Voulx.
Seine-et-Oise, v. Achères, les Alluets-le-Roi, Argenteuil, Arnouville-lez-Gonesse, Asnières-sur-Oise, Beaumont-sur-Oise, Bellefontaine, Bonneuil, Bouqueval, Carrières-sous-Bois, Champlan,

Châteaufort, Châtenay, Chaumontel, Chavenay, Chevreuse, Corbeil, Cormeilles-en-Parisis, Croissy, Dourdan, Épiais-lez-Louvres, Essonnes, Étampes, l'Étang-la-Ville, la Ferté-Alais, les Fonds-de-S.-Léger, Fosses, Fourqueux, Franconville-la-Garenne, la Frette, Garges, Gonesse, Hennemont, Herbeville, Jagny, Jarcy, Limeil-Brévannes, Louveciennes, Luzarches, Mantes-sur-Seine, Mareil-Marly, Marly-la-Ville, Marly-le-Roi, Massy, Maule, le Mesnil-Aubry, le Mesnil-le-Roi, Meudon, Meulan, Montigny-lez-Cormeilles, Montlhéry, Ormesson, Palaiseau, Poissy, Pontault, Pontoise, Puiseux-lez-Louvres, la-Queue-en-Brie, Roissy, Rosny-sur-Seine, Royaumont, S.-Cloud, S.-Germain-en-Laye, Sarcelles, Sèvres, le Thillay, Vaud'herland, Vémars, Viarmes, Ville-D'Avray, Villemilan, Villeneuve-le-Roi, Villeneuve-S.-Georges, Villepinte, Villiers-le-Bel, Villiers-sur-Marne.

Seine-Inférieure, v. Auppegard, Caux, Épouville, Fréauville, Harfleur, Leure, Rouen, Tancarville.

Senescalcia Bellicadri, 78-80, 199; Carcassonnensis, 127; Pictavensis, 125, 456; Pontivi, 66, 448.

Senescallus Pictavensis, Johannes de S. Dionisio, 118, 120.

Senior (Guill. de Hangest), 35; (Renaudus Barbou), 165, cf. 107.

Senlis (Oise), Silvanectum, 267 : Silvanectensis ballivia, 2, 228-231, 327, 445, cf. 267-275. — De Silvanecto (P. Viarius), 115.

Sens-sur-Yonne (Yonne), Senonis, 287 : Senonensis ballivia, 5, 20, 101, 238-243, 449, cf. 287-303 ; provincia, 210 ; receptor, Theobaldus Armigeri, 20, 101, 238-240, 243, 449. — Villa Nova juxta Senonis, Villeneuve-sur-Yonne, 290.

Sententia, 53, 54.

September, 222, 318, 335-337, 346, 349, 353, 365, 369, 371, 373, 407, 409-443, 447, 449, 450, 453, 454 ; v. S. Michael.

Septimane, 204.

Sercelle, Sarcelles, 396.

Sere, 258.

Servientes, 86, 171, 190, 211, 256.

Setayns, Stains, 381.

Sèvres (S.-et-O.), Sevre, 350.

Sextarii, 57, 59, 61-63.

Sigillum regis, 34.

Silvanectensis, de Senlis : ballivia, 2, 228-231, 327, 445, cf. 267-275.

Silvanectum, Senlis, 267. — De Silvanecto (Petrus Viarius), 115.

Simon, v. Symon.

Societas Bardorum de Florencia, 323 ; Cerdorum Alborum de Florencia, 324 ; Cerdorum Nigrorum de Florencia, 325 ; Clarencium de Pistorio, 333 ; Mozorum de Florencia, 326 ; Petrucie, 332 ; Scale, 334 ; Scotorum de Placencia, 328 ; Spine de Florencia, 335.

Socii Guillelmi Flammingi, 36, 37, 74.

Soissons (Aisne) : S. Crispinus major Suessionensis, 53 ; decanus et capitulum Suessionenses; 114 ; S. Johannes in Vineis, 26, B. Maria, 54 ; S. Medardus, 25.

Solario (Stephanus de) 362.

Solutio vadiorum, 91.

Somme, v. Amiens, Bauquesne, le Cardonnois, Corbie, Doullens, Montdidier, Nesle, Péronne, Ponthieu, Roye, S.-Fuscien, S.-Riquier.

Sommières (Gard), Summidrium, 75.

Sorene, Suresnes, 372.

Sornatus Caucinel, 75.

Soror thesaurarii Huberti : Beatrix, 163.

Spine (societas) de Florencia, 335.

Spovilla (Guillelmus de) ou d'Espovilla, d'Épouville, 94, 341, 348, 454.

Stagnum Moreti, 13; Petre Fontis, 60; subtus Marliacum Castrum, l'Étang-la-Ville, 401.

Stains (Seine), Setayns, 381.

Stampis (de), Etampes, 58.

Stephanus li Aasiez, 161 : Apelot de Giemo, 209 ; de Bien Fayte, 145, 168 ; de Camera, 183; faber, 182; Haudri, 233 ; de Lemovicis, 49; de Messilles, 209 ; de Monte S. Johannis, 143 ; de Solario, 362; de Susi, archidiaconus Brugensis, 236.

Stipendiarii galearum, 124.

Subsidium regni, 80-82, 210.

Subventio personarum ecclesie, 84, 85.

Suessionensis, de Soissons, 25, 26, 53, 54, 114.

Sulhi (Ruphus de), 120.

Summarius, 256. — Cf. Equi.

Summe, 8, 9, 70, 127, 132, 135, 157, 164, 260, 266, 275, 282, 286, 303, 315, 318, 327, 338-343, 349, 353, 362, 365, 369, 371, 373, 407, 411, 414, 428, 445-447, 449-451, 453, 454, 456, 457, 460.

Summidrium, Sommières, 75.

Suresnes (Seine), Sorene, 372.

Susi, Suzy? (Stephanus de), archidiaconus Brugensis, 236.

Suspitio violationis ecclesie, 40.

Suzy (Aisne) ? — De Susi (Stephanus), archidiaconus Brugensis, 236.

Symon Arcuarius, 120 ; de Baillolio, 177; Boel, 229, 231 ; de Croyaco, 447; de Marchesiis, 228 ; Medicus, 116 ; Payen, 242; Picardi, 219; de Roseyo, 157; de Vento, 25.

Tabellio, 256.

Tallia Judeorum, 83.

Tancarville (Seine-Inférieure) : cambellanus de Tanquarvilla, Robertus, 458.

Tarn-et-Garonne, v. Camparnaud, S.-Amans-de-Lursinade, S.-Paul-de-Brugues.

Tartarus (Lanfrancus) de Janua, 156.

Temple [le] (Paris), Templum, 35, 148. — Villare Templi, Villiers-Templeux, 442. — De Templo (Gauffridus), 175.

Tempus, 126, 224, 258, 260.

Tergo (a), 9, 67-69, 137, 319.

Termini, 119, 122, 123, 125-127, 191, p. 266.

Terra de Ambliniaco et de Kala, 114; Guisnensis, 4; Johannis de Atrebato, 213; Ludovici fratris regis, 225; Symonis de Vento, 25; Ville Nove, 22.

Tertio (pro), 71, 136, 142, 146, 149, 150, 158, 163, 165, 166. — Tercium feodi, 155.

Testamentum, 256.

Theil-sur-Vannes (Yonne), v. Fosse-More.

Theobaldus Armigeri, 20, 101, 238-240, 243, 449; de Corbolio, 162; [de Pouancé] episcopus Dolensis, 34, 208, 221.

Thesauraria, 258, 260.

Thesaurarii, 258, p. 266 : Henr-

ricus, abbas Joyaci, 232, 260; Hubertus, 163.
Thiais (Seine), Thioys, 395.
Thiboudi (Guillelmus), 115.
Thieux (S.-et-M.), Thius subtus Domnum Martinum, 433.
Thillay [le] (S.-et-O.), Tilleyum, 367.
Thioys, Thiais, 395.
Thius subtus Domnum Martinum, Thieux, 433.
Tholosa, Toulouse, 75.
Thomas Godin, 50; Rustici, 337, 349. — Thomassinus, 233; de Nealpha, 27.
Thourotte (Oise), Thorota, 275.
Tilleyum, le Thillay, 367.
Tornacum, Tournai, 74.
Torne Mare (Guido de), 75.
Toto (pro), 137, 143-145, 149, 153-156, 160, 171, 173, 221, 457.
Touca, Touques, 91.
Toulouse (Haute-Garonne), Tholosa, 75.
Touques (Calvados), Touca, 91.
Tournai (Belgique), Tornacum, 74.
Tours (Indre-et-Loire) : Turonensis ballivia, 8, 104, 200, 201. — V. Turonenses.
Trece, Troyes, 232. — De Trecis (Vivandus), 102.
Trecensis, de Troyes, 121, 122.
Tria (Johannes de), 126.
Triacum le Port, Trilport, 428.
Triennii decima, 76, 78.
Trilport (S.-et-M.), Triacum le Port, 428.
Troyes (Aube), Trece, 232 : Trecensis ballivia, 121, 122. — De Trecis (Vivandus), 102.
Turonensis, de Tours, 8, 104, 200, 201. — Turonenses, 71-132, 322-326, 328-237, 341, 344, 347-349, 452, 453, 455, 456.
Unonense, 151, v. Vernon.

Ussy (S,-et-M.), Iciacum, 429.
Usus Campanie, 428.
Uxor Guillelmi d'Erneval, Ydonia, 459; Petri domini Chambleii, Ysabella, 460; Roberti cambellani de Tanquarvilla, 458.
Vache (Petrus le), 257.
Vadia, 47, 48, 87, 91, 92, 165-180, 224, 247.
Valenc. (Dionisius de), 155.
Valletus regis : Petrus de Remis, 218.
Vallibus (Jehenotus de), filius Odardi Rebracye de Ponte S. Maxencie, 192.
Vallis (Clara), Clairvaux-sur-Aube, 19; Maura, Vaumort, 291.
Vantiduno (Johannes de), 330.
Vanves (Seine), Vanve, 408.
Vareddes (S.-et-M.), Varetes, 432.
Varenne-S.-Hilaire (la), la Varenne-S.-Maur ou Adamville (Seine, commune de S.-Maur-les-Fossés), Varenna, 423.
Varennes (S.-et-O.), v. Jarcy.
Varetes, Vareddes, 432.
Varignies (Antelinus de), 225.
Vassal (Guillelmus), 84.
Vaud'herland (S.-et-O.), Vaudernand, 367. — De Vaudernant (Henrricus), 362.
Vaumort (Yonne), Vallis Maura, 291.
Vectura denariorum, 256.
Vellut (Donatus de) de Florencia, 111.
Vémars (S.-et-O.), Vemarç., 385.
Venatoris (Johannes), 168.
Venditores boscorum, 168.
Vento (Symon de), 25.
Verano (Johannes de S.), 317.
Verberie (Oise), Verbria, 273.
Vermandois (le), Viromandia, 234, 276-282 : Viromandensis ballivia, 3, 28, 42, 43, 97, 198, 446.

Verneuil-sur-Avre (Eure), Vernolium, 94, 132.

Vernon (Eure), Verno, 132, 341 : capitulum V[er]nonense, 151 ; castellania, 341.

Vertus (les) ou Aubervilliers(Seine), Haubervillare, 360.

Vetus Argentum, 17; (Monciacum), Moussy-le-Vieux, 384 ; (Renaudus Barbou), 107, cf. 165. — Vetera hernesia, 27.

Via ad computandum de decima, 210 ; ad regem, 188 ; Britannie, 193-196 ; Burgundie, 218 ; a Leura Parisius, 87 ; apud Magdunum super Ligerim, Pruvinum, Trecas, 232 ; Rome, 18 ; Viromandi et Flandrie, 234.

Viarius (Petrus) de Silvanecto, 115.

Viarmes (S.-et-O.) : dominus de Viermes, Petrus de Chambleio, 148.

Vicecomitatus Cadomensis, 347 ; Vernolii, 94.

Vicenne, Vincennes, 139, 202, 426.

Vicus, 428.

Vidaume (dictus), 328, 329.

Vienne, v. Montreuil-Bonnin, Poitiers.

Vienne (Haute-), v. Limoges.

Viermes, Viarmes, 148.

Vierzon (Cher) : feodum Virzonis, 145.

Vietus d'Aupegart, 97, 105.

Vile (Malliacum la), Marly-la-Ville, 386.

Villa Attrebati, 337 ; Cathalani, 115 ; Corbeye, 337 ; Corbolii, 417 ; S. Dionisii, 362 ; S. Germani de Pratis, 408 ; Landuni, 39 ; Parisius, 320 ; Pissiaci, 338 ; Pontisare, 340. — Villa ad Asinos, la Villette-aux-Aulnes, 439 ; d'Avray, Ville-d'Avray, 350 ; (Bona), Bonneville-sur-Touques, 86 ; Millan, Villemilan, 366 ; Nova (?) ; Nova subtus Domnum Martinum, Villeneuve-sous-Dammartin, 424 ; Nova S. Georgii, Villeneuve-S.-Georges, 444 ; Nova Regis, Villeneuve-le-Roi, 389 ; Nova Regis in Belvacinio, la Villeneuve-le-Roi, 277 ; Nova juxta Senonis, Villeneuve-sur-Yonne, 290 ; Picta, Villepinte, 374.

Villare le Bel, Villiers-le-Bel, 391 ; super Morayn, Villiers-sur-Morin, 443 ; (Ramatum), Romainvilliers, 442 ; Templi, Villiers-Templeux, 442. — De Villari (Amelius), dominus de Salis, 113. — Villaria super Briacum, Villiers-sur-Marne, 390.

Ville-d'Avray (S.-et-O.), Villa d'Avray, 350.

Villemilan (S.-et-O., comm. de Wissous), Villa Millan, 366.

Villeneuve-le-Roi [la] (Oise), Villa Nova Regis in Belvacinio, 277.

Villeneuve-le-Roi (S.-et-O.), Villa Nova Regis, 389.

Villeneuve-S.-Georges (S.-et-O.), Villa Nova S. Georgii, 444.

Villeneuve-sous-Dammartin (S.-et-M.), Villa Nova subtus domnum Martinum, 424.

Villeneuve-sur-Yonne (Yonne), Villa Nova juxta Senonis, 290.

Villepinte (S.-et-O.), Villa Picta, 374.

Villeta (Johannes de), 10.

Villette [la] (Paris), Villeta S. Lazari, 402.

Villette-aux-Aulnes [la] (S.-et-M., comm. de Mitry-Mory), Villa ad Asinos, 439.

Villiers-le-Bel (S.-et-O.), Villare le Bel, 391.

Villiers-sur-Marne (S.-et-O.), Villaria super Briacum, 390.
Villiers-sur-Morin (S.-et-M.), Villare super Morayn, 443.
Villiers-Templeux (S. - et - M., comm. de S.-Mars), Villare Templi, 442.
Vina, 14, 61-64, 235.
Vinantes (S.-et-M.), 412.
Vincencio (Guillelmus de S.), 228-231, 327, 445.
Vincennes (Seine) : Vicennarum capella, 202; capellanus, 139. — Fontanetum versus Vicennas, Fontenay-sous-Bois, 426.
Vincestria, Winchester, 35.
Vineis (S. Johannes in), S.-Jean-des-Vignes, à Soissons, 26.
Vineuil (S.-et-M., comm. de S.-Mesmes), Vinolium, 414.
Vintimille (Italie). — De Vintemille (Oliverus), 112.
Vinum, 14, 61-64, 235.
Violatio ecclesie, 40.
Viromandensis, de Vermandois, 3, 28, 42, 43, 97, 198, 446.
Viromandia, le Vermandois, 234, 276-282.
Virzo, Vierzon, 145.
Vitam (expensa ad), 158-164.
Vitriacum : Vitry-aux-Loges (Loiret), 308 ; Vitry-en-Perthois ou le Brûlé (Marne), 121, 122 ; Vitry-sur-Seine (Seine), 395.
Vivandus de Royon, 83 ; de Trecis, 102.
Voluntatem (expensa ad), 186.
Voulx (S.-et-M.), Voos, 292.
Wagnon (Ada) de Lauduno, 23.
Winchester (Grande-Bretagne) : Vincestrie episcopus [Johannes de Pontisera], 35.
Wissous (S.-et-O.), v. Villemilan.
Wuyde Rue (Johannes) de Compendio, 259.
Ydonia uxor Guillelmi d'Erneval, 459.
Yèvre-le-Châtel (Loiret), Evra, 311.
Yllidius (S.) Claromontensis, S.-Alyre, 32.
Yonne, v. Chéroy, Dixmont, Dollot, Fosse-More, Grange-le-Bocage, Lixy, Malay-le-Roi, Pont-sur-Yonne, la Rivière, Sens-sur-Yonne, Vaumort, Villeneuve-sur-Yonne.
Yonne (l'). — Pontes super Yonam, Pont-sur-Yonne, 288.
Ysabella uxor Petri domini Chambleii, 460.
Yssiacum, Issy-sur-Seine, 408.
Yverniacum, Iverny, 409.
Yvriacum, Ivry-sur-Seine, 395.

Compte rendu de A. Prudhomme, *Les Juifs en Dauphiné aux* xive *et* xve *siècles* (1882). Bibliothèque de l'École des chartes, XLIV (1883), p. 364-365.

Compte rendu de Boucher de Molandon, *La Délivrance d'Orléans et l'Institution de la fête du 8 mai. Chronique anonyme du XV° siècle récemment retrouvée au Vatican et à Saint-Pétersbourg. Jean de Mascon, docteur et chanoine de l'église d'Orléans, et MM. de Laverdy et J. Quicherat*. Bibliothèque de l'École des chartes, XLIV (1883), p. 239-240.

MAITRE FERNAND DE CORDOUE

ET

L'UNIVERSITÉ DE PARIS AU XVe SIÈCLE

Mémoires de la Société de l'histoire de Paris et de l'Ile-de-France,
IX (1882), p. 193-222.

I. Deux passages sur l'histoire de Paris, tirés d'une chronique allemande de Neubourg-sur-le-Danube. — II. Documents sur Fernand de Cordoue. — III. Vie de Fernand de Cordoue. — IV. Œuvres de Fernand de Cordoue. — Appendice : textes allemands.

I

Dans un volume récent des *Monumenta Germaniae historica* [1] a été publiée une chronique allemande en prose, la *Sächsische Weltchronik*, écrite entre 1230 et 1250 par un clerc de la famille de Repgow [2], parent d'Eike von Repgow, l'auteur du *Sachsenspiegel*. A la suite du texte primitif de cette chronique, l'éditeur, M. L. Weiland, a imprimé plusieurs continuations dues à des auteurs d'époque diverse. Dans l'une de ces additions, dite *Vierte Bairische Fortsetzung*, écrite probablement entre 1443 et 1455, par un bourgeois de Neubourg-sur-le-Danube, en Souabe, on trouve, mêlés aux récits des événements d'Allemagne, deux courts passages qui intéressent l'histoire de la ville et de l'Université de Paris. Il n'est peut-être pas inutile de signaler ces deux morceaux

---

1. *Monumenta Germaniae historica, etc., Scriptorum qui vernacula lingua usi sunt t. II*, Hannoverae, 1877; in-4º. — Un autre titre porte : *Deutsche Chroniken und andere Geschichtsbücher des Mittelalters*, II. Band.
2. Aujourd'hui Reppichau (Anhalt).

à l'attention des lecteurs français et d'en donner ici une traduction en notre langue. A la suite de cette traduction, on trouvera une notice sur le personnage qui fait l'objet du second récit. Le but de cette notice n'est pas d'exposer des faits nouveaux, mais seulement de coordonner des détails épars dans divers écrits et de débrouiller les confusions qui s'étaient produites sur quelques points.

Le premier passage où la chronique de Neubourg[1] parle de Paris, ne contient qu'un récit entièrement fabuleux, à propos du meurtre du duc d'Orléans, en 1407. Il faut y voir seulement un curieux spécimen des travestissements que la légende fait parfois subir à l'histoire, même à courte distance des événements :

« En ce temps-là, le roi de France fit détruire l'école de Paris ; voici pourquoi. Il y avait un duc d'Orléans, qui était serviteur du roi. Ce duc sortit une nuit à cheval pour festoyer et aller servir de belles dames. Il rencontra la même nuit des étudiants qui allaient aussi festoyer, comme font telles gens. Le duc voulut savoir qui ils étaient et ce qu'ils faisaient là. Ils dirent que la ville leur était libre pour aller à pied comme à lui pour aller à cheval. Alors il dégaîna et voulut tuer les étudiants. Les étudiants se défendirent et tuèrent le duc d'Orléans. Or le duc d'Orléans avait un frère, qui jura sur les saints qu'il ferait tuer tant d'étudiants qu'il se ferait un bain de leur sang. Les étudiants le surent et se mirent en marche et allèrent au palais du roi et voulurent enlever de force le duc du palais du roi. Ceux de la ville de Paris apprirent cela et ne voulurent pas le permettre, ils s'interposèrent et firent jurer paix au duc, qui promit de ne rien faire à aucun étudiant pour cette cause. Or les étudiants, devant le palais du roi, étaient au nombre de trente-deux mille, tous étudiants inscrits. Quand le roi vit tant d'étudiants, il ordonna de supprimer l'école et voulut qu'il n'y eût plus d'études et dit que personne n'était assuré contre eux, s'ils voulaient faire quelque chose à lui ou à la ville. »

Le second passage offre un peu plus d'intérêt. Il concerne des faits déjà connus, mais sur lesquels il apporte des détails nouveaux. En voici la traduction aussi littérale que possible [2] :

---

[1]. *Vierte Bairische Fortsetzung*, chapitre 15; volume cité, pages 361-362. Voyez le texte allemand à l'Appendice, n° I.

[2]. *Vierte Bairische Fortsetzung*, chapitre 38; volume cité, p. 373-374. Ce chapitre, dans le manuscrit, est copié d'une autre main que le reste de la chronique. Voy. le texte allemand à l'Appendice, n° II.

« Ceci est une partie d'une lettre qui a été écrite au chancelier de Brabant [1] par quelqu'un de Paris, comme l'on compte depuis la naissance du Christ quatorze cents ans et dans la quarante-sixième année depuis, l'avant-dernier jour du mois de décembre qui est le second mois d'hiver [2] :

« Ensuite je fais savoir à Votre Dilection que presque toute la ville de Paris est en ce moment émue d'étonnement, parce que nous avons vu des choses merveilleuses et nous ne les croyons pas, et nous les entendons et nous ne les comprenons pas. Il est arrivé à Paris un jeune homme, avec huit chevaux, appelé Fariandus de Cordoue, Espagnol de nation, natif du royaume de Castille et de la ville de Cordoue, qui est âgé de vingt ans moins un, et qui est chevalier en armes de bataille, maître ès arts libéraux, docteur en droit spirituel et temporel, maître en médecine et docteur en la sainte Écriture ; et il est accompli dans tous ces arts et aussi habile dans l'un que dans l'autre, et en même temps courtois en toutes choses et parfaitement aimable et modeste. Il a en mémoire et sait par cœur presque toute la Bible, maître Nicolas de Lyre et ce qu'ont écrit saint Thomas d'Aquin, Alexandre de Hales, Scot et Bonaventure. Il est habile aussi à prononcer des sentences et à les prouver et confirmer par toutes les lois écrites, temporelles et spirituelles, avec la glose ; il sait aussi tout le livre du Décret, et encore tout le livre de maître Avicenne et ce qu'ont fait maîtres Galien et Hippocrate et beaucoup d'autres livres de médecine. Il est si habile dans les arts libéraux qu'il est difficile de croire qu'Aristote en ait su là-dessus plus que lui. Il sait aussi tous les textes et les ouvrages qu'ont fait maître Averroès, qui a écrit sur les livres d'Aristote, et maître Albert et beaucoup d'autres maîtres. A ce qu'on dit encore, il sait toute la métaphysique, qui est l'art surnaturel, et toute la rhétorique, qui est l'art de la courtoisie du discours. Il sait aussi écrire, lire et parler cinq langues, c'est à savoir, latin, hébreu,

---

1. Le chancelier de Brabant, depuis 1445 jusque vers 1461, fut un chevalier nommé Goswin vander Ryt, qui mourut en 1465. (Chr. Butkens, *Trophées tant sacrés que prophanes du duché de Brabant*. La Haye, 1724, in-fol., t. II, p. 362).

2. « Des andern wintermonads », c'est-à-dire le second des mois désignés par le nom de mois d'hiver, *Wintermonat*. La nomenclature allemande des mois, en usage au moyen âge, n'a jamais été fixée d'une façon certaine ; un même nom servait à désigner, tantôt un mois, tantôt un autre. — Cette date est comptée en prenant le commencement de l'année à Noël ; elle répond au 30 décembre 1445, nouveau style.

grec, chaldéen, arabe, et il a été dans ma chambre et il a écrit lesdites langues et j'ai encore l'écrit par devers moi. Il a aussi répondu suffisamment à toutes les questions et à tous les discours insidieux, et je l'ai moi-même souvent entendu répondre aux docteurs sur toutes sortes d'arts, et à tous ceux qui voulaient l'interroger et lui tenir des discours insidieux sur toute matière. Il y a maintenant deux ans passés qu'il est parti d'Espagne, envoyé par le roi de Castille; il a été dans les hauts pays welches [1], où il a répondu publiquement dans presque toutes les universités ou hautes écoles. Et il dit lui-même que dans sa jeunesse il a appris en sept jours le Doctrinal d'Alexandre, qu'il retient encore en sa mémoire; et, quoi qu'il lise et si vite qu'il le lise, il comprend néanmoins tout et le retient en sa mémoire. Il a aussi écrit sur un livre de médecine appelé l'Almageste de Ptolémée [2] et sur une grande partie de la Bible et beaucoup sur l'Apocalypse, le livre du mystère, et il a fait aussi beaucoup d'autres livres. Il sait aussi la musique, l'art du chant et de l'ordonnance des airs, et il sait non seulement jouer de tous instruments et y jouer des airs, mais aussi les faire lui-même. Il a répondu encore, en présence du roi de France, à tout ce qu'on lui a demandé des arts et des œuvres de chevalerie, et il a répondu aussi à toutes les questions qu'on lui a faites; et, au sujet dudit roi de France, il a fait une épître très courtoise, où il l'engage à garder la paix. Et, pour finir en peu de mots, selon ce qu'on dit et ce qui a été écrit à quelques-uns de l'université par d'autres, il sait tout ce qu'on peut savoir par l'intelligence spéculative intérieure et le travail extérieur, et c'est pourquoi les uns le tiennent, de nature et de naissance, pour bon, les autres pour mauvais. Les uns disent qu'il tient les susdits arts du diable, les autres disent qu'il les tient de Dieu. Beaucoup aussi estiment que c'est l'Antéchrist ou un de ses disciples; chacun parle selon son opinion et selon ce qu'il lui semble. On n'a jamais entendu parler de si grande merveille. On estime aussi qu'il n'est pas possible qu'il ait lu autant de choses qu'il en a en sa

---

1. « In obern Walschen landen. » Le nom de *Wälsch* en allemand s'applique tantôt à tous les peuples de langue romane, Français, Italiens, etc., tantôt aux Italiens en particulier. Jean Trithème, qui, comme on le verra plus loin, a connu et en partie traduit ce texte, écrit : « Romam a rege Castellæ missus orator, in omnibus Italiæ Galliæque gymnasiis publicis disputans convicit omnes. »
2. L'Almageste ou la *Grande Composition* de Claude Ptolémée est un livre de cosmographie et non de médecine.

mémoire ; et, quand il veut, il peut encore y ajouter et apprendre ce qui lui plaît. Il fut arrêté et interdit par l'université et par l'évêque et par les seigneurs du parlement ; et, dans une grande assemblée de tous les étudiants et membres de l'université, qui eut lieu à Saint-Bernard, le chef de l'université lui proposa très durement plusieurs articles, qu'il avait entendus de plusieurs personnes, qui dans la teneur même des termes semblaient étranges et bizarres, et l'invita à répondre sur chaque point. Il fit des réponses aussi excellentes que courtoises et modestes, disant toujours qu'il n'était qu'un enfant ignorant, et de façon qu'à ses réponses il n'était possible de rien répliquer ; ainsi, sur sa demande, il fut laissé quitte et libre. Il désire être à Noël auprès du duc de Bourgogne, puis il veut revenir à Paris et y répondre publiquement dans toutes les facultés et tous les arts et veut devenir membre de l'université : mais peu de personnes croient qu'il le fasse. Néanmoins, après lesdites réponses, il reçut beaucoup d'honneurs de la part des seigneurs du parlement et de l'évêque et de beaucoup d'autres. Il est parti le quatorzième jour du second mois d'hiver ou décembre, et j'espère que vous le verrez et que vous entendrez vous-même de sa bouche beaucoup d'autres choses, dont il y a bien lieu de s'émerveiller. »

II

Le personnage qui fait l'objet de ce récit, Fernand (et non *Fariandus*) de Cordoue, n'est pas un inconnu. Divers chroniqueurs ont parlé de lui, son épitaphe a été retrouvée dans une église de Rome, quelques-uns même de ses ouvrages nous sont parvenus. Aussi plusieurs auteurs, depuis la renaissance des lettres, lui ont-ils consacré des notices biographiques plus ou moins étendues [1].

1. Est. Pasquier, *les Recherches de la France*, l. VI, chap. 39 (édition de 1621, in-fol., p. 579-580); Abr. Bzovius, *Annalium ecclesiasticorum... tomus XVIII*, 1627, in-fol., p. 594 (ann. 1501, c. xix); Denys Godefroy, *Histoire de Charles VII*, 1661, in-fol., p. 549-550; Bulæus (du Boulay), *Historia universitatis Parisiensis*, t. V, 1670, in-fol., p. 534; Launoy, *Regii Navarræ gymnasii Parisiensis Historia*, pars I, 1677, in-4°, p. 157-158; Nic. Antonio, *Bibliotheca Hispana* [nova], t. I, 1672, in-fol., p. 285-286; le même, *Bibliotheca Hispana vetus*, t. II, 1696, in-fol., p. 209-210; le même, *Bibliotheca Hispana nova*, nouv. éd., t. I, 1783, in-fol., p. 373-374; le même, *Bibliotheca Hispana vetus*, éd. Fr. Perez Bayer, t. II, 1788, in-fol., p. 319-320 et en note p. 320-322; Fabricius, *Bibliotheca Latina mediæ et infimæ ætatis*, au mot FERNANDUS, sive FERDINANDUS, de

Les documents ou récits relatifs à Fernand de Cordoue étant tous assez courts, on peut en mettre ici le texte complet sous les yeux du lecteur.

Son épitaphe se trouvait autrefois dans l'église Saint-Jacques-des-Espagnols à Rome ; elle a été publiée, d'abord par Perez Bayer dans une note ajoutée à la *Bibliotheca Hispana vetus* de N. Antonio [1], ensuite et plus correctement par M. Vincenzo Forcella [2]. M. Ch. Grandjean, de l'école française de Rome, a bien voulu la chercher pour moi à Saint-Jacques-des-Espagnols ; il a constaté qu'elle ne s'y trouve plus. Voici le texte donné par M. Forcella :

D   O   M

FERDINANDO CORDVBEN PONT . MAX

HYPODIACONO

DISCIPLINAR OMNIVM COGNITIONE INCLYTO

CVIVS INGENIVM AC DISSERENDI ACVMEN

CVNCTAR . GENTIVM GIMNASIA STVPVERE

VIRO OMNIVM VIRTVTVM GENERE ORNATISS

MODESTIA VERO AC PROBITATE INSIGNI

Corduba ; Crévier, *Histoire de l'université de Paris*, t. IV, 1761, in-12, p. 140-142 ; *Biographie universelle* (Michaud), au mot FERDINAND DE CORDOUE, article signé B — s (Bocous) ; J.-G.-Th. Græsse, *Lehrbuch einer allgemeinen Literärgeschichte*, II. Band, 3. Abtheilung, 2. Hælfte, 1843, in-8°, p. 924 ; *Nouvelle Biographie générale* (Didot), t. XI, col. 800, au mot CORDOVA (Fernando DE), et t. XVII, col. 420-421, au mot FERDINAND DE CORDOUE ; Vallet de Viriville, *Histoire de Charles VII*, t. III, 1865, in-8°, p. 96-99 ; Alfred Franklin, *Dictionnaire des noms, surnoms et pseudonymes latins de l'histoire littéraire du moyen âge*, 1875, gr. in-8°, col. 180 ; A. Budinszky, *Die Universität Paris und die Fremden an derselben im Mittelalter*, 1876, in-8°, p. 209 ; Ulysse Chevalier, *Répertoire des sources historiques du moyen âge*, bio-bibliographie, col. 727, etc. Les notices les plus exactes et les plus complètes sont celles de Perez Bayer dans son édition de la *Bibliotheca Hispana vetus* d'Antonio et celle de Vallet de Viriville. [Voir en outre A. Morel-Fatio, *Maître Fernand de Cordoue et les humanistes italiens da* xv° *siècle*, dans les *Mélanges Julien Havet*, 1895, p. 521-533.] — Maître Fernand de Cordoue a eu deux homonymes, qu'il ne faut pas confondre avec lui, comme cela est déjà arrivé pour l'un d'entre eux. Le premier ne m'est connu que par ce passage de S. Mazzetti (*Repertorio di tutti i professori antichi e moderni,.. di Bologna*, 1848, in-8°, n° 1199, p. 125) : « FERNANDO da Cordova. Fu Lettore di Filosofia morale del 1395. » Le second naquit à Mexico en 1565 et mourut en 1589 ; on trouve l'histoire de sa vie dans les deux ouvrages suivants : Alonso Remon, *Vida y Muerte del siervo de Dios don Fernando de Cordoua y Bocanegra* (Madrid, 1617, in-4°) ; Rodrigo Mendez Silva, *Epitome de la admirable, y exemplar vida de D. Fernando de Cordoba Bocanegra* (Madrid, 1649, in-16).

1. N. Antonio, *Bibliotheca Hispana vetus*, t. II, 1788, p. 321.
2. Forcella, *Iscrizioni delle chiese e d'altri edificii di Roma*, vol. III, Roma, 1873, in-4°, p. 216, n° 512.

QVI VITA SACRAR . LITTERAR . STVDIIS
INNOCENTISS. ACTA MVLTISQVE DOCTRINAE.
MONVMENT POSTERITATI RELICTIS
HOMINEM EXVIT
ANNO AETATIS LXV SALVTIS CHRISTIAN.
MCCCCLXXXVI
GEORGIVS CAR . PORTVGAL . B . M.
POSVIT

Perez Bayer nous apprend en outre que cette épitaphe était accompagnée des armoiries du mort, qu'il décrit en ces termes : « Subditur nudus clypeus in quo aquila dextrorsum versa intentâque acie solem intuens, in cuius pectore atque alis decussata crux. »

Deux chroniques contemporaines, celle de Mathieu d'Escouchy et celle qui est connue sous le nom de *Journal d'un Bourgeois de Paris*, contiennent chacune un chapitre relatif au passage de Fernand de Cordoue à Paris. Le *Bourgeois de Paris* avait été témoin oculaire de ce qu'il raconte ; Mathieu d'Escouchy, qui habitait Péronne, déclare écrire d'après la relation d'un docteur en théologie nommé maître Jean de l'Olive. Les deux récits présentent entre eux une grande ressemblance et donnent à peu près les mêmes détails.

Chronique de Mathieu d'Escouchy, chapitre VIII :

De la venue en Paris d'un josne clerc natif des Espaingnes. — En cest an mil cccc quarante cinq vint es parties du royamme de France ung josne clerc, aagé de vingt ans ou environ, lequel, comme il disoit, estoit natif des Espaingnes; et sy estoit de moienne stature, assez belle personne et moult agreable a tous gens qui de lui avoient congnoissance, et le plus excellent en touttes sciences qui se trouvast en tous les pays et ou il repairoit, par especial en clergie, et estoit chevallier en armes, docteur en theologie et medecine, en loix et en decret, se congnoissoit en l'art de musique plus que nul aultre, jouoit de tous instrumens tant bien que nul ne l'en pooit passer, bailloit les raisons et instructions comment ilz se devoient faire, et en jouant de l'espee a deux mains saultoit contre son aduersaire et arriere de lui vingt piez ou plus, et de jeu ne trouvoit son pareil. Finablement, apprez qu'il eust esté en divers lieux dudit royamme de France, vint a Paris, ou, en la presence de quarante ou cinquante des meilleurs clercs de l'université, fut examiné et enquis par moult de fois sur pluseurs sciences, a quoy il respondy sy bien, sy sagement, par si bonnes raisons, que nul d'eulx ne le savoit de rien reprendre et corriger; et, qui plus est, en leur presence redarguoit et reprenoit les livres de saint Hierosme, saint Augustin et aultres de saincte Eglise. Il fut en plainne université, ou il y avoit bien iii mille clercs, et y fist pluseurs argumens, mais tous ne le seurent de rien reprendre. Fut aussi en parlement et ailleurs, mais ne trouva quelque resistance. Et, apprez qu'il eust esté par certain temps audit lieu de Paris, s'en partit et ala a Gand, devers le duc de Bourgoingne, ou il fut par aucune espace, et la fut de rechief examiné par notables clercs, mais oncques ne virrent son pareil. Et apprez se partit de la pour aler en Engleterre, mais, pour ce qu'il ne peut passer, s'en retourna par Allemaingne, et depuis long temps apprez fut peu nouvelle de lui sur les marches de France.

En oultre, apprez qu'il fut party de Paris, comme dit est dessus, aucuns des plus saiges et renommez clercs de l'université, en bon nombre, se assamblerent ensamble pour parler et avoir advis l'un aveuc l'autre de sa science, et enfin, la matere bien debattue, ne leur sambloit point estre possible que en l'espace de cent ans ung homme peult aprendre et retenir ce qu'il savoit. Et a ceste cause y avoit des plus saiges qui faisoient grand doubte qu'il n'eust acquis sa science par art magicque et que ce ne fust Ante-Crist ou de ses dissiples. Car aveuc ce ilz regarderent et estudierent curieusement et par moult de fois en leurs livres, parlant de la venue dudit Ante-Crist : sy trouvoient qu'il devoit naistre en temps de guerre, de pere crestien et d'une mere juifve qui faindroit estre crestienne, et seroit nay en adultere, et a sa naissance seroit le peuple peu charitable l'ung envers l'autre ; trouvoient, aveuc ce, qu'il seroit possedé du diable, qui lui acqueroit sa science, mais il ne s'en donroit pas de garde et le cuidroit avoir par son propre engin; et sy seroit crestien jusques a l'aage de xxviii ans, et en sa josnesse visiteroit les princes pour exaulcer et publier sa science, et au xxviiie an de sa nativité s'en iroit a Hierusalem, ou les juifs le averoient comme Dieu, et regnera jusques au xxxiie an de son aage, et durant son mauvais regne fera tant de cruautez et persecucions que Dieu nostre createur le fera destruirre par feu et foudre qui viendra du ciel ; et ce se fera vers la fin du monde.

Touttes lesquelles besoingnes dessus dictes declairiees ung notable docteur en theologie nommé maistre Jehan de l'Olive certifie par ses lettres, et dit qu'il avoit esté present a faire tous les examens et interrogacions qui avoient esté faictes a Paris par la dessus dicte université a icellui clerc, dont aucuns estoient esmerveilliez. Et n'a point esté nouvelle, a la verité, que depuis long temps on ait sceu qu'il soit devenu [1].

---

[1]. *Chronique de Mathieu d'Escouchy,* publiée pour la Société de l'histoire de France par G. du Fresne de Beaucourt, t. I, 1863, in-8°, p. 69-72.

Journal d'un bourgeois de Paris :

Item, en celluy an vint ung jeune homme qui n'avoit que xx ans ou environ, qui savoit tous les vii ars liberaux, par le tesmoing de tous les clercs de l'université de Paris, et si savoit jouer de tous instrumens, chanter et deschanter mieulx que nul autre, paindre et enluminer mieulx que oncques on sceust a Paris ne ailleurs. Item, en fait de guerre, nul plus appert, et jouoit d'une espee a deux mains si merveilleusement que nul ne s'i comparast, car, quant il veoit son ennemy, il ne failloit point a saillir sur luy xx ou xxiiii pas a ung sault. Item, il est maistre en ars, maistre en medecine, docteur en loix, docteur en decret, docteur en theologie, et vraiement il a disputé a nous au colliege de Navarre, qui estions plus de cinquante des plus parfaiz clercs de l'université de Paris, et plus de iii mil autres clercs, et a si haultement bien respondu a toutes les questions que on lui a faictes que c'est une droicte merveille a croire, qui ne l'auroit veu. Item, il parle latin trop subtil, grec, ebreu, caldicque, arabicque et tous autres langaiges. Item, il est chevalier en armes. Et vraiement, se ung homme povoit vivre c ans sans boire, sans menger et sans dormir, il ne auroit pas les sciences qu'il scet tout par cueur aprinses. Et pour certain il nous fist tres grant freour, car il scet plus que ne puet savoir nature humaine, car il reprent tous les iiii docteurs de saincte Eglise ; bref, c'est de sa sapience la non pareille chose du monde. Et nous avons en Escripture que Ante-Crist sera engendré en advoutire de pere chrestian et de mere juive qui se faindra chrestianne et chascun cuidera qu'elle le soit, il sera né de par le deable en temps de toutes guerres, et que toutes jeunes gens seront deguisés d'abit, tant femmes que hommes, tant par orgueil comme par luxure, et sera grant hayne contre les grans signeurs, pour ce qu'ilz seront tres cruelx au menu peuple. Item, toute sa science sera de par le dyable et il cuidera qu'elle soit de par nature. Il sera chrestien jusques a xxviii ans de son aage, et visitera en celui temps les grans signeurs du monde, pour monstrer sa grant sapience et pour avoir grant renommée d'iceulx. Au xxviiie an vendra de [*lisez* en ?] Iherusalem ; et, quant les juifs incredules verront sa grant sapience, ilz creront en luy et diront que c'est Messias, qui promis leur estoit, et l'aoureront comme Dieu. Adong envoyera ses disciples par le monde, et God et Magod le suyveront, et regnera par iii ans et demy. A xxxii ans, les dyables l'emporteront ; et adong les juifs, qui auront esté deceupz, ilz se convertiront à la foy chrestienne ; et après vendront Enoch et Helye, et après sera tout chrestien, et sera l'Euvangille de sainct, qui dit : *Et fiet unum oville et unus pastor*, adong approuvé. Et le sang de ceulx qu'il aura fait tormenter pour ce qu'ilz ne vouldrent adourer criera a Dieu vengence, et adong vendra sainct Michel, qui le trebuchera, lui et touz ses ministres, ou parfons puis d'enfer. Ainsi comme davant est dit le raconterent les devantdiz docteurs de celluy homme devant dit, lequel est venu d'Espaigne en France; et pour vray, selon Danyel et l'Apocalipce, Antecrist doit nestre en Babiloine en Caldée [1].

Jean de Trittenheim ou Trithème, dans sa chronique de Sponheim, a consacré à Fernand de Cordoue un paragraphe, que l'on devait compter jusqu'ici au nombre des sources originales de sa biographie. Mais, en comparant ce texte à celui de la chronique de Neubourg, on reconnaît que Trithème s'est servi de la lettre allemande reproduite par cette chronique et qu'il s'est borné à la traduire en latin, en l'abrégeant un peu. Une phrase seulement du texte de Trithème, la dernière, contient un renseignement que la lettre allemande ne donnait pas :

Verum ista nobis scribentibus Ferrandus Cordubensis ad memoriam reducitur, qui anno MCCCCXLV juvenis annorum XX, miles auratus, artium, medicinæ et sacræ theologiæ doctor, cum VIII equis de Hispania venit in Franciam et totam Parisiorum scholam sua mirabili scientia vertit in stuporem. Erat enim omni facultate scripturarum doctissimus, vita et conversatione honestissimus, non sicut ille de quo jam diximus arrogans et superbus [2], sed humilis multum et reverentia plenus. Memoriter tenuit Bibliam totam, Nicolaum quoque de Lyra, scripta S. Thomæ Aquinatis, Alexandri de Hales, Johannis Scoti, Bonaventuræ et aliorum in theologia complurium, Decretum quoque et omnes utriusque juris libros, et in medicinis Avicennam, Galenum, Hippocratem, et Aristotelem atque Albertum, omnesque philosophiæ et metaphysices libros et commentaria ad unguem, ut aiunt, memoria conservabat. In allegando fuit promptissimus, in disputando acutus et nullo unquam superatus. Denique linguas Hebraicam, Græcam, Latinam, Arabicam et Caldæam perfecte legit, scripsit ac intellexit. Romam a rege Castellæ missus orator, in omnibus Italiæ Galliæque gymnasiis publicis disputans convicit omnes, ipse a nemine vel in minimo convictus. Varia de ipso inter doctores Parisienses movebatur opinio, aliis magum illum ac dæmone plenum cavillantibus, aliis sentientibus contrarium. Non defuerunt qui Antichristum putarent, propter incredibilem scientiam scripturarum, qua cunctos mortales videbatur excellere. Commentaria quædam in Almagestum Ptolomei edidit et Apocalypsim divi

---

1. *Journal d'un bourgeois de Paris, 1405-1449*, publié d'après les manuscrits de Rome et de Paris par Alexandre Tuetey (pour la Société de l'histoire de Paris), 1881, in-8°, p. 381-382, §§ 860-865.

2. Dans le paragraphe précédent, Trithème avait parlé d'un savant italien, qui s'était montré à Lyon en 1501.

Johannis expositione pulcherrima illustravit. Scripsit ingenii sui et alia quædam plenæ eruditionis opuscula, quorum titulos ad memoriam hac vice non potuimus revocare. Iste Fernandus erat qui Carolo duci Burgundionum astronomica vaticinatione longe antea prædixit interitum, quem ille spernens non suspicabatur esse tam proximum [1].

M. Vallet de Viriville a signalé et cité en partie un passage d'un registre des archives municipales de Châlons-sur-Marne, relatif au même personnage. Je dois une copie exacte de ce fragment à l'obligeance de M. Pélicier, archiviste de la Marne :

Item, en ladite année, environ les advens, vint a Paris ung josne homme d'environ xxiii ou xxiiii ans, natif du pais d'Espaigne, nommé maistre Ferrant de Corduba, chevalier en armes, maistre en ars, docteur en loys et en decret, docteur en theologie, docteur en medecine, astrologien, parlant grec, ebreu, caldeen et latin et françois, musicien et moult abile, lequel fut examiné par l'université.

Item, en ladite année, environ le karesme, renommée commune fut que ledit maistre Ferrant avoit esté pris a Couloingne et attaint de heresie et d'avoir ung diable avec luy qui luy enseignoit tout ce qu'il disoit, et fut ars audit Couloingne [2].

Le poète Georges Chastellain fait allusion en ces termes à Fernand de Cordoue, dans sa *Recollection des merveilles advenues en notre temps* [3] :

> J'ay vu par excellence
> Jeune homme de vingt ans
> Avoir toute science
> Et les degrés montans,
> Soy vantant sçavoir dire
> Ce qu'oncques fut escript
> Par seule fois le lire
> Comme un jeune antecrist.

Enfin E. du Boulay, l'historien de l'université de Paris, cite un court extrait d'une pièce des archives de l'université, qui concerne également le docteur espagnol [4] :

1. *Chronicon Sponheimense*, ad. ann. 1501, dans *Johannis Trithemii ... Opera historica ... ex bibliotheca Marquardi Freheri.* Francofurti, 1601, in-fol; II, p. 415.
2. Troisième registre des délibérations du conseil de Châlons-sur-Marne, 1431-1446, f° 2.
3. *Œuvres de Georges Chastellain,* publiées par le baron Kervyn de Lettenhove. Bruxelles, 1863-1866, in-8°, t. VII, p. 191.
4. Bulæus, *Historia universitatis Parisiensis,* t. V, 1670, in-fol., p. 534.

Huiusce Doctoris mentio habetur in Actis Nationis Gall. ad diem 22 Decemb. aientibus lectas fuisse litteras quasdam ad Ducem Burgundiæ transmittendas, *Ne velit adhibere fidem dictis cuiusdam Doctoris Hispani, qui se obtulerat Vniuersitati responsurum; qui tamen noluit respondere, sed se excusauit dicendo quod celerrime erat iturus apud D. Ducem dictum.*

Les ouvrages de Fernand de Cordoue qui nous sont parvenus fournissent aussi des renseignements pour sa biographie ; il sera parlé de ces ouvrages plus loin, chapitre IV.

III

Fernand de Cordoue, *Fernandus Cordubensis*, est le nom par lequel le personnage qui nous occupe s'est désigné lui-même, dans deux de ses ouvrages, sa préface au *De animalibus* d'Albert le Grand, imprimé huit ans avant sa mort, en 1478, et son traité *De jure medios exigendi fructus*, dédié au pape Sixte IV. Il faut donc préférer cette forme du nom aux variantes données par les divers documents, Ferdinand (*Ferdinandus*) dans l'inscription de Saint-Jacques-des-Espagnols, Ferrant dans le registre de Châlons, *Fariandus* dans la lettre allemande, telle que l'a reproduite le chroniqueur de Neubourg-sur-le-Danube, *Ferrandus* dans l'abrégé latin de cette même lettre inséré au *Chronicon Sponheimense* de Trithème. Le surnom *Cordubensis* pouvait être, soit un nom de famille, soit plutôt une simple désignation ethnique ; la lettre allemande (ci-dessus, chapitre I) affirme que Fernand était « natif du royaume de Castille et de la ville de Cordoue ». Il devait être de famille noble, puisque, au moment de son passage à Paris, les auteurs s'accordent à dire qu'il était « chevalier en armes ». Les armoiries de sa famille étaient gravées sur son tombeau à Rome ; on en a vu plus haut la description, à la suite de son épitaphe.

Il naquit sans doute vers 1421. L'auteur de la lettre allemande, celui du *Journal d'un bourgeois de Paris*, Mathieu d'Escouchy et Georges Chastellain le font de quelques années plus jeune, car ils ne lui attribuent, en 1445, que vingt ou même dix-neuf ans d'âge ; mais le rédacteur du registre de Châlons, mieux informé, dit que Fernand était âgé, à cette date, « d'environ XXIII ou xxiiii ans ». En effet, son épitaphe dit positivement qu'il mourut en 1486, âgé de 65 ans [1].

On peut présumer qu'il eut une enfance studieuse, mais on n'en sait rien de positif, en dehors d'un propos de lui, rapporté ci-dessus dans la lettre allemande. Il contait qu'étant enfant il avait appris en une semaine le texte entier du *Doctrinal* ou grammaire latine d'Alexandre de Villedieu, qui se compose de 2454 vers hexamètres [2]. — « On assure, dit la *Biographie universelle,* qu'à l'âge de cinq ans il savait parfaitement lire, écrire, dessiner, et pinçait très agréablement de la guitare. A dix ans il avait terminé ses cours de latinité et de rhétorique, et sa mémoire était déjà si prodigieuse qu'il apprenait par cœur trois ou quatre pages de Cicéron après les avoir lues une seule fois. » Il est à craindre que ces détails ne soient de pure imagination, car le rédacteur de la *Biographie universelle* ne dit pas avoir connu d'autres documents que ceux qui sont à notre disposition, et ceux-ci ne nous apprennent rien de pareil. Le même auteur affirme qu'ensuite Fernand de Cordoue « servit sous Jean II de Castille » (ce roi régna de 1406 à 1454) « dans les guerres contre les Maures, où il se distingua par sa valeur », puis qu'il « occupa tour à tour les différentes chaires de plusieurs universités d'Espagne, et un grand nombre de disciples le suivait partout ». Ces assertions, dont la première a été depuis reproduite trop légèrement par plusieurs auteurs [3], ne paraissent pas mieux fondées que la précédente. Sur la jeunesse de Fernand de Cordoue, jusqu'à sa venue en France, nous ne savons que ce qu'on a vu dans la lettre au chancelier de Brabant, à savoir qu'un peu

---

1. Pour traduire cette indication en langage exact, il faut se rappeler qu'on commençait souvent alors l'année, à Rome, soit dès le 25 décembre, soit au contraire seulement au 25 mars. La mort de Fernand de Cordoue se place donc du 25 décembre 1485 au 24 mars 1487. L'indication de son âge étant donnée en années complètes, sans désignation de mois et de jours, il faut entendre qu'au moment de sa mort il avait au moins 65 ans juste et au plus 65 ans 364 jours. En le supposant mort le 25 décembre 1485, à l'âge de 65 ans 364 jours, il serait né le 26 décembre 1419; en le supposant mort le 24 mars 1487, à 65 ans juste, il serait né le 24 mars 1422. Mais, si l'on veut, en outre, qu'aux avents de 1445 (28 novembre) il n'eût pas plus de 24 ans, ainsi que l'affirme le registre municipal de Châlons-sur-Marne, il ne faut pas le faire naître avant le 29 novembre 1420. Les dates extrêmes entre lesquelles sa naissance semble devoir être comprise sont donc, en dernière analyse, le 29 novembre 1420 et le 24 mars 1422.

2. C. Thurot, *De Alexandri de Villa-Dei Doctrinali*. Parisiis, 1850, in-8°, p. 28.

3. *Nouvelle Biographie générale,* t. XI ; Græsse ; Budinszky.

plus de deux ans avant son arrivée à Paris, soit vers 1443, âgé de vingt et un ou vingt-deux ans, il avait quitté l'Espagne, chargé par le roi de Castille d'une mission à l'étranger. C'est, ce semble, en Italie que le roi l'envoyait. Trithème, en empruntant ce fait à la lettre allemande, a cru pouvoir préciser davantage et affirmer que Fernand de Cordoue était allé en ambassade à Rome ; c'est possible, probable même, mais on ne saurait l'affirmer [1].

En Italie, Fernand commença à faire montre de son savoir, en l'étalant dans des séances publiques, données en présence des docteurs ou des étudiants des diverses universités. Puis, d'Italie, il passa, dit Mathieu d'Escouchy, « es parties du royamme de France », et, « apprez qu'il eust esté en divers lieux dudit royamme de France, vint a Paris ». Sur la route de Paris, apparemment, il rencontra Charles VII, soit à Châlons, où le roi était en août 1445, soit en Touraine, où il résida à partir de septembre, soit en quelque point intermédiaire [2]. Alors eut lieu l'entrevue mentionnée par le correspondant du chancelier de Brabant, entrevue dans laquelle Fernand, en présence du roi, répondit à tout ce qu'on lui demanda « des arts et des œuvres de chevalerie » et à toutes les autres questions qu'il plut aux assistants de lui faire. Il arriva à Paris en 1445, dans les derniers jours du mois de novembre ou les premiers jours du mois suivant [3] ;

---

1. Trithème, en outre, a supprimé l'indication de l'écrivain allemand sur l'époque de la mission confiée à Fernand de Cordoue. Les auteurs modernes, qui n'ont connu que Trithème et non son original, ont cherché à suppléer par conjecture à ce silence et sont tombés ainsi dans des erreurs singulières, que la connaissance de la chronique de Neubourg permet d'écarter définitivement. Dans la *Nouvelle Biographie générale*, t. XVII, on lit : « Ferdinand V, dit le Catholique... n'hésita pas à lui confier diverses missions importantes à Rome et à Paris (1475). » Selon la *Biographie universelle*, « en 1469, Ferdinand l'envoya à Rome vers le pape Alexandre VI, qui l'accueillit avec tous les honneurs que ses talents méritaient. » Or, en 1469, ni Ferdinand ni Alexandre VI ne régnaient encore. M. Græsse a répété l'indication de la *Biographie universelle*, en supprimant le nom de Ferdinand, mais en conservant celui d'Alexandre VI. M. Budinszky, copiant à son tour M. Græsse, paraît s'être aperçu de la difficulté chronologique ; il a cru apparemment tout concilier en intervertissant les deux derniers chiffres du millésime et il a mis 1496 au lieu de 1469. C'était remplacer un anachronisme par un autre : en 1496, il y avait dix ans que Fernand de Cordoue était mort. La fausse correction de M. Budinszky a induit en erreur M. Ulysse Chevalier, qui a placé la mort de Fernand de Cordoue en 1496, au lieu de 1486.

2. Vallet de Viriville, *Histoire de Charles VII*, t. III, p. 90, note 2 : « 18 août, le roi à Châlons ; 26, 28, à Sens ; le 16 septembre à Montils-lez-Tours. » — Cf. *Ordonnances*, t. XIII, p. 452-453.

3. « Environ les advens » (registre de Châlons-sur-Marne). L'avent, en 1445, commença le 28 novembre.

il resta environ quinze jours et repartit le 14 décembre [1]. Les textes qui ont été cités aux deux chapitres précédents font assez connaître l'admiration qu'il excita à Paris, ses talents si divers, sa science merveilleuse, sa courtoisie, sa bonne mine. Sur ce point, la lettre allemande rapportée par le chroniqueur de Neubourg ajoute peu de chose à ce qu'on savait déjà; mais elle fournit quelques détails nouveaux qui font mieux comprendre l'attitude de l'université de Paris à l'égard du docteur étranger, les épreuves qu'on lui imposa et les circonstances de son départ.

En lisant dans le *Bourgeois de Paris :* « Et vraiement il a disputé a nous au colliege de Navarre, qui estions plus de cinquante des plus parfaiz clers de l'université de Paris, et plus de III mil autres clercs, » on croirait qu'il s'agit d'une seule assemblée de l'université, où étaient plus de trois mille clercs, dont cinquante « des plus parfaiz ». Le récit de Mathieu d'Escouchy fait voir déjà que cela doit être compris autrement; Fernand, dit-il, fut « examiné et enquis par moult de fois », devant des assemblées partielles, « en la presence de quarante ou cinquante des meilleurs clercs »; ce fut une de ces assemblées restreintes qui eut lieu au collège de Navarre et à laquelle assista l'auteur du *Journal*. Une autre fois, et une fois seulement, le docteur espagnol « fut en plainne université, ou il y avoit bien III mil clercs », et

---

1. Lettre allemande, ci-dessus, chapitre I, dernières lignes. — On a reproché à l'auteur du *Journal d'un bourgeois de Paris* de s'être trompé sur la date de la venue de Fernand de Cordoue et de l'avoir placée en 1446, après Pâques (G. de Beaucourt, *Chronique de Mathieu d'Escouchy*, t. I, p. 69, note 2; Vallet de Viriville, *Histoire de Charles VII*, t. III, p. 96, note 2). Ce reproche n'est pas fondé. Le morceau relatif à Fernand de Cordoue vient, dans le *Journal*, immédiatement après le récit des derniers faits de l'année 1445, vieux style, c'est-à-dire de ceux des premiers jours d'avril 1446, nouveau style; l'auteur l'introduit par ces mots : « Item, en celluy an, vint ung jeune homme, etc. » Ces mots, *en celluy an*, désignent sans doute l'année dont les événements viennent d'être racontés, non celle qui va suivre : l'année 1445, vieux style, non l'année 1446. C'est un supplément que l'auteur du *Journal* ajoute, après coup, pour compléter le récit des faits de 1445. Il y a peut-être là une faute au point de vue de l'art de la composition, mais il n'y a pas d'erreur de chronologie. — Dans Trithème, le récit relatif à Fernand de Cordoue, quoique exactement daté de 1445, n'est pas placé dans le chapitre relatif à cette année; il est introduit incidemment sous l'année 1501. De là une erreur de Bzovius, qui, dans ses *Annales ecclesiastici*, a placé en 1501 la venue de Fernand de Cordoue à Paris. Cette erreur a passé des annales de Bzovius dans la *Bibliotheca Hispana nova* de N. Antonio (éditions de 1672 et de 1783) et de l'ouvrage d'Antonio dans la *Nouvelle Biographie générale*, t. XVII; elle a été reproduite, en dernier lieu, à ma connaissance, par M. Franklin. Elle avait déjà été relevée et rectifiée par Perez Bayer, dans son édition de la *Bibliotheca Hispana vetus* (1788).

là, comme ailleurs, il « fist pluseurs argumens, mais tous ne le seurent de rien reprendre ». L'auteur de la lettre allemande nous fait connaître l'occasion et le lieu de cette assemblée extraordinaire, qui eut lieu, dit-il, à Saint-Bernard. Fernand de Cordoue, quand il y parut, n'était plus libre. Son savoir merveilleux avait attiré les soupçons de l'autorité et sans doute aussi la jalousie des docteurs de Paris ; doutant ou feignant de douter s'il tenait ses talents de Dieu ou du diable, l'université, l'évêque, le parlement avaient été d'accord pour le poursuivre et le faire arrêter. Ce fut un véritable interrogatoire qu'il subit devant les trois mille étudiants assemblés à Saint-Bernard. Il s'en tira tout à son honneur : « il fit, dit l'écrivain allemand, des réponses aussi excellentes que courtoises et modestes... On ne pouvait rien lui répliquer. » En parlement et ailleurs, dit Mathieu d'Escouchy, il fut aussi appelé à comparaître, mais « ne trouva quelque resistance ». On dut donc le remettre en liberté.

Échappé de ce mauvais pas, Fernand de Cordoue eut, sans aucun doute, grande hâte de fuir une ville où les savants étrangers recevaient un accueil aussi peu encourageant. En vain les clercs de l'université cherchèrent-ils à le retenir en lui proposant encore de nouvelles questions ; il répondit qu'il était très pressé de se rendre à la cour du duc de Bourgogne, qu'il voulait y arriver pour les fêtes de Noël, qu'au reste il reviendrait à Paris plus tard et qu'alors il répondrait à tout ce qu'on lui demanderait. Mais peu de gens à Paris, ajoute l'auteur de la lettre allemande, croyaient qu'il dût revenir. Il est probable en effet qu'il en avait peu d'envie. Il se dirigea rapidement vers la Flandre.

En quittant Paris, Fernand de Cordoue laissait les membres de l'université en proie à un vif dépit. Le correspondant du chancelier de Brabant dit qu'après ses réponses dans la grande assemblée tenue à Saint-Bernard, le parlement et l'évêque le traitèrent avec beaucoup d'égards ; il n'en dit pas autant des docteurs et des clercs. Ceux-ci, sans doute, ne pouvaient lui pardonner de s'être montré plus savant qu'eux tous et de les avoir vaincus dans toutes les discussions. En vain ils avaient combiné leurs efforts pour lui poser des questions insidieuses, pour lui tendre les pièges les plus habiles, il s'était tiré de toutes les épreuves à son honneur et à leur honte. C'était une grande humiliation que le jeune étranger avait infligée aux « meilleurs » et aux « plus parfaiz » clercs de la première université du monde ; et, vaincus par lui, ils n'avaient pas même eu la consolation de pouvoir le faire brûler comme sorcier ! Ils pensèrent que tout n'était pas perdu et ils se hâtèrent d'aviser aux moyens de nuire de loin à celui qu'ils n'avaient pu confondre face à face. Aussitôt que Fernand eut quitté Paris, « aucuns des plus saiges et renommez clercs de l'université, en bon nombre, dit Mathieu d'Escouchy, se assamblerent ensamble pour parler et avoir advis l'un aveuc l'autre de sa science ». Le résultat de la conférence fut que, non seulement Fernand devait avoir fait un pacte avec le diable, mais qu'il était probablement l'Antéchrist en personne. On s'occupait beaucoup alors de l'Antéchrist. Le dominicain Jean de Paris, dans son traité *De Antichristo*, en 1300, avait émis l'avis que le règne de l'Antéchrist et la fin du monde arriveraient probablement avant l'expiration du xve siècle [1]. Un autre dominicain, saint Vincent Ferrier, mort en 1419, avait affirmé que l'Antéchrist devait être né en 1402 ou 1403 [2]. D'autres livres, auxquels Mathieu d'Escouchy et le *Bourgeois de Paris* font allusion, sans malheureusement les désigner avec précision, contenaient sur l'Antéchrist toute sorte de détails, et l'on a vu dans le texte de ces deux auteurs les raisons par lesquelles on prouvait, à l'aide de ces livres, que c'était l'Antéchrist qui venait de paraître en la personne de Fernand de Cordoue.

En même temps que les docteurs répandaient cette opinion dans le public, une fraction de l'université, la nation de France, s'assemblait et arrêtait les termes d'une lettre officielle, qu'elle faisait écrire en son nom au duc de Bourgogne, pour l'inviter à se défier de Fernand. C'est la lettre dont un extrait nous a été conservé par E. du Boulay et a été reproduit plus haut. La nation y mandait au duc « de ne pas ajouter foi aux dires d'un certain docteur espagnol, qui s'était présenté à l'université en offrant de

---

[1]. « Non ergo credimus aliquem esse certum de determinatione temporis Antichristi, nec per revelationem, nec per Scripture inspectionem, nec per argumentum, precipue quoad annum, diem vel horam, quamvis secundum humanas conjecturas credamus probabiliter, sine tamen omni assertione, hujus mundi cursum infra cc annos ab anno presenti, qui est M^{us} CCC^{us} ab incarnatione Domini, ad tardius terminari. » (Bibliothèque nationale, manuscrit lat. 13781, f° 95 r°, col. 2 ; selon Quétif et Échard, *Scriptores ordinis Prædicatorum*, t. II, 1721, in-fol., p. 335, col. 2, ce *Tractatus de Antichristo* de Jean de Paris a été imprimé à Venise, 1516, in-4°).

[2]. *Epistola divi Vincentii Ferrarii ad Benedictum pp. XIII*, datée du 27 juillet 1412 : « Sic ergo patet ex hujusmodi revelationibus, si veræ sunt, quod jam Antichristus est natus, et habet complete novem annos suæ maledictæ ætatis. » (*Sancti patris nostri Vincentii Ferrarii, Valentini, ordinis Prædicatorum, Opuscula*, Valentiæ, 1591, in-8°, p. 113.)

lui répondre, mais qui ensuite n'avait pas voulu répondre et s'était excusé en prétextant qu'il était obligé de se rendre tout de suite auprès dudit seigneur duc ».

Au reste, ces manœuvres ne paraissent pas avoir eu de succès. Parti de Paris le 14 décembre, Fernand, qui, comme le remarque la lettre allemande, voyageait « avec huit chevaux », put facilement arriver avant la Noël à Gand, où le duc Philippe tenait sa cour depuis le commencement du mois [1]. Là, au témoignage de Mathieu d'Escouchy, il « fut par aucune espace » et « fut de rechief examiné par notables clercs, mais onques ne virent son pareil ». Ce fut là sans doute qu'il vit le poète Georges Chastellain, que nous savons avoir été présent auprès du duc de Bourgogne à Gand en décembre 1445 [2], et qui plus tard rappela son souvenir dans les huit médiocres vers qui ont été cités plus haut. Le dernier de ces vers prouve que le bruit de la consultation des docteurs de Paris, qui voulait que Fernand fut l'Antéchrist, était parvenu jusqu'à Gand. Ce serait aussi pendant ce séjour à la cour de Bourgogne que Fernand, s'il fallait en croire Trithème, aurait prédit au moyen de l'astrologie, la mort prématurée de Charles le Téméraire (tué à Nancy en 1477). Mais Trithème a ajouté ce renseignement à ceux qu'il avait tirés de la lettre au chancelier de Brabant; or, en général, comme l'a fait remarquer M. Gaston Paris, « tout ce que Trithème ajoute aux sources qu'il a eues sous les yeux est de pure invention [3] ». Il peut bien en être ainsi dans ce cas.

« Et apprez, dit Mathieu d'Escouchy, se partit de la pour aler en Engleterre, mais, pour ce qu'il ne peut passer, s'en retourna par Allemaingne, et depuis long temps apprez fut peu nouvelle de lui sur les marches de France. » Il courut sur lui, entre autres bruits, une nouvelle fausse, qui a été rapportée par le rédacteur du registre de Châlons. En 1446, « environ le karesme » (c'est-à-dire, pour cette année, du 2 mars au 16 avril inclusivement) « renommée commune fut que ledit maistre Ferrant avoit esté pris a Couloingne et attaint de heresie et d'avoir ung diable avec luy qui luy enseignoit tout ce qu'il disoit, et fut ars audit Cou-

---

1. Le duc avait célébré à Gand la Saint-André (30 novembre) : *Chroniques de Brabant et de Flandre*, publiées par Ch. Piot (dans la *Collection de chroniques belges inédites*), Bruxelles, 1879, in-4°, p. 203.
2. *Œuvres de Georges Chastellain*, publiées par le baron Kervyn de Lettenhove, t. I, p. xvi.
3. *Revue critique d'histoire et de littérature*, 7° année, 1873, 2° sem., p. 37.

loingne. » Il est assez vraisemblable que Fernand de Cordoue soit allé à Cologne en 1446, il est possible qu'il y ait été encore accusé de sorcellerie et inquiété, mais il est certain qu'il n'y fut pas brûlé, puisqu'il ne mourut que quarante ans plus tard, à Rome, en 1486.

Sur les dernières années de sa vie on sait peu de chose. Selon l'expression de Mathieu d'Escouchy, « n'a point esté nouvelle a la verité que depuis long temps on ait sceu qu'il soit devenu . »[1] Pendant près de vingt ans, on perd toute trace de lui. Vers les années 1463 à 1465 enfin, on le retrouve à Rome, auprès du cardinal Bessarion, qui lui faisait écrire des traités sur divers sujets de philosophie, et qui, par sa protection, l'avait fait nommer sous-diacre du pape. Fernand fut sans doute un des membres de l'Académie de savants grecs et latins réunis autour de Bessarion [2]. Peut-être son talent d'helléniste lui avait-il valu la faveur de l'illustre cardinal grec. Toutefois, on ne saurait affirmer que Bessarion ait eu grande confiance dans sa connaissance de la langue grecque, car, après l'avoir chargé d'une étude comparative sur la valeur des doctrines des deux grands philosophes de la Grèce ancienne, Platon et Aristote, il arrêta tout d'un coup son travail commencé et l'invita à traiter une autre question, celle-ci de pure spéculation et qui n'exigeait aucune connaissance linguistique. Cette brusque décision paraît avoir blessé un peu Fernand de Cordoue; dans la dédicace du nouvel ouvrage, qu'il lui adressa quelque temps après, tout en donnant à son bienfaiteur des marques de son respect et de sa reconnaissance, il ne put s'empêcher de laisser percer aussi un peu d'humeur ou tout au moins de regret [3].

A partir de ce moment, Fernand de Cordoue paraît avoir passé le reste de sa vie à Rome, en faveur auprès du pape et des cardinaux, auxquels il dédia plusieurs ouvrages [4], et conservant jusqu'à la fin la dignité honorée et tranquille de sous-diacre du

---

1. Mathieu d'Escouchy écrivait à Péronne, avant 1465 (*Chronique de Mathieu d'Escouchy*, publiée pour la Société de l'histoire de France par G. du Fresne de Beaucourt, t. I, p. xxxix).
2. H. Vast, *le Cardinal Bessarion*, Paris, 1878, in-8º, p. 298 et suivantes.
3. Pour tous ces faits, voy. ci-après, chapitre IV, les extraits du traité *De artificio omnis*, etc.
4. Ci-après, chapitre IV : *De pontificii pallii mysterio*, dédié au cardinal François Piccolomini; *De jure medios exigendi fructus*, dédié au pape Sixte IV; traité sur les futurs contingents, écrit probablement pour Sixte IV.

saint-siège [1]. Il mourut à Rome, comme on l'a vu plus haut, entre le 25 décembre 1485 et le 24 mars 1487, et fut enterré dans l'église Saint-Jacques-des-Espagnols, où un tombeau lui fut élevé par les soins du cardinal portugais Georges da Costa, archevêque de Lisbonne [2].

IV

Une partie seulement des ouvrages écrits par Fernand de Cordoue est parvenue jusqu'à nous. Ceux dont nous trouvons la mention dans divers auteurs, mais dont le texte est ou paraît perdu, sont au nombre de six.

La lettre allemande, écrite en décembre 1445, quand Fernand de Cordoue était âgé d'environ vingt-quatre ans, lui attribue trois ouvrages :

1º Un commentaire sur l'Almageste ou la *Grande Composition* de Claude Ptolémée ;

2º Un commentaire de l'Apocalypse et de quelques autres parties de la Bible ;

3º Une lettre au roi de France, pour l'engager à garder la paix dans son royaume.

Ces indications ont été reproduites en partie par Trithème (ci-dessus, chapitre II). Il ne paraît pas possible d'en contrôler l'exactitude. L'auteur allemand n'ayant parlé probablement que par ouï-dire, nous ne savons même pas si les écrits qu'il mentionne ont réellement existé.

Conrad Gesner, dans sa *Bibliotheca universalis*, publiée en 1545, ne mentionne pas Fernand de Cordoue [3]; mais l'édition augmentée du même ouvrage, donnée par J. Simler en 1574, lui

1. Son épitaphe prouve qu'il était encore sous-diacre du pape au moment de sa mort : FERDINANDO CORDVBEN PONT. MAX HYPODIACONO. Il l'était au moins depuis le temps de la composition du *De artificio*, qui paraît pouvoir être daté de 1463-1465. — Sur le collège des sous-diacres du saint-siège ou sous-diacres apostoliques (supprimés et remplacés depuis 1655 par les auditeurs de rote), voy. G. Moroni, *Dizionario di erudizione storico-ecclesiastica*, in-8º, vol. LXXI, p. 9-16, et les autres passages indiqués au vol. VI de l'*Indice*, p. 231.

2. Épitaphe : GEORGIVS CAR. PORTVGAL. B. M. POSVIT. Georges de Costa, dit d'Alpedrinha, cardinal depuis 1476, s'était fixé à Rome en 1480 et mourut en 1508.

3. C. Gesner, *Bibliotheca universalis*, Tiguri, 1545, in-fol.

consacre deux articles distincts, l'un sous le nom de Fernand, l'autre sous celui de Ferdinand [1]. L'un de ces articles ne fait que reproduire une partie des indications de la lettre allemande ; les termes dans lesquels il est rédigé donnent lieu de croire que Simler avait sous les yeux le texte même de cette lettre et non pas seulement la paraphrase latine de Trithème :

Fernandus de Corduba, Hispanus, scripsit in almagestum Ptolemæi, et super magnam Bibliorum partem, præsertim autem copiose super Apocalypsim. Floruit anno D. 1446.

L'autre article indique deux autres ouvrages de Fernand, dont le second nous est parvenu et sera indiqué ci-après, tandis que je n'ai pas rencontré la mention du premier ailleurs :

Ferdinandi Cordubensis, an sit licita pax cum Sarracenis. Idem de annatis exigendis.

Dans le traité *De artificio omnis, etc.*, dont il va être question, Fernand de Cordoue fait allusion à deux autres ouvrages de lui, qui ne semblent pas non plus nous être parvenus. L'un était un traité intitulé *De discretione spirituum*. L'autre, que Fernand déclare n'avoir pas achevé, était une comparaison de la philosophie d'Aristote avec celle de Platon, entreprise sur l'ordre du cardinal Bessarion.

Le nombre des ouvrages conservés de Fernand de Cordoue paraît être également de six ; deux sont imprimés, les quatre autres inédits.

Les imprimés ont été décrits l'un et l'autre par Hain (*Repertorium bibliographicum*, n°ˢ 545 et 5719). Le premier est une édition du traité des animaux, d'Albert le Grand, avec une préface de Fernand, qui donne ou prétend donner la traduction latine et l'explication des noms grecs et arabes employés par Albert. L'édition est datée de Rome, le 2 avril 1478. En voici le titre et la formule finale, d'après l'exemplaire de la Bibliothèque nationale :

---

[1]. C. Gesner, *Bibliotheca... aucta per Iosiam Simlerum Tigurinum*, Tiguri, 1574, in-fol., p. 196.

> FErnādi [1] cordubēſis beatiſſimi domini
> nr̄i Sixti quarti ſanctęq; ſedis apl'ice
> ſubdiaconi artiū liberaliū et ſacre theologie
> in orbe famoſiſſimi magiſtri in de animali-
> bus alberti libro p̄facio incipit foeliciter.

A la fin, avant la table :

> Hoc preſens Alberti magni de reɋ̄ proprieta
> tibus opus impreſſum per egregium uirum
> dominū Simonē Nicolai de luca huius la-
> boratorij dūm Rome Anno domini milleſīo
> cccc.lxxviii, pont. Sixti anno vii. die ɫ̄o fécū
> da menſis aprilis.
>   ¶ Finis Alberti magni de āialibus

(In-fol., gothique. Bibl. nat., réserve, R 147.)

L'autre livre imprimé est une dissertation destinée à établir le droit du saint-siège sur les revenus appelés annates. Dans l'intention de l'auteur, cette dissertation devait être suivie d'une seconde partie, où il se proposait de traiter du pouvoir temporel du pape. Voici le commencement et la fin du traité sur les annates :

> FERNANDI CORDVBENSIS SEDIS APOSTOLICE
> SVBDIACONI ET IN ORBE TERRARVM FAMOSIS
> SIMI MAGISTRI DE IVRE MEDIOS EXIGENDI FRV
> CTVS QVOS VVLGO ANNATAS DICVNT ET RO
> MANI PONTIFICIS IN TEMPORALIBVS POTESTA
> TE AD SIXTVM QVARTVM PONTIFICEM MAXI
> MVM PROLOGVS INCIPIT FOELICITER.

A la fin :

... de mediis fructibus pōtifici maximo pendēdis quos uulgo annatas dicunt tractatus. Finit lege fœliciter.
Secundam huius operis partem de poteſtate pape in tēporalibus ob id in alterum transtulimus uolumen quod altiſſima materia ſit. & ſpeciale deſiderans opus & quod principalior de mediis fructibus tractatus in maius uolumen ſurrexerit.

LAVS DEO

(Sans lieu ni date, pet. in-fol.
Bibl. nat., réserve, E 1949; inventaire, E 341.)

---

1. L'F initiale est tracée à la main en rouge.

Sixte IV ayant été pape de 1471 à 1484, ce livre, qui lui est adressé, a dû être composé entre ces deux dates extrêmes.

Des quatre ouvrages inédits, l'un a été signalé dans un manuscrit de la bibliothèque de Saint-Marc, à Venise, et dans un manuscrit du Vatican, à Rome; deux autres, chacun dans un manuscrit du Vatican; le quatrième, dans deux manuscrits de Paris.

Le premier ouvrage est ainsi décrit, d'après l'exemplaire de Venise, par Valentinelli, dans son catalogue des manuscrits de Saint-Marc [1] :

Cod. 227 membr., saec. XV, altit. millim. 230, latit. millim. 160 [Zanetti Lat. CCCLXXXI] B.

Fernandi Cordubensis, *de artificio omnis et investigandi et inveniendi naturam scibilis, ad rever.....Bizarrionem* [sic] *episcopum ec.* Prooemium incip. : « Quos vides inter scholasticos et praestanti ingenio viros, vel sustulisse penitus, vel in dubium revocasse, sit ne artificium quo omne natura scibile in singulis disciplinis et investigari et inveniri possit, eos constat rerum originem nescisse videri.... »; mox vero : « Itaque haec ars nobilis subtiliter et artificiosissime investiganda est, et tuo iussu et mea promissione debita. Nam de duabus philosophiis, idest Platonis et Aristotelis, utra alteri praestet, disserentem me subito e cursu suo revocavit voluntas tua; quippe qui iussisti intermittendum esse opus, et in artificium omnis investigandi et inveniendi scibilis calamum esse referendum. Nam quo ad comparationem cum Aristotele Platonis attinet, ad multam partem eius operi tractationem perduxeram... ». Ulterius in Raymundum Lullum insurgit « orbis notissimum, quem constat suo artificio omnia polliceri, et divina et humana sine aliquo discrimine, et earum disciplinarum quae naturali ratione attingi possunt, et earum quae lumen naturalis rationis praetergressae sunt.... Unde facile perspicere potes... virum hunc laicum mere fuisse et omnium litterarum expertem, sed per humorem melanconicum elevatum habuisse ingenium... ». De operis autem data occasione disserens, haec habet : « Rem pro meritis meis difficiliorem fortassis tu feceris, cum tuo aspirato favore atque beneficio, in sedis apostolicae subdiaconum creatus sim. »

His omnibus placuit aliquantisper immorari, ut et operis, in sex particulas digesti, indolem, et acre in iudicando auctoris ingenium, et dedicationis causae innotescant...

Codicem, foliorum 92, splendidius titulo aureis litteris ac insigniis

---

1. Valentinelli, *Bibliotheca manuscripta ad S. Marci Venetiarum*, Codices mss. Latini, t. IV, 1871, in-8°, p. 174-175.

Bessarionis depictis, archetypum puto unde exscriptus codex Vaticanus 3177.

L'autre exemplaire, celui du Vatican, a été vu et décrit par Antonio, qui donne quelques détails non mentionnés par Valentinelli [1] :

Opus hoc servatur in Vaticanæ bibliothecæ codice MS. 3177. cum hoc titulo : *Ferdinandi Cordubensis de Artificio omnis et investigandi et inveniendi natura scibilis, ad Rever. in Christo P. et omnium sapientissimum D. D. Besarionem Episcopum Sabiniensem S. R. E. Cardinalem et Patriarcham Constantinopolitanum, Nicænum vulgo appellatum...* Idem in processu ejusdem prologi reprobat quasi ineptiis plenam, et fructu vacuam Raimundi Artem, citatque tractatum alium *De Discretione Spirituum* a se factum. De Raimundo vero signatis verbis ait : *Unde facile conjicere potes virum hunc laicum mere fuisse, et omnium literarum expertem; sed per humorem melancholicum elevatum habuisse ingenium, quo ubi fundamentis careas eruditionis atque doctrinæ, nihil periculosius esse possit ut in extremos et fidei orthodoxæ adversos labaris errores : quod et in eo viro deprehensum est.* Hæc ille de Raimundo. Opus ipsum quod sex partibus, sive ut ipse vocat particulis, continetur incipit : *Prima Particula hujus tractatus, qua ratione singulam veritatem natura scibilem et investigare et demonstrare possis etc.*, Liber est in fol. 62. chartæ papyraceæ foliorum.

Cet ouvrage, dédié au cardinal Bessarion, patriarche de Constantinople, ne peut avoir été écrit plus tôt que l'année 1463, où ce titre de patriarche de Constantinople fut conféré à Bessarion par le pape [2]. D'autre part, le passage où Fernand parle d'une comparaison entre la philosophie d'Aristote et celle de Platon, commencée par ordre de Bessarion, donne à penser que celui-ci n'avait pas encore entrepris la rédaction de son ouvrage sur le même sujet, *In calumniatorem Platonis*, qu'il commença en 1465 [3]. La date de la rédaction du *De artificio* de Fernand de Cordoue peut donc être fixée, avec beaucoup de probabilité, aux années 1463 à 1465.

Antonio mentionne ensuite, à la bibliothèque du Vatican [4] :

De Pontificii Pallii Mysterio et an pro eo aliquid temporale absque

---

1. *Bibliotheca Hispana nova*, t. I, 1783, p. 374.
2. Vast, *le cardinal Bessarion*, p. 320.
3. Vast, p. 360.
4. *Bibliotheca Hispana nova*, t. I, 1783, p. 374.

simoniæ labe exigi possit : ad Reverendum in Christo Patrem et Dom. Dom. Franciscum Piccolominæum S. R. E. Cardin. Diaconum S. Eustachii Senensem vulgo appellatum. Incipit : *Pallii, quo in argumentum extremi fastigii Pontificiæ dignitatis amiciri solitos constat Novi Testamenti Pontifices Maximos, tanta majestas est ut inter sacratas vestes nihil vel concipi sacratius possit.* Justae molis opus est, et vere luce dignum, quod Vaticanus continet codex inter MSS. numero 5739. signatus [1].

François Piccolomini, auquel est dédié ce second traité, avait été fait cardinal en 1460. Il survécut à Fernand de Cordoue et fut pape en 1503 sous le nom de Pie III. Le *De pontificii pallii mysterio* peut donc avoir été écrit à une date quelconque depuis 1460 jusqu'à la mort de Fernand, vers 1486.

Le troisième manuscrit du Vatican ne m'est connu que par cette trop brève notice de Montfaucon, qui ne permet de juger ni du contenu ni de la date de l'ouvrage qu'il renferme [2] :

1127. Ferdinandi Cordubensis de hæreticis et damnatis.

Enfin le dernier écrit inédit de Fernand, conservé à Paris, se trouve dans deux manuscrits de la Bibliothèque nationale, le manuscrit lat. 3169 (f°s 16-25) et le manuscrit lat. 4152 (f°s 81-88), tous deux de la fin du xve siècle. Dans le manuscrit lat. 3169, l'ouvrage est précédé de ce titre, d'une écriture un peu postérieure à celle du texte : *Tractatus M. Fernandi de Corduba.* L'objet de ce traité est d'établir que « les propositions concernant un futur contingent peuvent être vraies ou fausses ». La doctrine contraire était enseignée par Pierre de Rivo, docteur de Louvain ; elle fut condamnée par le pape Sixte IV, en 1474. Le traité de Fernand de Cordoue est probablement antérieur à cette condamnation et a dû contribuer à la faire prononcer. En voici le commencement et la fin :

Inter eruditissimos viros hodie magna dissensione certatur utrum propositiones de futuro contingenti vere esse possint vel false. Et argumentamur pro parte negativa, primo rationibus cujusdam Petri de Rivo, qui nunc istam partem tuetur, deinde rationibus Aureoli...

... Quod vero nituntur solvere rationes ex divinis litteris acceptas,

---

1. Cf. Montfaucon, *Bibliotheca bibliothecarum manuscriptorum nova*, t. I, p. 140 *b* : « Ferrandus Cordubensis de Pallii Pontificii Mysterio. 5739. 222. »
2. *Bibliotheca bibliothecarum manuscriptorum nova*, t. I, p. 102 *a*.

jam in alio tractatu ostendimus eos aliter esse interpretatos quam Spiritus sanctus efflagitat, juxta intentum sacrorum interpretum, quod non modo falsi, sed et heretici interpretis est.

D'après la date probable de leur composition, ces divers écrits de Fernand de Cordoue paraissent pouvoir se classer ainsi :

1° et 2° Avant ou en 1445 : commentaire sur l'Almageste (mentionné dans la lettre allemande); commentaire sur l'Apocalypse et d'autres parties de la Bible (id.) ;

3° En 1445 : lettre au roi de France (id.) ;

4° et 5° Avant le suivant : *De discretione spirituum* (mentionné dans le *De artificio*); comparaison entre la philosophie d'Aristote et celle de Platon, inachevée (id.) ;

6° De 1463 à 1465 : *De artificio omnis*, etc. (manuscrits de Venise et du Vatican);

7° De 1460 à 1486 : *De pontificii pallii mysterio* (manuscrit du Vatican);

8° De 1471 à 1484 : *De jure medios exigendi fructus* (imprimé) ;

9° Avant 1474 : traité sur les futurs contingents (manuscrits de Paris);

10° Avant ou en 1478 : préface au *De animalibus* d'Albert le Grand (imprimé le 2 avril 1478);

11° et 12° Date inconnue : *An sit licita pax cum Sarracenis* (mentionné dans Gesner, édition de Simler, 1574); *De hæreticis et damnatis* (manuscrit du Vatican).

APPENDICE.

Texte allemand des fragments dont la traduction a été donnée au chapitre Ier [1].

I. — In den zeiten do liesz der künig von Franchreich die schul zu Paris zerstœren; daz tet er darumb. Ez was ain herzog von Orlenz, der was des küniges diener. Der selbig herzog rait ains nachtes hofieren und dienet schœnen frawen. Nu chom er des selben nachtes an studenten, die giengen auch hofieren, als dann sœlich leut tun. Nu wolt

1. Des nécessités typographiques m'obligent de représenter par æ l'*a* surmonté de deux points (ä), par œ l'*o* surmonté de deux points (ö), par *sz* la ligature allemande de ces deux lettres (β).

der herzog wissen, wer si wærn oder waz si da schüfen. Si sprachen, in
wær die stat als frei ze gen als im ze reiten. Also zuckt er von schaid
und wolt die studenten slachen. Also werten sich die studenten und
erstachen den herzog von Orlenz. Nu het der herzog von Orlenz ain
pruder, der sbur des zu den heiligen, daz er der studenten als vil wolt
lazzen erstechen, daz er im aus irem plut ain pad wolt machen. Des
wurden die studenten des innen und machten sich alle auf und zog-
ten dem künig fur sein palast und wolten den herzogen aus des
künigs palast genomen haben mit gebalt. Daz understund die stat zu
Paris, und wollten des nit statten und underchomen das, daz der herzog frid müst sberen, daz er chaim studenten nichtz nit mer von der
sach wegen zu solt ziechen. Der studenten vor des küniges palast der
was an der zal verschribener studenden 32 tausent. Da der künig sach
als vil studenten, do hiesz er die schul erstœren und wolt chain studium mer haben und sprach, ez wær niemant sicher vor in, si mœch-
ten im's oder der stat auch tun. (*Monumenta Germaniae, Deutsche Chroniken*, II, p. 361-362.)

II. — Daz ist ain tail aines sandbriefs, der gescriben ist worden des
von Brabant canzler von ainem von Paris, als man zalt von Christi
gepurt vierzechenhundert jar und darnach in dem sechs und vierzi-
gosten jar an dem leczten tag on ainen des monads Decembris, daz ist
des andern wintermonads :

Darnach laz ich eur lieb wissen, das itzo nachent die ganz stat Paris
vor wunder betrübt ist, wann wir gescriben [*lisez* gesehen?] haben
wunderperliche und gelauben der nicht und horen si und verstên der
nicht. Es ist her gen Paris chomen ain jüngling mit acht pfærden,
genand Fariandus von Corduban, des lands ain Hyspanier, aus dem
chünichreich Castell purtig, aus der stat Cordubana, der on ains zwain-
zig jar alt ist, und ist ritter in streitperlichem wappen, maister in den
freien künsten, lerer in geistlichen und weltlichen rechten, maister
in der erznei und lerer in der heiligen gescrift. Und in den chünsten
allen ist er volchomen und in ainer als behent als in der andern, in
allen dingen wol gesitt, gar zusprechenlich und gar diemütig und hat
in gedachtnüsz und chan auswendig nachent die ganzen wibel und
maister Nicolaum von Lira und was sand Thoman von Aquino, Alexander von Alis, Scotas und Bonaventara un vil ander maister geschriben
haben. Er ist auch behend zu nennen und seine wort bewærn und be-
stæten mit allen weltlichem und geistlichem geschriben geseczten
mitsamt der glos, und chan auch das ganz decretpuch, des geleichen
das ganz puech des maisters Avitena und was der maister Galienus
und Ypocras gemacht haben und vil ander pücher in erztei. Er ist auch
so chlug in den frein künsten, daz hart ze gelauben ist, das Aristotoles
mer darin hab gekünt dann er. Er chan auch all text und geschrift, die
der maister Averrois, der über die pücher Aristotilis geschriben hat, und

der maister Albertus und vil ander maister gemacht haben. Auch als man sagt, so chan er ganz die methaphisicam, das ist die übernaturlich kunst, und die ganzen rethoricam, daz ist die kunst von hœflichait der red. Er chan auch fünf sprach screiben, lesen und reden, daz hist Lateinisch, Hebraisch, Kriechisch, Caldaisch, Arabaisch, und ist gebesen in meiner kamer und hat die benenten sprach gescriben, die ich noch pei mir han. Er hat auch geantburt genugsamlich auf all frag und versüchlich red, und han in auch oft hœrn antburten den lerern in manigerlai kunsten, auch allen den, die da fragen oder versüchlich reden wollen, und in aller matery. Ez sein auch iecz zwai jar vergangen, daz er schied von Hysponia, als er dann gesent was von dem chünig von Castell und iecz gebesen in obern Walschen landen, und hat geantburt offenperlich nachet in allen universiteten oder hochen schulen, und spricht auch selbs, daz er in der jugent in siben tagen gelernet hab daz doctrinal Allexander, daz er auch noch in gedæchtnüsz behelt. Und waz er list und wie schnell er daz list, so verstet er es doch alles und behelt es auch in gedæchtnüsz. Er hat auch iecz gescriben über ain puch in arztei, genant Almagesti Tholomei, und über ainen grozzen tail der bibel und gar vil über apockalipsim, daz puch der haimlichait, und hat auch vil andren pücher gemacht. Er chan auch musicam, die kunst des gesangs und seczung der don, und chan auch nicht alain auf allen saiten spilen und don spilen, sunder er chan si auch darzu machen. Er hat auch in gegenbürtichait dem künig von Frankreich geantburt wes er gefragt ist worden von ritterlichen chünsten und werchen, und hat auch daselbs geantburt auf alles des man in fraget. Und von des benenten künigs von Frankreich wegen hat er gemacht gar ain hœfliche epistel, darin er in ermant, frid ze halten. Und daz ich mit wenig worten besliez, als man dann sagt und etlichen in der universitet von andern gescriben ist worden, so chan er ez alles, daz man chunen mag mit inbendiger beschaülicher begreifung und ausbendiger würchung, und darumb so halten in etleich nach gestalt und erzaigung für gut, etleich für pœs. Etleich sprechen, daz er die benenten chunst hab von dem teufel, etleich sprechen, daz er si hab von got. Ez mainen auch vil, daz er sei der antichrist oder ainer seiner jungern. Iegleicher red nach seiner mainung und nach seinem bedunchen. Von übergrozzer verbunderung ist nie des geleichen erhœrt worden. Man maint auch, daz ez nit mügleich sei, daz er so vil hab mügen überlesen, als vil er dann in gedæchtnüsz hab. Und wann er wil, so ist im chundig ze vermerchen und wissen was er wil. Er was auch aufgehalten und verpoten von der universitet und von dem pischof und von den herren des perlaments. Und in ainer ganzen samnung aller studenten und gelider der universitet, die da geschach zu Sand Pernhart, da legt im gar hertichleichen für der œberist in der universitet etwen manigen artikel, die er von manigen gehœrt het, die auch nach lautung der word frœmd und wilt dauchten, und begert von im darauf ze ant-

burten. Darauf antburt er als volchomenlich, als hœflich und als
diemütichlich, und nennet sich albeg ein ungelercz kind, also daz auf
die antburt chain widerred mocht geschechen. Und also von seiner
begerung wegen word er ledig und losz gelassen, und wünschet auch,
daz er zu weichnachten wær pei dem herzogen von Burgundi, so wolt er
dann wider chomen gen Parisz und offenperlichen antburten in ainer
ieglichen facultet und kunst und wolt werden ain*gelid der universitet, daz doch wenig gelauben, daz er daz tue. Doch nichts dester
minner nach der benenten antburt wart im grozze er erzait von den
herren des perlaments und von dem pischof und von vil andern.
Also schied er von dannen an dem vierzechendem tag des andern wintermonads Decembris, und hoff, ir werdent in sechen und vil ander
ding, der sich wol ze verbundern ist, werdent ir selber von im hœrn.
(*Monumenta Germaniae*, *Deutsche Chroniken*, II, p. 373-374.)

CHRONIQUE DE BOURGES

1467-1506

Par Jean BATEREAU

Ancien recteur de l'université de Bourges

ET DIVERS AUTRES HABITANTS DE CETTE VILLE

Le Cabinet historique, nouvelle série, I (1882), p. 450-457.

Le numéro de mars 1882 du *Bulletin mensuel des récentes publications françaises* reçues par le département des imprimés de la Bibliothèque nationale a annoncé dans les termes suivants (p. 79), un incunable nouvellement acquis par la Bibliothèque :

« Rolevinck (Wernerus). — Fasciculus temporum. (A la fin :) Explicit chronica que dicitur Fasciculus temporum, edita per quendam Carthusiensem, nunc secundo emendata cum quibusdam additionibus usque ad hec nostra tempora, Venetiis impressa cura impensisque Erhardi Ratdolt de Augusta, anno Domini M. CCCC. LXXX, xxiiii mensis novembris... — *Venise*, 1480, in-fol. Caractères gothiques (Hain, n° 6926.) [Réserve. G. 656.]

« A la fin du volume sont quatre pages d'une chronique écrite à Bourges par Jean Batereau et relative à divers événements des règnes de Louis XI, de Charles VIII et de Louis XII. Ce Jean Batereau avait été élu recteur de l'Université de Bourges le 1ᵉʳ juillet 1471. »

La chronique manuscrite mentionnée dans ces dernières lignes contient quelques détails nouveaux, particulièrement en ce qui concerne l'histoire du Berry. Il n'est donc peut-être pas inutile d'en publier ici le texte. Autant qu'on peut en juger par les différences d'écriture qu'on remarque entre les divers paragraphes, Jean Batereau paraît avoir écrit lui-même ceux qui portent ci-dessous les numéros 1 à 9 et 14. Une autre main a écrit les numéros 10 à 13; une ou plusieurs autres, 15 à 23; et une autre encore, 24 à 31. L'auteur de ces derniers paragraphes (24-31) était fils d'un habitant de Fussy, près Bourges, nommé Guillaume Paré, *alias* Albert, mort le 2 novembre 1506.

[1] Anno Domini M CCCC°LXVI fuit ordinata, incohata et creata alma mater universitas Biturica in mense Marcii [1]; et in vigilia Beati Nicholay, mense Maii proximo sequente, magno incendio fuit quarta pars urbis predicte exusta vel circa [2]. In qua universitate anno etc. LXIX ego Johannes Batereau licet inmeritus fui in decretis licenciatus, anno vero LXXIII licenciatus in legibus, dieque prima Jullii anno LXXI° fui electus rector ejusdem universitatis inmeritus.

[2] Karolus Dei gratia Francorum rex, illius nominis octavus, filius illustris Ludovici XI^{mi} Francorum regis, natus est in festo beatorum Petri et Pauli appostolorum anno Domini M CCCC° septuagesimo.

[3] Anno Domini M CCCC° octuagesimo viguit maxima hyems et frigidissima, que inter cetera continuavit glacies a principio Januarii uxsque ad medium Febroarii. Ex quo infinita mala secuta fuerunt, quia tempus vix et tarde calefieri potuit; fructus fuerunt tardissimi; seges rara, que maxima ecciam tempore messium sperabatur : erat quipe herbis involuta et pravis ventis deteriorata taliter quod in IIII^{or} gelimis vix reperiebatur id quod in una esse credebatur, quare subito blada fuerunt cara; et vinee paucos fructus producerunt, qui maturari non bene potuerunt; et taliter quod bucellus frumenti valuit Bituris et communiter ubique XII s. VI d., siliginis X solidos, marseschie VIII s., avene octo albos et dolium vini XV l. et usque ad XX^{ti} l. t. Viguit maxima et dolorosa fames et duravit per duos annos, in secundo

---

1. Le 9 mars 1467, nouveau style. Cf. Pierquin de Gembloux, *Notices historiques, archéologiques et philologiques sur Bourges et le département du Cher*, Bourges, 1840, p. 289.
2. Le 8 mai 1467. Cf. Labouvrie, *Relation de l'ordre, etc., du mystère des SS. Actes des Apôtres, etc.*, Bourges, 1836, p. 131 ; voyez aussi ci-dessous, § 8.

quorum viguit quedam febris callida pestifera, ex qua intervenit magna mortalitas ubique in villis et extra et decesserunt communiter scientificiores et apparenciores viri et de pauperibus in multitudine coppiosa. Annoque sequenti octuagesimo tercio adhuc viguit pestis bene generalis. Et in dicto anno LXXXI°, XXIII mensis Maii, pluvia per triduum fortiter continuata, subito supervenit inundatio aquarum maxima, nunquam a memoria hominum visa talis, que intrabat urbem Bituricam in porta Ultrionis [1] per jactum lapidis, cujus pontem lapideum, fortem et materialem subvertit funditus, et de muris ville sex tesias latitudinis per minam aut alias in terram prostravit, et per portam Sancti Privati, toto burgo inundato [2], introivit usque ad domum Capelli rubei, et in vico bilote lavabantur [3]; pratum Fiscale [4] et burgus Sancti Ambrosii pariter inundati fuerunt et carpe in dicto prato reperte in magna multitudine.

[4] Anno predicto M CCCC octuagesimo tercio, mense Septembri, decessit D. Ludovicus Francorum rex [5], et cepit regnare dictus Carolus octavus, qui ex ordinacione trium statuum nundinas tunc Lugduni existentes Bituris collocari voluit, et incohate in festo Omnium Sanctorum anno D. M CCCC LXXXIIII continuaverunt bis in anno per quinquenium, et tandem donis aut alias Lugdunensibus remanserunt [6]. Et fuit aliqua commocio inter principes pro habendo regimen regis, et facta magna congregatio armigerorum, quare rex cum suo excercitu venit Bituris et fecit suum novum introitum et ivit ad Dugnum Regis [7], anno LXXXV[to] in mense Octobris. In quo natus est Franciscus Batereau filius meus.

[5] Reverandissimus in Christo pater dominus Johannes Cordis Bituricensis archiepiscopus, vir devotus, scientificus, summus predicator et famosissimus, ex de (?) febre callida anno

---

1. La porte d'Auron, au sud de la ville.
2. Le faubourg Saint-Privé, au nord de la ville, entre l'Yèvre et la Voiselle.
3. *Bilote lavabantur*, les piliers de bois des maisons étaient baignés par l'eau.
4. Le pré Fichaud, au nord-ouest de Bourges, entre le quartier Saint-Privé et la rue Saint-Ambroix.
5. Le 30 août 1483, selon l'*Art de vérifier les dates*.
6. Cf. J. Vaesen, *la Juridiction commerciale à Lyon sous l'ancien régime*, Lyon, 1879, p. 13.
7. Dun-le-Roi ou sur-Auron, Cher, arrondissement de Saint-Amand-Mont-Rond, chef-lieu de canton.

D. M CCCC LXXXII decessit ab humanis. In cujus locum per summum pontificem sibi equalis magister Petrus Cadoeti fuit Dei gratia electus. Qui decessit ultima Augusti anno etc. nonagesimo secundo. Et in locum ejus suscessit magister G^{us} de Cameraco, prius decanus Bituricensis et conciliarius parlamenti [1].

[6] Anno D. M CCCC° octuagesimo quarto, die XVI^a mensis Marcii, hora tercia [2], supervenit eclipsis solis perfectus acsi esset nox, et venit quasi subito et duravit tantum quantum staretur ad dicendum *Domine ne* et *Beati quorum,* vel circa, et erat tempus oppacum.

[7] Anno LXXXVIII fuit suscitata magna guerra in Britania, et juxta Sanctum Albinum Britani ceciderunt cum Anglicis, usque ad numerum XV mille vel circa, ab excercitu Francorum regis superati [3]; et ibidem captus dux Aurelean. [4], qui mansit prisionarius regius in grossa turri Bituris et alibi usque ad diem festi Nativitatis beati Johannis [5] anno D. M° CCCC nonagesimo primo.

[8] Incendium maximum et nunquam tale ab hominibus auditum viguit Bituris, ex quo V mille domus et ultra combuste fuerunt in XVI horis, facientes tres partes urbis Biturice vel circa, die et nocte festi Beate Marie Magdalenes anni Domini M CCCC octuagesimi septimi [6]; inter quas domus mea, ante cymiterium ecclesie Beate Marie de Fiscali situata desuper, fuit, prout alias incendio anni LXVII vigente, combusta.

[9] Anno D. M CCCC° nonagesimo viguit maxima hyems et longua a festo Omnium Sanctorum usque ad festum Pasche [7], et perseveravit glacies super pavimento Bitnris fere per tres menses, et vix potuit aer calefieri; et diebus II^a, III et IIII mensis Maii sequentis taliter gelavit quod nichil remansit in vineis Bituris,

---

1. Jean Cœur, archevêque de Bourges depuis 1447, mort le 25 juin 1483 (et non 1482); Pierre Cadoet, archevêque de 1484 au 31 août 1492; Guillaume de Cambrai, de 1492 au 31 août 1505.
2. Le 16 mars 1485, nouveau style, vers 2 h. 1/2 du soir (*Art de vérifier les dates*).
3. Bataille de Saint-Aubin-du-Cormier, 28 juillet 1488.
4. Plus tard roi sous le nom de Louis XII.
5. 24 juin.
6. 22 juillet 1487. Cf. *Journal de Jehan Glaumeau*, publié par le président Hiver, Bourges, 1867, appendice, p. 139.
7. Du 1er novembre 1490 au 3 avril 1491.

Exolduni [1] et aliis pluribus locis, nec fructus nec lignum novum, ymo et stipites vitium pro magna parte gelaverunt, et ab inferiori parte postmodum vites producerunt sine fructu, et ita non fuerunt vindemie nec quadrigature saltem nisi paucissime, sed communiter quilibet suum fructum apportavit in calatibus aut in hota. Habui in duobus arpentis cum dimidio IIII^{or} hotas plenas, de quibus feci vergutum, IIII^a die Octobris anni Domini M CCCC LXXXXI. Fuit tamen quid mirabile, quia versus Ayas et Sancerum [2] et communiter in locis altis vinee non gelaverunt, que ita faciliter sicut alibi gelare consueverant; sed vina non fuerunt matura.

[10] Anno vero Domini M° CCCC nonagesimo quarto, Karolus octavus rex Francorum, tempore Alexandri pape, cum miro, nobili et magno excercitu ivit Romam, et deinde obsedit regnum Cicilie, alio nomine Neopolim, et bellicose regem tunc existentem superavit ipsumque fugavit et ibi certe pauco tempore sed quantum voluit regnavit, et tandem relicta ibidem magna parte sue aciei reddiit, et in regressu, qui fuit anno tunc sequenti, in Lombardia juxta locum de Fournoue, Lombardi, Veneti, cum pluribus colligatis, nisi sunt regem capere et, ut fertur, occidere; sed ipse, Deo auxiliante, cum VII^m armatis longuo itinere multum fatigatis, cum dictis Lombardis, Mediolanensibus, Venetis et aliis supradictis sibi insidiantibus usque ad numerum XL^a mile maximum habuit bellum, ipsosque, interfectis V^m ex ipsis vel circa, victoria superavit, in Franciamque triumphando reddiit illesus [3]. Deo gracias.

[11] Et tandem infra alium annum vel circa, mortuo Alfonco tum tenente [4] Neapolitano, et deinde Ferrando ejus filio, regnum predictum Neapolitanum fuit fere totum in manibus et potestate Frederici, dicti Ferrandi patrui, redditum. Unde provenit tantus deffectus, queritur, cum regnum predictum cum tanto triumpho, nemine in contrarium quicumque facere audente, cum tantaque victoria a seculo inaudita fuisset obtentum.

1. Issoudun, Indre, chef-lieu d'arrondissement.
2. Les Aix-d'Angillon, Cher, arrondissement de Bourges, chef-lieu de canton; Sancerre, Cher, chef-lieu d'arrondissement.
3. Entrée du roi à Rome, 31 décembre 1494; conquête de Naples, février 1495; bataille de Fornoue (Fornovo, province de Parme), 5 juillet 1495.
4. La lecture de ces mots n'est pas certaine.

[12] Anno Domini m° cccc° nonagesimo sexto excrevit tanta vinorum quantitas quod vix communiter vinum valuit id quod constitit ad colligendum et locandum in vasis, et nunquam auditum fuit a memoria hominum quod vina fuissent ubique in tanta habundancia, quia communiter quilibet habuit plus de dimidia parte vini quam habere solitus fuisset; sed vina viridia fuerunt et pauci valoris, quamvis vinee fere satis mature existimarentur; et qui plus habuit communiter plus perdidit.

[13] In dicto autem anno a festo Omnium Sanctorum usque ad Pasca [1] viguit pluvia taliter continuata quod nunquam fuerunt vise tante inundationes aquarum nec tanta itinerum discrimina nec viarum tanto tempore perseverancia.

[14] Die vii[a] Aprilis, de nocte, in vigilia dominice Ramorum palmarum, anno a resurrectione Domini m° cccc nonagesimo septimo [2], sublatus est de medio dictus rex Carolus sine liberis, et sibi successit in regno princeps illustris Ludovicus dux Aureleanensis, qui unctus seu sacratus et coronatus introitum suum fecit Parisius, Lune, secunda Jullii, anno Domini m° cccc nonagesimo octavo.

[15] Anno D m° cccc° nonagesimo nono, in mense Julii [3], pulcriter, sumptuose et optime fuit lusum Bituris misterium Dominice Passionis in xiii diebus non tamen continuis, et statin cepit vigere pestis epidimie, taliter quod fere omnes extra urbem Bituricam vivere potentes recesserunt. Memoratus vero rex Ludovicus illius nominis xii[us] in mense Augusti misit suum excercitum. qui taliter ducatum Mediolanum obsedit quod in mense Septembri anni predicti Mediolanum cum toto ducatu victoriose, Ludovico Mauro patruo occupante et gubernante fugato, obtinuit et ibi cum magna laude et triumpho fuit receptus.

[16] Tandem, rege reverso, congregatisque per dictum patruum priorem occupatorem multitudine copiosa armigerorum, precipue Almanorum, reddiit idem patruus cum domino cardinali

---

1. Du 1[er] novembre 1496 au 26 mars 1497.
2. 7 avril 1498, nouveau style.
3. Selon le journal d'un vicaire de la Sainte-Chapelle de Bourges, ce fut le 9 juin 1499 : *Journal de Jehan Glaumeau,* appendice, p. 140.

vulgariter de Lescaigne [1] nuncupato ejus fratre. Ducatum Mediolanum recuperavit mense Martii sequenti. Sed, excercitu regio adveniente, cum idem patruus esset in villa de Noharre, cum IIII^m armigeris sibi adherere renitentibus, fuit captus, et paulo post dictus cardinalis. Et ambo prisionarii, dictus videlicet patruus in loco du Lis Saint George in Bituria [2], dictus vero cardinalis in turri Biturica fuerunt mancipati. Et ita ducatus predictus in regia potestate remansit. Hec circa festum Pasche anno a resurrectione M quingentesimo [3]. Et continuavit pestis Bituris usque ad mensem Octobris ejusdem anni, in quo blada cara esse ceperunt, et valuit usque ad XVI vel XVIII albos bucellus frumenti mensure Bituris. Permansitque dictus kardinalis in turri Bituris usque ad mensem Januarii anni D. M. quingentesimi primi, quo fuit eslargitus et in curia regia honeste receptus.

[17] Deinde dictus rex Ludovicus excercitum misit in regnum Neapolitanum et faciliter victoriose illud obtinuit. Et per compositionem venit donus Fredericus, tunc rex ejusdem regni assertus, ad regem Francorum, et in curia regia benigne receptus et in regno pro suo victu assignatus.

[18] Die Martis post Pentecostem, XVII^a mensi Maii [4], gelavit fere omnino magna pars vinearum, alie vero partes nullum aut modicum dampnum passe fuerunt, maxime in locis altis et sicis et non de recenti laboratis; et tempore illo viguerat viguerat (sic) frigidissimum tempus propter boream seu galernam et vento vigente nullum dampnum intulerat; sed dicta die Martis, de mane, vento cessante et de proximo sole vigente, gelu convaluit.

[19] In mense Maii, anno D. M quingentesimo tercio, Hispani Francos in regno Neapolitano invaserunt, duce Nemosi vice regio existente; et, Francis in se divisis, dicto duce occiso, Francos superaverunt et fere totum regnum Neapolitanum obtinuerunt, castro de Gayete cum alia pauca portione Francis in numero V^m vel circa ibidem remanentibus. Et hec facta fuerunt post certum accordium cum archiduce genero regis Hyspanie, Hispanis hec

---

1. Le cardinal Ascagne-Marie Sforza.
2. Lys-Saint-Georges, Indre, arrondissement de la Châtre, canton de Neuvy-Saint-Sépulcre.
3. En 1500, Pâques tomba le 19 avril.
4. 17 mai 1502.

ignorare asserentibus. Ex quo non modicum indignatus serenissimus princeps Francorum rex magnam guerram cum nobilium et aliorum armigerorum multitudine copiosa suscitavit tam in dicto regno Neapolitano quam in commitatu de Perpeignan sive de Rossillon, in quo commitatu, excercitu magno post multos dies ante opidum de Sausses [1] existente, inundantibus pluviis, Franci ad urbem Narbonensem et alibi in regnum se retrahere fuerunt consulti. Franci vero qui in regno Neapolitano remanserunt per composicionem omnia Hispanis dimiserunt et non sine opprobrio reddierunt ad propria [2].

[20] In anno predicto M quingentesimo tercio, in mense Augusti vel circa, Alexander papa... [3] sublatus est de medio. In cujus locum fuit electus novus papa Pio nomine nuncupatus, qui vixit XXVI diebus dumtaxat, et deinde fuit electus dominus Julianus cardinalis Sancti Petri ad Vincula in papam, qui Julius secundus vocatus est [4]. Et fuit yemps pluviosa, maxime circa mensem Octobris et mensem Marcii et tempore quo blada debebant seminari.

[21] In principio anni predicti quidam juvenis artista XXII annorum, post tormenta multa, eo quod hostiam sacram rapuisset et palam vi de manu presbiteri in Sacra Capella palacii regii Parisius missam celebrantis arripuisset et in manu taliter astrinxisset quod, ipsa in parvis peciis existente, vix a manu ejus potuit expelli, post manus abcisionem fuit vivus incensus et combustus. Et quidam presbiter in similem heresim lapsus, qui calicem et hostiam consecratam de manu presbiteri in ecclesia Parisiensi celebrantis eripuerat et in terram prostraverat, fuerat pariter post plura tormenta capite punitus, erant tunc quinque aut sex anni vel circa.

[22] Estas vero anni sequentis M quingentesimi quarti circa finem mensis Aprilis incohata fervida continuavit usque ad festum

---

1. Salces, Pyrénées-Orientales, arrondissement de Perpignan, canton de Rivesaltes.
2. Il y a ici une confusion. Ces derniers événements eurent lieu en 1496 et non en 1503.
3. Le chiffre est resté en blanc.
4. Alexandre VI, mort le 18 août 1503; Pie III, élu le 22 septembre, mort le 18 octobre 1503; Jules II, élu le 1er novembre 1503.

Beati Michaelis, paucis diebus quibus parum pluit exceptis, ex quo fere nulle fuerunt marsechie nec avene. Vina vero bona fuerunt et in habundancia competenti. Et duravit siccitas usque ad medium Novembris. Rara ecciam fuerunt fena et alia bestiarum alimentis neccessaria.

[23] Monasterium Beatissime Marie, per dominam ducissam Biturie constructum et dotatum, fuit clausum et deliberatum religiosis sororibus novi ordinis ibidem per summum pontificem creati et confirmati [1], in principio mensis Decembris anni Domini M quingentesimi quarti.

[24] Die ultima mensis Augusti anno Domini millesimo quingentesimo quinto reverendissimus dominus dominus Guillermus de Cambray Bituricensis archiepiscopus in domo sua archiepiscopali diem suum clausit extremum, et vicesima tercia mensis Septembris inde sequentis postulatus fuit dominus Michael de Bucy pastor urbis Biturice favore regis Ludovici.

[25] Secunda die Novembris anno Domini M quingentesimo sexto, de sero, Guillermus Pare alias Albert de Fuciaco prope Bituris [2] pater meus obiit in domo sua, cujus anima requiescat in pace. Amen.

[26] Die ultima mensis Decembris anno M quingentesimo sexto magna turris Sancti Stephani corruit funditus et secum traxit (mirabile visu) aliquam partem voltarum [3].

[27] Guillelmus Boisratier Bituricensis archiepiscopus regnavit XII annos et obiit XIX[a] Julii anno M° quadringentesimo XXI°.

[28] Henricus Davaugour annis XXVI, obiit XIII[a] Octobris M° CCCC° [XL°] VI°.

[29] Johannes Cordis XXXVI, obiit XXV[a] Junii anno M CCCC° octuagesimo 3°.

1. L'ordre de l'Annonciade, fondé par Jeanne de France, femme répudiée de Louis XII, duchesse de Berry. La création de l'ordre avait été approuvée par Alexandre VI en 1502.
2. Fussy, Cher, arrondissement de Bourges, canton de Saint-Martin-d'Auxigny.
3. Cf. *Journal de Jehan Glaumeau,* appendice, p. 141; Labouvrie, p. 129.

[30] Petrus Cadoeti regnavit annis x.

[31] Michael de Bucy [1].

1. §§ 27-30, 24, 31 : Guillaume de Boisratier, archevêque de Bourges, 1409-1421 ; Henri d'Avaugour, 1423-1446; Jean Cœur, 1447-1483; Pierre Cadoet, 1484-1492; Guillaume de Cambrai, 1492-1505; Michel de Bussy, 1505-1511.

MÉMOIRE ADRESSÉ A LA DAME DE BEAUJEU

SUR LES MOYENS D'UNIR LE DUCHÉ DE BRETAGNE
AU DOMAINE DU ROI DE FRANCE

(1485 ou 1486)

Revue historique, XXV (1884), p. 275-287.

Au moment où quelques travaux récents ont attiré l'attention du public sur le gouvernement de la dame de Beaujeu [1] et sur les événements qui préparèrent l'union de la Bretagne au domaine de la couronne de France [2], on ne trouvera pas hors de propos la publication d'un mémoire adressé à la sœur de Charles VIII, par un de ses conseillers, sur les moyens d'assurer au roi la possession du duché de Bretagne.

J'ai rencontré la copie de ce mémoire à Londres, parmi les manuscrits du Musée britannique, dans un volume où une main anglaise a transcrit, au commencement du XVIᵉ siècle, divers documents relatifs aux affaires politiques de la France, de l'Angleterre, des Flandres, etc. [3]. Le texte commence et finit brusquement, sans titre ni préambule et sans péroraison ; rien ne permet

---

1. P. Pélicier, *Essai sur le gouvernement de la dame de Beaujeu* (Chartres, 1883, in-8°). — Noël Valois, *le Conseil du roi et le Grand Conseil pendant la première année du règne de Charles VIII*, dans la *Bibliothèque de l'École des chartes*, t. XLIII et XLIV, 1882-1883.

2. Antoine Dupuy, *Histoire de la réunion de la Bretagne à la France* (Paris, 1880, 2 vol. in-8°).

3. Manuscrit Arundel 26, fᵒˢ 11 vᵒ-16 vᵒ. L'écriture des 41 premiers feuillets de ce manuscrit paraît être des premières années du XVIᵉ siècle. A partir du folio 42 on trouve une autre écriture, qui peut être du milieu du même siècle. Pour la liste des pièces contenues dans ce volume, voy. *Catalogue of the manuscripts in the British Museum*, new series, vol. I, part I (1834, in-fol.), *the Arundel Manuscripts*, p. 7.

de décider s'il est complet ou si nous n'en avons qu'une copie tronquée. Le manuscrit ne fournit aucune indication sur le nom de l'auteur et sur la date. Celle-ci peut toutefois être déterminée approximativement. Un rapide examen suffit pour reconnaître que le mémoire est adressé à la sœur de Charles VIII, Anne, dame de Beaujeu, pendant les premières années du règne de son frère. Les allusions qui y sont faites à la révolte des seigneurs bretons contre le duc François II (1484), à leur fuite en France, à leur raccommodement avec le duc de Bretagne, indiquent une date postérieure à tous ces événements, dont le dernier est du 12 août 1485. D'autre part, le document doit être antérieur au 15 mai 1486, jour de la mort de la duchesse de Bretagne, Marguerite de Foix, femme du duc François II, mentionnée comme une personne encore vivante dans les premiers paragraphes, et même probablement au 8 février 1486, époque d'une réunion des états de Bretagne, où la question de la succession au duché fut traitée et résolue dans un sens contraire aux prétentions du roi de France, et après laquelle les conseillers de celui-ci n'auraient pu conserver les espérances qui se manifestent ici. Le document qui va suivre a donc été écrit, selon toute probabilité, entre le 12 août 1485 et le 8 février 1486. Quant à l'auteur, c'est un conseiller de la couronne, serviteur dévoué de madame de Beaujeu. Il avait été chargé de recevoir des seigneurs bretons réfugiés en France, à Saumur, un serment de fidélité au roi (probablement au moment de la conclusion du traité de Montargis, 22-28 octobre 1484), puis d'exiger d'eux le renouvellement de ce serment, après leur paix faite avec le duc (août 1485) et leur retour en Bretagne, à Nantes. Au moment du traité de Montargis, c'est lui qui avait reçu les articles de l'accord, écrits de la main d'un des Bretons, le sire de Sourdéac, et qui les avait transmis à la cour. Or, dans les procès-verbaux des séances du conseil du roi, moins de quinze jours avant le traité de Montargis, le 10 octobre 1484, on voit mentionnée une commission donnée à deux membres du conseil, que le gouvernement envoie pour conférer avec les seigneurs bretons à Saumur : ce sont le maréchal Pierre de Rohan, seigneur de Gyé, et Adam Fumée, maître des requêtes [1]. Il est

---

[1] « Coppie de la créance de mons{ur} le maréchal de Gyé et de Me Adam Fumée, lesquelz sont allez à Saumur. C'est ce que le roy a chargé à mons{ur} le maréchal de Gyé et à maistre Adam Fumée de dire à madame de Laval, à mons{ur} le prince d'Orenge et autres barons et nobles du pays de Bretaigne... » A. Bernier, *Procès-verbaux des séances du conseil de régence du roi Charles VIII*, dans la *Collection de documents inédits* (Paris, 1836, in-4º), p. 127.

assez probable que l'auteur du mémoire est l'un de ces deux personnages. Pour attribuer ce mémoire avec certitude à l'un des deux, il faudrait savoir si l'un ou l'autre fut chargé, l'année suivante, d'une nouvelle mission, qui l'amena à Nantes après la rentrée des barons en Bretagne (août 1485).

L'objet du mémoire est d'indiquer les moyens de faire valoir des droits à la succession de Bretagne, que Charles VIII avait hérités de son père et que le gouvernement royal venait de faire reconnaître par plusieurs des principaux seigneurs bretons. En 1480, Louis XI avait acheté de Nicole de Blois, fille de Jean de Penthièvre, et de son mari Jean de Brosses, leur droit vrai ou prétendu à succéder au duc de Bretagne, François II, si celui-ci ne laissait pas de postérité masculine ; or, il n'avait, en effet, d'autres enfants légitimes que deux filles. La prétention des Penthièvre était fondée sur une clause du traité de Guérande, conclu en 1365 ; elle n'était pas reconnue par les Bretons, qui opposaient au traité de Guérande une sentence de déchéance rendue par les états de Bretagne contre la maison de Penthièvre, en 1420, et une renonciation de Jean de Bretagne, comte de Penthièvre, contenue dans une contre-lettre remise au duc François Ier en 1448 [1]. En avril 1484, plusieurs seigneurs bretons, tels que le maréchal de Rieux, le sire de Sourdéac, etc., à la suite d'un coup de main tenté en vain par eux à Nantes contre le trésorier Pierre Landois, ministre tout-puissant du duc François II, avaient été forcés de s'exiler et de chercher un refuge en terre française, à Ancenis d'abord, puis à Angers. Le gouvernement royal s'était empressé de les accueillir, de leur promettre sa protection, et avait profité de la circonstance pour leur faire reconnaître les droits de Charles VIII à la succession de François II (traité de Montargis, 22-28 octobre 1484). Puis, en 1485, un nouveau complot avait réussi à renverser, en Bretagne, le trésorier Pierre Landois ; le faible François II, après avoir laissé condamner et exécuter son ministre, avait rappelé les exilés, par lettres du 12 août 1485, et leur avait rendu leurs charges et leurs biens confisqués. Le maréchal de Rieux, l'un des chefs des révoltés, était devenu presque aussitôt l'un de ses conseillers les plus influents [2]. Ainsi, à la fin de 1485, le pouvoir se trouvait, en Bretagne, entre les mains de ces mêmes seigneurs qui avaient reconnu, l'année précédente, les

---

1. J'emprunte le résumé de ces faits au livre de M. Dupuy, t. I, p. 277 et 278.
2. Dupuy, t. II, p. 24-83.

droits de Charles VIII à la succession de François II. Telle est la situation que le conseiller d'Anne de Beaujeu propose à cette princesse d'exploiter, pour assurer au roi, le plus tôt possible et au plus tard à la mort du duc, la possession de la Bretagne.

Le rédacteur du mémoire ne se dissimule pas la difficulté de l'entreprise. Il sait que l'idée de l'annexion française est très impopulaire dans le duché, et il craint que même la bonne volonté des seigneurs, en supposant qu'elle se soutienne, ne suffise pas à assurer le succès du roi. Aussi propose-t-il successivement divers subterfuges : il parle tantôt de capter l'appui de la duchesse de Bretagne et celui du favori de François II, Jean de Chalon, prince d'Orange, pour obtenir qu'ils laissent entrer une garnison française au château de Nantes, tantôt de marier Charles VIII avec Anne, fille aînée de François II (c'est le moyen qu'on se décida à employer plus tard et qui réussit); peut-être même pourrait-on, pense-t-il, avec l'aide du prince d'Orange, obtenir de François II une abdication immédiate, qui permettrait de se saisir du duché sans attendre sa mort. Avant tout, il faut empêcher les seigneurs bretons d'oublier leurs engagements envers le roi, leur rappeler les bienfaits qu'ils ont reçus de lui pendant leur exil, le serment qu'ils ont fait de soutenir ses droits ; il faut exiger d'eux une confirmation formelle de leur promesse et surtout l'assurance explicite qu'aussitôt le duc mort ils remettront aux troupes de Charles VIII les places dont ils ont le commandement. Ensuite viennent des conseils sur ce qu'il faudra faire quand le duc sera mort. Dès que la nouvelle de son décès sera arrivée à la cour, on devra se hâter d'envoyer en Bretagne une ambassade et une armée. L'ambassade expliquera aux états de la province le droit du roi ; si les états font difficulté de reconnaître ce droit, l'armée s'avancera et sa présence suffira peut-être à ramener les Bretons à l'obéissance, surtout si les barons de Bretagne prennent le parti du roi. Ici vient le plus étrange de tous les avis contenus dans le mémoire. L'auteur s'avise que, si les nobles bretons prennent ouvertement le parti de Charles VIII, le peuple de la province et leurs vassaux même pourront considérer leur conduite comme une trahison et refuser de les suivre. Les barons devront donc faire semblant d'être contre le roi ; seulement, ils attireront l'attention des états sur les mesures à prendre pour soutenir la guerre qui ne pourra manquer d'éclater entre la Bretagne et la France, et en discutant ces mesures ils feront de la guerre et des dépenses qu'elle entraîne un tableau si effrayant, que les Bretons, après les avoir entendus, se décideront d'eux-mêmes à céder au roi plutôt que d'en venir aux mains. Le mémoire contient, tout préparé d'avance, le texte du discours que devrait adresser aux états celui des barons qui consentirait à se charger de ce singulier rôle. C'est une longue énumération, où l'orateur mentionne successivement les diverses espèces de troupes qu'il faudra lever et entretenir, les armes dont il faudra les pourvoir, les places où il faudra mettre garnison, les soins à prendre et les dépenses à faire pour ces divers objets, les exigences des gens de guerre et la difficulté de se défendre du pillage, les maux inséparables de l'intervention étrangère, si l'on appelle à l'aide le roi d'Angleterre (et l'on ne pourra guère se dispenser de l'appeler), etc. C'est le procédé de Scapin, inspirant au seigneur Argante la terreur des procès, par l'énumération des pièces et actes de procédure à payer, des gens de loi à satisfaire [1]. Le morceau est curieux et piquant à lire ; mais il est difficile de croire qu'un si singulier raffinement de ruse tortueuse ait jamais pu être de la bonne politique.

Tous ces calculs reposaient sur la supposition que les barons de Bretagne resteraient fidèles aux engagements qu'ils avaient pris avec le roi. Or, dès les premiers jours de février 1486, les barons, oubliant ces engagements, adhéraient, avec le reste des états de la province, à une déclaration solennelle qui reconnaissait les filles du duc François II, Anne et Isabelle, pour héritières du duché [2]. Les combinaisons savantes du conseiller d'Anne de Beaujeu devenaient ainsi sans objet. Peut-être trouvera-t-on pourtant que le mémoire où il les avait exposées mérite encore d'attirer quelque attention, à titre de curiosité historique.

Question 3. — Touchant mons^r le prince [4] : « Comme estes-vous avecques luy ne quelle sureté et amour avez-vous avecques luy ? »

---

1. Molière, *les Fourberies de Scapin*, acte II, scène 5.
2. États de Rennes, 8-11 février 1486 : Morice, *Mémoires pour servir de preuves à l'histoire ecclésiastique et civile de Bretagne* (Paris, 1742-1746, 3 vol. in-fol.), t. III, col. 500.
3. Dans l'intention de l'auteur, cette question doit être adressée par la dame de Beaujeu à la duchesse de Bretagne, de même que la réplique qui suit. Il était donc question, semble-t-il, d'une entrevue entre les deux princesses.
4. Jean de Chalon, prince d'Orange, neveu de François II et l'un de ses principaux favoris à partir d'août 1485 (Dupuy, t. II, p. 23 et 83).

Responce a ce qu'elle vous respondra. — « Il vous fault trouver moien de gangner mons' le prince et que vous soiez bien seur de luy, affin que se Dieu faisoit son commandement du duc et que les Bretons vous voulsissent faire quelque force, qu'il vous aidast a garder le chasteau de Nantes et vostre personne et mes dames voz [1] filles. »

Ung advertissement a Ma Dame. — Se l'on voit que la duchesse et mons' le prince, ou mons' le prince seul, feust ou feussent bien affectionez pour le roy, selon que on verroit en eulx, l'on pourroit pratiquer que après la mort du duc ilz pransissent des gens du roy pour tenir le chasteau de Nantes, sus les lissieres de Bretaigne, pour tout incontinent s'en servir quant il en seroit mestier ; par ce moyen, s'ilz les voulloient mectre dedens le chasteau de Nantes, le roy pourroit avoir la duchesse et ses filles et le chasteau et ville de Nantes et toute la duchié de Bretaigne.

Aultre moyen. — Si l'on congnoissoit mons' le prince bien affectionné en ceste matiere, et le duc vivroit longuement, on pourroit praticquer avecques luy d'abreger le terme, mais il fauldroit praticquer ceste matiere selon le temps et que l'on congnoistroit de son affection.

Aultre façon de faire. — Parler a la duchesse de la venue du roy et de ma dame sa fille et luy remonstrer comme le roy est beau prince de l'aage de xvij ans [2], et que sa fille [3] est belle fille, et que, quant ilz se verront, par avanture ce seroit cause de faire leur [4] appointement eulx-mesmes, etc.

S'ensuit ce qui me semble que on devroit dire et mainctenir aux barons de Bretaigne. — Premierement que l'entreprinse qu'ilz firent a Nantes [5] ne fut pas par l'ordonnance ne commandement du roy ne de ceulx qui estoient les plus prochains de luy ne pour faire service au roy ne au royaume, mais ce qu'ilz en firent estoit pour la grant hayne qu'il[z] avoi[en]t contre le tresorier de Bretaigne ; touteffois, pource que leur entreprinse ne vint selon leur intention, ilz furent constrains de estre fuytilz hors de la duché de Bretaigne et vindrent a refuge au roy comme a leur souverain s', luy suppliant qu'il luy pleust de sa grace tenir leurs personnes et leurs biens en sureté en son royaum[e].

Item, au moien de Ma Dame et de mons' de Beaujeu, le roy les retint et tint en bonne seureté en son royaume, contre la vaillance du duc et les grans princes et grans personnaiges de son royaume.

1. *Manuscrit* : mes.
2. Charles VIII, né le 30 juin 1470, n'avait, entre août 1485 et février 1486, que quinze ans accomplis ou seize ans commencés.
3. Anne de Bretagne, née le 26 janvier 1477.
4. *Manuscrit* : leurs.
5. Contre le trésorier Pierre Landois, le 7 avril 1484 (Dupuy, t. II, p. 24).

MÉMOIRE ADRESSÉ A LA DAME DE BEAUJEU. 355

Item manda a ceulx de la ville d'Angers qu'ilz les receussent et les gardassent de tort et d'injure comme de sa personne, en façon que son auctorité n'y feust point foullee.

Item le roy fut adverti que aucunes entreprinses se faisoient sur la personne du roy (sic [1]), envoia des archiers de sa garde pour les garder comme sa propre personne [2].

Item, quant le roy sceut que le duc menasoit de venir mectre le siege a Ansenis, il envoia incontinent le s^r de Heusse [3] devers le duc luy faire signiffier que, s'il y venoit mectre le siege, il estoit deliberé de secourir les barons [4] de Bretaigne, en façon que son auctorité et souveraineté y seroit gardee.

Item envoia le roy devers lesd. barons leur dire que si le duc leur couroit sus, qu'ilz ne se souciassent de riens et qu'il les aideroit et secourroit.

Item, pour celle cause, manda le roy venir mons^r de Comynge a Angers et luy manda qu'il fist tirer celle part des gens d'armes de sa compagnie, ceulx de mons^r de Labret, ceulx de mess^e Gracien de Gare et d'autres, et luy manda que si le duc venoit mectre le siege a Ancenys, qu'il aidast et secourust aux barons, et pour lad. cause vint le s^e de Comynge a Angiers.

Item, quelque requeste que le roy jamais ait eu du duc et de presque tous les princes de son royaume et d'autres grans personnaiges de son conseil que de sa chambre, jamès ne voullut entendre a les remectre entre les mains du duc.

Item, ce temps pendant qu'ilz ont demouré pardeça, le roy, pour leur entretenement, par fourme de pension et estat de luy, leur donnoit tous les ans xxv ou xxx mille frans [5].

Item, par voye de fait et de faveur et de aide, le roy les a renduz a la duché de Bretaigne, au recouvrement de leurs auctoritez, a leurs honneurs de leur maisons et heritaiges, et oncques puys en ça, eulx estans en leurs maisons et heritaiges, leurs a tousjours fait des biens et donné pensions.

Item leur ramentevoir leurs sermens qu'ilz me firent a Saumur.

Item leur ramentevoir la ratifficacion du serment qu'ilz me firent a Nantes, eulx estans a leur franc et liberal arbitre.

Item leur faire et remonstrer que s'ilz veullent bien recongnoistre les biens et les honneurs que le roi leur a faiz, qu'ilz congnoistront

---

1. Il faut évidemment entendre : sur la personne des barons.
2. Sur cette tentative contre les réfugiés bretons à Angers, voy. Dupuy, t. II, p. 34 et 35.
3. M. de la Heuse : Bernier, *Procès-verbaux*, p. 52.
4. *Manuscrit* : de le secourir les barons.
5. Voir les comptes des pensions payées par le gouvernement français aux nobles de Bretagne, dans Leroux de Lincy, *Vie de la reine Anne de Bretagne* (Paris, 1860-1861, 4 vol. in-8°), t. III, p. 188 et suivantes.

entierement qu'ilz tiennent leur vie et leur honneur et leur bien de luy.

Item leur ramentevoir que tout incontinent que Dieu aura faict son commandement du duc, que le roy est deliberé de leur tenir de point en point les articles et escriptures escriptes de la main de mons^r de Sourdiac en Saumur, lesquelz ilz me baillerent et les baillé au roy [1].

Item de savoir d'eulx s'ilz ne sont pas deliberez de luy tenir les sermens qu'ilz ont faiz, et que tout incontinent que le duc sera mort, si leur intencion n'est pas de mectre leurs personnes, leurs places et leurs biens entre les mains du roy et tout incontinent se declare[r] pour luy et se mectre en son obeissance, et que s'ilz le veullent faire ainsi, le roy leur entretiendra de son costé ce qu'ilz me baillerent par escript pour porter au roy, escript de la main de mons^r de Sourdiac, quelle chose je baillé au roy a Abbleville [2].

S'ilz respondent en general, comment ilz ont accoustumé de faire, qu'ilz tiendront au roy ce qu'il luy ont promis. — Leur remonstrer que après le décès du duc, que le roy est vray heritier de la duché de Bretaigne, et que veritablement il est adverty par gens de bien, tant Bretons que autres, que la contre-lettre que l'on dit est une faulceté, faicte par Olivier de Coetlogon, lequel estoit ung faulsaire [3], et, pource que le roy est seur d'avoir le vray droict en ceste duché de Bretaigne après le decès du duc, il [4] veult savoir d'eulx s'ilz sont deliberez de tenir leur sermens ou nom.

Item leur dire que le roy ne [5] demande que la force, l'auctorité et la souveraineté de la duché de Bretaigne, et que entant que les

---

1. Cf. Godefroy, *Histoire de Charles VIII, roy de France, par Guillaume de Jaligny*, etc. (Paris, 1684, in-fol.), p. 458.
2. Il ne peut être question d'Abbeville en Picardie. Charles VIII ne fit aucun séjour dans cette ville ni aux environs pendant l'année 1484 (*Itinéraire de Charles VIII*, de 1483 à 1491, dans le livre de M. Pélicier, p. 285-308). Le fait mentionné ici dut avoir lieu peu avant le traité de Montargis (22-28 octobre 1484). Or, pendant la première quinzaine de septembre, le roi séjourna, selon M. Pélicier, à Paris et à Vincennes; il était encore à Paris le 16; à Bois-Malesherbes, le 23; à Montargis, à partir du 29. Peut-être s'agit-il ici du village d'Abbeville, Seine-et-Oise, arrondissement d'Étampes, canton de Méréville.
3. Voir cette contre-lettre, en date du 24 juin 1448, signée : Jehan de Bretaigne, Olivier de Coëtlogon, dans Morice, *Mémoires*, t. II, col. 1424. En ce même jour avaient été passés : un traité par lequel Jean de Bretagne, comte de Penthièvre, renonçait à ses droits de succession au duché; une lettre ostensible de François Ier, duc de Bretagne, qui lui rendait les droits auxquels il venait de renoncer; et la contre-lettre secrète en question, par laquelle Jean de Bretagne renonçait de nouveau aux droits que le duc lui rendait par la lettre ostensible. Le gouvernement royal pouvait soutenir, non sans apparence de raison, qu'il y avait quelque chose de suspect dans cette combinaison singulière. — Olivier de Coëtlogon était secrétaire du duc François Ier; un grand nombre de lettres de ce duc sont contresignées par lui.
4. *Manuscrit* : le deces duc duc ilz.
5. *Manuscrit* : le royaume.

offices, les places et les gens d'armes demeurent entre les mains d'iceulx du pays et que, au regard des deniers, qu'il veult qu'ilz soient distribuez au prouffit du pays, tant aux pensions que aux reparacions des places que aultres affaires qui pourroient survenir aud. pays, et qu'il est deliberé de les entretenir es droictz, preeminences et previlleiges dud. pays, tout ainsi que les ducs ont accoustumé de faire, et encore leur faire mieulx, et que son intencion est de faire tant de bien a tout le pays qu'ilz auront cause de perpetuellement de prier Dieu pour le roy, et que des offices, pensions et bienffaiz de luy il a bien esperance de leur en departir largement, tant que par raison ilz en devroient estre bien contens de luy; et leur prier que ilz se deliberent de franchement et liberallement, sans contraincte de force, de se mectre entre les mains du roy, ainsi que la raison le porte, car il est vray heritier de la duché de Bretaigne et leur s^r naturel après la mort du duc, ainsi qu'ilz le peuvent [1] veoir et congnoistre; et que, au regarde de la contre-lettre qu'ilz pourroient dire qui fut contre le droit du roy, il n'est pas a ce acroire que voullentiers, sans nulle constraincte, l'on quiestat ung tel droit que d'une duchié de Bretaigne, sans nulle recompence, et que c'est une affection mauvaise controuvee contre Dieu et raison; et pource leur prier qu'ilz obeissent au roy comme a leur s^r naturel et droicturier après le decès du duc.

Item savoir a mons^r de Reux [2] si, après la mort du duc, il est déliberé de se declarer de servir le roy, comme il a promis et juré; si son intencion n'est pas de mectre sa place d'Ancenys entre les mains du roy, le cas avenu.

Item, semblablement, a ma dame de Laval [3], et si elle ne mectra pas Chasteau Brian entre les mains du roy, tout incontinent que le duc sera mort.

S'ensuit ce que le roy doibt faire tout incontinent que le duc sera mort. — Envoier une grosse ambassade, pourveue de bons, grans et notables personnaiges, devers les estatz de Bretaigne, et sur ce des gens d'armes quant et quant et bien tost après, pour en user et s'en servir ainsi que l'on verroit qu'il seroit neccessaire, et par lesd. ambassadeurs faire remonstrer aux estatz du pays le droit que le roy a en ceste duché, et leur prier qu'ilz y vueillent recevoir et obeir comme a leur droicturier et naturel s^r, et que en ce faisant il les entretiendra en leurs droictz, preeminences et preveilleiges du pays, et a esperance de les traicter mieulx que nulz des ducs de Bretaigne n'ont fait parcy devant, et tellement qu'il espere de leur tenir si bons termes qu'ilz auront cause de perpetuellement prier Dieu pour luy.

1. *Manuscrit :* peult.
2. Jean, seigneur de Rieux, d'Ancenis, etc., maréchal de Bretagne.
3. Françoise de Dinan, femme de Gui XIV, comte de Laval, dame de Châteaubriant.

Cecy remonstré par le roy, les Bretons feroiit monstre d'une contre-lectre, quelle contredit au droit du roy, et d'un traictié qui fut faict au temps de la duchesse Jehanne [1]; et par lad. lectre, leurs raisons et autres choses, vous remonstreront tout le droict du roy et vous vouldront remonstrer par leurs raisons que le roy n'a nul droict en ceste duchié.

Sur ceste contradicion on leur pourra faire responce telle. — « Messrs, vous avez ouy et vous avons remonstré le droict que le roy a en ceste duché, ainsi comme il est bien deliberé que en luy obeissant au bon droit qu'il y a, de vous entretenir voz droitz, preeminences et preveilleiges et de bien vous traictier et tenir bons termes.

« Messrs, les contradictions que vous faictes au droit du roy, a cause d'une contre-lectre et d'autres raisons, sont fondees sur mauvaise raison, car le roy est veritablement adverty par aucuns grans personnaiges de Bretaigne que Olivier de Coetlogan estoit ung faulsaire et fist trois faulcetez de trois lettres, l'une pour une [2] archidiaconé, l'autre d'une aultre chose, et lad. contre-lectre que vous avez monstree et alleguee ; et aussi il est tout evident que ung homme raisonnable, qui seroit en son franc et liberal arbitre, ne quicteroit ne ne renonceroit a une si belle seigneurie comme une duché de Bretaigne, et mesmement sans en avoir recompense.

« Messrs, puys que le duc est mort sans hoir masle procret de luy en droicte ligne, soiez seur que le roy est le vray s[r] de ceste duché de Bretaigne, et pource il vous prie derechief et vous some que vous le vueillez recepvoir et obeir et mectre en possession de ceste duché, qui est a luy, et le recepvoir comme vostre naturel et droicturier s[r], et en ce faisant il est deliberé de vous tenir les choses que je vous ay dictes et declarees, et si vous voullez faire le contraire et vous mectre de vostre droit a vostre tort, le roy vous declare qu'il n'est pas deliberé de laisser couller le bon droit qu'il a en ceste duché, qui est son vray heritaige, fors ainsi qu'il sera conseillé par mess[rs] de son conseil et des estatz de son royaume. »

Item, sur cecy, face marcher gens d'armes de tous costez, pour les exploicter ainsi qu'il en sera neccessité.

Or, ne sçay-on, les barons de Bretaigne pourroient servir le roy, s'ilz avoient voulenté de ce faire, trop mieulx que si declairoient pour le roy tout incontinent que le duc sera mort ; car, s'ilz se declaroient pour luy publicquement, peult estre que ceulx du païs, mesmement

---

1. On trouve dans Morice, *Mémoires*, t. II, col. 701, un traité conclu le 1er janvier 1400, entre la duchesse de Bretagne, Jeanne, veuve de Jean IV, régente pendant la minorité de son fils Jean V, et le comte de Penthièvre et d'autres seigneurs ; mais il n'y est rien réglé au sujet de la succession au duché.

2. *Manuscrit :* pour une pour.

leurs subgectz et serviteurs, ne les vouldroient pas suyvre ne servir en leur voulenté en la querelle du roy ne faire tout ce qu'ilz vouldroient bien qu'ilz feissent.

S'ensuit ce que les barons de Bretaigne pourront, après avoir ouy les ambassadeurs du roy, dire aux estatz du pays, et principallement mons^r de Laval ou mons^r de Reux encore myeulx. — « Messrs, vous avez ouy ce que mess^{rs} les ambassadeurs du roy ont dit et declaré en la presence de tous nous, aussi la responce et [1] la contradiction que en leur a faicte, et après la responce avez entendu la replicque et sommacion que il nous ont faicte de obeir au roy comme a nostre droicturier s^r naturel, et que autrement il y pourvoira ainsi que il sera conseillé de faire par mess^{rs} de son sang et de son conseil et par les estatz de son royaume.

« Messrs [2], il y a long temps que j'ay ouy dire au duc, dont Dieu ait l'ame! que les roys de France avoient une merveilleuse envye d'avoir uny ceste duché à la couronne, touteffois, quelque bon droict que nous pensions avoir (il n'y eust jamès roy de France qui nous en querelast), si cestuy-cy nous querelle a cause de l'acquisicion que son feu pere fist du droict que pourroient avoir ceulx de la maison de Panthevre en ceste duché [3], toutes les fois que les ducz decederoient sans hoir masle procreez d'eulx en droicte ligne, ceste question du roy et de nous si viendroit par la justice de Bretaigne, a ce que j'ay ouy dire et declarer a mons^r le chancellier, nous aurions bon droit, mais, a ce que je voy, ceste question s'en viendra a l'espee et non autrement.

« Messrs, vous voiez comment le roy fait mandement general par tout son royaume que tous ces gens se mectent en armes pour le servir a voir et garder le droit qu'il a en ceste duché, et par tout fait remonstrer le droit qu'il a, et ne fait nulle doubte que tous les estas du royaume ne luy baillent argent et gens tant qu'il leur en vouldra demander pour cuyder avoir ceste duché unie avecques le royaume, et pource il fault vous deliberer de luy resister par force d'armes, ou de luy obeyr a la somacion que il vous a faicte, ou de envoier une grande ambassade et de grans personnaiges devers luy pour luy faire responce et pour veoir se on pourroit trouver bonne expedicion en ceste matiere.

« Tant que touche la force, il nous fault veoir et congnoistre quelle

---

1. *Manuscrit* : est.
2. Cet alinéa est intitulé, dans le manuscrit : *Responce*, et le suivant : *Responce des ambassadeurs*. Ces titres paraissent avoir été ajoutés à tort. Nous avons là un seul discours suivi.
3. Voy. ci-dessus. La cession des droits de la maison de Penthièvre ou de Blois au roi de France, faite en 1480 (Morice, *Mémoires*, t. III, col. 343), fut renouvelée par Nicole de Blois, veuve de Jean de Brosses, en octobre 1485 (ibid., t. III, p. 486).

nous l'avons et quel nombre de gens d'armes, gens armés d'armes blanches, quel nombre de gens de traict, archiers, arbalestriers, coulevriniers, canonniers, quel nombre de gens armez de brigandynes et jacquez et d'autre habillement, pour nous servir au faict de la guerre, gentilz hommes et autres, nous pourrions trouver et finer, qui sont gens pour employer pour excister le mestier de la guerre.

« Il fault que nous congnoissons comment noz places sont fortiffiees de murailles, de tours, de fosses et de faulces vrayes (?), de moyaulx, de bouletz et de choses neccessaires pour fortiffier places, selon le lieu de leur assiete.

« Il fault veoir comment noz places sont pourveues de vivres, d'artillerie et de pouldre, d'arbalestres, de trait, de vonges et d'autres choses a fortiffier places.

« Il fault que nous saichons quel nombre de places nous avons qui nous soient neccessaires d'estre pourveuz de gens de guerre et de garnisons, si cas est que nous ayons la guerre, et quel nombre il nous en fault pour les pourveoir, et quelles gens nous sont plus neccessaires pour ce faire, comme, des hommes d'armes, des plus mal montez et les plus mal armez; et ceulx qui sont mieulx, pour travailler et pour tenir les champs; de gens de traict, les arbalestriers, les coulevriniers, les canonniers; et après que aurons veu quel nombre il nous en fault pour garder noz places, il nous fault veoir quel nombre il nous fault pour garder les champ[s], pour secourir noz places et pour combatre, se mestier en est.

« Il nous fault veoir l'estat de noz finances et quelle charge nous povons porter, et comme notre artillerie est montee et pourveue de ce qui est neccessaire, pour nous en aider et garder que noz places ne soient prinses par trahison, cautelles et mauvaistiez.

« Item nous fault veoir les antr[e]es de nostre pays, par la ou le roy nous pourroit plus porter de prejudice si nous fait la guerre, pour y pourveoir au mieulx que nous pourrons.

« Il nous fault veoir l'endroit et le lieu qui nous sera plus seur et plus prouffitable d'assembler nostre ost et nos gens, et penser quelle ordre, quelle pollice, quelle justice nous tiendrons contre l'ost, et noz vivres, et conduire nos gens par pays; comment, au partir de nostre logis en chevauchant, a prandre champ avantageux pour combattre et ordonner noz batailles; a nous loger, a fortiffier nostre logis, a prandre place avantageuse pour combatre; a sonier noz gens, noz escouttes, et envoier noz chevaulcheurs sur les champs par le pays et sur les passaiges, affin que nous ne soions prins au despourveu.

« Il nous fault veoir quelles gens nous avons pour faire noz chiefz de guerre, car tous bons chiefz de guerre doivent estre bons et vertueulx envers Dieu, saiges, dilligens en armes, bien atrempez et expers en faitz d'armes de la guerre; nous debvons bien prandre garde de noz personnes et avoir gens bons et loyaulx autour de nous et debvons bien entretenir les grans gens de nostre pays, les villes et le peuple, affin que si nous en avyons a besongner, qui nous servist de meilleur cueur, de meilleure affection et de meilleure voulenté.

« Messrs, si le roy nous court sus et qu'il nous face la guerre, nous serons assailliz de tous costez, et par mer de navyres de guerres qu'il a en Normendie; par terre, par la Normendie, par le Mens, par Poitu, par Anjou; par quoy nous seroit neccessité pourveoir a noz navires de mer, aux places qui sont sur la mer, comme Sainct Malo, Couez (?), Orest [1]; du cousté de la Normandie, Doul [2], qui est grande ville et feble, mais qui la prandroit elle nous porteroit grant prejudice, Dignan, Chasteau Neuf, Fougieres, d'autre costé Victery, Chasteaubriam et Anchenys, Cliçon [3] et le pais de Cliçonnois, et de Cloberes (?), Nantes, qui est tres neccessaire [4] d'estre bien gardé et pou[r]vcu, et pour ce, qu'il nous fault veoir quel nombre de gens et d'autres choses neccessaires pour pourveoir noz places. »

Sur cela, debatre et savoir quel nombre de gens il leur fault pour pourveoir leurs places et après adviser quel nombre il leur en demeure pour tenir les champs et leur remonstrer ce qu'il s'ensuit :

« Messrs, vous voiez le nombre des gens qu'il nous fault pour garder noz places et voiez ce qu'il nous en demeure pour tenir les champs et pour combatre, qui n'est pas nombre ne puissance pour resister contre le roy, parquoy, si nous voullons maintenir la guerre contre le roy, il nous fault aider d'autre puissance que la notre.

« Le feu duc [5], qui fut ung prince saige, obey, craynct et doubté, et se aida tousjours d'Angleterre et d'Espagne et du duc de Bourgongne, et du temps que le duc de Bourgongne fut avecques la plus grant partie de l'armee du roy estoit encores en ce temps puissante qu'il eut jamais devant Beauvais ne a la plus grant partie de l'armee du roy estoit encores en ce temps la a Ancenys, le roy print Ancenys et la Guyerche sus nous, le duc ne se fia pas en sa puissance, mais eut des Anglois avecques nous, comme vous vistes par experience a Marceilly, quant nous y fusmes, nous ne pourions avoir secours qu'il nous feust prouffitable que des Anglois ; ne ne sçay [6] si nous l'aurions aisement, car le roy a fait ce roy d'Angleterre roy [7] ; et quant ainsi seroit qu'il

---

1. Auray (Morbihan), ou Brest?
2. Dol (Ille-et-Vilaine).
3. Dinan (Côtes-du-Nord), Châteauneuf-en-Bretagne, Fougères, Vitré (Ille-et-Vilaine), Châteaubriant, Ancenis, Clisson (Loire-Inférieure).
4. *Manuscrit* : tresnessesant.
5. Les phrases suivantes sont peu intelligibles et évidemment défigurées par le copiste; elles paraissent faire allusion aux événements de 1486 : voy. Taillandier, *Histoire eccl. et civ. de Bretagne*, t. II (Paris, 1756, in-fol.), p. 106 et 107.
6. *Manuscrit* : ne ne scay ne ne scay.
7. Henri VII, qui vainquit Richard III à Bosworth, le 22 août 1485, avait reçu des subsides du roi de France.

nous vouldroit secourir, il est a presumer qu'il vouldroit avoir de noûs meilleurs gaiges que la foy, et pays et places entre ses mains pour la seureté de luy et de ses gens.

« Si nous nous aidons d'autre puissance que de la nostre, il fauldroit qui se fist autre charge que noz places (?) ou autrement les paians et soubdoyans a noz fraiz, mises et despens.

« Il faut que nous paions et souldoyons tous les gens que nous mectrons en garnisons dedens noz places, ou aultrement ilz seront constrains de piller et de mal vivre, parquoy ceulx des villes et des places se pourroient mectre contre nous.

« Il fault que nos gens qui seront sur les champs soient paiez et souldoiez ou autrement nous mectrions la pillerie au pays, parquoy noz deniers et noz finances fauldront; nous aurons d'autre costé a porter les charges du roy, qui nous court sus de tous costez, parquoy noz finances s'en diminuront, etc. (*sic*). »

LA DATE DU BRÉVIAIRE IMPRIMÉ A SALINS

Bibliothèque de l'École des chartes, LIV (1893), p. 417-419.

« Impressoris manus que presens perfecit opus, Eacide similis Vulcanique arma capessans, De Pratis hujus artis veri productus Achiles, Que sunt digna suis interdum gaudia curis, Anno milleno bis quater velut centeno, Salinis in valle Herculeo nomine clara, Dedit Bisuntinis hoc presens munus aptum. »

L'auteur de ce texte a voulu l'écrire en vers : deux vers intacts, comme « Eacide » ... et « Que sunt digna... », ne permettent pas d'en douter.

Le poète capable de composer deux vers aussi réguliers était incapable d'en faire d'aussi irréguliers que le sont les autres, tels que nous les lisons. Donc ces vers n'ont pas été transcrits tels qu'ils avaient été composés. Donc, pour comprendre quelque chose à ce texte, la saine méthode est de s'appliquer d'abord à le restituer en remettant les vers sur leurs pieds.

Pour trois des cinq vers altérés, ce résultat peut être obtenu par une simple transposition de mots :

Que presens perfecit opus manus impressoris.
In valle Herculeo Salinis nomine clara.
Hoc Bisuntinis presens munus dedit aptum.

Ces exemples montrent que le texte, écrit en vers par un homme qui savait la prosodie et la métrique, a été copié par un homme qui les ignorait : c'est pourquoi celui-ci s'est cru en droit de remettre les mots dans un ordre qui lui semblait plus clair, et il ne s'est pas douté qu'en agissant ainsi il détruisait la versification.

Dans le vers :

De Pratis hujus artis veri productus Achiles,

il suffirait, semble-t-il, de supprimer un mot quelconque pour rétablir la mesure. Mais, quel que soit le mot qu'on supprime, on n'obtient pas un sens satisfaisant; la véritable lecture de ce vers est donc encore douteuse.

Reste le vers le plus intéressant, celui qui contient la date. Cherchons, dans les mots qu'il renferme, ceux qui peuvent faire une fin de vers. Nous ne trouvons que deux fins possibles : « quater anno » ou « velut anno ». Mais « velut » est inintelligible, partant suspect. Essayons « quater anno ».

Le nombre total doit être un peu moins de 1500. Donc « quater » se rapporte à « centeno » ; donc ces deux mots ne peuvent être séparés. D'autre part, « milleno » ne peut guère se placer qu'au commencement du vers. Nous avons ainsi :

Milleno..... centeno quater anno.

Pour boucher le vide, qui est d'un pied et demi, et pour compléter le nombre auquel il manque encore environ 80 à 100, nous n'avons plus que les deux mots « bis velut ». Dans ces termes, il ne peut y avoir de doute : « velut » est une leçon corrompue, une faute de copie, qui cache une notation numérale. Puisqu'il nous manque environ 80 à 100, et que cette notation est accompagnée du mot « bis », ce doit être celle d'un nombre compris entre 40 et 50. Entre ces limites, la seule notation qui ait pu paléographiquement donner naissance à la fausse lecture « velut » est VL = 45.

Il n'est pas rare, dans les vers latins du moyen âge, de trouver des nombres exprimés en chiffres romains et comptés, dans la mesure, seulement pour le nom des lettres qui les forment. VL se prononçait u-el, et les deux lettres étant jointes en un seul mot, l'u, suivi d'une voyelle, était forcément bref : « bis VL » faisait donc deux demi-pieds. Pour compléter le vers, ajoutons « et ; » les mots « vl et » seront devenus, sous la plume du copiste inintelligent, « velut ». Le texte restitué sera donc

Milleno, bis VL, et centeno quater, anno.

La pièce de vers transcrite à la fin du bréviaire de Salins signifie donc que ce bréviaire a été imprimé en 1490.

BALLADE PIEUSE DE LA MALADRERIE D'EU

Bulletin de la Société des anciens textes français, XII (1886), p. 91-93.

———

Cette pièce n'est pas inédite. Elle a été publiée, avec quelques fautes, dans le *Mémorial dieppois* du 31 août 1841 et dans une brochure anonyme, extraite du même journal : *Un Épisode du séjour du roi à Eu* (Dieppe, 1841, in-8° : Bibliothèque nationale, imprimés, Lk[7] 2688). Peut-être a-t-elle eu d'autres éditions. Quoi qu'il en soit, elle est assez belle pour mériter d'être remise en lumière et signalée à l'attention des amateurs de notre ancienne littérature.

Elle est gravée sur une pierre que surmonte une tête de Christ. La sculpture, les caractères de l'inscription, la langue et le style indiquent également une œuvre de la fin du xve siècle. La forme est celle de la ballade, qui a joui, à cette époque, d'une si grande vogue. Les poètes d'alors l'ont employée pour traiter toutes sortes de sujets. Nous avons ici un spécimen excellent de ballade pieuse, qui peut compter parmi les meilleures productions de la poésie religieuse française.

La pierre est aujourd'hui placée dans une chapelle de l'église d'Eu (Seine-Inférieure); mais elle ne s'y trouve que depuis le mois d'août 1841, où elle fut signalée à l'attention du roi Louis-Philippe par M. Auguste Guilmeth, de Brionne : « Vendredi soir, 27, dit la brochure déjà citée, le roi a mandé M. Guilmeth au palais, afin de lui apprendre lui-même que, conformément aux désirs exprimés par l'antiquaire, il venait de faire apporter dans l'église d'Eu la vieille pierre sur laquelle est gravée cette admirable complainte religieuse. Jusqu'au jour où M. A. Guilmeth l'a signalée au roi, cette pierre était demeurée encastrée dans le mur d'enceinte et à l'extérieur de l'antique maladrerie de Saint-Léonard, située au bord de la Picardie, à l'extrémité du faubourg de la Chaussée et non loin de la route d'Eu à Saint-Valery-sur-Somme. Le roi a ordonné que désormais cette pierre fût placée à l'intérieur de l'église d'Eu, dans la belle chapelle du Sépulcre... Le magnifique monument, connu sous le nom d'*Ecce Homo,* dont elle faisait partie, est maintenant détruit. Il n'en a échappé qu'une tête de Christ, dont la face présente toute la douleur physique de l'homme unie à toute la résignation d'un Dieu qui a quitté le trône et les joies du ciel pour venir sur la terre racheter par ses souffrances et par sa mort la coupable postérité d'Adam. La bouche de la statue est légèrement ouverte, et les strophes suivantes sont supposées en sortir. Il ne faut pas oublier que le Dieu des douleurs est assis à la porte d'un hôpital, qu'il y implore la pitié des passants pour les malheureux qui gémissent dans la léproserie, et qu'il reproche aux hommes de faire si peu pour leurs propres frères, tandis que lui a tant fait et tant souffert pour eux tous. »

Le texte suivant a été copié sur la pierre, à Eu, en 1884.

    Voyez ma douler pitoiable,
    Entre vous qui par cy passez,
    Pour la gresve offense incurable
    Des premiers parens trespassez.
    Considerez et compassez
    Que ancor a present il y pert :
    Et tant de foys que me offensez
    Me font dire : J'ay tant souffert !

    Je formé l'homme raisonnable,
    Et comment? vous le congnoissez :
    Je le creé a moy semblable
    Quant a l'ame (est ce point assez?),
    Pour remplir les lieux dont chassez
    Feurent diables : mais riens n'y sert ;
    Car pechez, que me dechassez,
    Me font dire : J'ay tant souffert!

    Que ay je peu plus faire admirable ?
    J'ay trosne et astres delaissez ;
    Soubz forme humaine serviable
    Ensemble sommes conversez ;
    J'ay eu les membres trespercez
    Et me suys a la mort offert :
    Dont telz pointz, si bien y pensez,
    Me font dire : J'ay tant souffert !

Pecheurs, las! quant vous me laissez,
Vostre part en gloire se pert;
Et les maulx que vous amassez
Me font dire : J'ay tant souffert!

LES ÉGLISES DE PARIS

Bulletin de la Société de l'Histoire de Paris et de l'Ile-de-France, X (1883), p. 144-145.

La liste suivante figure, sans aucune explication, dans un recueil de plusieurs documents, d'un caractère politique pour la plupart, qui ont été copiés par un Anglais, à ce qu'il semble, vers le commencement du XVIe siècle, et qui forment aujourd'hui la première partie du manuscrit Arundel 26, au Musée britannique (fos 16 vo et 17).

LES ESGLIZES DE PARIS.

Sainct Germain de l'Auxeurois.
Sainct Eustace.
Sainct Nycollas du Lovre.
Sainct Thomas.
Sainct Honnouré.
Les XV Vingts.
L'Egipcienne.
Saincte Oportune.
Saincte Katherine.
Sainct Innocent.
Sainct Sauveur.
Sainct Magloire.
Sainct Leu et sainct Gille.
Sainct Jacques l'Hospital.
La Trinité.
Le Sepulcre.
Les Filles Dieu.
Sainct Jacques de la Boucherie.
Sainct Josse.
Sainct Merry.
Sainct Bon.

Sainct Julien.
Sainct Nycollas des Champs.
Sainct Martin.
Sainct Avoye.
Les Blancs Manteaulx.
Le Temple.
La chapelle Brague.
Saincte Croix.
Les Billettes.
L'Hospital sainct Gervais.
Sainct Gervais.
Sainct Jehan en Greve.
Sainct Esperit.
La chappelle Andry.
Sainct Pol.
Les Begynnes.
Les Celestyns.
Sainct Anthoyne.
Saincte Katherine.
Les Orphelins.

La Cité.

Nostre Dame.
Sainct Johan le Rond.
L'hostel Dieu.
Sainct Denis du Pas.
Saincte Genevieve.
Sainct Germain le Viel.
Sainct Mychiel.
La saincte chappelle du Palois.
Sainct Barthelmeu.
Sainct Eloy.

Sainct Pere.
Saincte Croix.
Saynct Mathias.
La Magdalene.
Sainct Denis de la Chartre.
Sainct Ypolite.
Sainct André.
Sainct Maryne.
Sainct Pierre au Beuf.
Sainct Christofle.   XX.

Oultre les Pontz.

La chappelle sainct Victor.
Les Benardins.
Sainct Nycollas deu.
Charderonnet [1].
Les Carmes.
Saincte Genievre.
Sainct Estienne.
Les Jacopins.
Sainct Estienne des Grez.
Sainct Benoist.

Sainct Jehan de Lestram.
Sainct Mathelin.
Sainct Yves.
Saint Sebrin.
Sainct Andry.
Sainct Cosme and (sic) Sainct Damyen.
Les Cordeliers.
Les Augustins.
Cherbonne.   XIX.

Oultre les Portes.

Sainct Laurens.
Sainct Ladre.
Sainct Anthoine des Champs.
Sainct Victor.
Sainct Marcel.
Les Cordeliers.

Sainct Jacques de Champaigne.
Nostre Dame des Champs.
Sainct Germain des Prez.
Les Chartreux.
Sainct Sourplis.
Cardenal le Moigne.

Summa .... IIII^{xx} XII.

---

[1]. Le nom de Saint-Nicolas-du-Chardonnet est ainsi écrit en deux lignes et le copiste l'a certainement compté pour deux églises différentes, car il n'aurait pu obtenir autrement le chiffre de 19, qu'il a inscrit à la fin de la liste des églises de la rive gauche *(oultre les pontz)*.

Compte rendu de G. Tholin, *Le livre de raison des* Daurée, *d'Agen* (1491-1671). *Texte précédé d'une étude sur quelques livres de raison des anciennes familles de l'Agenais*. Revue critique d'histoire et de littérature, nouvelle série, XIII (1882), p. 95-96.

Compte rendu de l'abbé Lebeuf, *Histoire de la ville et de tout le diocèse de Paris*. Bibliothèque de l'École des chartes, XLIV (1883), p. 524-525.

Compte rendu de Gaston Raynaud, *Voyage de Charles-Quint par la France, poème historique de René* Macé, *publié avec introduction, notes et variantes* (1879). Revue critique d'histoire et de littérature, nouvelle série, t. IX (1880), p. 34-37.

Compte rendu de Grouchy et E. Travers, *Étude sur Nicolas de Grouchy et son fils Timothée de Grouchy, sieur de La Rivière*, (1878). Bibliothèque de l'École des Chartes, XXXIX (1878), p. 522-525.

Compte rendu de Alf. Leroux, *Notice historique sur l'hôpital de Magnac-Laval en Basse-Marche*, 1610?-1793 (1880). Bibliothèque de l'École des Chartes, XLII (1881), p. 581.

Compte rendu de L. F. Sauvé, *Proverbes et dictons de la Basse-Bretagne* (1878). Bibliothèque de l'École des Chartes, XXXIX (1878), p. 344-345.

HANDSCHRIFTLICHE NOTIZEN

AUS DEM BAMBERGER KLOSTER MICHELSBERG

Mittheilungen des Instituts für Oesterreichische Geschichtsforschung,
II (1881), p. 119-122.

Unter den neuesten Erwerbungen der Pariser Nationalbibliothek ist ein gedrucktes Buch aus der Zeit der Incunabeln[1] zu erwähnen, welches während des 16. und 17. Jahrhunderts im Besitze des Bamberger Benedictinerklosters Michelsberg oder Mönchberg gewesen ist. Das Titelblatt trägt die Aufschrift : « Ad Bibliothecam Monasterii S. Mich. Arch. O. S. B. Bambergae. » Auf den weissen Blättern am Anfange und Ende des Buches wurden von mehreren Mönchen oder Aebten jenes Zeitraumes Notizen verschiedener Art eingetragen, welche zwar hauptsächlich nur local- und ordensgeschichtliches Interesse besitzen, die doch aber vielleicht einigen Fachmännern willkommen sein werden. Ich theile dieselben hier in genauer Abschrift mit unter strenger Wiedergabe der Schreibweise. Ich habe die einzelnen Notizen nummerirt; jede Nummer ist von verschiedener Hand geschrieben. Auf die allgemeine deutsche Geschichte beziehen sich nur Nr. 1 und 2. Die biographischen Notizen in Nr. 5 gehören wohl dem in Nr. 1 genannten Abte Wolfgang II, 1549-1564, die in Nr. 4 seinem Nachfolger Abt Georg II, 1564-1570, an. In Nr. 7 ist die Naivetät der Anschauung bemerkenswerth. Nr. 8 sei denjenigen Nationalökonomen empfohlen, welche sich auch für einzelne Thatsachen

---

1. Vier Theile in einem Bande : 1. Martyrilogium ordinis sancti Benedicti. 2. Regula ordinis sancti Benedicti. 3. Cerimonie nigrorum monachorum ordinis sancti Benedicti de obseruantia Bursfeldensi. 4. Ordinarius diuinorum nigrorum monachorum de obseruantia Bursfeldensi. O. O. u. J. 4°. Goth. Type. 3 und 4 nicht identisch mit Hain 4883 und 12059, wohl aber dieselben Werke in anderer Auflage. — Jetzige Signatur : Département des imprimés, H 2144 réserve.

der Geschichte der Preise interessiren. Bei Seite gelassen wurden nur das Verzeichniss der 5 Religiosen, welche 1608 und 1609 unter Abt Johann die Gelübde ablegten, eine Notiz über den Eintritt eines Frater Bartholomäus ins Kloster aus d. J. 1660 und eine längere Aufzeichnung über den plötzlichen Tod des Klosterkellners Otto Schmidt aus d. J. 1609.

a) vor dem Titelblatte :

1. Commissio in partibus Bambergn. Tha. Consentin (?) Beatissime pater. Exponitur sanctitati vestrae non sine lachrimis ac magno animi merore pro parte illius oratoris Wolfgangi [1] abbatis monasterij S. Michaelis in monte Monachorum ciuitatis Bambergn. sancti Benedicti vel alterius ordinis, et cum ipse anno 1553 vel alio veriori tempore a marchione Alberto Brandenburgn. captus ac in quadam arce cum maximo corporis discrimine circiter quindecim menses miserrime detentus et tractatus ac per aliquot menses pane et aqua cibatus fuisset, unde etiam in maximas incidit infirmitates, et fratribus ac conuentui monasterij huiusmodi ipsum oratorem ita detentum ac captiuum significatum esset, quod ipsum certa pecunia de qua forsan conuenerat a captiuitate huiusmodi liberare et redimere potuissent ac etiam debuissent, tamen ipsi fratres et conuentus non solum hoc omnino neglexerunt, sed etiam, postquam singulari quadam Dej opt. maximi gratia et prouidentia, arce predicta per R. P. D. episcopum Bambergensem et alios belli consortes expugnata et capta ipse liberatus extitit.... (Weiteres fehlt).

2. 12. mensis octobris die Maximilianus huius nominis secundus Romanorum imperator semper Augustus cum aliquot menses Ratisponæ comitia habuisset, atque iuxta uotum Cæsareæ Maiestatis suæ successissent, tandem supradicti mensis die eadem moritur Ratisponæ anno incarnationis dominicæ 1576. Cuius anima in sancta requiescat pace propitioque fruatur Deo. Amen.

b) Am Ende des Buches :

3. Ego frater N. abbas monasterii N. et N. in N. ordinis sancti

---

1. Wolfgang II Zenck, Abt von Michelsberg 1549-1564. Ueber ihn berichtet Ussermann, Episcopatus Bambergensis 316 : Exorto bello Germanico quum hostes Bambergam quoque peterent, abbas ad arcem Merzbacem confugit, dolo tamen ibi captus dum litrum petitum solvendo haud esset, captivus Plassenburgum abductus carcerique datus est a. 1553. Post annum tamen et quatuor menses libertati sedique suae per Wigandum episcopum restitutus, dum monasterio suo reparando satagit, triste illius incendium deploravit, quo aedes plures fuerunt absumtae...

Benedicti Moguntinen. diocesis bona fide promitto quod reformationi in monasterio nostro prefato introducte fideliter manu tenende atque propagande operam dabo, insuper iuro et promitto quod statutum capituli nostri annalis patrum de obseruantia Bursfelden. ordinis supradicti, dudum assumptum et capitulariter approbatum et confirmatum, de obedientia iam dicto capitulo, ut moris est, per me statuto tempore prestita atque de absolutione abbatialis offitij singulis annis petenda iuxta vota patrum supradicti capituli concessa, suis in locis acceptanda, nec non de resistentia contra premissa non fatienda aut procuranda siue procurata per alios non utenda, fideliter obseruabo. Neque absolutionem de premissis omnibus et singulis impetrabo aut impetrata vel etiam motu proprio concessa uti volo. Sic me Deus adiuuet et hæc sancta Dei Evangelia. In quorum omnium fidem et testimonium euidens præsentes litteras manu alterius fideliter scriptas sigillo nostro signaui et manu propria subscripsi. Datum anno Domini. In robur premissorum omnium ego frater N. abbas supramemoratus manu mea propria subscripsi.

4. Ego frater [1] Georgius Ha. intraui ad religionem anno 63 in vigilia Georgii. Fui ordinatus in presbyterum a gratioso domino domino Friderico Lichtenau. suffraganeo Bambergensi [2].

5. Ego frater Wolfsgangus intraui ad religionem anno 1533. Fui ordinatus in presbyterum a gratioso domino domino Wigando episcopo anno 1541. — Gratia Dei ego frater Wolfsgangus natus fui anno 1520 in die Wolfsgangi. — Pater meus obijt circa festum Martini, cuius anniuersarius nono die [3] seruetur ante festum Martini. — Mater mea obijt octauo die ante festum Martini, cuius anniuersarius ipso die celebretur. — Auia mea obijt mater patris circa festum Heinrici et in die sancti Heinrici sepulta fuit, cuius anniuersarius in vigilia Heinrici seruetur.

6. Ordnung monialium ad S. Gerdrudem [4]. Zum erstenn ein itzliche iungfraw, so inn die clausenn will kommen, sol aufgenhommen werden durch den abt auf dem Munchbergk vnd durch in gekleidet, oder wem er das von seinen hern befhilet,

---

1. « Frater » ausradirt.
2. Usserman 263 nennt Friedrich Lichtenauer unter den Weihbischöfen von Bamberg, die während des 16. Jahrhunderts thätig waren. Anno 63 ist also als 1563 zu verstehen.
3. « Die » von späterer Hand zwischen den Zeilen hinzugefügt.
4. Das von der Pfalzgräfin Gertrud gestiftete Frauenkloster S. Theodor in Bamberg, Ussermann 397.

nemlich mit einem weyssen rock, daruber ein shwartzen rockscapular vnd ein kutten. Die kleider in anno probationis sol ir ein itzliche selbs schickenn vnnd versorgenn nach notturfft. Sie soll auch wenn sie angenommen wirdet, ein gantze beicht thun, ehr dann sie gekleidt wirdet, einem hern auf dem Munchbergk, der ir von dem abt dartzu verordent wirdet. So annus probationis auss ist, thut ein schwester gehorsam dem abt auf dem Munchbergk oder einem seiner hern, dem ers befihlet, vnnd gelobt do zu leben ir lebtag inn gehorsam on eigens vnd inn keuschheit, vnd wirt alsdann geweihet inn der kirchen fur dem altar. Die gehorsam vnd profession wirdt geschrieben vnd getragen auf den Munchbergk inn die beheltnüs.

7. Anno millesimo sexcentesimo nono, die ultima februarii, noctu circa horam nonam mirabilis turbo, grando, fulgetræ, crebraque tonitrua fuerunt talisque tempestas, ut ultimum diem adesse nemo non dubitauerit. Quid autem hæc tempestas et tonitrua tam tempestiva praesignauerint, Deus futurorum prospector seculorum nouerit solus : nos interim ipsum uotis omnibus inuocemus et obsecremus, ut omnia tum ad corporis tum ad animarum salutem eueniant prædicta. Amen.

8. 1609. Vinum S. Cungundis habuit quidam pellio in foro habitans mensuram pro 42 nummis. Hoc tempore uenijt unus modus siliginis pro 84 d., tritici uero 126 d., mensura uinicionis 36 d., una tonna halecum 24 s.

LA JUSTICE ROYALE DANS LES ILES NORMANDES

(JERSEY, GUERNESEY, AUREGNY, SERK)

DEPUIS LE TREIZIÈME SIÈCLE JUSQU'A NOS JOURS

École nationale des chartes. Positions des thèses présentées par les élèves de la promotion 1876, p. 17-21.

CHAPITRE 1ᵉʳ. — INTRODUCTION.

I. — ÉTUDE ET CRITIQUE DES SOURCES.

1. La prétendue charte de Jean Sans-Terre pour les îles est une compilation de deux documents rédigés l'un en 1248 et l'autre en 1333 ; cette compilation a été fabriquée au 17ᵉ siècle.

2. Le document connu à Guernesey sous le nom de *Précepte d'Assise* a été rédigé en 1441 par la Cour royale de Guernesey, et non en 1331 par des commissaires royaux.

II. — CONSTITUTION POLITIQUE DES ÎLES.

3. Avant 1203 les îles faisaient partie du duché de Normandie, et jusqu'à la paix de Brétigny en 1360 le roi d'Angleterre les a tenues du roi de France en fief ; depuis 1360 seulement elles ont cessé de faire partie du royaume de France.

4. En théorie les îles sont encore une portion du duché de Normandie, et ne diffèrent de la Normandie continentale qu'en ce que les rois d'Angleterre y ont conservé l'autorité ducale, tandis qu'ils ont renoncé à la partie continentale du duché.

5. Suivant la théorie reçue dans les îles au moyen âge, le roi n'aurait pu en modifier les coutumes sans le consentement des habitants, comme le gouvernement britannique a prétendu le faire de nos jours.

Cours royales de Jersey et de Guernesey.

CHAPITRE 2.

PRÉSIDENTS DES COURS ROYALES.

6. Jean Sans-Terre le premier a créé un gardien ou gouverneur des îles, qu'on a appelé au 13° siècle indifféremment *gardien* et *bailli*, et qui cumulait les pouvoirs militaire, civil et judiciaire.

7. Le gardien Othon de Granson a le premier vers 1290 créé à Jersey et à Guernesey deux *baillis* auxquels il a confié l'administration civile et judiciaire. Depuis lors, les gardiens ou gouverneurs ont cessé d'être appelés baillis, et n'ont presque plus gardé d'autre attribution que le commandement militaire.

8. Au 14° siècle, les baillis de Jersey et de Guernesey ont été le plus souvent nommés par le roi ; au 15° siècle seulement a prévalu l'habitude d'en abandonner la nomination aux gouverneurs ; depuis le 17° siècle les rois ont repris l'usage de nommer eux-mêmes les baillis.

9. Édouard I⁰ʳ introduisit aux îles normandes l'institution anglaise des *justiciers itinérants*, ou commissaires extraordinaires de justice envoyés de temps à autre par le roi pour tenir des assises ou d'autres plaids. Cet usage a persisté aux îles sous Édouard II et Édouard III seulement. Il a été quelquefois repris aux temps modernes.

CHAPITRE 3.

MEMBRES DES COURS ROYALES.

10. Au 13° siècle probablement, et peu après la création du gardien des îles, ont été établis pour lui servir d'assesseurs ; dans

chacune des deux îles de Jersey et de Guernesey, douze magistrats élus à vie, appelés *jurés*. Cette magistrature, empruntée aux institutions communales du continent, a pour origine les scabins de l'époque carolingienne.

11. Avec les jurés siégeaient à la cour royale de chacune des deux îles, au 13ᵉ siècle, les francs-tenants ou feudataires directs de la couronne dans l'île : depuis le 14ᵉ siècle l'assistance de ces francs-tenants à la cour s'est réduite à une simple formalité de comparution, exigée d'eux trois fois par an, et la cour n'est plus composée que des douze jurés présidés par le bailli.

CHAPITRE 4.

OFFICIERS DES COURS ROYALES.

12. Dès avant le xiiiᵉ siècle, probablement, il y avait à Jersey un vicomte et dans les deux îles des prévôts. C'étaient alors les seuls officiers de justice des îles; le vicomte de Jersey était un officier semblable aux vicomtes normands ; Guernesey ressortissait probablement à quelque vicomté du continent. Depuis le 13ᵉ siècle ces fonctionnaires ne sont que des officiers d'exécution au service des cours royales.

13. L'organisation des cours royales s'est complétée par l'adjonction successive des officiers suivants : dès le commencement du 14ᵉ siècle, un *clerc* ou greffier pour chaque cour, et des avocats ; au 15ᵉ siècle, d'abord un seul procureur du roi pour toutes les îles, puis deux procureurs du roi, un près chaque cour; enfin, à Jersey, au 16ᵉ siècle, un avocat du roi, adjoint au procureur du roi, et à Guernesey, un *contrôle* ou contrôleur, créé comme officier financier au 14ᵉ siècle, transformé au 15ᵉ ou au 16ᵉ siècle en une sorte d'avocat du roi.

CHAPITRE 5.

ORGANISATION ET FONCTIONNEMENT DES COURS ROYALES.

14. Il y a eu aux îles aux 13ᵉ et 14ᵉ siècles des plaids solennels appelés assises, qui étaient tenus tous les trois ans, soit par

le gardien des îles, soit par des justiciers itinérants. Au 13e siècle, des assises étaient tenues dans toutes les années dont le millésime était égal à un multiple de 3 plus 1. Au 14e siècle cette règle fut négligée, puis abandonnée; sous Édouard III les assises tombèrent absolument en désuétude.

15. L'usage carolingien des *plaids généraux* tenus trois fois par an s'est conservé à Jersey et à Guernesey; le nom de ces plaids, dans les îles, est *chefs-plaids*.

16. Selon la coutume ancienne, les cours royales des îles ne pouvaient juger à moins de sept jurés présents avec le bailli; néanmoins les cours avaient, dès le 14e siècle, l'habitude de siéger en moindre nombre pour l'instruction et la discussion des affaires. Ensuite elles rendirent des sentences dans ces séances préparatoires, sauf appel au jugement de sept jurés au moins. De l'ancienne coutume est resté à Guernesey l'usage de distinguer par le nom de *plaids des jugements* les séances où siègent au moins sept jurés, avec le bailli, pour reviser les sentences rendues par un plus petit nombre.

17. Les cours des îles ne pouvaient autrefois prononcer qu'à l'unanimité des voix. Il en était encore ainsi au 14e siècle. Depuis s'est introduit l'usage de prononcer à la majorité.

CHAPITRE 6.

JURIDICTION ET COMPÉTENCE DES COURS ROYALES.

18. Depuis leur fondation jusqu'à ce siècle, les cours de Jersey et de Guernesey ont eu la haute justice royale et n'ont été subordonnées à aucune autre juridiction, si ce n'est au conseil privé du roi.

19. En 1279 le droit de sceau fut donné à la justice insulaire par Édouard Ier, qui créa un sceau unique pour tout l'archipel. Ce sceau est perdu aujourd'hui; il portait les armes d'Angleterre et cette légende : ✝ S(igillum) **BALLIVIE INSVLARVM PRO REGE ANGLIE** (Archives nationales, n° 16753).

20. Au commencement du 14e siècle les baillis de Jersey et de Guernesey créèrent deux autres sceaux, portant les mêmes armes, et pour légende, l'un S(igillum) **BALLIVIE INSVLE DE GERNEREYE**, l'autre S(igillum) **BALLIVIE INSVLE DE IERESYE**

(Archives nationales, n°ˢ 16738 et 16741). Ces sceaux sont restés en usage jusqu'à nos jours.

Cours inférieures des petites îles.

CHAPITRE 7.

21. Depuis le 13° siècle l'île d'Auregny a eu une cour subordonnée à celle de Guernesey. Cette cour a eu jadis pour membres sept jurés, pour président d'abord un prévôt (qui est depuis devenu un simple officier d'exécution), puis l'un des jurés, qualifié de *juge*. Aux temps modernes le juge est devenu un fonctionnaire distinct, et il n'est resté que six jurés.

22. L'île de Serk a une cour de justice depuis qu'elle a été constituée en seigneurie au 16° siècle par la reine Élisabeth. Cette cour a été composée, d'abord d'un bailli et de douze jurés, puis de cinq jurés, dont un juge, et enfin, depuis 1675 jusqu'aujourd'hui, d'un simple sénéchal nommé par le seigneur.

Sont jointes en appendice :

Une LISTE CHRONOLOGIQUE des seigneurs et gardiens des îles, depuis la fin du xıı° siècle jusqu'à la séparation du gouvernement de Jersey et de Guernesey (1198-1461);

Une série de PIÈCES justificatives tirées du Public Record Office de Londres, des archives du département de la Manche, du greffe de la Cour royale de Guernesey, de la Bibliothèque nationale de Paris, etc.

LES COURS ROYALES DES ILES NORMANDES

Bibliothèque de l'École des chartes, XXXVIII (1877) et XXXIX (1878). A part, Paris, H. Champion, in-8°, iv-239 p.

Ce travail étendu n'est pas compris dans la présente réimpression.

SÉRIE CHRONOLOGIQUE
DES GARDIENS ET SEIGNEURS
DES ILES NORMANDES
(1198-1461)[1].

Bibliothèque de l'École des chartes, XXXVII (1876), p. 183-237.

Jusqu'au commencement du XIIIe siècle, les îles de Jersey et de Guernesey, avec les petites îles qui en dépendent, firent corps avec le duché de Normandie. Le roi d'Angleterre, duc de Normandie, ne paraît avoir eu alors aucun officier investi du gouvernement général de ces îles ; le grand rôle de l'échiquier de Normandie, de l'année 1180, mentionne seulement des fermiers entre lesquels était partagée l'exploitation du domaine ducal à Jersey et Guernesey[2]. Ce fût seulement quand Jean Sans-Terre, en guerre avec Philippe Auguste, dut envoyer des troupes dans les îles pour les défendre contre une attaque possible des Français[3], qu'il établit pour commander ces troupes des officiers

---

1. Le présent travail est un fragment de la thèse de sortie que j'ai soutenue cette année à l'École des chartes. [Voir p. 379.]

2. *Magni rotuli scaccarii Normanniæ... opera Thomæ Stapleton*, t. I (Londini, 1840, gr. in-8°), p. 25 et suiv.

3. On sait que depuis Jean Sans-Terre les îles normandes sont restées, jusqu'aujourd'hui, entre les mains des rois d'Angleterre. La possession leur en a été officiellement reconnue par les rois de France, dans les deux traités de 1259 et de 1360. D'après le premier de ces traités le roi d'Angleterre devait tenir les îles du roi de France en fief, par foi et hommage ; par le second le roi de France abandonna ce droit de suzeraineté. — Les îles n'ont jamais été incorporées à l'Angleterre ni au Royaume-Uni, et forment un domaine distinct parmi les terres de la couronne.

appelés gardiens, *custodes*. Cette institution des gardiens survécut aux circonstances qui l'avaient fait naître. Elle a subsisté, avec quelques modifications, jusqu'à nos jours.

A l'origine, il n'y eut le plus souvent qu'un seul gardien pour toutes les îles. Cet officier réunissait tous les pouvoirs civils et militaires. Il présidait les deux *cours royales* de Jersey et de Guernesey. On l'appelait indifféremment gardien ou bailli (*custos, ballivus*).

Vers 1290, le gardien alors en charge, Othon de Granson, délégua la présidence des cours royales et l'administration civile des îles de Jersey et de Guernesey à deux officiers subordonnés, dont il fit approuver la création par le roi, et qu'il qualifia de *baillis*. Depuis lors il y a toujours eu dans les îles deux baillis, l'un à Jersey, l'autre à Guernesey, et le terme de bailli n'a plus été employé pour désigner les gardiens. Les fonctions de bailli et de gardien devinrent de plus en plus distinctes; les baillis, à l'origine simples officiers du gardien, furent souvent, dès le xiv° siècle, nommés directement par le roi; depuis le xvii° siècle, la couronne s'est réservé leur nomination d'une manière absolue.

Les gardiens, en théorie gouverneurs généraux des îles, devinrent de fait de simples commandants militaires. Au milieu du xv° siècle, leur importance fut encore diminuée par le démembrement de leur charge. Jean Nanfan, qui en 1461 se laissa surprendre pendant la nuit, dans le château de Montorgueil à Jersey, par une troupe française, fut le dernier gardien des îles. Après lui, Jersey d'une part, Guernesey et les petites îles de l'autre, formèrent deux gouvernements distincts [1].

Dès le xiv° siècle l'usage avait commencé à substituer au terme de gardien ceux de *capitaine* et de *gouverneur*. Ces nouvelles dénominations prévalurent aux xv° et xvi° siècles. Depuis le xvii° siècle celle de gouverneur est seule restée en usage.

Aux temps modernes, l'habitude s'étant établie d'ajoindre aux gouverneurs des *lieutenants-gouverneurs* autorisés à les remplacer dans toutes leurs fonctions, la charge de gouverneur devint une sinécure. Elle fut supprimée, pour Guernesey en 1835, pour Jersey en 1854. Les chefs militaires des îles normandes sont aujourd'hui le lieutenant-gouverneur de Jersey et le lieutenant-gouverneur de Guernesey.

---

1. Il y avait déjà eu auparavant quelques exemples d'une division semblable.

Quelquefois, au lieu de nommer un gardien chargé d'administrer les îles pour leur compte, les rois d'Angleterre en firent une seigneurie qu'ils donnèrent en fief. Ceux qui les reçurent dans ces conditions furent appelés seigneurs des îles.

Plusieurs fois la seigneurie des îles fut donnée à titre héréditaire : ainsi la reçurent Jean Sans-Terre avant son avénement, Pierre de Préaux sous le règne de Jean, sous Henri III son fils Édouard, sous Henri V le duc de Bedford, etc. Quoique toutes ces concessions fussent en principe perpétuelles, aucune d'entre elles n'eut d'effet durable, parce que ceux à qui elles avaient été faites, ou parvinrent au trône, ou moururent sans laisser d'héritiers.

D'autres seigneurs avaient reçu les îles pour leur vie seulement. Ceux-là ne furent que des gardiens sous un titre plus pompeux. Il arriva qu'un même personnage fut désigné tantôt sous le nom de seigneur et tantôt sous celui de gardien [1].

L'intérêt d'une liste chronologique des gardiens et seigneurs des îles normandes n'est pas borné à l'histoire locale de ces îles; on y peut trouver aussi, comme dans toute table de chronologie, des renseignements utiles pour éclairer certains points de l'histoire générale. En voici un exemple. La chronique de Flandre qui a été publiée dans le vingt-deuxième volume du Recueil des historiens de la France mentionne un ambassadeur chargé d'une mission par le roi Édouard Ier, en 1292, qu'elle appelle le « seigneur de Grenesie [2] ». Les éditeurs ne paraissent pas avoir connu le véritable nom de ce personnage. Une table chronologique des seigneurs et gardiens des îles l'aurait fait connaître immédiatement. C'est, comme on l'a déjà remarqué [3], Othon de Granson, gardien ou seigneur des îles normandes de 1275 à 1328, et connu d'ailleurs par le rôle qu'il joua dans la diplomatie d'Édouard Ier.

La liste que je donne commence un peu avant la création des premiers gardiens, avec la *seigneurie* de Jean (Sans-Terre), mentionnée pour la première fois en 1198. Elle s'arrête au démembrement de la charge de gardien des îles, en 1461.

---

1. Voyez ci-après l'article consacré à Othon de Granson.
2. *Recueil des historiens des Gaules et de la France*, t. 22, p. 353 A.
3. G. Dupont, *Histoire du Cotentin et de ses îles*, t. II (Caen, 1873, in-8°); p. 183, n. 5.

J'ai indiqué, en tête de l'article consacré à chaque personnage, le titre qu'il a porté, et les dates extrêmes de son gouvernement, *séparées* par un tiret. A défaut de la nomination, j'ai donné la date de la première mention, *précédée* d'un tiret; de même, à défaut de la date de la mort, révocation, etc., on trouvera celle de la dernière mention, *suivie* d'un tiret.

J'ai indiqué autant que possible pour chaque gardien s'il avait été nommé à vie, ou jusqu'à révocation (« quamdiu Regi placuerit », « durante bene placito »), ou enfin pour un nombre d'années déterminé. J'ai aussi reproduit les mentions qui nous sont parvenues sur les *fermes* imposées à divers gardiens. Le gardien avait ordinairement en guise de traitement la jouissance de tous les biens du domaine royal dans les îles, pendant la durée de sa garde. Ceux que les rois favorisèrent particulièrement obtinrent cette jouissance entière et gratuite. D'autres durent payer au roi une ferme annuelle en argent, fixée dans l'acte de leur nomination [1].

Plusieurs gardiens ont eu des lieutenants nommés par eux-mêmes ou par le roi [2]. J'ai indiqué les noms de ces lieutenants

---

[1]. Le chiffre de la ferme des îles a souvent varié, soit à cause de quelque différence dans le taux de la monnaie, soit plutôt parce que la valeur des îles elles-mêmes a changé. La guerre appauvrissait : le 8 juin 1342, dans Rymer, nous voyons le roi accorder une réduction au gardien Thomas de Hampton, dont la ferme, fixée d'après la valeur des îles en temps de paix, dépassait de beaucoup leur valeur véritable depuis la guerre. Voici le tableau des fermes imposées aux gardiens des îles, aux diverses époques où elles nous sont connues :

1242-52	Dreux de Barentin	Par an 175 livres sterling.
1252-54	Richard de Gray	200 —
1275-77	Othon de Granson	250 —
1331	P. Bernard et L. de Gaillard	500 —
1332-33	Th. Wake de Liddel	500 —
1335 et suiv.	G. de Montaigu et H. de Ferriers	250 —
1338 et suiv.	Thomas de Ferriers	250 —
1341 et suiv.	Thomas de Hampton	250 —
	(Réduction indéterminée, 1342)	
1354-57	Guillaume Stury	200 —
1357	Othon (?) de Holland	200 —
1359-61	E. de Cheyny	300 —
1362-67	Le même	115 —
1367-73	Gauthier Huwet	200 —

Pour apprécier convenablement ces variations, il faut songer que pendant la plus grande partie du règne d'Édouard III les biens des abbayes et églises du continent qui se trouvaient dans ses terres furent saisis en la main du roi. C'est en 1361 seulement qu'ils furent rendus à leurs propriétaires. Jusque là les revenus de ces biens s'ajoutèrent à ceux des biens de la couronne, et par conséquent, dans les îles, aux profits des gardiens.

[2]. Quelquefois ces lieutenants furent eux-mêmes appelés gardiens.

à la suite de ceux des gardiens qu'ils furent chargés de suppléer.

J'ai recueilli aussi quelques renseignements au sujet des sceaux et des armes des personnages portés dans cette liste.

Je n'ai pu constituer une série tout à fait complète. On pourra plus tard, je l'espère, faire mieux. Voici la liste telle que j'ai pu la former [1].

Jean (*Sans-Terre*), comte de Mortain (ensuite roi d'Angleterre).
Seigneur des îles, — 1198—1199.

Avant de devenir duc de Normandie et roi d'Angleterre, Jean avait eu en apanage le comté de Mortain et la seigneurie des îles. Il nous est parvenu une copie d'une charte concernant Jersey, qui avait été rendue par Jean « dum fuit comes Mortonii et dominus Insularum ». Elle est datée du 8 février, la 9ᵉ année du règne de Richard Iᵉʳ (1198) [2].

Pierre de Préaux.
Seigneur des îles, 1200—1203—.

Pierre de Préaux, *Petrus de Pratellis*, seigneur normand, reçut

---

1. Voici quelques-unes des principales abréviations employées ci-après dans l'indication des sources : — *Carte*, Catalogue des rolles gascons, normans et françois..., par Carte, 1743, 2 vol. in-fol. ; — *Orig.*, les rôles de l'Échiquier d'Angleterre, dits « Originalia », conservés à Londres au Public Record Office ; — *Orig. abbr.*, Rotulorum originalium in curia scaccarii abbrevatio, (Lond.), 1805-1810, in-fol., tome II ; — *Pat. roll*, les « Patent rolls » ou rôles des lettres patentes, conservés au Public Record Office ; — *Placita de quo waranto*, l'ouvrage ainsi intitulé, (Lond.), 1818, in-fol. ; — *R. L. C.*, Rotuli litterarum clausarum in Turri Londinensi asservati, accurante Thoma Duffus Hardy, (Lond.) 1833-1834, 2 vol. in-fol. (quand le tome n'est pas indiqué il s'agit du t. I) ; — *R. L. P.*, Rotuli literarum patentium..., acc. Th. D. Hardy (Lond.), 1835, in-fol. ; — *Rot. chart.*, Rotuli chartarum..., acc. Th. D. Hardy, (Lond.), 1837, in-fol.; — *Rotuli parliam.*, Rotuli parliamentorum, ut et petitiones, et placita in parliamento, s. l. n. d., 6 vol. in-fol. ; — *Rymer*, Fœdera, conventiones, litteræ, etc. (au lieu du vol. de la page qui varie selon les éditions, je cite les pièces par leur date) ; — *Second report*, Second report of the commissioners appointed to inquire into the state of the criminal law in the Channel Islands (presented to both Houses of Parliament by command of H. M.), London, 1848, in-folio. — Parmi les pièces du Public Record Office que je cite, il en est quelques-unes que je n'ai pas vues moi-même et dont je dois l'indication à M. Ch. Bémont.

2. *Placita de quo waranto*, p. 831, col. 1.

du roi Jean, par une charte du 14 janvier 1200, renouvelée le 21 juin de la même année, les îles de Jersey, Guernesey et Auregny, à tenir du roi avec d'autres terres par le service d'un fief de trois chevaliers, « per servicium feodi trium militum [1] ». Je ne sais combien de temps il les garda. La donation de 1200 n'était pas définitive : le roi se réservait le droit de reprendre les îles, en pourvoyant le donataire autrement.

On a deux mandements adressés par le roi à Pierre de Préaux ou à ses baillis, le 12 novembre 1201 et le 13 août 1203 [2]. On a aussi une charte de ce seigneur, de l'année 1203, par laquelle il donna les roches *Écrehou*, près de Jersey, à l'abbaye du Val Richer, pour y établir un prieuré [3].

Ce Pierre de Préaux joua un rôle dans la guerre entre Jean Sans-Terre et Philippe Auguste. Il fut l'un des défenseurs de Rouen, et l'un de ceux qui scellèrent la capitulation de cette ville [4].

Le sceau de Pierre de Préaux fait partie de la collection sphragistique des Archives nationales de France (n° 3305). Il est en forme d'écu et porte dans le champ les armes des Préaux, une aigle. Cette aigle est éployée. Autour du sceau se voit cette légende, peu distincte dans l'exemplaire des Archives : + SIGILLVM PE[TRI DE] PRATELLIS.

Dans une charte du 19 mars 1216, par laquelle le roi Jean donnait diverses terres à *Guillaume* de Préaux (l'héritier de Pierre?), il lui promit, si cette donation ne pouvait être exécutée, ou bien de lui rendre les îles, « vel reddere eidem insulas de Geresye, faciendo inde nobis servicium ad predictas insulas pertinens », ou de lui assigner 300 livrées d'autres terres en Angleterre [5]. Cette promesse ne paraît pas avoir eu de suites, en ce qui concerne les îles.

Hasculf de Suligny.

Gardien de Jersey, (? — 1206) — nov. 1212.

Le gouvernement de ce gardien nous est révélé par les documents relatifs à la nomination de son successeur. En novembre

---

1. *Rot. Chart.*, p. 33, col. 2, et p. 71, col. 1.
2. *R. L. P.*, p. 8, col. 1 et p. 33, col. 2.
3. *Gallia christiana per prov. distr.*, t. XI, instr. col. 94.
4. Arch. nat., J. 213. n° 2; Teulet; *Layettes*, n° 716, t. I, p. 250.
5. *Rot. Chart.*, p. 220, col. 1.

1212, Philippe d'Aubigny est nommé gardien de Jersey [1], et le roi le désigne ainsi : « Philippo de Albiniaco eunti in insulam de Jerres. quam Hasculfus de Suligny habuit in custodia [2]. »

Nous n'avons pas l'acte de la nomination de H. de Suligny, mais il est probable que lorsqu'il fut remplacé il était déjà gardien de Jersey depuis plusieurs années. Philippe d'Aubigny, qui lui succéda à Jersey en 1212, avait déjà reçu, en août 1207, la garde de plusieurs îles, que les lettres de sa nomination désignent ainsi : Guernesey et les autres îles que Geoffroi de Lucy a eues en garde [3] ; et à partir de 1212 il eut la garde de tout l'archipel normand. Il est vraisemblable que ces îles dont Geoffroi de Lucy était gardien en 1207 et que Philippe d'Aubigny reçut après lui étaient Guernesey et les petites îles voisines (Auregny, Serk, Herm, etc.). Le gouvernement des îles était donc alors divisé comme il l'est aujourd'hui; et en effet la plupart des ordres du roi pendant les années qui précèdent sont adressés *aux baillis* ou *aux gardiens des îles*, au pluriel [4].

Or, le 19 mai 1206, Geoffroy de Lucy et H. de Suligny sont mentionnés comme étant présents tous deux en même temps aux îles [5]. Sans doute ils gouvernaient déjà alors chacun la partie de l'archipel dont on le voit gardien en titre plus tard : Geoffroi de Lucy Guernesey et les petites îles du même groupe, Hasculf de Suligny Jersey. Le gouvernement de ce dernier s'étend donc, très probablement, au moins depuis le 19 mai 1206, jusqu'en novembre 1212.

On trouve dans les *Rotuli litterarum clausarum* des ordres relatifs au gouvernement de Jersey, adressés à H. de Suligny les 2 et 3 octobre 1207 [6]. Il paraît qu'au lieu de résider constamment dans l'île, il séjournait souvent en Angleterre, car plusieurs fois on mentionne les voyages qu'il eut à faire pour retourner d'Angleterre aux îles [7].

---

1. *R. L. P.*, p. 95, col. 1.
2. *R. L. C.*, p. 126, col. 1 et 2.
3. *R. L. P.*, p. 75, col. 1.
4. Sept. 1206, *R. L. P.*, p. 67, col. 1; 25 mars 1207, ibid., p. 70, col. 1; 26 mars 1208, ibid., p. 81, col. 1; 1208, sans autre date, et 29 mai, ibid., p. 84, col. 1.
5. *R. L. C.*, p. 70, col. 2.
6. *R. L. C.*, p. 92, col. 2.
7. 15 avril 1207, *R. L. C.*, p. 81, col. 2; 30 août 1207, ibid., p. 91, col. 1; 26 février 1208, ibid., p. 104, col. 1.

En novembre 1212, Hasculf de Suligny reçut l'avis de sa révocation et de la nomination de son successeur [1].

Des lettres du 5 juin 1223 mentionnent un acte qui avait été fait autrefois par Hasculf de Suligny au temps de son gouvernement : « dum fuit Baillivus de Geres. [2] ».

Geoffroy de Lucy (1re fois).

Gardien de Guernesey, etc. (? — 19 mai 1206) — 10 août 1207.

J'ai cité tout à l'heure les documents d'où il paraît résulter que Geoffroy de Lucy fut gardien de Guernesey, Auregny, Serk, etc., depuis au moins le 19 mai 1206 jusqu'au 10 août 1207.

Le 2 juillet 1206, il est question d'un convoi de farine qui lui fut envoyé à Guernesey [3].

On retrouvera plus loin Geoffroy de Lucy gardien des îles sous Henri III.

Philippe d'Aubigny [ou, d'Aubigné?].

Gardien : de Guernesey, etc., 10 août 1207 — ; -des îles,
nov. 1212 — nov. 1220 —.

J'ai déjà indiqué à propos de H. de Suligny les actes de la nomination de Philippe d'Aubigny comme gardien de Guernesey et des petites îles voisines, le 10 août 1207 [4], et comme gardien de Jersey en novembre 1212 [5]. Cette garde lui fut conférée *durante bene placito*. Dans les lettres patentes de 1207 le roi commande aux Guernesiais qu'ils obéissent à Philippe d'Aubigny « tanquam custodi vestro et ballivo nostro ». — En 1212 la garde de toutes les îles se trouva réunie dans ses mains, sauf toutefois celle de Serk, qu'il semble n'avoir eue que deux ans plus tard : le 8 décembre 1214 le roi mande à l'évêque de Winchester de livrer l'île de Serk à Philippe d'Aubigny, auquel il l'a donnée à garder [6].

1. *R. L. P.*, p. 95, col. 1.
2. *R. L. C.*, p. 550, col. 1.
3. *R. L. C.*, p. 73, col. 1.
4. *R. L. P.*, p. 75, col. 1.
5. *R. L. C.*, p. 126, col. 1 et 2 ; *R. L. P.*, p. 95, col. 1.
6. *R. L. P.*, p. 125, col. 2. L'île de Serk avait été quelque temps occupée par les gens du corsaire Eustache le moine : voy. *R. L. C.*, p. 177.

Les rôles de la chancellerie de Jean Sans-Terre et de Henri III, publiés par M. Hardy, contiennent divers ordres adressés à Philippe d'Aubigny pour l'administration des îles [1]. Il résulte de ces documents qu'il conserva ses fonctions de gardien des îles après la mort de Jean, sous son fils Henri III. La dernière lettre qui lui soit adressée est du 23 novembre 1220.

Ce Philippe d'Aubigny était un grand personnage en Angleterre : son nom figure parmi ceux des barons dont Jean, dans le préambule de sa grande charte, déclare avoir pris conseil.

Son sceau nous a été conservé au bas de deux actes des assises qu'il tint à Jersey et à Guernesey vers 1219 (Pièces, I, II). Le moule de ce sceau fait partie de la collection de sceaux des Archives nationales (n° 16748). Il est rond, et porte pour légende : + S' PHILIPPI DE· ALBIGNEI. Dans le champ sont les armes de la maison d'Aubigny : quatre fusées en fasce [2].

Il ne faut pas confondre ce Philippe d'Aubigny avec son [neveu] du même nom, qui probablement lui succéda immédiatement dans la garde des îles, et dont il va être question maintenant. C'est probablement [à l'oncle] qu'il faut rapporter divers actes d'administration relatés dans une enquête qui fut faite à Guernesey par le gardien Dreux de Barentin en 1248 [3].

[Sur Philippe d'Aubigny, ou plutôt, peut-être, d'Aubigné, on trouvera quelques détails supplémentaires ci-dessous, p. 436 et suiv.]

Philippe d'Aubigny *le jeune* (1ʳᵉ fois).
Gardien des îles, — 1222 — oct. 1224.

Dans un des actes passés aux assises tenues à Guernesey en 1219 par le gardien Philippe d'Aubigny, on remarque parmi les noms des témoins celui de Philippe d'Aubigny le jeune, « Philippo juniori de Albign. [4] ». Dans les rôles des lettres closes, vers la date d'octobre 1222, on trouve une mention qui indique que ce Ph. d'Aubigny le jeune venait de recevoir à son tour la garde

---

1. *R. L. P.*, p. 104, col. 1; *R. L. C.*, p. 138, col. 2, p. 142, col. 2, p. 230, col. 2, p. 252, col. 2, p. 388, col. 1, p. 442, col. 2.
2. Les mêmes armes se retrouvent en 1499 sur le sceau d'un seigneur anglais, qui descendait évidemment de la même famille, Gilles Daubeny : Arch. nationales, collection des sceaux, n° 10149.
3. *Second report*, p. 292, l. 25-24 du bas, p. 293, 3ᵉ alinéa, lignes 11 et 14.
4. Pièces, I.

des îles : « Plegii Ph. de Albin. junioris de fideli servicio et de Insul. de Gernes. fideliter servand. » (suivent 9 noms). Cela signifie sans doute que les personnes dénommées se portent cautions de la fidélité du gardien [1].

Il est probable que ce personnage est un fils de l'autre Philippe d'Aubigny. L'usage de donner au fils aîné le même nom de baptême qu'à son père, et de le distinguer par l'épithète *junior*, s'est maintenu jusqu'à nos jours en Angleterre. [*Bibliothèque de l'École des chartes*, XXXVII (1876), p. 580 : «... c'était en réalité son neveu (Dugdale, *The baronage of England*, t. I, p. 116). »]

La présence de Ph. d'Aubigny le jeune aux îles est mentionnée encore en octobre 1223 [2]. En octobre 1224 il eut un successeur, Geoffroi de Lucy (v. ci-après) : il lui transmit, par ordre du roi, son « instaurum » de Jersey, c'est-à-dire, soit son attirail ou son établissement militaire, soit même sa maison et son installation personnelle, et reçut pour cela du roi une indemnité de 40 livres [3].

Geoffroy de Lucy (2e fois).

Gardien des îles, oct. 1224 — mai 1226.
(Févr. — mai 1226, H. de S. Philibert lui est adjoint pour Jersey, v. ci-après.)

Le 21 octobre 1224 est mentionné l'envoi de Geoffroy de Lucy aux îles [4]; le 8 du même mois, il était encore en Angleterre [5]; dès le 22 octobre il reçoit un ordre comme gardien de Jersey [6]. — Le 9 janvier 1225 il est désigné comme le gardien des îles [7] et on le voit agir en cette qualité plusieurs fois durant l'année 1225 et

---

1. *R. L. C.*, p. 515, col. 2. On peut se demander s'il faut lire *de Insula... servanda* ou *de Insulis... servandis*. C'est probablement la seconde leçon qui est la vraie. Des expressions comme les *îles de Jersey* ou *les îles de Guernesey*, pour désigner l'ensemble des îles normandes, se rencontrent quelquefois; et d'autres textes montrent que Ph. d'Aubigny le jeune a eu Jersey aussi bien que Guernesey en sa garde : *R. L. C.*, p. 550, col. 1, et t. II, p. 12, col. 1.
2. *R. L. C.*, p. 566, col. 2.
3. *R. L. C.*, t. II, p. 12, col. 1 : « Pro instauro suo quod habuit in insula de Geres., quod liberavit Galfrido de Lucy per preceptum nostrum » (8 janvier 1225).
4. *R. L. C.*, p. 626, col. 2.
5. Ibid., p. 623, col. 2.
6. Ibid., p. 627, col. 1.
7. Ibid., t. II, p. 12, col. 1 et 2.

jusqu'au 16 mai 1226 [1]. Le 14 décembre 1225, le roi lui alloue 445 livres pour les dépenses de son gouvernement jusqu'au 24 nov. 1225, et 171 livres 10 sous pour ses dépenses du 25 nov. 1225 au 3 janvier 1226 [2]. A partir de février 1226 un gardien spécial pour Jersey lui est adjoint (v. ci-après). En mai 1226 il cesse ses fonctions : son dernier acte est du 16 mai [3] ; le 17 paraît son successeur R. de Gray (ci-après).

Hugues de Saint Philibert.

Gardien de Jersey, février 1226 — (mai 1226?).

H. de S. Philibert reçut la garde de Jersey durant le bon plaisir du roi par des lettres patentes du 12 février 1226 [4]. Geoffroi de Lucy avait alors la garde des îles et ils gouvernèrent ensemble. Le 11 février 1226 le roi leur envoie à tous deux des armes, et à chacun 250 livres pour la paie des chevaliers et sergents qui gardent les îles [5]. Le 15 février il fait rembourser à G. de Lucy 19 marcs pour des armes qu'il a fournies à H. de Saint-Philibert [6].

La garde de H. Saint-Philibert finit, selon toute apparence, comme celle de G. de Lucy, quand commença celle de Richard de Gray, en mai 1226. Le 29 juin le roi lui fit remettre 100 marcs pour la paie des chevaliers et sergents qui avaient servi au château de Jersey tandis qu'il en avait la garde [7]. [*Note manuscrite* : H. de S. Philibert remplacé par G. de S. Jean le 12 mai 1227 (?). La Croix II 240.]

Richard de Gray (1re fois).

Gardien des îles, 17 mai 1226 — 1227.

17 mai 1226 : « Rex E. Thesaurario et Camerariis suis salutem. Liberate de thesauro nostro Ricardo de Gray .cc. libras ad insulas de Geres. et Gerner. et alias insulas nostras ibidem custodiendas [8] ». Cet acte nous marque l'entrée en charge du gardien

1. Ibid., t. II, p. 12, 15, 21, 39, 45, 48, 55, 90, 96, 98, 99, 112.
2. Ibid., p. 90, col. 1.
3. Ibid., p. 112, col. 2.
4. Pièces, III.
5. R. L. C., t. II, p. 98, col. 1.
6. Ibid., p. 99, col. 1.
7. Ibid., p. 124, col. 1.
8. Ibid., p. 113, col. 2.

Richard de Gray. On le voit ensuite figurer comme gardien les 19 mai 1226, 26 décembre 1226, 1ᵉʳ mai 1227 [1]. C'est entre le 1ᵉʳ mai 1227 et le 12 juillet suivant qu'il sortit de charge, car le 12 juillet 1227 le roi ordonne une enquête sur ses dépenses « dum fuit custos [2] ».

Le sceau de Richard de Gray, qui présente sa figure à cheval, et la légende + SIGILLVM RICARDI DE GREAI, fait partie de la collection des Archives nationales (n° 10143). Les pièces d'armoiries figurées sur l'écu paraissent être deux fasces.

Guillaume de Saint-Jean.

Gardien des îles, 1227.

Guillaume de Saint-Jean figure, comme gardien des îles, dans des lettres closes du roi Henri III, aux dates des 8 et 27 septembre et 14 octobre 1227 [3]. [*Note manuscrite* : Nommé le 12 mai (1227?) : La Croix II 240.]

Richard de Gray (2ᵉ fois) et Jean de Gray, son frère.

Gardiens des îles, 1229 — 1230.

En 1226, quand Richard de Gray avait été nommé gardien des îles, son frère Jean y avait été envoyé avec lui : « Johannem de Gray... quem dominus Rex misit ad insulas de Geres. et de Gerner. cum Ric. de Gray fratre suo [4] ».

En 1229, tous deux reçurent conjointement la garde des îles, par des lettres patentes du 4 décembre [5]. Leur nom est alors écrit *de Grey*.

Le 31 juillet 1230 le roi écrit à Richard de Gray pour lui notifier qu'il a donné la garde des îles à un autre gardien, Henri de Trubleville [6].

Richard de Gray fut encore gardien une troisième fois en 1252 (v. ci-après).

---

1. *R. L. C.*, t. II, p. 114, col. 1, p. 163, col. 2, p. 184, col. 1.
2. Ibid., p. 192, col. 1.
3. Ibid., p. 200, col. 1, p. 201, col. 2, p. 202, col. 2.
4. Ibid., p. 114, col. 1, sous la rubrique *De ponenda loquela in respectum*.
5. *Pat. roll*, 14. H. III, p. 2, m. 8 v°.
6. Ibid., m. 4.

Henri de Trubleville.

Gardien, puis seigneur des îles, 1230 — 1238 —.

Le 22 juin 1230, Henri de Trubleville, sénéchal de Gascogne, reçut, pour la durée de sa vie, la garde des îles [1]. Les termes employés dans ses lettres patentes de nomination étaient : « commisimus (insulas)... custodiendas et tenendas toto tempore vite sue ad se sustentandum in servicio nostro ». Le 31 juillet, cette nomination fut signifiée, comme on l'a vu, au gardien qu'il remplaçait, Richard de Gray.

Ensuite le roi paraît n'avoir voulu laisser à Henri de Trubleville que les revenus et non la garde des îles. En 1232 d'autres gardiens furent nommés (voir ci-après). En 1234, le 22 novembre, ses lettres furent expédiées sous une nouvelle forme : au lieu de *custodiendas et tenendas* on mit *habendas et tenendas,* et on lui donna le titre, non de gardien, mais de seigneur : « tamquam domino vestro [2] ».

On a aux archives de la Manche des lettres de H. de Trubleville, « dominus insularum », du 8 juin 1238 [3], auxquelles est appendu son sceau. Un moule de ce sceau fait partie de la collection des Archives nationales, nos 16749 et 16749 bis. Le sceau est rond et porte d'un côté la figure équestre de H. de Trubleville, de l'autre l'écu de ses armes. Le champ de cet écu est semé de petites rosettes de six feuilles et porte, au canton dextre du chef, un léopard passant, au canton senestre du chef et en pointe, deux rosaces de six feuilles. Il est probable que le léopard passant est une brisure et cache une troisième rosace qui devait se trouver sur les armes pleines. La légende est détruite au sceau et au contrescel.

---

1. Ibid., 14. H. III, m. 6.
2. Pièces, V.
3. Bibl. nat., ms. lat. 10072.

Arnaud de Saint-Amand; Philippe de Carteret; Philippe d'Aubigny *le jeune* (2ᵉ fois); Guillaume de Saint-Jean.

Gardiens des îles sous H. de Trubleville, 1232 —.

« En 1232, la garde de Jersey, de Guernesey et de Serk est confiée à Arnauld de Saint-Amand et à Philippe de Carteret. Peu de jours après, ceux-ci sont remplacés par Philippe d'Aubigny et Guillaume de Saint-Jean, qui déjà avaient exercé ces fonctions il y avait quelques années. Enfin, Guillaume de Saint-Jean, rappelé au mois d'octobre de cette même année 1232 pour remplir une autre mission, laisse Philippe d'Aubigny seul gardien des îles, parmi lesquelles, cette fois, figure Aurigny [1]. » [*Note manuscrite* : 26 oct. 16 H. III.]

La commission de Philippe d'Aubigny *junior* est du 26 octobre 1232 [2]. Elle était donnée pour la durée du bon plaisir du roi, « quamdiu nobis placuerit ». Je ne sais combien dura ce bon plaisir. Ce ne put être au-delà de l'année 1235, où nous trouvons un autre gardien, Dreux de Barentin.

Le recueil des *Royal letters* de Henri III, publié dans la collection dite du maître des rôles [3], contient des lettres non datées, que les Guernesiais adressaient à Henri III pour se plaindre de ce qu'il avait permis à des hommes condamnés lors des assises tenues dans les îles par Philippe d'Aubigny, d'en appeler à un jury de vingt-quatre hommes, hors des cas où la loi le permettait (p. 286). L'éditeur donne à cette pièce la date de mai 1226, sans qu'on puisse comprendre pourquoi. Je serais tenté de rapprocher ces lettres de celles qui sont publiées page 466 du même volume : c'est un ordre de Henri III, du 25 avril 1235, qui accorde à plusieurs personnes condamnées *lors des dernières assises* la même faveur dont parlent les lettres des Guernesiais. Je pense que celles-ci sont une réponse à celles du roi et doivent être datées aussi de 1235. Les assises dont il a parlé seraient de l'année précédente, 1234. Dans ce cas il faudrait admettre que Philippe d'Aubigny *junior* garda le gouvernement des îles deux ans encore après sa nomination de 1232, qu'il était donc encore gardien en 1234.

---

1. G. Dupont, *Histoire du Cotentin et de ses îles,* t. II, p. 95, d'après Delacroix, *Jersey et ses antiquités,* t. II, p. 240-241.
2. Pièces, IV.
3. *Royal and other historical letters illustrative of the reign of Henri III,* vol. I, 1216-1235.

[*Addition*. Bibliothèque de l'École des chartes, XXXVII (1876), p. 444.

Nicolas de Moels.
Gardien des îles normandes.

Je dois à M. E. Mac Culloch, lieutenant-bailli de Guernesey, l'indication d'un gardien des îles normandes que je n'avais pas compris dans ma *Série chronologique*. Il est mentionné par Dugdale dans son *Baronage* [1], d'après le rôle des lettres patentes de la dix-huitième année de Henri III, *membr*. 10. Son nom est *Nicolas de Moels*, et sa nomination se place dans la dix-huitième année du règne de Henri III d'Angleterre, soit entre le 28 octobre 1233 et le 27 octobre 1234. Son gouvernement dut finir au plus tard dans les premiers mois de l'année 1235 : on a vu que le 25 avril 1235 le gardien des îles était Dreux de Barentin.]

Dreux de Barentin (1re fois).
Gardien des îles, —1235—1252.

Dreux (*Drogo*) de Barentin paraît pour la première fois comme gardien des îles dans les lettres du roi, du 25 avril 1235, que je viens de citer. C'était alors sous la seigneurie de Henri de Trubleville.

En la vingt-sixième année de Henri III (1241-1242), le même Dreux tenait les îles à ferme, du roi même, pour 350 marcs par an : « Drogo de Barentin reddit compotum de cccl marcis de firma Insularum de Geresey et Gernesey quas Rex concessit ei tenendas per talem firmam, quamdiu Regi placuerit, sicut continetur in originali [2] ».

Mention de ce gardien est faite encore en 1243-1244 [3] et en 1248 [4].

---

1. « Moreover, in 18 H. 3. he had the Islands of Garnsey, Jeresey, Serke, and Aureney, comitted to his trust... » : Dugdale, *The baronage of England*, t. I, p. 619.
2. Madox, *Hist. of the Exchequer*, p. 707, n° 9, d'après « Magn. Rot. 26, H. 3. Oxon. »; mention déjà relevée par M. Dupont, *Hist. du Cotentin*, etc., t. II, p. 125.
3. L'an 28 de Henri III : *Orig. abbr.*, p. 5, col. 1.
4. *Second report*, p. 291.

Le 24 avril 1252 il fut révoqué [1]. Il tenait encore alors les îles à ferme pour 350 marcs par an.

Richard de Gray (3ᵉ fois).
Gardien des îles, 24 avril 1252 — 1254.

Richard de Gray reçut pour la troisième fois la garde des îles normandes, *durante bene placito*, par des lettres patentes du 24 avril 1252 (Pièces, VI), moyennant une ferme annuelle de 200 livres (400 marcs), payables moitié à l'échiquier de Pâques et moitié à celui de la Saint-Michel. C'était une enchère de 50 marcs par an sur la ferme de son prédécesseur.

Le 14 février 1254, le roi lui envoya l'avis de la donation des îles à son fils Édouard, et lui ordonna de les livrer au prince ou à son fondé de pouvoir [2]. Il paraît que cet avis mit plus d'un mois à parvenir aux îles. Le 16 mars 1254 un acte passé à Guernesey mentionne encore le gardien Richard de Gray, et son fils Jean, qu'il avait fait son lieutenant [3].

Édouard, fils du roi Henri III.
Seigneur des îles, 1254 — 1272.

Le 14 février 1254, Henri III donna à son fils Édouard une partie considérable de ses domaines, et entre autres « Gernes. et Geresy et ceteras Insulas maris [4] ».

Pendant la guerre civile d'Angleterre, 1258 et années suivantes, le prince n'eut pas la possession continue et paisible de ces îles. Le 5 juillet 1258, le roi écrivit à Dreux de Barentin, qui s'en trouvait alors gardien de nouveau, pour lui mander qu'il eût à bien garder les îles et à empêcher Édouard d'y mettre ses

---

1. Pièces, VI.
2. Rymer, 14 février 1254.
3. Archives de la Manche, fonds du mont S. Michel, vidimus sous le sceau de l'évêque d'Avranches : « anno regni domini Henrici, regis Anglie, filii regis Johannis, tricesimo octavo, mense martio, die Lune proxima ante festum sancti Benedicti, receptum fuit tale breve, apud Sanctum Petrum in portu, in curia domini regis, coram domino Johanne de Gray, filio domini Ricardi de Gray, custodis insularum, cujus allocatus idem Johannes erat in insulis... »
4. Rymer, 14 février 1254.

officiers ou d'y entrer lui-même [1]. L'année suivante, Édouard paraît rentré en possession de sa seigneurie [2]. En juin 1262, nous trouvons une « Conventio per quam rex Henricus III dimisit Edwardo filio suo primogenito Judaismum Anglie tenendum in tres annos ; et dictus Edwardus Regi dimisit insulas de Gernes. et Geres., novam forestam etc. tenenda ad finem termini supradicti [3] », ce qui paraît indiquer une suspension de la seigneurie d'Édouard sur les îles jusque vers le milieu de l'année 1265. Le 23 novembre 1265 cette convention était expirée : on voit alors Édouard agir de nouveau comme seigneur des îles, et encore de même en 1267 [4].

L'avènement d'Édouard à la couronne d'Angleterre, le 20 novembre 1272, fit rentrer les îles normandes dans le domaine immédiat du roi.

Le sceau du prince Édouard figure dans la collection des Archives nationales (n° 10125). Il porte d'un côté la figure équestre du prince, de l'autre l'écu de ses armes (d'Angleterre, brisé d'un lambel de cinq pendants).

Dreux de Barentin (2ᵉ fois).

Gardien des îles,— 1258 —.

Le 5 juillet 1258 le gardien des îles était encore une fois Dreux de Barentin [5].

Le 2 novembre 1259, le prince Édouard mentionne « inquisicionem quam per dilectum et fidelem nostrum Drogonem de Barentino, *tunc* ballivum nostrum insularum de Geres. et Gerner., fieri precepimus [6] ». Il est difficile de savoir quelle est l'époque désignée par ce « tunc ».

Des lettres du même Édouard, en date du 22 novembre 1267, sont adressées, s'il faut en croire une copie de Léchaudé d'Anisy [7], par ce seigneur, à son amé et féal « domino **W. de Barentino**, Ballivo suo insularum ».

1. Pièces, VII.
2. Arch. de la Manche, fonds du mont S. Michel, 2 nov. 1259.
3. C'est l'analyse que l'inventaire manuscrit des *Pat. rolls* à Londres donne d'une pièce transcrite sur le *Pat. roll*, 46. *H. III, m.* 11 *dorso*.
4. Bibl. nat., ms. lat. 10072, fol. 180, 182.
5. Pièces, VII.
6. Arch. de la Manche, fonds du mont S. Michel.
7. Bibl. nat., ms. lat. 10072, f° 182.

Hugues de Trubleville.

Gardien des îles, — 1269 — 1270 —.

Ce gardien figure, avec le titre de *ballivus insularum*, dans deux pièces des archives de la Manche, l'une de juin 1269 [1], l'autre de septembre 1270 [2]. Il y a encore, dans les copies de Léchaudé d'Anisy, à la Bibliothèque nationale [3], un acte de son procureur **Raoul de Broughton,** daté de 1273 ; mais cette date est suspecte, car alors il semble que le gardien fût un autre personnage, Arnaud Jean (v. ci-après).

Le sceau de Hugues de Trubleville fait partie de la collection des Archives nationales (n° 16750). Il porte une figure équestre de chevalier et la légende S' HVGONIS : D' TVRBEL[VI]LE. L'écu et la housse de cheval sont aux armes : un lion rampant, semble-t-il.

Arnaud Jean, *de Contino*, citoyen de Bayonne.

Gardien des îles, 24 juin 1271 — 14 avril 1275.

Collection générale des documents français qui se trouvent en Angleterre, rec. et publ. par J. Delpit, t. I, 1847, p. 6 : « XIX. « 1277. Lettre des trésoriers d'Edw. Ier, constatant qu'ils ont reçu « les comptes de Arnaud Jean, citoyen de Bayonne, pour l'admi- « nistration des îles de Guernesey, Jersey et autres îles sur la « côte de Normandie, du jour de la Saint Jean Baptiste 1271 jus- « qu'à Pâques de l'an 1275. — Arch. de l'Échiquier, Kalendars, « t. I, p. 91. » Cette mention nous donne les dates extrêmes du gouvernement d'Arnaud Jean. Elle est conforme à ce que nous savons d'ailleurs de ce gardien. Le 2 avril 1274, les moines du mont Saint-Michel écrivent au roi Édouard Ier, pour se plaindre de l'oppression dont les a accablés, durant sa longue absence, « in absentia vestra diuturna », son bailli des îles. Or l'absence du prince avait duré de 1270 à 1274. Le bailli des îles est appelé

---

1. C'est la pièce qui a fourni le n° 16750 de la collection des sceaux des Archives nationales.
2. Bibl. nat., ms. lat. 10072, f° 186.
3. Ms. lat. 10077. f° 82.

là « Helnandum Johannis de Contino ». Malgré l'altération du premier nom et l'addition d'un surnom qui ne se trouve pas ailleurs, il est évident que c'est d'Arnaud Jean qu'il s'agit [1]. Deux commissaires royaux qui furent envoyés aux îles en novembre 1274, Jean Gyger et Raoul de Broughton, eurent mission de vérifier les comptes d'Arnaud Jean depuis son entrée en charge, et d'assurer le recouvrement de ce qu'il pourrait devoir au roi [2].

Othon de Granson (*Otto de Grandisono*).
Gardien des îles, 1275 — 1328.

Ce personnage, qui joua un rôle politique important sous Édouard Ier, est un des gardiens des îles dont le gouvernement a eu le plus de durée. C'est aussi celui sous lequel a été accomplie une des modifications les plus importantes qu'ait subies la constitution insulaire, la création des baillis de Jersey et de Guernesey.

Le 25 novembre 1275 des lettres patentes du roi donnèrent à Othon de Granson la garde des îles, révocable à volonté, moyennant une ferme annuelle de cinq cents marcs : « Rex commisit Ottoni de Grandisono insulas de Gerneseye et Gereseye cum pertinenciis custodiendas quamdiu Regi placuerit, ita quod reddat regi per annum ad scaccarium regis quingentas marcas... T. R., apud Turrim London., xxv. die Novembris [3] ». Ces 500 marcs devaient être payés chaque année en deux termes, moitié à la S. Hilaire (13 janvier) et moitié à la S. Jean Baptiste (24 juin). Cette concession révocable à volonté fut apparemment rendue perpétuelle peu de temps après, probablement en 1276. Le 25 janvier 1277, de nouvelles lettres patentes furent rendues (Pièces, VIII). Elles portaient que récemment, *nuper*, le roi avait donné la garde des îles à Othon, à condition d'en payer une ferme annuelle, pour la durée de sa vie ; maintenant, voulant lui faire une plus grande faveur, il le dispensait de cette ferme et voulait qu'il eût sa vie durant la possession et jouissance gratuite desdites îles ; bien plus, pendant cinq ans encore après sa mort, les revenus royaux des îles seraient pour ses héritiers ou ses créanciers.

---

1. Rymer, 2 avril 1274.
2. *Pat. roll*, 2. Ed. I, m. 5 v°. [Sur Arnaud Jean, voir ci-dessous, p. 449.]
3. *Orig.*, 4. Ed. I, 5 bis.

La vie et le gouvernement d'Othon de Granson furent longs. Ils se prolongèrent jusqu'en 1328, plus de cinquante-deux ans après la première concession. Le 13 février 1328, Othon est encore désigné comme le gardien des îles [1]. Mais la même année (la seconde du règne d'Édouard III, qui fut du 24 janvier 1328 au 23 janvier 1329), on trouve une pétition adressée au Parlement par les gens de Jersey et de Guernesey, qui disent que leur gardien « Otes de Graunzon » est mort et demandent à ne pas rester sans garde [2].

La chancellerie royale, dans les lettres adressées à Othon de Granson, l'appelle toujours gardien des îles : « custodi insularum ». On le trouve quelquefois qualifié de seigneur : « Guillelmus de Sancto Remigio, attornatus domini Ottonis de Grandisono domini insularum [3]. » C'est lui, comme on l'a vu plus haut, que la Chronique de Flandre appelle « le seigneur de Grenesie ». Dans une charte de lui qui nous est parvenue, il ne prend aucun titre, quoiqu'il agisse en vertu de sa qualité de gouverneur : « A tous ceus qui ces presentes lettres verront et orront, Othes de Gransson, chevalier, saluz en Dieu [4]. » Je pense qu'il n'osait s'appeler seigneur et ne voulait pas s'abaisser à se dire simplement gardien [5].

Il nous est parvenu deux sceaux d'Othon de Granson (Arch. nat., nos 11582 et 16743). Le premier est appendu à un acte de 1303, qui n'a point de rapport avec le gouvernement des îles. Il porte la légende SIGILLVM OTTONIS DE GRANDISSONO, et un écu palé de six pièces, brisé d'une bande brochante sur le tout et chargée de trois pièces que les rédacteurs de l'inventaire des sceaux des Archives nationales indiquent, avec un point d'interrogation, comme des coquilles, mais qui m'ont paru plutôt ressembler à des merlettes. L'autre sceau (16743) est au bas d'un acte de mars 1316 pour les îles. La légende, peu lisible, paraît être SIGILLVM OTONIS DE GR[A]NSON. L'armorial est encore un écu palé de six pièces et brisé d'une bande brochante sur le tout, mais cette bande ne paraît point être chargée d'aucune autre pièce.

---

1. Rymer, 13 févr. 1328.
2. *Rotuli parliam.*, t. II, p. 21.
3. 20 nov. 1289, Bibl. nat., ms. lat. 10072, f° 201.
4. Bibl. nat., ms. lat. 10072, f° 208.
5. On trouve encore ses fonctions désignées par cette périphrase : « Otto de Grandisono, qui Insulas hic tenet ad terminum vite sue. »

Le gouvernement d'Othon de Granson fut une longue oppression. Les documents du temps reviennent souvent sur sa tyrannie et sur celle de ses officiers. Dès 1292 le roi envoie un commissaire spécial aux îles, parce que les insulaires se sont plaints que « les baillis desdites îles les ont forcés et les forcent à faire certains services non dus et non accoutumés, contre la loi et la coutume du pays, et leur ont imposé et leur imposent diverses autres grevances injustement [1] ». En 1299, nouvelle mention des *abus* des baillis (Pièces, IX). En 1319, le roi nomme de nouveaux commissaires et déclare encore avoir été informé « quod quidam justiciarii nostri, et alii ballivi et ministri insularum predictarum, per dilectum et fidelem nostrum Ottonem de Grandisono, custodem earundem insularum, in ipsis insulis deputati, injurias, transgressiones, extorsiones, oppressiones, dampnaque diversa voluntarie et absque causa rationabili eis multipliciter intulerunt, in ipsorum insulanorum predictorum depressionem et depauperationem manifestam [2] ». Et quelques années plus tard nous voyons encore les insulaires adresser une pétition au roi en parlement, pour demander la nomination de nouveaux commissaires ou *justiciers*, qui leur fassent droit contre « sire Othes de Granzun » ; et, ajoutent-ils, si les justiciers faisaient droit au roi et au peuple, ledit sire Othon serait chassé des îles : « et si les Justices facent droit au Roy et au people le dit Sire Othes serroit expellez les Isles [3] »!

Othon de Granson, ne voyant dans les îles qu'une source de revenus, ne s'occupa pas plus de les bien garder que d'en ménager les habitants ; sa négligence égala sa tyrannie. Plusieurs fois le roi dut lui donner d'office des suppléants. L'an 18 d'Édouard II (1324-1325) *Jean de Clyvedon* écrit au roi et au parlement une lettre où il rappelle que la garde de Jersey et de Guernesey lui a été confiée sur la demande des habitants, qui s'étaient plaints qu'Othon de Granson les laissait sans garde ; il demande et obtient sa décharge, ledit Othon s'étant enfin décidé à désigner un lieutenant [4]. — En 1327, le roi est de nouveau

---

1. « Quod ballivi illarum insularum ipsos homines ad quedam servicia indebita et inconsueta contra legem et consuetudinem partium illarum faciendam compulerunt et compellunt et alia gravamina diversa eis intulerunt et inferunt minus juste » : *Pat. roll*, 20 Ed. I, m. 10.
2. Lettres du 26 juin 1319, Arch. de la Manche, fonds du mont Saint-Michel (copie).
3. 18ᵉ année d'Édouard II, 1324-1325 : *Rotuli parliam.*, t. I, p. 416.
4. *Rotuli parliam.*, t. I, p. 419, col. 1.

informé qu'Othon de Granson laisse les îles sans garde, et que des malfaiteurs en profitent pour y venir tuer les habitants, brûler les maisons, et commettre toute sorte de crimes : « quamplures malefactores Insulas nostras... de die in diem hostiliter ingrediuntur, homines et gentes nostras Insularum predictarum nequiter interficiendo et incendia domorum et alia dampna et facinora quamplurima ibidem perpetrando » : c'est pourquoi le roi nomme deux gardiens pour défendre les îles aux frais dudit Othon [1]. Enfin, à sa mort, il laissa et les fortifications des îles, et les propriétés que le roi y possédait, dans un tel état de dégradation, qu'il fallut faire recherche de ses biens pour se rembourser du prix des réparations nécessitées par son incurie [2]. Ainsi était annulée de fait la clause par laquelle le roi lui avait donné les revenus des îles, durant 5 ans après sa mort, pour ses héritiers ou ses créanciers : le premier de ces créanciers, c'était le roi lui-même.

Lieutenants d'Othon de Granson.

On pense bien qu'un semblable personnage ne prit pas la peine d'administrer lui-même son gouvernement. Il eut des lieutenants ou des gardiens en second, les uns nommés par lui-même, les autres imposés par le gouvernement du roi.

---

1. Pièces, XIII.
2. Lettres du 17 février 1331 : « Rex dilectis et fidelibus suis Roberto de Norton et Guill. de la Rue salutem. Sciatis quod nos, de fidelitate vestra et circumspectione confidentes, assignavimus vos ad supervidendum statum Insularum nostrarum de Guernereye, Jerseye, Serk et Aureneye, ac castrorum nostrorum in eisdem Insulis, et ad informandum vos per inquisiciones... super vero valore Insularum earundem, ut in redditibus..., et etiam de statu quo castra, molendina et domus nostra in eisdem Insulis fuerunt tempore quo dilectus et fidelis noster Johannes de Roches, nuper custos Insularum earundem, ea Petro Bernard de Pynsoles et Laurencio de Gaillars, nunc custodibus Insularum predictarum, liberavit, et quantum prefatus Johannes in reparatione et emendatione defectuum castrorum, molendinorum et domorum nostrorum ibidem, dum custos earundem Insularum extitit, posuit..., ac etiam si Otto de Grandisono dudum custos Insularum predictarum, qui defectus predictos sumptibus suis propriis reparasse debuerat, aliqua bona seu catalla in eisdem Insulis habuit die quo obiit, de quibus iidem defectus reparari potuerunt, necne, et si sic, tunc que et cujusmodi bona et catalla, et ubi et cujus precii, et ad quorum manus eadem bona et catalla postmodum devenerunt, et qui et cujusmodi defectus in castris, molendinis et domibus predictis tempore obitus predicti Ottonis fuerunt... » (*Pat. roll*, 5. Ed. III, p. 1, m. 33 v°; impr. *Second report*, p. 324).

Le 18 mai 1278 sont mentionnés **Guillaume de Saint-Remi** et **Denis de Tilbury**, *attournés* d'Othon de Granson dans les îles [1]. En 1289, le 20 novembre, paraît encore « magister Guillelmus de Sancto Remigio, attornatus domini Ottonis de Grandisono domini insularum etc. ex mandato illustrissimi Edwardi dei gratia regis Anglie specialiter litteratorie constitutus [2] ». Ce Guillaume de Saint-Remi fut probablement le premier bailli de Guernesey [3].

M. Dupont [4] cite d'après d'autres un mandement du 28 août 1295 adressé à **H. de Cobham,** lieutenant du gardien. Dans les *Rotuli parliamentorum* [5] est cité un bref du 20 août 1295, adressé à ce H. de Cobham.

« **Nicholaus de Cheyny** [6] » est mentionné en 1305 comme ayant été gardien des îles : je pense que ce fut comme lieutenant ou suppléant d'Othon de Granson, mais je n'ai pu trouver à quelle époque au juste. En 1305 les comptes de son gouvernement n'étaient pas encore rendus [7].

A la date du 16 septembre 1299, **Henri, prieur de Wenlock,** est mentionné comme lieutenant d'Othon de Granson dans les îles [8]. La même année, il y tint des assises en qualité de « justicier itinérant » ou commissaire royal.

Lors de ces assises, le 19 octobre 1299 à Guernesey et le 23 novembre à Jersey, le lieutenant chargé par Othon de Granson de la garde des deux îles était le même **Denis de Tilbury** que nous avons vu attourné d'Othon de Granson avec Guillaume de Saint-Remi en 1278 [9].

Dans un rôle des assises qui furent tenues à Guernesey en 1304, on trouve, en tête d'une liste des fonctionnaires de l'île, le nom de **Jean de Newent :** on peut croire que ce nom est celui du lieutenant qu'Othon de Granson avait alors chargé de la garde

---

1. Catal. of royal letters, dans l'Appendice II au *Seventh report of the deputy-keeper of the public records,* n° 2059.
2. Bibl. nat., ms. lat. 10072, f° 201.
3. *Pat. roll,* 18. Ed. II, m. 2, 40, 41.
4. *Hist. du Cotentin,* etc., t. II, p. 288.
5. T. I, p. 464, col. 1.
6. Ce nom est celui d'une ancienne famille de Guernesey. Il revient souvent dans l'histoire des îles sous des formes fort diverses : *de Cheny, Chaeney, Cheigny, Chaene,* etc.
7. Pièces, X.
8. Pièces, IX.
9. Rôles des assises au Public Record Office de Londres, *n.* 1. 37¹, m. 3, et *n.* 1. 37², m. 5.

de l'île [1]. Serait-ce ce Jean de Newent qu'il faudrait reconnaître dans une charte d'un lieutenant d'Othon de Granson, du 15 avril 1302, dont Léchaudé d'Anisy a donné plusieurs copies ou analyses plus ou moins fautives, et où il a lu le nom de ce lieutenant, tantôt *Jehan de Seulbenc* [2], tantôt *Jean de Semblançay* [3], tantôt enfin *Johannes de Sieuwers* [4]?

Le 4 décembre 1306, Othon de Granson avait pour lieutenant **Jean de Ditton** [5], qui avait été justicier itinérant en 1304 [6] et qui le fut encore en 1309 [7].

Jean de Clyvedon, gardien nommé par le roi à cause de la négligence d'Othon de Granson, fut déchargé de cette garde, l'an 18 d'Edouard II (1324-25), sur une requête où il exposait que les îles n'avaient plus besoin d'un gardien extraordinaire, attendu, dit-il, qu'Othon de Granson « y a mis Munsire Gerard Dorme a demorer son Lyutenant [8] ». Je pense que ce Gérard, appelé ici « Dorme », est le même que le gardien « Gerardus Oroms », mentionné dans une liste des gardiens de 1323 à 1331 [9]; que « sire Girart Derous, gardien des ysles de Guernerye, Gersye é de autres a celes apartenantes » dont nous parle une requête de l'abbé du mont Saint-Michel au roi d'Angleterre [10] ; et que « Girard de Evrous », dont nous avons une lettre relative aux îles (Pièces, XII). Son vrai nom était, je pense, **Gérard Derous.** Avant d'être lieutenant d'Othon de Granson, ce personnage avait été envoyé aux îles, en 1323, comme *justicier itinérant* [11]. Sa

1. Rôle des assises, au Public Record Office, *n.* 1. 37³, m. 6.
2. Léchaudé d'Anisy, *Extraits des chartes*, etc., t. II, p. 178.
3. Ibid., atlas, page 13.
4. *Mémoires de la Société des antiquaires de Normandie*, t. XV, p. 208.
5. *Placita de quo waranto*, p. 832, col. 2.
6. Rôles des assises, *n.* 1. 37³, m. 1.
7. *Placita de quo waranto*, p. 822.
8. *Rotuli parliamentorum*, t. I, p. 419, col. 1.
9. Rôle des assises tenues à Guernesey en 1331 (*Second report*, p. 303) : « Nomina custodum Insularum post ultimas assisas. Gerardus Oroms sub Otone de Grandissono. Johannes de Roches. Petrus Bernard de Pynsole. Laurentius Gaylard. »
10. Cette requête dit que Girart Derous « a fet arester é prendre en main de rey les biens des avans dis religious (les moines du mont Saint-Michel) soz coulor de guerre, é de ce a fet lever partie, c'est assavoir L livres de tornois é II^c quartiers de forment, par la main dun nostre prior dou Vale demorant en la dite ysle de Guernerye, é XI. livres de tornois par la main dun nostre prior de Laic (Lecq) demorant en lisle de Gersye » (Arch. de la Manche, mont S. Michel, lettre de « J. Poyng Destre priour de Valle »).
11. *Pat. roll,* 16. Ed. II, p. 1, m. 6 : « Gerardum Derous ».

garde se place entre celles de Jean de Clyvedon et de Jean de Roches, par conséquent entre 1324 et 1326.

Je donne ci-après (Pièces, XIII) des lettres patentes d'Édouard III, du 29 mars 1327, par lesquelles le roi, informé de l'abandon où Othon de Granson laisse les îles commises à sa garde, nomme deux gardiens d'office pour défendre les îles aux frais d'Othon : ce sont **Jean de Roches et Robert de Norton.** Le premier de ces deux personnages avait déjà reçu des fonctions analogues l'année précédente; il est qualifié de gardien des îles dans un acte publié par Rymer à la date du 26 août 1326.

Dans une pétition adressée au Parlement en 1328 par les insulaires qui demandaient la nomination d'un gardien, après la mort d'Othon de Granson, sont rapportées des lettres patentes dont la date n'est pas indiquée, par lesquelles le roi, en l'absence d'Othon, avait confié la garde des îles à J. de Roches et à **Raoul Basset de Drayton** [1].

(Henry de Sully).

On trouvera ci-après (Pièces, XI) des lettres du 9 juin 1323 par lesquelles le roi Édouard II donnait à Henri, seigneur de Sully, la garde des îles, pour en jouir sa vie durant à partir du moment où lesdites îles seraient revenues au roi par la mort d'Othon de Granson. Cette concession ne paraît pas avoir eu d'effet. Il faut croire que Sully mourut avant Granson.

Jean de Roches.

Gardien des îles, 1328—1330.

A la mort d'Othon de Granson, les insulaires adressèrent une pétition, au roi en parlement, pour demander que le roi ne les laissât pas sans garde, et leur donnât, pour « gardeynes » en titre, « sire » J. de Roches, qui avait déjà été chargé de suppléer Othon de Granson. Cette demande fut favorablement accueillie par le Parlement [2]. La même année Jean de Roches fut nommé

---

1. *Rotuli parliamentorum*, t. II, p. 21.
2. *Rotuli parliamentorum*, t. II, p. 21.

gardien des îles, du moins provisoirement [1]. Il est mentionné comme gardien des îles en août et en septembre 1328, puis encore une fois en 1330 [2]. Cette année fut la dernière de son gouvernement; bientôt on s'occupa de régler son traitement [3] et les comptes de son administration [4].

Ensemble : **Pierre Bernard de Pynsole ; Laurens de Gaillard,** de Bayonne.

Gardiens des îles, 1330—1331.

Ces deux personnages furent nommés gardiens ensemble en 1330, moyennant une ferme annuelle de 500 livres [5]. Aux assises qui furent tenues dans les îles en 1331, ils furent compromis dans des accusations de vente à fausse mesure et de sédition [6]. Il ne faut donc pas s'étonner de leur voir nommer un successeur dès la même année.

Guillaume de Cheyny (1re fois).

Gardien des îles, 1331.

Nommé gardien des îles en 1331 [7], ce personnage eut un successeur dès la même année. Sur la forme de son nom, voyez plus haut p. 403, n. 6.

Thomas Wake de Liddel.

Gardien des îles, 1331—1333—.

Ce gardien fut nommé en 1331, pour jusqu'à la S. Michel 1332, à condition de rendre au roi 500 livres par an [8]. Cette

---

1. *Orig. abbr.*, p. 19, col. 1.
2. Rymer, 26 et 30 août 1328; *Pat. roll*, 2. Ed. III, p. 2, m. 3 v°; *Orig. abbr.*, p. 45, col. 1.
3. Ph. Falle, *an account of the island of Jersey*, éd. Durell, Jersey, 1837, in-8°, p. 136.
4. *Second report*, p. 324.
5. *Orig. abbr.*, p. 37, col. 1.
6. *Second report*, p. 310.
7. *Orig. abbr.*, p. 54, col. 1.
8. *Orig. abbr.*, p. 55, col. 1.

concession lui fut renouvelée aux mêmes conditions l'année suivante, sans limite de temps, « quamdiu [Regi placuerit] [1] ».

Une pétition adressée au roi par les gens de Jersey et de Guernesey en 1333 mentionne en passant « Mons. Thomas Wake, seigneur de Lidell., qore ad la garde des dites Isles [2] ».

Ensemble : **Guillaume de Montaigu, comte de Salisbury ; Henri de Ferriers.**

Gardiens des îles, 1334—1337.

En 1384, « R. commisit Willelmo de Monte acuto et Henr. de Ferrariis custodiam insularum R. de Gerneseye, Jereseye, Serk et Aureneye et aliarum insularum eisdem insulis adjacencium, habendam et regendam una cum omnibus proficuis etc., usque ad finem quinque annorum, reddendo inde Regi per annum quingentas marcas, ita quod iidem Will. et Henr. castra R. etc. sustentent etc.[3] ». Guillaume de Montaigu était comte de Salisbury[4].

En 1335 ces deux gardiens étaient remplacés aux îles par un lieutenant [5]. Le 3 oct. 1336, ils avaient pour lieutenant un nommé **Gautier de Weston.** A cette époque leur fut confié, à eux et à leur lieutenant, pour un an, le mandat de recevoir au nom du roi les fois et hommages qui lui étaient dus dans les îles (Pièces, XIV).

Quoique ces gardiens eussent été nommés, en 1334, pour cinq ans, nous leur trouvons un successeur dès l'année 1337 [6].

Thomas de Ferriers (1re fois).

Gardien des îles, 1337—1341.

En 1337, « R. de circumspectione etc. commisit Thome de Ferariis custodiam Insularum... quamdiu etc... [7] ». Cette nomination

---

1. *Orig. abbr.*, p. 67, col. 2.
2. Public Record Office, *Coram Rege*, Mich. 6. Ed. III, r. 181.
3. *Orig. abbr.*, p. 83, col. 1.
4. Ibid., p. 114, col. 2.
5. Rymer, 20 août 1335.
6. Au commencement de cette année, G. de Montaigu avait été nommé amiral de la flotte occidentale d'Édouard III, Rymer, 14 janvier 1337 (Dupont, *Hist. du Cotentin* etc., t. II, p. 263).
7. *Orig. abbr.*, p. 114, col. 2.

est sans doute des premiers mois de l'année 1337, car dès le mois de mai nous voyons Thomas de Ferriers chargé, en qualité de gardien, d'organiser une milice pour la défense des îles [1]. — En 1338 sa nomination fut renouvelée et confirmée pour une durée de dix ans, moyennant une ferme annuelle de 500 marcs [2]. Néanmoins un autre gardien fut nommé dès l'an 1341.

Thomas de Ferriers ne paraît pas avoir résidé habituellement aux îles. On a des lettres de lui datées de Londres en décembre 1337 [3]; en 1338 il avait pour lieutenant aux îles l'ancien lieutenant de ses prédécesseurs, **Gautier de Weston** [4]. En 1340 nous le voyons siéger dans une commission du Parlement [5].

Occupation de Guernesey par les Français.
1338 et années suivantes.

En octobre 1338, l'île de Guernesey ayant été occupée par les troupes françaises, le roi de France Philippe VI fit don des îles à son fils **Jean, duc de Normandie**; celui-ci les donna à son tour au maréchal **Robert Bertran, sire de Bricquebec**. L'un et l'autre promirent de renoncer à leurs droits si la restitution des îles au roi d'Angleterre devait être une des conditions d'un traité de paix futur [6].

Robert Bertran confia la garde de l'île et du château de Guernesey à **Nicolas Hélie**. Celui-ci les garda quelques années, puis l'île et le château furent repris par les gens d'Édouard III [7].

---

1. Rymer, 11 mai 1337.
2. *Orig. abbr.*, p. 122, col. 2.
3. Ch. Le Quesne, *A constitutional history of Jersey*, London, 1856, in-8°, p. 556.
4. *Orig.*, 12. Ed. III, r. 16, lettres du 20 oct. 1338. C'est le roi même qui avait nommé G. de Weston lieutenant du gardien.
5. « Et puys feurent certeyns gentz assignez pur seer sur le choses souzescriptz, c'est assavoir :... Item de la Garde des Isles et de Cousters de Meer, Mes Seigneurs les Evesqes de Londres, de Cicestr. et de Sarum, les Countes de Garenne, d'Arundel et de Huntyngdon, Monsieur Robert de Bousser et Monsieur Constantyn de Mortymer ; et pur les Isles de Jereseye et Gereseye (sic?) appellez a eux Monsieur Thomas de Ferrers » : *Rotuli parliamentorum*, t. II, p. 113, col. 1.
6. Arch. nat., J. 211, n° 34.
7. Vers 1345 ou 1346. Voyez sur ces événements L. Delisle, *Histoire du château et des sires de S.-Sauveur-le-Vicomte*, p. 62 et 63, pièces 91 et 92.

Thomas de Hampton.

Gardien des îles, 1341 — 1342 —.

La nomination de Thomas de Hampton fut signifiée aux insulaires par lettres du 18 mars 1341 ; sa commission fut expédiée en date du 20 mars de la même année [1].

Ce gardien avait reçu la garde des îles aux mêmes conditions que Guill. de Montaigu et Henri de Ferriers, c'est-à-dire moyennant 500 marcs par an, mais en raison des pertes causées par la guerre il obtint du roi, en 1342, une réduction de ferme à fixer par l'échiquier [2].

Ensemble : Guillaume de Cheyny (2ᵉ fois) ; Gautier de Weston.

Gardiens des îles, 1343.

En 1343, « R. commisit Willelmo de Cheigny et Waltero de Weston. custodiam insularum... habendam quamdiu R. placuerit », etc [3]. Guillaume de Cheyny avait déjà été gardien des îles en 1331. Gautier de Weston avait été lieutenant de Guillaume de Montaigu et Henri de Ferriers en 1336, et de Thomas de Ferriers en 1338.

Thomas de Ferriers (2ᵉ fois).

Gardien des îles, 1343 — 1345 —.

Thomas de Ferriers fut nommé pour la seconde fois gardien des îles, « quamdiu Regi placuerit », en 1343 [4]. Il garda ces fonctions au moins jusqu'au milieu de 1345 [5].

---

1. Rymer, 18 mars 1341, 8 juin 1342.
2. Rymer, 8 juin 1342. Le 18 juin 1342, Thomas de Hampton reçut l'ordre de remettre les recteurs, vicaires et chapelains des églises des îles en possession de leurs biens saisis : *clause roll*, 16. Ed. III., p. 1, m. 8, dans Le Quesne, *a const. history of Jersey*, p. 554-555.
3. *Orig. abbr.*, p. 159, col. 1.
4. *Orig. abbr.*, p. 160, col. 2.
5. Rymer, 28 août 1345, « De castro de Cornet... ».

Ensemble : **Robert Wyvill ;**
Thomas de Clifford.

Gardiens des îles, 1348 —.

Ces deux personnages furent nommés conjointement gardiens des îles, « quamdiu Regi placuerit » [1]. Sous leurs ordres un gardien spécial reçut la garde des deux châteaux de Cornet et de Jerbourg, à Guernesey ; il s'appelait **Mathieu de Mildenhale** [2].

Jean Mautravers.

Gardien des îles, 26 mai 1349 — 1352 —.

Par des lettres patentes du 26 mai 1349 (Pièces, XV), Jean Mautravers reçut la garde des îles, à dater de ce jour, jusqu'à la prochaine S. Michel (27 sept. 1349). Le 27 septembre 1349 cette concession lui fut renouvelée « a die confeccionis presencium usque ad festum Pasche proximo futurum et ab eodem festo usque ad idem festum in unum annum tunc proximo sequens [3] », c'est-à-dire jusqu'au 17 avril 1351. A l'expiration de ce nouveau délai ses fonctions lui furent encore continuées pour un an [4], puis, cet an écoulé, en 1352, pour un temps indéterminé, « quamdiu Regi placuerit » [5].

Guillaume Stury.

Gardien des îles, 2 avril 1354 — 1357.

Guillaume Stury reçut la garde des îles, par des lettres patentes du 20 mars 1354 [6], pour l'exercer pendant trois ans, à partir du 2 avril de la même année. Il passait en même temps avec le roi pour cette garde un marché, par lequel il s'engageait à rendre à l'échiquier 200 livres de rente annuelle ; mais il stipulait en

---

1. *Orig. abbr.*, p. 193, col. 1.
2. Ibid.
3. *Pat. roll*, 23. Ed. III, p. 3, m. 4.
4. *Orig. abbr.*, p. 218, col. 1.
5. Ibid., p. 221, col. 2.
6. *Orig.*, 28. Ed. III, p. 1 ; *Orig. abbr.*, p. 231, col. 1.

même temps que cette ferme se compenserait avec les créances qu'il avait sur le roi jusqu'à concurrence de 466 l. 13 s. 4 d. [1] D'après ces actes le gouvernement de Guillaume Stury devait durer jusqu'au 2 avril 1357.

Thomas de Holland.
Gardien des îles, ?1357 —.

Les lettres de nomination de ce gardien sont de la 30ᵉ année d'Édouard III [2], c'est-à-dire au plus tard du 23 janvier 1357. Il est probable qu'il dut entrer en fonctions en avril suivant, quand finit la garde de son prédécesseur, Guillaume Stury.

Quelques mois après, nous voyons « **Otes de Holland** » passer un traité avec le roi pour la garde des îles, qu'il prend à ferme, « tancome il plerra au roi », moyennant 200 livres par an. Cet acte est du 8 juin 1357 [3]. Est-ce un autre personnage, ou une erreur de nom [4] ?

Edmond de Cheyny [5].
Gardien des îles, 1359 — 1366.

Ce personnage reçut la garde des îles, l'an 32 d'Édouard III, pour 3 ans [6], et y fut continué l'an 36 du même règne, pour 5 ans [7] ; son successeur fut nommé l'an 40 [8]. Pour mettre ces délais et ces dates d'accord il faut supposer la première nomination de la fin de l'an 32, la seconde du commencement de l'an 36, la 3ᵉ de la fin de l'an 40 : par exemple, les années du règne d'Édouard III commençant au 24 janvier, on supposera la première nomination de janvier 1359, la seconde de la fin du même mois 1362, la troisième de janvier 1367, ou environ.

---

1. *Orig. abbr.*, p. 233, col. 2; Rymer, 20 mars 1354.
2. *Orig. abbr.*, p. 240, col. 1.
3. *Orig. abbr.*, p. 244, col. 2.
4. En 1358 Thomas de Holland fut nommé gardien du château de S.-Sauveur-le-Vicomte en Cotentin (Delisle, *Hist. du château* etc.).
5. Sur ce nom v. plus haut, p. 403, n. 6.
6. *Orig. abbr.*, p. 247, col. 2.
7. Ibid., p. 270, col. 2.
8. Ibid., p. 288, col. 1.

Pendant les trois premières années de son gouvernement ce gardien dut payer une ferme annuelle de 300 livres ; pour les 5 années suivantes cette ferme fut réduite à 230 marcs ou 115 livres. Cette diminution est due sans doute à ce que les biens des églises du continent, saisis pendant la guerre, leur furent rendus après la paix de Brétigny [1].

Les archives de la Manche nous ont conservé des lettres de ce gardien, munies de son sceau. Elles sont en français et portent cette suscription : « Edmund de Chaeney, gardein dez isles ou nom et pour nostre sir le Roy d'Engleterre » ; elles sont « fetes et signeys souz nostre propre seel eu Chastel Cornet » à Guernesey, le mardi 4 mars 1365 [2]. Le sceau est rond et a 25 millim. de diamètre ; il porte les armes du gardien : l'écu à quatre fusées en fasce, chargées chacune d'un besant ou tourteau, avec cimier, tortil et lambrequins ; légende circulaire : [SI]GILLVM. EDMVNDI CHEINE [3].

Il y a aussi des lettres du roi à Edmond, du 24 novembre 1364, copiées dans le manuscrit de la Bibl. nat., lat. 10072, fol. 64.

Gautier Huwet.

Gardien des îles, 1367—1373.

Ce gardien fut nommé à vie, l'an 40 du règne d'Édouard III [4]. Une ferme annuelle de 200 livres lui fut imposée. Le 10 février 1367, le roi adresse aux insulaires des lettres, « de intendendo deputatis Walteri Huwet custodis Insularum de Jereseye, etc. », par lesquelles il leur commande d'obéir aux deux lieutenants que Gautier Huwet a établis pour le remplacer pendant son absence pour le service du roi en Bretagne, à partir du 2 avril 1367, « a secundo die Aprilis proximo futuro » [5]. Ce sont **Guillaume d'Asthorp** et **Jean Coke** (voir ci-après). Gautier Huwet

---

1. Voyez plus haut, p. 384, n. 1.
2. Bibl. nat., ms. lat. 10072, f° 231 ; Arch. nat., coll. des sceaux, n° 16744.
3. Comparez le sceau d'un autre membre de la même famille, en 1253, SIGILLVM WIL[LEL]MI . CHAINE (Bibl. nat., ms. lat. 10072, f° 181 v°), qui porte aussi l'écu à quatre fusées en fasce. J'ignore s'il y a autre chose qu'une coïncidence fortuite dans la ressemblance de ces armes avec celles de la famille d'Aubigny, qu'on a vues ci-dessus, p. 389.
4. *Orig. abbr.*, p. 288, col. 1.
5. *Pat. roll*, 41. Ed. III, p. 1, m. 34 v°.

demeura au service et continua d'être remplacé par des lieutenants tout le reste de sa vie. Il mourut en 1373 près de Soissons [1].

Le 17 et le 21 mai 1370 nous trouvons des comptes du gouvernement de G. Huwet, où il est qualifié de chevalier [2].

Guillaume d'Asthorp.

(de Asthorp, Asthorpe, Apthorp ou Hasthorp).

Lieutenant de G. Huwet, 1367—1373 ; gardien des îles, 1373 ;
gardien de Guernesey et des petites îles, 1373 —.

Ce personnage fut un des deux lieutenants établis par Gautier Huwet en 1367. Le 12 novembre 1368, il est mentionné en cette qualité [3]. Le 16 du même mois, poursuivi à la Cour du banc du roi pour négligence dans la poursuite d'un bailli de Jersey accusé de meurtre, il est renvoyé au jugement d'une commission spéciale [4].

Au commencement de l'année 1373, G. Huwet étant mort, G. d'Asthorp fut nommé gardien à sa place [5]. Le 22 avril 1373 le roi s'occupait de lui procurer le moyen de se rendre à son poste [6]. Il est qualifié, dans ces actes, de chevalier, « chivaler ».

Cette nomination était censée faite pour neuf ans, mais elle fut révoquée au bout de quelques mois. Le gouvernement des îles fut divisé : Edmond Rose (voy. ci-après) reçut la garde de Jersey, le 20 novembre 1373, et G. d'Asthorp celle de Guernesey, Auregny, Serk et Herm, le 21 décembre de la même année [7], seulement « quamdiu Regi placuerit », et à charge de rendre compte de ses profits et dépenses, qui durent être examinés par un contrôleur. Je pense qu'il conserva ses fonctions jusqu'à la nomination du gardien Thomas de Beauchamp, le 12 août 1374.

---

1. Froissart, I, partie II, chap. ccclxviij. [Ed. Luce, t. VIII (1888), p. 157-158, 315-316, et *sommaire*, p. xci-xcii.]
2. *Issue roll of Th. De Brantingham, Bishop of Exeter, lord high treasurer of England... translated...* by Fr. Devon, London, 1835, in-8.
3. Rymer, 12 nov. 1368.
4. Pièces, XVI.
5. *Orig. abbr.*, p. 324, col. 2.
6. Rymer, 22 avril 1373.
7. Carte, t. II, p. 112 ; Rymer, 21 déc. 1373.

Jean Coke.

Lieutenant de G. Huwet, 1367—1373, puis adjoint à G. d'Asthorp, 1373—.

C'est le second des deux lieutenants établis par G. Huwet en 1367 ; il est mentionné avec G. d'Asthorp le 12 nov. 1368. Le 16 novembre il est renvoyé devant la même commission de justiciers, pour complicité du meurtre que G. d'Asthorp avait seulement négligé de poursuivre. Le 15 sept. 1370, et le 10 déc. 1371 [1] il est désigné comme lieutenant de G. Huwet à Guernesey. Le 22 avril 1373, Jean Coke, écuyer, est indiqué comme ayant été adjoint au gardien des îles, G. d'Asthorp, chevalier, ci-devant lieutenant avec lui [2].

Edmond Rose.

Gardien du château de Gorey à Jersey et commandant des îles, 1372—1373 ; gardien de Jersey, 1373—1374—; gardien de Gorey (2e fois) 1375—1376.

Le 25 mars 1372, le roi confie pour un an à Edmond Rose, écuyer, la garde du château de Gorey, aujourd'hui Montorgueil, dans l'île de Jersey [3]. Dans des lettres du 14 août de la même année, E. Rose est en conséquence qualifié de connétable du château de Gorey [4] ; mais il est en même temps chargé d'une mission d'enquête importante, qui s'étend également à toutes les îles normandes. Selon Froissart [5], « Aymon Rose, un écuyer d'honneur du roi d'Angleterre », était en 1372 capitaine de Guernesey, et eut à défendre l'île contre Yvain de Galles, allié des Français, qui l'assiégea dans le château Cornet. Je pense que les deux lieutenants de G. Huwet étaient alors absents des îles [6] et qu'alors en l'absence d'autre supérieur Edmond Rose, quoique simple gardien du château de Gorey, commandait en chef sur tout l'archipel.

1. *Issue roll of Th. de Brantingham* ; *Pat. roll.* 45. Ed. III, p. 2, m. 4-5, v°.
2. Rymer, 22 avr. 1373.
3. Bibl. nat., ms. Moreau 677, p. 137.
4. Rymer, 14 août 1372.
5. I, partie II, ch. cccxlij.
6. L'année suivante le roi s'occupait de les y faire passer : Rymer, 22 avril 1373.

Le 20 novembre 1373 Edmond Rose fut nommé gardien, non plus seulement du château de Gorey, mais de toute l'île de Jersey [1], tandis que de son côté G. d'Asthorp recevait la garde de Guernesey et des petites îles. Plus tard E. Rose reçut une seconde fois la garde *du château de Gorey* seulement; elle lui fut donnée le 18 avril 1375, pour un an [2].

Dans des lettres du 13 février 1380 [3] il est question d'un acte qui avait été fait par Edmond Rose, gardien de Jersey; il faut croire que cet acte remontait à une époque de cinq ou six ans antérieure, entre le 20 nov. 1373 et le 18 avril 1375.

Occupation de Guernesey par les Français.
1372.

Froissart raconte [4] une expédition d'Yvain de Galles, qui occupa momentanément l'île de Guernesey, en 1372, puis l'abandonna sans avoir pu prendre le château Cornet. Un récit de cette expédition, tout différent, se trouve dans la vie du duc Louis de Bourbon par Cabaret d'Orronville, ch. xvj [5]. Selon cet auteur les deux îles de Jersey et de Guernesey auraient été prises, avec les châteaux, non par Yvain de Galles, mais par le duc de Bourbon, le connétable Du Guesclin, etc.; « et promirent les gens des isles de Jarsée et de Grenesie d'estre bons et loyaulx au roy de France, comme ils feurent tant que le bon admiral de Vienne vesquit » (c.-à-d. jusqu'en 1396!). La part d'erreur est évidemment beaucoup plus grande en ce récit que la part de la vérité; je ne sais donc quelle valeur attacher à ce renseignement qu'ajoute le biographe : « Et feurent mis pour garde des isles de Jarsée et de Grenesie messire **Jean Hedangest** et **Thibault** son frère, à les rendre au roy ou son admiral ».

---

1. Carte, t. II, p. 112.
2. Ibid., p. 114, 116, 117; Bibl. nat., ms. Moreau 677, p. 150.
3. Rymer, 12 février 1380.
4. I, II, ch. cccxlij. [Ed. Luce, t. VIII (1888), p. 44-47, 300-302 et *sommaire*, p. xxviii-xxix, notes; cf. *Chronique des quatre premiers Valois*, éd. Luce (1862), p. 230-231.]
5. Éd. Buchon, 1843, p. 116 et 117. [Ed. Chazaud, 1876, p. 45-46].

Thomas de Beauchamp.

Capitaine et gardien de Guernesey et des petites îles, 1374 —.

Le 12 août 1374, Thomas de Beauchamp, chevalier, fut nommé capitaine et gardien des îles de Guernesey, Serk et Auregny, pour un an à compter du jour où la délivrance lui en serait faite [1]. On trouve une autre mention de ce gardien au mois de décembre suivant [2].

Hugues de Calviley.

Gardien des îles, 1376 — 1390 —.

Hugues de Calviley, ou Calvylegh, fut nommé gardien des îles à vie, en 1376 [3]. En 1382 des lettres du roi Richard II furent rendues pour déterminer ses pouvoirs [4]. Il est mentionné pour la dernière fois le 10 juin 1390 [5].

Ce gardien eut pour subordonnés :

1° **Thomas Porteman**, marchand, de Salisbury, nommé en 1376, pour 3 ans, gardien d'Auregny, moyennant une ferme annuelle de 20 livres [6].

2° **Guillaume Arnaud de Saint-Jean,** connétable du château de Gorey à Jersey, confirmé dans cette charge le 8 mars 1378 [7].

Roger Walden, lieutenant gouverneur de l'île de Jersey, mentionné le 3 mai 1384 [8].

---

1. Rymer, 12 août 1274.
2. Ibid., 10 décembre 1374. Le 1er septembre 1376, le même Th. de Beauchamp fut nommé gardien du château Cornet et de la tour de Beauregard à Guernesey, jusqu'au 2 février 1377, avec un traitement calculé à raison de 50 marcs l'an, à charge de prélever sur ce traitement les frais de son gouvernement (Rymer).
3. *Orig. abbr.*, p. 344, col. 2.
4. Rymer, 15 mars 1382.
5. Carte, t. II, p. 180.
6. *Orig. abbr.*, p. 343, col. 2.
7. Carte, t. II, p. 124.
8. Ibid., p. 143.

Jean Golafre, chevalier.
Gardien des îles, 1393—1394 —.

Ce gardien fut nommé par lettres du 14 oct. 1393; le 1er mai 1394, deux commissaires furent désignés pour le mettre en possession des îles [1].

Le 30 nov. 1396, le comte de Rutland reçut la garde des îles « à partir de la mort de J. Golafre, dernier gardien » (v. ci-après). Cette indication ne permet pas de dire si Jean Golafre était ou non déjà mort à cette date ; mais elle prouve que la garde des îles lui avait été conférée pour toute la durée de sa vie.

Édouard, comte de Rutland, puis duc d'York.
Gardien des îles (1396 ?) —1415.

Le 30 novembre 1396, Richard II conféra à son neveu, Édouard, comte de Rutland, la garde des îles normandes, pour toute sa vie, à partir de la mort du dernier gardien, Jean Golafre. Cette concession fut confirmée par Henri IV, le 27 novembre 1399, et par Henri V, le 12 septembre 1413 [2].

Ce prince ne jouit pas toujours en paix de la garde des îles. Le 22 mars 1405 un nommé **Jean Perraunt**, qui avait déjà été chargé une première fois de prendre possession des îles pour J. Golafre [3], reçut l'ordre de les saisir et de les garder provisoirement en la main du roi, Édouard, duc d'York, ayant été arrêté [4]. En mai de la même année le roi nomma deux gardiens, **Thomas Pykworth** à Jersey (11 mai), **Jean de Lisle** à Guernesey (28 mai), tous deux chevaliers [4]. Le catalogue de la bibliothèque cottonienne indique, dans le manuscrit Vesp. F. xiii de cette bibliothèque, une lettre du gardien Jean de Lisle, datée du château Cornet, le 30 juillet (1405 ?), qui signale au conseil du roi le mauvais état de ce château.

---

1. Ibid., p. 168 et 169.
2. *Pat. roll*, 1. H. V, p. 3, m. 16-17.
3. 1er mai 1394, Carte, t. II, p. 169.
4. Rymer, 22 mars 1405.
5. Carte, t. II, p. 189.

Ensuite le duc d'York rentra en grâce et fut réintégré. Il est mentionné, comme gardien des îles, en 1411, et une dernière fois en février 1415 [1]. Il fut tué à Azincourt le 25 octobre 1415.

Jean, duc de Bedford.
(frère de Henri V, régent de France sous Henri VI).

Seigneur des îles, 27 nov. 1415 — 14 sept. 1435.

A peine redevenu maître des îles par la mort du duc d'York, Henri V s'en dessaisit de nouveau, en faveur de son frère le duc de Bedford, par lettres du 27 novembre 1415 [2]. Le 11 février 1427, Henri VI écrivit à ses sujets des îles pour leur mander qu'ils eussent à obéir à leur seigneur le duc de Bedford : « De intendendo Johanni, duci de Bedford, tanquam domino vestro insularum predictarum [3]. »

Les archives de la Manche possèdent des lettres de Jean, régent du royaume de France, duc de Bedford, comte de Kendale et de Richmond, connétable d'Angleterre et *seigneur des îles*, du 18 décembre 1423 [4].

Le duc de Bedford mourut le 14 septembre 1435.

Honfroi, duc de Gloucester.

Seigneur des îles, 9 avril 1437 — 25 fév. 1447.

Dix-huit mois après la mort du duc de Bedford, Henri VI donna les îles à son autre oncle, le duc de Gloucester, par des lettres du 9 avril 1437 [5]. Cette concession était faite à titre héréditaire, car dans les lettres de la donation des îles au duc de Warwick en 1445 (ci-après), il est dit que celui-ci entrera en possession des îles dès qu'elles seront revenues au roi par la mort de son oncle, le duc de Gloucester, sans héritiers mâles de son corps.

Honfroi de Gloucester mourut le 25 février 1437.

---

1. Rymer, 23 mars et 14 juillet 1411; *Pat. roll*, 2. H. V, p. 3, m. 2-3.
2. Le texte de ces lettres a été publié dans Falle, *An account of the island of Jersey*, appendice, n° IV ; cf. Carte, t. II, p. 225.
3. Carte, t. II, p. 260.
4. Inventaire, H. 2305 : vidimus de 1470.
5. Carte, t. II, p. 290.

Anne de Beauchamp.
Dame des îles, 25 février 1447 — 13 juillet 1449.

[William Bartram.
Gardien et gouverneur des îles.]

Par lettres patentes du 24 nov. 1445, Henri VI donna les îles normandes à Henri de Beauchamp, duc de Warwick, pour lui et ses héritiers après lui, moyennant une rose rouge chaque année à la nativité de Saint Jean-Baptiste [1]. Cette donation devait commencer à avoir effet le jour que les îles seraient revenues au roi par la mort du duc de Gloucester.

Henri de Warwick mourut le 11 juin 1446, par conséquent avant Gloucester. Sa mort est ainsi mentionnée dans une chronique de l'abbaye de Tewkesbury, qui n'est connue que par une copie moderne [2] : « Obiit Dominus Henricus, nobilis Dux Warichiæ et primus Comes Angliæ, Dominus le Dispenser et de Abergavenny, Rex de Insulis Wight et Gardsey et Jardsey, Dominus quoque castri Bristoliæ cum suis annexis, iij°. Id. Junii A. D. 1446, ætatis suæ xxij° apud Castrum de Hanleya, et sepultus est in medio choro Theokesburiæ ». Ce passage a été cité par Selden [3], pour prouver que Henri de Beauchamp avait été *roi* de Jersey et de Guernesey. Mais il y a évidemment une erreur dans la chronique. C'est de Wight seulement que Henri fut roi [4]. De Jersey et de Guernesey il ne fut même pas seigneur, puisqu'il mourut avant Honfroi de Gloucester, auquel il devait succéder.

Henri de Beauchamp laissa une fille, Anne, qui fut son héritière, et qui dut sans doute recueillir la seigneurie des îles à la mort du duc de Gloucester, le 25 février 1447. Elle mourut en bas âge, le 13 juillet 1449 [5].

---

1. *Pat. roll*, 24. H. VI, p. 1, m. 19.
2. Ms. Cott. Vitell. E. xiv, au British museum.
3. *Mare clausum*, l. II, ch. 19.
4. Dugdale, *The baronage of England*, t. I, p. 248, col.
5. Dugdale, ibid., p. 248, col. 2.

[*Addition*. Bibliothèque de l'École des chartes, XXXVII (1876), p. 580.

M. Mac Culloch, lieutenant-bailli de Guernesey, qui m'avait déjà fourni la matière d'un premier supplément à ma *Série chronologique* (ci-dessus, p. 395), a bien voulu me communiquer encore un nouveau document. C'est un extrait d'un acte du 8 mai 1449, conservé à Guernesey : cet acte prouve qu'Anne de Beauchamp, la jeune fille de Henri, duc de Warwick, a bien été, comme je l'avais pensé, dame des îles normandes en vertu de la concession faite à son père; il nous fait connaître aussi le nom de son tuteur et celui du lieutenant que ce tuteur avait alors préposé à la garde des îles : « ... honoré escuier William Bartram, garde et gouverneur des isles de Guernezey, Jersey et des autres isles à icelles adjointes, et semblablement comme procureur et attourney général de très haut et puissant prince monsieur le duc de Suffolk, tutor, garde et gouverneur par conseil d'amis de haute et puissante dame madame Anne de Warwick, dame, possessoure et heritiere des dittes isles... »]

Jean Nanfan (1re fois).

Gardien et gouverneur des îles, 1452—1457—.

Jean Nanfan fut nommé, le 24 septembre 1452, gardien et gouverneur de Jersey et de Guernesey, pour cinq ans et demi, soit jusqu'au 24 mars 1458 [1]. On trouve mention de ce gardien, « Johannis Nanfan, armigeri, gubernatoris insularum », à la date du 23 février 1457 [2].

Richard Nevill, comte de Warwick.

Seigneur des îles, — 1459—1460.

Dix jours après la mort d'Anne de Beauchamp, héritière de Warwick, son oncle Richard Nevill fut fait comte de Warwick

---

1. *Pat. roll*, 31. H. VI, p. 1, m. 24.
2. Carte, t. II, p. 338.

(23 juillet 1449), et le 14 juin 1450 il reçut avec le comté diverses seigneuries qui y avaient déjà été précédemment attachées [1]. Je pense que les îles normandes furent au nombre de ces seigneuries. En effet l'inventaire manuscrit du greffe de la cour royale de Guernesey indique des lettres du 7 mai 1459 où est mentionné « Mgr de Warwick seigneur des îles ». L'année suivante, Richard (qui est le fameux Warwick le *faiseur de rois*) vit ses biens confisqués par Henri VI : « Jam infra paucum tempus placuit nobis dictam Insulam nostram de Gersey cum omnibus aliis Insulis ad tunc Ricardo nuper comiti Warrewicci pertinentem in manum nostram resumere [2]. »

Jean Nanfan (2ᵉ fois).

Gouverneur des îles, 12 mai 1460 — 1461.

Le 12 mai 1460 Jean Nanfan fut une seconde fois nommé gouverneur de Jersey et de Guernesey [3]. L'année suivante il se laissa prendre au château de Montorgueil par les Français, qui s'emparèrent de Jersey [4].

Ce gardien est le dernier qui ait été à la fois gouverneur de Jersey et de Guernesey.

1. Dugdale, *The baronage of England*, t. I, p. 304, col. 1.
2. Rymer, 20 mai 1460.
3. Carte, t. II, p. 347.
4. Le Quesne, *A constitutional history of Jersey*, p. 122.

PIÈCES

Je mets entre crochets [ ] quelques mots ou lettres que j'ai eu à suppléer, parce qu'ils se trouvaient effacés ou déchirés dans les originaux. Quand la lecture d'une abréviation ne m'a pas paru certaine, je mets *en italiques* les lettres qui représentent cette abréviation : ainsi dans le n° 1, les dernières lettres de « in insul*is* » et « de insul*a* » sont en italiques, parce qu'à la rigueur on pourrait lire aussi bien « in insula » ou « de insulis ». Pour les noms propres j'indique souvent l'abréviation simplement par un point : ainsi pour les noms des îles de Jersey et de Guernesey, quand ils n'étaient pas écrits en toutes lettres, j'ai mieux aimé reproduire la forme abrégée, « Geres. », « Gerner. », etc. que de choisir au hasard une des nombreuses formes sous lesquelles on trouve ces noms écrits dans les chartes et les rôles : *Gerese, Gereseie, Gereseye, Geresey,* et *Gernere, Gernereie, Gernereye,* etc., etc

I, II

1218-1219, aux îles. Actes du gardien Philippe d'Aubigny. — Archives de la Manche, fonds du mont S. Michel.

Cum humana memoria caduca videatur et labilis, gesta presentium roboratur apicibus sigillatis. Notum sit omnibus tam presentibus quam futuris quod cum ego, Philippus de Albign., baillivus in insul*is* ex parte domini H. regis Anglie, de mandato suo, litteris suis attestantibus direptis (*sic*) [1], in insul*is* assisas tenere[m], pro salute anime Johannis regis Anglie et antecessorum suorum et filii sui H. regis A[nglie] et mea, secundum juris dispositionem abbatie montis sancti Michaelis de periculo maris et ejusdem loci conventui in plenaria assisa in pace reddidi firmiter et quiete omnia jura sua in insula Gernorroii, scilicet in mari et in terra, et videlicet omne werecum suum in W[alo] [2], et quartam partem wereci tocius patrie, et [Mara]m Harlai et Claram Maram et Ruffam Maram et usu[m] venandi per totam terram suam, et portionem reddituum extra insulam tam in blado quam in aliis

---

1. Voy. *Rotuli litterarum clausarum.* t. I, p. 352, col. 2, 13 février 1218, De assisis Insularum.
2. Le Vale, une des paroisses de Guernesey, à l'extrémité N. de l'île.

ubicumque voluerint ad commodum eorum. Preterea tria prandia que ego et antecessores mei in prioratu de Walo superflue et inhoneste capiebamus, testimonio legitimorum hominum de insula, ita quitavi, quod nullus predicta prandia deinceps capiat nisi se tercio, scilicet ille ballivus et clericus suus et quidam alius, cum duobus garciferis. Et hec omnia feci assensu domini regis H. tertii et mandato; et ut hoc ratum et firmum permaneat in futurum, sigilli mei munimine roboravi et confirmavi, anno tertio coronationis dicti domini H. regis Anglie [1], his testibus, Philippo juniori de Albign., Willelmo de Salinellis [2], Hugone Paganelli [3], Petro Bertranni, Bertranno fratre suo, Philippo de Cartrait [4], Roberto de Havelland [5], G. de Grainteis [6], Ricardo Blondel et multis aliis.

Sceau de Philippe d'Aubigny sur double queue de parchemin.

Notum sit omnibus tam presentibus quam futuris quod cum ego, Ph. de Albineio, ballivus in insulis ex parte domini H. regis Anglie, de mandato suo, litteris suis directis atestantibus [7], in insulis assias (sic) tenerem, pro salute regis tercii Henrici, ut Deus eum custodiat, foveat et protegat, et pro salute antecessorum suorum et mea, juramento virorum patrie legitimorum, in plenaria assisia, abatie sancti Michaelis ejusdemque loci conventui in pace reddidi firmiter et quiete omnia jura sua in insula Jersoii in terra et in mari, videlicet werecum suum per totam terram suam et usum venandi per predictam terram, scilicet ad Petramvillam, ad rupem Godeine, ad Nigrum Montem [8]; et hec omnia feci assensu et mandato domini H. regis Anglie tercii, et ut ratum permaneat et stabile perseveret sigilli mei munimine et testimonio confirmavi : testibus his, P. de Garclip, B. fratre suo, W. de Salinellis [9], H. Paganelli [10], Ph. de Kartraio [11], G. Godel, Thom. de Winceleis [12], R. Galleco, Roberto de Hoga.

Sceau de Philippe d'Aubigny sur double queue de parchemin [13].

1. 28 oct. 1218 — 27 oct. 1219.
2. Saumarez (Jersey et Guernesey) ?
3. Pesnel ?
4. Carteret (Manche).
5. Havilland (Guernesey) ?
6. Grantez (paroisse de S. Ouen, Jersey) ?
7. Voy. la n. 1 de la page précédente.
8. Noirmont, vingtaine de la paroisse de S. Brelade, Jersey.
9. Saumarez ?
10. Pesnel ?
11. Carteret.
12. Vinchelez (S. Ouen, Jersey) ?
13. Cette seconde pièce a déjà été publiée, mais incorrectement, dans les *Mémoires de la société des antiquaires de Normandie*, t. XV, p. 204, col. 1.

III

12 février 1226, Westminster. Henri III nomme Hugues de S. Philibert gardien de Jersey. — Pat. roll, 10. H. III, m. 8.

De custodienda insula de Geres. :
Dominus R. commisit Hugoni de sancto Phileberto insulam de Geres. cum castro ibidem custodiendam quamdiu domino R. placuerit. Et mandatum est militibus, liberis hominibus et omnibus aliis existentibus in insula de Geres. quod ei tamquam ballivo domini R. in omnibus que ad predictam insulam pertinent intendentes sint et respondentes. In cujus, etc. T. ut supra [1], coram justi*tiario.*

IV

26 oct. 1232. Reading. Henri III nomme Philippe d'Aubigny le jeune gardien des îles normandes pour la seconde fois. — Pat. roll, 16. H. III, m. 1.

De custodia insularum :
Rex militibus, liberis hominibus et omnibus aliis de insulis de Geres., Gerner., Aurn. et Serc salutem. Sciatis quod commisimus dilecto et fideli nostro Philippo de Albin. predictas insulas custodiendas quamdiu nobis placuerit. Et ideo vobis mandamus quod eidem Philippo in omnibus que ad nos pertinent tamquam custodi R. [2] intendentes sitis et respondentes sicut predictum est. T. ut supra [3].

V

22 nov. 1234, Westminster. Henri III nomme Henri de Trubleville seigneur des îles normandes. — Pat. roll, 19. H. III, m. 18, n° 21.

Insule. Pro Henrico de Trubleville de insulis :
Rex probis hominibus suis de insulis de Geres. et de Gerner. et de

---

1. L'article qui précède celui-ci sur le rôle est souscrit et daté : « T. me ipso, apud Westm., xij. die febr., anno, etc. x°, coram justi*tiario.* »
2. Ce *R.*, qui signifie *Regis*, a été évidemment substitué, par le scribe auteur du rôle, au mot *nostro*, que devait porter l'original.
3. « T. R., apud Rading., xxvj. die octobris. »

aliis insulis suis Normannie salutem. Sciatis quod commisimus dilecto et fideli nostro Henrico de Trubleville, senescallo nostro Wasconie, omnes insulas predictas habendas et tenendas ad totam vitam suam ad se sustentandum in servicio nostro. Et ideo vobis mandamus quod eidem Henrico tamquam domino vestro ad vitam suam fidelitatem faciatis, et in hiis que ad predictas insulas pertinent intendentes sitis quo ad vixerit et respondentes. In cujus rei testimonium has litteras nostras ei fieri fecimus patentes. Teste ut supra [1]. Duplicate.

VI

24 *avril* 1252, *Windsor. Henri III nomme Richard de Gray gardien des îles, en remplacement de Dreux de Barentin, moyennant une ferme annuelle de* 200 *livres.* — Pat. roll, 36. H. III, m. 9, n° 6.

De insulis et castris de Gerner. et Geres. commissis :
R. abbatibus, prioribus, militibus, liberis hominibus, et omnibus aliis tenentibus de insulis suis salutem. Sciatis quod commisimus dilecto et fideli nostro Ricardo de Grey custodiam insularum nostrarum, una cum castris nostris, de Gerner. et Geres., que Drogo de Barentyn prius tenuit ad voluntatem nostram, habendam et tenendam quam diu nobis placuerit, reddendo nobis singulis annis ad scaccarium nostrum tempore pacis pro proficuo predictarum insularum .cccc. marc., videlicet .L. marc. per annum ultra quam predictus Drogo nobis inde reddere consuevit, de quibus .cccc. marc. reddet nobis unam medietatem ad scaccarium sancti Michaelis et alia (sic) medietatem ad scaccarium pasche. Et ideo vobis mandamus quod eidem Ricardo tamquam custodi nostro in omnibus que ad predicta insulas et castra pertinent intendentes sitis et respondentes sicut predictum est. In cujus, etc. T. R., apud Windes., xxiiij die aprilis. Et mandatum est predicto Drogoni quod predicta insulas et castra ei liberet. T. ut supra. Per R.

VII

5 *juillet* 1258, *Winchester. Henri III mande au gardien Dreux de Barentin qu'il garde les îles contre son fils Édouard.* — Pat. roll. 42. H. III, m. 5, n° 16.

De insulis Gerner. et Geres. :
R. Drogoni de Barentino salutem. Mandamus vobis, sub debito

---

[1] « T. R., apud Wesm., xxij° die novembris. »

fidelitatis et homagii quibus nobis tenemini, quod, sicut corpus vestrum et terras et tenementa vestra que tenetis in regno et potestate nostra diligitis, salvo custodiatis insulas de Gernere et Geresey et alias insulas nostras in custodia vestra existentes, non permittentes quod Edwardus filius noster aut aliquis ex parte sua aliquos ponat constabularios in castris aut municionibus insularum predictarum, nec quod idem filius noster aut aliquis qui vim vobis facere possit dictas insulas aut castra vel municiones earundem ingrediatur sine mandato nostro speciali, et ita vos in hac parte habeatis, quod pro defectu vestri ad corpus terras et tenementa vestra graviter capere non debeamus. T. R., apud Winton., .v. die julii.

VIII

25 janvier 1277, Worcester. Concession gratuite des îles à Othon de Granson. — Pat. roll, 5. Ed. I, m. 22, ced.

Edwardus dei *gratia* Rex Anglie, Dominus Hibernie et Dux Aquitanie, omnibus ad quos presentes littere pervenerint salutem. Cum nuper concessissemus dilecto et fideli ac familiari nostro Otoni de Grandisono insulas nostras de Gernes. et Geres. cum insulis adjacentibus et omnibus aliis ad easdem insulas spectantibus habendas et tenendas de nobis et heredibus nostris ad totam vitam ejusdem Otonis per certam firmam nobis inde annuatim reddendam, Nos eidem Otoni *gratiam facere* volentes uberiorem, concedimus pro nobis et heredibus nostris quod idem Oto quietus sit de eadem firma in tota vita sua, et quod habeat et teneat insulas illas cum insulis adjacentibus et omnibus aliis ad easdem insulas qualitercumque spectantibus ad totam vitam suam, et percipiat et habeat omnes exitus et proventus earundem quocumque nomine censeantur et commodum suum inde faciat prout sibi magis viderit expedire. Ob familiaritatem etiam ipsius Otonis et diutina ac laboriosa et fidelia obsequia sua nobis a primeva etate nostra et sua multipliciter impensa, et ut acquietet debita quibus indebitatus est in servicio nostro tempore predicto, et insuper propter specialitatem quam erga ipsum intime gerimus, sibi specialiter subvenire cupientes, volumus et concedimus, pro nobis et heredibus nostris, quod executores ipsius Otonis vel ejus assignati seu attornati quicumque habeant et teneant insulas predictas cum omnibus suis pertinenciis predictis, et percipiant et habeant omnes exitus earundem, per quinquennium post decessum ejusdem Otonis, ad acquietandum inde debita sua, et ad completionem testamenti sui, sine occasione et impedimento nostri, heredum, ballivorum et ministrorum nostrorum quorumcumque; volumus insuper et concedimus pro nobis et heredibus nostris, quod predictus Oto et heredes et executores sui quieti sint de omnimodis compotis, ratiociniis, arreragiis, receptis, demandis, et exactionibus quibuscumque, que ab eo exigi possent de tempore quo eas tenebit in vita sua, vel sui executores, assignati seu attornati post ejus decessum easdem insulas tenebunt per quinquennium supradictum : ita quod nos vel heredes seu ballivi aut ministri nostri nichil in eisdem insulis aut exitibus carundem, quocumque nomine censeantur, interim clamare, vendicare seu exigere valeamus, completo autem termino predictorum quinque annorum, insule predicte cum pertinenciis ad nos et heredes nostros integre revertantur. In cujus rei testimonium presentibus sigillum nostrum fecimus apponi. T. me ipso, apud Wygorn., vicesimo quinto die januarii, anno regni nostri quinto [1].

IX

16 sept. 1299, Canterbury. *Ordre aux insulaires de rédiger leurs coutumes et de les remettre par écrit à Henri, prieur de Wenlock, lieutenant du gardien Othon de Granson.* — Pat. roll, 27. Ed. I, m. 12.

Pro hominibus de Insulis de Gerneseye, Jeres., Serk et Aurneye :

R. militibus, liberis hominibus et omnibus aliis tenentibus de Insulis de Gereseye, Gerneseye, Serk et Aureneye, salutem. Quia quidam homines Insularum predictarum nobis multociens sunt conquesti, quod ballivi et ministri nostri Insularum predictarum legibus et consuetudinibus vestris multipliciter sunt abusu (*sic*), et quod ipsi dictos homines contra predictas leges et consuetudines gravaverunt, Nos, ad tranquilitatem et utilitatem vestram, volentes ut certis legibus et consuetudinibus vestris, quibus hactenus usi estis et uti debetis, utamini in futurum, vobis mandamus quod leges et consuetudines vestras predictas distincte et aperte in scriptis sine dilacione redigi faciatis ad perpetuam rei memoriam earundem, et eas sic in scriptis redactas dilecto nobis in *Christo* Henrico Priori de Wenlok, tenenti locum dilecti et fidelis nostri Otonis de Grandissono in predictis Insulis, liberetis, ita quod inde per prefatum Priorem cerciorari possimus. T. R., apud Cantuar., .xvj. die septembris. Per ipsum regem.

---

1. Au *Pat. roll*, 25, Ed. I, p. 1, est annexée une autre copie des mêmes lettres, ainsi datée : « T. rege, apud Wygorn., .xxv. die januarii, anno r. n. vicesimo quinto. » C'est sans doute par mégarde que le mot *vicesimo* a été ainsi ajouté dans la date de l'année et que l'acte a été joint au rôle de l'an 25 du règne. La vraie date est bien *anno quinto*, comme le prouve la mention « apud Wygorn. ». En effet, les rôles témoignent qu'Édouard Ier se trouvait bien à Worcester à la fin de janvier, la 5ᵉ année de son règne, mais non la 25ᵉ.

X

28 *février* 1305, *Westminster. Réponses du parlement aux pétitions des gens des îles (extrait).* — *Bibl. nat., ms. lat.* 9215, *mont Saint-Michel, n° 7.*

Peticiones, etc. Insularum de Jeres. et Gerner. in parliamento domini R. apud Westm., die dominica proxima post festum sancti Mathie Apostoli, anno R. R. Edwardi filii R. Henrici tricesimo tercio [1].

. . . .

(En marge : Gernes.) Ad peticionem Thome Le Cayllur de London., qui petit .xxij. s. et iiij^{or} denarios de vadiis suis in servicio domini Regis [in Insula de] Gernes., tempore quo Nicholaus de Cheyny fuit Custos Insularum etc., et asserit quod ipse alias habuit inde breve [de Cancellaria] ad distringendum predictum Nicholaum ad solvendum predicta vadia, et quod nichil inde est actum etc., dictum est quod si constar[et (?) per] Cancellariam quod predictus Thomas alias habuit inde breve etc., tunc habeat inde breve de novo ut prius etc.

. . . .

(En marge : Gernes.) Ad peticionem Ricardi de Catello [2] qui petit xiiij s. iiij d. de vadiis suis tempore Nicholai de Cheyny, Custodis etc., predictus Nicholaus sic inde allocutus dicit quod ipse inde nondum conputavit. Et ideo predictus Ricardus audiatur in redditione predicti conpoti, et ibi fiat ei justicia.

. . . .

XI

9 *juin* 1323, *Cowick. Concession des îles à Henri de Sully, après Othon de Granson.* — *Pat. roll,* 16. *Ed. II, p.* 2, *m.* 5.

Pro Henr. domino de Sully :

R. omnibus ad quos etc. salutem. Sciatis quod pro laudabili servicio, quod nobilis vir et noster dilectus et fidelis Henr. dominus de Suylly nobis hactenus impendit et impendet in futurum, concessimus ei pro nobis et heredibus nostris, quod Insule nostre de Gernereye,

---

1. A la fin de cette pièce on lit : « [Re]sponsiones f[act]e ad peticiones Hibernie et Insularum Gernes. exhibitas coram I. de Gerewyk, H. de Meaunton..., Willelmo de Dene (?), Willelmo de Mortimer et Regero Geaufou, quos R. assignavit ad hujusmodi peticiones recipi[endas]. »
2. Le Câtel, une des paroisses de l'Ile de Guernesey.

Gereseye, Serk et Aureneye cum pertinenciis, quas dilectus et fidelis noster Otto de Grandisono tenet ex concessione celebris memorie domini E. quondam R. Anglie patris nostri sub certa forma, tempore quo ad manus nostras vel heredum nostrorum per mortem prefati Ottonis vel alio modo juxta concessionem predictam reverti deberent, remaneant prefato Henrico, si tunc vivat, habende et tenende ad totam vitam suam, de nobis et heredibus nostris, eodem modo et adeo plene et integre sicut dictus Otto predictas insulas modo tenet; ita tamen, quod post mortem prefati Henr. Insule predicte cum pertinenciis ad nos et heredes nostros integre revertantur. In cujus etc. T. R., apud Cowyk, .ix. die Junii.

XII

6 juin 1324, 1325 ou 1326, Jersey (?). Lettre de Gérard Derous, lieutenant d'Othon de Granson, à Henri de Clif et à Guillaume de Leicester [1]. — *Arch. de la Manche, fonds du mont S. Michel. Copie.*

A son tres chier ami mastre Henri de Clif le son Girard de Evrous saluz et vraie amor. Chier sire, sachez que monssieur de Grantson vint as illes au chastel de Gersuy le premier jor deu moys de jugn, le quel a tres grant desir de vos vaer et de vostre venue, por quoy, chier sire, ja vos pry tant comme je puis que vos plaise haster de venir et de amener tel compaignon o vos comme vos saveiz que mestier est. Chier sire, labbey du mont saint Michiel entent de envoyer aucun de sa gent par devers nostre sire le roy por empetreir aucune grace sus la detenance dun manoyr appeley la priourey de saint Clement, sus la quele detenance plusors bonnes genz deu pais dient que le roy nostre sire na pas grant droyt, et je maimes, por tant comme je me suy enforme de la chose, le croy vraiement, e vos le sauroyz plus plainement, a la grace de Diex, a vostre venue es illes; por quoy, chier sire, je vos pry que il vos plaise au mesage deu dit abe portant ces letres estre gracious et conseillant, en manere comme mestier li sera, a esploiter la dite besoigne par devers nostre S. le roy. E vroyement, sire, il sont

---

1. Henri de Clif avait été désigné en 1323 pour faire partie d'une commission de *justiciers itinérants* ou commissaires royaux qui fut envoyée cette année-là aux Iles. Peut-être était-il question encore de l'y envoyer en cette qualité, cette fois avec Guillaume de Leicester pour collègue. On comprendrait alors qu'Othon de Granson et son lieutenant eussent intérêt à les flatter l'un et l'autre. — Le procès entre l'abbaye de S. Michel et le roi, au sujet du prieuré de S. Clément, dont il est question dans cette lettre, durait depuis l'année 1304. Il fut terminé le 10 mai 1328, par une sentence de la cour du banc du roi, qui donna gain de cause à l'abbaye. Les archives de la Manche contiennent un grand nombre de pièces relatives à ce procès.

bien tels genz qui le saront bien guerredonner en lieu et en temps, et vraiement ce sera grant aumosne de ayder lour. A dieu, sire, qui vos gart. Escriptes le .vi. jour de jugn.

A sire Guill. de Lecestre en mesmes la forme comme desus est dit.

XIII

29 *mars 1327, Westminster. Édouard III pourvoit à la garde des îles, négligée par Othon de Granson. — Pat. roll, 1. Ed. III, p. 1, m. 6.*

De custodia Insularum de Gernereye, Jereseye, etc. commissa :
R. omnibus ad quos etc. salutem. Quia datum est nobis intelligi quod quamplures malefactores Insulas nostras de Gernereye, Jereseye, Serk et Aureneye de die in diem hostiliter ingrediuntur, homines et gentes nostras Insularum predictarum nequiter interficiendo et incendia domorum et alia dampna et facinora quamplurima ibidem perpetrando, ac dilectus et fidelis noster Otto de Grandissono, qui custodiam Insularum predictarum ad terminum vite sue habet ex concessione domini E. nuper regis Anglie avi nostri, in Insulis illis moram non facit hiis diebus, nec sufficientem custodiam in eisdem Insulis contra hostiles aggressus hujusmodi malefactorum ordinavit : Nos, securitati dictarum Insularum prospicere volentes, ut tenemur, ac de circumspeccione et fidelitate dilectorum et fidelium nostrorum Johannis de Roche et Roberti de Norton, plenam fiduciam reportantes, commisimus eis et eorum alteri custodiam earundem Insularum, necnon omnium Castrorum et fortaliciorum in Insulis predictis existencium, contra hujusmodi hostiles aggressus, ad faciendum omnia singula que pro defensione earundem Insularum, Castrorum et fortaliciorum fore viderint vel viderit facienda, ita quod iidem Johannes et Robertus vel eorum alter, de exitibus eorundem Insularum Castrorum et fortaliciorum, per manus tenentis locum ipsius Ottonis in Insulis illis seu ballivorum suorum ibidem, tantum percipiant vel percipiat quantum pro custodia illa necessarium fuerit et rationabiliter fore viderint vel viderit faciendum. In cujus, etc. T. R., apud Westm., .xxix. die Marcii.

Per peticionem de consilio.

Et mandatum est Ottoni de Grandissono Custodi Insularum predictarum vel ejus locum tenenti, ac universis et singulis militibus, liberis hominibus, et omnibus aliis de dictis Insulis, quod eisdem Johanni et Roberto vel eorum alteri in omnibus que ad salvam et securam custodiam Insularum, Castrorum et fortaliciorum pertinent sint intendentes, consulentes et auxiliantes, quociens et quando per ipsos Johannem et Robertum vel eorum alterum super hoc ex parte R. fuerint premuniti. T. ut supra.

Per peticionem supradictam.

XIV

3 oct. 1336, Leicester. Édouard III commet les gardiens G. de Montaigu et H. de Ferriers et leur lieutenant G. de Weston pour recevoir en son nom les fois et hommages qui lui sont dus dans les îles. — Pat. roll, 10. Ed. III, p. 2, m. 21.

De personis ad homagia et fidelitates in Insulis recipienda assignatis :
R. dilectis et fidelibus suis Willelmo de Monte Acuto et Henrico de Ferariis Custodibus Insularum suarum de Gernereye, Jereseye, Serk et Aureneye, et Waltero de Weston., eorum loca tenenti in eisdem Insulis, salutem. Sciatis quod nos, de vestris fidelitate et circumspeccione confidentes, assignavimus et deputavimus vos et quemlibet vestrum ad recipiendum vice et nomine nostro homagia et fidelitates omnium et singulorum tam episcoporum, Abbatum, Priorum et aliorum virorum religiosorum, quam nobilium, militum et aliorum quorumcumque, que ipsi nobis facere tenentur pro terris, tenementis et feodis suis que de nobis tenent in Insulis predictis, et ad ipsos ad hoc, si ea facere recusaverint, per districciones et alias vias et modos quibus expedire videritis, et prout racionabiliter faciendum fuerit, compellendos. Et ideo vobis mandamus quod homagia et fidelitates predictorum nostro nomine ut premittitur et prout moris est capiatis, et cum ea ceperitis, nobis inde, ac de nominibus illorum qui homagia sua et fidelitates sic fecerint, nobis sub sigillis vestris vel alicujus vestrum distincte et aperte constare faciatis. In cujus, etc [1]. per unum annum duraturas. T. R., apud Leyc., tertio die Octobris.
Per ipsum Regem.

XV

26 mai 1349, Woodstock. Commission du gardien Jean Mautravers. — Pat. roll, 23. Ed. III, p. 1, m. 4.

Pro Johanne Mautravers :
R. omnibus ad quos etc. salutem. Sciatis quod commisimus dilecto et fideli nostro Johanni Mautravers custodiam Insularum nostrarum de Gernereye, Jereseye, Seerk et Aureneye ac aliarum Insularum nostrarum eisdem Insulis adjacencium, necnon Castrorum nostrorum in eisdem Insulis existencium, habendam a die confeccionis presencium

---

1. In cujus rei testimonium has litteras nostras fieri fecimus patentes (?)

usque ad festum sancti Michaelis proximo futurum : dantes et concedentes eidem Johanni plenam tenore presencium potestatem quoscumque malefactores in eisdem Insulis, tam infra libertates quam extra, justificandi et juxta eorum demerita ac maleficia per ipsos perpetrata secundum leges et consuetudines earundem parcium puniendi et castigandi, et plenam jurisdiccionem, tam personalem quam realem, ibidem nostro nomine exercendi, ac omnes defectus Castrorum et Attiliorum eorundem ac omnium aliorum que reparacione seu emendacione indigent supervidendi, et pro reparacionibus et emendacionibus hujusmodi faciendis ordinandi, ac eciam precipiendi et faciendi quod soluciones, tam pro eisdem reparacionibus et emendacionibus, quam pro vadiis ministris et aliis in dictis Insulis et Castris commorantibus necessario solvendis, per Receptores exituum Insularum earundem racionabiliter et debito modo fiant, ac soluciones illas per dictum tempus testificandi. In cujus, etc. T. R. apud Wodestok, .xxvj. die Maii.

Per breve de privato sigillo.

XVI

16 nov. 1368, *Westminster. Nomination de cinq commissaires pour l'examen d'une accusation portée contre les lieutenants du gardien G. Huwet.* — *Pat. roll, 42. Ed. III, p. 2, m. 8 v°.*

Pro Nicholao de Angres :

R. dilectis et fidelibus suis Reginaldo de Carteret, Johanni de Serf, Johanni de Labette, Johanni Nicholao et Willelmo de Garys, salutem. — Peticionem Nicholai des Angres [1] coram nobis in Cancellaria nostra exhibitam recepimus, continentem quod Ricardus de Seint Martyn, Ballivus Insule nostre de Jereseye, et Johannes Cok, locum tenens Walteri Huwet, Custodis Insule predicte ac Insularum nostrarum de Gerneseye, Serk et Aurneye, Andream des Angres, fratrem ipsius Nicholai, in doma (*sic*) sua noctanter ceperunt, et ipsum usque castrum nostrum de Gurryk [2] duxerunt, et ipsum ibidem imprisonaverunt et male tractaverunt et postmodum in eadem prisona nequiter interfecerunt, et quod ipse sic interfectus in prisona predicta integer sine putritura hucusque jacet inhumatus, et quod iidem Ricardus et Johannes bona et cattalla que fuerunt ejusdem Andree ad valenciam quingentorum florenorum ibidem felonice ceperunt et asportaverunt, per quod per plura brevia nostra mandaverimus Willelmo de

1. [Les Augres (Ste Trinité, Jersey).]
2. Le château de Gorey, aujourd'hui Montorgueil, sur la côte E. de Jersey.

Hasthorp., alteri locum tenenti Walteri Huwet Custodis Insularum predictarum, quod ipsum Ricardum premuniret quod esset in propria personna sua coram nobis et consilio nostro super premissis responsurus ad certum diem jam preteritum; ad quod idem Willelmus retornavit quod predictus Ricardus dixit se (*lisez* quod) coram nobis et dicto consilio nostro super premissis responsu*rus* venire non tenebatur, per quod per breve nostrum mandavimus eidem Willelmo quod prefatum Ricardum attachiaret et ipsum coram nobis et consilio nostro in Anglia super inobediencia et rebellione suis in hac parte responsurum venire faceret; ad quod prefatus Willelmus respondit quod idem Ricardus in Normanniam diffugit ita quod ipse execucionem dicti brevis nostri facere non potuit; per quod postmodum per aliud breve nostrum mandavimus eidem Willelmo quod omnia terras et tenementa, bona et catalla ipsius Ricardi in manum nostram seisiri et terras et tenementa predicta extendi et bona et catalla predicta appreciari faceret et quod de extenta terrarum et tenementorum ac valore bonorum et catallorum predictorum nos certificaret in Octab*is* sancte Trinitatis prox*imo* preterit*is* [1], et quod venire faceret predictum Johannem Cok ad Octabas predictas, ad respondendum ibidem super premissis; ad quem diem predictus Willelmus retornavit quod predictus Ricardus nulla terras nec tenementa, bona nec catalla habuit in dicta Insula ita quod aliqua de suis in manum nostram seisire potuit : — quam quidem billam a dicta cancellaria nostra dilecto et fideli nostro Johanni Kuyvet Capitali Justiciario nostro liberavimus ad execucionem et justiciam inde faciend*um* prout decet, super quo ad quindenam sancti Michaelis proximo preteritam [2] coram nobis apud Westm. venit predictus Nicholaus in propria persona sua et predictus Willelmus in propria persona sua similiter venit; et lecta et audita billa predicta predictus Willelmus dixit quod quo ad omnia in dicta billa contenta preter returnum dicti brevis in nullo est culpabilis et de hoc ponit (*suppléez* se) super patriam, et quo ad returnum dicti brevis dixit quod dictum breve bene et fideliter retornavit et quod predictus Ricardus in Insula predicta non fuit inventus postquam breve regium sibi inde liberatum fuit, nec habuit aliqua terras seu tenementa, bona nec catalla in Insula predicta, prout ipse retornavit : et de hoc ponit se super patriam; et predictus Nicholaus dixit quod predictus Willelmus culpabilis est de omnibus in dicta billa contentis prout ipse per billam suam queritur; et hoc petit quod inquiratur per patriam, et predictus Willelmus similiter. — Recepimus eciam quandam aliam peticionem predicti Nicholai coram nobis in dicta Cancellaria nostra exhibitam, continentem quod dictus Johannes Cok, locum tenens antedictus, nocte sanctorum Philippi et Jacobi, anno domini milesimo tricentesimo

1. 11 juin 1368.
2. 13 octobre 1368.

sexagesimo septimo [1], duxit in domum Andree fratris ipsius Nicholai, in societate Ricardi de Seint Martyn, gentes suas, et per unum eorum ipsum ceperunt et ligaverunt et ipsum in prisonam nostram in Insulam de Gersuy duxerunt, et ipsum postmodum in eadem prisona falso et maliciose interfecerunt et corpus ejus in prisona predicta detinent hucusque, non obstante quod dictus Nicholaus prefato Johanni requisierit, et Juratis Insule predicte, qui legem in partibus predictis custodire tenentur [2], requiri fecerit de corpore prefati Andree fratris sui sibi liberando, qui responderunt quod per eos imprisonatus non fuit nec per eos deliberari debet; et bona et catalla sua ad valenciam quingentorum florenorum felonice ibidem ceperunt et asportaverunt : — quam quidem billam a dicta Cancellaria nostra prefato Johanni Kuyvet, Capitali Justiciario nostro, ad execucionem et justiciam inde faciendum, prout decet, liberavimus, super quo ad quindenam predictam [3] coram nobis apud Westm. venit predictus Nicholaus in propria persona sua, et predictus Johannes Cok in propria persona sua similiter gratis venit; et lecta et audita billa predicta predictus Johannes dixit quod ipse est locum tenens Walteri Huwet in Insulis predictis; et dicit quod consuetudo Insularum predictarum est et a toto tempore fuit quod si quis commorans in Insulis predictis rettatus fuerit de prodicione, felonia seu adhesione Regis Francie, quod statim per corpus suum attachietur, et ballivi Insularum predictarum, qui legem ibidem custodire tenentur, de hujusmodi prodicionibus et feloniis inquirere debent in presencia Juratorum Insularum predictarum, et quia predictus Andreas fuit male fame et rettatus de felonia et prodicione, captus fuit per ballivum dicte Insule de Gersuy, qui quidem ballivus de premissis in presencia Juratorum Insule predicte inquisivit per probos et legales homines ejusdem Insule secundum consuetudinem predictam, ubi compertum fuit quod predictus Andreas tam tempore pacis quam guerre diversos homines de ligeancia nostra cepit et imprisonavit et de eis diversas redempciones cepit, contra ligeanciam suam, per quod idem Ballivus ipsum Andream usque Castrum nostrum de Gurryk duxit, et ipsum Constabulario castri predicti qui custodiam prisonum ex concessione nostra habet liberavit salvo custodiendum quousque secundum foros et consuetudines Insule predicte de prodicionibus et feloniis unde indictatus est fuerit deliberatus; et quo ad predictos quingentos florenos, idem Johannes Cok non cognovit quod tantum fuit, dicit quod postmodum predictus Andreas de feloniis et prodicionibus ut predicitur indictatus fuit, idem ballivus catalla ipsius Andree, que inventa fuerunt, cepit et arestavit, ad salvo

---

1. 1er mai 1367.
2. Les douze jurés, magistrats élus à vie, qui composent, sous la présidence du bailli, la cour royale de Jersey.
3. 13 oct. 1368.

custodien*dum* sub aresto predicto ad opus nostrum, si idem Andreas de prodicionibus et feloniis fuerit convictus, vel ad catalla illa eidem Andree reliberan*dum* si idem Andreas de feloniis et prodicionibus predictis acquietatus fuerit, absque hoc quod ipse aliquid inde cepit; et predictus Nicholaus, protestando quod non cognovit quod predictus Andreas frater ejus fuit male fame seu rettatus de aliquibus prodicionibus seu feloniis, dixit quod consuetudo Insularum predictarum est et toto tempore fuit quod nullus attachietur nec imprisonetur ibidem antequam indictatus sit, et tunc nisi per vicecomites nostros de Insulis predictis vel per mandatum nostrum, et sic predictus Johannes Cok et alii predicti Andream fratrem suum de injuria sua propria ceperunt, imprisonaverunt et bona et catalla predicti Andree ceperunt et asportaverunt, sicut ipse per billam suam queritur; et hoc petit quod inquiratur per patriam, et predictus Johannes Cok similiter. — Et quia negocia predicta in Curia nostra coram nobis in Anglia terminari non possunt, eo quod Jurati Insule predicte coram Justi*ciario* in Anglia venire non possunt nec de jure debent, nec aliqua negocia de Insa (sic) predicta emergencia non debent terminari nisi secundum foros et consuetudines Insule predicte, ideo totum recordum, tam negocii predicti, quam negocii tangentis prefatum Willelmum de Hasthorp. supra expressi, mittantur in Cancellariam nostram, ut ibi fiat commissio nostra illis quibus nobis placuerit ad negocia predicta debito fine terminanda secundum foros et consuetudines Insule predicte; et super hoc venerunt predictus Willelmus de Hasthorp., Johannes Cary, Johannes Causer, de Comitatu Midd*lesex*, et Robertus Vernoun, et manuceperunt predictum Johannem Cok, ac eciam supervenerunt predicti Johannes Causer, Johannes Cary, Robertus Vernoun et Johannes Gibbes de Oxon., et manuceperunt predictum Willelmum, de bono gestu virorumque (lisez virorum) eor*undem* erga predictum Nicholaum, videlicet alterum eorum Willelmi et Johannis Cok sub pena centum librarum, et eciam habendi corpora eorum in Insula predicta ad respondend*um* predicto Nicholao de placito predicto, si idem Nicholaus placitum suum predictum citra festum Pentecostes prox*imo* futur*um* [1] versus eos prosequi voluerit. — Nos, volentes premissa debite execucioni damandari (sic), assignavimus vos, quatuor et tres vestrum, ad premissa omnia et singula, quatenus allegata et perplacitata existunt, in presencia Juratorum Insule predicte debito fine terminand*um* et justiciam partibus predictis secundum foros et consuetudines Insule predicte inde faciend*um*; et ideo vobis mandamus quod ad certos dies et loca quos vos, quatuor vel tres vestrum ad hoc provideritis, circa execucionem premissorum diligenter intendatis et justiciam partibus predictis secundum foros et consuetudines supradictas in presencia Juratorum predictorum faciatis indilate,

---

1. 20 mai 1369.

ita quod dicta negacia (sic) ad plenum citra festum Pentecostes predicte debite·exequantur; et quid ad presens mandatum nostrum feceritis, nos in Cancellariam nostram Anglie statim post dictum festum reddatis distincte et aperte, sub sigillis vestris, quatuor vel trium vestrum, cerciores. Universis insuper et singulis ballivis, ministris et fidelibus nostris in Insula predicta, tam infra libertates quam extra, ad quos presentes littere pervenerint, tenore presencium damus in mandatis quod vobis, quatuor et tribus vestrum in premissis faciendis et explendis in forma predicta pareant et intendant, cum per vos, quatuor vel tres vestrum fuerint super hoc premuniti ex parte nostra. In cujus etc. T. R., apud Westm., xvj. die Novembris.

[Voici l'indication des principales modifications apportées à la *Série chronologique* par M. Godfray, dans le travail dont il est question à la page suivante :

Guillaume de Saint-Jean.
Gardien des îles, 1227-1229.

Henri de Trubleville (1re fois).
Gardien, 1230-1232.

Philippe d'Aubigny, le jeune (2e fois).
Gardien, 1232-1234.

Henri de Trubleville (2e fois).
Gardien, 1234; seigneur, 1234-1239.

Nicolas des Meules (ou de Moels),
lieuten. de H. de Trubleville, 1234-1235.

Gerard de Lambersard; Guill. de Dampierre; Guillaume Blom,
gardiens sous H. de Trubleville, 1235.

Dreux de Barentin (1re fois).
Gardien, —1235—.

Guillaume de Boeles.
Gardien, —1240—.

Dreux de Barentin (2e fois).
Gardien, —1241-1252.

Othon de Granson (1re fois).
Gardien, 1275-1294.

Henri de Cobham.
Gardien, 1294-1297.

Nicolas de Cheny.
Gardien, 1297-1298.

Othon de Granson (2e fois).
Gardien, 1297-1328.

Thomas de Ferriers (1re fois).
Gardien, 1337-1340.

Le même (2e fois).
Gardien, 1343-1347.

J. Mautravers.
Gardien, 1349-(1354?).

G. de Asthorp.
Gardien, 1373-1374—.

H. de Calviley.
Gardien, 1376-1393.

J. Golafre.
Gardien, 1393-1396.

Édouard, duc d'York.
1396-1416.]

SOCIÉTÉ JERSIAISE

DIXIÈME BULLETIN ANNUEL

Bibliothèque de l'École des chartes, XLVI (1885), p. 548-549 : compte rendu.

La Société Jersiaise est déjà connue de nos lecteurs [1]. Le dernier *Bulletin* de cette Société contient (p. 30-48) un article de M. Humphrey-Marett Godfray, que j'ai le devoir de leur signaler. Ce sont des additions et corrections à la *Série chronologique des gardiens et seigneurs des îles normandes,* que j'ai publiée en 1876 dans la *Bibliothèque de l'École des chartes* (t. XXXVII, p. 183, 444, 580 [ci-dessus, p. 381-436]). J'avais rassemblé dans ce travail toutes les notes que j'avais pu recueillir, au cours de mes recherches aux archives de Londres et ailleurs, sur la chronologie des gouverneurs des îles au moyen âge. Mais, en faisant ces recherches, j'avais surtout en vûe un objet un peu différent, l'histoire des institutions de l'archipel normand, et d'ailleurs je n'avais pas eu le temps d'acquérir une connaissance suffisante du grand dépôt du *Public Record Office.* Aussi j'avais laissé échapper beaucoup de renseignements utiles, et la série que j'avais établie présentait bien des lacunes. Ces lacunes, M. Godfray vient de les combler. Il a fouillé méthodiquement, à ce qu'il semble, au point de vue de l'histoire de Jersey et de Guernesey, les archives britanniques, et sa récolte a été abondante. Il a découvert les noms de plusieurs gouverneurs dont l'existence était restée inconnue ; pour d'autres il a pu fixer les dates de leur nomination, de leur mort, etc., et préciser des faits que j'avais laissés dans le doute. En tout, il a à peu près doublé la somme des résultats acquis. On ne devra donc plus consulter mon article de 1876 sans recourir en même temps au travail de M. Godfray, qui en est le complément indispensable : je tiens à en faire ici la remarque expresse......................................

1. [Voir ci-après, p. 447 et suiv.]

PHILIPPE D'AUBIGNY

Dans la *Revue critique* du 27 juillet 1876, p. 77, M. Schlumberger exprime le désir de voir donner « quelques indications » sur un personnage du nom de *Philippe d'Aubigny,* dont la tombe a été trouvée à Jérusalem en 1867. L'inscription de cette tombe, publiée par M. Clermont-Ganneau dans le *Musée archéologique,* t. I, p. 241, est ainsi conçue : *Hic iacet Philippus de Aubingni cuius anima requiescat in pace. Amen.*

Si les caractères archéologiques et paléographiques du monument (dont M. Clermont-Ganneau ne dit rien) permettent de le rapporter environ au milieu du XIIIe siècle, il est bien probable que ce *Philippus de Aubingni* est le même que le chevalier *Philippus de Albineto,* dont le chroniqueur anglais Mathieu Paris rapporte la mort et l'enterrement en terre sainte en 1236 : « ... Philippus de Albineto, postquam militauerat Deo in terra sancta peregrinando pluries, tandem in eadem diem claudens extremum et finem faciens laudabilem, sanctam meruit in terra sancta, quod uiuus diu desiderauerat, sepulturam [1]. » Il était parti pour la Terre Sainte en 1222 ; on lit à cette date dans Mathieu Paris : « Philippus de Albineio, miles strenuus ac morum honestate commendabilis, regisque Anglorum magister et eruditor fidelissimus, iter Hierosolymitanum arripiens, illuc cum prosperitate ac sine rerum diminutione peruenit ; » ensuite est rapporté *in extenso* le texte d'une lettre que Philippe d'Aubigny écrivit de Jérusalem, à son arrivée, au comte de Chester [2].

---

1. *Historia maior,* édition de 1606, p. 417.
2. *Historia maior,* éd. de 1606, p. 301. Le même passage se retrouve sans grande différence, dans l'*Hist. minor* (éd. Madden, dans les *Rerum britannicarum medii ævi scriptores,* t. II, p. 149) ; Philippe d'Aubigny y est qualifié : « regis... informator et magister ».

Philippe d'Aubigny appartenait à une famille noble de Normandie. Il fut un des principaux serviteurs du roi Jean Sans-Terre et de Henri III son fils. On vient de voir que Mathieu Paris l'appelle *le maître et le précepteur fidèle* du jeune roi Henri III. Sous Jean Sans-Terre, il est nommé dans le préambule de la grande charte, au nombre des *nobles hommes* dont le roi déclare avoir pris le conseil. Il fut en outre, sous ces deux rois, gardien ou bailli (custos, balliuus), c'est-à-dire gouverneur des îles de Jersey, Guernesey, Auregny et Serk, seule partie du duché de Normandie qui fût restée à Jean Sans-Terre après sa guerre avec Philippe Auguste. Lors de son départ pour la Terre Sainte en 1222, le gouvernement de ces îles passa à un autre Philippe d'Aubigny, « Ph. de Albin. iunior » son [neveu] [1].

Sur le tombeau de Philippe d'Aubigny, d'après la description de M. Clermont-Ganneau, est figuré un écu triangulaire, portant *quatre fusées*. Sur son sceau, qui nous est parvenu d'un autre côté [2], on trouve également pour arme *quatre fusées* en fasce.

1. Sur le gouvernement des deux Philippe d'Aubigny dans les îles normandes, voir Gustave Dupont, *Histoire du Cotentin et de ses îles*, t. II (Caen, 1873, in-8º), et Julien Havet, *Série chronologique des gardiens et seigneurs des îles normandes*, dans la *Bibliothèque de l'École des chartes*, année 1876 [ci-dessus, p. 388-390].
2. Ce sceau se trouve au bas de deux pièces conservées aux archives du département de la Manche, fonds du Mont Saint-Michel. Il porte pour légende † S' Philippi de Albignei. Il a été moulé pour la collection des sceaux des Archives nationales, et il y figure sous le nº 16748.

« PHILIPPUS DE AUBINGNI » ET SON ORIGINE

Revue critique d'histoire et de littérature, 1876, t. II, p. 398.

Sur le « Philippus de Aubingni » enterré à Jérusalem, qui a déjà fait l'objet de deux notes dans le présent volume de la *Revue critique* (p. 173 et 206), on trouve des détails circonstanciés dans l'ouvrage de Dugdale, *The baronage of England* (London, 1675, in-folio), tome I, p. 115-116. Je dois l'indication de ce passage à M. Mac Culloch, lieutenant bailli de l'île de Guernesey.

J'avais appelé ce personnage *Philippe d'Aubigny* : Dugdale écrit *Albini*. Le même auteur donne la liste des ancêtres de Philippe depuis la fin du XIe siècle. Un d'eux a porté le nom de *Brito*, Breton. Cela confirme les conjectures du correspondant anonyme de M. Clermont-Ganneau (ci-dessus, p. 206) sur l'origine bretonne de cette famille.

Si la famille est bretonne, c'est en Bretagne qu'il faut chercher le lieu qui lui a donné son nom. Il n'y a pas en Bretagne de lieu du nom d'Aubigny ; mais on y trouve Aubigné (Ille-et-Vilaine). Peut-être donc conviendrait-il de substituer ce nom à celui d'Aubigny, pour le personnage qui nous occupe, et de ne plus appeler celui-ci autrement que *Philippe d'Aubigné*.

CONTRAT JERSIAIS DU 8 JUIN 1384

Société jersiaise, bulletin annuel, V (1880), p. 190-193.

L'original de cette pièce se trouve à la Bibliothèque nationale, à Paris, dans le manuscrit « lat. nouv. acq. 2198 », n° 5. Dans la copie qui suit, les lettres représentées par des abréviations ont été restituées en caractères *italiques;* la ponctuation, les apostrophes et les majuscules ont été mises conformément aux habitudes modernes; les lettres *u* et *i* ont été remplacées, dans les mots où elles sont consonnes, par les lettres d'invention moderne *v* et *j;* un accent a été mis sur l'*e* lorsque cette lettre, placée à la fin du mot, pouvait être prise à tort pour un e muet. A tous autres égards, l'orthographe de l'original a été exactement reproduite.

La pièce était autrefois scellée; le sceau a disparu, ainsi que la queue de parchemin qui le portait.

L'acte est un contrat passé par devant les baillis et jurés de Jersey, le 8 juin 1384, par lequel Rauline d'Anneville, veuve de Jaquet Hascoul, fille de Robert d'Anneville, seigneur du Briel [1], et de Robine du Tot, cède tous les biens de la succession de ses père et mère, sis en Normandie, à un nommé Jean de Saint-Martin, en échange d'une rente viagère annuelle de huit quartiers de froment, payable à Jersey; il est stipulé en outre que si la guerre entre les rois de France et d'Angleterre mettait l'acquéreur dans l'impossibilité de recueillir les héritages en question, il n'aurait rien à payer de la rente, jusqu'à ce que la paix fût faite.

Cet acte est d'une époque pour laquelle les documents originaux jersiais sont rares. Il nous fait connaître la forme des contrats passés devant la cour à la fin du xive siècle, le nom du bailli de Jersey en 1384, celui de trois des jurés de la cour à la même date, et probablement aussi celui du greffier, car il est

---

1. J'ignore où est située cette seigneurie.

naturel de supposer que c'est ce dernier fonctionnaire qui a signé à la fin de la pièce. Nous avons là, en outre, un monument authentique de l'ancien dialecte jersiais. Les linguistes pourront l'étudier en détail à ce point de vue; je signalerai seulement tout de suite : le bizarre féminin *luye*, pour *elle; es* pour *aux*, comme dans le parler jersiais de maintenant (*es soens, es quellez*) ; *y*, employé, à ce qu'il semble, pour *et*, dans *y es soens* (?); enfin l'*e* ajouté après l'*y*, dans *yensuyet* pour *ensuit*, *wyet* pour *huit*, *Bonne Nuyet* pour *Bonne-Nuit*, etc.

A [1] touz ceux qui cez presentes lettres verront ou orront, Thomas Brasdefer, ballif nostreseigneur le roy d'Engleterre en l'isle de Jersey, salutz. Sachent touz que l'an de grace mil iij^c iiij^{xx} et iiij, le jour de mecredi prochain avant la feste saint Barnabey appostre [2], furent presens en jugement à Saint-Helier par devant nous, c'est assavoir Johan de Saint-Martin, d'une partie, et Rauline d'Anneville, deguerpie de Jaquet Hascoul, d'autre, les quelles avantz ditez parties, de lours pures volentés, sans contrainte, confesserent avoir contraudey [3] ensemble en la manere qui ensuyet, c'est assavoir : la dicte Rauline balla, ceda et delessa a fin de heritage, de soy et de ses hers, au dit Johan y es soens [4] touz les heritages qui luy sont eschuez et povent appartenir a luye [5] de la sussecion de Robert d'Anneville, seygnour du Briel, son pere, et de Robine du Tot, sa mère, en la duché de Normendie, tant terres comme fourmens, deniers, poullayllez, boéz, patronnages de eglises et de capellez, et toutes autres franchisez, otout [6] le droyt que la dicte Rauline puet ou pourroyt chalengier a cause de son dit pere et mere en la dicte duché, par quelle voye que ce soyt; et pour ce, le dit Johan luy obligea wyet quartiers de fourment luy rendre chescun an en l'isle de Jersey, le terme de la vie de la dicte Rauline durant, et aprés la mort de la dicte Rauline le dit Johan ou ces [7] hers seront quites des diz wyet quartiers de fourment, sans jamés rien en paier a nul qui

---

1. Initiale ornée; le jambage de gauche de l'A forme un dessin qui représente un poisson.
2. Mercredi 8 juin 1384. La Saint-Barnabé est le 11 juin.
3. Contracté.
4. L'original porte en deux mots « y essoens ». Le sens paraît être : « et aux siens » (?).
5. Elle.
6. Avec.
7. Ses.

ayt cause de la dicte Rauline. Et s'obligea la dicte Rauline a aller entriner et ratefier lez contraux desus diz, en la dicte duché ou lez heritages suyent, au dit Johan, en la manere comme devant est dit, devant tabellions, juges ou officiers par devant les queylx teilx contraux povent et devent estre acordés segon lez loys et les coustumes du pays, toutes foys et quantes foys que il plera au dit Johan ou a qui aura cause de luy, ceste lettre o [1] soy portant, en temps que eux ils puyssent aller sans peril de guerre. Et se eynsi estoyt que la dicte Rauline n'y peust aller en propre personne, elle fist et ordegna par devant nous son procuratour et attourney general et especial de Johan de Bonne Nuyet, pour acomplir les contrauz desus ditz, donnant luy playn pover deu faire autant comme luye se presente estoyt, sans ce que il puysse jamés estre rapeley par luye ne par autre. Es quellez chosses fournir et acomplir s'obligerent les dites parties l'un en vers l'autre en la manere comme devant est dit, sus l'obligacion de touz lours biens meubles et heritages presens et ad venir; et jura la dicte Rauline par son serement que jamés en contre les chosses desus dites n'yra ne ne fera aller par luye ne par autre, en pene d'estre tenue a parjure, et renuncea a toutes excepcions, previlegez, defences, tant de droyt comme de fayt, qui les contraux desus diz pourroyent impeschier; et se eynsi estoyt que le dit Johan fust descieu ou damagié par les contraux desus diz nonmie acomplis deuement de la dicte Rauline, la dicte Rauline l'en desdamageroyt tout entierement, ou qui aroyt cause de luye, et en seroyt creu par son symple serement le portour de cestes, sans autre preuve faire; sommetant soy la dicte Rauline en nostre juridicion. Et ne paiera rien le dit Johan des diz wyet quartiers de fourment, de sy a tant que il soyt paez entre les roys, tant avant que le dit Johan ou qui aura cause de luy puysse avoir possecion des diz heritages pessiblement. Et nous, avant dit ballif, les dites parties fournir et acomplir les chosses desus dites en la manere comme desus est dit, l'un en vers l'autre, jouste loùrs confessions et obligacions, condempnames et condempnum. En tesmoyng de ce, nous avouns seelley ces lettres du seal de nostre ballie, presens a ce Guillaume de Carteret, Perres Brasdefer et Johan Poyngdestre, jurey du roy. Donnees comme desus.

P. Erembert [2].

---

1. Avec.
2. La première lettre de ce nom (E) est douteuse.

REMISSIO PRO RICHARDO DUNEVILLE

Société jersiaise, bulletin annuel, II (1876), p. 72-74.

La pièce dont je donne la copie ci-après est inscrite sur le registre des archives nationales de Paris « JJ 166 », sous le numéro « ij^c lxxix », au feuillet 194. Ce sont des lettres de pardon données par le roi de France, Charles VI, au mois d'août de l'année 1412, à un pêcheur normand nommé *Richard Duneville*, qui avait été pris parmi des corsaires jersiais, et qui assurait n'avoir consenti à servir les ennemis de la France que malgré lui et par contrainte. A cette date les îles ne jouissaient pas encore du privilège de neutralité.

En copiant ce texte, je n'ai pas reproduit les signes d'abréviation du manuscrit original : en suppléant les lettres que représentaient ces signes, je les ai mises en italiques, pour les distinguer de celles qu'on lit explicitement dans le manuscrit. Je n'ai pas reproduit les variations que présente la forme de certaines lettres : ainsi j'ai mis également *s* pour l's longue en forme d'*f* sans barre et pour l's courte semblable à celle de l'écriture d'aujourd'hui, *i* pour les caractères *i* et *j*, *u* pour les caractères *u* et *v*, les différentes formes de ces caractères ne servant pas alors à en distinguer la prononciation, comme aujourd'hui. J'ai ajouté des signes de ponctuation aux endroits où le sens en demandait, et des lettres majuscules aux noms propres.

Les localités de *Créances* et *Pirou* qui sont mentionnées dans cette pièce, font aujourd'hui partie du canton de Lessay (département de la Manche, arrondissement de Coutances). *Duneville* est le nom d'un hameau situé sur le territoire de Créances : Il est probable que *Richard Duneville* en était originaire.

Remissio pro Richardo Duneuille.

CHARLES, &c. Sauoir faisons à tous presens et auenir. Nous auoir receu humble supplicacion des parens et amis charnelz de Richart Duneuille poures homs pescheur de la parroisse de Criances ou diocese de Coustances, contenant comme six ans a ou enuiron led. Richart se feust mis en un uaissel du hamel de Priou en la compaignie du maistre et autres marineaulx dicelui uaissel pour aller pescher et gangner leur uie ainsi quilz auoient acoustume, ouquel uoyage lesd. uaissel, maistre, marineaulx, entre lesquelz estoit led. Richart, furent prins par les anglois yslemens [1] ennemis de nostre royaume; et furent lesd. maistres, marineaulx, et mesmement led. Richart menez prisonniers par lesd. anglois es ysles de Gerzie et mis & detenus en diuerses prisons et destresses tant en fers que en autres tormens pour les contraindre a eulx mettre a plus grant rancon; et telement le tormenterent et demenerent lesd. anglois que led. Richart, qui nauoit de quoy paier la rancon a quoy ilz le mettoient, pour sauuer sa uie & escheuer la grief peine et destresse quilz lui faisoient, et par les belles paroles et promesses que lui faisoient lesd. anglois, accorda a iceulx anglois et yslemens destre et demourer auecques eulx en lad. ysle et de tenir leur parti en soy rendant ennemi de nous et de nostred. royaume; et de ce lui firent iurer telz seremens comme ilz uouldrent, & parmi ce, quilz le mistrent hors de prison et le laisserent aler & uiure ou pays desd. ysles ou il a tousiours depuis demoure courrecie & dolent de tenir led. parti des anglois et de ce quil ne se pouoit partir et embler desd. ysles, et pour ce que les anglois & gens dicelles ysles lauoient aucunement en souspecon pour la bonne chiere & amour quil faisoit à ceulz du pays dont il est natif quant il en uenoit esd. ysles comme prisonniers ou autrement, aucuns desd. yslemens depuis deux mois en ca lont mene auec eulx en un balenier en escumerie sur la mer; et ont lesd. balenier, Richart & yslemens est(r)e prins & gangnez sur la mer par un appelle Guillemin Seguin de Harfleu & ses compaignons, et ont este menez à Saint Malo de lisle ou led. Richart est prisonnier, dont il est bien ioyeulx : car combien que lesd.

---

1. Le nom d'*Ilemans* est encore employé dans le Cotentin pour désigner les habitants de Jersey, Guernesey, etc.

yslemens en quele compaignie ou autres lui aient offert à paier sa rancon sil sen ueult retourner & demourer esd. ysles comme il faisoit par auant led. Richart nen a uoulu ne ueult riens faire; mais pour occasion que led. Richart sest ainsi rendu ausd. anglois & yslemens, leur a fait serement de tenir leur party & destre ennemi de nous et de nostred. royaume, et a demoure auecques eulx lespace de six ans ou enuiron, comme dit est, lesd. supplians se doubtent que on le uueille riguoreusement traictier par iustice, se par nous ne lui est sur ce pourueu de nostre grace & remede si comme ilz dient; requerant humblement que attendu que le dit Richart, entre autres choses, a tousiours este de bonne uie & renommee selon sa poure faculte, sanz oncques auoir este attaint ne conuaincu daucun uillain blasme ou reprouche, et a ses parens et amis aud. lieu de Criances, dont il est natif, auecques lesquelz il desire de tout son cueur de demourer & frequenter, et que ce que il a tenu le party desd. anglois il la fait en partie comme contraint, nous sur ce lui uueillons impartir nostre grace & misericorde; pourquoy nous inclinans à la supplicacion, uoulans pitie et misericorde estre preferez a rigueur de iustice, aud. Richart ou cas dessusd. auons quitte, remis et pardonne, quittons, remettons et pardonnons, de nostre grace especial, auctorite & plaine puissance royal, lesd. cas, auecques toute peine, amende et offense corporele, criminiele & ciuile en quoy il pourroit estre encouru enuers nous & iustice, et le restituons a sa bonne fame et renommee, au pays, et à ses biens non confisquez, satisfaccion faicte a partie (saucune en y a) se faicte nest, en imposant sur ce scilence perpetuel a nostre procureur; si donnons en mandement, en commettant se mestiers est par ces presentes, au bailli de Coustantin, et a touz nos autres iusticiers, ou a leur lieuxtenans, & a chascun deulx, que de nostre presente grace, pardon & ottroy ilz facent, souffrent et laissent led. Richart ioir et user paisiblement, sans aucunement le molester, trauailler ou empescher en corps ne en biens, mais son corps & sesd. biens pour ce saisiz ou arrestez lui mettent ou facent mettre sanz delay a plaine deliurance; et que ce soit chose ferme & estable a tousiours, nous auons fait mettre nostre seel a ces presentes, sauf en autres choses nostre droit, et lautruy en toutes. Donne a Paris ou mois daoust lan de grace mille CCCC & douze, et de nostre regne le xxxij^{me}.

Par le roy a la relacion du conseil,
COINGNET.

SOCIÉTÉ JERSIAISE

Extente des Iles de Jersey, Guernesey, Aurigny et Serk; suivie des Inquisitions dans les Iles de Jersey et Guernesey. 1274. Édouard Ier. — Publication 2°. — Jersey, C. Le Feuvre, 1877. In-4°, 51 pages doubles.

Bibliothèque de l'École des chartes, XXXIX (1878), p. 152-155.

Il a été rendu compte ici en 1876 [1] de la première publication de la Société Jersiaise, l'« extente » de 1331. La deuxième publication de la même société vient de paraître; elle a été distribuée aux membres à la fin de janvier 1878. C'est encore une « extente », ou état, dressé sur enquête, des biens de la couronne; mais celle-ci est plus ancienne que celle qui a été publiée en 1876. Elle fut dressée en 1274, dans la deuxième année du règne d'Édouard Ier, par deux commissaires royaux, Jean Wyger et Raoul de Broughton. Ces deux commissaires, en partant pour les îles normandes, avaient reçu du nouveau roi, en même temps que la mission de dresser l'extente, celle de s'enquérir, par les dépositions des habitants, de tous les abus, qui auraient pu être commis dans les années précédentes, au préjudice des particuliers, et d'en faire justice. La Société Jersiaise a publié à la fois l'extente (pour les quatre îles de Jersey, Guernesey, Aurigny ou Auregny et Serk) et les enquêtes en question.

Ce sont ces enquêtes, ou *inquisitions,* comme les ont appelées les éditeurs, qui forment la partie la plus intéressante du volume; il est regrettable qu'il ne nous en soit parvenu qu'une partie. Le gouverneur ou bailli des îles, à l'époque où Jean Wyger et Raoul de Broughton vinrent les visiter, était un Bayonnais nommé

1. [Ci-après, p. 451-456.]

Arnaud Jean, *Arnaldus Johannis* ou dans quelques textes *Arnulphus Johannis*, surnommé *de Contino* [1]. Ce bailli, s'il faut en croire les plaintes que les habitants des îles firent aux deux commissaires, était un assez pauvre gouverneur. Il avait abandonné l'administration de son gouvernement à des agents inférieurs, *ballivi, allocati*, qui avaient abusé de leur autorité pour faire subir aux insulaires toute espèce d'oppressions. C'est à ces délégués que s'en prennent avant tout la plupart de ceux qui viennent porter plainte; pour le bailli lui-même, on lui reproche moins ses violences que sa faiblesse et son incapacité :

Item presentant communiter jurati omnium parochiarum insule de Grenes, quod homines ejusdem insule male tractantur et opprimuntur, et maxime pauperes, per allocatos predicti Arnulp. Johannis ballivi, qui ob suam simplicitatem parum appreciatur et a nullo timetur. Item conqueruntur tenentes regis quod deterioris condicionis existunt quam tenentes militum aut aliorum tenentes habencium, quia non est qui eos defendat aut ipsis in oppressionibus suis subveniat, quod imputant simplicitati et impotencie ballivi antedicti, qui militibus aut aliis potentibus resistere non audet nec volet (p. 40).

Item [2] rapportent en commun les jurés de toutes les paroisses de l'île de Guernesey que les hommes de cette île sont maltraités et opprimés, et surtout les pauvres, par les députés dudit Arnaud Jean, bailli, qui à cause de sa simplicité est peu estimé et n'est craint par personne. Item se plaignent les tenants du roi qu'ils sont dans une pire condition que les tenants de chevaliers ou d'autres qui ont des tenants, parce qu'il n'y a personne qui les défende ou qui leur vienne en aide lorsqu'ils sont opprimés, ce qu'ils attribuent à la simplicité et à l'impuissance dudit bailli, qui n'ose ni ne peut résister aux chevaliers ou autres hommes puissants.

Quant aux *allocati*, on leur reproche des voies de fait, des emprisonnements arbitraires, des concussions de divers genres. Les articles suivants donneront une idée de ces plaintes; ils fournissent en même temps des renseignements significatifs sur ce qu'était le régime des prisons à Jersey au XIIIe siècle :

---

1. Voy. ma *Série chronologique des gardiens et seigneurs des îles normandes*, dans la *Bibliothèque de l'École des chartes*, t. XXXVII, 1876 [ci-dessus, p. 381-436].
2. Je reproduis la traduction donnée par les éditeurs, en modifiant quelques détails.

Jurati de parochia S. Helerii presentarunt per sacramentum suum quod Nicholaus filius Morout clericus pro suspicione latrocinii captus et per Arnulphum Johannis et suos allocatos inhumaniter vinculatus et in carcere oppressus pedes amisit postquam per inquisicionem patrie liberatus existit. Item, presentarunt quod Willelmus Rocelyn occasione similis incarceracionis plantas pedum usque ad ossa amisit; quod rei evidentia, de utroque mahamium suum cum gravissimis querimoniis in plena curia exhibente, manifestavit (p. 39)...Item presentant quod Petrus de Chaucebrun, allocatus ballivi, incarceravit Colinum Sutorem et uxorem suam et ipsos in carcere male tractavit, ita quod uxor ipsa quo ad prolis susceptionem creditur inhabilitata (p. 42).	Les jurés de la paroisse de Saint-Hélier ont rapporté par leur serment que Nicolas, fils de Morout, clerc, saisi pour soupçon de larcin, et par Arnaud Jean et ses députés inhumainement enchaîné et opprimé en prison, a perdu les pieds, après qu'il eut été déchargé par l'enquête du pays [1]. Item ils ont rapporté que Guillaume Rocelyn par suite de pareil emprisonnement a perdu les plantes des pieds jusqu'aux os; ce que l'un et l'autre a rendu manifeste par l'évidence de la chose, en exhibant en pleine cour son mehain, avec les plaintes les plus amères... Item (les jurés de Saint-Pierre de Guernesey) rapportent que Pierre de Chaucebun, député du bailli, a emprisonné Colin Le Sueur et sa femme et les a maltraités, dans la prison, de telle sorte que ladite femme est, à ce qu'on croit, devenue incapable d'avoir des enfants.

La publication de la Société Jersiaise comprend, comme pour l'extente de 1331, d'une part le texte latin reproduit avec les abréviations figurées, de l'autre, en regard et avec la même pagination, une traduction française; des index des lieux, des noms et des mots rares sont donnés en tête du volume. L'exécution typographique, qui a dû être une opération compliquée en ce qui concerne le texte, est en général fort correcte. La traduction est suffisamment précise et exacte; dans quelques passages seulement elle aurait besoin d'être rectifiée [2]. Je

---

1. Nom du jury criminel à Jersey.
2. P. 7, *et quid et a quo occasione predicta quicquam receperunt*, « et ce qu'ils ont reçu et en quelle occasion avant dite », lisez « ce qu'ils ont reçu et de qui ils ont reçu quelque chose à ce titre ». P. 10, trad., la note est à supprimer. P. 11, *facta per sacramentum Juratorum magne assise*, « faite par le serment des jurés à la grande assise », lisez « des jurés de la grande assise ». P. 22, *.xxx. Turon.*, « 30 [sols] tournois » : il faut très probablement entendre 30 *deniers* tournois. P. 41, *Ballivi incarceraverunt Ricardum Norman*

remarque, dans le « Glossarium » des mots rares ou peu connus qui précède le texte, une note destinée, ce semble, à répondre à une critique que j'avais exprimée dans le compte rendu de la publication de l'extente de 1331 (*Bibliothèque de l'École des chartes*, 1876, p. 285, n. 2). J'avais été étonné de voir *relicta* traduit par *délaissée*, dans un passage où ce mot paraissait signifier *veuve;* je n'aurais pas fait cette observation si j'avais connu l'explication donnée aujourd'hui : « Ce terme *délaissée* dans le sens d'une femme dont le mari est mort, est très souvent employé dans les actes et contrats passés à Jersey, jusqu'au xvii° siècle... *Vide* un acte de la cour royale de Jersey du 27 mars 1591, dans la cause entre Hugh Perrin, seigneur de Rozel, et demoiselle Jeanne Gilbert, *délaissée* de feu Hugh Perrin. »

Il faut relever dans ce glossaire deux mots qui ne sont pas dans Du Cange : BANCUM MARIS, en dialecte des îles *banque*, bord de la mer, rivage; ESPERKERIA, *esperquerie*, droit « qui consistait dans le privilège d'avoir la préemption des congres ou anguilles de mer pêchés par les tenants du roi et autres personnes ».

Au point de vue de l'histoire des institutions, il faut remarquer l'indication de certains *placita vicecomitalia*, tenus à Guernesey tous les quinze jours (p. 45), dont je n'ai rencontré aucune mention ailleurs.

Comptes rendus de la SOCIÉTÉ JERSIAISE, *pour l'étude de l'histoire et de la langue du pays, la conservation des antiquités de l'île, et la publication des documents historiques*, etc. *Premier bulletin annuel* (1875). *Extente de l'île de Jersey, 1331. Édouard III.* — *Publication 1ʳᵉ* (1875). Revue critique d'histoire et de littérature, 1876, t. II, p. 45-47.

post ea acquietatum, « les baillis ont emprisonné Richard Norman après qu'il avait été acquitté », lisez « qui depuis a été acquitté ». P. 45, l. 5, l'abréviation *aiar.*, qui signifie *animarum* a été lue *aliarum;* l. 10, *singul.* doit se lire plutôt *singulis* que *singulos;* le sens est « qu'ils doivent être préférés à tous » et non « qu'eux seuls doivent être préférés ».

SOCIÉTÉ JERSIAISE

Extente de l'île de Jersey. 1331. Édouard III. — Publication 1re. — Jersey : C. Le Feuvre, Beresford Library, Beresford Street; S. Hélier, 1876. (In-4°, XVI, 81 [163 [1]] et 8 pages.)

Bibliothèque de l'École des chartes, XXXVII (1876), p. 283-288 : compte rendu.

Le nom d'extente, *extenta,* désigne, dans les îles de Jersey et de Guernesey, un état des revenus du domaine royal et autres droits appartenant à la couronne, dressé au moyen des dépositions d'un certain nombre d'hommes pris dans chaque localité et interrogés sous serment. Ces extentes sont les titres officiels qui règlent l'étendue et les limites des droits de la couronne à l'égard de ses tenants et débiteurs. On compte, pour l'île de Jersey, cinq extentes, rédigées respectivement dans les années 1274, 1331, 1515, 1607 et 1660. L'extente de 1660 est celle qui est en vigueur aujourd'hui.

Des différentes extentes anciennes, celle de 1331 est peut-être celle qui a, pour l'histoire locale, le plus d'importance. L'extente précédente de 1274 est brève et donne peu de détails ; celle de 1331, au contraire, est on ne peut plus minutieuse. Toutes les pièces de terre qui devaient quelque chose au roi sont chacune l'objet d'une mention spéciale, avec le nom du tenant et celui du fief, la rente à payer et les termes du paiement. Il y a là un précieux répertoire topographique ; aussi les Jersiais appellent-ils l'extente de 1331, un peu emphatiquement, le *doomsday book* de

---

1. Dans cette partie du volume, qui contient le texte de l'extente de 1331 avec la traduction en regard, chaque page de la traduction a reçu le même numéro que la page du texte à laquelle elle correspond, et la première page, qui ne contient qu'un préambule, n'a pas reçu de numéro, en sorte que pour 163 pages la pagination n'en indique que 81.

Jersey. — Indépendamment de son importance locale, ce document n'est d'ailleurs pas sans intérêt pour l'histoire des institutions du moyen âge : il donne le nom et la définition de toutes les espèces de rentes et de droits que le roi d'Angleterre percevait au xive siècle dans ce fragment détaché de l'ancien duché de Normandie. Il était jusqu'ici resté inédit. On peut féliciter la Société Jersiaise [1] de l'avoir choisi pour l'objet de sa première publication [2].

L'exécution du travail est des plus satisfaisantes. D'un côté on a donné le texte latin imprimé avec des caractères qui reproduisent les abréviations du manuscrit, de l'autre une traduction française aussi littérale que possible. Ce mode de publication présente de grands avantages. Le système qui consiste à figurer les abréviations au lieu de les résoudre est aujourd'hui assez mal vu du public savant; c'est pourtant le seul qui offre aux lecteurs une garantie sérieuse d'exactitude. Dans une transcription où les abréviations ont été résolues, on ne sait jamais, à chaque mot qu'on lit, si on a sous les yeux une leçon authentique ou une invention du copiste moderne. S'il est vrai qu'une copie à abréviations figurées présente quelque difficulté à la lecture, c'est là un inconvénient peu sensible quand une traduction placée en regard offre au lecteur la solution de tout ce qui pourrait l'embarrasser dans le texte [3].

---

1. La Société jersiaise est de création récente. Elle a publié l'année dernière un premier compte rendu de ses travaux sous ce titre : *Société jersiaise, pour l'étude de l'histoire et de la langue du pays, la conservation des antiquités de l'île, et la publication de documents historiques*, etc., etc., *fondée le 28 janvier 1873. Premier bulletin annuel.* 1875 (Jersey, in-4°, 19 p. et une planche). La société comptait alors plus de 80 membres souscripteurs (à une livre sterling par an, plus 5 shillings de droit d'entrée) et cinq *membres d'honneur* : dans la liste de ces derniers on remarque le nom de M. Dubosc, archiviste de la Manche. Outre les procès-verbaux, la liste des membres, etc., ce bulletin contient un rapport en anglais sur des fouilles qui ont été pratiquées par des délégués de la société dans un cromlech de l'île, au lieu dit des Cinq pierres, paroisse de S. Brelade.

2. La société annonce la publication prochaine des quatre autres extentes.

3. En tête du texte, les éditeurs ont placé un tableau des abréviations. Dans ce tableau le signe ꝯ est traduit non seulement par *cum, com, con*, mais aussi par *cus* : on donne pour exemple ꝯ*staret = custaret*. J'aurais été disposé à voir là une erreur et à lire *constaret*, qui est de meilleur latin en même temps que plus conforme aux règles ordinaires de la paléographie, si la forme *custaret* ne revenait souvent en toutes lettres dans le manuscrit de l'extente. S'il était vrai qu'il fallût lire ainsi et que par conséquent le signe dût, dans certains cas, se lire, non, à dire vrai, *cus*, mais *cu*, ce serait un fait

Les éditeurs ont eu le tort de ne donner aucune indication sur l'âge et la provenance du manuscrit qu'ils ont employé. Le bulletin seul (p. 4) avertit que l'édition est faite « d'après une copie authentique appartenant à la Couronne ». D'après le système d'abréviations employé, je serais porté à croire que cette copie est à peu près contemporaine de l'original ; mais c'est là une base d'appréciation bien vague et bien incertaine. Un fac-similé spécimen aurait été à ce point de vue très utile.

La traduction française, œuvre de MM. les docteurs Langlois et Barreau (bulletin, p. 4), est très digne d'éloge. Les traducteurs ont obtenu un heureux résultat par le soin qu'ils ont pris de traduire les termes juridiques par des équivalents très exacts, fussent-ils un peu vieux, et de reproduire le plus possible dans la traduction l'ordre des mots de l'original [1]. Mais il faut regretter qu'ils aient pris le parti de reproduire dans la traduction les noms de lieu sous la forme qu'ils ont dans l'original, au lieu de donner les noms modernes. Le devoir d'un traducteur est de tout traduire, les noms propres, quand il le peut, aussi bien que les noms communs.

Le texte est précédé d'un *index locorum* et d'un *index nominum*. On regrette l'absence d'un *index rerum*. Dans un court glossaire sont réunis et traduits quelques-uns des mots de basse latinité qu'on rencontre dans l'extente, j'y relève les formes suivantes qui paraissent empruntées au dialecte local de l'île et qui manquent à Du Cange : « ALLECHONES. *Allichons.* Dents d'une roue de moulin » ; — « CABOTELLUM. *Cabotel.* Mesure contenant un cabot ou demi-boisseau. Le mot est aussi usité dans l'extente pour cabot, le contenu d'un cabotel » ; — « EXCLOTURA. *Escloteure.* Vanne établie sur un courant d'eau » ; — « FOCALAGIUM. *Fouaille.* Qui (lisez Ce qui) peut servir à faire du feu, soit fougère, bruyère,

---

curieux à constater. Comparez les observations de M. de Wailly, sur la lecture du même signe en français (mémoire lu à l'académie des Inscriptions et Belles-Lettres le 12 novembre 1875).

1. Il y a quelques erreurs de détail à relever : — p. 12, *Rad. Dauneville qui tenuit partem Normannorum tempore Regis Johannis*, « Raoul Dauneville qui tint *la part* des Normands du temps du roi Jean » : lisez « qui tint *le parti* des Normands » c'est-à-dire celui de Philippe Auguste ; — p. 336, *Johanna relicta Guillelmi Maret*, « Jeanne *délaissée* de Guillaume Maret » : lisez « *veuve* » [voyez, ci-dessus, p. 450] ; — p. 81, *xx libras bonorum tur. quorum iiij^{or} valent j. sterl.*, « 20 livres de bonne [monnaie] tournois, dont 4 valent une [livre] sterling » : lisez « 20 livres de bons [deniers] tournois, desquels 4 valent un [denier] sterling » ou « un estellin ». — p. 9, *semonnés* est un barbarisme, lisez *semons* (infinitif *semondre*).

etc. » ; — « Mineta. *Minet.* Mesure qui servait pour le mesurage des grains » ; — « Roetum. *Rouet.* Roue dentée d'un moulin ».

Il eût été encore à souhaiter que les éditeurs eussent pris soin de réunir dans des tableaux récapitulatifs les diverses indications éparses dans le document. L'extente donne, pour chaque paroisse, la somme des rentes que le roi avait droit d'y percevoir [1] ; il aurait fallu faire un total général de ces rentes pour toute l'île, en y ajoutant divers autres droits que l'extente indique à part, tels que le fouage ou monnéage [2], les profits de justice, le revenu des moulins royaux, etc. Voici, sauf erreur, les totaux que donne la réunion de ces diverses indications de l'extente :

	Monnaie tournois.		
	Livres	Sous	Deniers.
Rentes	355	7	8
Petite et grande coutumes [3], sceaux de la baillie, etc. (p. 16 et 17)	21	5	»
Profits de la cour royale	80	»	»
Moulins, après réparations [4]	157	»	»

1. Ces rentes se divisent en deux catégories, *ferme du roi* et *grèverie*. Il est difficile de voir ce qui distinguait ces deux dénominations. Les contemporains même ne le savaient pas bien : p. 24, il est question de certaines rentes dont la nature est douteuse, et « que quelques-uns appellent grèverie », *quos quidam grevereiam appellant.*

2. Le droit de *fouage* ou *monnéage,* dans les îles, ne différait pas de celui qui était perçu sous les mêmes noms dans la Normandie continentale ; il était dû par les mêmes catégories de personnes. D'après la somme à laquelle il est ici estimé, le nombre des personnes qui le payaient à Jersey était évalué à mille huit cent soixante-cinq.

3. La *petite coutume* était un droit sur l'exportation du bétail qui n'était pas né dans l'île et n'y avait pas séjourné an et jour. Sur la *grande coutume,* qui était un droit sur les navires, l'extente de Jersey se borne à renvoyer à l'extente qui avait été faite la même année pour Guernesey : *habet etiam dominus Rex magnam coustumam navium eodem modo quod eam habet in Insula de Guernerie* (p. 16). Les éditeurs auraient dû ici publier en note le passage correspondant de l'extente de Guernesey. D'après le document intitulé « Les franchises nostre segnor le Roy dengleterre en lisle de Guernerye », qui est conservé aux archives de la Manche, cette coutume était un droit d'un demi-marc d'argent par tout navire, assez grand pour pouvoir hisser à son mât un tonneau de vin, qui quittait l'île et sortait des domaines du roi d'Angleterre : « empres il a sa costume des neis, cest a savoir de celes qui puent guinder a lor mast un tonel de vin, por quei la neif ou la marchaandise set dehors le pover nostre segnor le Rey, demie marc dargent ». L'extente de Jersey de 1274 dit de même : *de quolibet navigio potente wyndare unum doleum vini ad malum debetur Regi dimidia marca argenti* (Record office, *Inq. p. m.,* Ed. I).

4. P. 81, où il est dit que le roi avait en la paroisse de Grouville un moulin, dit le moulin de Beauvoir, qui était à ce moment détruit, et qui coûterait à refaire 120 livres tournois, moyennant quoi il en rapporterait à l'avenir

Dîners et éperons dus au roi, estimés en tout	2	2	»
Somme par an	615	14	8
Fouage ou monnéage, tous les trois ans 93 l. 5 s. soit en moyenne par an	31	1	8
Somme totale pour la moyenne d'une année	646 l.	16 s.	4 d.,

non compris deux rentes annuelles d'une livre de cumin et d'une livre de poivre, et quelques droits de reliefs sur divers fiefs mouvants de la couronne.

A ces sommes il faut encore ajouter les rentes dues, non plus en deniers, mais en froment. P. 30 et 31 l'extente fait allusion à ces rentes, et elle ajoute que le détail en sera donné « dans le rental des froments », *in reddituali de frumentis*. Ce rental des froments ne se trouve pas dans l'édition de la Société Jersiaise : il y a évidemment une lacune, soit dans l'original, soit dans la copie. Il est probable que ces rentes de froment représentaient une assez forte somme. On peut en juger par le calcul suivant. La garde, c'est-à-dire l'administration, des îles de Jersey, Guernesey, Auregny et Serk, fut prise à ferme, en 1331, en 1332 et en 1333, pour 500 livres sterling par an. Les fermiers comptaient donc sur plus de 500 livres sterling de profit, et sur cette somme Jersey devait compter au moins pour la moitié, soit au-delà de 250 livres. Or, le total du tableau ci-dessus, en comptant la monnaie sterling, d'après une estimation souvent répétée dans l'extente même, pour une valeur quadruple de celle de la monnaie tournois, ne va qu'à 161 l. 16 s. 4 d. sterling. C'est donc encore à peu près une centaine de livres sterling, ou 400 livres tournois, que devaient fournir les rentes dues en froment.

A la suite de l'extente on a imprimé deux fragments tirés des rôles des assises tenues à Jersey en 1323 et 1331, qui donnent la liste des fonctionnaires de l'île en chacune de ces deux années.

20 par an, il aurait été bon de citer en note cet acte indiqué dans l'ouvrage intitulé *Rotulorum originalium in curia scaccarii abbreviatio*, t. II ([Lond.], 1810, in-fol.), p. 50, col. 2, et qui est de l'année même où l'extente avait été faite : « Mandatum est Petro Bernard de Pynsole et Laurencio du Gaillard custodibus Insularum de Gernereye, Jereseye, Serk et Aureneye quod molendinum R. de Beauveir in dicta Insula de Jereseye ad terram prostratum est et consumptum, per quod, etc., de firma Insularum predictarum reparari seu de novo construi faciant, ita quod de decem marcis respondeat annuatim... » Ces 10 marcs de revenu annuel sont 10 marcs ou 5 livres sterling, qui font les 20 livres tournois indiquées dans l'extente.

Ces fragments ne sont pas sans intérêt, mais on ne sait trop ce qu'ils viennent faire là. Il vaudrait mieux réserver pour une publication spéciale et *in extenso* la collection entière des rôles des plaids tenus dans les îles en 1299 et 1300, 1304, 1309, 1320, 1323 et 1331, qui existe au *Record office* de Londres [1] et d'où les deux fragments ci-dessus ont été tirés. Ce serait là une publication qui ferait honneur à la Société Jersiaise. Le volume qu'elle vient de faire paraître montre qu'elle serait parfaitement capable de la mener à bonne fin.

Comptes rendus de la Société jersiaise, *Rapport des commissaires envoyés à Jersey. L'an 7 du règne de Henri VIII*. Publication 3me (1878). Bibliothèque de l'École des chartes, XL (1879), p. 108-109.

Documents historiques relatifs aux îles de la Manche, 1199-1244. Publication 4me (1879). *Ibidem*, XLI (1880), p. 273-276.

Extente de l'île de Jersey, 1607. Jacques Ier. Publication 5me (1880). *Ibidem*, XLII (1881), p. 312-313.

Compte rendu de Ferdinand Brock Tupper, *The history of Guernsey and its bailiwick; with occasional notices of Jersey; second edition* (1876). Revue critique d'histoire et de littérature, nouvelle série, tome V (1878), p. 107-108.

---

[1]. Sous les cotes $\frac{n}{137}$ et $\frac{n}{138}$.

DENARII TURONENSES OU DENARII TURONENSIUM

Bibliothèque de l'École des chartes, XXXVII (1876), p. 143-144.

Il est aujourd'hui reconnu que lorsqu'on trouve dans un texte latin du moyen âge une somme exprimée en livres ou en sous, et que l'adjectif qui indique l'espèce de monnaie employée est écrit en abrégé, il faut lire cet adjectif au génitif masculin pluriel, parce qu'on a sous-entendu le mot *denariorum*. Ainsi, « .iij. libras sterl. », « .vj. solidos tur. », doivent se lire « tres libras sterlingorum », « sex solidos turonensium », c'est-à-dire littéralement 3 livres de deniers sterlings, 6 sous de deniers tournois. La question ne paraît pas être encore tranchée avec la même certitude quand il s'agit d'une somme exprimée en deniers : « .vj. denarios tur. » doit se lire, suivant les uns, « sex denarios turonensium », suivant les autres, « sex denarios turonenses ». Il est certain que la seconde manière de parler semble plus logique. Voici pourtant un exemple certain de la tournure par le génitif, pour une somme exprimée en deniers. Le texte qui le donne est un acte du roi d'Angleterre Édouard Ier, du 1er novembre 1305, inscrit sur le rôle des lettres patentes de la 33e année de son règne, 2e partie, *membrana* 6 [1]. Le mot *Turon.*, après *denarios*, y est deux fois accompagné d'un autre adjectif au génitif masculin pluriel, en sorte qu'on ne peut douter qu'il ne faille lire *turonensium*. — Je donne ici la pièce entière, elle a un certain intérêt historique, en ce qu'elle mentionne une attaque des Français sur l'île de Guernesey, vers l'année 1305, qui ne paraît pas être connue d'ailleurs.

Pro Burgensibus ville de Sancto Petroportu [2] in Insula de Gernes. :

---

[1]. Ce rôle est à Londres, au Public Record Office.
[2]. S. Pierre Port, chef-lieu de l'île de Guernesey.

R. dilecto et fideli suo Ottoni de Grandisono Custodi Insularum de Gereseye et Gerneseye [1] vel ejus locum tenenti salutem. Monstraverunt nobis Ricardus Rose et ceteri Burgenses nostri ville de Sancto Petro Portu in dicta Insula de Guerneseye quod cum villa predicta per quosdam homines de potestate R. Franc. nuper inimicos et rebelles nostros combusta et destructa fuisset, et eciam quedam kaya, que juxta costeram maris ibidem pro salvatione ejusdem ville facta fuit, per eosdem inimicos dirruta sit et confracta, ad nocumentum et grave dampnum ville predicte et Burgensium predictorum ceterorumque mercatorum cum navibus suis applicantium ad portum ville supradicte, et quia villa predicta de novo construi aut eadem kaya absque magno auxilio reparari non potest [2] — : concedimus eisdem Burgensibus, de gratia nostra speciali, quod de qualibet nave de potestate predicta infra predictum portum applicante per quinquennium percipiant duodecim denarios parvorum Turon., et de quolibet parvo vase maritimo ibidem similiter applicante per eundem terminum percipiant sex denarios Turon. predictorum, pro villa sua predicta secundum ordinacionem vestram de novo construenda et pro predicta kaya reparanda et sustentanda, ut predictum est. In cujus, etc. T. R., apud Westm., primo die Novembris.

Per peticionem de consilio.

1. Jersey et Guernesey. Othon de Granson en fut gardien de 1275 à 1328.
2. Il semble qu'il y ait ici une lacune.

NOTES TIRONIENNES DANS LES DIPLOMES MÉROVINGIENS

Bibliothèque de l'École des chartes, XLVI (1885), p. 720.

Notre confrère M. Julien Havet a communiqué à la Société de l'École des chartes, le 29 octobre 1885, la lecture de quelques notes tironiennes qui figurent dans les souscriptions de plusieurs diplômes mérovingiens. On sait que le plus grand nombre des notes tironiennes contenues dans les diplômes de la première race ont résisté jusqu'ici aux essais de déchiffrement. Notre confrère M. d'Arbois de Jubainville a donné, dans la *Bibliothèque de l'École des chartes*, t. XLI, 1880, p. 85, la liste des diplômes de cette période qui contiennent des souscriptions en notes et a reproduit les lectures indiquées pour quelques-unes d'entre elles par Kopp et par Jules Tardif.

Voici l'indication des diplômes dans lesquels M. Julien Havet croit avoir déchiffré tout ou partie des mentions en notes tironiennes, et les lectures qu'il propose. Nous reproduisons le texte des souscriptions dans lesquelles se trouvent ces notes : nous imprimons en romain les mots écrits dans les originaux en lettres ordinaires, en italique les mots écrits en notes; des points représentent les notes non encore déchiffrées :

Archives nationales, K. 2, n° 12 (J. Tardif, *Monuments historiques*, n° 20; Musée des Archives nationales, n° 12; fac-similé, Letronne n° 16; 10 septembre 679 ou 680) : « Droctoaldus jussus optulit. *Ordinante E-bro-i-no majore domus.* » Le même diplôme présente, entre les deux mots « Bene valete », deux notes peu distinctes qui doivent peut-être se lire : « *Per Jesum Christum dominum nostrum.* »

K. 2, n° 1 (Tardif, 21 ; Musée, 13; Letronne, 17; septembre 679 ou 680) : « Aghliberthus recognovit.... *E-do-i-no* (sic) *majore domus.* »

K. 3, n° 9 (Tardif, 35; Musée, 20; Letronne, 30; 23 décembre 695) : « Righinus recognovit. *In Christo nomen* (sic).... *re-cognovit.* »

Bibliothèque nationale, ms. lat. 9007 (exposé dans la galerie des chartes; 3 avril 697) : « *In nomine Christo* (sic). Vulfolaecus jussus optolit. *Ordinante Pi-pi-no majore domus...* »

K. 3, n° 16 (Tardif, 45; Letronne, 38 ; 14 décembre 710) : « Dagaberto ad vice Angilbado recognovit. *Da-ga-bare-tus ad vice An-gi-bal-do re-cognovit.* »

K. 4, n° 7 (Tardif, 53; Musée, 30; Letronne, 45; *The Palæographical Society*, 120; J.-F. Böhmer, *Regesten der Karolinger*, neu bearbeitet von E. Mühlbacher, 57; 20 juin 751) : » Vuineramnus recognovit et subscripsit, *Bra-i-co fiere* (sic) *jussit.* »

CHARTE DE METZ

ACCOMPAGNÉE DE NOTES TIRONIENNES

(27 DÉCEMBRE 848).

Bibliothèque de l'École des chartes, XLIX (1888), p. 95-101.

Parmi les fac-similés publiés par Champollion-Figeac sous ce titre : *Chartes latines, françaises et en langue romane méridionale, publiées pour l'École des chartes et pour faire suite à la collection des chartes et manuscrits sur papyrus*, 4ᵉ et 5ᵉ fascicules (Paris, Firmin Didot, 1841, in-folio), on remarque (planche VII, n° 11) une longue pièce composée de trois pages. Les deux premières sont d'une écriture du IXᵉ siècle qui a quelques traits de ressemblance avec l'écriture dite lombarde; la troisième est toute entière en notes tironiennes. Le fac-similé lithographique est exécuté avec beaucoup de soin; mais aucun texte, aucune légende explicative ne fait connaître ce qu'est cette pièce et d'où elle a été tirée.

Elle se trouve à Paris, au département des manuscrits de la Bibliothèque nationale, dans un recueil de titres tirés des archives du monastère de Saint-Arnoul, à Metz [1] (collection de Lorraine, vol. 980, pièce 2). Le relieur l'a coupée pour en former deux feuillets; divers traits visibles tant au recto qu'au verso, et qui se continuent du bas du premier feuillet au haut du second, prouvent que la séparation est récente et qu'autrefois la pièce entière n'occupait qu'une longue et étroite feuille de parchemin [2].

---

1. Elle fut vendue à la Bibliothèque royale, en 1832, par M. Labin.
2. Hauteur, 0ᵐ 705; largeur, 0ᵐ 185 à 0ᵐ 195.

Sur le recto se lisent deux actes qui se font suite et se complètent mutuellement : ils étaient écrits l'un au-dessous de l'autre et ils occupent maintenant un feuillet chacun. Ils forment ensemble un de ces contrats que l'on désigne sous le nom de précaires. Par le premier, un homme nommé Anselme donne au monastère de Saint-Arnoul diverses terres qui lui appartenaient; par le second, il reprend ces mêmes terres, avec d'autres, appartenant les unes à Saint-Arnoul, les autres à l'église de Saint-Étienne, cathédrale de Metz, à charge d'en payer à ces deux églises un cens annuel [1]. Après lui, son droit passera à l'aîné de ses fils, ou, à défaut de fils, à ses neveux ; après ceux-ci, le monastère et la cathédrale recouvreront la jouissance intégrale de leurs biens. Les deux actes ont été passés à Saint-Arnoul de Metz, le même jour, jeudi 27 décembre 848.

L'intérêt principal du document est dans les notes tironiennes qui en couvrent le verso. Il y en a jusqu'à trente lignes, vingt-sept au dos du premier feuillet et trois au dos du second. Il ne paraît pas que le déchiffrement en ait encore été donné par personne [2], ni que les deux chartes du recto aient été publiées. On trouvera ci-après la transcription des unes et des autres.

Le texte tironien est une analyse du texte ordinaire écrit de l'autre côté du parchemin. Cette analyse ne mentionne pas, à beaucoup près, tous les détails qui figurent dans la double charte : ce n'est donc pas une minute d'après laquelle celle-ci ait pu être rédigée. Ce n'est pas non plus un simple extrait de cette charte : on y trouve, sur la contenance et la nature des terres concédées, d'autres détails dont celle-ci ne parle pas. C'est donc une note rédigée par une personne qui était au courant du fond même de l'affaire. Elle a été écrite quand le précariste était déjà en possession des biens qui font l'objet du contrat, car elle désigne ces biens par ces mots : *quicquid ibidem per beneficium et per censum habere videtur*. Deux lignes, la treizième et la quatorzième, ont été ajoutées plus tard encore, après la mort du donateur-précariste, Anselme; elles annoncent l'entrée en possession des deux neveux qui devaient, d'après les conventions, succéder à ses droits, s'il ne laissait pas d'héritier direct. Ces deux lignes sont

---

1. Ces terres étaient situées en diverses localités, dont les noms sont indiqués. Aucun de ces noms ne paraît pouvoir être identifié d'une façon certaine.
2. Voir plus loin.

d'une encre plus pâle que le reste des notes tironiennes de la page, mais elles paraissent avoir été tracées par la même main.

L'analyse du contrat est suivie de la liste complète des noms des témoins. Ces noms avaient une importance pratique; c'étaient ceux des personnes qu'on devait appeler, en cas de différend, pour attester les clauses de la convention. L'objet qu'avait en vue celui qui a écrit ces notes était donc d'y mettre tout ce qui était essentiel et de faire en sorte qu'on pût, en les consultant, se dispenser de lire le document lui-même.

Ainsi, au milieu du IX° siècle, un moine de Saint-Arnoul, chargé de la gestion des biens du monastère et voulant conserver pour son usage ou pour celui des autres religieux la mémoire des principaux détails d'une affaire, trouvait plus pratique de les écrire en notes tironiennes qu'en lettres ordinaires. Cela prouve, une fois de plus, combien l'usage de cette tachygraphie, empruntée à l'antiquité, était redevenu courant et commun à l'époque carolingienne.

Les notes tironiennes qu'on trouve dans les manuscrits sont généralement figurées avec soin et parfaitement reconnaissables. Il n'en est pas toujours de même dans les chartes. Ici surtout, la forme des notes a subi des modifications sensibles, dont il a fallu tenir compte dans le déchiffrement. Le scribe s'est évidemment plus soucié d'écrire vite que d'écrire bien, et, quand sa plume s'est heurtée aux aspérités du parchemin, toujours plus fortes sur un verso que sur un recto, il n'a pas craint de passer outre en faussant le tracé. C'est ainsi qu'il a souvent substitué des angles aux courbes et donné à plus d'un trait une inclinaison irrégulière. Le lecteur pourra en juger en examinant le fac-similé héliographique ci-joint [1].

On pourra remarquer aussi dans ce fac-similé plusieurs notes qui ne figurent pas dans le *Lexicon tironianum* d'U.-Fr. Kopp [2]. Telles sont celles qui ont pour but, soit de représenter en un seul signe des expressions composées, comme *in pago* (ligne 1), *ad partem* (lignes 2, 6, 14), *de rebus* (lignes 2, 7), *id est* (ligne 4), soit

---

1. Ce fac-similé reproduit le verso du premier feuillet et une petite partie (environ 8 centimètres) de celui du second. Le parchemin, peu épais, a laissé voir en transparence un certain nombre de lignes du recto; on en distingue nettement sur la planche l'image retournée et il est facile de les lire dans un miroir.
2. *Palaeographia critica*, t. II (Mannheim, 1817, in-4°).

464   OPUSCULES DIVERS.

de compléter le syllabaire tironien, afin de le rendre apte à exprimer les noms plus ou moins barbares des parties, des témoins et des lieux mentionnés dans l'acte. On chercherait vainement dans Kopp les signes qui représentent ici les syllabes *ber* (lignes 3, 17), *bol* (24), *cel* (10), *dal* (? 18), *dra* (13), *dul* (23), *fan* (6, 7, 14), *fri* (27, 30), *ger* (3, 17), *gra* (? 28), *nol* (? 4), *nul* (2, 5, 7, 13), *ra* (23, 27), *rig* (29), *sel* (1), *trin* (8), *wa* (4, 25), *wal* (15), ainsi que la désinence *tandum* (12). La première syllabe du nom propre *Stephani* (lignes 6, 7, 14) est représentée par la note qui exprime, dans le lexique tironien, le démonstratif *iste* (Kopp, p. 167). On sait, en effet, qu'en bas-latin, dans les mots qui commençaient par une *s* suivie d'une autre consonne, la prononciation usuelle ajoutait une voyelle avant l's.

Dans les transcriptions suivantes, le caractère romain représente l'écriture ordinaire, l'italique les notes tironiennes. Pour donner de celles-ci un calque absolument fidèle, les expressions composées, exprimées par une seule note, ont été transcrites en un seul mot : *infine*, *adpartem*, *idest*, etc. Par contre, pour les mots écrits à l'aide des signes syllabiques, on a conservé la séparation des syllabes : *An-sel-mus*, *Ar-nul-fi*, etc.

(RECTO.)

Igitur ego in Dei nomine Anselmus donator dono itaque ad sacrosancto monasterio sancti Harnulfi, ubi ipse domnus et sacratissimus in corpore quiescit, ubi domnus ac senior noster Drogo [1] urbis Mettinsis archiepiscopus atque sacri palatii archicappellanus in Dei nomine perpetualiter fungit officium, dono itaque in Dei nomine pro anime meae raemedium seu et pro aeterna retributione ut veniam de delictis meis in futurum adepisci consequi merear, per hanc cartolam donationis sive traditionis, donatumque in perpetuum esse volo, et prumtissima voluntate confirmo, hoc sunt res proprietatis meae in pago Hidoninse [2], in fine Gangoniaga [3] seu et in fine Goderingas [4] seu in loco

---

1. Fils de Charlemagne et de Régina (Einhart, *Vita Caroli*, ch. 18), évêque de Metz de 823 à 855, souvent appelé archevêque, parce qu'il avait reçu du pape le *pallium* (Simson, *Jahrbücher des fränkischen Reichs unter Ludwig dem Frommen*, I, p. 197, note 3).
2. Je ne sais comment traduire ce nom, que je ne retrouve pas ailleurs.
3. Peut-être Guinglange, *Gänglingen*, Lorraine, canton de Faulquemont.
4. Gondrange, Lorraine, commune de Havange ou de Créange (?).

qui dicitur Wanolvingas [1], res meas quas ego ad Rotmannum et Gerbertum germanos necnon et ad Fulcoinum dato pretio conparavi, id est tam terris, campis, pratis, silvis, concidis, cultis et incultis, quicquid ad jam dictis superius nominatis conparavi et hodie visus sum habere dono, trado atque transfundo in Dei nomine perpetualiter ad possidendum, vel quicquid pars ipsius ecclesiae de ipsas res facere decreverint liberam hac firmissimam in omnibus habeant potestatem. Si quis vero, quod fieri minime credo, si ego ipse aut ullus de heredibus meis seu quislibet ulla opposita persona qui contra hanc donationem infringere aut inrumpere vel inmutare voluerit, inferat se (sic) una cum sacratissimo fisci (sic) auri lib. I., argenti pondus II. multa susteneat et quod reppetit evindicare non valeat, sed presens donatio ista manibus bonorum hominum roborata omnique tempore firma et inconvulsa permaneat stipulatione subnixa. Actum ad sanctum Harnulfum publicae sub die VI. kl. jan., anno VIIII. imperii domni Hlottharii imperatoris. Signum Anselmum qui hanc donationem fieri et firmare rogavit. Signum Walterum. Signum Harimodum. Signum Gherbertum. Signum Hadalbertum. Signum Turingum. Signum Milonem. Signum Hisidorum. Signum Lantivum. Signum Radulfum. Signum Theutboldum. Signum Wainum. Signum Edonem. Signum Ragemfridum. Signum Ingramnum. Signum Rigpoldum. Signum Humfridum.

Domino sancto et apostolico sede colendo, domno et seniore nostro Drogoni Mettensis urbis archiepiscopus (sic) atque sacri palatii archicapellano, Anselmus precator. Dum et omnibus non habetur incognitum qualiter ego res meas in pago Hidoninse in fine Ganginiaga et in fine Goderingas seu ad Wanalvingas quas ego ad Rotmannum et Gerbertum seu ad Fulcoinum conparavi ad partem aecclesiae sancti Harnulfi condonavi vel adfirmavi, postea mea fuit petitio et vestra decrevit voluntas ut tam ipsas res quamque et alias res in jam dictas fines Gangoniaga et in fine Goderingas seu in fine Edeningas [2] et Wanolvingas et in pago Mettinse ad Maticella [3] vinea una et ad sanctum Julianum [4] vinea una de rationi sancti Harnulfi, nam et de rationi sancti Stephani in loco qui vocatur Menturis [5] sortes duas, nam et illa terra censale ad Guntringas [6] mihi beneficiare deberetis, quod ita et fecistis, ea igitur conditione ut dum ego advixero sub usufructuario ordine per beneficium sancti Stephani et sancti Harnulfi vel vestro seu successorumque vestrorum valeam excollere vel usare; et si mihi Deus procreationem filiorum dederit, unus qualis senior fuerit ipsas res sub usu fructuario

---

1. Peut-être Gongelfang, Lorraine, commune de Waldwise.
2. Edling, Lorraine, commune d'Anzeling (?).
3. Localité inconnue.
4. Saint-Julien-lez-Metz ou Saint-Julien-lez-Gorze, Lorraine.
5. Localité inconnue.
6. Probablement Guentrange, Lorraine, commune de Thionville.

valeat habere; et si mihi procreatio filiorum non evenit, tunc nepoti mei Hernico et Hildradus ipsas jam dictas res usufructuario ordine diebus vite illorum valeant excolere vel usare; et nihil exinde pontificium minuandi nec alienandi nisi quicquid ibidem Deo auxiliante addere aut emeliorare potuerimus; post nostrum quoque quandoquidem Deus voluerit pariter de ac luce discessum, absque ullius contradictione vel judicis adsignatione cum omni superposito res emelioratas ad partem sancti Stephani et sancti Harnulfi omnimodis revertantur; et censum annis singulis ad festivitatem sancti Stephani que est crastina Natalis Domini, dum ego Anselmus advixero, ad partem sancti Stephani dinr. VI et ad sanctum Harnulfum dinr. VI, posteriti (sic) mei jamdicti ad partem sancti Stephani dinr. XII et ad sanctum Harnulfum dinr. XII; et si de ipso censo tardi apparuerimus, fidem faciamus et ipsum non perdamus beneficium. Facta precaria sub die et tempore quo supra. Signum Anselmum qui hanc precariam fieri rogavit. Signum Walterum. Signum Harimodi. Signum Gherbertum. Signum Hadalbertum. Signum Turingum. Signum Miloni. Signum Hisidero. Signum Lantivum. Signum Radulfum. Signum Theutboldum. Signum Wainum. Signum Edonem. Signum Rigpaldum. Signum Humfridum. Signum Ingranum.

Ego Solatius presbyter hanc donationem et precariam scripsi et s.

(Verso.)

Donativum atque testamentum [1] *quem fecit An-sel-mus inpago*
[Hi-do-ni-in-se
infine Ga-an-go-ni-a-ga adpartem sancti Ar-nul-fi derebus
quaesitis ad Ro-to-ma-an-num [2] *et Ger-ber-tum germanos ejus et*
Ful-co-hi-num, idest terris, campis, terris, campis, pratis, silvis.
infine qui dicitur Wa-nol-vi-in-gas

denarius VI

5 *Censum annis annis singulis impendiis sancti Ar-nul-fi vitam suam*
denarius VI, post obitum ejus qui ipsas habere videntur denarius XI.
adpartem sancti Iste-fan-i denarius VI
Precaria quod praecepit derebus sancti Ar-nul-fi et sancti Iste-fan-i, in
[ipsa
mansus cum vinea
fine Ga-an-go-ni-a et E-de-ni-in-gis et Ge-un-trin-gis, quicquid
ibidem per beneficium et per censum habere videtur, idest mansis... [3]

1. Le scribe a employé par erreur la note qui représente le mot *testamentographus* (Kopp, p. 375), au lieu de celle de *testamentum*, et y a joint néanmoins la désinence de ce dernier mot.
2. Ou *Ro-ul-ma-an-num* (?).
3. Un caractère inachevé.

10 *et ad Ma-ti-cel-la vinca una at ed sanctum Julianum vinca* I
quas per beneficium habere... [1] *et ad Me-en-te-rum*
mansis tres et sortes tres II *jugerum et silva ad lignum amputandum.*

Er-ni-co et Il-dra-dus... [2] *impendiis sancti Ar-nul-fi*
denarius VI, *adpartem sancti Iste-fan-i denarius* VI.

15 † *Wal-te-rum.*
 † *Ha-ri-mu-dum.*
 † *Ger-ber-tum.*
 † *Ad-dal-ber-to.*
 † *Tu-ri-in-go.*
20 † *Mi-lo-nis.*
 † *Hi-si-de-ro.*
 † *La-an-ti-vum.*
 † *Ra-dul-fu-um.*
 † *Te-ut-bol-dum.*
25 † *Wa-hi-num.*
 † *E-do-nis.*
 † *Ra-ge-em-fri-do.*
 † *In-gra-no* [3].
 † *Rig-po-...* [4].
30 † *Um-fri-dus.*

Testamentum et precariam q. f. Anselmus ad partem sancti Arnulfi.
Testamentum et precaria quę fecit Anselmus quidam tempore Drogonis archiepiscopi de rebus suis ad partem sancti Arnulfi in loco qui dicitur Wanolvingas.

Compte rendu de Os. LEHMANN, *Das Tironische Psalterium der Wolfenbütteler Bibliothek*. Bibliothèque de l'École des chartes, XLVI (1885), p. 677-678.

1. Deux mots illisibles.
2. Un mot illisible.
3. Ou *In-gram-no* ou *Ingran-no* (?).
4. Un caractère indéchiffrable.

Lettres de Gerbert (983-997), publiées avec une introduction et des notes. Paris, A. Picard, 1889, in-8°, LXXXVIII-255 p.

Ce volume n'est pas compris dans la présente réimpression.

K. Schultess, *Papst Silvester II. (Gerbert) als Lehrer und Staatsmann.*

Revue historique, XLVII (1891), p. 155-156 : compte rendu.

....

La chronologie des événements compris entre l'avènement de Hugues (1er juin 987) et la mort d'Adalbéron (23 janvier 989) est un des points sur lesquels les historiens s'accordent le moins. Le récit probablement erroné et en tous cas obscur de Richer laisse place à plusieurs manières de voir. J'ai admis que le début des hostilités entre le duc Charles et le roi Hugues ne pouvait être placé qu'en 988, après le couronnement de Robert (30 décembre[1] 987); M. Schultess estime qu'elles ont commencé dès 987, avant le couronnement du jeune roi, mais après son élection, laquelle aurait suivi de près l'avènement de Hugues. Mais rien dans le récit de Richer n'autorise à séparer le couronnement de Robert de son élection. De plus, le royaume de France était encore *quietissimum* à la date de la lettre 112 de Gerbert, et celle-ci, postérieure à la lettre 110 qui contient la convocation d'un concile provincial pour le 11 décembre 987, ne peut avoir été écrite avant la fin de l'année 987 au plus tôt. Je crois donc préférable de m'en tenir au système chronologique que j'ai exposé dans mon édition des *Lettres* (p. 105, note 1).

1. Le 30 et non le 25 : *Revue historique,* XLV (1891), p. 290-297 [ci-dessus, p. 68-76]. — Dans Richer, IV, 12, *in eodem anno* signifie évidemment, non pas : dans le cours d'une année comptée du 1er janvier au 31 décembre (Schultess, p. 54, note 42), mais : dans un laps d'un an; c'est-à-dire que, selon Adalbéron, Robert n'aurait pas dû être associé au trône de son père avant le 1er juin 988 au plus tôt.

L'ÉCRITURE SECRÈTE
DE GERBERT

Académie des inscriptions et belles-lettres. Comptes rendus des séances,
4ᵉ série, XV (1887), p. 94-112.

Le recueil des lettres de Gerbert peut passer pour un des monuments à la fois les plus précieux et les plus obscurs de l'histoire du xᵉ siècle. Ce moine d'Auvergne, élève des écoles d'Espagne, successivement abbé de Bobbio, en Italie, secrétaire de deux archevêques de Reims, archevêque lui-même de Reims d'abord (991-998), puis de Ravenne, enfin pape sous le nom de Silvestre II (999-1003), fut mêlé d'une façon active aux événements qui précédèrent et qui suivirent la chute des Carolingiens et l'avènement de la maison capétienne. Il mit sa plume au service de divers personnages, prélats, princes et princesses, et les lettres politiques qu'il écrivit en leur nom nous sont parvenues, confondues avec sa correspondance personnelle. Elles sont pleines de détails précis et d'allusions qui piquent la curiosité, mais dont le sens, trop souvent, nous échappe. Nous ne savons ni la date à laquelle chacune a été écrite, ni l'ordre dans lequel il faut les lire, ni même parfois les noms des personnes de qui elles émanent et à qui elles sont adressées. A ces difficultés, communes à tout le recueil, s'en ajoute une qui est particulière à un petit nombre de lettres. On rencontre çà et là une quinzaine de passages en écriture chiffrée ou secrète.

L'auteur de la première édition, Jean Masson [1], avait trouvé dans son manuscrit et a reproduit, pour chacun de ces passages,

---

1. *Epistolæ Gerberti, primo Remorum, deinde Ravennatum archiepiscopi, etc., e bibliotheca Papirii Massoni* (Paris, 1611, in-4°, signé : Jo. Massonus).

une série de lettres de l'alphabet, qu'il a imprimées en majuscules et séparées par des points. Le texte de Masson a été répété par les éditeurs suivants [1]. On a cru que ces lettres représentaient chacune l'initiale d'un nom ou d'un mot [2]; mais les essais de déchiffrement qui ont été tentés en ce sens n'ont pas donné de résultats sérieux : on était engagé dans une voie fausse. Il était réservé au dernier éditeur de Gerbert, M. Olleris, de découvrir la vérité. En compulsant les papiers de Baluze, aujourd'hui à la Bibliothèque nationale, il rencontra des extraits d'un ancien manuscrit où, dans chacun de ces passages, les lettres alphabétiques étaient remplacées par des caractères de forme particulière. Ces signes, que Baluze avait copiés avec soin, offraient une ressemblance évidente avec les caractères tachygraphiques de l'antiquité et du haut moyen âge, connus aujourd'hui des paléographes sous le nom de *notes tironiennes*. M. Olleris jugea avec raison que les passages secrets avaient dû être écrits ainsi dans le texte primitif de Gerbert, que les lettres alphabétiques du manuscrit de Masson avaient été substituées mal à propos par le copiste et qu'il devait rétablir dans son édition les notes anciennes, telles qu'elles figuraient dans le manuscrit de Baluze. Il les fit dessiner et graver et les inséra dans le texte qu'il publiait [3].

Baluze avait fait une tentative pour obtenir un déchiffrement de ces caractères mystérieux. Il avait adressé à une personne dont nous ignorons le nom la lettre suivante, qui a déjà été remarquée et publiée par M. Olleris :

Ce Mercredy matin 2 Juin 1688.

Je vous enuoye, Monsieur, une copie bien exacte des endroits des epistres de Gerbert qui sont escrites (*sic*) en notes. Vous les trouuerez dans votre bibliotheque des Peres.

---

1. André du Chesne, *Historiæ Francorum Scriptores* (1636, in-fol.), II, 789-827; Migne, *Patrologia*, série latine, CXXXIX, 201-244.
2. Ainsi Baluze, trouvant dans la lettre n° 128 (Olleris, n° 130) la première phrase ainsi écrite : « Quibus angustiis domina Q. H. afficiatur, quantoque prematur angore, testis est epistola ipsius ad D. Q. V. M. H. E. jandudum directa », proposait de lire : « Quibus angustiis domina Quondam Hemma afficiatur... ad Dominam Quondam Vestram Matrem HEmmæ. » (Bibl. nat., ms. de Baluze, n° 129, fol. 104.) On verra plus loin la véritable lecture de ce passage.
3. *Œuvres de Gerbert, pape sous le nom de Sylvestre II*, collationnées, etc., par A. Olleris (Clermont-Ferrand et Paris, 1867, in-4°), v, 48, 61, etc.

Je vous enuoye aussy deux anciens Mss. de la bibliotheque du Roy pour deschifrer ces Notes, et autres deux de ceans [1].

Si auec tous ces secours, vous, Monsieur, qui estes du mestier, ne pouuez pas venir à bout de ces endroits, j'auray une excusable (sic) valable quand je diray que je n'ay pas peu les deschifrer. *Quod facis fac citius*. Cependant je suis de tout mon cœur vostre tres humble et tres obeissant seruiteur.

BALUZE [2].

Les quatre manuscrits qu'il envoyait étaient évidemment des lexiques tironiens, sans doute ceux qui portent aujourd'hui à la Bibliothèque nationale les n°s 8777-8780 du fonds latin [3]. « La réponse, s'il y en eut une, dit M. Olleris, ne nous est pas parvenue. » Le ton de la lettre n'indique pas que Baluze espérât beaucoup des efforts de son correspondant. Une pareille tentative n'avait aucune chance de réussir à cette époque, où l'on ne possédait aucune notion exacte des principes et du déchiffrement de l'écriture dite tironienne. M. Olleris pouvait se flatter d'un meilleur succès en s'adressant au regretté Jules Tardif, qui avait fait une étude approfondie de cette écriture; son espoir fut déçu. « Ces sigles, écrit-il, sont peut-être inintelligibles aujourd'hui; M. Tardif, l'un des hommes de l'École des chartes les plus habiles en cette matière, a déclaré à M. Léopold Delisle qu'il ne pouvait pas les expliquer [4]. » Il ne faut pas s'étonner de cet insuccès : Jules Tardif savait, dit-on, parfaitement lire les notes tironiennes; les caractères de l'écriture secrète employée par Gerbert ressemblent à ces notes, mais ils n'en sont pas.

Un heureux concours de circonstances m'a livré la clef du chiffre. M. Léopold Delisle, me sachant occupé de l'étude des notes tironiennes, appela mon attention sur une phrase qui paraît écrite en notes et qui figure au bas d'une bulle originale de Silvestre II, conservée au département des manuscrits de la Bibliothèque nationale [5]. Je fus frappé de l'étrangeté de cette

---

1. C'est-à-dire de la bibliothèque formée par Colbert, dont Baluze était le bibliothécaire et dont il avait conservé la direction après la mort du fondateur.
2. Bibl. nat., ms. de Baluze, n° 129, fol. 122; Olleris, *Œuvres de Gerbert*, v.
3. Les manuscrits latins 8777 et 8779 sont les anciens *codices regii* 6078 et 5512; les manuscrits latins 8778 et 8780 sont venus de la bibliothèque de Colbert : voir Ulr.-Fr. Kopp, *Palæographia critica* (Mannhemii, 1817, in-4°), I. 302-303, §§ 340-342.
4. *Œuvres de Gerbert*, vi.
5. Bulle du 23 novembre 999, pour Théotard, évêque du Puy-en-Velay; papyrus original, ms. lat. nouv. acq. 2507 (actuellement exposé dans la galerie

souscription, qui semble écrite suivant un système différent de celui de l'écriture tironienne ordinaire ; je voulus éclaircir le problème et je fus amené ainsi à lire un article de M. Paul Ewald, publié en Allemagne en 1884, qui contient des observations sur la diplomatique de Silvestre II [1]. J'appris par cet article qu'il existe en tout quatre bulles de ce pape où se voient des souscriptions ou additions en caractères analogues aux notes tironiennes. Deux de ces bulles sont conservées en original, l'une à Paris (c'est celle que M. Delisle m'avait signalée), l'autre à Barcelone, aux archives de la couronne d'Aragon [2]. Les deux autres ne sont connues que par des copies conservées à Sienne [3] et à Magdebourg [4], dans lesquelles la forme des caractères a été reproduite avec d'assez fortes altérations. M. Ewald a donné à la fois un fac-similé des passages écrits en notes dans les quatre pièces et un déchiffrement de ces passages dû au savant le plus versé aujourd'hui dans l'étude de l'écriture tironienne, M. W. Schmitz, directeur du gymnase de l'Empereur-Guillaume, à Cologne.

On trouvera le fac-similé des quatre passages dans la planche I, qui reproduit, sous les lettres A, B, C, D, la planche jointe à l'article de M. Ewald. En A est la souscription de la bulle de Barcelone [5] ; en B, celle de la bulle de Paris, M. Schmitz lit la première : *Silvester Gerbertus romanus [e]piscopus*, la seconde : *Gerbertus qui et Silvester...* La copie de Sienne (C) reproduit évidemment un original semblable à celui de Barcelone ; le copiste a imité la plupart des caractères et a substitué aux autres les lettres de l'alphabet auxquelles ils pouvaient paraître ressembler. Enfin, dans la copie de Magdebourg (D), les cinq caractères représentent certainement, comme l'avait déjà reconnu Kopp [6], les mots : *Bene valete*.

---

des chartes, n° 420). — Voir *Bibliothèque de l'École des chartes*, XXXVII (1876), 79, 108 ; Jaffé, *Regesta pontificum romanorum*, n° 2994 ; nouvelle édition, Loewenfeld, n° 3906.

1. *Zur Diplomatik Silvesters II.*, dans *Neues Archiv der Gesellschaft für ältere deutsche Geschichtskunde*, IX, 321.

2. Bulle de décembre 1002, pour Saint-Cucufa ou San Cugat del Valles, près Barcelone ; papyrus original, encadré et sous verre, dans le cabinet du directeur des Archives. — *Neues Archiv*, IX, 327 ; Jaffé-Loewenfeld, n° 3927.

3. Archives de l'État ; bulle de novembre 1002, pour Monte Amiata, près Chiusi ; copie sur parchemin. — *Neues Archiv*, IX, 327, 330, 342 ; Jaffé-Loewenfeld, n° 3925.

4. Archives de l'État ; bulle d'avril 999, pour Quedlimbourg ; copie sur parchemin. — *Neues Archiv*, IX, 325, 330, 349 ; Jaffé, n° 2988 ; Loewenfeld, n° 3902.

5. D'après un calque de M. Ewald ; voir ci-après, p. 479.

6. *Palæographia critica*, I, 418, § 439.

L'exactitude de ce déchiffrement ne peut être mise en doute et l'on ne saurait qu'admirer la sagacité dont a fait preuve M. Schmitz. Nous sommes en présence d'un système d'écriture conventionnelle qui repose sur des principes simples et logiques et qui diffère profondément de celui des notes tironiennes.

Dans celles-ci, chaque mot ou chaque nom est représenté par un seul caractère, qui est bien formé originairement d'éléments alphabétiques, mais qui se trouve avoir par son emploi une sorte de valeur idéographique; les signes purement phonétiques, représentant chacun une syllabe, ne sont admis que par exception, pour exprimer les noms propres non prévus dans le lexique tironien. Les notes des bulles de Silvestre II, au contraire, sont toutes phonétiques; chacune représente une syllabe; pour écrire un mot, il faut autant de caractères que le mot a de syllabes différentes.

Parmi ces caractères syllabiques, quelques-uns sont entièrement semblables à ceux de l'écriture tironienne. Tels sont ceux qui figurent les syllabes *co* [1] dans [*e*]*piscopus* (A, 4ᵉ mot), *qui* [2] et *et* [3] (B, 2ᵉ et 3ᵉ mot), *ne* [4] dans *bene* (D, 1ᵉʳ mot). Les autres sont formés avec des éléments empruntés à la même écriture; mais ces éléments sont groupés d'une façon nouvelle. Le premier caractère du nom de *Gerbertus*, par exemple, se compose d'un arc de cercle dont la convexité est tournée vers le haut et d'un trait sinueux allant de gauche à droite. Dans un grand nombre de notes tironiennes, le premier de ces éléments représente un *g* [5] et le second une *r* [6]. Mais, dans les notes, le groupe formé comme ici de la réunion de ces deux éléments exprime la désinence *gorum* [7], tandis que dans les souscriptions de Silvestre II le même signe doit être lu *ger*.

Le plus souvent, dans l'écriture syllabique des bulles de Silvestre II, les caractères qui représentent des syllabes commençant par une même consonne offrent une même conformation dans la partie du haut et de gauche, c'est-à-dire dans celle par laquelle la main commence le tracé. Ainsi les caractères des

---

1. Gruter, *Notæ Romanorum* (à la suite de ses *Inscriptiones antiquæ*, éd. de 1603, in-fol.), xxvi, col. 3; Kopp, *Palæographia critica*, II, 74, col. 1.
2. Gruter, v, col. 2; Kopp, II, 303, col. 1.
3. Gruter, i, col. 2; Kopp, II, 367, col. 2.
4. Gruter, i, col. 2, et xxviii, col. 2; Kopp, II, 235, col. 2.
5. Kopp, I, 90, § 112; II, 148-154.
6. Kopp, I, 110, § 133; II, 312 et suiv., etc.
7. Gruter, xxvii (coté par erreur xvii), col. 2; Kopp, II, 152, col. 2.

syllabes *pis* et *pus*, dans le mot [e]*piscopus* (A, 4ᵉ mot), commencent tous deux, à gauche en haut, par un trait oblique montant suivi d'un trait vertical descendant ; ceux de *ter* dans *Silvester* (A et B) et de *tus* dans *Gerbertus* (A et B), par un trait horizontal suivi d'un trait descendant ; ceux de *va* [1] dans *valete* (D, 2ᵉ mot) et de *ves* dans *Silvester*, par un demi-cercle dont la concavité est tournée vers le haut. Inversement, les caractères des syllabes qui ont une terminaison commune offrent une conformation commune dans la partie que la main trace en dernier, la droite et le bas. Le *ma* de *romanus* et le *va* de *valete* se terminent également par un arc de cercle dont la convexité est tournée en haut ; le *ger* et le *ber* de *Gerbertus*, ainsi que le *ter* de *Silvester*, par une ligne horizontale légèrement sinueuse ; le *co* d'[e]*piscopus* et le *ro* de *romanus*, par un petit cercle ; le *nus* de *romanus*, le *pus* d'[e]*piscopus* et le *tus* de *Gerbertus*, par un court trait oblique montant suivi d'un long trait oblique descendant. Chaque caractère syllabique est donc un composé d'éléments alphabétiques, fondus en un seul tracé, mais facile à séparer par l'analyse.

Cela est clair, simple, aisé à concevoir en théorie et à apprendre rapidement. C'est tout le contraire de la tachygraphie tironienne, d'une complication si rebutante pour les écoliers, qui n'arrivaient à en connaître les éléments, s'ils avaient le courage de les apprendre jusqu'au bout, qu'après une année d'étude [2]. Mais dans la main d'un scribe exercé cette tachygraphie devait se prêter merveilleusement à suivre la parole la plus rapide. L'alphabet syllabique du pape Silvestre, au contraire, était probablement dans la pratique d'un usage assez lent et assez incommode.

Ces observations en appelaient naturellement une autre. Puisque Silvestre II n'est autre que Gerbert et puisque les lettres de Gerbert, comme les bulles de Silvestre II, contiennent des passages secrets en caractères analogues aux notes et cependant non déchiffrables avec le seul secours des lexiques tironiens, il

---

1. Kopp a inséré ce signe, emprunté à la copie de la bulle de Magdebourg, dans son ouvrage (II, 390, col. 1), en l'indiquant par erreur comme tiré du recueil de Gruter, xxix. C'est un caractère étranger aux notes tironiennes. Dans Gruter, xxix, col. 2, la seule note indiquée pour figurer la syllabe *va* est celle qui a été reproduite par Kopp, II, 388, col. 2.
2. Extrait d'un manuscrit carolingien, cité par Kopp, I, 308, § 343 : « Sunt igitur aliqui qui dimittunt ad tertiam partem, aliqui tamen ad medietatem, et sunt plurimi qui non dimittunt nisi ubi in fine dicitur *plateola*. Et cum jam adjuvante Domino Christo remeaverint ad portum, tunc jam indesinenter nolunt dimittere quod per totum anni spacium laborare visi sunt.

est à présumer que ces caractères sont les mêmes dans les lettres et dans les bulles. Si cela est, on doit, en s'aidant de l'analogie des caractères observés dans les bulles et en tenant compte des remarques précédentes, arriver à déchiffrer les passages secrets des lettres.

Un premier essai tenté en ce sens réussit pleinement. En tête de la lettre qui porte dans les éditions de Jean Masson et d'André du Chesne le n° 120, dans celle de M. Olleris le n° 128 [1], se trouve un titre ainsi conçu : *Dominæ Augustæ Theophaniæ nomine Hugonis regis*. Puis vient une ligne mêlée de lettres ordinaires et de caractères secrets; on la trouvera sur les planches II et III, à la deuxième ligne, après les mots : « Epist. 120. » Il est facile de reconnaître dans les lettres *Th.* et *Hu.* les noms de *Theophania* et de *Hugo* en abrégé; il est donc probable, à première vue, que la ligne chiffrée ne fait que répéter l'indication contenue dans le titre. Mais les quatre caractères qui séparent ces noms ne peuvent d'aucune façon représenter les trois syllabes du mot *nomine;* il faut donc chercher une autre expression qui veuille dire à peu près la même chose. Le recueil même de Gerbert en fournit une qui se rencontre à chaque instant en tête de ses lettres : *ex persona*. Il suffit d'avoir l'idée de ces mots pour les lire sans difficulté. Les caractères, quoique un peu altérés, sont aisés à reconnaître. Le premier, immédiatement après les lettres *Th.*, n'est autre que le signe qui représente, dans les lexiques tironiens, le mot *ex* [2]; le second est celui du mot *per* [3]; le troisième, celui de la syllabe *so* [4]. Le quatrième est étranger aux notes tironiennes; mais il est évidemment composé de la première partie du caractère qui exprime, dans la bulle de Barcelone, la syllabe *nus* (pl. I, A, 3° mot, dernier signe) et de la dernière partie des caractères de *ma* dans la même bulle (même mot, 2° signe) et de *va* dans celle de Magdebourg (D, 2° mot, 1er signe) : c'est donc le signe de la syllabe *na*. On a ainsi en quatre syllabes : *ex persona*.

La démonstration était faite, le principe découvert; il fallait en poursuivre l'application. Cela n'allait pas sans difficulté. Pour deux des bulles de Silvestre II, les originaux sont conservés et

---

1. [Édition J. Havet, n° 120. Dans les citations suivantes également, les chiffres de l'édition J. Havet concordent avec ceux des anciennes éditions.]
2. Gruter, I, col. 1; Kopp, II, 132, col. 1.
3. Gruter, I, col. 1; Kopp, II, 263, col. 1.
4. Gruter, XXIX, col. 1; Kopp, II, 352, col. 1.

nous pouvons étudier des caractères qui n'ont subi aucune altération ; mais nous n'avons pas de manuscrit original de la correspondance de Gerbert. Le texte n'en est connu que par des copies de dates diverses, et, pour les passages chiffrés, il n'existe même pas de copie ancienne. Dans le manuscrit le plus précieux qui existe aujourd'hui, celui de Leyde, du xi° siècle, ces endroits ont été laissés en blanc [1]. Ailleurs, comme on l'a vu, les caractères syllabiques avaient été remplacés par des lettres alphabétiques qui n'ont aucun sens [2]. Ces caractères n'ont été signalés que dans un seul manuscrit, celui que Baluze a eu entre les mains : on ne sait ce qu'il est devenu [3]. Nous en sommes donc réduits à la copie que Baluze avait prise dans ce manuscrit des passages écrits en caractères secrets ou, comme il disait, en « notes ». Elle se trouve en deux exemplaires, dans le manuscrit n° 129 de Baluze à la Bibliothèque nationale, fol. 123 et 124 [4] : ces deux pages sont reproduites dans les planches II et III ci-jointes.

En examinant cette double copie, on constate : 1° que le manuscrit de Baluze n'était qu'une copie déjà assez peu fidèle, car les caractères qui représentent les mêmes syllabes ne sont pas figurés de la même façon toutes les fois qu'ils se présentent (voir, par exemple, la formule *ex persona*, qui revient quatre fois dans la page, sous les n°s 120, 121, 125 et 129) ; 2° que Baluze n'a pas mis dans sa copie toute l'exactitude qu'on était en droit d'attendre d'un savant tel que lui, car les deux exemplaires écrits de sa main offrent des différences notables, non seulement dans la forme, mais même dans le nombre des caractères (voir les n°s 125, 129, 136). Dans ces conditions, on ne s'étonnera pas

---

1. Grâce à l'obligeance de M. le Dr W.-N. Du Rieu, bibliothécaire de l'université de Leyde, j'ai pu examiner ce manuscrit à Paris. C'est le n° 54 (lat. 4°) de Vossius. Le dernier passage chiffré de la lettre n° 136 (Olleris, n° 143) a seul été transcrit, non par le copiste du xi° siècle, mais par l'auteur d'une addition marginale du xvi° siècle, au haut du folio 73 recto. Le haut de ce feuillet est reproduit sur la planche I, en F.

2. Tel était le manuscrit qui avait servi à l'édition de Jean Masson, reproduite par André du Chesne. Ce manuscrit paraît perdu : Olleris, v.

3. Olleris, iv, v. On peut croire que ce manuscrit est celui qui avait appartenu à Nicolas Lefebvre. On trouve, en effet, dans les papiers de Baluze (n° 129, fol. 22) un feuillet intitulé : *Gerbertus ex schedis Fabri*, où on lit ces mots : *Epist.* 114. *Notæ veteres.*

4. Pendant l'impression de ces pages, M. Auvray, membre de l'École française de Rome, m'apprend qu'une autre copie des caractères secrets se trouve dans un manuscrit de la bibliothèque Vallicellane (G, 94), exécuté au xvii° ou au xviii° siècle. Ces caractères y sont figurés comme dans les copies de Baluze.

qu'une partie seulement des phrases secrètes ait pu être lue et que les autres restent à déchiffrer. Il aurait été même à peu près impossible de rien lire avec certitude, s'il avait fallu s'aider uniquement de la forme des signes pour en reconnaître le sens. Heureusement, dans certains cas, l'examen des parties du texte qui précèdent ou qui suivent les mots chiffrés, les allusions contenues dans le reste de la lettre, divers rapprochements de noms ou de dates, permettaient de conjecturer la signification probable des caractères secrets et de deviner une lecture qu'il suffisait ensuite de vérifier. Voici un exemple de cette méthode.

Les lettres n°s 127 et 133 (Olleris, n°s 83 et 86) portent chacune une adresse en écriture secrète (pl. II et III, n°s 127, 133). Il est facile de reconnaître à la fin de cette adresse, dans l'une et l'autre lettre, le mot *episcopo*; on y trouve les mêmes caractères que dans le mot *episcopus* de la bulle de Barcelone (A, 4° mot), à l'exception du dernier, remplacé par un signe qui commence comme ceux de *pis* et de *pus* et qui finit comme ceux de *co* et de *ro*, qui par conséquent représente la syllabe *po*. Le nom qui précède ce mot *episcopo* est le même dans les deux lettres, car les caractères sont en nombre égal (quatre) et les différences dans le tracé de chacun d'eux ne sont pas assez fortes pour ne pouvoir s'expliquer par l'imperfection de la copie. Le troisième de ces caractères est un simple trait vertical, ce qui, dans l'écriture tironienne comme dans l'écriture ordinaire, et par conséquent probablement aussi dans le syllabisme de Gerbert, ne peut guère signifier autre chose qu'un *i*. Ainsi les deux lettres sont adressées à un même prélat, dont le nom comprend quatre syllabes et a pour troisième syllabe un *i* isolé. Mais, dans la lettre n° 133 (Olleris, n° 86), le destinataire est invité à se rendre à Reims pour prendre part à la consécration d'un évêque, Eudes, élu au siège de Senlis : ce destinataire se trouvait donc à la tête de l'un des diocèses de la province de Reims, peu après l'élection de l'évêque Eudes de Senlis, c'est-à-dire en 989. Ces points acquis, quelques recherches dans la *Gallia christiana* suffisent pour constater qu'il y avait bien, en 989, un suffragant de Reims dont le nom répondait aux données du problème, et qu'il n'y en avait qu'un : c'est *Gibuinus*, évêque de Châlons-sur-Marne. Donc les quatre premiers caractères des deux adresses doivent se lire *Gibuino*. Et, en effet, le premier de ces caractères commence par un arc de cercle convexe en haut, qui représente un *g*, comme on l'a vu dans la première syllabe du nom de *Gerbertus* (pl. I, A et B); et le second commence par un trait sinueux descendant, lequel, dans le manuscrit original de Gerbert, devait ressembler à celui qui figure le *b* dans la seconde syllabe du même nom.

L'écriture étant syllabique, le mot *episcopo*, qui a quatre syllabes, doit s'écrire en quatre caractères. Pourtant, dans l'adresse des deux lettres 127 et 133, il semble n'en avoir que trois, séparés de ceux du nom propre *Gibuino* par un signe de ponctuation, les deux points (:). Pareille anomalie avait été remarquée dans la bulle de Barcelone par M. Schmitz, qui avait déclaré à M. Ewald qu'on ne pouvait pas lire, à la souscription de cette bulle : *romanus episcopus*, mais seulement : *romanus piscopus*. M. Ewald avait rejeté cette opinion, alléguant qu'on ne saurait prêter à Gerbert un pareil barbarisme, et il avait conclu que sur ce point la science paléographique de M. Schmitz était en défaut [1]. Chacun paraissait avoir raison à son point de vue : certainement Gerbert n'a pas pu écrire *piscopus;* mais certainement aussi dans une écriture syllabique trois signes ne peuvent faire quatre syllabes et un signe qui commence par un *p* ne peut faire *epis*. L'*e* qui manquait devait donc se trouver exprimé quelque part où l'on n'avait pas su le découvrir. N'était-ce pas cette lettre que représentaient les deux points (:) placés, dans les copies de Baluze, après le dernier caractère de *Gibuino* et avant *piscopo ?* Cette hypothèse était d'autant plus vraisemblable qu'elle explique un endroit d'une autre lettre : au n° 128 (Olleris, n° 130), dans une phrase où les éditeurs n'ont pas hésité à lire par conjecture le nom propre *Hemma*, les copies de Baluze donnent une *h* majuscule suivie d'abord de deux points (:), puis d'un signe semblable à celui de *ma* dans la bulle de Barcelone (pl. II et III, n° 128, 1re ligne); si les deux points signifient *e*, le tout fait sans difficulté : *Hema*, pour *Hemma*. Il était donc permis de supposer que les mêmes deux points précédaient aussi les signes des syllabes *piscopus* dans la bulle de Barcelone, et que, si M. Ewald ne les avait pas vus et reproduits dans son fac-similé, cela tenait à ce qu'il avait dû examiner cette bulle, comme il le déclarait lui-

---

1. *Neues Archiv*, IX, 325 : « Möchte ich es wagen, gegen den Meister Tironischer Lesekunst selbst in einem Punkte Opposition zu erheben. Nicht Romanus Episcopus könne es heissen, so schreibt mir der ausgezeichnete Palaeograph, sondern nur Romanus Piscopus. Mir dünkt die Form Piscopus für einen Franzosen des ausgehenden 10. Jahrhunderts undenkbar. Sollte die Auslassung des E nicht in diesem Falle auch einer abweichenden Schreibweise zu Gute zu halten sein ? »

même, dans des conditions très défavorables [1]. La conjecture se trouvait juste, j'en eus bientôt la certitude. M. Ewald, consulté par lettre, m'adressa à M. Harry Bresslau, professeur à Berlin, qui, voyageant en Espagne après lui, avait pu prendre une photographie de la souscription de Silvestre II ; M. Bresslau, sollicité à son tour, voulut bien m'envoyer immédiatement un calque de son cliché. Les deux points y figurent très nettement. On pourra s'en convaincre en jetant les yeux sur la reproduction du calque de M. Bresslau, qui se trouve sur la planche I, en E.

Il résulte de là une fois de plus que l'écriture secrète de Gerbert, quelques emprunts qu'elle ait faits aux notes tironiennes, ne saurait être confondue avec elles et constitue un système à part. Jamais dans les notes la lettre *e* n'est représentée par deux points. Il en résulte aussi que le système de déchiffrement inventé par M. Schmitz pour les bulles de Silvestre II et appliqué par moi aux lettres de Gerbert n'est pas une imagination sans fondement. Il faut qu'il ait quelque vérité, puisqu'il m'a permis de deviner un fait dont je n'avais aucune connaissance, et qui, vérification faite, s'est trouvé exact.

On me permettra de citer encore une ou deux circonstances où les résultats de ce déchiffrement ont reçu après coup une confirmation inattendue. Il faut pour cela que je continue un instant à raconter mes hésitations et mes tâtonnements ; on voudra bien m'en excuser.

La lettre de Gerbert n° 122 (Olleris, n° 131) contient vers la fin un passage composé de douze caractères secrets (pl. II et III, n° 122), par conséquent un passage secret de douze syllabes. Quand j'essayai de déchiffrer ce passage sur les copies de Baluze, je n'avais pas pris la peine d'examiner le reste de la lettre ; je ne savais pas même au nom de qui elle était écrite. Guidé seulement par la forme des caractères, je lus les huit premiers assez facilement, mais non d'abord sans quelques doutes, ainsi : *nepos meus episcopus*. C'était un résultat facile à contrôler ; il n'y avait qu'à vérifier si l'auteur de la lettre avait un neveu évêque : si non, ma lecture était nécessairement fausse ; si oui, elle devenait certaine. Je recourus au texte imprimé ; la lettre était d'Adalbéron, archevêque de Reims, oncle d'Adalbéron, évêque de

---

1. *Neues Archiv*, IX, 328 : « Die hierbei möglichen Fehler würden nicht gering anzuschlagen sein, besonders da der Rahmen sehr hoch hieng und die Glasscheibe mehrere Decennien lang keiner reinigenden Hand sich erfreut haben mochte. »

Verdun. J'avais donc bien lu. Les quatre caractères suivants devaient dès lors former le mot *Virdunensis*. Et, en effet, trois d'entre eux, le premier, le second et le quatrième, reproduisent avec très peu de changements les notes qui expriment dans les lexiques tironiens les syllabes *vir* [1], *du* [2], et *sis* [3].

Dans la lettre n° 125 (Olleris, n° 146), l'auteur de cette lettre demande à un autre personnage de lui envoyer un secours de troupes. On lit en lettres ordinaires : *quemvis alium tantum cum militum robore subsidio;* puis viennent sept caractères syllabiques qui semblent devoir se lire : *nobis mi[t]ti oramus.* Au moment où je déchiffrai ces mots, ils ne me parurent pas former une phrase bien satisfaisante : on pouvait se demander si un bon latiniste n'aurait pas écrit en pareil cas *rogamus* ou *petimus* plutôt qu'*oramus* et *ut mittatis* plutôt que *mitti*. Je craignais donc d'avoir mal lu, quand, en feuilletant les œuvres de Gerbert, je rencontrai dans la lettre n° 117 (Olleris, n° 100), adressée à l'impératrice Théophanie, ces mots : *abbatem Gerbertum... ecclesiæ præfici, modis quibus possumus, oramus.* Il est clair que Gerbert aimait à employer le verbe *orare*, non pas seulement au sens de prier Dieu, mais encore au sens de solliciter les hommes, et aussi qu'il aimait à construire ce verbe avec un infinitif passif. La lecture de ce membre de phrase est donc confirmée par les circonstances mêmes qui semblaient d'abord la rendre suspecte.

Ces exemples suffisent. Il est temps de faire connaître les résultats du déchiffrement essayé par la méthode qui vient d'être indiquée. Voici tous les passages des lettres de Gerbert dans lesquels les copies de Baluze indiquent des caractères secrets. Les mots que les manuscrits et les éditions donnent en lettres ordinaires sont imprimés en romain ; le déchiffrement que je propose, *en italique*. Les caractères secrets non déchiffrés sont représentés chacun par un astérisque (*) ; je souhaite qu'un autre, plus heureux que moi, réussisse à lire ceux-ci à leur tour...

[*M. Julien Havet ayant plus tard publié de nouveau la série des passages déchiffrés, avec additions et corrections (ci-dessous, p. 495-496), il a paru inutile de réimprimer ici les premiers déchiffrements.*]

Il faut laisser aux critiques qui étudient l'histoire du xe siècle

---

1. Gruter, VIII, col. 3; Kopp, II, 401, col. 2. [M. Julien Havet, plus tard, a corrigé ainsi : *Verdunensis.*]
2. Gruter, XXVII, col. 1; Kopp, II, 110, col. 2.
3. Gruter, XXIX, col. 1; Kopp, II, 343, col. 1 (vers le bas de la page).

le soin de décider si ces quelques mots et ces quelques noms propres, rétablis dans le texte de Gerbert, apportent des lumières nouvelles pour la connaissance de cette époque. C'est une question étrangère au présent mémoire, dont l'objet est simplement paléographique. A ce point de vue spécial, il n'y a plus que deux remarques à présenter.

On a cru que les passages secrets, tels que nous les voyons aujourd'hui dans le recueil de la correspondance de Gerbert, étaient écrits de la même façon dans les lettres originales; que cette écriture était un chiffre conventionnel, une cryptographie dont Gerbert se servait pour communiquer secrètement avec ses correspondants. Telle paraît être par exemple la pensée de M. Olleris, quand il parle de caractères « servant de chiffres pour désigner au correspondant de Gerbert les personnes qu'il ne voulait pas nommer ». On aurait pu cependant remarquer quelques circonstances qui rendent cette hypothèse invraisemblable. On rencontre l'écriture secrète non seulement dans le texte des lettres, mais parfois aussi dans l'adresse; or, autant il peut être utile de chiffrer les communications qu'on envoie à ses amis, autant il est difficile de comprendre qu'on mette l'adresse en chiffres. La cryptographie en question se trouve employée dans des lettres écrites au moins au nom de trois personnes différentes [1] et adressées au moins à sept personnes différentes [2] : il y aurait eu au moins neuf personnes dans le secret et parmi ces neuf personnes des ennemis, des chefs de camps opposés, tels que Hugues Capet et son compétiteur Charles de Lorraine. A supposer que, dans de pareilles conditions, le secret pût être fidèlement gardé, on ne devine pas à quoi il aurait servi. La lecture de quelques-uns des passages ci-dessus achève de ruiner cette hypothèse. Dans une correspondance secrète, on écrit en chiffres les mots ou les noms les plus importants et les plus essentiels à cacher, mais il faudrait être bien inexpérimenté pour en chiffrer au hasard deux ou trois seulement que le reste de la phrase peut faire aisément deviner. Celui qui, ayant à insérer dans une lettre les mots : *dominam Theophaniam imperatricem*, aurait voulu que le sens de ces mots ne pût être pénétré par des tiers, ne se serait pas borné à exprimer le premier et le dernier en écriture secrète,

---

1. Adalbéron de Reims, Hemma et Hugues Capet.
2. Adalbéron de Reims, Adélaïde, Charles de Lorraine, Ecbert de Trèves, Gibuin de Châlons, le comte Godefroi, Théophanie.

en laissant subsister, pour désigner Théophanie, les initiales très transparentes *Th*. Celui qui aurait voulu demander secrètement un envoi de troupes n'aurait pas écrit en lettres accessibles à tous : *quemvis alium tantum cum militum robore subsidio*, et en chiffre seulement les trois mots : *nobis mitti oramus*, dont le sens est si facile à suppléer. Il est donc plus probable que ces endroits étaient écrits en caractères ordinaires dans les originaux des lettres, qu'ils n'étaient figurés en caractères secrets que dans les minutes, desquelles dérivent, selon toute apparence, les manuscrits qui nous ont conservé la correspondance de Gerbert. C'était une notation conventionnelle dont probablement il ne se servait que pour lui-même et dont personne autour de lui n'avait la clef. L'écriture tironienne, à laquelle en sont empruntés les éléments, était à peu près oubliée de son temps. Ce n'est que chez un savant curieux comme lui qu'on pouvait en rencontrer quelque réminiscence [1].

L'emploi de la même notation dans les souscriptions de ses bulles, quand il fut pape, ne peut guère être rapporté qu'à lui. Il n'y a aucune raison de supposer qu'il en ait enseigné l'usage aux personnes employées dans sa chancellerie à Rome. Les souscriptions en caractères secrets qu'on voit dans les deux bulles originales de Paris et de Barcelone sont donc des autographes de Silvestre II. On se représente le moine érudit, du haut du trône pontifical et au milieu des soucis du gouvernement de l'Église, revenant avec plaisir à un jeu cryptographique qui l'avait diverti au temps de sa jeunesse studieuse. Peut-être même trouva-t-il quelque satisfaction à reprendre comme en cachette, à côté de son nom officiel de souverain pontife, son ancien nom d'écolier : *Gerbertus qui et Silvester* [2].

---

1. Kopp, I, 44, § 35; 411, § 431; 417, § 439. Voir aussi *Les Notes tironiennes*, par M. Guénin, sténographe-reviseur au Sénat (Versailles, 1885, in-8°; extrait des *Mémoires de la Société des sciences morales, etc., de Seine-et-Oise*, t. XIV), pp. 30-32.

2. Au moment où j'achève la correction des épreuves de ce mémoire, M. Delisle me signale le tome XXV de la *Miscellanea di storia italiana*, qui vient de paraître à Turin. On y trouve le fac-similé d'un morceau écrit au verso d'une charte d'Asti, de l'an 977, en caractères syllabiques semblables à ceux des lettres de Gerbert et des bulles de Silvestre II. Ce système d'écriture était donc en usage en Italie au xe siècle et Gerbert ne l'a pas seul employé.

LA
TACHYGRAPHIE ITALIENNE DU Xᴱ SIÈCLE

Académie des inscriptions et belles-lettres. Comptes rendus des séances,
4ᵉ série, XV (1887), p. 351-375.

Le 11 mars 1887, j'ai eu l'honneur de lire devant l'Académie des inscriptions et belles-lettres un travail intitulé : *L'écriture secrète de Gerbert* [1]. L'objet de cette communication était d'exposer les principes et de donner le déchiffrement d'une écriture syllabique employée dans les lettres de Gerbert et dans quelques bulles signées par le même personnage, quand il fut pape sous le nom de Silvestre II. Il résulte des observations soumises alors à l'Académie que cette manière d'écrire dérive de la tachygraphie connue sous le nom de *notes tironiennes*, mais qu'elle s'en distingue par plusieurs traits essentiels et surtout par une plus grande simplicité. Les notes tironiennes expriment chaque mot par un signe et comportent, en principe, autant de signes distincts qu'il y a de mots dans la langue latine ; l'écriture de Gerbert se compose uniquement de caractères syllabiques, dont le nombre est restreint et la formation soumise à des règles faciles à retenir.

J'avais présenté ce système comme particulier à Gerbert. Un membre de l'Académie, M. Paul Viollet, m'exprima alors une opinion différente. Selon lui, le moyen âge avait dû connaître plus d'un système de tachygraphie ; à côté des notaires fidèles à l'antique discipline tironienne, il avait pu exister une école dissidente :

---

1. *Académie des inscriptions et belles-lettres, Comptes rendus des séances,* 4ᵉ série, t. XV, pp. 94-112, et à part (Paris, Alphonse Picard, in-8°) [ci-dessus, p. 469-482].

Gerbert était un disciple de cette école. J'objectais à cette supposition qu'en dehors de ses lettres et de ses bulles, l'écriture en question ne se rencontrait nulle part. J'inclinais donc à penser qu'il l'avait inventée et s'en était réservé le secret.

Ma supposition était fausse ; c'était M. Viollet qui avait raison. Une publication qui a suivi de très près ma lecture le prouve et jette sur la question une lumière nouvelle.

Le tome XXV de la *Miscellanea di storia italiana*, publié en 1887 par les soins de la Députation royale d'histoire de Turin, contient un mémoire de M. le professeur C. Cipolla sur plusieurs documents du xe siècle, acquis récemment par la bibliothèque de S. M. le Roi d'Italie en cette ville. Deux de ces documents sont reproduits en fac-similé par le procédé héliographique dans les planches jointes au volume. Le premier, un acte notarié fait à Calliano en janvier 969, se termine par quelques mots en caractères tachygraphiques ; l'autre, passé aussi par-devant notaire et daté d'Asti, le 2 octobre 977, porte au verso sept lignes composées entièrement de caractères semblables. M. Cipolla nous apprend qu'avant de publier ces fac similés, il les avait communiqués à M. W. Schmitz, de Cologne, bien connu par ses travaux sur les notes tironiennes. M. Schmitz répondit que les signes soumis à son examen étaient des notes syllabiques dérivées des tironiennes, mais qu'il n'en pouvait donner l'explication. Un autre savant versé dans les mêmes études, M. O. Lehmann, de Dresde, fit la même réponse.

Ces notes syllabiques ne sont autres que celles qui se rencontrent dans les lettres de Gerbert. En appliquant aux textes tachygraphiques des actes publiés par M. Cipolla, les notions et les règles qui m'avaient guidé dans le déchiffrement de ces lettres, je les ai lus sans difficulté ; j'y ai trouvé, de plus, la confirmation des valeurs que j'avais cru pouvoir attribuer, non sans un peu d'hésitation, à plusieurs des caractères employés dans les lettres. Or, l'un de ces actes est antérieur au premier voyage de Gerbert en Italie. Celui-ci n'a donc pas inventé cette écriture ; il l'a trouvée en usage parmi les clercs italiens et il l'a apprise à leur école.

Possédant déjà plusieurs spécimens de cette tachygraphie, on pouvait espérer en trouver d'autres. C'était en Italie qu'il convenait tout d'abord de diriger les recherches. J'écrivis à M. le Surintendant des Archives royales de l'État, à Turin ; à M. le Bibliothécaire de l'Ambrosienne, à Milan ; à MM. les Archivistes des deux cathédrales d'Asti et de Novare, l'une et l'autre particulièrement riches en actes du x⁰ siècle, à en juger par les publications dont elles ont fourni la matière. Dans l'un seulement de ces dépôts j'obtins un résultat [1] : aux archives de la cathédrale d'Asti, M. le chanoine P. Bianchi, archiviste, découvrit sur le verso de deux actes, l'un du 8 juillet 987, l'autre du 11 mars 996, deux longs morceaux en notes syllabiques. Il voulut bien m'informer aussitôt de sa découverte et se chargea fort obligeamment de faire faire par M. V. Ecclesia, d'Asti, des photographies des deux documents; je mets ces photographies sous les yeux des membres de l'Académie [2]. L'action du temps s'est fait gravement sentir; l'encre a pâli et le parchemin a noirci. J'ai pu cependant lire, sur l'une et sur l'autre pièce, une portion plus ou moins considérable du texte écrit en notes. Comme sur le parchemin de 977, étudié par M. Cipolla, ce texte n'est autre chose qu'une reproduction abrégée de l'acte écrit au recto [3].

A Paris, M. Alexandre Bruel, sous-chef de section aux Archives nationales, a bien voulu appeler mon attention sur un acte original, passé à Pavie le 16 juillet 967, qui fait partie des titres de l'abbaye de Cluny conservés à la Bibliothèque nationale [4]. L'une des signatures placées au bas de cette pièce, celle du juge *Heginulfus*, est suivie d'une sorte de monogramme formé par la réunion de quatre notes syllabiques, qui reproduisent le même nom :

On ne peut douter que de nouvelles recherches ne doivent faire connaître encore bien d'autres monuments du même genre [5]. En

---

1. M. l'abbé Ceriani, bibliothécaire de l'Ambrosienne, a bien voulu m'informer que cette bibliothèque ne contient rien qui réponde à ma demande.
2. L'une de ces photographies est reproduite sur la planche ci-jointe.
3. Les deux actes en question ont été imprimés : *Historiæ patriæ Monumenta, Chartarum tomus I*, col. 274, n° 162 et col. 297, n° 178.
4. Collection de Bourgogne, vol. 77, pièce 42. Imprimé : Aug. Bernard et Al. Bruel, *Recueil des chartes de l'abbaye de Cluny*, t. II, dans la *Collection de documents inédits sur l'histoire de France* (Paris, 1880, in-4°), p. 308, n° 1228.
5. Aux textes que je viens d'énumérer il faudrait peut-être ajouter : 1° une ligne de caractères inscrits dans la marge supérieure de la page 78 du manuscrit 5750 du Vatican, provenant de Bobbio (fac-similé dans Mai, *Classicorum*

attendant, en voilà assez pour bien constater l'existence de cette tachygraphie syllabique et pour permettre, dès à présent, d'en déterminer les règles et d'en reconnaître les éléments constitutifs [1].

A première vue, les caractères syllabiques n'offrent pas, d'un document à l'autre, une similitude parfaite ; mais les différences s'expliquent aisément sans porter atteinte à l'unité du système. Les signatures de trois bulles de Silvestre II, des années 999, 1001 et 1002, nous offrent les seuls spécimens qui soient à la fois tracés avec soin et conservés en original ; mais ce sont aussi les plus récents en date et sans doute les plus éloignés de la tradition primitive. Les passages écrits en notes dans les lettres de Gerbert ne nous sont parvenus que par l'intermédiaire de plusieurs copies, qui n'ont pu les reproduire sans les altérer. Les fragments écrits au verso ou au bas des actes des notaires italiens sont des originaux, mais ils ont été écrits à la hâte et le plus souvent sur le dos du parchemin, dont la surface rugueuse oppose à la plume un obstacle sensible ; aussi le tracé en est très irrégulier. Il est facile, avec un peu d'attention, de faire la part de ces influences et de retrouver sous les altérations diverses le type normal de chaque note.

Les principes essentiels de cette écriture ont été exposés dans mon premier mémoire. Chaque caractère représente une syllabe et pour écrire un mot il faut autant de caractères que le mot a de syllabes différentes. Parmi ces caractères syllabiques, quelques-uns sont entièrement semblables à ceux de l'écriture tironienne. La plupart des autres sont formés avec des éléments empruntés à la même écriture, mais ces éléments sont groupés d'une façon nouvelle. Le plus souvent, les notes des syllabes qui commencent par une même consonne offrent une même conformation dans la partie du haut et de gauche, c'est-à-dire dans celle par laquelle la main commence le tracé ; inversement, celles des syllabes qui ont une terminaison commune présentent une

---

auctorum e Vaticanis codicibus editorum tomus III, et dans Zangemeister et Wattenbach, Exempla codicum latinorum litteris majusculis scriptorum, planche 5) ; 2º une série de signes placés à la suite de la signature du juge Lanfrancus, dans un acte des archives de Cluny, daté de Pavie, le 14 décembre 1069, qui n'est plus connu que par une copie moderne (Bibliothèque nationale, collection Moreau, vol. 283, fol. 61 vº) et dont je dois également l'indication à M. A. Bruel ; mais, comme je n'ai pu arriver jusqu'ici à rien déchiffrer de ces deux textes, je ne saurais affirmer qu'ils appartiennent au même système d'écriture.

1. On trouvera, dans la première partie de l'Appendice placé à la suite du présent mémoire, le déchiffrement des spécimens actuellement connus.

conformation commune dans la partie que la main trace en dernier, la droite et le bas. Chaque note syllabique est donc un composé d'éléments alphabétiques, fondus en un seul tracé, mais faciles à séparer par l'analyse. J'ai donné, d'après les souscriptions des bulles de Silvestre II, des exemples et des preuves à l'appui de ces diverses propositions [1].

Quelques mots d'un usage fréquent sont écrits en abrégé. Deux modes d'abréviation sont employés. Tantôt le mot est représenté par sa première ou ses deux premières syllabes : ainsi l'on trouve, dans les lettres de Gerbert, *ar* pour *archiepiscopi*, et, dans l'acte du 2 octobre 977, publié par M. Cipolla, *con* pour *quondam* et *civi* pour *civitate*. Tantôt on a écrit à la fois le commencement et la fin du mot, en laissant de côté le milieu : à cette catégorie appartiennent, dans le même acte, les abréviations *civi-e* pour *civitate*, *Jo-nes* pour *Johannes*, *p-ter* pour *presbiter*; dans ceux d'Asti, *s-e* pour *sancte*, *s-ti* pour *sancti*, etc. Toutefois, l'emploi de ces procédés est fort restreint. Des mots qui revenaient très fréquemment dans les actes, comme *filius*, *abitator* (pour *habitator*), *indiccione*, *incarnacione*, sont écrits tout au long, bien que quelques-uns d'entre eux exigent un assez grand nombre de caractères différents. On peut tirer de ce fait un indice sur l'époque à laquelle remonte probablement l'invention de la tachygraphie syllabique. Si cette tachygraphie avait été longtemps en usage, le système d'abréviations qu'elle comporte n'aurait pas manqué de s'étendre et de se perfectionner. La pauvreté de ce système doit faire présumer que l'art des tachygraphes italiens en était à ses débuts [2].

Au reste, l'histoire de la tachygraphie syllabique sera difficile à faire, tant qu'on n'en possédera pas un plus grand nombre de monuments.

Tous les spécimens connus ont été écrits en Italie, sauf une seule exception, les lettres de Gerbert; mais Gerbert avait fait plusieurs séjours en Italie, soit quand il suivait la cour du comte Borrel, puis celle des empereurs Otton Ier et Otton II, soit quand

---

1. *L'écriture secrète de Gerbert*, dans les *Comptes rendus*, pp. 99 et 100, et à part, pp. 10 et 11 [ci-dessus, p. 473-474].

2. La seconde partie de l'Appendice ci-après donne la liste des syllabes dont les caractères se rencontrent dans les divers documents recueillis jusqu'ici, avec l'indication des endroits de chaque pièce où l'on devra chercher ces caractères. Cette liste comprend aussi le relevé des quelques mots qui peuvent s'écrire en abrégé.

il gouvernait l'abbaye de Bobbio; et, avec sa curiosité naturelle, il n'avait pas dû négliger l'occasion de s'initier au procédé d'écriture rapide des notaires italiens. On peut donc croire que l'usage de cette notation ne s'est pas étendu en dehors de la péninsule. Ailleurs, ceux qui voulaient faire montre de quelques notions de tachygraphie traçaient des notes tironiennes conformes au système classique; on en trouve de nombreux exemples, pour le xe siècle, dans les chartes de la Touraine.

Tous les spécimens connus sont des dernières années du xe siècle ou des premières années du xie. Or, suivant la remarque qui vient d'être faite, la notation syllabique, quand ils ont été écrits, n'était problablement pas depuis très longtemps en usage. Il semble donc qu'elle ait été inventée vers le milieu ou dans la première moitié du xe siècle. Mais c'est une conclusion provisoire, qu'une découverte nouvelle peut renverser d'un moment à l'autre.

Une pièce conservée à la Bibliothèque nationale [1] fournit quelques lumières sur les circonstances qui ont pu conduire à cette invention. C'est une charte de Metz, qui contient un contrat privé, en date du 27 décembre de l'an 9 de l'empereur Lothaire (probablement 848). Au dos du parchemin, on a écrit, en notes tironiennes proprement dites, un abrégé de l'acte, avec une copie de la liste des témoins. Ce morceau se compose pour la plus grande partie de noms propres d'origine germanique, pour lesquels les anciens n'avaient pas laissé de notes toutes faites; le scribe a dû les former syllabe par syllabe, à l'aide du syllabaire contenu dans les lexiques tironiens. Pour les syllabes non prévues dans ces lexiques, il a été obligé d'imaginer divers expédients. Or, des difficultés semblables ont dû se présenter fréquemment; on comprend qu'elles aient inspiré à quelque esprit inventif l'idée d'une réforme.

Cette réforme a été double. On a supprimé les notes qui exprimaient des mots; et, comme ces notes étaient très nombreuses et très longues à apprendre, on a singulièrement allégé par là l'étude de la tachygraphie. En même temps, on a revisé et complété le syllabaire tironien, de manière à le rendre propre à écrire tous les mots, les noms communs, les verbes, etc., aussi bien que les noms propres de toute provenance.

En mettant à exécution ce programme, on paraît avoir cherché d'abord à utiliser dans la mesure du possible les signes fournis

---

1. Collection de Lorraine, vol. 980, pièce 2. [Voir ci-dessus, p. 461-468.]

par les lexiques tironiens. On a emprunté à ces lexiques, non seulement les notes qui composent les chapitres spéciaux du syllabaire, mais encore celles qui expriment des mots monosyllabiques : ainsi la note de la préposition *per* est employée dans la tachygraphie italienne pour représenter la syllabe *per*, dans tous les mots dont elle fait partie. Par contre, on a éliminé des syllabaires certains signes qui n'avaient pas une forme assez caractérisée (*ma, me, mo, pe, va*, etc.) : ceux-là ne seraient pas restés reconnaissables dans un morceau tracé avec rapidité. Enfin, on a créé toute une série de signes nouveaux, composés, comme il a été dit ci-dessus, avec des éléments, les uns empruntés aux notes tironiennes, les autres entièrement originaux : citons, comme exemple de ces derniers, les deux points (:) pour la voyelle *e*, le petit cercle au haut des caractères qui représentent les syllabes commençant par une *m*, etc.

L'écriture tachygraphique ainsi formée a eu plusieurs emplois. Dans les actes où on la trouve au dos du parchemin, celui qui a écrit les notes s'en est servi comme d'un procédé de notation plus rapide que l'écriture ordinaire ; c'est ce que prouve la précipitation avec laquelle elles ont été tracées. Est-ce une minute que le notaire rédigeait ainsi avant d'expédier l'acte ? Est-ce une mention ajoutée après coup par l'archiviste qui le classait ? Il est difficile de se prononcer ; j'inclinerais volontiers pour la première hypothèse. Quand, au contraire, la tachygraphie syllabique a servi seulement à écrire quelques mots sur le recto, à la suite d'une signature, on ne peut y voir qu'un expédient pour empêcher les falsifications : tel est le cas pour l'acte de Calliano, publié par M. Cipolla, pour celui de Cluny, à la Bibliothèque nationale, pour les bulles de Silvestre II. Enfin, Gerbert, en se servant de la même notation dans quelques passages des brouillons de ses lettres peut s'être proposé, soit seulement d'écrire plus vite, soit aussi de garder plus sûrement le secret de ce qu'il écrivait.

Les derniers exemples certains de l'emploi de cette manière d'écrire se trouvent dans deux bulles de l'an 1002. Il semble donc que la pratique de la tachygraphie syllabique se soit perdue au XIe siècle. Mais c'est encore un point sur lequel il faut se garder de prononcer trop vite, car nous ne savons quelles découvertes l'avenir peut encore nous réserver [1].

1. [M. Carlo Cipolla a publié dans les *Mélanges Julien Havet* (p. 87-96) une

Qu'il me soit permis de terminer par un appel aux érudits, aux bibliothécaires, aux archivistes, particulièrement à ceux qui ont la garde des riches collections paléographiques conservées dans les différentes villes de l'Italie. Jusqu'ici, l'existence même de la tachygraphie italienne étant restée ignorée, nul n'était averti de l'intérêt qu'il y avait à en rechercher et à en signaler les monuments. L'attention est maintenant attirée sur ce sujet; déjà un journal de Turin [1] a indiqué à ses lecteurs les deux textes tachygraphiques découverts à la cathédrale d'Asti. Espérons que ceux qui rencontreront désormais des documents analogues voudront bien les faire connaître et autant que possible les rendre publics. Il y a là tout un chapitre de l'histoire de la tachygraphie à reconstituer.

APPENDICE.

I. TRANSCRIPTION DES TEXTES TACHYGRAPHIQUES.

Dans les textes suivants, les parties écrites en caractères ordinaires dans les documents sont imprimées en romain; la transcription des notes tachygraphiques, *en italique*. Les parties effacées ou déchirées sont indiquées par des points (...); si le texte de ces parties a pu être rétabli par conjecture, il est placé entre crochets [ ]. Lorsqu'un mot du texte tachygraphique a été écrit en abrégé, la partie omise est placée entre parenthèses ( ). Les notes dont je n'ai pu déterminer la valeur sont représentées chacune par un astérisque (*).

A

Acte notarié, passsé à Pavie, le 16 juillet 967. Original à Paris, Bibliothèque nationale, collection de Bourgogne, vol. 77, pièce 42. Publié par M. A. Bruel, *Recueil des chartes de l'abbaye de Cluny*, t. II, p. 308, n° 1228. Fac-similé, ci-dessus, p. 485.

dissertation sur *la Tachygraphie italienne au* XIe *siècle* où il cite cinq documents génois accompagnés de notes tachygraphiques qui s'échelonnent de l'an 1005 à l'an 1087.]

1. *Gazzetta piemontese*, n° 169, 20-21 juin 1887.

L'une des signatures est ainsi conçue :

Heginulfus judex sacri palacii rogatus subscripsi. *Eginulfus*.

B

Acte notarié, passé à Calliano, en janvier 969. Original à Turin, bibliothèque de Sa Majesté. Publié par M. C. Cipolla, dans la *Miscellanea di storia italiana*, t. XXV, p. 283. Fac-similé, *ibid.*, pl. I.

Les deux dernières lignes du document sont ainsi conçues :

Ego Ragimbodus notarius, scriptor ujus cartule comutac[ionis], postadita complevi et dedi. *Complevi et dedi.*

C

Acte notarié, passé à Asti, le 2 octobre 977. Original à Turin, bibliothèque de Sa Majesté. Publié par M. C. Cipolla, dans la *Miscellanea di storia italiana*, t. XXV, p. 285. Fac-similé du verso, *ibid.*, pl. II.

Au recto, d'après l'édition de M. Cipolla :

In nomine Domini Dei et Salvatoris nostri Jhesu Christi. Otto gratia Dei imperator augustus, anno imperii ejus Deo propicio decimo, secundo die mensis octuber, indicione sexta.

Constat me Astesianus qui dicitur Cautella et filius quondam Anestasii de Aste civitate, qui professo sum ex nacione mea lege vivere romana, ac[ce]pissem, sicut et in presencia testium accepi, ad te Johannes presbiter, abitator in eadem civitate Aste et filius quondam Liutardi, argentum denarios bonos solidos decem, finitum precium, pro casas, sediminas et omnibus rebus illis juris mei quod abere viso sum in suprascripta civitate Aste vel in ejus territorio, quod sunt suprascriptas casas et omnibus rebus sunt super totum pro mensura justa jugias duas, et si amplius de meo juri rebus in suprascripta civitate Aste vel in ejus territorio plus inventum fuerint quam ut supra mensura legitur, per anc cartulam et pro eodem precio in tua cui supra Johanni presbitero aut cui tu dederis sint potestatem proprietario juri abendum. Que autem suprascriptas casas, *etc.* (*Suivent les clauses d'usage.*)

Actum in suprascripta civitate Aste feliciter.

Signum ☐ manus suprascripti Astesiani, qui anc cartulam vindicionis fieri rogavit et suprascripto argento accepit, et ei relecta est.

Signum ☐ ☐ ☐ manibus Poncioni et Ragimberti seu Liutardi lege viventes romana testis.

Signum ☐ ☐ manibus Petri, filius quondam Rotlandi, et Natalis, de [suprascripta civitate] Aste, testis.

[Ego Johannes, no]tarius et judex sacri palacii, scriptor hujus cartu[le vendi]cionis, post tradita complevi et dedi.

Au verso, en écriture du x⁰ siècle [1] :

.... pbri........   nn.... Gautella...........   Anesta.......

Et en notes tachygraphiques, en sept lignes (le commencement des quatre dernières a été emporté par une déchirure) :

(Ligne I :) *Constat me Astesiannus qui dicitur Gautella abitator in Aste civi(tat)e*

(— II :) *filius con(dam) Astesiani lege vivere romana a Jo(han)nes p(resbi)- ter abitator in e-*

(— III :) *ade civi(tat)e filius con(dam) Liutardi solodos viginte [2] pro o(mni)bus rebus illis juris mei*

(— IV :) .... *civi(tat)e Aste vel in ejus teritorio* * *rebus su(per) to(tum) jugias duas et si plus*

(— V :) .... *[Pon]cii et Raimberti et Liutardi.*

(— VI :) .... *[fi]lius con(dam) Rotlandi et Natalis de civi(tate) Aste. Anno Otto imperator*

(— VII :) .... *[secun]do di* * *mensis october indiccione sesta.*
                            † *Jo(han)nes* ****.

D

Acte notarié, passé à Asti, le 8 juillet 987. Original à la cathédrale d'Asti. Publié dans les *Historiæ patriæ Monumenta, Chartarum tomus I*, col. 274, n° 162. Photographie en ma possession.

Au recto, d'après l'édition :

---

1. D'après une obligeante communication de M. C. Cipolla, qui a bien voulu faire sur ma demande un nouvel examen de la pièce originale.
2. On remarquera le désaccord de ce passage avec l'acte ci-dessus, qui porte « solidos decem ».

Hanno incarnacione Domini nostri Jhesu Christi nongentesimo octuagesimo septimo, octavo die mensis julii, indictione quartadecima.

Sanctam autem Astensem, ubi nunc domnus Rozo episcopus preesse videtur, ego Ubertus diaconus de ordine sancte Astensis ecclesie, qui professo sum ex nacione mea lege vivere romana, offertor et donator, a parte canonica sancte Marie matris ecclesie sedis episcopio Astense, presens presentibus dixi : Quisquis in sanctis ac venerabilibus locis ex suis aliquit contullerit rebus, justa octoris vocem in oc seculo centuplum accipiet, insuper et quod melius est vitam possidebit eternam. Ideoque ego qui supra Ubertus diaconus dono et aufero a parte canonica sancte Marie a presenti post meum decessum, pro mercedem et remedium anime mee, oc est meam porcionem de castro quod positum est in loco et fundo Scrizelengo, cum porcionem capelle que est edificata in onore sancte Andree et sancti Cristofali martiris, quod est ipsam porcionem juris mei integram, tercia pars de predicto castro cum area sua, et integram medietatem de predicta capella, cum ministerio et cimicterio suo, et pecia una de sedimen cum cassinas tres et torclaras item tres super se abente, cum pecia una de vites et campo insimul se tenente similique juris mei, quam abere viso sum in jamdicto loco et fundo Scrizelengo, et est ipsam meam porcionem de predicto castro et capelle per mensura justa tabulas quinquaginta et quattuor. Coerit ei de una parte terra de eredes quondam Aldoni, de alia parte tenit in via publica, de tercia parte tenit in ingresso qui percurrit a porta usque in via publica. Jamdicta pecia de sedimen cum cassinas tres et torcloras itemque tres super se abente, cum jamdicta pecia de vites, cum area in qua extat seu et campo insimul se tenente, est per mensura justa jugias quattuor et tabulas nonaginta et octo. Coerit ei de duabus partibus pergunt vias, de tercia parte sedimen Johanni, sibeque alii sunt coerentes. Que autem jamdictam meam porcionem de castro et de jamdictam meam porcionem de predicta capella seu de prenominata pecia de sedimen cum cassinas et torcloras super se abente et de jamdicta pecia de vites cum campo insimul se tenente juris mei superius dictas, una cum accessiones, *etc.*

Actum in jamdicta civitate Aste feliciter.

† Ego Ubertus diaconus in hac carta offersionis a me facta manu mea subscripsi.

Signum † † manibus Almoini et Anselmi lege viventes romana testis.

Signum † † † manibus Petri et Adelberti seu Stefani de jamdicta civitate Aste testis.

Ego qui supra, Johannes, notarius et judex sacri palacii, scriptor hujus cartule offersionis, post tradita complevi et dedi.

Au verso :

(Ligne 1 :) *Carta ofersionis* * *fecit Ubertus a parte canonica s(anct)e Marie.*

(— II :) *Dono et et* (sic) *ofero* (dans l'interligne : *post meum decessum)*
meam porcionem de castro.....
(— III : *tercia * e et medieta(tem) de capella*......................
(Ligne IV :) ** *casinas*..
....
....
....
(— VIII :).......... *Petrus Adelber[tus]*............... *octua[gesimo]*
(— IX :) *[septi]mo octa]vo]*.....

E

Acte notarié passé à Asti, le 11 mars 996. Original à la cathédrale d'Asti. Publié dans les *Historiæ patriæ Monumenta, Chartarum tomus I*, col. 297, n° 178. Fac-similé ci-joint.

Au recto, d'après l'édition :

Hanno incarnacione Domini nostri Jhesu Christi nognentesimo nonagesimo sexto, undecimo die mensis marcii, indictione octava.

Episcopio sancte Astensis ecclesie, ubi nunc domnus Petrus episcopus preesse videtur, ego Goffredus filius quondam Aldeprandi, de loco Curte Comario, qui professo sum ex nacione mea lege vivere Langobardorum, offertor et donator, a parte canonica sancte Dei genetricis virginis Marie matris ecclesie sedis episcopio Astense, presens presentibus dixi: Quisquis in sanctis ac venerabilibus locis ex suis aliquit contullerit rebus, justa octoris vocem in oc seculo centuplum accipiat, insuper et quod melius est vitam possidebit eternam. Ideoque ego qui supra Goffredus dono et aufero a parte predicta canonica sancte Marie a presenti die pro mercedem et remedium anime mee, id est pecia una de terra aratoria, haliquantulum bossco insimul se tenente, juris mei, quam abere viso sum in valle qui dicitur Manaria. Est per mensura justa jugia una. Coerit ei da una parte terra sancti Martini, de alia parte terra mea cui supra Goffredi, quod in mea reservo potestate, de tercia parte terra itemque Goffredi, de quarta parte bossco Johanni, sibeque alii sunt coerentes. Que autem suprascripta pecia de terra aratoria, *etc.*, ab hac die in eadem canonicam sancte Marie dono et aufero *etc.*

Actum intus sacretario sancte Marie feliciter.

Signum † manibus istius Goffredi, qui anc cartulam offersionis fieri rogavit et ei relecta est.

Signum ††† manibus Graseverti et Petri de jam dicta civitate Aste seu Gariardi testis.

Ego qui supra, Johannes, notarius et judex sacri palacii, scriptor hujus cartule offersionis, post tradita complevi et dedi.

Au verso :

(Ligne ɪ :) *Carta ofersionis.... Goffredus de Curte Comario filius con-
(dam) Aldeprandi*

(— ɪɪ :)..........*canonica s(anct)e Marie de Aste p(eci)a una de terra
aratoria*

(— ɪɪɪ :) *bosco..........Curte Comario a loca ubi dicitur Val Menaria*

(— ɪᴠ :)................*a de una de anta (?) reservo, de alia s(anc)ti
Martini, de tercia*

(— ᴠ :) *ra Goffredi...[de] carta bosco Jo(hann)i ac die, Testes Grateverti,
Petrus de Aste,*

(— ᴠɪ :) *Gariardus. Anno incarnacione nonagesimo sesto, undecimo die
mensis*

(— ᴠɪɪ :) *marcii, indiccione octava.* † *Jo(han)nes* **.

F

Lettres de Gerbert : voir J. Havet, *L'écriture secrète de Gerbert*, dans les *Comptes rendus* de l'Académie des inscriptions, 4ᵉ série, t. XV, p. 94-112, et à part (Paris, 1887, in-8° [ci-dessus, p. 469-482]). Éditions du texte ordinaire : J. Masson, *Epistolæ Gerberti* (Paris, 1611, iu-4°) ; A, du Chesne, *Historiæ Francorum Scriptores*, t. II, p. 789-827 ; Migne, *Patrologia*, série latine, t. CXXXIX, p. 201-244 ; A. Olleris, *Œuvres de Gerbert* (Clermont-Ferrand et Paris, 1867, in-4°) [J. Havet (Paris, 1889, in-8°)]. Copies modernes des passages en notes, d'après un manuscrit aujourd'hui perdu : Paris, Bibliothèque nationale, ms. de Baluze, n° 129, fol. 123, 124 ; Rome, Vallicellane, ms. G, 94, *passim;* Leyde, ms. Voss. lat. 4°, n° 54, fol. 73. Fac-similés des notes : d'après les copies de Baluze, Olleris, *passim*, et J. Havet, pl. II, III ; d'après le manuscrit de Leyde, J. Havet, pl. I (Lettre F).

Je reproduis le déchiffrement donné dans mon premier mémoire, avec quelques additions et corrections :

Lettre n° cxɪᴠ [1] (Olleris, n° 109) : Mox quippe, ut vestra legimus et nostrum legatum a palatio accepimus, qui omnia quae fuissent *Ar(nulfi)* filium ejus regio dono accepisse firmaret.

N° cxx (Olleris, n° 128) : Dominae Aug. Th. *ex persona* Hu. *regis.*

---

1. [Ces numéros sont aussi ceux de l'édition J. Havet. Les passages cités ici ont été mis d'accord avec cette édition.]

N° cxxi (Olleris n° 158) : *Treverensi ex persona* A.

N° cxxii (Olleris, n° 131) : Si *nepos meus episcopus Verdunensis* datis obsidibus ad nos usque pervenire posset.

N° cxxiv (Olleris n° 144) : A. *archiepisco* **.

N° cxxv (Olleris, n° 146) : *Treverensi* Ec. *ex persona*. A. *ar(chiepiscopi)*.

Ibid. : Et quoniam vos vel gravari vel defatigari nisi in summa rerum necessitudine nolumus, *nepotem meum* B., vel, si sic judicatis, quemvis alium tantum cum militum robore subsidio *nobis mitti oramus* XIIII kal. oct. * ut et nostri refugi perterriti redeant.

N° cxxvii (Olleris, n° 83) : *Gibuino episcopo*.

N° cxxviii (Olleris, n° 130) : Quibus angustiis domina *mea Hemma* afficiatur quantoque prematur angore, testis est epistola ipsius ad *dominam* Th. *imperatricem* jamdudum directa.

N° cxxix (Olleris, n° 110) : *Ex persona* A. *ar(chiepiscopi) comiti Godefrido*.

N° cxxxiii (Olleris, n° 86) : *Gibuino episcopo*.

N° cxxxvi (Olleris, n° 143) : Noverit ergo *Anselmus* omnia quae circa te sunt.

Ibid. : Iterum vale et a *Roberto [Mici]acensi* plurimum cave.

N° cxxxvii (Olleris, n° 119) : Venia(t) com. [*Sigibertus* (?)] ad nos usque quam proxime.

N° cxlvii (Olleris, n° 147) : De castro *Divione* dicimus.

G

Bulle de Silvestre II pour Quedlimbourg; avril 999. Copie à Magdebourg, archives de l'État. Jaffé, *Regesta pontificum romanorum*, 1re édition, n° 2988; 2e édition (Loewenfeld), n° 3902. Fac-similé : P. Ewald, *Zur Diplomatik Silvesters II*, dans *Neues Archiv der Gesellschaft für ältere deutsche Geschichtskunde*, IX, planche (lettre D) ; J. v. Pflug-Harttung, *Specimina selecta chartarum pontificum romanorum*, II. pl. 113, n° 7; J. Havet. *L'écriture secrète*, pl. 1 (D). Cf. Kopp. *Palæographia critica*, t. I, p. 418, § 439.

A la fin :

 BENE VALETE *Bene valete*.

H

Bulle de Silvestre II pour Théotard, évêque du Puy-en-Velay, 23 novembre 999. Original à Paris, Bibliothèque nationale, ms. lat. nouv. acq. 2507 (galerie des chartes, n° 420). Jaffé, *Regesta*, n° 2994; édition Loewenfeld, n° 3906. Fac-similés : *Bibliothèque de l'École des chartes,* t. XXXVII (1876); *Recueil de fac-similés à l'usage de l'École des chartes* (Paris, 1880, in-fol.), n° 32; Ewald (B); Pflugk-Harttung, I, pl. 9; J. Havet, pl. I (B).

A la fin :

☧ BENE *Gerbertus qui et Silvester epis[copus]...*
VALETE

I

Bulle de Silvestre II pour Salla, évêque d'Urgel, mai 1001. Original à la cathédrale de la Seo de Urgel. Jaffé, n° 3002; Loewenfeld, n° 3918. Publié et décrit par M. Auguste Brutails, dans la *Bibliothèque de l'École des chartes,* t. XLVIII (1887).

A la fin :

☧ BENE *Silvester Gerbertus*
VALETE *ro[ma]nus episcopus* subscripsi.

J

Bulle de Silvestre II pour Monte Amiata, novembre 1002. Copie à Sienne, archives de l'État. Jaffé-Loewenfeld, n° 3925. Fac-similés : Ewald (C); Pflugk-Harttung, II, pl. 113, n° 8; J. Havet, pl. I (C).

A la fin :

☧ BENE *Silvester Gerbertus*
VALETE *romanus episcopus* subscripsi.

K

Bulle de Silvestre II pour San Cugat del Valles, décembre 1002.

Original à Barcelone, archives de la couronne d'Aragon. Jaffé-Loewenfeld, n° 3927. Fac-similés : Ewald (A); J. Havet, pl. I (A et E).

A la fin :

> ✶ BENE *Silvester Gerbertus*
> VALETE *romanus episcopus.*

II. CATALOGUE DES CARACTÈRES QUI FIGURENT DANS LES DOCUMENTS PRÉCÉDENTS.

Chaque document où figure un caractère est indiqué par une lettre majuscule correspondant à celle qui est placée en tête de la même pièce dans les transcriptions précédentes; la ligne où on le trouve (dans les lettres de Gerbert, le numéro de la lettre), par un chiffre romain ; la place du caractère dans une ligne ou dans une pièce, par un numéro d'ordre en chiffres arabes.

A. — C, I, 16; II, 8, 18, 21; III, 1. — D, I, 14; III, 3; VIII, 10, 15. — E, II, 19, 23; III, 9, 21 ; IV, 1, 12, 14, 23; V, 10. — F, CXXVIII, 2; CXXXVI, 9 (?). — Cf. *Gra, P(eci)a.*
Ac. — E, V, 10-11.
Al. — E, I, 22.
Am. — D, II, 9.
An. — C, I, 7; VI, 16. — E, VI, 6 (?); VI, 5. — F, CXXXVI, 1. — Cf. *Pran.*
Ar. — E, VI, 3. — F, CXXIV, 1. — Cf. *Ar(chiepiscopi), Ar(nulfi).*
Ar(chiepiscopi). — F, CXXV, 9; CXXIX, 5.
Ar(nulfi). — F, CXIV.
As. — C, I, 4, 21 ; II, 5 ; IV, 4, 21, 23; VI, 14. — E, II, 11 ; V, 23.

Be. — G, 1.
Ber. — C, V, 6 ; VII, 8. — D, I, 12 ; VIII, 12. — F, CXXXVI, 5 (?). — H, 2. — I, I, 5. — J, I, 5. — K, I, 5.
Bi. — C, I, 17; II, 22. — E, III, 13.
Bis. — F, CXXV, 16.
Bos. — E, III, 1 ; V, 7.
Bu. — F, CXXVII, 2; CXXXIII, 2.
Bus. — C, III, 23 ; IV, 16. — Cf. *O(mni)bus.*

C. — E, V, 11. — Cf. *Dic, Oc.*
Ca. — D, I, 17, 20 ; III, 12; IV, 3. — E, II, 1, 4; III, 11.
Car. — D, I, 1. — E, I, 1 ; V, 5 ; VI, 8.

Cas. — D, ii, 15.
Ce, pour *Cem.* — F, cxxviii, 12.
Cen. — F, cxxxvi, 10 (?).
Ces. — D, ii, interligne.
Ci. — C, i, 11 ; v, 1 ; vii, 11. — D, ii, 11 ; iii, 2. — E, iii, 15 ; iv, 22 ; vi, 10, 22 ; vii, 2, 6. — Cf. *Civi(tat)e, Civi(tate)*.
Cit. — D, i, 10.
Civi(tat)e. — C, i, 23-25 ; iii, 3-5 ; iv, 1-3.
Civi(tate). — C, vi, 12-13.
Co. — E, i, 14; iii, 2, 5; v, 8. — F, cxxii, 7 ; cxxiv, 4; cxxvii, 7; cxxix, 6 ; cxxxiii, 7. — I, ii, 5. — J, ii, 6. — K, ii, 6.
Con. — B, 1. — Cf. *Con(dam)*.
Con(dam). — C, ii, 4 ; iii, 9 ; vi, 3. — E, i, 21.
Cons. — C, i, 1.
Cur. — E, i, 12 ; iii, 3.

De. — B, 5. — C, iii, 2 ; vi, 11. — D, ii, interligne, 14; iii, 11. — E, i, 11, 23; ii, 10, 16; iv, 2, 5 (?), 11, 20; v, 22; vi, 21. — F, cxxix, 10.
Del. — D, viii, 11.
Di. — B, 6. — C, i, 10; iii, 13 ; v, 12; vi, 6; vii, 2. — D, iii, 8. — E, i, 25; iii, 14 ; v, 4, 12 ; vi, 24. — F, cxlvii, 1 (?).
Dic. — C, vii, 10. — E, vii, 5.
Do. — C, vii, 1. — D, ii, 1. — F, cxxviii, 7 ; cxxix, 12.
Dos. — C, iii, 16.
Du. — C, iv, 22. — F, cxxii, 10.
Dus. — E, i, 10 ; vi, 4.

E. — A, 1. — C, ii, 26 ; iv, 8. — D, i, 25 ; iii, 5, 9. — E, ii, 9 ; v, 13 ; vi, 25. — F, cxxii, 5 ; cxxiv, 2 ; cxxvii, 5; cxxviii, 3; cxxxiii, 5. — H, 9. — I, ii, 3. — J, ii, 4. — K, ii, 4. — Cf. *Civi(tat)e, Ple, S(anct)e, Tre*.
Et. — B, 4. — C, iv, 24 ; v, 3, 8 ; vi, 7. — D, ii, 3, 4 ; iii, 6. — H, 5.
Ex. — F, cxx, 1 ; cxxi, 1 ; cxxv, 5 ; cxxxvi, 1.

Fe. — D, i, 9; ii, 6.
Fer. — D, i, 4. — E, i, 4.
Fi. — C, ii, 1 ; iii, 6. — E, i, 18.
Fre. — E, i, 9; v, 3.
Fri. — F, cxxix, 11.
Fus. — A, 4.

Ga. — E, vi, 1.
Gau. — C, i, 13.
Ge. — C, ii, 11. — E, vi, 15.
Ger. — H, 1. — I, i, 4. — J, i, 4. — K, i, 4.

Gi. — A, 2. — C, iv, 20. — F, cxxvii, 1 ; cxxxiii, 1.
Gin. — C, iii, 18.
Gis. — F, cxx, 6.
Go. — F, cxxix, 9.
Gof. — E, i, 8 ; v, 2.
Gra. — E, v, 16.

H. — Cette lettre n'est jamais exprimée. — Cf. A, 1. — C, i, 16 ; ii, 21. — E, v, 10-11. — F, cxxiv; cxxviii, 3.

I. — C, iii, 29 ; v, 2. — E, vii, 3. — F, cxxvii, 3 ; cxxxiii, 3. — Cf. Fri, Jo(hann)i, Tri.
Il. — C, iii, 24.
Im. — C, v, 5 ; vi, 20. — F, cxxviii, 8.
In. — C, i, 20 ; ii, 25 ; iv, 7 ; vii, 9. — E, vi, 7 ; vii, 4

Jo. — Cf. Jo(han)nes, Jo(hann)i.
Jo(han)nes. — C, ii, 19 ; vii, 16. — E, vii, 12.
Jo(hann)i. — E, v, 9.
Ju. — C, iii, 26 ; iv, 19.
Jus. — C, iv, 9.

La. — C, i, 15. — D, iii, 14.
Lan. — C, vi, 5.
Le. — C, ii, 10. — G, 4.
Li. — C, ii, 2 ; iii, 7, 10 ; v, 9 ; vi, 1. — E, i, 19 ; iv, 13.
Lis. — C, iii, 25 ; vi, 10.
Lo. — C, iii, 15. — E, iii, 10.

Ma. — C, ii, 16. — D, i, 23. — E, i, 15 ; ii, 7 ; iii, 6. — F, cxxviii, 4. — J, ii, 2. — K, ii, 2.
Mar. — E, iv, 17 ; vii, 1.
Me. — C, i, 3 ; iii, 28. — D, ii, interligne, 8 ; iii, 7. — E, iii, 18. — F, cxxii, 3 ; cxxv, 13 ; cxxviii, 1.
Medieta(tem). — D, iii, 7-10.
Men. — C, vii, 4. — E, vi, 26.
Mi. — F, cxxv, 17 ; cxxviii, 6 ; cxxix, 7.
Mo. — D, ix, 3. — E, vi, 17, 23.
Mus. — F, cxxv, 21 ; cxxxvi, 3.

Na. — C, ii, 17 ; vi, 8. — E, ii, 15 ; iii, 19 ; iv, 4 ; vi, 9, 14. — F, cxx, 4 ; cxxi, 4 ; cxxv, 8 ; cxxix, 4.
Na, pour Nam. — F, cxxviii, 7.
Nas. — D, iv, 5.
Ne. — C, vii, 13. — E, vi, 12 ; vii, 8. — F, cxxii, 1 ; cxxv, 10 ; cxlvii, 4. — G, 2.

Nem. — D, II, 13.
Ncn. — F, CXXII, 11.
Nes. — Cf. *Jo(han)nes.*
Ni. — C, II, 9. — D, I, 19. — E, II, 3; IV, 19.
Nis. — D, I, 7. — E, I, 7.
No. — C, VI, 17. — D, I, 18; II, 2. — E, II, 2; VI, 6, 13. — F, CXXV, 15; CXXVII, 4; CXXXIII, 4.
Nul. — A, 3.
Nus. — C, I, 8. — I, II, 2. — J, II, 3. — K, II, 3.

O. — C, IV, 14; VII, 12. — D, I, 3, 6; II, 5, 12. — E, I, 3, 6, 17; III, 8; VI, 11; VII, 7. — F, CXXV, 19; CXLVII, 3. — Cf. *O(mni)bus, Tro.*
Oc. — C, VII, 6. — D, VIII, 13; IX, 4. — E, VII, 9.
O(mni)bus. — C, III, 21.
Ol. — C, VI, 18.

P. — Cf. *P(eci)a, P(resbi)ter.*
Par. — D, I, 15.
Pe. — C, VI, 21. — D, VIII, 8. — E, V, 20. — F, CXXVIII, 9.
P(eci)a. — E, II, 13.
Pel. — D, III, 13.
Per. — F, CXX, 2; CXXI, 2; CXXV, 6; CXXIX, 2.
Pis. — F, CXXII, 6; CXXIV, 3; CXXVII, 6; CXXXIII, 6. — H, 10. — I, II, 4. — J, II, 5. — K, II, 5.
Plc. — B, 2.
Plus. — C, IV, 26.
Po. — F, CXXV, 11; CXXVII, 8; CXXXIII, 8.
Por. — D, II, 10.
Pos. — F, CXXII, 2.
Post. — D, II, interligne.
Pran. — E, I, 24.
P(resbi)ter. — C, II, 20.
Pro. — C, III, 20.
Pus. — F, CXXII, 8. — I, II, 6. — J, II, 7. — K, II, 7.

Quar. — Voir *Car.*
Qui. — C, I, 9. — H, 4.
Quondam. — Voir *Con(dam).*

Ra. — C, V, 4; VI, 22. — E, II, 18, 20; V, 1. — F, CXXV, 20; CXXVIII, 10.
Re. — C, II, 14; III, 22; IV, 15. — E, IV, 8. — F, CXX, 5.
Ren. — F, CXXV, 3.
Ri. — C, IV, 11, 13. — D, I, 24. — E, I, 16; II, 8, 22; III, 7, 20; VI, 2.
Ris. — C, III, 27.

Ro. — C, ii, 15. — D, ii, 7. — F, cxxxvi, 4 (?). — I, ii, 1. — J, ii, 1. — K, ii, 1.
Rot. — C, vi, 4.

S. — Cf. S(anct)e, S(anc)ti.
S(anct)e. — D, i, 21-22. — E, ii, 5-6.
S(anc)ti. — E, iv, 15-16.
Sel. — F, cxxxvi, 2.
Ser. — E, iv, 9.
Ses. — C, vii, 14. — E, vi, 18.
Si. — C, i, 6; ii, 7; iv, 25. — D, i, 5; iv, 4. — E, i, 5; vi, 16. — F, cxxv, 4; cxxxvi, 11 (?).
Sil. — H, 6. — I, i, 1. — J, i, 1. — K, i, 1.
Sis. — C, vii, 5. — E, vi, 27. — F, cxxii, 12.
So. — C, iii, 14. — F, cxx, 3; cxxi, 3; cxxv, 7; cxxix, 3.
Su. — Cf. Su(per) to(tum).
Sum. — D, ii, interligne.
Su(per) to(tum). — C, iv, 17, 18.

T. — Cf. *Cit, Ot, Post, Rot, Tat.*
Ta. — C, i, 18; ii, 23; vi, 9; vii, 15. — D, i, 2; iii, 10; ix, 5. — E, i, 2; iv, 7 (?); v, 6; vii, 10.
Tar. — C, iii, 12; v, 11.
Tat. — C, i, 2.
Te. — C, i, 5, 22; ii, 6; iii, 10; iv, 5, 10; vi, 15. — D, i, 16. — E, i, 13; iii, 4. — F, cxxv, 12. — G, 5.
Te (autre forme). — E, ii, 12; v, 17, 24.
Tel. — C, i, 14.
Ter. — D, iii, 1. — E, ii, 17; iv, 21. — H, 8. — I, i, 3. — J, i, 3. — K, i, 3. — Cf. P(resbi)ter.
Tes. — E, v, 14, 15.
Ti. — C, v, 7. — E, iv, 18; v, 19. — F, cxxv, 18; cxxix, 8. — Cf. S(anc)ti.
To. — C, iv, 12; vi, 19. — E, ii, 21; vi, 19. — F, cxxxvi, 6 (?). — Cf. Su(per) to(tum).
Tor. — C, i, 19; ii, 24; vi, 23.
Tre. — F, cxxv, 1.
Tri. — F, cxxviii, 11.
Tro. — D, ii, 16.
Trus. — D, viii, 9. — E, v, 21.
Tu. — C, vii, 7. — D, viii, 14.
Tur. — C, i, 12. — E, iii, 16.
Tus. — D, i, 13. — H, 3. — I, i, 6. — J, i, 6. — K, i, 6.

U. — C, iii, 11; v, 10. — D, i, 11. — E, ii, 14; iii, 12; iv, 3.

Va. — E, vii, 11. — G, 3.
Val. — E, iii, 17.
Ve. — C, ii, 13. — F, cxxv, 2.
Vel. — C, iv, 6.
Ver. — E, v, 18. — F, cxxii, 9.
Ves. — H, 7. — I, i, 2. — J, i, 2. — K, i, 2.
Vi. — B, 3. — C, ii, 12; iii, 17. — F, cxlvii, 2 (?). — Cf. *Civi(tat)e, Civi(tate)*.
Um. — D, ii, interligne. — F, cxxv, 14.
Un. — E, vi, 20.
Vo. — E, iv, 10.
Us. — C, ii, 3 ; iii, 8 ; vi, 2. — E, i, 20. — F, cxxii, 4. — Cf. *Plus, Trus*.

Compte rendu de H. Weissenborn, *Zur Geschichte der Einführung der jetzigen Ziffern in Europa durch Gerbert.* — Revue historique, L (1892), p. 419.

Rapport sur une communication de M. Laurent. [Chiffres diplomatiques français du xvii⁰ siècle.] — Bulletin historique et philologique du Comité des travaux historiques et scientifiques, 1892, pp. 243-244.

L'ALBUM PALÉOGRAPHIQUE

DE LA SOCIÉTÉ DE L'ÉCOLE DES CHARTES.

Bibliothèque de l'École des chartes, XLVIII (1887), p. 507-510.

L'*Album paléographique*, que la Société de l'École des chartes préparait depuis plusieurs années, vient de paraître à la librairie Quantin. Il contient, en cinquante planches de format grand in-folio, exécutées par l'héliogravure Dujardin, les fac-similés de soixante-sept monuments paléographiques choisis depuis le ve siècle jusqu'au xviie. Chaque planche est accompagnée d'une transcription ligne pour ligne, d'une courte notice descriptive du manuscrit et de quelques observations sur les particularités paléographiques de la pièce ; quatorze membres de la Société se sont partagé ce travail, sous la direction d'une commission présidée par M. Léopold Delisle. En tête du recueil, le président de la commission, qui a eu la part principale dans l'œuvre entière, a placé une importante introduction, où il rappelle l'extension qu'ont prise, depuis un certain nombre d'années, les publications de fac-similés héliographiques ; il donne une bibliographie étendue, quoiqu'elle ne prétende pas être complète, de ces publications ; enfin, il indique le plan de celle qu'a entreprise la Société de l'École des chartes et les règles qui ont été suivies dans l'exécution de l'ouvrage.

Un compte rendu critique de cette publication ne saurait trouver place dans notre recueil. La *Bibliothèque* et l'*Album* sont l'œuvre de la même Société ; nous ne pouvons pas nous juger nous-mêmes. Mais nous devons être d'autant plus empressés à signaler à nos lecteurs l'appréciation qu'a bien voulu consacrer à notre travail un des savants les plus considérables de l'étranger. M. Th. de Sickel, l'éminent professeur de Vienne, a publié dans les *Mittheilungen des Instituts für österreichische Geschichtsforschung*, au sujet de notre *Album paléographique*, un article approfondi, aussi instructif que bienveillant. Il est à peine besoin de dire qu'il rend pleine justice à la savante introduction; sur l'ouvrage même, son jugement est, dans l'ensemble, des plus favorables. Les critiques portent sur des détails. M. de Sickel paraît un peu étonné que la Société de l'École « des chartes » ait donné dans son recueil si peu de place aux chartes : il n'y en a, en effet, que dix-sept, et les autres fac-similés sont empruntés à des manuscrits. Il se plaint de trouver trop peu de spécimens des écritures employées au x°, au xi° et au xii° siècle, et il souhaite qu'une nouvelle publication, analogue à la première, vienne combler cette lacune ; nous ne pouvons que nous associer à ce souhait sans savoir s'il nous sera donné de le voir réalisé. Pour les observations relatives à telle ou telle planche en particulier, il faut renvoyer à son article.

Une de ses critiques m'oblige à prendre « la parole pour un fait personnel ». Deux des pièces reproduites dans l'*Album paléographique* contiennent chacune quelques mots en notes tironiennes : ce sont les n°° 10 (diplôme de Childebert III) et 16 (diplôme de Charlemagne). Le texte joint aux planches donne une transcription de ces notes pour le second diplôme seulement. M. de Sickel me fait l'honneur de m'attribuer cette transcription. C'est une erreur : j'y suis resté étranger. Il fait plus, et, après avoir discuté un détail de la lecture, il me convie formellement à dire ce que j'en pense. Je n'ai pas de raison de me soustraire à cette invitation. Je déclare donc que les souscriptions en notes tironiennes, dans les deux pièces, me paraissent devoir se lire ainsi :

Planche 10 (J. Tardif, *Monuments historiques*, n° 35; K. Pertz, *Dipl. imperii*, n° 68) : *In Christo nomen. Rihi...* (ou *Rigi...*; peut-être *Rihinotus, Riginotus, Rihinonis* ou *Riginonis*) *recognovit.* La lecture du nom du *recognoscens*, écrit en lettres ordinaires dans sa souscription, doit être rectifiée en conséquence : on avait lu *Sighinus*; il faut lire *Righiñs*, avec une abréviation dont le sens ne peut être précisé avec certitude.

Planche 16 (Sickel, *Acta Karolorum*, K. 151; Böhmer-Mühlbacher, n° 327) : *Hiesus Christus. Ercanbaldus relegi et subscripsi. Meginphridus ambasciavit.* Dans le groupe que je lis *Hiesus Christus*, le second mot est très clair; le premier est exprimé par un signe dont on ne connaît pas d'autre exemple, mais qui paraît régulièrement formé pour rendre une orthographe en usage à l'époque carolingienne. Quant au nom de *Meginphridus*, l'orthographe exacte en est peut-être discutable, mais la leçon *Meginardus* doit, en tout cas, comme le veut M. de Sickel, être rejetée.

L'article de M. de Sickel ne contient pas seulement une appréciation de notre *Album*; il contient encore, et ceci n'est pas le moins intéressant pour nous, une appréciation de notre École. Le savant autrichien professe pour l'École des chartes, dont il a suivi jadis les cours à titre d'auditeur étranger, une haute estime, et il l'exprime avec une décision dont nous devons être d'autant plus flattés que la haute position qu'il occupe dans la science donne plus de poids à son opinion. Il est piquant de comparer sa manière de voir avec les théories qu'on entend et surtout qu'on entendait professer en France, il y a quelques années, sur la réforme de notre enseignement. Notre pays est bien au-dessous de l'Allemagne, disait-on volontiers, et on ajoutait : la faute en est à nos écoles spéciales, qui n'enseignent qu'une seule branche d'études chacune; il faut les supprimer et faire de grandes universités, où l'on enseignera tout à la fois. Ces écoles ont, ajoutait-on encore, le tort d'être chacune en son genre unique pour toute la France ; il faut décentraliser l'enseignement et dispenser les provinciaux de venir étudier à Paris. Qu'arrive-t-il? Un Allemand (car au point de vue scientifique, l'Autriche fait partie de l'Allemagne, aujourd'hui comme avant 1866), un Allemand, habitué à voir fonctionner autour de lui les universités provinciales à enseignement universel, prend la parole, et c'est pour célébrer le système français : « Si la France tient le premier rang dans les études paléographiques, » — c'est M. de Sickel qui parle; ce n'est pas un Français qui oserait écrire ou penser ainsi, — « si elle tient ce rang, elle le doit, continue le professeur autrichien, à l'organisation du travail relatif à ces études. L'École des chartes existe depuis près de quatre-vingts ans, » — ici M. de Sickel compte un peu largement, — « et peut se considérer comme la continuatrice des bénédictins. Dans tout le pays, elle est la seule école spéciale pour cet objet : elle a reçu ses élèves de toute la France et a répandu dans toute la France ses travaux et ses méthodes. Cette unité dans l'étude de la paléographie a été pour la science un avantage précieux... Les historiens que l'École a formés se sont bientôt rendu compte de la supériorité que leur assurait son enseignement; c'est avec fierté qu'ils prennent le titre d'anciens élèves de l'École des chartes...

La Société de l'École des chartes exerce son influence jusque dans les Académies, domine les autres sociétés d'histoire (*beherrscht so ziemlich die historischen Vereine*) et donne par sa *Bibliothèque* le ton à toute la littérature historique. » Que ceux de nos lecteurs qui ne sont pas de l'École excusent cette citation ; quand on rencontre un pareil témoignage sur un corps auquel on s'honore d'appartenir, comment résister au plaisir de le reproduire?

Gardons-nous cependant de nous flatter ; M. de Sickel est un optimiste, et ce qu'il dit ne doit pas être pris trop à la lettre. Ne se laisse-t-il pas entraîner, dans la même page, à parler de la « dotation brillante » des bibliothèques en France (*die glänzende Dotation der Bibliotheken*)? Il est facile au lecteur français de corriger à part lui ce qu'il y a d'exagéré, pour ne pas dire plus, dans de semblables expressions, qui font presque l'effet d'une antiphrase. Ce qui n'est pas facile, c'est de rencontrer hors de chez soi de pareilles bonnes volontés et des sympathies comme celle que M. de Sickel témoigne à l'École des chartes. Toute l'École lui en sera reconnaissante.

Compte rendu de M. Prou, *Manuel de paléographie latine et française, du VIe au XVIIe siècle, suivi d'un dictionnaire des abréviations*. Bibliothèque de l'École des chartes, LI (1890), p. 136-137.

Compte rendu de K. Brandi, *Quellen und Forschungen zur Geschichte der Abtei Reichenau. — I. Die Reichenauer Urkundenfälschungen*. Bibliothèque de l'École des chartes, LI (1890), p. 690-693.

Compte rendu de W. H. Turner, *Calendar of charters and Rolls preserved in the Bodleian library* (1878). Bibliothèque de l'École des chartes, XI (1879), p. 223-228.

Compte rendu du *Catalogue des manuscrits des bibliothèques publiques de France. — Départements. Catalogue des manuscrits conservés dans les dépôts d'archives* et *Catalogue des manuscrits grecs; — Paris : Bibliothèque de l'Arsenal, et Bibliothèque Mazarine*, 1885-1890. Bibliothèque de l'École des chartes, LI (1890), p. 669-674.

Comptes rendus de E. MUEHLBACHER, *Mittheilungen des Instituts für Oesterreichische Geschichtsforschung*, vol. I., 1ᵉʳ fasc., Bibliothèque de l'École des chartes, XLI (1880), p. 55-61 ; 2ᵉ fasc., p. 251-256 ; 3ᵉ, 4ᵉ fasc., p. 616-619. — Vol. II, 1ᵉʳ fasc. ibidem, XLII (1881), p. 68-70 ; 2ᵉ, 3ᵉ, 4ᵉ fasc., p. 583-585. — Vol. III, ibidem, XLIII (1882), p. 688-689. — Vol. IV, ibidem, XLV (1884), p. 213-216.

Compte rendu de U. ROBERT, *Indicateur des armoiries des villes, bourgs, villages, monastères, etc., contenus dans l'Armorial général de D'Hozier*. Bibliothèque de l'École des chartes, XL (1879), p. 593-594.

The National Library (Bibliothèque nationale). Paris, s. d. [1892], in-8°, 12 p. — Réimpression :

The National Library of France (Bibliothèque nationale). The Library, 1892, p. 277-287 ; et à part, London, 1893, in-8°, 13 p.

Notices et extraits des manuscrits de la Bibliothèque nationale et autres bibliothèques, publiés par l'Institut national de France... Tome XXX, contenant les tables alphabétiques des matières renfermées dans les tomes XVI à XXIX des Notices et extraits des manuscrits. [IIᵉ partie. Table alphabétique des matières contenues dans la partie occidentale.]

Notices et extraits des manuscrits. In-4°, XXX, II (1893), XIII-301 p.

Julien Havet a rédigé, depuis 1873, dans la *Revue critique*, les comptes rendus des séances de l'Académie des inscriptions et belles-lettres [1] ; depuis 1879, la liste des « Livres nouveaux » qui accompagne les livraisons de la *Bibliothèque de l'École des chartes*, et l'analyse du *Centralblatt für Bibliothekswesen* dans le *Bulletin des bibliothèques et des archives* (1884-1889). — Il a collaboré, pour la rédaction des sommaires, au *Musée des archives départementales* (1878) ; à l'*Album paléographique*, publié par la Société de l'École des chartes (1887) dans lequel on lui doit les notices des planches 7 à 9, 11 et 18 ; à la *Phœnix, seu nuntius latinus internationalis* (Londres, 1891, in-4°). — Il a collationné l'un des manuscrits des *Récits d'un ménestrel de Reims*, publiés pour la Société de l'histoire de France, par N. de Wailly (1876); les textes de la *Notice sur les actes en langue vulgaire du xii° siècle contenus dans la collection de Lorraine à la Bibliothèque nationale*, publiés par le même dans les *Notices et extraits des manuscrits*, XXVIII, II (1878), p. 1-288, et à part, in-4°; enfin, une partie du *Roman de Florimont*, pour le mémoire de M. Jean Psichari dans les *Études romanes dédiées à Gaston Paris* (1891). — Il a fourni les déchiffrements de notes tironiennes publiés par M. Delisle dans la *Note sur un monogramme d'un prêtre artiste......*, par J. Desnoyers, avec note complémentaire de M. L. Delisle dans les *Comptes rendus de l'Académie des inscriptions* (4° série, t. XIV (1886), p. 378-381, et à part, in-8°, 8 p.); et dans le *Mémoire sur d'anciens sacramentaires*, par M. L. Delisle, dans les *Mémoires de l'Académie des inscriptions et belles-lettres*, XXXII (1886), p. 57-423, et à part, in-4°. — On lui doit aussi différentes remarques pour le *Dictionnaire général de la langue française* de MM. Hatzfeldt, Darmesteter et Thomas. — Il est enfin l'auteur du *Cadre de classement de la table méthodique du « Bulletin mensuel des publications étrangères reçues par le Département des imprimés de la Bibliothèque nationale »* (1879, in-8°), et c'est par lui, ou sous sa direction, qu'a été publié ce même *Bulletin mensuel* depuis 1877.

1. Il était chargé, en outre, depuis 1887, sous la direction du secrétaire perpétuel, de la rédaction des *Comptes rendus des séances de l'Académie des inscriptions et belles-lettres* (Paris, A. Picard, in-8°).

FIN.

TABLE ALPHABÉTIQUE

DU TOME SECOND

Voir l'index spécial du *Compte du Trésor du Louvre*, p. 278-308.

Abbeville (Seine-et-Oise), p. 356.
Adalbéron de Reims (procès politiques intentés à l'archevêque), p. 56; — date de sa mort, p. 468.
Adelaire, hagiographe, p. 71.
Adelman de Liège, évêque de Brescia, auteur d'un poème rythmique, p. 89.
adoptionisme (l'), p. 124.
Afflighem (abbaye d') en Brabant, p. 93.
affranchis (condition des) romains, p. 7.
affranchis assimilés à tort aux lites, p. 4.
affranchissement chez les Francs, p. 7, 17, 32.
affranchissement *per chartam*, p. 36; — *per denarium*, p. 15, 33; — *per hantradam*, p. 32; — par la *vindicta*, p. 34.
Aiguerande (Rhône), p. 62.
Aigurande-sur-Bouzanne (Indre), p. 61.
Aimoin, hagiographe, p. 71.
aires ou erremens, p. 236.

Aix-d'Angillon (les), Cher, p. 343.
Alava (l') (Espagne), p. 191.
Albéron II, évêque de Liège, p. 135.
Albert, margrave de Brandebourg, p. 372.
Albert, archevêque de Magdebourg et comte de Romagne, p. 174.
Albert, voyez Paré (Guillaume).
Albinetum, Albini, voir Aubigny.
aldions *(aldii, aldiones)*, p. 1.
Alestan, nommé par Adelman, p. 107.
Alexandre VI, pape, p. 346.
allichons, dents de roue, p. 453.
allocati, agents du gouverneur des îles normandes, p. 448.
Amauri de Beynes, hérésiarque, p. 141.
Ameyugo (Espagne), p. 190.
Ancenis (Loire-Inférieure), p. 361.
Angres (les), à Jersey, p. 432.
Anne de Beaujeu (mémoire adressé à), p. 349.
Anne de Bretagne, p. 354.
Anneville (famille d'), à Jersey, p. 441.

Annonciade (l'ordre de l'), p. 347.
Anselme, donateur de Saint-Arnoul de Metz en 848, p. 462.
Anselme de Porroie, chanoine de Liège, chargé d'une enquête sur la frontière de l'Empire, p. 197.
Aras (Espagne), p. 193.
Arbois de Jubainville (M. H. d'), compte rendu, p. 64.
Arcentales (Espagne), p. 191.
ardents, p. 110.
Argonne (la frontière d'Empire dans l'), p. 195.
Arianisme, p. 120.
Aristote (proverbes d'), p. 66.
Arnaud Jean, gardien des îles normandes, p. 398, 448.
Arnaud de Saint-Jean (Guillaume), connétable à Jersey, p. 416.
Arnulphus Johannis : voir Arnaud Jean.
Astenois (comté d'), p. 210.
Asthorp (Guillaume d'), gardien des îles normandes, p. 412, 413, 436.
Asti (chartes d'), p. 482, 485 ; — acte notarié d'Asti, p. 491, 492, 494.
Aubigné (Ille-et-Vilaine), p. 440.
Aubigny ou Aubigné ou Albini (Philippe d'), p. 387, 388, 438, 440 ; — ses actes, p. 422 ; — Sceau de Philippe d'Aubigny, p. 389 ; — Philippe d'Aubigny le jeune, p. 389, 394, 424, 436.
Augres (les), à Jersey, p. 432.
Auray (*Orest*?), Morbihan, p. 361.
Auregny (cour de justice de l'île d'), p. 380.
aurei ou maravédis (pièces d'or frappées en Castille), p. 187.
Auzéville (Meuse), p. 235.
Avaugour (Henri d'), archevêque de Bourges, p. 348.
Avocourt (Meuse), p. 226.

baillis de Jersey et de Guernesey, p. 377, 382.
Baiocasses (les), p. 63.
ballade pieuse de la maladrerie d'Eu, p. 365.
ballivi, agents du gouverneur des îles normandes, p. 448.
Bamberg (Bavière), p. 371.
Bancigny, Aisne, p. 183.
bancum maris, rivage, p. 450.
Barbier de Montault (M. X.), compte rendu, p. 64.
Barentin (Dreux de), gardien des îles normandes, p. 395, 397, 425, 436.
Barrois mouvant, p. 199.
Barthélemi, moine de Michelsberg, à Bamberg, p. 372.
Batereau (Jean), p. 339.
Baumholder (Prusse), p. 239.
Beauchamp (Meuse), p. 230.
Beauchamp (Thomas de), gardien de Guernesey, p. 416 ; — Beauchamp (Henri de), duc de Warwick, roi de Wight, p. 419 ; — Beauchamp (Anne de), dame des îles normandes, p. 419.
Beaulieu-en-Argonne (Meuse), p. 196, 206 ; — arrêt du parlement de Paris en faveur de l'abbaye de Beaulieu en Argonne, p. 242.
Beauzée (Meuse), p. 235.
Bedford (Jean, duc de), seigneur des îles normandes, p. 418.
Belorado (Espagne), p. 188.
Belrain (Meuse), p. 228.
Bémont (M. Ch.), compte rendu, p. 193.
Benoît (miracles de saint), p. 71.
Bérenger de Tours, hérésiarque, p. 90.
Bertran (Robert), sire de Bricquebec, p. 408.
Besmont (Aisne), p. 182.

Bessarion (le cardinal), p. 328.
Béthincourt (Meuse), p. 230.
Bèze (abbaye de), près Dijon, p. 84.
Biesme (la), affluent de l'Aisne, p. 207, 209; — droit coutumier différent sur les deux rives, p. 215.
Blamont (Meurthe-et-Moselle), p. 198.
Blom (Guillaume), gardien des îles normandes, p. 436.
Bocles (Guillaume de), gardien des îles normandes, p. 436.
Boisratier (Guillaume de), archevêque de Bourges, p. 348.
Bonnabelle (M. Cl.), compte rendu, p. 245.
Bonnefontaine, Ardennes (les abbés de), p. 183.
Boos (H.), compte rendu, p. 1.
Bordon (peut-être Buradon, Espagne), p. 191.
Boróbia (Espagne), p. 192.
Boucher de Molandon (M.), compte rendu, p. 309.
Boulay (E. du), historien de l'Université de Paris, p. 320.
Boulogne (comte de), p. 115.
Bourgeois de Paris (Journal d'un), p. 318, 324.
Bourges (chronique de), p. 339.
Bout-d'en-Haut (le), Loiret, p. 61.
Braisne-sur-Vesle (Aisne), p. 141.
Brandan (vie de saint), p. 87.
Brandi (M. K.), compte rendu, p. 507.
bras séculier, p. 117.
Bras de fer (Thomas), bailli de Jersey, p. 442; — Bras de fer (Perres), juré de la cour de Jersey, p. 443.
Brest (*Orest*?), p. 361.
bréviaire de Salins, p. 363.
Bribiesca (Espagne), p. 190.
Broughton (Raoul de), procureur du gardien des îles, p. 398, 447.

Bruys (Pierre de), hérésiarque, p. 147.
Bucilly (Aisne), p. 182.
Buradon (Espagne), p. 191.
Bureba (la) (Espagne), p. 192.
Burgondes (établissement des) en Gaule, p. 38.
Búrgos (Espagne), p. 189.
Bussy (Michel de), archevêque de Bourges, p. 348.

cabotel, mesure, p. 453.
Cadoet (Pierre), archevêque de Bourges, p. 342, 348.
cafizes, p. 193.
Calliano (acte notarié de), p. 484, 489, 491.
Calviley ou Calvylegh (Hugues de), gardien des îles normandes, p. 416, 436.
cancellus, p. 182.
Capétiens (institutions monarchiques sous les premiers), p. 77.
capitaine des îles normandes, p. 382.
Carranza (Espagne), p. 191.
Carteret (Manche), p. 423.
Carteret (Philippe de), gardien des îles, p. 394; — Guillaume de Carteret, juré de la cour de Jersey, p. 443.
Cassés (les), Aude, exécution d'Albigeois, p. 168.
Castres (Tarn), exécution des hérétiques, p. 168.
Câtel (le), à Guernesey, p. 428.
catharisme (le), p. 127.
Chalon (Jean de), prince d'Orange, p. 352.
Châlons-sur-Marne (archives de), p. 320.
Champlon (Meuse), p. 228.
Charlemagne (notes tironiennes dans un diplôme de), p. 505.
Charles VIII, p. 351, 354, 356.

Chartres (école de), p. 103.
Chastellain (Georges), poète, p. 320.
Châteaubriant (Loire-Inférieure), p. 361.
Châteauneuf-en-Bretagne (Ille-et-Vilaine), p. 361.
chefs-plaids, p. 379.
Cheyny (Nicholaus de), gardien des îles normandes, p. 403, 436 ; — Guillaume de Cheyny, gardien des îles, p. 406, 409 ; — Edmond de Cheyny, gardien des îles, p. 411 ; — sceau de Edmond de Cheyny, p. 412.
Childebert III (notes tironiennes dans un diplôme de), p. 505.
Cirueña (Espagne), p. 192.
ciuis romanus, p. 7, 21, 28.
ciuitas romana, p. 27.
Clermont-en-Argonne (Meuse), p. 226, 240.
Clermontois (le), p. 210.
Clif (Henri de), p. 429.
Clifford (Thomas de), gardien des îles normandes, p. 410.
Clisson (Loire-Inférieure), p. 361.
Cluny (monastère de), p. 84 ; — rapport adressé à l'abbé et au couvent par Jimeno, p. 185 ; — écriture secrète dans les archives de Cluny, p. 486.
Clyvedon (Jean de), gardien des îles normandes, p. 401, 404.
Cobham (H. de), lieutenant du gardien des îles normandes, p. 403, 436.
coenobium Meleredense (Moutiers, Yonne), p. 85.
Coëtlogon (Olivier de), secrétaire du duc de Bretagne, p. 356.
Cœur (Jean), archevêque de Bourges, p. 342, 348.
Coke (Jean), adjoint au gardien des îles normandes, p. 412, 414.
collazo, p. 190.

coloni, p. 29.
comina, p. 193.
compagnie ou association de justice et de seigneurie entre Philippe le Hardi et la collégiale de Montfaucon d'Argonne, p. 201.
compte du trésor du Louvre (1290), p. 246.
con- abrégé ; le signe 9 pour *cu-*, p. 452.
conciles condamnant les hérétiques, p. 124.
Conrad de Marbourg, inquisiteur, p. 144.
Contino (Arnaud Jean, *de*) gardien des îles normandes, p. 398, 448.
contrat jersiais (du 8 juin 1384), p. 441.
cours royales de Jersey et de Guernesey ; les présidents, les membres, p. 377 ; les officiers, organisation et fonctionnement, p. 378 ; juridiction et compétence, p. 379.
coutumes (petite et grande), dans les îles normandes, p. 454.
Créances (Manche), p. 442.
Creue (Meuse), p. 228.
Cuenca (Nouvelle-Castille), p. 191.
Cueva-Cardiel (Espagne), p. 188.
Cumières (Meuse), p. 225, 233.
custodes (îles normandes), p. 382.

Damloup (Meuse), p. 229.
Dampierre (Guill. de), gardien des îles normandes, p. 436.
Dannevoux (Meuse), p. 229.
Daubeny (Gilles) ou d'Aubigny, p. 389.
délaissée, veuve (à Jersey), p. 450.
Delisle (M. Léopold), compte rendu, p. 184.
Délivrande (la), Calvados, p. 63.
denarii turon., p. 457.
Déoduin, évêque de Liège, p. 92.

Derenbourg (M. H.), compte rendu, p. 108.
Derous : voir Gérard.
Diego Lopez de Haro, noble espagnol, p. 186.
Dieulouard (Meurthe-et-Moselle), p. 240.
Dieu-s'en-Souvienne *(Deu-en-Savengne)* (Meuse), p. 219.
Dinan (Côtes-du-Nord), p. 361.
Ditton (Jean de), lieutenant du gardien des îles normandes, p. 404.
Dol, *Doul* (Ille-et-Vilaine), p. 361.
Dorme : voir Gérard.
Dormois (le), p. 200.
Drayton (Raoul Basset de), gardien des îles normandes, p. 405.
Dreux de Barentin, gardien des îles normandes, p. 395, 397.
Drogo, fils de Charlemagne, p. 464.
droit français et droit germanique, p. 52.
Duchesne (l'abbé), comptes rendus, p. 64.
Dulcomensis (pagus), le Dormois, p. 200.
Dun-le-roi (Cher), 341.
Dun-sur-Auron (Cher), p. 341.
Dun-sur-Meuse (Meuse), p. 240.
Duneville (Richard), pêcheur normand, p. 442.
Duneville (Manche), p. 442.
Durand, évêque de Liège, p. 107.

Eberhard de Landsberg, chevalier allemand, chargé d'une enquête sur la frontière de l'Empire, p. 197.
École des chartes (album paléographique de la Société de l'), compte rendu, p. 504.
Ecrehou (les roches) près de Jersey, p. 386.
Edeningas, Edling (Lorraine), p. 465.

Édouard Ier, roi d'Angleterre, p. 377, 396, 425 ; — sceau d'Édouard Ier, p. 397 ; — date de son avènement, p. 397 ; — acte d'Édouard Ier, p. 457.
Édouard II, roi d'Angleterre, p. 401.
Édouard III, roi d'Angleterre, p. 407, 430, 431.
Édouard, comte de Rutland, duc d'York, gardien des îles normandes, p. 417, 436.
Egarande (Loire), p. 62.
église (construction d') dans une ville neuve, p. 182.
églises de Paris, p. 368.
Élipand, évêque de Tolède, p. 124.
Empire (la frontière d'), p. 195.
Engelbert, nommé par Adelman, p. 107.
Entrena (Espagne), p. 189.
Éon, hérésiarque breton, p. 136.
Érembert (P.), greffier à Jersey (?), p. 443.
erremens, pièces de procédure, p. 236.
es, pour aux, p. 442.
escloteure, vanne, p. 453.
Escouchy (chronique de Mathieu d'), p. 316.
esperquerie, dans les îles normandes, p. 450.
Estaintot (M. d'), compte rendu, p. 64.
Estramadure (l'), p. 191.
Eu (ballade pieuse de la maladrerie d'), p. 365.
Eudes, évêque de Senlis, p. 477.
extente des îles de Jersey, Guernesey, etc., p. 447, 451.
Eygurande (Dordogne), p. 62.
Eygurande d'Ussel (Corrèze), p. 61.
Ezcaray (Espagne), p. 190.

Fage (M. René), compte rendu, p. 108.

faramanni, chez les Burgondes, p. 41.
Favé (le général), compte rendu, p. 57.
Félix, évêque d'Urgel, p. 124.
fermes imposées aux gardiens des îles normandes, p. 384; — fermes royales dans les îles, p. 454.
Fernand de Cordoue (maître), p. 310; — son épitaphe, p. 315; — titres et dates de ses ouvrages, p. 329.
Ferriers (Henri de), gardien des îles normandes, p. 407, 431; — Ferriers (Thomas de), gardien des îles, p. 407, 409, 436.
feu (supplice du), au moyen âge, p. 130.
Fines (Ingrande, Vienne), p. 60.
Fines (le Bout-d'en-Haut, Loiret), p. 61.
Flammermont (M. J.), compte rendu, p. 181.
Fornoue (bataille de), p. 343.
fossadera, p. 190.
fouage ou monnéage (droit de) dans les îles normandes, p. 454.
fouaille, fougère, p. 453.
Foug (Meurthe-et-Moselle), p. 220.
Fougères (Ille-et-Villaine), p. 361.
Franc, p. 5; — loi des Francs Chamaves, p. 32.
François Ier, duc de Bretagne, p. 351, 356.
François II, duc de Bretagne, p. 350.
Françoise de Dinan, dame de Chateaubriant, p. 357.
Frédéric II, empereur; loi contre les hérétiques du comté de Romagne, p. 174.
Fulbert, évêque de Chartres, p. 90, 103.
Fumée (Adam), maître des requêtes sous Charles VIII, p. 350.

Fussy (Cher), p. 347.
Fustel de Coulanges : sa théorie sur l'*homo romanus*, p. 5 et suiv.

Gaillard (Laurens de), gardien des îles normandes, p. 406.
Galdámes (Espagne), p. 191.
Gangoniaga, peut-être Guinglange, *Gänglingen* (Lorraine), p. 464.
gardiens des îles normandes, p. 381.
Geneviève (miracles de sainte), p. 109.
Georges II, abbé de Michelsberg, à Bamberg, p. 371.
Georges de Costa, archevêque de Lisbonne, p. 329.
Gérard ou Girard, nommé par Adelman, p. 107.
Gérard Derous (Gérard Dorme, *Gerardus Oroms*), lieutenant du gardien des îles normandes, p. 404; — lettres de Gérard Derous, p. 429.
Gerardus, nommé par Adelman, p. 105.
Gerbert, p. 469; — lettres de Gerbert, p. 468, 489; — écriture secrète de Gerbert, p. 469, 483, 495; — bulles de Silvestre II (Gerbert), p. 471, 496, 497.
Gerbertus, nommé par Adelman, p. 105.
Gereseye : voir Jersey.
Gerneseye : voir Guernesey.
Gibuinus, évêque de Châlons-sur-Marne, p. 477.
Giry (M. A.), comptes rendus, p. 181.
Glaber (Raoul), p. 80.
Glanville, jurisconsulte anglais, p. 138.
Goderingas (Lorraine), Gondrange, p. 464.

Godfray (M. Humphrey-Marett), compte rendu, p. 437.
Golafre (Jean), gardien des îles normandes, p. 417, 436.
Gondebaud, roi des Burgondes, p. 12.
Gorey (château de), ou Montorgueil, à Jersey, p. 432.
Goslar (Prusse), p. 133.
Gothescalc, hérésiarque, p. 124.
Goti, Goths de nation, p. 28.
gouverneurs des îles normandes, p. 382.
Grand-Pré, Ardennes (le comte de), p. 200.
Grañon (Espagne), p. 188.
Granson (Othon de), seigneur de Grenesie, p. 377, 382, 399, 426, 427, 429, 430, 436, 458; — sceaux d'Othon de Granson, p. 400.
Grantez (Jersey), p. 423.
Gray (Jean de), gardien des îles normandes, p. 392.
Gray (Richard de), gardien des îles normandes, p. 391, 392, 396, 425; — sceau de Richard de Gray, p. 392.
Grégoire IX, pape, p. 176.
Gremaud (l'abbé J.), compte rendu, p. 245.
Grenesie : voir Guernesey.
grèverie, dans les îles normandes, p. 454.
Grouchy et E. Travers (MM.), compte rendu, p. 370.
Guala, évêque de Brescia, p. 175.
Guérande (traité de), p. 351.
Guérin, abbé de Saint-Arnoul de Metz, p. 107.
Guernesey, p. 381; — noms divers de cette île, p. 422; — cours royales de Guernesey, p. 377; — Othon de Granson, seigneur de Guernesey, p. 383; — occupation de l'île par les Français, p. 408, 415; — attaque des Français sur l'île, p. 457.
guerre privée, p. 215.
Guido de Thorota, p. 194.
Guillaume de Cambrai, archevêque de Bourges, p. 342, 348.
Guillaume (vie de), abbé de Saint-Bénigne de Dijon, p. 81.
Guillaume de Leicester, p. 429.
Guillaume de Montaigu, comte de Salisbury, gardien des îles normandes, p. 407, 431.
Guntringas, probablement Guentrange (Lorraine), p. 465.
Gunzon de Novare, écrivain du xe siècle, p. 66.
Gurryk : voir Gorey.

Ha. (Georges), moine de Michelsberg, à Bamberg, p. 373.
Hampton (Thomas de), gardien des îles normandes, p. 409.
Hannonville (Meuse), p. 228.
Hans (Marne), p. 220.
hantrada (droit franc), p. 32.
Haro (Espagne), p. 190; Diego Lopez de Haro, p. 186.
Hartmann de Ratzenhausen, chevalier allemand, chargé d'une enquête sur la frontière de l'Empire, p. 197.
Hasculf de Suligny, gardien de Jersey, p. 386.
Hasthorp : voir Asthorp.
Hattonchâtel (Meuse), p. 214, 240.
Havilland, *Havelland* (Guernesey?), p. 423.
Hedangest (Jean), gardien des îles normandes, p. 415.
Heisterbergk (Bernard), compte rendu, p. 29.
Hélie (Nicolas), gardien de Guernesey, p. 408.

Henri II, roi d'Angleterre; exécution d'hérétiques, p. 138.
Henri III, roi d'Angleterre, p. 389, 395, 424, 425; — ses lettres, p. 394.
Henri V, roi d'Angleterre, p. 417, 418.
Henri VI, roi d'Angleterre, p. 418.
Henri VII, roi d'Angleterre, p. 361.
Henri III, comte de Bar, p. 199.
Henri III, empereur; exécution des cathares, p. 134.
Henri, prieur de Wenlock, p. 403, 427.
hérésie (l') et le bras séculier au moyen âge, p. 117; — dans la région du nord, p. 127; — du midi, p. 145; — en Angleterre, p. 138.
Héribert, archevêque de Milan, p. 147.
hiatus dans la poésie rythmique, p. 95.
Hildeger Pupilla, p. 103; — *Hildegarius Hildegarus*, clerc chartrain, p. 104.
Hincmar, archevêque de Reims, p. 125.
Holder (M. Alfred), compte rendu, p. 58.
Holland (Thomas et Otes de), gardiens des îles normandes, p. 411.
Honfroi, duc de Gloucester, seigneur des îles normandes, p. 418.
hospes, hospitalitas, p. 40, 45, 47.
Hübner (Rudolph), compte rendu, p. 55.
Hugues, évêque d'Auxerre, p. 84.
Hugues Capet, p. 68, 75, 468.
Hugues de Fleury (chronique de), p. 74.
Huwet (Gautier), gardien des îles normandes, p. 412, 432.

Icoranda, Igoranda, p. 61.
Iculisma, Angoulême, p. 61.

Iguerande (Saône-et-Loire), p. 62.
ilemans, habitants des îles normandes, p. 443.
îles normandes : la justice royale, la constitution politique, p. 376; — série chronologique des gardiens et seigneurs, p. 381.
inégalité légale entre Francs et Romains, p. 11 et suiv.
ingenuitas, ingenuus, p. 14, 17.
Inghiramo da Macreta, podestat de Rimini, p. 175.
Ingrande (Maine-et-Loire), p. 59.
Ingrande (Mayenne, Vendée, Vienne), p. 60.
Ingrandes (Indre-et-Loire), p. 59, 60.
Ingrandes (Indre), p. 60.
Ingrandes (Maine-et-Loire), p. 61.
Ingrannes (Loiret), p. 61.
Innocent II, pape, p. 112.
Innocent III, pape, p. 155.
Issoudun (Indre), p. 343.

Jean, duc de Bedford, seigneur des îles normandes, p. 418.
Jean de Bretagne, comte de Penthièvre, p. 351, 356.
Jean, abbé de Michelsberg, à Bamberg, p. 372.
Jean, duc de Normandie (plus tard roi de France), p. 408.
Jean, seigneur de Rieux, maréchal de Bretagne, p. 357.
Jean *Sans-terre*, comte de Mortain (plus tard roi d'Angleterre), p. 381, 385, 386, 439; — une prétendue charte de Jean, p. 376.
Jeanne, duchesse de Bretagne, p. 358.
Jersey, p. 381; — noms divers de cette île, p. 422; — cours royales de Jersey, p. 377.
Jérusalem (Assises de), p. 173.
Jimeno, prieur de Notre-Dame de Nájera (Espagne), p. 186.

Jules II, pape, p. 346.
Julianus (sanctus), Saint-Julien-lez-Metz ou Saint-Julien-lez-Gorze (Lorraine), p. 465.
Jupille (Belgique), p. 240.
jurés, magistrats des îles de Jersey et de Guernesey, p. 378.
justiciers itinérants, dans les îles normandes, p. 377, 401.
Juvigny-sur-Loison (Meuse), p. 240.

Kartraio : voir Carteret.
Kohler (Ch.), compte rendu, p. 65.
Kyburg (Suisse), p. 198.

Lachalade (Meuse), p. 212, 223.
Lambenard (Gérard de), gardien des îles normandes, p. 436.
Lambert, nommé par Adelman, p. 107.
Landois (Pierre), trésorier du duc de Bretagne, p. 351.
Largeault (M. A.), compte rendu, p. 65.
Lascombe (M. A.), compte rendu, p. 180.
latifundia, p. 29.
Laurent (M.), rapport sur une communication, p. 503.
Lavaur (Tarn) : exécution des Albigeois, p. 168.
Lebeuf (l'abbé), compte rendu, p. 370.
Lehmann (Os.), compte rendu, p. 467.
Leicester (Guillaume de), p. 429.
leo Montefalconis, p. 204.
Leroux (M. Alf.), comptes rendus, p. 245, 370.
Lescaigne (le cardinal Ascagne-Marie Sforza), p. 345.
Lichtenauer (Frédéric), évêque de Bamberg, p. 373.
Liddel (Thomas Wake de), gardien des îles normandes, p. 406.

Liège (école de), p. 106.
Lindner (M. Th.), compte rendu, p. 108.
Lisle (Jean de), gardien de Guernesey, p. 417.
lites *(leti, liti, lidi)*, p. 1, 3.
Liutwart, évêque de Verceil, p. 126.
Lœning (M. E.), compte rendu, p. 57.
Logroño (Espagne), p. 188.
loi burgonde, loi wisigothe, p. 11 ; — loi ripuaire, p. 2, 23 ; — loi salique, p. 2, 15, 23.
Longchamps (Meuse), p. 222.
Longnon (M. Auguste), compte rendu, p. 64.
Lothaire (l'empereur), p. 488.
Louis V : date de sa mort, p. 75.
Louis VIII : ordonnance condamnant les hérétiques, p. 169.
Louis IX : ordonnance condamnant les hérétiques, p. 170.
Louis XI, p. 351.
Louis XII, p. 342.
Louppy-le-château (Meuse), p. 228.
Luchaire (Achille), compte rendu, p. 77.
Lucy (Geoffroi de), gardien de Guernesey, p. 387, 388, 390.
luye, pour elle, p. 442.
Lys-Saint-Georges (Indre), p. 345.

Maizey (Meuse), p. 233.
manichéisme (lois romaines contre le), p. 121.
manuscrits des Bibliothèques publiques de France (catalogue des), compte rendu, p. 508.
marabotini ou maravédis, pièces d'or frappées en Castille, p. 187.
Marie de Bourbon, comtesse de Dreux, p. 194.
Marre (Meuse), p. 226.
Mautravers (Jean), gardien des îles normandes, p. 410, 431, 436.

Maximilien II, empereur, p. 372.
Medard (Prusse), p. 240.
Menoncourt (Meuse), p. 224.
Merauvaux (Meuse), p. 222.
Mérovingiens (chronologie des), p. 56; — jugements des rois mérovingiens, p. 56; — notes tironiennes dans les diplômes mérovingiens, p. 459.
Metz (charte de), p. 461, 488.
Meules (Nicolas des), lieutenant de H. de Trubleville gardien des îles normandes, p. 436.
Michelsberg (abbaye de), à Bamberg (Bavière), p. 371.
Mildenhale (Mathieu de), gardien des châteaux de Cornet et de Jerbourg à Guernesey, p. 410.
Minerve : exécution des Albigeois, p. 168.
minet, mesure, p. 454.
Minnekke (Henri), hérétique, prévôt de Neuwerk, p. 144.
miracles de sainte Geneviève, p. 109.
Moels (Nicolas de), gardien des îles normandes, p. 395.
Mognéville (Meuse), p. 226.
Molinier (M. A.), compte rendu, p. 65.
Molinier (M. Ch.), compte rendu, p. 180.
Monestier-Merlines, p. 62.
monnéage (droit de), dans les îles normandes, p. 454.
Montargis (traité de), p. 350.
Montfaucon-d'Argonne (Meuse), p. 200, 202, 240.
Montfort (Simon de) : exécution des hérétiques, p. 168.
Monforte (Italie) : exécution des cathares, p. 146.
Montorgueil, à Jersey, p. 432.
Mont-Saint-Vanne (le), Meuse, p. 240.
Moutiers (Yonne), p. 85.

Mühlbacher (M. E.), comptes rendus, p. 65, 508.
Mühlheim (Prusse rhénane), p. 239.
Mureau ou Muraut (Meuse), p. 240.
Murvaux (Meuse), p. 240.

Nájera (couvent de Notre-Dame de), Espagne, p. 185.
Nanfan (Jean), gardien et gouverneur des îles normandes, p. 382, 419, 420.
Nani (M. Cesare), compte rendu, p. 58.
Nantillois (Meuse), p. 201.
Navarrete (Espagne), p. 189.
Neubourg (chronique de), p. 310.
Neuville (Meuse), p. 223.
Neuville-sur-Ornain (Meuse), p. 223.
Neuville-en-Verdunois (Meuse), p. 223.
Nevill (Richard), comte de Warwick seigneur des îles normandes, p. 420.
Newent (Jean de), peut être lieutenant du gardien des îles normandes, p. 403.
Nicole de Blois, fille de Jean de Penthièvre, p. 351.
Nissl (M.), compte rendu, p. 58.
Noirmont (Jersey), p. 423.
Norton (Robert de), gardien des îles normandes, p. 405.
notes tironiennes, p. 459, 461, 470, 483, 488, 505.
Notre-Dame de Chartres (obituaire de), p. 104.
Notre-Dame de la Délivrande, p. 63.
Notre-Dame de Nájera, Espagne (couvent de), p. 185.
Noyers (Meuse), p. 228.

obituaire de Notre-Dame de Chartres, p. 104; — de Saint-Jean-aux-bois, p. 194.

Odilon (saint), abbé de Cluny, p. 84.
Odulf de Liège nommé par Adelman, p. 107.
Ojacastro (Espagne), p. 190.
Orest (Auray, Morbihan, ou Brest), p. 361.
Orléans (assassinat du duc d'), p. 311.
Ornes (Meuse), p. 234.
Oroms : voir Gérard Derous.
Othon de Granson : voir Granson.
Oudette d'Offemunt, abbesse de Saint-Jean-aux-bois, p. 194.

Paganelli (Pesnel?), à Jersey, p. 423.
pagi, p. 207.
Pampelune (Espagne), p. 189.
papes condamnant les hérétiques, p. 121.
Paré (Guillaume), *alias* Albert, p. 340.
Paris (église de), p. 368.
partage des terres entre les Romains et les Barbares, p. 38.
Pavie (acte notarié passé à), p. 485, 490.
Penthièvre (maison de) : ses prétentions au duché de Bretagne, p. 351.
Perraunt (Jean), chargé de saisir les îles normandes en 1405, p. 417.
personnalité des lois, p. 60.
Pesnel (Jersey), p. 423.
Philibert (Hugues de), gardien de Jersey, p. 391, 424.
Philippe-Auguste, p. 381 ; — exécutions d'hérétiques sous son règne, p. 141.
Philippe-le-Bel, p. 195 ; — compte du Trésor du Louvre sous son règne, p. 246.
Philippe le Hardi : acte de la *compagnie*, conclu avec les chanoines de Montfaucon d'Argonne, p. 201.

Philippe VI, roi de France, p. 408.
Piccolomini (François), cardinal et pape, p. 334.
Pie III, pape, p. 346.
Pierre II, roi d'Aragon : ordonnance contre les hérétiques, p. 167.
Pirou (Manche), p. 442.
Pithou (Pierre), p. 69.
plaids généraux (chefs-plaids), p. 379 ; plaids des jugements, p. 379 ; *placita vice-comitalia*, p. 450 ; plaids internationaux du Pont Verdunois, p. 212.
Pont Verdunois, p. 212.
Porteman (Thomas), gardien d'Auregny, p. 416.
Poyngdestre (Johan), juré de la cour de Jersey, p. 443.
Pradilla de Belorado (Espagne), p. 190.
Pratellis (de) : voir Préaux.
Préaux (Pierre de), seigneur des îles, p. 383, 385 ; — son sceau, p. 386 ; — Guillaume de Préaux (héritier de Pierre ?), p. 386.
précepte d'Assise (le) : date de la rédaction, p. 376.
prédestinatianisme (le), p. 124.
Prevost (M. G.-A), compte rendu, p. 57.
Prou (M.), compte rendu, p. 507.
Prudhomme (M. A.), compte rendu, p. 308.
Pykworth (Thomas), gardien de Jersey, p. 417.
Pynsole (Pierre Bernard de), gardien des îles normandes, p. 406.

Raimbaud de Cologne, nommé par Adelman, p. 107.
Rainaud de Tours, savant du xie siècle, p. 105.
Rampont (Meuse), p. 223.
Raoul, nommé par Adelman, p. 104.

Raymond V, comte de Toulouse : loi contre les hérétiques, p. 153.
Raynaud (M. Gaston), compte rendu, p. 370.
Réginard, évêque de Liège, p. 91, 106.
Reinbaldus (voir Rainaud de Tours), p. 105.
relicta, veuve, p. 450.
Rembercourt-aux-Pots (Meuse), p. 234.
remenances (perte des) par l'habitant émigré, p. 211.
rentes perçues par le roi dans les îles normandes, p. 454, 455.
Richard Ier, roi d'Angleterre, p. 385.
Richard II, roi d'Angleterre, p. 416.
Richer, p. 73.
Rieux (le maréchal de), p. 351.
Rimini: tentative d'exécution contre les hérétiques, p. 175.
Rinaudo (M.), compte rendu, p. 58.
Robert (M. Ulysse), comptes rendus, p. 65, 108, 508.
Robert : date de son couronnement, p. 68, 74, 468 ; hérétiques condamnés sous son règne, p. 128.
Robert VI, comte de Boulogne, p. 115.
Roches (Jean de), gardien des îles normandes, p. 405.
Rodolphe de Habsbourg, p. 197.
Rohan (le maréchal Pierre de), seigneur de Gyé, p. 350.
Romaña (Espagne), p. 191.
Romanus, Romani, p. 5, 7, 14, 19, 22, 23, 28.
Rose (Edmond), gardien de Gorey et de Jersey, p. 414.
Rosin (M.), compte rendu, p. 58.
Rosnes (Meuse), p. 227.
rouet, roue d'un moulin, p. 454.

s impurum (mots commençant par), en bas latin, p. 464.
Saint-Amand (Arnaud de), gardien des îles normandes, p. 394.
Saint-André (Meuse), p. 229.
Saint-Arnoul de Metz (archives de), p. 461.
Saint-Aubin-du-Cormier (bataille de), p. 342.
Saint-Basle : voir Verzy.
Saint-Bénigne de Dijon, p. 83.
Saint-Benoît-sur-Loire (chronique anonyme de), p. 69.
Saint-Denis (annales de), p. 72.
Sainte-Geneviève (église de), p. 111.
Saint-Germain d'Auxerre (monastère de), p. 84.
Saint-Jean (Guillaume de), gardien des îles normandes, p. 391, 392, 394, 436.
Saint-Jean-aux-Bois (abbaye de), p. 194.
Saint-Léger (monastère de), p. 83.
Saint-Léonard (maladrerie de), p. 365.
Saint-Martin (Jean de), Jersiais, p. 441.
Saint-Mihiel (Meuse), p. 226.
Saint-Pierre Port (Guernesey), p. 457.
Saint-Remi (Guillaume de), bailli de Guernesey, p. 403.
Saint-Théodore (religieuses de), à Bamberg, p. 373.
Salcedor (Espagne), p. 191.
Salces (Pyrénées-Orientales), p. 346.
Salici, p. 28.
Salinellis : voir Saumarez.
Salins (bréviaire de), p. 363.
Sampigny (Meuse), p. 240.
Sancerre (Cher), p. 343.
Santa Coloma (Espagne), p. 189.
Santa Gadéa del Cid (Espagne), p. 190.

Santurde (Espagne), p. 190.
Saumarez, *Salinellis* (Jersey, Guernesey ?), p. 423.
Sauvé (M. L.-F.), compte rendu, p. 370.
sceaux (droit de), donné à la justice dans les îles normandes, p. 379.
Schmidt (Otto), cellerier de Michelsberg, à Bamberg, p. 372.
Schultess (K.), compte rendu, p. 468.
Semeno (Jimeno), p. 187.
Serk (l'île de), p. 388 ; — sa cour de justice, p. 380.
Sforza (le cardinal Ascagne-Marie), p. 345.
Sickel (M. W.), compte rendu, p. 57.
Sigon, ami de Fulbert de Chartres, p. 104.
Silvestre II : voir Gerbert.
Simon de Montfort, p. 168.
Société Jersiaise, comptes rendus, p. 438, 450, 456.
Sohm (M. R.), comptes rendus p. 52, 58.
solar, p. 188.
Sommorostro (Espagne), p. 191.
Sopuerta (Espagne), p. 191.
Sorcy (Meuse), p. 221.
Sourdéac (le sire de), p. 350.
Stein (M. H.), compte rendu, p. 107.
Stenay (Meuse), p. 226, 229, 240.
Stury (Guillaume), gardien des îles normandes, p. 410.
Suligny (Hasculf de), gardien de Jersey, p. 386.
Sully (Henry de), gardien des îles normandes, p. 405, 428.
Suse, en Piémont (monastère de), p. 83.

tabula, tablada, p. 192.
tachygraphie italienne du xe siècle, p. 483.

Tanquelin, hérésiarque, p. 135.
tertia, p. 42.
Théoduin, évêque de Liège, p. 133.
Théotard, évêque du Puy-en-Velay, p. 471.
Thibaud II, comte de Bar-le-Duc, p. 195.
Thibault, gardien des îles normandes, p. 415.
Tholin (M. G.), compte rendu, p. 370.
Tilbury (Denis de), lieutenant du gardien des îles normandes, p. 403.
Tolède, p. 191.
Torrecilla de Caméros (Espagne), p. 187.
Touraine (notes tironiennes dans les chartes de la), p. 488.
trésor du Louvre (compte du), p. 246.
treuga Henrici (la), p. 145.
Triancourt (Meuse), p. 211.
tributarius, p. 3.
Trithème (chronique de Jean de), p. 319.
Trubleville (Henri de), gardien des îles normandes, p. 393, 424, 436 ; sceau de H. de Trubleville, p. 393 ; — Hugues de Trubleville, gardien des îles normandes, p. 398 ; — sceau de Hugues de Trubleville, p. 398.
Tupper (Ferdinand Brock), compte rendu, p. 456.
Turner (M. W. H.), compte rendu, p. 507.
Turon., deniers (et non sous) tournois, p. 450 ; — *turon.* = *Turonensium* ou *Turonenses*, p. 457.

Urgel (évêché d'), p. 124.

Valderejo (Espagne), p. 190.
Vale (le), à Guernesey, p. 422.

Valgañon (Espagne), p. 190.
Valluércanes (Espagne), p. 190.
Varennes-en-Argonne, p. 210.
Vatican (écriture secrète dans un manuscrit du), p. 485.
Vaulterus, nommé par Adelman, p. 105.
Veldenz (Prusse rhénane), p. 239.
Verdun (enquête de), concernant l'abbaye de Beaulieu-en-Argonne, p. 197, 216.
Verzy (actes du concile de), p. 74.
Vézelay : condamnation des cathares, p. 139.
Viducasses (les), p. 63.
Vieille-Castille (la), p. 191.
Vienne-le-Château (Marne), p. 240.
Vigneulles-lez-Hattonchâtel (Meuse), p. 232.
Vilgard de Ravenne, hérétique, p. 145.
ville neuve (construction d'église dans une), p. 182.
Villers-les-Moines (Meuse), p. 230.
Vilória de Rioja (Espagne), p. 192.
Vinchelez (Winceleis), Jersey ? p. 423.
vingtième levé au XIIIe siècle sur le clergé de l'Empire, p. 208.
Visigoths (établissement des) en Gaule, p. 38.
Viterbe (Italie), p. 162.
Vitória (Espagne), p. 188.
Vitré (Ille-et-Vilaine), p. 361.

W (noms commençant par), p. 105.
Walden (Roger), lieutenant gouverneur de l'île de Jersey, p. 416.
wälsch, p. 313.

Walterus, nommé par Adelman, p. 105.
Wanolvingas, peut-être Gongelfang (Lorraine), p. 465.
Warinus, nommé par Adelman, p. 105.
Warwick, seigneur des îles normandes, p. 420.
Watronville (Meuse), p. 229, 240.
Wazon, évêque de Liège, p. 91, 106, 132.
Weissenborn (H.), compte rendu, p. 503.
wergeld, p. 5 : des affranchis, p. 3 ; — des lites, p. 3 ; — de l'*homo Romanus*, p. 7 ; — des Germains, p. 7.
Weston (Gautier de), gardien des îles normandes, p. 407, 408, 409, 431.
Wintermonat, p. 312.
Wolfersweller (Birkenfeld, Oldenbourg), p. 239.
Wolfgang II, abbé de Michelsberg, à Bamberg, p. 371 ; — Wolfgang, moine de Michelsberg, p. 373.
Wyger (Jean), commissaire d'Édouard Ier en 1274, p. 447.
Wyvill (Robert), gardien des îles normandes, p. 410.

Ygrande (Allier), p. 62.
Yvain de Galles, allié des Français, p. 414.
Yvrande (Calvados), voir Délivrande, p. 63.
Yvrandes (Orne), p. 62.

Zorraquin (Espagne), p. 190.

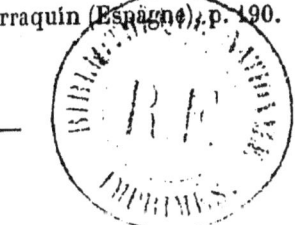

TABLE DU TOME SECOND

	Pages.
Die Liten und Aldionen nach den Volksrechten	1
Du sens du mot « romain » dans les lois franques, examen d'une théorie récente présentée par M. Fustel de Coulanges	5
Die Entstehung des Colonats	29
L'affranchissement *per hantradam*	32
Du partage des terres entre les Romains et les barbares chez les Burgondes et les Visigoths	38
Fraenkisches Recht und Roemisches Recht	52
Gerichtsurkunden der Fraenkischen Zeit verzeichnet	55
Igoranda ou Icoranda, « frontière ». Note de toponymie gauloise	59
Les *Proverbes* d'Aristote en hexamètres latins	66

Les couronnements des rois Hugues et Robert	68
Histoire des institutions monarchiques de la France sous les premiers Capétiens (987-1180)	77
Note sur Raoul Glaber	80
Poème rythmique d'Adelman de Liège sur plusieurs savants du xɪe siècle (1028-1033)	89
Miracles de Sainte Geneviève à Paris (xɪɪe-xɪve siècle)	109
L'hérésie et le bras séculier au moyen âge jusqu'au xɪɪɪe siècle	117
Construction d'église dans une ville neuve (1230)	182
Rapport adressé à l'abbé et au couvent de Cluny par Jimeno ex-prieur de Notre-Dame de Nájera (Espagne) sur sa gestion (premières années du xɪɪɪe siècle)	185
L'obituaire de Saint-Jean-aux-Bois	194
La frontière d'Empire dans l'Argonne. Enquête faite par ordre de Rodolphe de Habsbourg à Verdun, en mai 1288	195
Compte du Trésor du Louvre sous Philippe le Bel (Toussaint 1296)	246
Maître Fernand de Cordoue et l'Université de Paris au xve siècle	310
Chronique de Bourges (1467-1506), par Jean Batereau, ancien recteur de l'université de Bourges, et divers autres habitants de cette ville	339
Mémoire adressé à la dame de Beaujeu sur les moyens d'unir le duché de Bretagne au domaine du roi de France (1485 ou 1486)	349

www.ingramcontent.com/pod-product-compliance
Lightning Source LLC
Chambersburg PA
CBHW051409230426
43669CB00011B/1814